古董

2021 ANTIQUES AUCTION RECORDS

拍卖年鉴 瓷器

2020-01-01～2020-12-31

欣弘 编

U0884516

CNS PUBLISHING & MEDIA | 湖南美术出版社
全国百佳图书出版单位

图书在版编目(CIP)数据

2021古董拍卖年鉴·瓷器 / 欣弘编.— 长沙：湖南美术出版社, 2020.12

ISBN 978-7-5356-9392-1

Ⅰ.①2… Ⅱ.①欣… Ⅲ.①历史文物－拍卖－价格－中国－2020－年鉴②瓷器(考古)－拍卖－价格－中国－2020－年鉴 Ⅳ.①F724.787-54

中国版本图书馆CIP数据核字(2021)第003608号

2021古董拍卖年鉴·瓷器

2021 GUDONG PAIMAI NIANJIAN • CIQI

出 版 人：黄 啸

编　　者：欣 弘

策　　划：易兴宏　李志文

责任编辑：李 坚

湖南美术出版社出版发行(长沙市东二环一段622号)

湖南省新华书店经销

雅昌文化(集团)有限公司制版、印刷

开本：787mm × 1092mm　1/16　印张：21

版次：2020年12月第1版　印次：2020年12月第1次印刷

ISBN 978-7-5356-9392-1

定价：178.00元

【版权所有，请勿翻印、转载】

邮购联系：0731-84787105　邮编：410016　网址：http://www.arts-press.com/

电子邮箱：market@arts-press.com

如有倒装、破损、少页等印装质量问题，请与印刷厂联系斢换。

目　录

凡　例

1.《2021古董拍卖年鉴》分瓷器卷、玉器卷、杂项卷、翡翠珠宝卷、书画卷，共五册，收录了纽约、伦敦、巴黎、日内瓦、香港、澳门、台北、北京、上海、广州、昆明、天津、重庆、成都、合肥、南京、西安、沈阳、济南等城市或地区的几十家拍卖公司几百个专场的2020年度拍卖成交记录与拍品图片。

2.本书内文条目原则上保留了原拍卖记录（由于作品来自不同的拍卖公司，为便于搜索，对于用词不一致的名称，如“三羊开泰”“三阳开泰”“安迪·沃荷”“安迪·沃霍尔”等等，均不作统一），按拍品号、品名、估价、成交价、尺寸、拍卖公司名称、拍卖日期等排序，部分原内容缺失或不详的不注明，书画卷内文条目还有作者姓名、作品形式、创作年代等内容。

3.因境外拍卖公司宿地不同，本书拍品估价涉及多个币种：RMB（人民币），USD（美元），EUR（欧元），GBP（英镑），HKD（港币），NTD（新台币）。但本书所有拍品成交价均按汇率转换成RMB（人民币）。

4.多人合作的作品，条目中仅列出一至两位主要作者的名字。

陶　器

893 仰韶文化 彩陶蛙纹双系大罐
估　价：HKD 80,000～120,000
成交价：RMB 81,750
高37.9cm 中国嘉德 2020-10-10

896 汉 彩绘陶马
估　价：USD 5,000～7,000
成交价：RMB 102,270
长35.8cm 纽约佳士得 2020-09-24

860 文化期 黑陶蛋壳高足杯
估　价：HKD 80,000～120,000
成交价：RMB 81,750
高7.3cm 中国嘉德 2020-10-10

861 龙山文化 黑陶大规鬲
估　价：HKD 20,000～30,000
成交价：RMB 81,750
高18.3cm 中国嘉德 2020-10-10

311 东周 陶钟
估　价：HKD 200,000～300,000
成交价：RMB 213,620
高37.5cm 香港苏富比 2020-11-26

2865 东魏 彩绘灰陶牛
估　价：HKD 200,000～300,000
成交价：RMB 226,000
长38.4cm 佳士得 2020-07-09

894 龙山文化 黑陶高足杯（四件）
估　价：HKD 40,000～60,000
成交价：RMB 388,314
高19.2cm×4 中国嘉德 2020-10-10

5022 北魏 陶彩绘奔牛
估　价：HKD 200,000～300,000
成交价：RMB 402,454
高19.5cm 香港苏富比 2020-05-22

687 汉至六朝 灰陶加彩卧龙
估　价：USD 10,000～15,000
成交价：RMB 146,320
长26.5cm 纽约苏富比 2020-09-23

689 唐 三彩印花扁壶
估　价：USD 8,000～12,000
成交价：RMB 275,426
高15.3cm 纽约苏富比 2020-09-23

2873 北魏 彩绘陶卧犬
估　价：HKD 30,000～50,000
成交价：RMB 42,940
长18cm 佳士得 2020-07-09

1802 唐 三彩贴花三足盖罐
估　价：USD 50,000～70,000
成交价：RMB 425,813
高16.2 cm 纽约佳士得 2020-09-25

975 唐 三彩盖罐
估　价：HKD 220,000～320,000
成交价：RMB 206,184
高23cm 保利香港 2020-12-02

2872 唐 三彩蹲狮（一对）
估　价：HKD 200,000～300,000
成交价：RMB 339,000
高13.7cm×2 佳士得 2020-07-09

2869 唐 褐釉陶猪
估　价：HKD 50,000～80,000
成交价：RMB 169,500
宽21cm 佳士得 2020-07-09

1865 唐 三彩花口杯
估　价：RMB 20,000～30,000
成交价：RMB 63,250
高3.1cm；长9.4cm；宽8cm
西泠印社 2020-08-08

60 唐 三彩挂蓝印花葵花洗
估　价：HKD 50,000～70,000
成交价：RMB 136,650
长10.7cm 佳士得 2020-04-21

1807 唐 三彩骆驼
估　价：USD 100,000～150,000
成交价：RMB 1,362,600
高83.5 cm 纽约佳士得 2020-09-25

1804 唐 三彩蓝釉三足盘
估　价：USD 40,000～60,000
成交价：RMB 766,463
直径29 cm 纽约佳士得 2020-09-25

2876 五代 越窑青瓷鸟形杯
估　价：HKD 80,000～100,000
成交价：RMB 226,000
长15cm 佳士得 2020-07-09

1198 明 青瓷刻荷花纹盖盒
估　价：RMB 1,600,000～2,000,000
成交价：RMB 1,725,000
直径13.5cm 华艺国际 2020-10-16

1920 南宋 越窑划花双凤纹粉盒
估　价：RMB 180,000～350,000
成交价：RMB 218,500
高4.8cm；直径13.3cm 西泠印社 2020-08-08

336 西晋 越窑青釉卧蛙水盂
估　价：HKD 20,000～30,000
成交价：RMB 51,408
高8.2cm 香港苏富比 2020-06-05

1666 宋 越窑划花莲瓣纹执壶
成交价：RMB 86,250
高20.3cm；通径15.5cm 西泠印社 2020-08-08

48 越窑青瓷横栓盖罐
估　价：RMB 100,000
成交价：RMB 638,000
29cm×18cm 北京贞观 2020-11-28

耀州窑

1992 五代 耀州窑剔刻花执壶
估　价：RMB 180,000～250,000
成交价：RMB 207,000
高10cm；长11cm 西泠印社 2020-08-08

3025 五代 耀州窑花口洗
估　价：HKD 100,000～150,000
成交价：RMB 202,350
直径12.7cm 佳士得 2020-11-30

976 北宋 耀州窑青瓷花口尊
估　价：HKD 200,000～300,000
成交价：RMB 201,072
高14.4cm 保利香港 2020-12-02

269 北宋 耀州窑青釉刻牡丹纹花口尊
估　价：HKD 150,000～200,000
成交价：RMB 155,937
宽12.3cm 中国嘉德 2020-10-08

3028 北宋/金 耀州窑刻游鸭纹盘
估　价：HKD 200,000～300,000
成交价：RMB 340,800
直径17cm 佳士得 2020-11-30

266 宋 耀州窑模印“鱼化龙”菊瓣盘
估　价：HKD 120,000～180,000
成交价：RMB 145,541
直径15.3cm 中国嘉德 2020-10-08

308 北宋/金 耀州青釉印童子花卉纹碗
估　价：HKD 100,000～150,000
成交价：RMB 105,450
直径18cm 佳士得 2020-10-08

241 北宋 耀州窑青釉模印花卉纹斗笠盏
估　价：HKD 50,000～70,000
成交价：RMB 64,003
直径15.5cm 中国嘉德 2020-07-13

2010 耀州窑剔刻折枝花卉纹瓜棱式盏（一对）
估　价：RMB 800,000～1,200,000
成交价：RMB 1,265,000
直径20.9cm×2 中贸圣佳 2020-10-17

1979 宋 耀州窑刻花牡丹纹粉盒
估　价：RMB 120,000～150,000
成交价：RMB 149,500
高4cm；直径9.5cm 西泠印社 2020-08-08

1778 明 耀州窑青釉牛角杯（一对）
估　价：RMB 2,600,000～3,600,000
成交价：RMB 5,175,000
长9cm×2 北京保利 2020-12-05

2816 金 耀州窑青釉刻犀牛望月纹碗
估　价：HKD 200,000～300,000
成交价：RMB 226,000
直径20.7cm 佳士得 2020-07-09

汝　窑

1960 北宋 汝窑天青釉圆洗
估　价：RMB 20,000～30,000
成交价：RMB 862,500
高1.5cm；直径12.5cm
西泠印社 2020-08-08

646 宋 天青釉鼎式三足炉
估　价：RMB 3,000,000～5,000,000
成交价：RMB 5,635,000
高10.8cm；直径12.5cm 上海匡时 2020-08-05

851 清雍正 仿汝窑胆瓶
“大清雍正年制”楷书款
估　价：USD 40,000～60,000
成交价：RMB 852,250
高13.9cm 纽约佳士得 2020-09-24

58 汝窑天青冰片双耳炉
估　价：RMB 500,000
成交价：RMB 880,000
20cm × 10cm 北京贞观 2020-11-28

59 汝窑四方笔洗
估　价：RMB 680,000
成交价：RMB 1,004,000
18.5cm × 6.5cm 北京贞观 2020-11-28

仿汝釉

300 明 仿汝双螭耳四方杯
估　价：HKD 120,000～180,000
成交价：RMB 166,333
宽16cm 中国嘉德 2020-10-08

128 清雍正或更晚 仿汝釉双耳小瓶
“雍正年制”篆书款
估　价：EUR 20,000～30,000
成交价：RMB 297,820
高13cm 巴黎佳士得 2020-06-23

136 清雍正 仿汝釉三足洗
“大清雍正年制”篆书款
估　价：RMB 80,000～100,000
成交价：RMB 138,000
直径18.5cm 北京大羿 2020-08-16

2646 清乾隆 仿汝釉八方瓶
“大清乾隆年制”篆书款
估　价：RMB 550,000～750,000
成交价：RMB 632,500
高33.3cm 中国嘉德 2020-08-18

5173 清乾隆 仿汝釉菊瓣贯耳直颈瓶
“大清乾隆年制”款
估　价：RMB 4,500,000～6,500,000
成交价：RMB 7,820,000
高42cm 北京保利 2020-10-19

1013 清乾隆 仿汝釉琮式瓶
“大清乾隆年制”款
估　价：RMB 2,000,000～2,600,000
成交价：RMB 2,587,500
高29.5cm 永乐拍卖 2020-08-17

3971 清乾隆 仿汝釉梅瓶
“大清乾隆年制”款
估　价：RMB 130,000～230,000
成交价：RMB 299,000
高35.5cm 中国嘉德 2020-07-15

248 清乾隆 仿汝釉鸠耳尊
“大清乾隆年制”款
估　价：RMB 1,000,000～1,500,000
成交价：RMB 1,150,000
高22cm 荣宝斋（南京） 2020-11-28

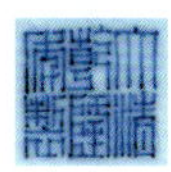

2799 清乾隆 仿汝釉双系鼓钉鱼篓尊
“大清乾隆年制”篆书款，乾隆本朝
估　价：RMB 1,000,000～2,000,000
成交价：RMB 2,875,000
直径19.4cm 中国嘉德 2020-12-03

817 清乾隆 仿汝釉弦纹洗
“大清乾隆年制”篆书款
估　价：USD 100,000～150,000
成交价：RMB 3,835,125
直径12.9cm 纽约佳士得 2020-09-24

818 清乾隆 仿汝釉大碗
“大清乾隆年制”款
估　价：RMB 850,000～1,000,000
成交价：RMB 977,500
直径35.4cm 永乐拍卖 2020-12-02

6117 清乾隆 仿汝天青釉花觚
“大清乾隆年制”款
估　价：RMB 200,000～300,000
成交价：RMB 402,500
直径15.5cm；高14.4cm 北京保利 2020-10-20

3119 清乾隆 仿汝釉倭角方壶
“大清乾隆年制”款
估　价：HKD 350,000～450,000
成交价：RMB 904,000
高33.3cm 香港苏富比 2020-07-11

28 清嘉庆 仿汝釉三足炉
“大清嘉庆年制”篆书款
估　价：RMB 120,000～180,000
成交价：RMB 138,000
直径16.3cm；高9.1cm 北京中汉 2020-07-31

1936 南宋 官窑三足炉
估　价：RMB 120,000～200,000
成交价：RMB 172,500
高11cm；直径15cm 西泠印社 2020-08-08

1989 南宋 官窑青釉鸟食杯
估　价：RMB 100,000～150,000
成交价：RMB 126,500
高1.2cm；长4.7cm 西泠印社 2020-08-08

官　窑

5026 南宋 官窑花口瓶
估　价：HKD 300,000～400,000
成交价：RMB 1,092,374
高15.6cm 香港苏富比 2020-05-22

1935 南宋 官窑鼓形水滴
估　价：RMB 2,200,000～3,500,000
成交价：RMB 2,760,000
高9.3cm；直径7.2cm 西泠印社 2020-08-08

仿官釉

357 宋至明 仿官窑青釉胆瓶
估　价：HKD 300,000～500,000
成交价：RMB 1,713,596
高19.6cm 香港苏富比 2020-06-05

2765 清雍正 仿官釉八卦纹双螭耳抱月瓶
估　价：RMB 1,200,000～1,500,000
成交价：RMB 1,840,000
高48cm 中鸿信 2020-01-03

5192 明成化 仿官釉笠式卧足盏
“大明成化年制”款
估　价：RMB 2,000,000～3,000,000
成交价：RMB 3,220,000
直径11.4cm 北京保利 2020-10-19

5548 明 官釉炉
估　价：RMB 500,000～800,000
成交价：RMB 575,000
宽16.5cm 北京保利 2020-10-20

2295 明 仿官釉花口渣斗
估　价：RMB 10,000～20,000
成交价：RMB 184,000
高8.8cm 中国嘉德 2020-08-18

530 明 官窑式葵口洗
估　价：USD 60,000～80,000
成交价：RMB 602,494
直径12.3cm 纽约苏富比 2020-09-23

1048 明初 仿官釉鬲式炉
估　价：RMB 200,000～300,000
成交价：RMB 322,000
高12.2cm；直径14.2cm 华艺国际 2020-10-16

2802 清雍正 仿官釉海棠形螭耳抱月瓶
“大清雍正年制”篆书款，雍正本朝
估　价：RMB 1,800,000～2,800,000
成交价：RMB 2,070,000
高50.4cm 中国嘉德 2020-12-03

34 清雍正 仿官釉铺首蒜头瓶
“大清雍正年制”款
估　价：HKD 2,000,000～3,000,000
成交价：RMB 3,491,712
高20.5cm 香港苏富比 2020-10-09

2754 清雍正 仿官釉六方穿带瓶
“大清雍正年制”篆书款，雍正本朝
估　价：RMB 580,000～880,000
成交价：RMB 1,380,000
高28.3cm 中国嘉德 2020-08-18

22 清雍正 仿官釉四联瓶
“雍正年制”款
估　价：HKD 1,500,000～2,000,000
成交价：RMB 1,636,740
高10.2cm 香港苏富比 2020-10-09

813 清雍正 仿官釉六棱双耳瓶
“大清雍正年制”篆书款
估　价：USD 80,000～120,000
成交价：RMB 1,022,700
高28.2cm 纽约佳士得 2020-09-24

210 清雍正 仿官釉双兽吞耳倭角尊
“大清雍正年制”篆书款
估　价：RMB 3,800,000～6,000,000
成交价：RMB 4,140,000
高17.4cm 北京中汉 2020-12-04

855 清雍正 仿官釉纸槌瓶
“大清雍正年制”篆书款
估　价：USD 60,000～80,000
成交价：RMB 2,727,200
高16.5cm 纽约佳士得 2020-09-24

852 清雍正 仿官釉象耳汉壶尊
“大清雍正年制”楷书款
估　价：USD 30,000～50,000
成交价：RMB 809,638
高19.5cm 纽约佳士得 2020-09-24

1059 清雍正 拟宋铁骨大观釉贯耳穿带方壶
估　价：RMB 900,000～1,000,000
成交价：RMB 1,150,000
高48cm 中贸圣佳 2020-10-17

51 清雍正 仿官釉弦纹贯耳壶
“大清雍正年制”款
估　价：HKD 700,000～900,000
成交价：RMB 1,418,508
高27cm 香港苏富比 2020-10-09

2750 清雍正 仿官釉小蚰耳炉
“大清雍正年制”篆书款，雍正本朝
估　价：RMB 1,100,000～1,500,000
成交价：RMB 1,265,000
长13.2cm 中国嘉德 2020-08-18

859 清雍正 仿官釉双桃砚滴
估　价：RMB 60,000～80,000
成交价：RMB 207,000
宽13.2cm 北京诚轩 2020-08-17

8601 清雍正 仿官釉茶叶盖罐
“大清雍正年制”楷书款
估　价：RMB 700,000～800,000
成交价：RMB 1,092,500
高13cm 十竹斋拍卖（北京） 2020-10-18

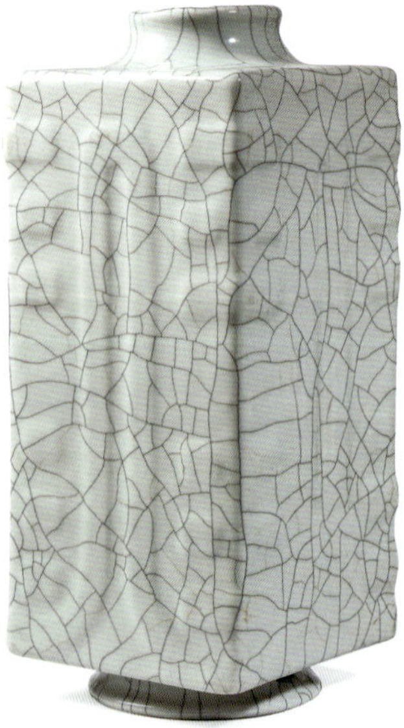

5172 清乾隆 仿官釉穿带琮式瓶
“大清乾隆年制”款
估　价：RMB 1,100,000～1,600,000
成交价：RMB 1,380,000
高29cm 北京保利 2020-10-19

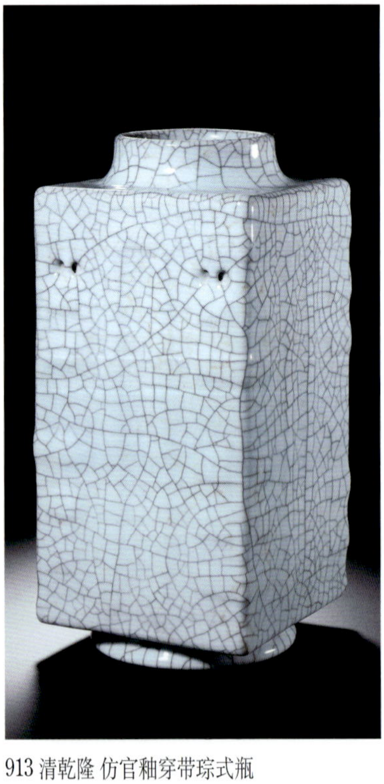

913 清乾隆 仿官釉穿带琮式瓶
“大清乾隆年制”款
估　价：HKD 1,800,000～2,500,000
成交价：RMB 1,809,648
高29.3cm 保利香港 2020-12-02

6 清雍正 仿官釉鬲式三足炉
“大清雍正年制”篆书款
估　价：RMB 80,000～120,000
成交价：RMB 264,500
直径12.5cm；高12.4cm 北京中汉 2020-08-19

927 清乾隆 仿官釉长颈瓶
“大清乾隆年制”篆书款
估　价：RMB 800,000～1,200,000
成交价：RMB 2,242,500
高37.5cm 保利厦门 2020-09-26

44 清乾隆 仿官釉蒜头瓶
“大清乾隆年制”款
估　价：HKD 1,200,000～1,500,000
成交价：RMB 3,055,248
高27.3cm 香港苏富比 2020-10-09

816 清乾隆 仿官釉弦纹铺首衔环耳瓶
“大清乾隆年制”篆书款
估　价：USD 100,000～150,000
成交价：RMB 1,107,925
高19.6cm 纽约佳士得 2020-09-24

1113 清乾隆 仿官釉三联葫芦瓶
“大清乾隆年制”篆书款
估　价：RMB 500,000～700,000
成交价：RMB 690,000
高20.5cm 华艺国际 2020-10-16

851 清乾隆 仿官釉琮式瓶
“大清乾隆年制”篆书款
估　价：RMB 800,000～1,000,000
成交价：RMB 920,000
高28.2cm 北京诚轩 2020-08-17

818 清乾隆 仿官釉鸠耳尊
“大清乾隆年制”篆书款
估　价：USD 100,000～150,000
成交价：RMB 2,215,850
高19.7cm 纽约佳士得 2020-09-24

616 清乾隆 仿官釉玉兔摆件
估　价：RMB 10,000～30,000
成交价：RMB 128,800
长9cm 保利厦门 2020-09-26

617 清乾隆 仿官釉桃形笔掭
估　价：RMB 50,000～60,000
成交价：RMB 253,000
长12cm 保利厦门 2020-09-26

843 清乾隆 仿官釉六角形花盆（一对）
估　价：RMB 180,000～250,000
成交价：RMB 293,250
20.7cm×10.8cm×2 北京诚轩 2020-08-17

14 清乾隆 仿官釉三联葫芦尊
“大清乾隆年制”款
估　价：HKD 800,000～1,200,000
成交价：RMB 1,473,066
高20.6cm 香港苏富比 2020-10-09

806 清乾隆 仿官釉三联葫芦花插
“大清乾隆年制”篆书款
成交价：RMB 747,500
高20.3cm 中贸圣佳 2020-10-17

1017 清中期 仿官釉雪山大士像
估 价：RMB 60,000～100,000
成交价：RMB 138,000
高21.5cm 中贸圣佳 2020-10-17

3015 清 江藤旧藏仿官釉太极八卦抱月瓶
估 价：RMB 120,000～150,000
成交价：RMB 184,000
高50cm 中鸿信 2020-01-03

钧 窑

57 北宋至金 钧窑天蓝釉紫斑盘
估 价：HKD 500,000～700,000
成交价：RMB 654,696
直径19cm 香港苏富比 2020-10-09

383 北宋至金 钧窑天青釉敛口大碗
估 价：HKD 200,000～300,000
成交价：RMB 448,603
直径22.5cm 香港苏富比 2020-11-26

403 宋 钧窑月白釉龙首八方匜
估 价：HKD 60,000～80,000
成交价：RMB 694,266
宽9.9cm 香港苏富比 2020-11-26

1873 宋 钧窑天蓝釉碗
估 价：RMB 80,000～100,000
成交价：RMB 109,250
高8cm；口径19.7cm 西泠印社 2020-08-08

91 宋至金 钧窑蓝釉敛口杯
估 价：HKD 100,000～150,000
成交价：RMB 283,702
直径10.5cm 香港苏富比 2020-10-09

138 金至元 钧窑紫釉三足炉
估　价：HKD 1,000,000～1,500,000
成交价：RMB 3,842,000
宽 19.3cm 香港苏富比 2020-07-11

55 元/明 钧窑石榴形水滴
估　价：GBP 2,500～3,000
成交价：RMB 394,494
宽11cm 伦敦佳士得 2020-02-13

7 元 天青釉钧窑大碗
估　价：RMB 800,000～1,200,000
成交价：RMB 920,000
直径22.5cm 华艺国际 2020-12-05

319 金 钧窑月白釉鸡心杯
估　价：HKD 60,000～80,000
成交价：RMB 125,664
高8.8cm 香港苏富比 2020-06-05

614 钧窑天青釉摩羯耳镂空连座瓶
估　价：RMB 800,000～1,000,000
成交价：RMB 1,955,000
高20cm；直径9.5cm 上海匡时 2020-08-05

644 钧窑天青釉执壶
估　价：RMB 300,000～500,000
成交价：RMB 598,000
高24cm；宽17.5cm 上海匡时 2020-08-05

仿钧釉

2721 明早期 钧窑玫瑰紫釉鼓钉洗
“五”字款
估　价：RMB 1,200,000~2,200,000
成交价：RMB 6,440,000
直径20.9cm 中国嘉德 2020-08-18

6226 明 钧窑天蓝釉莲子碗
估　价：RMB 200,000~300,000
成交价：RMB 230,000
直径16.9cm 北京保利 2020-10-20

5127 明 天蓝釉玫瑰紫斑钵式大碗
估　价：RMB 800,000~1,200,000
成交价：RMB 1,322,500
直径18.8cm 北京保利 2020-10-19

5126 明 天蓝釉玫瑰紫斑折沿盘
估　价：RMB 350,000~550,000
成交价：RMB 402,500
直径17.1cm 北京保利 2020-10-19

5128 明 天青釉玫瑰紫斑小盏
估　价：RMB 1,000,000~2,000,000
成交价：RMB 3,910,000
直径8.5cm 北京保利 2020-10-19

5130 明 月白釉三足鼓钉洗
“七”款
估　价：RMB 3,500,000～5,500,000
成交价：RMB 5,405,000
直径20cm 北京保利 2020-10-19

898 清早期 仿钧釉布袋和尚
估　价：RMB 20,000～28,000
成交价：RMB 97,750
高12cm 北京诚轩 2020-08-17

哥　窑

1927 南宋 哥窑四方花盆
估　价：RMB 3,500,000～8,000,000
成交价：RMB 5,980,000
高11.4cm；边长14.5cm 西泠印社 2020-08-08

2545 元 哥釉小石榴尊
估　价：RMB 300,000～500,000
成交价：RMB 345,000
高7.6cm 中国嘉德 2020-12-03

188 明或更早 哥釉花口盘
估　价：RMB 30,000～50,000
成交价：RMB 43,700
直径17.5cm 北京大羿 2020-08-16

2445 明 仿哥釉小砚滴
估　价：RMB 60,000～90,000
成交价：RMB 69,000
高8.5cm 中国嘉德 2020-08-18

仿哥釉

38 明 仿哥釉泥金弥勒坐像
估　价：RMB 60,000～80,000
成交价：RMB 184,000
高25.5cm 北京大羿 2020-08-16

2760 明 哥窑七孔花插
成交价：RMB 3,220,000
直径12cm 中鸿信 2020-01-03

2536 明中期 仿哥釉铺首鼓墩（一对）
估　价：RMB 120,000～220,000
成交价：RMB 138,000
高31cm；高32cm
中国嘉德 2020-12-03

1815 清雍正 仿哥釉八方抱月瓶（配硬木座）
“大清雍正年制”款
估　价：RMB 3,500,000～5,500,000
成交价：RMB 5,060,000
高49cm 华艺国际 2020-10-16

2748 清雍正 仿哥釉浮雕太极八卦图抱月瓶
估　价：RMB 800,000～1,200,000
成交价：RMB 920,000
高49cm 中国嘉德 2020-08-18

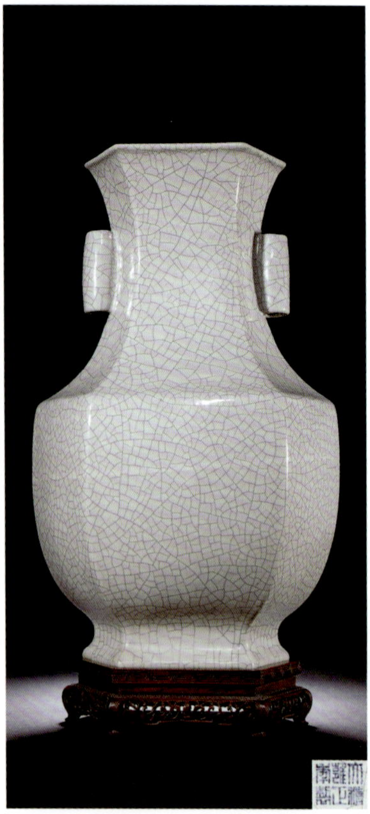

821 清雍正 仿哥釉六方贯耳大尊
“大清雍正年制”款
估　价：RMB 1,500,000～2,000,000
成交价：RMB 1,725,000
高46.6cm 永乐拍卖 2020-12-02

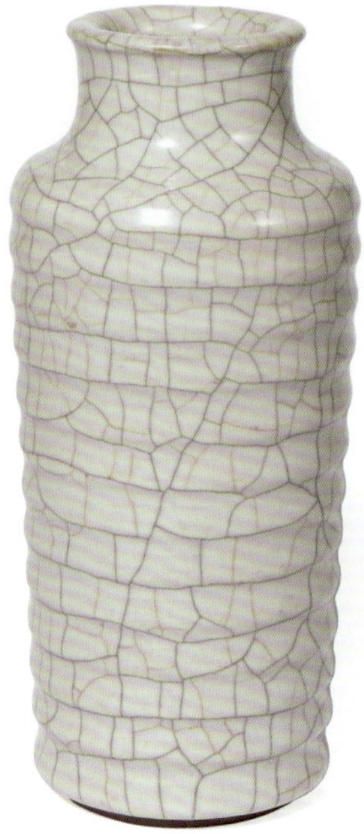

930 清雍正 仿哥釉弦纹瓶
“大清雍正年制”篆书款
估　价：RMB 2,600,000～3,600,000
成交价：RMB 4,025,000
高18.5cm 保利厦门 2020-09-26

2910 清雍正/乾隆 唐英风格仿哥釉紫金釉布袋和尚小像
估　价：RMB 30,000～50,000
成交价：RMB 345,000
长8.5cm 中国嘉德 2020-11-09

2644 清雍正 仿哥釉六方贯耳大瓶
“大清雍正年制”篆书款
估　价：RMB 1,000,000～3,000,000
成交价：RMB 1,150,000
高46.6cm 中国嘉德 2020-08-18

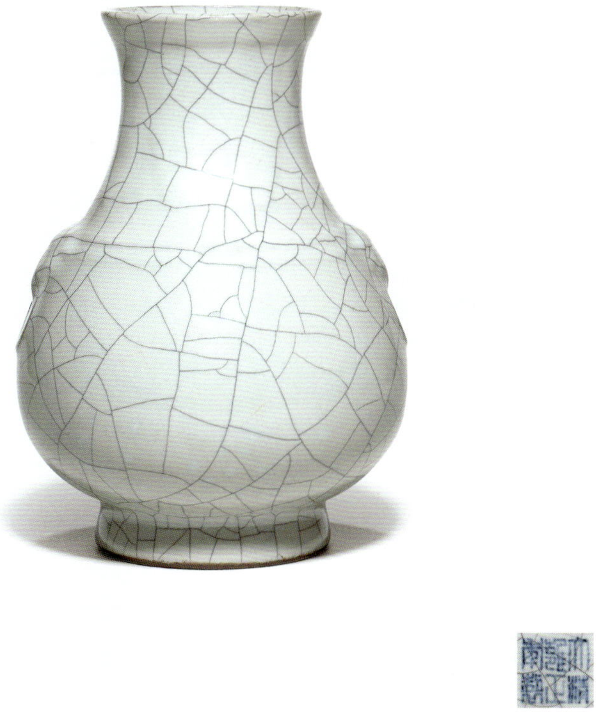

2801 清雍正 仿哥釉铺首尊
“大清雍正年制”篆书款，雍正本朝
估　价：RMB 3,000,000～5,000,000
成交价：RMB 6,210,000
高25.6cm 中国嘉德 2020-12-03

848 清乾隆 仿哥釉葵口碗
“乾隆年制”篆书款
估　价：RMB 40,000～50,000
成交价：RMB 109,250
直径11.9cm 北京诚轩 2020-08-17

154 清乾隆 仿哥釉弦纹盘口瓶
“大清乾隆年制”篆书款
估　价：RMB 450,000～500,000
成交价：RMB 667,000
高29cm 北京大羿 2020-08-16

1019 清乾隆 仿哥釉穿带琮式瓶
“大清乾隆年制”款
估　价：RMB 600,000～1,000,000
成交价：RMB 690,000
高29cm 永乐拍卖 2020-08-17

6119 清乾隆 仿哥釉五岳朝山弦纹琮式瓶
“大清乾隆年制”款
估　价：RMB 2,000,000～3,000,000
成交价：RMB 2,875,000
高27cm 北京保利 2020-10-20

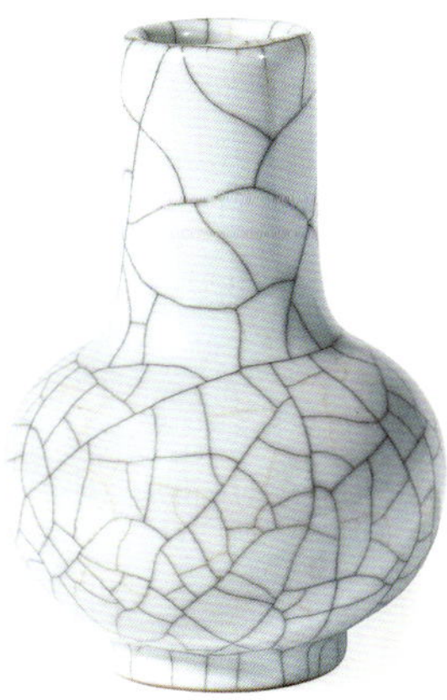

802 清乾隆 哥釉小纸槌瓶
“乾隆年制”篆书款
估　价：RMB 150,000～200,000
成交价：RMB 598,000
高9.7cm 中贸圣佳 2020-10-17

33 清乾隆 仿哥釉小卷缸
“大清乾隆年制”篆书款
估　价：RMB 250,000～300,000
成交价：RMB 713,000
直径21cm 北京大羿 2020-08-16

61 18世纪 哥釉仿生树瘤形笔筒
估　价：RMB 10,000～20,000
成交价：RMB 71,300
高9.2cm 北京大羿 2020-07-17

1676 明 哥窑葵口洗
成交价：RMB 138,000
高4.8cm；直径14.5cm 西泠印社 2020-08-08

1033 清乾隆 仿哥釉葵花式三足洗
“大清乾隆年制”款
估　价：HKD 3,600,000～5,500,000
成交价：RMB 4,825,728
直径22.2cm 保利香港 2020-12-02

2747 清乾隆 仿哥釉鼓式花插
“大清乾隆年制”篆书款，乾隆本朝
估　价：RMB 100,000～200,000
成交价：RMB 264,500
高17.2cm 中国嘉德 2020-08-18

龙泉窑

3027 北宋 龙泉金村窑青釉熏炉
估　价：HKD 300,000～500,000
成交价：RMB 319,500
总高17.2cm 佳士得 2020-11-30

1604 南宋 龙泉窑粉青釉纸槌瓶
估　价：RMB 8,000,000～12,000,000
成交价：RMB 11,270,000
高21cm 广东崇正 2020-09-13

1877 南宋 龙泉窑凤耳瓶
估　价：RMB 400,000～500,000
成交价：RMB 690,000
高19.2cm；通径8.4cm 西泠印社 2020-08-08

1937 南宋 龙泉窑粉青釉花觚
估　价：RMB 500,000～700,000
成交价：RMB 667,000
高13.4cm；口径11cm 西泠印社 2020-08-08

348 南宋 龙泉青釉方瓶
估　价：HKD 50,000～70,000
成交价：RMB 108,528
高15.5cm 香港苏富比 2020-06-05

1919 南宋 龙泉窑梅子青釉琮式瓶
估　价：RMB 2,000,000～3,000,000
成交价：RMB 3,450,000
高38.5cm；边长13.7cm 西泠印社 2020-08-08

117 南宋 龙泉官青釉鬲式炉
估　价：HKD 6,000,000～8,000,000
成交价：RMB 6,124,600
直径13.5cm 香港苏富比 2020-07-11

100 南宋 龙泉青釉鬲式炉
估　价：HKD 1,800,000～2,500,000
成交价：RMB 5,181,278
直径12.5cm 香港苏富比 2020-10-09

1892 南宋 龙泉窑仿官釉琴炉
估　价：RMB 280,000～350,000
成交价：RMB 437,000
高7cm；口径9cm 西泠印社 2020-08-08

638 南宋 龙泉窑弦纹奁式炉
估　价：RMB 300,000～500,000
成交价：RMB 1,127,000
高10cm；口径14cm 上海匡时 2020-08-05

1918 南宋 龙泉窑粉青釉鬲式炉
估　价：RMB 350,000～450,000
成交价：RMB 402,500
高8cm；直径11cm 西泠印社 2020-08-08

101 南宋 龙泉青釉笠式碗
估　价：HKD 600,000～800,000
成交价：RMB 1,073,500
直径14.5cm 香港苏富比 2020-07-11

1876 南宋 龙泉窑莲瓣洗
估　价：RMB 60,000～80,000
成交价：RMB 109,250
高4cm；口径12.5cm 西泠印社 2020-08-08

1854 南宋 龙泉窑粉青釉芒口杯
估　价：RMB 80,000～120,000
成交价：RMB 103,500
高4.8cm；口径9.6cm 西泠印社 2020-08-08

5072 南宋或更晚 龙泉窑青釉杯
估　价：HKD 50,000～70,000
成交价：RMB 183,979
直径6.8cm 香港苏富比 2020-05-22

1878 南宋 龙泉窑官釉葵口洗
估　价：RMB 100,000～120,000
成交价：RMB 161,000
高3.5cm；直径12.7cm 西泠印社 2020-08-08

77 南宋 龙泉官窑六瓣葵花式小杯
估　价：HKD 800,000～1,000,000
成交价：RMB 545,580
直径9.4cm 香港苏富比 2020-10-09

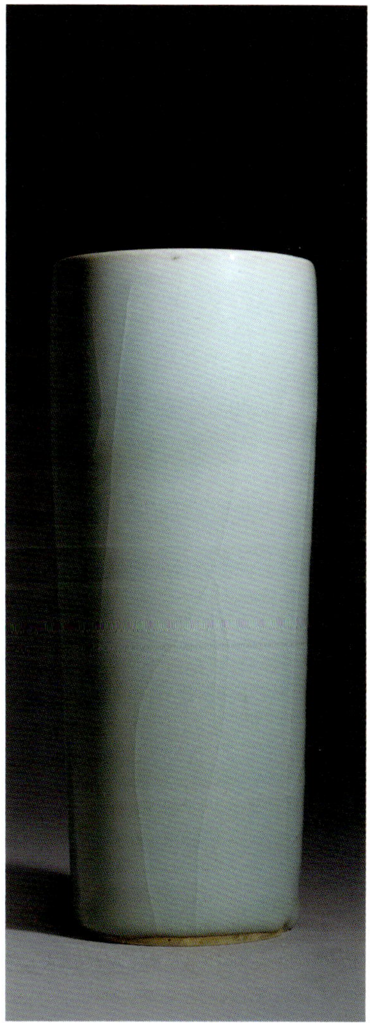

2801 南宋 龙泉窑青釉筒式花插
估　价：HKD 4,000,000～6,000,000
成交价：RMB 3,367,400
高17.8cm 佳士得 2020-07-09

331 元至明 龙泉青釉镂空投壶
估　价：HKD 150,000～200,000
成交价：RMB 342,719
高25.5cm 香港苏富比 2020-06-05

1930 元 龙泉窑贴塑龙纹罐
估　价：RMB 120,000～180,000
成交价：RMB 195,500
高25cm 西泠印社 2020-08-08

1538 元 龙泉窑八卦纹三足炉
估　价：RMB 120,000～150,000
成交价：RMB 138,000
宽12.8cm 华艺国际 2020-10-16

366 宋 龙泉青釉莲瓣碗
估　价：HKD 100,000～150,000
成交价：RMB 297,023
香港苏富比 2020-06-05

1100 元 龙泉窑浮雕花卉瑞果纹六方梅瓶
估　价：RMB 230,000～280,000
成交价：RMB 264,500
高39.4cm 中贸圣佳 2020-10-17

341 宋 龙泉青釉八卦纹三足炉
估　价：HKD 40,000～60,000
成交价：RMB 137,088
直径12cm 香港苏富比 2020-06-05

306 元 龙泉青釉双层菊瓣小杯
估　价：HKD 70,000～90,000
成交价：RMB 79,968
直径8.6cm 香港苏富比 2020-06-05

4654 元 龙泉窑青釉“金玉满堂”花口盘
“金玉满堂”款
估　价：RMB 80,000～120,000
成交价：RMB 207,000
直径14.5cm 中国嘉德 2020-07-16

2660 元 龙泉窑荷叶双鱼茶盘
估　价：RMB 100,000～200,000
成交价：RMB 126,500
直径24.2cm 中国嘉德 2020-08-18

1931 元 龙泉窑贴塑牡丹纹三足炉
估　价：RMB 450,000～600,000
成交价：RMB 747,500
高14.4cm；直径21.2cm 西泠印社 2020-08-08

3045 元 龙泉窑百条缸
估　价：RMB 100,000
成交价：RMB 170,250
高21.5cm；宽28.5cm 北京保利 2020-07-19

1932 元 龙泉窑水月观音
估　价：RMB 180,000～250,000
成交价：RMB 287,500
高26cm 西泠印社 2020-08-08

105 明初 龙泉青釉梅瓶
估　价：HKD 4,000,000～6,000,000
成交价：RMB 6,667,000
高38.8cm 香港苏富比 2020-07-11

512 明初 龙泉窑青釉龙纹大盘
估　价：USD 60,000～80,000
成交价：RMB 516,424
直径40.5cm 纽约苏富比 2020-09-23

1002 明早期 处州龙泉官窑暗刻缠枝花卉纹莲子碗
估　价：HKD 250,000～500,000
成交价：RMB 402,144
直径20cm 保利香港 2020-12-02

5085 明初 龙泉窑青釉番莲纹盘
估　价：HKD 200,000～300,000
成交价：RMB 344,960
直径19.8cm 香港苏富比 2020-05-22

192 明早期 龙泉窑青釉刻牡丹纹菱口大盘
估　价：RMB 300,000～500,000
成交价：RMB 437,000
直径43cm 中贸圣佳 2020-06-20

1027 明初 龙泉窑暗刻花三友图梅瓶
估　价：RMB 1,800,000～2,800,000
成交价：RMB 2,185,000
高38cm 华艺国际 2020-10-16

618 明早期 处州龙泉窑粉青釉碗（一对）
估　价：RMB 300,000～500,000
成交价：RMB 1,092,500
高10.5cm，口径22cm；高10.7cm，口径22cm
上海匡时 2020-08-05

6228 明洪武 处州龙泉官窑刻菊纹菱口大盘
估　价：RMB 800,000～1,200,000
成交价：RMB 1,265,000
直径46.5cm 北京保利 2020-10-20

6229 明永乐 处州龙泉官窑青釉葵口大盘
估　价：RMB 600,000～800,000
成交价：RMB 1,058,000
直径47.7cm 北京保利 2020-10-20

3666 明永乐 处州龙泉双系罐
估　价：RMB 180,000～200,000
成交价：RMB 218,500
高5cm 中国嘉德 2020-08-16

1777 明 龙泉窑梅子青釉双摩羯耳瓶
估　价：RMB 5,200,000～8,000,000
成交价：RMB 8,050,000
高27.5cm 北京保利 2020-12-05

2741 明永乐 龙泉官窑青釉内暗刻折枝花卉纹外菊瓣大碗
估　价：RMB 320,000～520,000
成交价：RMB 437,000
直径20.4cm 中国嘉德 2020-08-18

8851 15世纪 龙泉窑青釉刻缠枝牡丹纹罐
估　价：HKD 240,000～320,000
成交价：RMB 250,800
宽33.5cm 佳士得 2020-07-01

115 15/16世纪 龙泉窑刻缠枝花卉纹三足大炉
估　价：EUR 15,000～25,000
成交价：RMB 238,256
高4cm 巴黎佳士得 2020-06-23

649 龙泉窑刻花套壶
估　价：RMB 500,000～600,000
成交价：RMB 1,058,000
高20.5cm；口径24.5cm 上海匡时 2020-08-05

628 龙泉窑露胎瑞果花口折沿盘
估　价：RMB 150,000～200,000
成交价：RMB 299,000
高3.1cm；直径16.5cm 上海匡时 2020-08-05

645 龙泉窑粉青釉鬲式炉
估　价：RMB 600,000～850,000
成交价：RMB 690,000
高9cm；直径6.6cm 上海匡时 2020-08-05

329 明 龙泉青釉云龙纹罐
估　价：HKD 100,000～150,000
成交价：RMB 114,240
高26cm 香港苏富比 2020-06-05

2012 龙泉窑双凤耳长颈盘口瓶
估　价：RMB 1,000,000～1,500,000
成交价：RMB 1,265,000
高26cm 中贸圣佳 2020-10-17

2548 龙泉窑粉青釉鬲式炉
估　价：RMB 620,000～920,000
成交价：RMB 747,500
直径13.2cm 中国嘉德 2020-12-03

2166 明 龙泉划花卉大盘
估　价：RMB 300,000～500,000
成交价：RMB 345,000
直径35.5cm 北京翰海 2020-12-12

仿龙泉釉

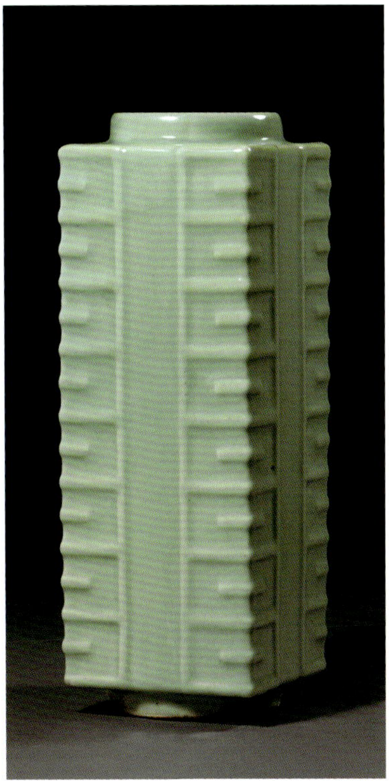

849 清乾隆 仿龙泉窑青釉琮式瓶
估　价：RMB 50,000～65,000
成交价：RMB 149,500
高36.5cm 北京诚轩 2020-08-17

5135 明 梅子青釉双凤耳瓶
估　价：RMB 5,000,000～8,000,000
成交价：RMB 8,050,000
高27.5cm 北京保利 2020-10-19

景德镇青釉

19 明永乐 翠青釉盖罐
估　价：HKD 10,000,000～15,000,000
成交价：RMB 15,345,520
高12cm 香港苏富比 2020-10-09

5134 明 梅子青釉双耳炉
估　价：RMB 1,100,000～2,100,000
成交价：RMB 1,840,000
宽14.6cm 北京保利 2020-10-19

117 清康熙 冬青釉暗花海水龙纹莱菔尊
“大清康熙年制”款
估　价：USD 300,000～500,000
成交价：RMB 2,754,259
高19.5cm 纽约苏富比 2020-09-22

5006 清康熙 冬青釉浅浮雕海水螭龙纹莱菔尊
“大清康熙年制”款
估　价：RMB 3,500,000～5,500,000
成交价：RMB 7,590,000
高19cm 北京保利 2020-10-19

60 清康熙 冬青釉暗刻云龙纹长颈瓶
“大清年制”楷书款
估　价：RMB 200,000
成交价：RMB 517,500
高60.8cm 中贸圣佳 2020-07-18

2369 明 青釉鹦鹉纹盖盒
估　价：RMB 50,000～80,000
成交价：RMB 57,500
直径13cm 中鸿信 2020-01-03

5138 明 青釉叶形笔掭
估　价：RMB 350,000～550,000
成交价：RMB 598,000
长11.6cm 北京保利 2020-10-19

1019 清雍正 粉青釉菊瓣盘
“大清雍正年制”楷书款
估　价：RMB 800,000～1,000,000
成交价：RMB 1,046,500
直径18cm 华艺国际 2020-10-16

14 清雍正 粉青釉六联瓶
“大清雍正年制”款
估　价：GBP 250,000～350,000
成交价：RMB 5,105,215
高24cm 伦敦苏富比 2020-11-04

43 清康熙 冬青釉刻暗刻海水龙纹盖罐
估　价：EUR 8,000～12,000
成交价：RMB 119,900
高38cm 巴黎苏富比 2020-06-18

3063 清康熙 粉青釉暗刻云纹水丞
“大清康熙年制”楷书款
估　价：HKD 1,200,000～1,800,000
成交价：RMB 1,597,500
高7.5cm 佳士得 2020-11-30

805 清雍正 粉青釉三系九弦纹梅瓶
“大清雍正年制”篆书款
估　价：RMB 13,000,000～15,000,000
成交价：RMB 17,250,000
高28.3cm 中贸圣佳 2020-10-17

2743 清雍正 青釉小盘（一对）
“大清雍正年制”楷书款，雍正本朝
估　价：RMB 1,200,000～2,200,000
成交价：RMB 1,380,000
直径13.3cm×2 中国嘉德 2020-08-18

3101 清雍正 外粉青釉划灵芝纹盘
“大清雍正年制”款
估　价：HKD 380,000～500,000
成交价：RMB 621,500
直径11.7cm 香港苏富比 2020-07-11

98 清雍正 粉青釉浮雕八吉祥大碗
“大清雍正年制”款
估　价：HKD 800,000～1,200,000
成交价：RMB 872,928
直径22.5cm 香港苏富比 2020-10-09

132 清雍正 天青釉莲花式大盘
“大清雍正年制”款
估　价：HKD 4,000,000～6,000,000
成交价：RMB 6,667,000
直径30cm 香港苏富比 2020-07-11

808 清雍正 粉青釉暗刻寿山福海碗（一对）
“大清雍正年制”楷书款
估　价：RMB 1,600,000～2,000,000
成交价：RMB 1,840,000
直径12cm；高5.5cm 中贸圣佳 2020-10-17

1111 清乾隆 冬青釉双管瓶
“大清乾隆年制”篆书款
成交价：RMB 977,500
高18cm 华艺国际 2020-10-16

2039 清雍正 粉青釉模印缠枝花卉纹大碗
“大清雍正年制”篆书款
成交价：RMB 172,500
高12.5cm；直径26.7cm 西泠印社 2020-08-08

10 清雍正 粉青釉暗划花卉纹花浇
“大清雍正年制”款
估　价：HKD 2,000,000～3,000,000
成交价：RMB 2,837,016
高25cm 香港苏富比 2020-10-09

2751 清雍正 仿汝天青釉屈卮形洗
“大清雍正年制”篆书款，雍正本朝
估　价：RMB 2,500,000～3,500,000
成交价：RMB 3,910,000
长19.3cm 中国嘉德 2020-08-18

837 清雍正 粉青釉夔凤纹折沿洗
估　价：RMB 2,300,000～3,000,000
成交价：RMB 2,875,000
直径29cm 永乐拍卖 2020-12-02

518 清雍正 粉青釉模印缠枝花卉纹碗
“大清雍正年制”篆书款
估　价：RMB 500,000～800,000
成交价：RMB 805,000
直径26.5cm 北京大羿 2020-10-16

2843 清乾隆 豆青釉凸花缠枝莲纹盘口瓶
“大清乾隆年制”篆书印款
估　价：HKD 3,000,000～5,000,000
成交价：RMB 4,018,280
高48.2cm 佳士得 2020-07-09

1805 清乾隆 粉青釉模印夔龙纹双耳尊
估　价：RMB 350,000～550,000
成交价：RMB 552,000
高35cm 北京保利 2020-12-05

2102 清乾隆 青釉葫芦瓶
“大清乾隆年制”篆书款
估　价：RMB 600,000～700,000
成交价：RMB 690,000
高31cm 西泠印社 2020-08-08

5075 清乾隆 粉青釉葫芦瓶
“大清乾隆年制”款
估　价：RMB 3,500,000～5,500,000
成交价：RMB 6,900,000
高31.8cm 北京保利 2020-10-19

1035 清乾隆 粉青釉镂空缠枝牡丹纹长颈套瓶
“大清乾隆年制”
估　价：HKD 4,500,000～6,000,000
成交价：RMB 4,524,120
高27cm 保利香港 2020-12-02

5163 清乾隆 粉青釉弦纹长颈瓶
“大清乾隆年制”款
估　价：RMB 2,600,000～3,600,000
成交价：RMB 5,750,000
高16.5cm 北京保利 2020-10-19

2 清乾隆 粉青釉绶带耳葫芦尊
“大清乾隆年制”款
估　价：GBP 80,000～120,000
成交价：RMB 3,085,695
高20.1cm 伦敦苏富比 2020-11-04

126 清乾隆 豆青釉铺兽首鼓形罐
“大清乾隆年制”篆书款
估　价：EUR 15,000～25,000
成交价：RMB 198,547
高16.5cm 巴黎佳士得 2020-06-23

3124 清乾隆 豆青釉刻缠枝牡丹纹大碗
“大清乾隆年制”款
估　价：HKD 280,000～350,000
成交价：RMB 361,600
直径27cm 香港苏富比 2020-07-11

2764 清乾隆 粉青釉三足荸荠小瓶
“大清乾隆年制”款
估　价：RMB 250,000～350,000
成交价：RMB 747,500
高10.5cm 中鸿信 2020-01-03

809 清乾隆 粉青釉倭角如意足小花盆
“大清乾隆年制”篆书款
估　价：RMB 1,600,000～2,000,000
成交价：RMB 2,070,000
长13.2cm；宽9.8cm；高7.8cm 中贸圣佳 2020-10-17

1034 清乾隆 粉青釉“五蝠捧寿”纹折沿洗
“大清乾隆年制”
估　价：HKD 3,800,000～5,800,000
成交价：RMB 4,524,120
直径41cm 保利香港 2020-12-02

2301 清乾隆 青釉长方倭角花盆（一对）
“大清乾隆年制”篆书横款，乾隆本朝
估　价：RMB 100,000～200,000
成交价：RMB 115,000
长34.5cm×2 中国嘉德 2020-08-18

532 清乾隆 粉青釉折枝花果纹大碗
“大清乾隆年制”款
估　价：USD 50,000～70,000
成交价：RMB 1,248,024
直径34cm 纽约苏富比 2020-09-23

2845 清乾隆 青釉高足盘
“大清乾隆年制”款
估　价：RMB 60,000～90,000
成交价：RMB 299,000
直径17.9cm 中国嘉德 2020-11-09

4 清乾隆 粉青釉浮雕莲瓣花口碗
“大清乾隆年制”款
估　价：HKD 300,000～400,000
成交价：RMB 1,636,740
直径15.9cm 香港苏富比 2020-10-09

1040 清乾隆 粉青釉模印花卉仿宋葵瓣式三足洗
“大清乾隆年制”篆书款
估　价：RMB 1,800,000～2,000,000
成交价：RMB 2,070,000
直径15.5cm 中贸圣佳 2020-10-17

862 清乾隆 粉青釉鼓式洗
“大清乾隆年制”篆书款
估　价：USD 50,000～70,000
成交价：RMB 1,534,050
直径14.2cm 纽约佳士得 2020-09-24

302 清乾隆 粉青釉暗花十字宝杵纹鼓钉式洗（一对）
“乾隆年制”篆书款
估　价：RMB 1,100,000～1,600,000
成交价：RMB 1,840,000
直径7.3cm ×2 北京大羿 2020-10-16

1074 清嘉庆 豆青釉月牙盖罐
“大清嘉庆年制”篆书款
估　价：RMB 80,000～120,000
成交价：RMB 506,000
高21.2cm 中贸圣佳 2020-10-17

379 清道光 青釉暗刻花卉纹瓶
“慎德堂制”款
估　价：HKD 800,000～1,200,000
成交价：RMB 935,622
高31.5cm 中国嘉德 2020-10-08

2806 清嘉庆 青釉双陆尊
“大清嘉庆年制”篆书款，嘉庆本朝
估　价：RMB 10,000～20,000
成交价：RMB 345,000
高28cm 中国嘉德 2020-12-03

18 清嘉庆 粉青釉菊瓣形盖碗
“玉庆堂制”篆书款
估　价：RMB 20,000～30,000
成交价：RMB 112,700
直径15cm 北京大羿 2020-06-14

15 清同治 粉青釉琮式瓶
“大清同治年制”楷书款
估　价：RMB 120,000～150,000
成交价：RMB 287,500
高28cm 北京大羿 2020-05-20

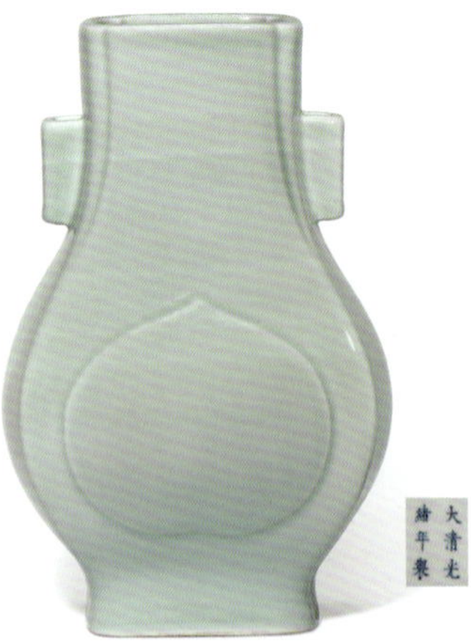

125 清光绪 粉青釉杏圆贯耳瓶
“大清光绪年制”楷书款
估　价：EUR 6,000～8,000
成交价：RMB 74,455
高29.5cm 巴黎佳士得 2020-06-23

854 粉青釉小天球瓶
估　价：USD 8,000～12,000
成交价：RMB 639,188
高18.4cm 纽约佳士得 2020-09-24

43 豆青釉暗刻花卉纹大盘
估　价：RMB 120,000
成交价：RMB 682,000
直径36.5cm 北京贞观 2020-11-28

1099 青瓷粉青釉瑞果鬲式炉
估　价：RMB 600,000～800,000
成交价：RMB 977,500
直径18.4cm；高10.9cm 中贸圣佳 2020-10-17

1086 天青釉扁壶
估　价：RMB 600,000～800,000
成交价：RMB 2,070,000
长25.5cm 中贸圣佳 2020-10-17

其他窑青釉

233 隋 青釉高足盘
估　价：HKD 10,000～15,000
成交价：RMB 32,002
直径36cm 中国嘉德 2020-07-13

6212 明 河南青釉盘
估　价：RMB 100,000～150,000
成交价：RMB 115,000
直径15cm 北京保利 2020-10-20

1962 明 漳州窑夔龙纹花口洗
估　价：RMB 15,000～20,000
成交价：RMB 23,000
高2.5cm；口径14.3cm 西泠印社 2020-08-08

1971 宋 高丽青瓷梅瓶
估　价：RMB 60,000～80,000
成交价：RMB 86,250
高29cm 西泠印社 2020-08-08

5054 高丽王朝 青釉刻莲纹盖盒
估　价：HKD 80,000～100,000
成交价：RMB 344,960
直径9cm 香港苏富比 2020-05-22

白　瓷

定窑白釉

1895 五代 定窑花口碟
估　价：RMB 100,000～150,000
成交价：RMB 126,500
高4cm；直径16.5cm 西泠印社 2020-08-08

313 北宋至金 定窑白釉长颈瓶
估　价：HKD 200,000～300,000
成交价：RMB 456,959
高30.5cm 香港苏富比 2020-06-05

401 北宋 定窑白釉刻萱花纹碗
估　价：HKD 100,000～150,000
成交价：RMB 341,793
直径19cm 香港苏富比 2020-11-26

2802 北宋 定窑白釉刻莲纹折沿碗
估　价：HKD 300,000～500,000
成交价：RMB 565,000
直径20.3cm 佳士得 2020-07-09

317 北宋/金 定窑系执壶
估　价：HKD 80,000～120,000
成交价：RMB 253,080
高26.7cm 佳士得 2020-10-08

699 北宋 定窑白釉葵花式盘
估　价：USD 6,000～8,000
成交价：RMB 361,497
直径15.2cm 纽约苏富比 2020-09-23

1601 北宋 定窑白釉刻划牡丹花葵口盘
估　价：RMB 1,000,000～1,500,000
成交价：RMB 1,322,500
直径20.3cm；高5.2cm 广东崇正 2020-09-13

812 定瓷剔刻摩羯鱼纹花口盘
“官”字款
估　价：RMB 1,000,000～1,300,000
成交价：RMB 1,725,000
直径20.1cm 中贸圣佳 2020-10-17

3001 北宋晚期/金早期 定窑刻莲纹大碗
估　价：HKD 6,000,000～8,000,000
成交价：RMB 23,728,200
直径31.5cm 佳士得 2020-11-30

2810 北宋 定窑白釉划莲纹香盒
估　价：HKD 1,500,000～2,500,000
成交价：RMB 2,712,000
直径13cm 佳士得 2020-07-09

307 北宋 定窑白釉划莲纹水盂
估　价：HKD 300,000～500,000
成交价：RMB 256,344
高5.2cm 香港苏富比 2020-11-26

1084 北宋 定窑白釉出棱葵瓣式刻花莲纹盏
估　价：RMB 20,000～50,000
成交价：RMB 402,500
直径17cm 中贸圣佳 2020-10-17

3030 北宋 定窑白釉菊瓣式洗
估　价：HKD 800,000～1,000,000
成交价：RMB 852,000
直径17cm 佳士得 2020-11-30

1926 宋 定窑刻花螭龙纹盘（一对）
估　价：RMB 300,000～500,000
成交价：RMB 437,000
高2.7cm×2；口径16.7cm×2 西泠印社 2020-08-08

1085 南宋 定窑白釉印花螭龙舞海石榴花纹洗
估　价：RMB 150,000～200,000
成交价：RMB 2,127,500
直径14cm 中贸圣佳 2020-10-17

1088 金代早期 定窑白釉长颈胆瓶
估　价：RMB 280,000～350,000
成交价：RMB 322,000
高30.8cm 中贸圣佳 2020-10-17

仿定釉

1083 宋 定窑白釉盏台
估　价：RMB 30,000～50,000
成交价：RMB 322,000
直径14cm；高7.4cm 中贸圣佳 2020-10-17

663 定窑鱼篓尊
估　价：RMB 60,000～80,000
成交价：RMB 195,500
高7cm；直径7cm 上海匡时 2020-08-05

1775 明 定窑模印夔龙穿花纹盘
估　价：RMB 1,600,000～2,600,000
成交价：RMB 4,255,000
直径18.5cm 北京保利 2020-12-05

1618 明末清初 浆胎仿定釉水丞
估 价：RMB 180,000～250,000
成交价：RMB 230,000
腹径6.5cm 华艺国际 2020-10-16

20 清康熙 白釉仿定窑鱼藻纹折沿洗
估 价：RMB 100,000～150,000
成交价：RMB 115,000
直径27.8cm 北京大羿 2020-05-20

4567 清康熙 仿定釉暗刻鱼化龙纹洗
估 价：RMB 1,000～2,000
成交价：RMB 115,000
直径12.2cm 中国嘉德 2020-07-16

2725 清乾隆 浆胎仿定釉暗刻九五之尊菊花纹三足洗
“大清乾隆年制”篆书款，乾隆本朝
估 价：RMB 80,000～120,000
成交价：RMB 402,500
直径13.3cm 中国嘉德 2020-08-18

2724 清乾隆 浆胎仿定釉暗刻兽面纹盖碗尊
“大清乾隆年制”篆书款，乾隆本朝
估 价：RMB 10,000～20,000
成交价：RMB 264,500
高20.5cm 中国嘉德 2020-08-18

36 清乾隆 白釉仿定龙女献宝
估 价：RMB 50,000～80,000
成交价：RMB 71,300
高38.7cm 北京中汉 2020-08-19

磁州窑白釉

2806 北宋/金 磁州窑白釉嘟噜瓶
估 价：HKD 150,000～250,000
成交价：RMB 248,600
高14.4cm 佳士得 2020-07-09

323 宋 磁州白釉碗
估 价：HKD 30,000～40,000
成交价：RMB 148,512
直径12.5cm 香港苏富比 2020-06-05

716 辽 磁州窑白釉剔花叶纹盘口瓶
估　价：USD 30,000～50,000
成交价：RMB 301,247
高48cm 纽约苏富比 2020-09-23

516 明 德化白瓷观世音菩萨像
估　价：HKD 250,000～300,000
成交价：RMB 628,319
高22.2cm 香港苏富比 2020-06-05

1015 明 德化窑青白釉观音坐像
估　价：RMB 280,000～350,000
成交价：RMB 483,000
高28.1cm 中贸圣佳 2020-10-17

德化窑

1020 明末 何朝宗制德化窑持卷观音
“何朝宗”葫芦形印款
估　价：RMB 600,000～1,000,000
成交价：RMB 713,000
高26.3cm 永乐拍卖 2020-08-17

1016 明 林朝景制持经观音坐像
“林朝景印”四方篆书款
估　价：RMB 1,800,000～2,500,000
成交价：RMB 2,070,000
高24.5cm 中贸圣佳 2020-10-17

463 清早期 狮吼观音坐像
估　价：RMB 100,000～200,000
成交价：RMB 207,000
高42.2cm 上海匡时 2020-08-05

21 18世纪初 德化白瓷观音立像“何朝宗”款
估　价：GBP 40,000～60,000
成交价：RMB 440,814
高45cm 伦敦苏富比 2020-11-04

2845 晚清 德化关帝骑赤兔马像
估　价：HKD 500,000～700,000
成交价：RMB 565,000
高43.9cm 佳士得 2020-07-09

515 17世纪 德化白瓷叶式小杯（一对）
估　价：HKD 20,000～30,000
成交价：RMB 34,272
高7.5cm×2 香港苏富比 2020-06-05

景德镇白釉

304 北宋 青白釉葵式盏及盏托
估　价：HKD 30,000～40,000
成交价：RMB 159,936
总高8cm 香港苏富比 2020-06-05

107 南宋/元 青白釉印花花鸟纹八棱瓶
估　价：EUR 5,500～8,500
成交价：RMB 31,767
高17cm 巴黎佳士得 2020-06-23

2804 南宋 青白釉瓜楞式执壶
估　价：HKD 400,000～600,000
成交价：RMB 1,921,000
高25cm 佳士得 2020-07-09

2 南宋 青白釉刻婴戏莲纹碗
估　价：EUR 1,500～2,000
成交价：RMB 59,950
直径19.7cm 巴黎苏富比 2020-06-18

1904 南宋 湖田窑博山炉
估　价：RMB 300,000～400,000
成交价：RMB 345,000
高11.8cm；直径9.2cm 西泠印社 2020-08-08

318 宋 青白釉莲瓣纹炉
估　价：HKD 100,000～150,000
成交价：RMB 685,425
高11.3cm 佳士得 2020-10-08

1887 南宋 湖田窑菊瓣杯
估　价：RMB 120,000～150,000
成交价：RMB 161,000
高5.3cm；口径10cm 西泠印社 2020-08-08

1859 宋 湖田窑刻花莲纹花口盘
估　价：RMB 60,000～80,000
成交价：RMB 109,250
高4cm；口径17.5cm 西泠印社 2020-08-08

2807 南宋 青白釉小茶罐（一对）
估　价：HKD 300,000～400,000
成交价：RMB 361,600
高9cm×2 佳士得 2020-07-09

618 宋 青白釉高足杯及盏托
估　价：HKD 15,000～20,000
成交价：RMB 62,832
高12cm 香港苏富比 2020-06-05

2727 明洪武至永乐 甜白釉凸花云龙纹大碗
估　价：RMB 600,000～900,000
成交价：RMB 690,000
直径21cm 中国嘉德 2020-08-18

939 元 白釉模印缠枝花卉大碗
估　价：RMB 250,000～350,000
成交价：RMB 437,000
直径30.5cm 保利厦门 2020-09-26

5184 元 白釉大梅瓶
估　价：RMB 400,000～600,000
成交价：RMB 598,000
高41cm 北京保利 2020-10-19

350 宋 青白釉印双凤纹碗
估　价：HKD 15,000～20,000
成交价：RMB 182,784
直径19cm 香港苏富比 2020-06-05

1940 元 枢府碗
估　价：RMB 150,000～180,000
成交价：RMB 230,000
高7.5cm；口径17cm 西泠印社 2020-08-08

2043 明洪武 蛋白釉暗刻龙纹折沿洗
估　价：RMB 50,000～80,000
成交价：RMB 172,500
直径15.5cm 中鸿信 2020-01-03

1030 明永乐 甜白釉暗刻缠枝花纹莲子碗
估　价：RMB 900,000～1,200,000
成交价：RMB 2,185,000
直径20.7cm 华艺国际 2020-10-16

2095 明永乐 甜白釉三系小罐
估　价：RMB 1,500,000～2,000,000
成交价：RMB 2,185,000
高7cm 西泠印社 2020-08-08

2094 明永乐 白釉浮雕莲瓣纹束腰三足座
估　价：RMB 150,000～200,000
成交价：RMB 184,000
高19cm 西泠印社 2020-08-08

907 明宣德 白釉内暗刻如意云头纹外赶珠云龙纹盘
“大明宣德年制”楷书款
估　价：RMB 200,000～300,000
成交价：RMB 713,000
直径13cm 保利厦门 2020-09-26

921 明宣德 甜白釉暗刻莲瓣纹碗
“大明宣德年制”楷书款
估　价：RMB 800,000～1,200,000
成交价：RMB 920,000
直径21.5cm；高10cm 保利厦门 2020-09-26

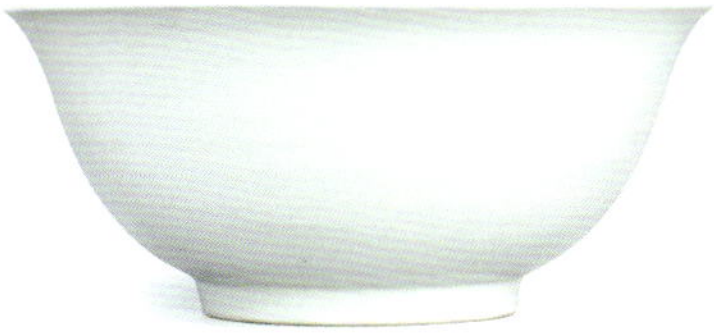

5060 明嘉靖 白釉暗刻凤凰纹撇口碗
估　价：HKD 200,000～300,000
成交价：RMB 666,923
直径30cm 香港苏富比 2020-05-22

909 明嘉靖 白釉暗刻云龙纹罐
“大明嘉靖年制”楷书款
估　价：RMB 200,000～300,000
成交价：RMB 345,000
高10.5cm 保利厦门 2020-09-26

5193 明嘉靖 甜白釉暗刻花卉纹杯
“大明嘉靖年制”款
估　价：RMB 350,000～550,000
成交价：RMB 529,000
直径6.8cm 北京保利 2020-10-19

56 明嘉靖 白釉暗花缠枝莲纹高足碗
估　价：HKD 80,000～150,000
成交价：RMB 125,263
高11cm 佳士得 2020-04-21

276 明成化(1474年) 白釉双龙耳弦纹盘口瓶
“大明成化甲午年置”单行楷书款
估　价：RMB 500,000～800,000
成交价：RMB 575,000
高51cm 北京中汉 2020-12-04

5194 明嘉靖 甜白釉仰钟杯
“大明嘉靖年制”款
估　价：RMB 1,500,000～2,500,000
成交价：RMB 3,507,500
直径17.8cm 北京保利 2020-10-19

4514 明万历 白釉暗刻云凤纹梅瓶
“大明万历年制”款
估　价：RMB 1,000～2,000
成交价：RMB 207,000
高33cm 中国嘉德 2020-07-16

5113 明 青白釉弦纹梅瓶
估　价：RMB 800,000～1,200,000
成交价：RMB 1,380,000
高31cm 北京保利 2020-10-19

5112 明 青白釉莲瓣形注壶及温碗
估　价：RMB 500,000～800,000
成交价：RMB 1,840,000
高25cm 北京保利 2020-10-19

132 明天启 白釉“丁卯年造”象耳炉
“大明天启丁卯年造”楷书款
估　价：RMB 1,000～2,000
成交价：RMB 43,700
长22.2cm；宽17cm；高14.2cm
中贸圣佳 2020-06-20

5118 明 白釉划花螭龙花卉纹葵口盘
估　价：RMB 8,000,000～12,000,000
成交价：RMB 29,900,000
直径23.8cm 北京保利 2020-10-19

5115 明 白釉刻莲瓣螭龙纹碗
估 价：RMB 800,000～1,200,000
成交价：RMB 3,162,500
直径15cm 北京保利 2020-10-19

175 明崇祯 白釉暗刻凤穿花纹莲子盖罐（一对）
成交价：RMB 89,700
高22cm × 2 北京大羿 2020-08-16

3667 明 青白瓷束莲纹盏
成交价：RMB 287,500
口径17.7cm；高6.2cm 中国嘉德 2020-08-16

5114 明 白釉刻划花卉纹碗
估 价：RMB 500,000～800,000
成交价：RMB 977,500
直径21cm 北京保利 2020-10-19

6219 明 白釉模印凤穿牡丹纹盘
成交价：RMB 460,000
直径17.8cm 北京保利 2020-10-20

3037 明晚期 白釉暗刻团龙纹折沿洗
估　价：RMB 150,000
成交价：RMB 232,675
直径15.3cm 北京保利 2020-07-19

5031 清康熙 雍亲王胤禛制“朗吟阁”天蓝釉、白釉小锥把瓶两件
“朗吟阁制”款
估　价：RMB 2,600,000～3,600,000
成交价：RMB 4,025,000
高11.5cm×2 北京保利 2020-10-19

111 明末清初 白釉僧帽壶
估　价：EUR 6,000～10,000
成交价：RMB 496,366
高18.5cm 巴黎佳士得 2020-06-23

110 清康熙 白釉暗花云纹马蹄尊
“大清康熙年制”款
估　价：USD 60,000～80,000
成交价：RMB 559,459
高7cm 纽约苏富比 2020-09-22

814 清康熙 白釉太白尊
“大清康熙年制”楷书款
估　价：USD 80,000～120,000
成交价：RMB 639,188
直径12.1cm 纽约佳士得 2020-09-24

2846 清康熙 白釉暗刻云龙纹碗
“大清康熙年制”款
估　价：RMB 300,000～500,000
成交价：RMB 828,000
直径16cm 中国嘉德 2020-11-09

1015 清雍正 白釉暗刻莲托八宝纹高足碗（一对）
“大清雍正年制”篆书款
估　价：RMB 300,000～500,000
成交价：RMB 667,000
直径18.5cm×2 华艺国际 2020-10-16

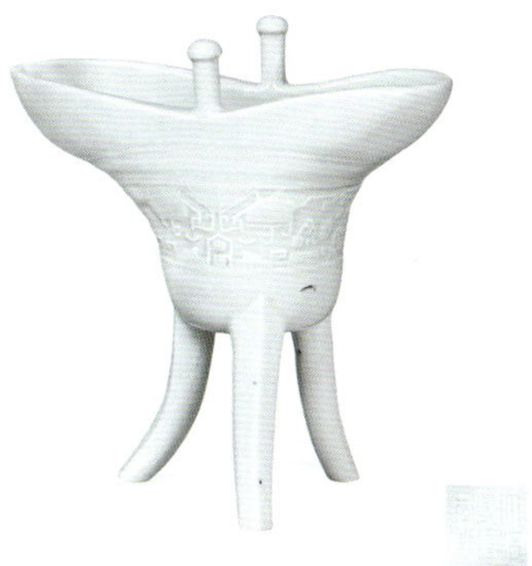

216 清乾隆 白釉饕餮纹爵杯
“大清乾隆年制”篆书款
估　价：HKD 150,000～200,000
成交价：RMB 160,008
高16.5cm 中国嘉德 2020-07-13

5167 清雍正 甜白釉菊瓣盘
“大清雍正年制”款
估　价：RMB 1,600,000～2,600,000
成交价：RMB 1,955,000
直径17.5cm 北京保利 2020-10-19

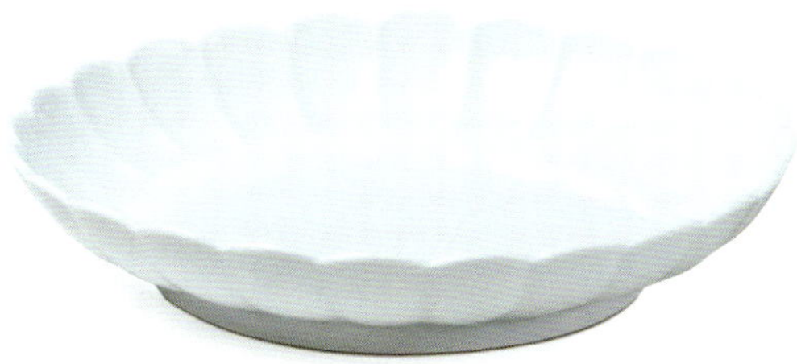

908 清雍正 甜白釉菊瓣盘
“大清雍正年制”楷书款
估　价：RMB 800,000～1,200,000
成交价：RMB 1,518,000
直径16cm 保利厦门 2020-09-26

1814 清雍正 白釉暗刻龙衔灵芝纹长颈瓶（一对）
“大清雍正年制”款
估　价：RMB 3,000,000～5,000,000
成交价：RMB 4,600,000
高11.5cm×2 华艺国际 2020-10-16

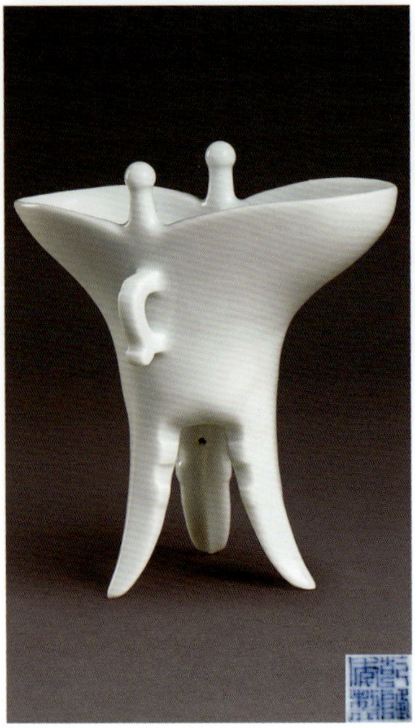

3102 清乾隆 月白釉爵杯
"乾隆年制"款
估　价：HKD 500,000～700,000
成交价：RMB 508,500
高11.8cm 香港苏富比 2020-07-11

2726 清乾隆 仿永乐甜白釉暗刻缠枝莲纹高足碗
"大清乾隆年制"楷书款，乾隆本朝
估　价：RMB 450,000～650,000
成交价：RMB 989,000
直径14.5cm 中国嘉德 2020-08-18

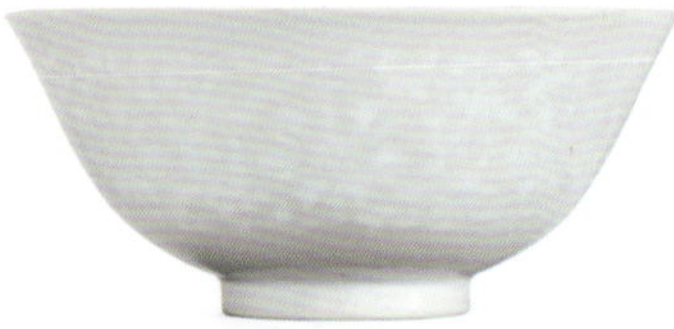

920 清乾隆 白釉玲珑瓷暗花西番莲纹碗
"大清乾隆年制"篆书款
估　价：RMB 500,000～600,000
成交价：RMB 575,000
直径13cm；高5.5cm 保利厦门 2020-09-26

577 17世纪 白釉浅雕竹林七贤笔筒
估　价：HKD 20,000～30,000
成交价：RMB 297,023
高18.8cm 香港苏富比 2020-06-05

217 清乾隆 白釉暗刻缠枝莲纹高足碗
"大清乾隆年制"楷书款
估　价：HKD 200,000～300,000
成交价：RMB 266,680
直径15cm 中国嘉德 2020-07-13

1170 清乾隆 白釉高浮雕"海屋添筹"图笔筒
"大清乾隆年制"篆书款
估　价：RMB 400,000～500,000
成交价：RMB 575,000
高11.5cm 华艺国际 2020-10-16

583 18世纪 浆胎白瓷仿古兽面纹瓶
估　价：HKD 25,000～35,000
成交价：RMB 125,664
高12.9cm 香港苏富比 2020-06-05

608 18/19世纪 白釉荷叶盖罐（一对）
估 价：HKD 30,000～50,000
成交价：RMB 228,480
高38.7cm×2 香港苏富比 2020-06-05

1557 青白釉莲瓣纹行炉
估 价：RMB 150,000
成交价：RMB 172,500
高11.6cm 中贸圣佳 2020-12-07

其他窑白釉

257 隋 白釉龙柄双联小瓶
估 价：HKD 100,000～150,000
成交价：RMB 149,341
高7.5cm 中国嘉德 2020-07-13

3024 隋 白釉长颈瓶及青铜带盖长颈瓶
估 价：HKD 400,000～600,000
成交价：RMB 426,000
高27.2cm；高26.7cm 佳士得 2020-11-30

1870 隋 白釉杯及盏托（一组两件）
估 价：RMB 120,000～180,000
成交价：RMB 149,500
杯高7.3cm；托高7.9cm；直径8.4cm
西泠印社 2020-08-08

1924 唐 "盈"字款白釉罐
"盈"款
估 价：RMB 80,000～120,000
成交价：RMB 155,250
高21cm 西泠印社 2020-08-08

897 唐 白釉兔
估　价：USD 8,000～12,000
成交价：RMB 2,727,200
高9.6cm 纽约佳士得 2020-09-24

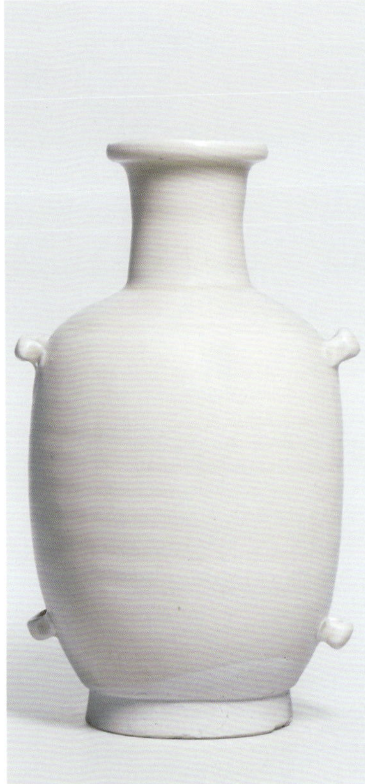

2815 五代 邢窑白釉四系穿带壶
估　价：HKD 400,000～600,000
成交价：RMB 452,000
高22.6cm 佳士得 2020-07-09

244 唐 邢窑白釉花口盘
“盈”款
估　价：HKD 100,000～150,000
成交价：RMB 103,958
直径13.5cm 中国嘉德 2020-10-08

1925 唐至五代 邢窑白釉洗
估　价：RMB 100,000～150,000
成交价：RMB 287,500
高10cm；直径20.5cm 西泠印社 2020-08-08

5093 唐末至北宋 白釉双系罐
估　价：HKD 70,000～90,000
成交价：RMB 80,491
高16.3cm 香港苏富比 2020-05-22

248 宋 登封窑白釉珍珠地牡丹纹梅瓶
估　价：HKD 180,000～220,000
成交价：RMB 239,103
高42.2cm 中国嘉德 2020-10-08

黑　瓷

黑　釉

1948 唐 淄素瓷把杯
估　价：RMB 80,000～150,000
成交价：RMB 92,000
高7.2cm；通径10cm 西泠印社 2020-08-08

254 北宋 定窑黑釉净瓶
估　价：HKD 250,000～350,000
成交价：RMB 259,895
高29.5cm 中国嘉德 2020-10-08

620 北宋至金 黑釉棱线纹双系罐
估　价：HKD 30,000～40,000
成交价：RMB 108,528
高26.3cm 香港苏富比 2020-06-05

647 白釉杯（一对）
估　价：RMB 400,000～500,000
成交价：RMB 897,000
高7.5cm，直径8.6cm；高7.5cm，直径8.65cm 上海匡时 2020-08-05

2 北宋 磁州窑鹧鸪斑斗笠盏
估　价：HKD 800,000～1,200,000
成交价：RMB 1,309,392
直径13cm 香港苏富比 2020-10-09

97 北宋 黑釉油滴茶盏
估　价：HKD 500,000～800,000
成交价：RMB 436,464
直径13.5cm 香港苏富比 2020-10-09

28 北宋至金 河南黑釉油滴天目茶盏
估　价：HKD 500,000～800,000
成交价：RMB 927,486
直径12.6cm 香港苏富比 2020-10-09

109 南宋 吉州窑黑釉木叶天目茶盏
估　价：HKD 600,000～800,000
成交价：RMB 654,696
直径15.5cm 香港苏富比 2020-10-09

129 北宋至金 黑釉油滴盏
估　价：HKD 3,500,000～4,500,000
成交价：RMB 3,164,000
直径10.2cm 香港苏富比 2020-07-11

2812 南宋 建窑兔毫碗
估　价：HKD 200,000～400,000
成交价：RMB 429,400
直径12.6cm 佳士得 2020-07-09

2013 南宋 吉州窑黑釉梅瓶
估　价：RMB 180,000～250,000
成交价：RMB 207,000
高19.5cm 中贸圣佳 2020-10-17

1886 南宋 吉州窑木叶盏
估　价：RMB 350,000～450,000
成交价：RMB 483,000
高5cm；口径15cm 西泠印社 2020-08-08

1909 南宋 建窑斗笠形油滴天目盏
估　价：RMB 1,200,000～1,800,000
成交价：RMB 1,782,500
高5.4cm；口径13cm 西泠印社 2020-08-08

31 南宋 建窑禾目天目茶盏
估　价：HKD 12,000,000～16,000,000
成交价：RMB 8,534,430
直径12cm 香港苏富比 2020-10-09

1603 南宋 建窑黑釉油滴天目茶盏
估　价：RMB 900,000～1,500,000
成交价：RMB 1,380,000
高6.3cm；直径12.2cm 广东崇正 2020-09-13

120 宋 黑釉褐斑罐
估　价：HKD 600,000～800,000
成交价：RMB 678,000
高20.5cm 香港苏富比 2020-07-11

359 宋 黑釉锈花梅瓶
估　价：HKD 40,000～60,000
成交价：RMB 97,104
高20cm 香港苏富比 2020-06-05

317 宋 耀州黑釉盏托
估　价：HKD 70,000～90,000
成交价：RMB 114,240
直径11.8cm 香港苏富比 2020-06-05

5024 宋 传世建窑黑釉兔毫茶盏
估　价：HKD 180,000～250,000
成交价：RMB 252,971
直径12.9cm 香港苏富比 2020-05-22

1897 宋 磁州窑铁锈花茶盏
估　价：RMB 60,000～80,000
成交价：RMB 80,500
高5cm；口径12.7cm 西泠印社 2020-08-08

347 宋 磁州窑鹧鸪斑釉碗
估　价：HKD 26,000～40,000
成交价：RMB 97,104
直径12.5cm 香港苏富比 2020-06-05

2003 宋 黑釉描银凤纹盏
估　价：RMB 500,000～600,000
成交价：RMB 632,500
直径11.6cm 中贸圣佳 2020-10-17

151 宋 建窑兔毫碗
估　价：EUR 8,000～12,000
成交价：RMB 59,564
直径12.1cm 巴黎佳士得 2020-06-23

1899 宋 怀仁窑油滴盏
估　价：RMB 350,000～500,000
成交价：RMB 517,500
高4cm；口径9cm 西泠印社 2020-08-08

333 金 磁州窑黑釉铁斑碗
估　价：HKD 40,000～60,000
成交价：RMB 74,256
直径15cm 香港苏富比 2020-06-05

6220 明 黑釉笠式碗
估　价：RMB 800,000～1,200,000
成交价：RMB 1,127,000
直径21cm 北京保利 2020-10-20

5143 明 白覆轮天目盏
估　价：RMB 300,000～400,000
成交价：RMB 1,495,000
直径15.5cm 北京保利 2020-10-19

5140 明 天目盏及剔红花卉盏托
估　价：RMB 800,000～1,200,000
成交价：RMB 1,322,500
直径11.8；宽16.8cm 北京保利 2020-10-19

5147 明 黑釉褐斑提梁罐
估　价：RMB 600,000～800,000
成交价：RMB 713,000
宽19cm 北京保利 2020-10-19

5141 明 黑釉银油滴敛口小盏（一对）
估　价：RMB 700,000～1,000,000
成交价：RMB 943,000
直径12.8cm×2 北京保利 2020-10-19

5116 明 黑釉褐斑茶盏
估　价：RMB 450,000～650,000
成交价：RMB 747,500
直径12.5cm 北京保利 2020-10-19

5117 明 黑釉大斗笠盏
估　价：RMB 1,000,000～1,500,000
成交价：RMB 1,150,000
直径13cm 北京保利 2020-10-19

5144 明 木叶盏
估　价：RMB 400,000～600,000
成交价：RMB 1,322,500
直径15.5cm 北京保利 2020-10-19

620 定窑黑釉梅瓶
估　价：RMB 150,000～200,000
成交价：RMB 253,000
高25cm；直径6.5cm 上海匡时 2020-08-05

665 吉州窑玳瑁盏
估　价：RMB 80,000～100,000
成交价：RMB 207,000
高5.7cm；口径12.6cm 上海匡时 2020-08-05

乌金釉

1977 南宋 建窑乌金釉油滴盏
估　价：RMB 60,000～80,000
成交价：RMB 69,000
高7.2cm；口径12.5cm 西泠印社 2020-08-08

46 乌金釉兔毫盏
估　价：RMB 500,000
成交价：RMB 586,500
口径13cm；高6.8cm 上海匡时 2020-08-05

彩　瓷

褐黑彩

2811 北宋/金 黑釉褐斑花卉纹嘟噜瓶
估　价：HKD 250,000～320,000
成交价：RMB 316,400
高20.2cm 佳士得 2020-07-09

58 北宋 青白釉褐斑玄武座莲叶枕
估　价：HKD 15,000～30,000
成交价：RMB 398,563
长16.5cm 佳士得 2020-04-21

400 宋 磁州白地黑彩卷草纹罐
估　价：HKD 30,000～50,000
成交价：RMB 58,746
宽19.6cm 香港苏富比 2020-11-26

326 宋 磁州褐彩卷草纹罐
估　价：HKD 60,000～80,000
成交价：RMB 251,327
高17.4cm 香港苏富比 2020-06-05

1881 宋 磁州窑系诗文枕
估　价：RMB 60,000～80,000
成交价：RMB 103,500
长32.6cm 西泠印社 2020-08-08

332 金 磁州白地黑彩开光荷花人物图罐
估 价：HKD 50,000～70,000
成交价：RMB 57,120
高30cm 香港苏富比 2020-06-05

57 元 磁州窑白地黑花苏东坡醉游水晶宫图长方枕
底印“□□□造”莲花座形款
估 价：HKD 15,000～30,000
成交价：RMB 36,440
长29.7cm 佳士得 2020-04-21

411 元 青白釉褐彩卧人
估 价：HKD 30,000～50,000
成交价：RMB 213,620
长14cm 香港苏富比 2020-11-26

青 花

1015 元 青花山石鹿纹玉壶春瓶
估 价：HKD 180,000～280,000
成交价：RMB 331,769
高25cm 保利香港 2020-12-02

1933 元 青花秋郊饮马图玉壶春瓶
估 价：RMB 1,200,000～1,500,000
成交价：RMB 1,495,000
高25.5cm；腹径12.8cm
西泠印社 2020-08-08

834 元 青花苏料仙人指路图玉壶春瓶
估 价：RMB 8,000,000～10,000,000
成交价：RMB 10,580,000
高24.4cm 中贸圣佳 2020-10-17

2390 元 青花缠枝花卉纹兽耳罐
估　价：RMB 200,000～300,000
成交价：RMB 1,092,500
高30.5cm 中国嘉德 2020-08-18

6232 元 青花云龙纹兽耳盘口大罐
估　价：RMB 5,000,000～8,000,000
成交价：RMB 8,625,000
高38cm 北京保利 2020-10-20

1014 元 青花岁寒三友缠枝灵芝托杂宝纹盘
估　价：HKD 500,000～700,000
成交价：RMB 502,680
直径32cm 保利香港 2020-12-02

28 元 青花双龙牡丹纹罐
估　价：GBP 60,000～80,000
成交价：RMB 706,550
高20cm 伦敦佳士得 2020-11-03

3614 元 青花龙戏珠纹高足碗
估　价：HKD 600,000～800,000
成交价：RMB 654,696
直径11.9cm 香港苏富比 2020-10-09

6 元 青花云龙牡丹纹铺首罐
估　价：RMB 9,000,000～15,000,000
成交价：RMB 11,500,000
高38.5cm 华艺国际 2020-12-05

833 元 青花缠枝牡丹如意开光凤穿花纹兽耳大罐
估　价：RMB 9,000,000～12,000,000
成交价：RMB 13,800,000
高37cm 中贸圣佳 2020-10-17

3037 明洪武 青花四季花卉纹花口折沿大盘
估　价：HKD 2,000,000～3,000,000
成交价：RMB 2,130,000
直径46.4cm 佳士得 2020-11-30

2763 明永乐 青花缠枝花卉纹折沿大盘
估　价：RMB 2,000,000～3,000,000
成交价：RMB 2,300,000
直径41.5cm 中国嘉德 2020-08-18

3608 明永乐 青花轮花绶带葫芦扁瓶
估　价：HKD 15,000,000～20,000,000
成交价：RMB 14,297,660
高29.5cm 香港苏富比 2020-10-09

1551 明永乐 青花缠枝花卉纹折沿菱口大盘
沙贾汉旧藏
估　价：USD 200,000～300,000
成交价：RMB 10,015,110
直径37.8cm 纽约佳士得 2020-09-25

1547 明永乐 青花缠枝四季花卉菊花灵芝纹折沿大盘
估　价：USD 200,000～300,000
成交价：RMB 4,428,450
直径40cm 纽约佳士得 2020-09-25

2710 明永乐 青花轮花绶带耳葫芦扁瓶
估　价：RMB 4,800,000～5,800,000
成交价：RMB 6,670,000
高25cm 中国嘉德 2020-08-18

280 明永乐 青花缠枝莲纹双系小罐
估　价：RMB 120,000～180,000
成交价：RMB 874,000
高6cm 北京中汉 2020-12-04

2816 明永乐 青花折枝花果纹梅瓶
估　价：RMB 12,000,000～22,000,000
成交价：RMB 25,300,000
高29cm 中国嘉德 2020-12-03

2200 明永乐 青花轮花纹绶带耳葫芦扁瓶
估　价：RMB 5,000,000～8,000,000
成交价：RMB 21,850,000
高32cm 北京翰海 2020-12-12

1550 明永乐 青花缠枝四季花卉菊纹盘
估　价：USD 100,000～150,000
成交价：RMB 4,343,288
直径34.8cm 纽约佳士得 2020-09-25

3607 明永乐 青花花卉纹菱口折沿盘
估　价：HKD 3,000,000～5,000,000
成交价：RMB 3,055,248
直径38cm 香港苏富比 2020-10-09

1552 明永乐 青花一把莲纹盘
估　价：USD 150,000～250,000
成交价：RMB 2,980,688
直径32.1cm 纽约佳士得 2020-09-25

2826 明永乐 青花缠枝花卉纹折沿洗
估　价：HKD 1,200,000～2,000,000
成交价：RMB 1,695,000
直径32cm 佳士得 2020-07-09

46 明永乐 青花葡萄缠枝四季花卉海波纹折沿大盘
估　价：RMB 3,000,000～4,000,000
成交价：RMB 3,737,500
直径37cm 北京中汉 2020-08-19

894 明永乐 青花缠枝花卉纹莲子碗
估　价：RMB 800,000～1,000,000
成交价：RMB 1,207,500
直径21.4cm 北京诚轩 2020-08-17

3085 明宣德 青花缠枝月季花纹胆式瓶
成交价：RMB 5,750,000
高16.2cm 中贸圣佳 2020-12-07

2815 明永乐 青花一把莲纹盘
估　价：RMB 880,000～1,200,000
成交价：RMB 2,415,000
直径32cm 中国嘉德 2020-12-03

1833 明永乐 青花缠枝花卉折沿菱口大盘
估　价：RMB 4,800,000～6,800,000
成交价：RMB 6,440,000
直径37.8cm 北京保利 2020-12-05

309 明宣德 青花瑞果纹瓜棱贯耳瓶式花插
估　价：RMB 1,800,000～2,200,000
成交价：RMB 2,070,000
高5.7cm 北京大羿 2020-10-16

2825 明宣德 青花缠枝月季纹鸟食罐
“大明宣德年制”楷书横款
估　价：HKD 500,000～800,000
成交价：RMB 508,500
宽5.9cm 佳士得 2020-07-09

2817 明宣德 青花缠枝花卉纹盘
“大明宣德年制”单行楷书款，宣德本朝
估　价：RMB 4,300,000～6,300,000
成交价：RMB 4,945,000
直径27.6cm 中国嘉德 2020-12-03

5185 明宣德 青花缠枝百合纹豆
“大明宣德年制”款
估　价：RMB 2,600,000～3,600,000
成交价：RMB 1,840,000
高10.2cm 北京保利 2020-10-19

187 明宣德 青花折枝月季花菱口盘
估　价：RMB 300,000～320,000
成交价：RMB 345,000
直径20cm 北京大羿 2020-08-16

2057 明宣德 青花花卉纹鸟食罐
“大明宣德年制”单行楷书款
估　价：RMB 600,000～800,000
成交价：RMB 920,000
带座高5cm；高3.5cm；直径5.5cm
西泠印社 2020-08-08

2711 明宣德 青花缠枝花果莲子碗
估　价：RMB 2,200,000～2,800,000
成交价：RMB 3,105,000
直径20.5cm 中国嘉德 2020-08-18

893 明宣德 青花缠枝花卉纹斗笠碗
“大明宣德年制”楷书款
估　价：RMB 250,000～350,000
成交价：RMB 414,000
直径20.6cm 北京诚轩 2020-08-17

1832 明宣德 青花缠枝牡丹花卉纹大碗
“大明宣德年制”款
估　价：RMB 2,800,000～3,800,000
成交价：RMB 3,680,000
直径26.6cm 北京保利 2020-12-05

122 明宣德 青花缠枝花卉纹钵式洗
估　价：RMB 200,000～300,000
成交价：RMB 230,000
中贸圣佳 2020-06-20

938 明正统 青花人物故事图大罐
估　价：RMB 400,000～600,000
成交价：RMB 897,000
高33cm 保利厦门 2020-09-26

1008 明宣德 青花折枝花卉瑞果纹葵口碗
“大明宣德年制”款
估　价：HKD 5,000,000～8,000,000
成交价：RMB 8,847,168
直径22.6cm 保利香港 2020-12-02

892 明正统至成化 青花瑞狮戏球图墩式碗
估　价：RMB 1,500,000～2,000,000
成交价：RMB 1,725,000
直径13.1cm 北京诚轩 2020-08-17

2045 明宣德 青花缠枝花卉罐
“大明宣德年制”款
估　价：RMB 250,000～300,000
成交价：RMB 322,000
高19cm 中鸿信 2020-01-03

830 明宣德 青花雕龙纹鸟食罐
“大明宣德年制”款
估　价：RMB 850,000～1,200,000
成交价：RMB 1,322,500
长7.1cm；高3.5cm 永乐拍卖 2020-12-02

2151 明空白期 青花龙凤纹梅瓶
估　价：RMB 80,000~100,000
成交价：RMB 460,000
高35cm 西泠印社 2020-08-08

3610 明成化 青花缠枝莲托八吉祥纹盘
“大明成化年制”款
估　价：HKD 800,000~1,000,000
成交价：RMB 2,727,900
直径19.1cm 香港苏富比 2020-10-09

3625 明成化 青花海水应龙纹小罐
“大明成化年制”款
估　价：HKD 20,000,000~30,000,000
成交价：RMB 30,532,600
高8.8cm 香港苏富比 2020-07-11

5187 明成化 青花九秋图罐
“大明成化年制”款
估　价：RMB 15,000,000~22,000,000
成交价：RMB 28,175,000
直径10.5cm 北京保利 2020-10-19

1201 明成化 青花童子拜观音瓷板
成交价：RMB 471,500
直径25.4cm 中贸圣佳 2020-12-08

113 越南 15世纪 青花牡丹佛狮纹大罐
估　价：EUR 15,000~20,000
成交价：RMB 3,224,395
高33cm 巴黎佳士得 2020-06-23

5188 明成化至弘治 青花缠枝灵芝盘
估　价：RMB 400,000～600,000
成交价：RMB 1,955,000
直径26.2cm 北京保利 2020-10-19

837 明成化 青花葡萄纹高足碗
估　价：RMB 800,000～1,200,000
成交价：RMB 1,035,000
直径16cm；高11.2cm 中贸圣佳 2020-10-17

1064 明成化 御窑内青花折枝花鸟纹高足碗
估　价：RMB 450,000～500,000
成交价：RMB 632,500
直径16.4cm；高11.2cm 中贸圣佳 2020-10-17

1805 明弘治 黄地青花栀子花纹盘（一对）
“大明弘治年制”楷书款
估　价：RMB 12,000,000～18,000,000
成交价：RMB 15,525,000
直径26cm × 2 华艺国际 2020-10-16

428 明成化 青花婴戏图碗
估　价：HKD 3,000,000～5,000,000
成交价：RMB 5,197,900
直径22.5cm 中国嘉德 2020-10-08

2828 15世纪 青花人物图筒式三足炉
估　价：HKD 500,000～700,000
成交价：RMB 508,500
直径17.8cm 佳士得 2020-07-09

5189 明弘治 黄地青花折枝花果纹盘
“大明弘治年制”款
估　价：RMB 1,500,000～2,500,000
成交价：RMB 2,875,000
直径26.2cm 北京保利 2020-10-19

1812 明嘉靖 青花团龙团凤纹葫芦瓶
“大明嘉靖年制”楷书款
估 价：RMB 2,700,000～3,500,000
成交价：RMB 3,105,000
高48cm 华艺国际 2020-10-16

2396 明嘉靖至万历 青花卷草龙纹摩羯鱼象耳尊
估 价：RMB 350,000～550,000
成交价：RMB 402,500
高86cm 中国嘉德 2020-08-18

1559 明嘉靖 青花涌泉麒麟纹执壶
估 价：USD 40,000～60,000
成交价：RMB 851,625
高39.1cm 纽约佳士得 2020-09-25

1013 明嘉靖 青花“八仙过海”图小罐
“大明嘉靖年制”款
估 价：HKD 650,000～850,000
成交价：RMB 653,484
高9.5cm 保利香港 2020-12-02

6239 明嘉靖 青花八仙人物花卉纹环形盖盒
“大明嘉靖年制”款
估 价：RMB 400,000～600,000
成交价：RMB 805,000
直径39cm 北京保利 2020-10-20

1011 明嘉靖 蓝地白花“寿”字云鹤纹大盘
“大明嘉靖年制”款
估 价：HKD 1,000,000～1,500,000
成交价：RMB 1,005,360
直径32.5cm 保利香港 2020-12-02

891 明嘉靖 青花八仙过海图罐
“大明嘉靖年制”楷书款
估 价：RMB 200,000～280,000
成交价：RMB 437,000
高28.2cm 北京诚轩 2020-08-17

1836 明嘉靖 青花福禄寿大罐
“大明嘉靖年制”款
估 价：RMB 1,000,000～1,500,000
成交价：RMB 1,150,000
高34cm 北京保利 2020-12-05

5198 明嘉靖 青花云龙鹤凤大罐
“大明嘉靖年制”款
估　价：RMB 2,600,000～3,600,000
成交价：RMB 4,025,000
高41cm 北京保利 2020-10-19

2034 明嘉靖 青花乾坤八卦云鹤纹盘（一对）
“只待宫光禄寺蜀丞沈良佐造”楷书款
估　价：RMB 100,000～120,000
成交价：RMB 241,500
高2.9cm×2；直径13.7cm×2 西泠印社 2020-08-08

114 明嘉靖 青花庭院婴戏图大罐
“大明嘉靖年制”楷书款
估　价：EUR 35,000～60,000
成交价：RMB 1,985,465
巴黎佳士得 2020-06-23

1010 明嘉靖 青花穿花龙纹朝珠盒
“大明嘉靖年制”款
估　价：HKD 2,200,000～2,800,000
成交价：RMB 3,518,760
直径39.2cm 保利香港 2020-12-02

5195 明嘉靖 青花“鲭鲢鲤鳜”鱼藻纹大缸
“大明嘉靖年制”款
估　价：RMB 1,600,000～2,600,000
成交价：RMB 1,840,000
直径42.3cm 北京保利 2020-10-19

1036 明隆庆 青花龙凤纹卷缸
“大明隆庆年造”横排款
估　价：RMB 500,000～800,000
成交价：RMB 1,322,500
直径50cm 华艺国际 2020-10-16

40 明万历 青花穿花翼龙纹大罐
“大明万历年制”楷书款
估　价：RMB 500,000～800,000
成交价：RMB 667,000
高37cm 北京大羿 2020-08-16

1111 明万历 青花花鸟镂空如意足器座
“大明万历年制”单行楷书款
估　价：RMB 180,000～250,000
成交价：RMB 230,000
直径24.5cm 中贸圣佳 2020-10-17

1561 明万历 青花松下高士图大梅瓶
“大明万历年制”单行楷书款
估　价：USD 12,000～18,000
成交价：RMB 1,107,113
高64.6cm 纽约佳士得 2020-09-25

3038 明万历 青花开光云龙纹罐
“大明万历年制”楷书款
估　价：HKD 1,200,000～1,800,000
成交价：RMB 1,065,000
高17cm 佳士得 2020-11-30

1037 明万历 青花鱼藻纹蒜头瓶
“大明万历年制”青花楷书款
估　价：RMB 300,000～400,000
成交价：RMB 437,000
高43cm 华艺国际 2020-10-16

1012 明万历 青花婴戏图八方盖罐
“大明万历年制”款
估　价：HKD 2,000,000～2,800,000
成交价：RMB 4,021,440
高13.5cm 保利香港 2020-12-02

5588 明万历 青花寿字云龙纹“福寿”大罐
“大明万历年制”款
估　价：RMB 300,000～500,000
成交价：RMB 805,000
高52.5cm 北京保利 2020-10-20

937 明万历 青花龙凤穿花纹盘
“大明万历年制”楷书款
估　价：RMB 900,000～1,000,000
成交价：RMB 1,035,000
直径38cm 保利厦门 2020-09-26

2661 明万历 青花龙纹杯
“大明万历年制”楷书款
估　价：RMB 300,000～500,000
成交价：RMB 1,955,000
直径6.4cm 中国嘉德 2020-08-18

2762 明万历 青花八卦纹三足炉
“大明万历年制”楷书款，万历本朝
估　价：RMB 800,000～1,200,000
成交价：RMB 920,000
直径15.2cm 中国嘉德 2020-08-18

2761 明万历 青花内双龙捧寿图外花卉开光高士图碗
“大明万历年制”楷书款，万历本朝
估　价：RMB 400,000～600,000
成交价：RMB 1,127,000
直径16.1cm 中国嘉德 2020-08-18

2785 明万历 御窑仿宣德青花海兽纹高足杯
“大明宣德年制”楷书款
估　价：RMB 250,000～350,000
成交价：RMB 920,000
直径10cm 中国嘉德 2020-12-03

3939 明天启 米万钟制青花洞石花卉出戟觚
“天启年米石隐制”款
估　价：RMB 8,000,000～12,000,000
成交价：RMB 14,375,000
高32cm 北京保利 2020-10-18

5203 明崇祯 青花高士人物纹小卷缸
估　价：RMB 200,000～300,000
成交价：RMB 552,000
直径20.2cm 北京保利 2020-10-19

1043 明万历 青花双龙纹四方倭角捧盒
“大明万历年制”双框楷书款
估　价：RMB 800,000～1,000,000
成交价：RMB 1,150,000
长24cm 华艺国际 2020-10-16

6247 明万历 青花缠枝花卉大缸
“大明万历年制”款
估　价：RMB 650,000～850,000
成交价：RMB 1,840,000
直径47.5cm 北京保利 2020-10-20

130 明崇祯 青花人物故事图筒瓶
估　价：RMB 800,000～1,000,000
成交价：RMB 1,437,500
高45cm 北京大羿 2020-10-16

1177 明崇祯 青花孔明观鱼图筒瓶
估　价：RMB 800,000～1,000,000
成交价：RMB 1,495,000
高43cm 华艺国际 2020-10-16

1604 明崇祯 青花高士提梁壶
估　价：RMB 150,000～250,000
成交价：RMB 230,000
高27cm 北京保利 2020-12-05

855 明万历 青花云龙纹缸
“大明万历年制”楷书款
估　价：RMB 2,600,000～3,500,000
成交价：RMB 2,990,000
高42cm；直径50.5cm 永乐拍卖 2020-12-02

2387 明崇祯 青花高士图罗汉炉
估　价：RMB 800,000～1,200,000
成交价：RMB 920,000
直径9cm 中国嘉德 2020-12-03

2272 明崇祯 青花五老祝寿图大净水碗座
估　价：RMB 10,000～20,000
成交价：RMB 172,500
高35.2cm 中国嘉德 2020-08-18

5532 明崇祯 白釉暗刻花卉青花开光加官进爵笔筒
“大明嘉靖年制”款
估　价：RMB 200,000～300,000
成交价：RMB 414,000
直径20.2cm 北京保利 2020-10-20

1179 明崇祯 青花“司马题桥”图笔海
估　价：RMB 800,000～1,000,000
成交价：RMB 1,322,500
高20.5cm；直径19cm 华艺国际 2020-10-16

2386 明崇祯 青花暗刻凤凰麒麟图大笔筒
估　价：RMB 350,000～550,000
成交价：RMB 897,000
直径20.3cm 中国嘉德 2020-12-03

2219 明崇祯 青花人物故事笔筒
估　价：RMB 80,000～120,000
成交价：RMB 690,000
高21cm 北京翰海 2020-12-12

1077 明崇祯 青花山水庭院人物故事图小卷缸
估　价：RMB 80,000～150,000
成交价：RMB 1,173,000
高18.5cm 中贸圣佳 2020-10-17

156 明崇祯 青花山水人物纹束腰笔筒
估　价：RMB 20,000～30,000
成交价：RMB 437,000
高22.7cm 北京大羿 2020-06-19

4473 明崇祯 青花《彩楼记》之拾柴雪景人物故事图笔筒
估　价：RMB 30,000～50,000
成交价：RMB 575,000
高17.3cm 中国嘉德 2020-07-16

513 明万历 青花缠枝莲纹盘
“上品佳器”款
估　价：HKD 80,000～120,000
成交价：RMB 194,208
直径18.5cm 香港苏富比 2020-06-05

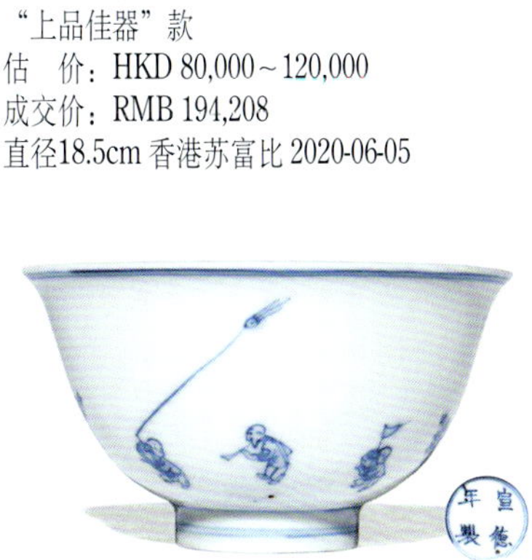

4575 明晚期 青花婴戏图茶碗
“宣德年制”款
估　价：RMB 1,000～2,000
成交价：RMB 89,700
直径9.3cm 中国嘉德 2020-07-16

5204 明崇祯 青花文王访贤大笔筒
估　价：RMB 600,000～800,000
成交价：RMB 1,012,000
高21.7cm；直径19.3cm 北京保利 2020-10-19

568 明万历 青花龙纹碗
“大明万历年制”款
估　价：HKD 80,000～120,000
成交价：RMB 114,240
直径6.3cm 香港苏富比 2020-06-05

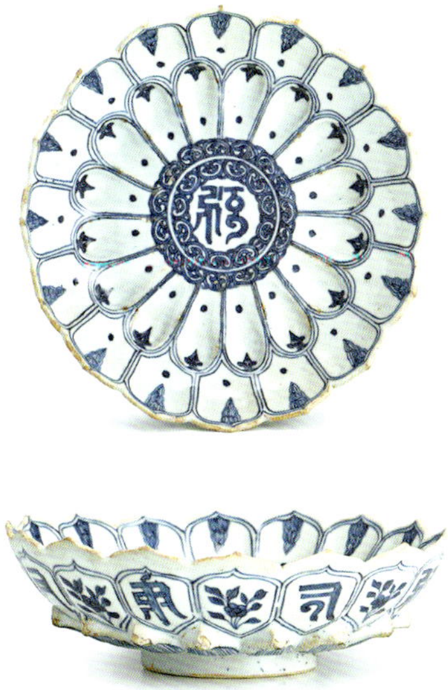

570 明万历 青花梵文莲花式盘
估　价：HKD 30,000～50,000
成交价：RMB 45,696
直径21cm 香港苏富比 2020-06-05

1591 过渡期 1650年前后 青花博古图瓶
估　价：USD 30,000～50,000
成交价：RMB 766,463
高41.9cm 纽约佳士得 2020-09-25

4788 清顺治 青花山水人物纹花觚
估　价：RMB 18,000～28,000
成交价：RMB 63,250
高43.5cm 中国嘉德 2020-07-16

5010 清康熙 青花缠枝藤花纹葫芦瓶
估　价：RMB 600,000～800,000
成交价：RMB 897,000
高20cm 北京保利 2020-10-19

1609 清早期 青花三阳开泰仰钟碗
“大清顺治年制”款
估　价：RMB 400,000～600,000
成交价：RMB 460,000
直径16.4cm 北京保利 2020-12-05

2901 清顺治 青花仕女诗文大盘
“玉堂佳器”款
估　价：RMB 50,000～80,000
成交价：RMB 322,000
直径35.3cm 中国嘉德 2020-11-09

4479 清康熙 青花刀马人物纹大棒槌瓶
估　价：RMB 20,000～30,000
成交价：RMB 207,000
高59cm 中国嘉德 2020-07-16

2434 清康熙 青花临潼斗宝人物故事图大棒槌瓶
估　价：RMB 1,200,000～2,200,000
成交价：RMB 2,415,000
高75cm 中国嘉德 2020-12-03

5007 清康熙 青花跃龙纹梅瓶
“大清康熙年制”款
估　价：RMB 8,000,000～12,000,000
成交价：RMB 23,402,500
高25cm 北京保利 2020-10-19

5019 清康熙 青花通景溪山泛舟图大棒槌瓶
估　价：RMB 600,000～800,000
成交价：RMB 1,150,000
高72cm 北京保利 2020-10-19

2405 清康熙 青花兽面纹铺首尊
估　价：RMB 560,000～860,000
成交价：RMB 713,000
直径40cm 中国嘉德 2020-08-18

1607 清康熙 青花山水高士凤尾尊
估　价：RMB 160,000～220,000
成交价：RMB 345,000
高45.7cm 北京保利 2020-12-05

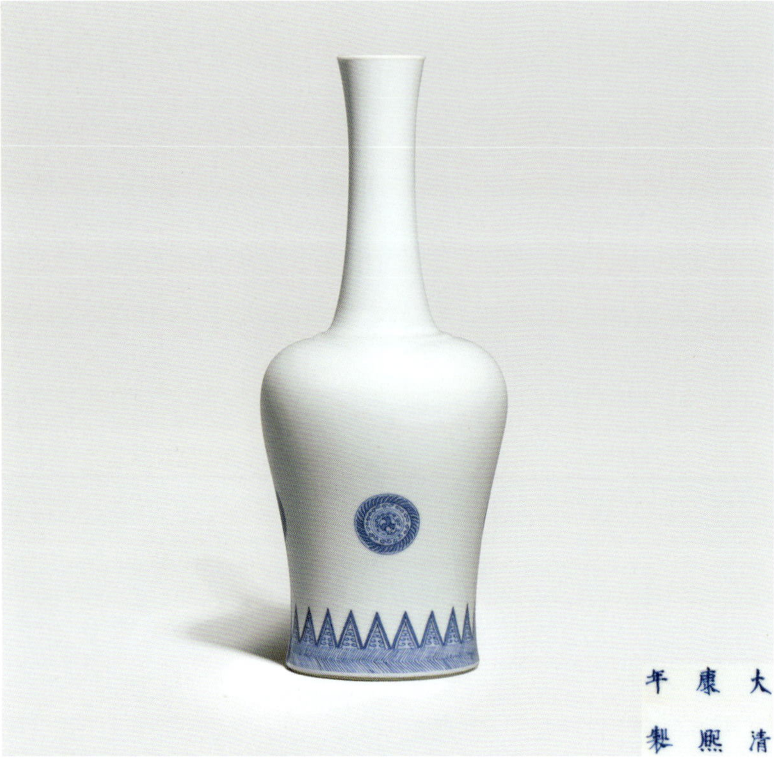

2705 清康熙 青花团花锯齿纹摇铃尊
“大清康熙年制”楷书款，康熙本朝
估　价：RMB 8,000,000～10,000,000
成交价：RMB 10,005,000
高23.5cm 中国嘉德 2020-08-18

2091 清康熙 青花双凤穿花祥云纹墩式碗（一对）
“大清康熙年制”楷书款
估　价：RMB 380,000～450,000
成交价：RMB 437,000
高7cm×2；口径13cm×2 西泠印社 2020-08-08

936 清康熙 青花龙纹小盖罐
“大清康熙年制”楷书款
估　价：RMB 800,000～900,000
成交价：RMB 1,667,500
高11.5cm 保利厦门 2020-09-26

437 清康熙 青花摇铃尊
“大清康熙年制”款
估　价：HKD 2,000,000～2,500,000
成交价：RMB 3,638,530
高22.5cm 中国嘉德 2020-10-08

519 清康熙 青花人物故事诗纹花觚
“大明成化年制”楷书款
估　价：RMB 500,000～800,000
成交价：RMB 805,000
直径44.5cm 北京大羿 2020-12-06

520 清康熙 青花赏心十六事诗文太白罐
估　价：RMB 200,000～300,000
成交价：RMB 609,500
高35cm 北京大羿 2020-12-06

2759 清康熙 青花福禄寿三星诗文墩式碗
“大清康熙年制”楷书款，康熙本朝
估　价：RMB 400,000～600,000
成交价：RMB 1,840,000
直径17cm 中国嘉德 2020-08-18

3144 清康熙 青花缠枝莲纹大盘
“大清康熙年制”款
估　价：HKD 250,000～350,000
成交价：RMB 395,500
直径38cm 香港苏富比 2020-07-11

1117 清康熙 青花八仙贺寿图小盘
“大清康熙年制”楷书款
估　价：RMB 550,000～600,000
成交价：RMB 667,000
直径14.8cm 中贸圣佳 2020-10-17

1574 清康熙 青花仿成化花卉纹宫碗
估　价：USD 10,000～15,000
成交价：RMB 357,683
直径14.5cm 纽约佳士得 2020-09-25

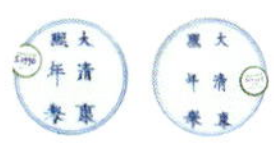

3642 清康熙 青花缠枝莲纹碗（一对）
“大清康熙年制”款
估　价：HKD 220,000～280,000
成交价：RMB 203,400
直径16.2cm×2 香港苏富比 2020-07-11

3030 清康熙 暗刻海水青花外九龙闹海内双龙捧寿纹大盘
“大清康熙年制”楷书款
估　价：RMB 80,000～120,000
成交价：RMB 448,500
直径29cm 中贸圣佳 2020-12-07

3141 清康熙 青花赶珠龙纹碗
“大清康熙年制”款
估　价：HKD 700,000～900,000
成交价：RMB 791,000
直径14.2cm 香港苏富比 2020-07-11

2781 清康熙 御窑仿宣德青花苏东坡海棠诗意图碗
“大明成化年制”楷书款
估　价：RMB 200,000～300,000
成交价：RMB 1,725,000
直径12.5cm 中国嘉德 2020-12-03

2049 清康熙 青花海水龙纹高足碗
“大明宣德年制”款
估　价：RMB 80,000～120,000
成交价：RMB 330,625
直径15.6cm 中鸿信 2020-01-03

5014 清康熙 青花山水图铃铛杯
“大清康熙年制”款
估　价：RMB 750,000～950,000
成交价：RMB 1,150,000
高7.5cm；直径7.9cm 北京保利 2020-10-19

4523 清康熙 青花御题耕织图人物诗文大碗
“大清康熙年制”款
估　价：RMB 260,000～360,000
成交价：RMB 713,000
直径20.2cm 中国嘉德 2020-07-16

73 清康熙 青花缠枝灵芝纹铃铛杯
“大明嘉靖年制”楷书款
估　价：RMB 1,000～2,000
成交价：RMB 442,750
直径8.1cm 北京中汉 2020-08-19

1802 清康熙 青花花蝶纹铃铛杯
“大清康熙年制”款
估　价：RMB 300,000～500,000
成交价：RMB 506,000
直径8cm 北京保利 2020-12-05

5018 清康熙 青花十二月花神杯（存十只）
“大清康熙年制”款
估　价：RMB 8,000,000～12,000,000
成交价：RMB 13,225,000
直径6.5–6.8cm 北京保利 2020-10-19

204 清康熙 青花诗文花神杯(月季花)
“大清康熙年制”楷书款
估　价：RMB 700,000～1,000,000
成交价：RMB 977,500
直径6.5cm 北京中汉 2020-12-04

2830 清康熙 青花五灵图大缸
估　价：RMB 2,800,000～3,800,000
成交价：RMB 3,220,000
直径61cm 中国嘉德 2020-12-03

76 清康熙 青花陶渊明赏菊图小杯
“大明成化年制”楷书款
估　价：RMB 80,000
成交价：RMB 264,500
直径6cm 中贸圣佳 2020-07-18

829 清康熙 青花团龙纹茶圆
“大清康熙年制”楷书款
估　价：RMB 500,000～600,000
成交价：RMB 1,265,000
直径9.1cm；高5.8cm 中贸圣佳 2020-10-17

5015 清康熙 青花玉堂富贵铃铛杯
“大清康熙年制”款
估　价：RMB 800,000～1,200,000
成交价：RMB 1,380,000
直径9.9cm 北京保利 2020-10-19

831 清康熙 青花云龙纹经筒
“大清康熙年制”款
估　价：RMB 2,800,000～3,500,000
成交价：RMB 3,220,000
高26cm 永乐拍卖 2020-12-02

916 清康熙 青花“夜游赤壁”图诗文笔筒
“文章山斗”楷书款
估　价：RMB 500,000～600,000
成交价：RMB 920,000
直径19cm；高16.5cm 保利厦门 2020-09-26

4478 清康熙 青花《后赤壁赋》山水人物诗文笔筒
估　价：RMB 380,000～580,000
成交价：RMB 483,000
直径18.2cm 中国嘉德 2020-07-16

1185 清康熙 青花“武则天夜会狄仁杰”人物故事大笔海
估　价：RMB 200,000～300,000
成交价：RMB 460,000
直径21.2cm；高17cm 华艺国际 2020-10-16

8591 清康熙 青花万寿大笔海
估　价：RMB 1,300,000～1,800,000
成交价：RMB 1,495,000
高27cm；直径34cm
十竹斋拍卖（北京） 2020-10-18

2281 清康熙 青花潇湘八景山水人物诗文笔筒
“大明成化年制”楷书款
估　价：RMB 500,000～800,000
成交价：RMB 644,000
直径18.6cm 中国嘉德 2020-08-18

2177 清康熙 青花秋声赋诗文笔筒
估　价：RMB 300,000～350,000
成交价：RMB 345,000
高15.7cm；直径19.7cm 西泠印社 2020-08-08

2642 清雍正 仿明式青花荔枝纹抱月瓶
估　价：RMB 1,000,000～3,000,000
成交价：RMB 3,450,000
高26cm 中国嘉德 2020-08-18

2090 清雍正 青花缠枝四季花卉纹抱月瓶
“大清雍正年制”篆书款
估　价：RMB 2,000,000～2,500,000
成交价：RMB 2,990,000
高27.2cm 西泠印社 2020-08-08

1038 清雍正 仿永乐青花缠枝花卉条带变体石榴纹天球瓶
估　价：RMB 3,800,000～4,000,000
成交价：RMB 4,370,000
高55.3cm 中贸圣佳 2020-10-17

2655 清雍正 青花缠枝花卉纹抱月瓶
“大清雍正年制”篆书款
估　价：RMB 6,000,000～10,000,000
成交价：RMB 6,900,000
高53.3cm 中国嘉德 2020-08-18

5042 清雍正 青花淡描海浪九龙纹大胆式瓶
“大清雍正年制”款
成交价：RMB 85,100,000
长39cm 北京保利 2020-10-19

3606 清雍正 青花宝相花小蒜头瓶
“大清雍正年制”款
估　价：HKD 2,500,000 ~ 3,500,000
成交价：RMB 4,280,440
高11cm 香港苏富比 2020-07-11

831 清雍正 青花莲池游龙海水纹撇口尊
“大清雍正年制”楷书款
估　价：RMB 1,000,000 ~ 1,200,000
成交价：RMB 1,265,000
直径17.1cm；高15cm 中贸圣佳 2020-10-17

196 清雍正 青花龙凤呈祥纹罐
估　价：RMB 540,000 ~ 550,000
成交价：RMB 621,000
高17cm 北京大羿 2020-08-16

1762 清雍正 青花仿永乐喜鹊登梅图抱月瓶
估　价：RMB 5,000,000 ~ 8,000,000
成交价：RMB 8,970,000
高22cm 北京保利 2020-12-05

198 清雍正 青花折枝三多纹茶叶瓶
“大清雍正年制”楷书款
估 价：RMB 1,800,000～2,000,000
成交价：RMB 4,197,500
高25.5cm 北京大羿 2020-08-16

2824 清雍正 青花缠枝莲纹如意耳盘口瓶
“大清雍正年制”楷书款，雍正本朝
估 价：RMB 1,800,000～2,800,000
成交价：RMB 2,990,000
高33.6cm 中国嘉德 2020-12-03

8573 清雍正 黄地青花一束莲纹盘（一对）
“大清雍正年制”款
估 价：RMB 800,000～1,000,000
成交价：RMB 1,265,000
直径15.4cm×2 十竹斋拍卖（北京） 2020-10-18

1806 清雍正 粉青釉青花堆白螭龙纹折沿大盘
“大清雍正年制”款
估 价：RMB 3,000,000～4,000,000
成交价：RMB 3,450,000
直径50cm 北京保利 2020-12-05

5176 清雍正 青花团凤如意连连宫碗
“大清雍正年制”款
估 价：RMB 800,000～1,200,000
成交价：RMB 1,380,000
直径11.9cm 北京保利 2020-10-19

1036 清雍正 青花缠枝花卉纹如意绶带耳扁壶
“大清雍正年制”楷书款
估 价：RMB 800,000～900,000
成交价：RMB 920,000
高18.2cm 中贸圣佳 2020-10-17

5040 清雍正 青花“穿花游龙”翼龙纹大盘
“大清雍正年制”款
估　价：RMB 6,000,000～10,000,000
成交价：RMB 14,375,000
直径51cm 北京保利 2020-10-19

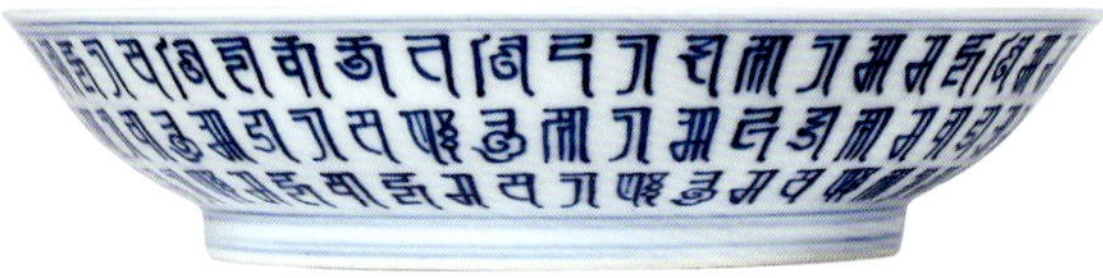

915 清雍正 青花宝杵梵纹盘
“大清雍正年制”楷书款
估　价：RMB 300,000～400,000
成交价：RMB 690,000
直径17.5cm；高4cm 保利厦门 2020-09-26

1053 清雍正 青花缠枝四季花卉一束莲纹盘
“大清雍正年制”楷书款
估　价：RMB 1,300,000～1,500,000
成交价：RMB 1,495,000
直径34.5cm 中贸圣佳 2020-10-17

584 清雍正 青花缠枝牡丹纹盘
“大清雍正年制”款
估　价：HKD 40,000～60,000
成交价：RMB 342,719
直径21.1cm 香港苏富比 2020-06-05

917 清雍正 青花瓜瓞绵绵纹瓜棱罐
“大清雍正年制”楷书款
估　价：RMB 600,000～800,000
成交价：RMB 989,000
高11cm 保利厦门 2020-09-26

6125 清雍正 青花宝相花三多八宝折沿大盘
“大清雍正年制”款
估　价：RMB 3,000,000～5,000,000
成交价：RMB 4,600,000
直径45cm 北京保利 2020-10-20

2842 清雍正 青花缠枝花卉纹盘
“大清雍正年制”楷书款
估　价：HKD 300,000～500,000
成交价：RMB 542,400
直径26.7cm 佳士得 2020-07-09

1770 清雍正 青花瓜瓞绵绵纹折沿大盘
“大清雍正年制”款
估　价：RMB 3,000,000～5,000,000
成交价：RMB 4,830,000
直径45.3cm 北京保利 2020-12-05

414 清雍正 青花穿花游龙大盘
“大清雍正年制”楷书款
估　价：HKD 2,800,000～3,800,000
成交价：RMB 6,920,255
直径51cm 中国嘉德 2020-10-08

33 清雍正 青花一把莲纹盘
“大清雍正年制”款
估　价：GBP 50,000～70,000
成交价：RMB 991,830
直径34.2cm 伦敦苏富比 2020-11-04

845 清雍正 青花赶珠龙纹盘
“大清雍正年制”楷书款
估　价：USD 30,000～50,000
成交价：RMB 852,250
直径18.2cm 纽约佳士得 2020-09-24

1004 清雍正 青花缠枝莲纹折沿碗
“大清雍正年制 觉生常住”款
估　价：RMB 300,000～500,000
成交价：RMB 632,500
直径17cm 华艺国际 2020-10-16

3605 清雍正 青花缠枝花卉纹碗（一对）
“大清雍正年制”款
估　价：HKD 300,000～400,000
成交价：RMB 361,600
直径12cm×2 香港苏富比 2020-07-11

547 清雍正 青花团花纹碗（一对）
“大清雍正年制”款
估　价：USD 80,000～120,000
成交价：RMB 688,565
直径11.3cm 纽约苏富比 2020-09-23

1819 清雍正 青花团花纹卧足碗（一对）
“大清雍正年制”款
估　价：RMB 1,000,000～1,500,000
成交价：RMB 1,150,000
直径11.6cm；直径11.8cm 北京保利 2020-12-05

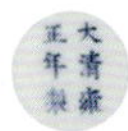

3610 清雍正 青花鱼藻纹卧足小杯
“大清雍正年制”款
估　价：HKD 1,200,000～1,800,000
成交价：RMB 2,599,000
直径4.3cm 香港苏富比 2020-07-11

32 清雍正 银釉地青花灵芝纹杯（一对）
“大清雍正年制”楷书款
估　价：RMB 600,000～800,000
成交价：RMB 690,000
直径6.6cm×2 中贸圣佳 2020-06-20

2636 清雍正 仿成化青花淡描团菊纹茶圆
“大清雍正年制”楷书款
估　价：RMB 10,000～20,000
成交价：RMB 632,500
直径7.2cm 中国嘉德 2020-08-18

35 清雍正 青花云龙纹折腰碗
“大清雍正年制”楷书款
估　价：RMB 50,000～80,000
成交价：RMB 402,500
直径16.7cm 北京大羿 2020-06-06

1 清雍正 黄地青花仙芝花卉纹双耳杯
“大清雍正年制”款
估　价：GBP 80,000～120,000
成交价：RMB 881,627
宽9.8cm 伦敦苏富比 2020-11-04

2764 清雍正 青花缠枝莲纹莲蓬形盖盒
“大清雍正年制”楷书款，雍正本朝
估　价：RMB 1,200,000～2,200,000
成交价：RMB 1,725,000
直径7cm 中国嘉德 2020-08-18

1821 清雍正 青花折枝繁花瑞果纹钵式卷缸
“大清雍正年制”款
估　价：RMB 8,500,000～12,500,000
成交价：RMB 12,075,000
宽40cm 北京保利 2020-12-05

5179 清乾隆 粉青釉青花八吉祥纹螭耳抱月瓶
“大清乾隆年制”款
估　价：RMB 15,000,000～25,000,000
成交价：RMB 29,900,000
高48cm 北京保利 2020-10-19

854 清雍正 青花八宝云鹤纹瓷钟
估　价：RMB 1,200,000～1,800,000
成交价：RMB 1,380,000
高13.1cm 永乐拍卖 2020-12-02

3110 清雍正 青花折枝灵芝花卉纹摩羯花口杯
“大清雍正年制”楷书款
估　价：RMB 450,000～600,000
成交价：RMB 517,500
长11.6cm；高5.7cm 中贸圣佳 2020-12-07

108 清雍正 青花山水人物图茶圆
“大清雍正年制”楷书款
估　价：RMB 100,000～150,000
成交价：RMB 506,000
直径9cm 北京大羿 2020-08-01

2831 清雍正 青花缠枝莲纹印盒
“大清雍正年制”楷书款，雍正本朝
估　价：RMB 1,150,000～1,500,000
成交价：RMB 1,955,000
直径7cm 中国嘉德 2020-12-03

1615 清乾隆 黄地青花折枝花果纹梅瓶
“大清乾隆年制”篆书款
估　价：USD 300,000～500,000
成交价：RMB 4,258,125
高32.8cm 纽约佳士得 2020-09-25

5068 清乾隆 青花缠枝花卉莱菔瓶
“大清乾隆年制”款
估　价：RMB 2,600,000～3,600,000
成交价：RMB 4,600,000
高20.6cm 北京保利 2020-10-19

832 清乾隆 青花变体蕉叶缠枝四季花卉纹六方大瓶
“大清乾隆年制”篆书款
估　价：RMB 6,000,000～8,000,000
成交价：RMB 8,280,000
高47.1cm 中贸圣佳 2020-10-17

1031 清乾隆 青花缠枝莲八吉祥纹抱月瓶
“大清乾隆年制”款
估　价：HKD 5,500,000～8,000,000
成交价：RMB 6,936,984
高50cm 保利香港 2020-12-02

934 清乾隆 青花缠枝莲纹赏瓶
“大清乾隆年制”篆书款
估　价：RMB 1,000,000～2,000,000
成交价：RMB 1,150,000
高37cm 保利厦门 2020-09-26

58 清乾隆 青花八吉祥纹抱月瓶
“大清乾隆年制”篆书款
估　价：RMB 100,000～100,000
成交价：RMB 1,012,000
高49.5cm 中贸圣佳 2020-07-18

5643 清乾隆 青花夔龙纹瓜棱形双象耳瓶
“大清乾隆年制”款
估　价：RMB 500,000～800,000
成交价：RMB 575,000
高33.5cm 北京保利 2020-10-20

2921 清乾隆 青花缠枝莲纹赏瓶
“大清乾隆年制”款
估　价：RMB 800,000～1,200,000
成交价：RMB 1,495,000
高37.5cm 中国嘉德 2020-11-09

5065 清乾隆 青花折枝花果六方大瓶
“大清乾隆年制”款
估　价：RMB 8,000,000～12,000,000
成交价：RMB 12,075,000
高66cm 北京保利 2020-10-19

3112 清乾隆 青花花果纹蒜头瓶
“大清乾隆年制”款
估　价：HKD 3,000,000～4,000,000
成交价：RMB 3,164,000
高28cm 香港苏富比 2020-07-11

3067 清乾隆 青花折枝花果三多纹梅瓶
“大清乾隆年制”篆书款
估　价：HKD 2,800,000～3,500,000
成交价：RMB 4,260,000
高33cm 佳士得 2020-11-30

3606 清乾隆 青花折枝花果纹六方瓶
“大清乾隆年制”款
估　价：HKD 1,200,000～1,800,000
成交价：RMB 1,309,392
高44.5cm 香港苏富比 2020-10-09

833 清乾隆 青花折枝花果纹六方大瓶
“大清乾隆年制”款
估　价：RMB 8,500,000～10,000,000
成交价：RMB 12,075,000
高65.5cm 永乐拍卖 2020-12-02

2101 清乾隆 青花折枝花果纹梅瓶
“大清乾隆年制”篆书款
估　价：RMB 3,200,000～4,000,000
成交价：RMB 4,600,000
高32.5cm 西泠印社 2020-08-08

4106 清乾隆 青花折枝花卉纹纸槌瓶
“大清乾隆年制”款
估　价：RMB 1,100,000～1,500,000
成交价：RMB 1,380,000
带座高40cm；高31.5cm 西泠印社 2020-08-09

1772 清乾隆 黄地青花缠枝花卉双耳出戟尊
“大清乾隆年制”款
估　价：RMB 5,500,000～8,500,000
成交价：RMB 8,050,000
高32.8cm 北京保利 2020-12-05

5069 清乾隆 唐英制青花仙松瑞鹿图大橄榄瓶
“大清乾隆年制”款
估　价：RMB 1,600,000～2,600,000
成交价：RMB 4,600,000
高67cm 北京保利 2020-10-19

8594 清乾隆 青花竹石芭蕉纹玉壶春瓶
“大清乾隆年制”篆书款
估　价：RMB 1,500,000～2,000,000
成交价：RMB 2,300,000
高29cm 十竹斋拍卖（北京） 2020-10-18

3601 清乾隆 青花花蝶纹海棠式象首瓶
“大清乾隆年制”款
估　价：HKD 2,000,000～3,000,000
成交价：RMB 4,133,418
高36.3cm 香港苏富比 2020-10-09

933 清乾隆 青花缠枝花卉铺首尊
“大清乾隆年制”篆书款
估　价：RMB 600,000～800,000
成交价：RMB 1,357,000
高25cm 保利厦门 2020-09-26

1822 清乾隆 青花八吉祥盉壶
“大清乾隆年制”款
估　价：RMB 350,000～550,000
成交价：RMB 437,000
宽25cm 北京保利 2020-12-05

2129 清乾隆 青花缠枝莲双云耳鹿头尊
“大清乾隆年制”篆书款
估　价：RMB 1,000,000～1,200,000
成交价：RMB 1,380,000
高47cm 西泠印社 2020-08-08

3604 清乾隆 青花游龙献寿如意耳葫芦瓶
“大清乾隆年制”款
估　价：HKD 1,000,000～1,500,000
成交价：RMB 1,091,160
高17.6cm 香港苏富比 2020-10-09

935 清乾隆 青花开光折枝花果纹执壶
“大清乾隆年制”篆书款
估　价：RMB 1,200,000～1,800,000
成交价：RMB 2,185,000
高28cm 保利厦门 2020-09-26

174 清乾隆 青花莲托八吉祥纹盉壶
“大清乾隆年制”篆书款
估　价：GBP 50,000～80,000
成交价：RMB 1,032,650
宽23cm 伦敦佳士得 2020-11-03

255 清乾隆 青花缠枝宝莲蕉叶海浪纹盘口尊
“大清乾隆年制”篆书款
估　价：RMB 6,000,000～9,000,000
成交价：RMB 6,900,000
高54cm 北京中汉 2020-12-04

1017 清乾隆 青花竹石芭蕉纹玉壶春瓶
“大清乾隆年制”款
估　价：RMB 2,000,000～2,500,000
成交价：RMB 2,300,000
高28cm 永乐拍卖 2020-08-17

5064 清乾隆 青花缠枝莲托八宝纹大尊
“大清乾隆年制”款
估　价：RMB 5,500,000～7,500,000
成交价：RMB 8,280,000
高48.8cm 北京保利 2020-10-19

2844 清乾隆 青花缠枝四季花卉纹鼓式罐
“大清乾隆年制”篆书款
估　价：HKD 2,000,000～3,000,000
成交价：RMB 2,260,000
高19.7cm 佳士得 2020-07-09

2124 清乾隆 青花螭龙纹鼎
“大清乾隆年制”单行篆书款
估　价：RMB 350,000～400,000
成交价：RMB 437,000
高19.8cm；长19.5cm；宽12.5cm
西泠印社 2020-08-08

636 清乾隆 青花缠枝莲纹烛台
估　价：RMB 100,000～200,000
成交价：RMB 161,000
高20.5cm 保利厦门 2020-09-26

3068 清乾隆 青花缠枝花卉纹六方贯耳壶
“大清乾隆年制”篆书款
估　价：HKD 2,000,000～3,000,000
成交价：RMB 2,982,000
高44.7cm 佳士得 2020-11-30

3609 清乾隆 青花八吉祥花觚
“大清乾隆年制”款
估　价：HKD 400,000～600,000
成交价：RMB 508,500
高34.5cm 香港苏富比 2020-07-11

1811 清乾隆 御制青花灵芝莲纹如意耳平底葫芦瓶
“大清乾隆年制”款
估　价：RMB 12,000,000～20,000,000
成交价：RMB 19,550,000
高18cm 华艺国际 2020-10-16

3 清乾隆 青花庭院婴戏岁寒三友图盘（一对）
“大清乾隆年制”篆书款
估　价：RMB 10,000
成交价：RMB 402,500
直径18.1cm×2 中贸圣佳 2020-07-18

1129 清乾隆 青花鱼化龙纹高足盘
“大清乾隆年制”单行篆书款
估　价：RMB 450,000～550,000
成交价：RMB 517,500
高18cm；直径22.8cm 华艺国际 2020-10-16

533 清乾隆 青花外缠枝莲托八宝内十字宝杵纹大碗
“大清乾隆年制”篆书款
估　价：RMB 300,000～400,000
成交价：RMB 517,500
直径25cm 北京大羿 2020-10-16

354 清乾隆 青花龙纹高足盘
“大清乾隆年制”篆书横款
估　价：HKD 400,000～500,000
成交价：RMB 421,800
直径23cm 佳士得 2020-10-08

1820 清乾隆 青花云鹤九霄爵杯、盏托（一套）
“乾隆年制”款
估　价：RMB 1,000,000～1,500,000
成交价：RMB 1,610,000
直径16.5cm；长12cm 北京保利 2020-12-05

2643 清乾隆 御制青花缠枝莲纹书灯（一对）
“乾隆年制”篆书款
估　价：RMB 2,600,000～3,600,000
成交价：RMB 2,990,000
高15cm×2 中国嘉德 2020-08-18

1102 清乾隆 黄地青花折枝花卉纹斗笠碗
“大清乾隆年制”篆书款
估　价：RMB 200,000～300,000
成交价：RMB 368,000
直径26cm 华艺国际 2020-10-16

115 清乾隆 青花松鼠葡萄纹大碗
“大清乾隆年制”篆书款
估　价：RMB 450,000～550,000
成交价：RMB 517,500
直径22.5cm 北京大羿 2020-10-16

4527 清乾隆 青花缠枝花卉纹茶碗（一对）
“大清乾隆年制”款
估　价：RMB 100,000～200,000
成交价：RMB 218,500
直径10cm×2 中国嘉德 2020-07-16

2054 清乾隆 青花折枝九桃盘
“大清乾隆年制”篆书款
估　价：RMB 200,000～300,000
成交价：RMB 402,500
高5.3cm；直径27cm 西泠印社 2020-08-08

2708 清乾隆 青花三清诗文茶碗
估　价：RMB 500,000～600,000
成交价：RMB 747,500
直径10.9cm 中国嘉德 2020-08-18

2841 清乾隆 青花松鼠葡萄纹碗
“大清乾隆年制”篆书款
估　价：HKD 250,000～350,000
成交价：RMB 316,400
直径22.2cm 佳士得 2020-07-09

919 清乾隆 青花婴戏图碗
“大清乾隆年制”篆书款
估　价：RMB 350,000～550,000
成交价：RMB 690,000
直径15cm；高7cm 保利厦门 2020-09-26

105 清乾隆 青花云龙纹碗（一对）
“大清乾隆年制”篆书款
估　价：RMB 380,000～600,000
成交价：RMB 391,000
直径14.5cm；直径14.7cm 北京中汉 2020-08-19

604 清乾隆 御制青花海水云龙赶珠纹钵盂式大卷缸
“大清乾隆年制”篆书款
估　价：RMB 4,500,000～6,500,000
成交价：RMB 14,490,000
高48.5cm；直径43cm 北京大羿 2020-12-06

3612 清乾隆 青花海水云龙纹缸
“大清乾隆年制”款
估　价：HKD 1,200,000～1,800,000
成交价：RMB 1,356,000
直径21.6cm 香港苏富比 2020-07-11

5178 清乾隆 青花缠枝莲纹水呈
“大清乾隆年制”款
估　价：RMB 500,000～900,000
成交价：RMB 1,092,500
直径7.5cm 北京保利 2020-10-19

2079 清嘉庆 青花缠枝花卉福寿纹双耳长颈瓶
“大清嘉庆年制”篆书款
估　价：RMB 800,000～1,000,000
成交价：RMB 920,000
高29.5cm 西泠印社 2020-08-08

1691 清乾隆 青花缠枝花卉莲托八宝大洗
“大清乾隆年制”款
估　价：RMB 1,000,000～1,800,000
成交价：RMB 2,587,500
高6.9cm；直径22.3cm 北京保利 2020-12-05

12 清乾隆 青花缠枝花卉海水纹折肩贯耳壶
“大清乾隆年制”款
估　价：EUR 150,000～250,000
成交价：RMB 1,898,409
高52.4cm 巴黎苏富比 2020-06-18

6 清嘉庆 青花缠枝莲御制诗文海棠洗
“大清嘉庆年制”篆书款
估　价：RMB 200,000～300,000
成交价：RMB 230,000
直径16cm 北京中汉 2020-07-31

2656 清乾隆 青花淡描金刚杵八宝纹镗锣洗（一对）
“大清乾隆年制”篆书款
估　价：RMB 450,000～650,000
成交价：RMB 517,500
直径15.5cm×2 中国嘉德 2020-08-18

6123 清乾隆 青花云龙纹小缸
“大清乾隆年制”款
估　价：RMB 1,000,000～1,500,000
成交价：RMB 1,667,500
直径21.2cm 北京保利 2020-10-20

1173 清乾隆 青花云蝠纹水丞（原配座）
“大清乾隆年制”篆书款
估　价：RMB 300,000～500,000
成交价：RMB 575,000
长9cm；高3.5cm 华艺国际 2020-10-16

606 清嘉庆 青花缠枝莲纹赏瓶
“大清嘉庆年制”篆书款
估　价：RMB 1,200,000～1,500,000
成交价：RMB 1,437,500
高37cm 北京大羿 2020-12-06

1086 清中期 青花缠枝莲寿字纹贯耳尊
估 价：RMB 300,000～500,000
成交价：RMB 884,800
高60cm 上海联合 2020-11-29

1018 清道光 青花折枝花果纹蒜头瓶
“大清道光年制”款
估 价：RMB 850,000～1,000,000
成交价：RMB 977,500
高28cm 永乐拍卖 2020-08-17

9 清道光 青花缠枝莲纹铺首尊
“大清道光年制”篆书款
估 价：RMB 300,000～500,000
成交价：RMB 1,058,000
高25cm 北京大羿 2020-08-16

3126 清嘉庆 青花御题诗海棠式茶盘
“大清嘉庆年制”款
估 价：HKD 300,000～400,000
成交价：RMB 339,000
直径15.9cm 香港苏富比 2020-07-11

604 清道光 青花云龙纹折腰碗
“大清道光年制”款
估 价：HKD 50,000～70,000
成交价：RMB 399,839
直径17.1cm 香港苏富比 2020-06-05

2940 清道光 青花内岁寒三友图外庭院仕女婴戏图盘（一对）
“大清道光年制”款
估 价：RMB 100,000～200,000
成交价：RMB 310,500
直径18cm×2 中国嘉德 2020-11-09

943 清道光 青花穿花祥凤图椭圆碗
“大清道光年制”篆书款
估 价：RMB 100,000～160,000
成交价：RMB 241,500
长26.5cm；高8cm 保利厦门 2020-09-26

3015 清道光 青花穿花喜字大碗（一对）
“大清道光年制”款
估 价：RMB 80,000
成交价：RMB 209,975
直径21.2cm；直径20.8cm 北京保利 2020-07-18

228 清道光 青花婴戏图碗（一对）
“大清道光年制”篆书款
估 价：RMB 350,000～550,000
成交价：RMB 402,500
直径15.5cm×2 北京大羿 2020-10-16

2653 清道光 青花缠枝莲纹赏瓶（一对）
“大清道光年制”篆书款
估　价：RMB 1,000,000～1,800,000
成交价：RMB 1,782,500
高37.5cm×2 中国嘉德 2020-08-18

3136 清道光 青花开光花果纹执壶
“大清道光年制”款
估　价：HKD 1,200,000～1,800,000
成交价：RMB 1,356,000
高26.3cm 香港苏富比 2020-07-11

118 清道光 青花婴戏图碗（一对）
“大清道光年制”篆书款
估　价：RMB 200,000～250,000
成交价：RMB 471,500
直径15cm×2 北京大羿 2020-08-01

5181 清道光二十九年（1849年） 行有恒堂制青花携琴访友题诗茶壶
“定府珍赏”章
估　价：RMB 700,000～1,000,000
成交价：RMB 977,500
宽15cm 北京保利 2020-10-19

2335 清道光 青花缠枝莲纹铺首尊
"大清道光年制"篆书款，道光本朝
估　价：RMB 660,000～960,000
成交价：RMB 1,058,000
高25cm 中国嘉德 2020-08-18

1073 清同治 青花缠枝莲纹赏瓶
"大清同治年制"楷书款
估　价：RMB 80,000～120,000
成交价：RMB 517,500
高37.3cm 中贸圣佳 2020-10-17

233 清咸丰 青花花果纹蒜头瓶
"大清咸丰年制"楷书款
估　价：HKD 600,000～800,000
成交价：RMB 623,748
高28cm 中国嘉德 2020-10-08

2324 清咸丰 青花竹石芭蕉图玉壶春瓶
"大清咸丰年制"楷书款，咸丰本朝
估　价：RMB 280,000～380,000
成交价：RMB 368,000
高29.1cm 中国嘉德 2020-08-18

2040 清咸丰 青花云龙赶珠纹水丞
"大清咸丰年制"楷书款
估　价：RMB 180,000～200,000
成交价：RMB 207,000
高5cm；直径7cm 西泠印社 2020-08-08

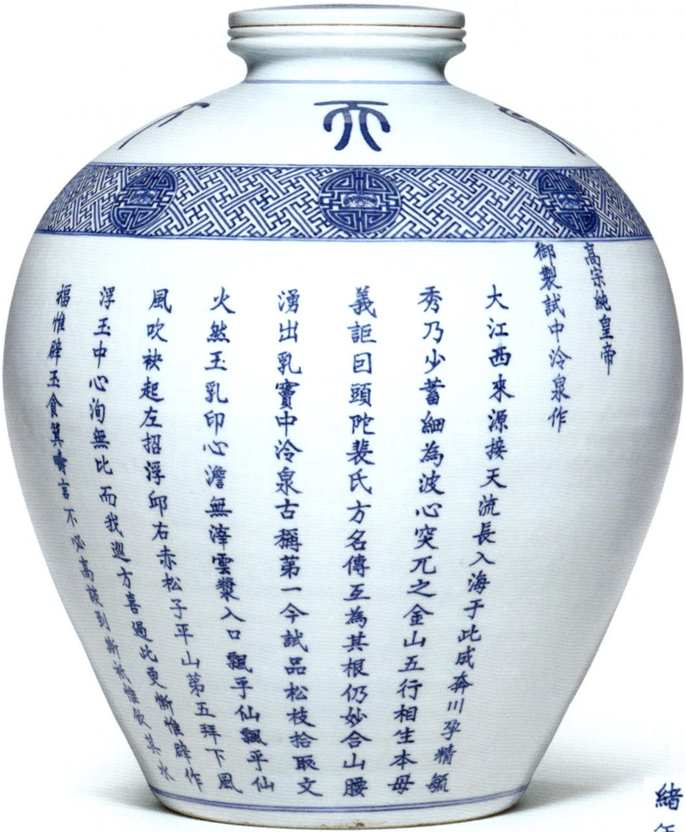

2820 清光绪 青花“天下第一泉”诗文大盖罐
“大清光绪年制”楷书款，光绪本朝
估　价：RMB 500,000～800,000
成交价：RMB 1,207,500
高41cm 中国嘉德 2020-12-03

2321 清同治 青花内岁寒三友图外仕女婴戏图盘（一对）
“大清同治年制”楷书款
估　价：RMB 10,000～20,000
成交价：RMB 161,000
直径17.7cm × 2 中国嘉德 2020-08-18

2420 清光绪 青花云龙纹赏瓶
“大清光绪年制”楷书款，光绪本朝
估　价：RMB 300,000～500,000
成交价：RMB 920,000
高38.8cm 中国嘉德 2020-12-03

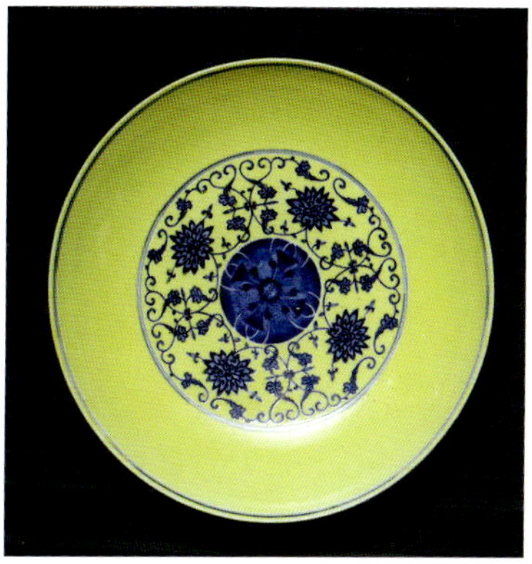

22 清光绪 黄地青花花卉纹盘
“储秀宫制”篆书款
估　价：RMB 150,000～200,000
成交价：RMB 402,500
直径27cm 北京大羿 2020-08-16

8 清光绪 青花海水云龙赶珠纹杯（一对）
“大清光绪年制”楷书款
估　价：RMB 20,000～30,000
成交价：RMB 149,500
直径8.5cm × 2 北京大羿 2020-05-05

1772 清 黄地青花葫芦瓶
“大清雍正年制”款
成交价：RMB 69,000
带座高19.4cm；高15.8cm
西泠印社 2020-08-08

1524 清 青花喜鹊登梅图大缸（一对）
估　价：RMB 250,000
成交价：RMB 437,000
高41.6cm×2 中贸圣佳 2020-12-07

160 民国 王步青花花鸟图瓶　（一对）
“褚秀宫制”篆书款
估　价：RMB 300,000
成交价：RMB 931,500
高22.3cm×2 中贸圣佳 2020-07-18

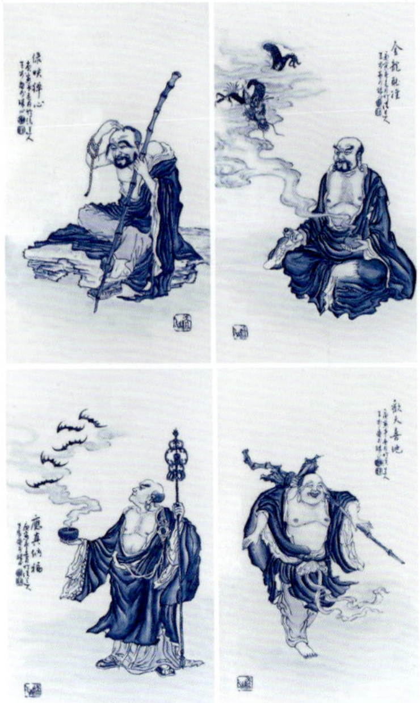

1188 王步 青花欢天喜地瓷板画（四件）
估　价：RMB 1,200,000
成交价：RMB 1,380,000
54.5cm×32cm×4 上海嘉禾 2020-01-05

釉里红

352 元 釉里红题字高足杯
估　价：HKD 30,000～50,000
成交价：RMB 251,327
高8.9cm 香港苏富比 2020-06-05

424 元 釉里红花卉纹匜
估　价：HKD 280,000～320,000
成交价：RMB 291,082
宽18cm 中国嘉德 2020-10-08

5002 清康熙 仿永乐釉里红龙纹碗（一对）
“大清康熙年制”款
估　价：RMB 550,000～850,000
成交价：RMB 632,500
直径15.6cm×2 北京保利 2020-10-19

1007 明洪武 釉里红缠枝花卉纹玉壶春瓶
估　价：HKD 300,000～500,000
成交价：RMB 603,216
高33cm 保利香港 2020-12-02

1813 明洪武 釉里红如意云形缠枝牡丹菊纹大碗
估　价：RMB 8,000,000～10,000,000
成交价：RMB 9,890,000
直径41cm 华艺国际 2020-10-16

838 清康熙 釉里红夔凤纹摇铃尊
“大清康熙年制”款
估　价：RMB 2,200,000～3,000,000
成交价：RMB 2,875,000
高17.8cm 永乐拍卖 2020-12-02

5009 清康熙 釉里红花卉纹苹果尊
“大清康熙年制”款
估　价：RMB 7,000,000～10,000,000
成交价：RMB 9,200,000
直径9.5cm 北京保利 2020-10-19

1767 清康熙 釉里红加彩花卉纹马蹄尊
“大清康熙年制”款
估　价：RMB 1,200,000～2,200,000
成交价：RMB 2,300,000
直径12.5cm 北京保利 2020-12-05

2201 清康熙 釉里红摇铃尊
“大清康熙年制”楷书款
估　价：RMB 600,000～800,000
成交价：RMB 690,000
高19cm 北京翰海 2020-12-12

114 清康熙 釉里红绿彩折枝玫瑰纹水盂
“大清康熙年制”款
估　价：USD 300,000～400,000
成交价：RMB 3,012,471
高8.9cm 纽约苏富比 2020-09-22

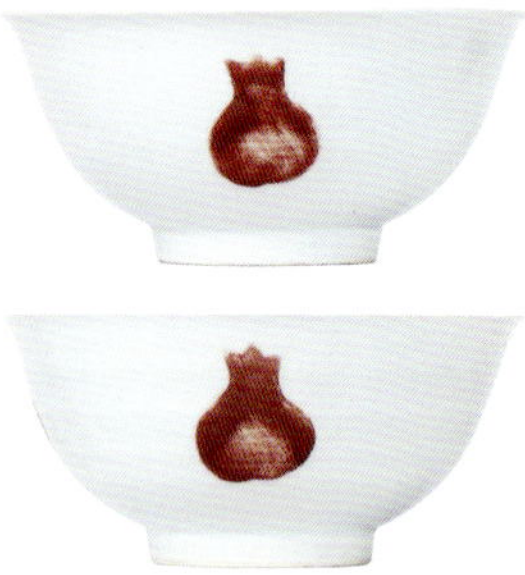

911 清康熙 釉里红三多纹碗（一对）
“大清康熙年制”楷书款
估　价：RMB 380,000～480,000
成交价：RMB 540,500
直径15cm；高7cm×2 保利厦门 2020-09-26

142 清康熙 釉里红缠枝西番莲纹碗
估　价：RMB 50,000～80,000
成交价：RMB 138,000
直径22cm；高10.5cm 中贸圣佳 2020-06-20

3603 清康熙 釉里红绿彩月季图花插
“大清康熙年制”款
估　价：HKD 1,500,000～2,000,000
成交价：RMB 1,695,000
高8.3cm 香港苏富比 2020-07-11

124 清康熙 釉里红绿彩折枝玫瑰纹水盂
“大清康熙年制”款
估　价：USD 60,000～80,000
成交价：RMB 731,600
高8.5cm 纽约苏富比 2020-09-22

1037 清雍正 冬青釉釉里红“洪福齐天”纹碗（一对）
“大清雍正年制”款
估　价：HKD 1,100,000～1,500,000
成交价：RMB 1,105,896
直径15.3cm；直径15.4cm 保利香港 2020-12-02

290 清雍正 釉里红三鱼盘
“大清雍正年制”楷书款
估　价：HKD 50,000～70,000
成交价：RMB 394,686
直径15cm 中国嘉德 2020-07-13

2757 清乾隆 仿宣德釉里红三鱼纹杯
“大清乾隆年制”篆书款，乾隆本朝
估　价：RMB 200,000～300,000
成交价：RMB 782,000
直径8.6cm 中国嘉德 2020-08-18

2709 清乾隆 釉里红福禄纹琮式瓶
估　价：RMB 800,000～1,200,000
成交价：RMB 1,437,500
高23.2cm 中国嘉德 2020-08-18

1012 清雍正 釉里红三鱼高足碗
“大清雍正年制”单行楷书款
估　价：RMB 200,000～300,000
成交价：RMB 598,000
直径15.5cm 华艺国际 2020-10-16

1133 清乾隆 釉里红汉壶尊
“大清乾隆年制”款
估　价：RMB 300,000～500,000
成交价：RMB 1,400,000
高32.5cm 上海联合 2020-11-29

162 清雍正 双龙云纹梅瓶
“大清雍正年制”楷书款
估　价：GBP 80,000～120,000
成交价：RMB 1,739,200
高35cm 伦敦佳士得 2020-11-03

11 清道光 釉里红渔樵耕读图四方尊
“道光年制”单行篆书款
估　价：RMB 600,000～800,000
成交价：RMB 805,000
高30.6cm 北京中汉 2020-07-31

72 18/19世纪 釉里红瑞兽纹长颈瓶
估　价：EUR 2,500～3,000
成交价：RMB 319,732
高39.2cm 巴黎苏富比 2020-06-18

青花釉里红

109 清康熙 青花釉里红螭龙纹长颈瓶
“康熙年制”款
估　价：USD 12,000～16,000
成交价：RMB 645,530
高22.2cm 纽约苏富比 2020-09-22

119 清康熙 青花釉里红团花锯齿纹摇铃尊
“大清康熙年制”款
估　价：USD 50,000～70,000
成交价：RMB 774,635
高22.9cm 纽约苏富比 2020-09-22

139 清康熙 中和堂青花釉里红寿字莲瓣盘
“康熙壬子中和堂制”楷书款
估　价：RMB 100,000～200,000
成交价：RMB 586,500
直径21.5cm 中贸圣佳 2020-06-20

1037 清雍正 青花釉里红云龙纹天球瓶
估　价：RMB 200,000～500,000
成交价：RMB 2,415,000
高61.5cm 中贸圣佳 2020-10-17

39 清雍正 唐英制青花釉里红云龙三现图天球瓶
估　价：RMB 1,800,000～2,800,000
成交价：RMB 2,070,000
高37cm 华艺国际 2020-12-05

5041 清雍正 青花缠枝莲釉里红灵芝石榴花纹观音尊
"大清雍正年制"款
估　价：RMB 16,000,000～26,000,000
成交价：RMB 31,050,000
高39cm 北京保利 2020-10-19

5008 清康熙 青花釉里红《圣主得贤臣颂》笔筒
"大清康熙年制"款、"熙朝传古"章
估　价：RMB 2,600,000～4,600,000
成交价：RMB 3,335,000
直径19cm 北京保利 2020-10-19

5043 清雍正 青花釉里红加红彩云龙穿花纹玉壶春
"大清雍正年制"款
估　价：RMB 6,500,000～9,500,000
成交价：RMB 8,625,000
高31.2cm 北京保利 2020-10-19

72 清康熙 青花釉里红《圣主得贤臣颂》笔筒
“大清康熙年制”楷书款
估　价：RMB 500,000～800,000
成交价：RMB 1,552,500
直径19.2；高16cm 中贸圣佳 2020-06-20

122 18世纪 青花釉里红鸬鹚竹雀纹六方瓶
估　价：EUR 30,000～40,000
成交价：RMB 347,456
高58cm 巴黎佳士得 2020-06-23

544 清乾隆 青花釉里红缠枝莲纹赏瓶
“大清乾隆年制”款
估　价：USD 150,000～200,000
成交价：RMB 5,757,167
高39.8cm 纽约苏富比 2020-09-23

537 清乾隆 青花釉里红八仙过海图碗
“大清乾隆年制”款
估　价：USD 8,000～12,000
成交价：RMB 215,177
直径22.2cm 纽约苏富比 2020-09-23

1006 清乾隆 青花釉里红缠枝莲纹长颈瓶
估　价：RMB 30,000～50,000
成交价：RMB 1,012,000
高36cm 中贸圣佳 2020-10-17

2206 清乾隆 青花釉里红山水人物双龙耳瓶
估　价：RMB 20,000～40,000
成交价：RMB 345,000
高44.5cm 北京翰海 2020-12-12

3602 18世纪 青花釉里红高士四艺图洗口瓶
估　价：HKD 800,000～1,000,000
成交价：RMB 4,133,418
高48cm 香港苏富比 2020-10-09

605 清乾隆 唐英督制青花釉里红一品富贵诗文瓶（一对）
估　价：RMB 4,000,000～6,000,000
成交价：RMB 5,520,000
高39.5cm×2 北京大羿 2020-12-06

44 清乾隆 豆青地仿石纹釉青花釉里红诗文铺首耳方尊
“大清乾隆年制”篆书款
估　价：RMB 100,000～150,000
成交价：RMB 322,000
高30cm 北京大羿 2020-08-16

3621 清乾隆 青花釉里红八仙庆寿碗
“大清乾隆年制”款
成交价：RMB 248,600
直径22.4cm 香港苏富比 2020-07-11

1813 清乾隆 青花釉里红折枝瑞果纹盏托
“大清乾隆年制”款
成交价：RMB 253,000
直径16.8cm 北京保利 2020-12-05

2756 清乾隆 唐英督制青花釉里红鹤鹿同春诗文瓶
钤印“陶成堂”“吴戉”“殿衡”
估　价：RMB 600,000～900,000
成交价：RMB 3,450,000
高41.2cm 中国嘉德 2020-08-18

1099 黄美尧 2014年作 “万古江山”青花釉里红瓷瓶
估　价：RMB 700,000～900,000
成交价：RMB 1,150,000
高59cm；口径8cm；肚径26cm；底径15cm
荣宝斋（南京） 2020-11-28

青花加彩

3054 明成化 青花绿彩暗刻云龙纹盘
估　价：RMB 300,000～500,000
成交价：RMB 759,000
直径22.1cm 中贸圣佳 2020-12-07

3055 明成化 青花矾红云龙纹碗
估　价：RMB 400,000～600,000
成交价：RMB 575,000
直径18cm 中贸圣佳 2020-12-07

1549 明正德 青花加彩鱼纹盘
估　价：USD 40,000～60,000
成交价：RMB 553,556
直径17.7cm 纽约佳士得 2020-09-25

126 明万历 青花五彩龙凤菊花湖石图碗
“大明万历年制”楷书款
估　价：RMB 400,000～500,000
成交价：RMB 460,000
直径17.9cm 中贸圣佳 2020-06-20

5200 明万历 青花五彩鹿鹤同春执壶
“玉堂佳器”款
估　价：RMB 300,000～400,000
成交价：RMB 575,000
直径17.5cm 北京保利 2020-10-19

8106 明万历 青花五彩双龙戏珠纹盖盒
估　价：RMB 2,000,000～3,000,000
成交价：RMB 3,220,000
35cm×10cm 十竹斋拍卖（北京） 2020-10-18

1581 明万历 青花五彩“龙凤呈祥”葵花口折沿盆
“大明万历年制”青花楷书款
估　价：RMB 300,000～500,000
成交价：RMB 552,000
口径34.5cm；底径23.5cm；高8.5cm 广东崇正 2020-09-13

1189 清康熙 青花五彩诗文人物图盖罐
估　价：RMB 100,000～150,000
成交价：RMB 402,500
高36.5cm 华艺国际 2020-10-16

3604 清康熙 青花矾红斗彩海水云龙纹盘
“大清康熙年制”款
估　价：HKD 250,000～300,000
成交价：RMB 474,600
直径21.2cm 香港苏富比 2020-07-11

3965 明万历 青花五彩云龙纹葵口折沿洗
“大明万历年制”款
估　价：RMB 150,000～250,000
成交价：RMB 483,000
直径38cm 中国嘉德 2020-07-15

1186 清顺治 青花五彩十八罗汉图大罐（一对）
估　价：RMB 380,000～800,000
成交价：RMB 690,000
高39cm×2 华艺国际 2020-10-16

1803 清康熙 青花地海水矾红九龙纹大碗（一对）
“大清康熙年制”款
估　价：RMB 800,000～1,200,000
成交价：RMB 1,322,500
直径18.6cm×2 北京保利 2020-12-05

2828 清康熙 青花矾红海水龙纹盘
“大清康熙年制”楷书款，康熙本朝
估　价：RMB 800,000～1,200,000
成交价：RMB 920,000
直径21.2cm 中国嘉德 2020-12-03

1072 清康熙 青花五彩龙凤纹碗（一对）
“大清康熙年制”楷书款
估　价：RMB 200,000～300,000
成交价：RMB 1,506,500
直径13cm×2 中贸圣佳 2020-10-17

1116 清康熙 青花五彩云龙纹盘
“大清康熙年制”楷书款
估　价：RMB 400,000～450,000
成交价：RMB 506,000
直径14.5cm 中贸圣佳 2020-10-17

5003 清康熙 青花矾红九龙闹海大碗（一对）
“大清康熙年制”款
估　价：RMB 1,600,000～2,600,000
成交价：RMB 2,185,000
直径18.8cm×2 北京保利 2020-10-19

1187 清康熙 青花五彩钟馗渡海图捧盒
“大明嘉靖年制”楷书款
估　价：RMB 700,000～900,000
成交价：RMB 1,035,000
直径20.3cm 华艺国际 2020-10-16

1007 清雍正 青花矾红海水暗刻龙凤纹盘
“大明成化年制”楷书款
估　价：RMB 300,000～500,000
成交价：RMB 701,500
直径21cm 华艺国际 2020-10-16

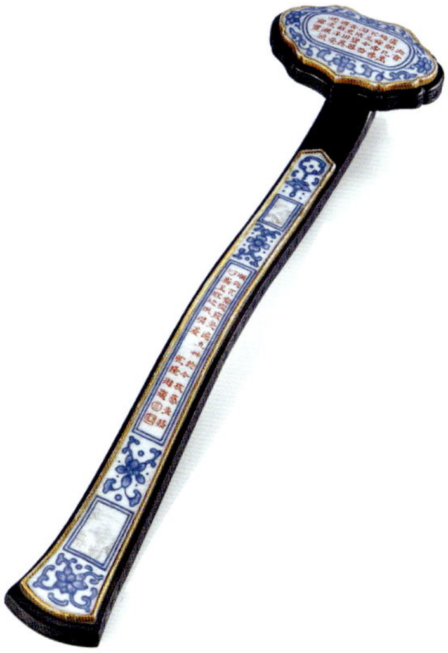

1169 清乾隆 矾红蓝料彩御题诗文如意
“乾隆御题”篆书款
估　价：RMB 600,000～800,000
成交价：RMB 862,500
长32.5cm 华艺国际 2020-10-16

3882 清乾隆 青花地斗彩穿花金凤纹夔凤耳大橄榄瓶
估　价：RMB 150,000～250,000
成交价：RMB 644,000
高77.5cm 中国嘉德 2020-07-15

1828 18世纪 青花矾红梅纹梅瓶
估　价：USD 30,000～50,000
成交价：RMB 553,556
高54 cm 纽约佳士得 2020-09-25

2360 清雍正 青花矾红云龙纹盘（一对）
“大清雍正年制”篆书款，雍正本朝
估　价：RMB 100,000～200,000
成交价：RMB 322,000
直径16.2cm×2 中国嘉德 2020-08-18

5177 清雍正 青花加五彩四色云龙葵口盘
“大清雍正年制”款
估　价：RMB 120,000～220,000
成交价：RMB 414,000
直径15.2cm 北京保利 2020-10-19

9 清乾隆 青花矾红海水龙纹盘（一对）
“大清乾隆年制”篆书款
估　价：RMB 200,000～250,000
成交价：RMB 506,000
直径18cm×2 北京大羿 2020-07-12

2055 清乾隆 青花矾红海水异兽图大碗
“大清乾隆年制”款
估　价：RMB 50,000～80,000
成交价：RMB 230,000
直径21cm 中鸿信 2020-01-03

4494 清乾隆 仿明青花矾红海兽纹大碗
“大清乾隆年制”款
估　价：RMB 120,000～220,000
成交价：RMB 253,000
直径21.2cm 中国嘉德 2020-07-16

3129 清乾隆 青花矾红彩云龙纹碗
“大清乾隆年制”款
估　价：HKD 180,000～250,000
成交价：RMB 192,100
直径17.2cm 香港苏富比 2020-07-11

534 清乾隆 青花矾红海兽纹大碗
“大清乾隆年制”篆书款
估　价：RMB 200,000～300,000
成交价：RMB 230,000
直径20.8cm 北京大羿 2020-10-16

86 清乾隆 青花矾红云蝠纹笔杆
“大清乾隆年制”篆书款
估　价：RMB 10,000～20,000
成交价：RMB 80,500
长19.5cm 中贸圣佳 2020-06-20

230 清乾隆 仿成化青花矾红宝相花纹杯（一套十只）
“大清乾隆年制”篆书款
估　价：RMB 150,000～200,000
成交价：RMB 1,023,500
直径8cm×10 北京大羿 2020-08-16

2703 清乾隆 青花五彩龙凤呈祥碗（一对）
估　价：RMB 500,000～600,000
成交价：RMB 828,000
直径15.5cm×2 中国嘉德 2020-08-18

5074 清乾隆 粉青釉青花矾红描金开光大花盆（一对）
“大清乾隆年制”款
估　价：RMB 2,600,000～3,600,000
成交价：RMB 4,025,000
直径38.5cm×2 北京保利 2020-10-19

1613 清乾隆 青花粉彩矾红描金持经观音坐像
估　价：RMB 380,000
成交价：RMB 437,000
高41.2cm 中贸圣佳 2020-12-07

205 清道光 青花五彩花神杯(芙蓉花)
“大清道光年制”篆书款
估　价：RMB 50,000～80,000
成交价：RMB 287,500
直径6.6cm 北京中汉 2020-12-04

125 清光绪 青花胭脂红料八仙祝寿图碗（一对）
“大清光绪年制”楷书款
估　价：RMB 200,000～250,000
成交价：RMB 299,000
直径22cm×2 北京大羿 2020-08-01

52 清道光 青花五彩花神杯 (芙蓉花)
“大清道光年制”篆书款
估　价：RMB 150,000～200,000
成交价：RMB 184,000
直径6.6cm 北京中汉 2020-07-31

8 清道光 青花胭脂红八仙过海图大碗
“大清道光年制”篆书款
估　价：RMB 80,000～100,000
成交价：RMB 184,000
直径21.8cm 北京大羿 2020-08-16

斗　彩

5199 明万历 斗彩缠枝子午莲纹碗
“大明万历年制”款
估　价：RMB 1,600,000～2,600,000
成交价：RMB 1,840,000
直径17cm 北京保利 2020-10-19

1011 明万历 斗彩紫彩云龙纹碗
“大明万历年制”楷书款
成交价：RMB 575,000
直径13.8cm 中贸圣佳 2020-10-17

72 清康熙 斗彩人物纹粥罐
估　价：RMB 120,000～150,000
成交价：RMB 138,000
高18.5cm 北京大羿 2020-09-13

914 清康熙 斗彩海水云龙纹盘
“大清康熙年制”楷书款
估　价：RMB 400,000～600,000
成交价：RMB 517,500
直径21cm；高4cm 保利厦门 2020-09-26

3128 清康熙 斗彩花蝶图罐
“大明成化年制”仿款
估　价：HKD 800,000～1,000,000
成交价：RMB 847,500
宽12.7cm 香港苏富比 2020-07-11

2639 清康熙 斗彩“龙凤穿花”大盘
“大清康熙年制”楷书款
估　价：RMB 200,000～300,000
成交价：RMB 322,000
直径36.5cm 中国嘉德 2020-08-18

1009 清康熙 斗彩龙凤纹浅碗（一对）
“大清康熙年制”楷书款
成交价：RMB 690,000
直径11.1cm×2 中贸圣佳 2020-10-17

588 清康熙 斗彩人物小杯
“大明成化年制”仿款
估　价：HKD 30,000～40,000
成交价：RMB 297,023
直径5.7cm 香港苏富比 2020-06-05

149 清康熙 斗彩鹤汀凫渚纹盘
“大清康熙年制”楷书款
估　价：RMB 200,000～300,000
成交价：RMB 621,000
直径32cm 中贸圣佳 2020-06-20

39 清康熙 斗彩雉鸡牡丹纹碗
“大清康熙年制”楷书款
估　价：GBP 30,000～50,000
成交价：RMB 380,450
直径16.8cm 伦敦佳士得 2020-11-03

6171 清康熙 仿成窑斗彩鸡缸杯
“大明成化年制”仿款
估　价：RMB 200,000～300,000
成交价：RMB 322,000
直径8.3cm 北京保利 2020-10-20

112 清康熙 斗彩鸡缸杯（一对）
“大明成化年制”仿款
估 价：USD 80,000～120,000
成交价：RMB 2,409,977
直径6.1cm×2 纽约苏富比 2020-09-22

2502 清雍正 斗彩穿花凤纹六弦瓶
估 价：RMB 660,000～960,000
成交价：RMB 782,000
高34cm 中国嘉德 2020-12-03

1009 清雍正 斗彩如意云纹杯（一对）
“大明成化年制”楷书款
估 价：RMB 500,000～600,000
成交价：RMB 575,000
直径7.5cm×2 华艺国际 2020-10-16

805 清雍正 斗彩花卉纹盖罐
“大明成化年制”仿款
估 价：RMB 300,000～500,000
成交价：RMB 345,000
高10.1cm 永乐拍卖 2020-12-02

3060 清雍正 斗彩暗八仙纹碗
“大清雍正年制”楷书款
估 价：HKD 400,000～600,000
成交价：RMB 905,250
直径13.3cm 佳士得 2020-11-30

1804 清雍正 斗彩矾红五龙闹海图蒜头瓶
“大明成化年制”仿款
估 价：RMB 1,500,000～2,500,000
成交价：RMB 1,725,000
高49cm 华艺国际 2020-10-16

1013 清雍正 斗彩孔雀牡丹纹梅瓶
“大明成化年制”楷书款
估　价：RMB 1,500,000～2,500,000
成交价：RMB 2,932,500
高38cm 华艺国际 2020-10-16

3616 清雍正 斗彩缠枝花卉纹盘（一对）
“大清雍正年制”款
估　价：HKD 1,200,000～1,800,000
成交价：RMB 1,356,000
直径16.6cm及17cm 香港苏富比 2020-07-11

2767 清雍正 斗彩花蝶图盉碗
“大清雍正年制”楷书款，雍正本朝
估　价：RMB 800,000～1,200,000
成交价：RMB 1,840,000
直径17.5cm 中国嘉德 2020-08-18

12 清雍正 斗彩团云龙纹罐
“大清雍正年制”款
估　价：GBP 150,000～200,000
成交价：RMB 1,983,661
高18.5cm 伦敦苏富比 2020-11-04

1005 清雍正 斗彩加粉彩云鹤九桃纹盘
“大清雍正年制”楷书款
估 价：RMB 1,500,000～2,000,000
成交价：RMB 2,208,000
直径18.7cm 华艺国际 2020-10-16

1765 清雍正 斗彩牡丹大盘
“大清雍正年制”款
估 价：RMB 1,000,000～1,500,000
成交价：RMB 1,552,500
直径27cm 北京保利 2020-12-05

3634 清雍正 斗彩云龙戏珠纹盘
“大清雍正年制”款
估 价：HKD 1,000,000～1,500,000
成交价：RMB 1,091,160
直径20.1cm 香港苏富比 2020-10-09

311 清雍正 斗彩灵仙祝寿图盘
“大清雍正年制”楷书款
估 价：RMB 2,000,000～2,500,000
成交价：RMB 2,645,000
直径21.5cm 北京大羿 2020-10-16

865 清雍正 斗彩鸳鸯荷塘图卧足盘（一对）
“大清雍正年制”楷书款
估 价：RMB 800,000～1,000,000
成交价：RMB 1,782,500
直径17.8cm×2 北京诚轩 2020-08-17

3103 清雍正 斗彩蝶恋花盘
“大清雍正年制”款
估 价：HKD 1,000,000～1,500,000
成交价：RMB 1,243,000
直径20.9cm 香港苏富比 2020-07-11

1010 清雍正 斗彩缠枝莲纹盘（一对）
“大清雍正年制”楷书款
估　价：RMB 500,000～700,000
成交价：RMB 759,000
直径15cm×2 华艺国际 2020-10-16

1830 清雍正 斗彩莲池鸳鸯纹卧足盘（一对）
“大清雍正年制”楷书款
估　价：USD 150,000～250,000
成交价：RMB 1,277,438
直径17.4 cm×2 纽约佳士得 2020-09-25

821 清雍正 斗彩暗八仙纹碗
“大清雍正年制”楷书款
估　价：USD 60,000～80,000
成交价：RMB 937,475
直径15.3cm 纽约佳士得 2020-09-24

4 清雍正 斗彩并蒂莲纹小碗
“大清雍正年制”楷书款
估　价：RMB 800,000～1,200,000
成交价：RMB 1,380,000
直径10.1cm 北京大羿 2020-08-16

912 清雍正 仿成化窑斗彩葡萄纹盘（一对）
“大明成化年制”楷书款
估　价：RMB 800,000～1,000,000
成交价：RMB 920,000
直径8cm×2 保利厦门 2020-09-26

3619 清雍正 斗彩缠枝番莲纹碗
“大清雍正年制”款
估　价：HKD 500,000～700,000
成交价：RMB 1,017,000
直径11.8cm 香港苏富比 2020-07-11

5 清雍正 斗彩缠枝西洋花卉纹小碗
“大清雍正年制”楷书款
估　价：RMB 1,200,000～1,800,000
成交价：RMB 2,012,500
直径12.5cm 北京大羿 2020-08-16

519 清雍正 斗彩团花纹斗笠碗（一对）
“大清雍正年制”款
估　价：HKD 200,000～300,000
成交价：RMB 434,111
直径22cm×2 香港苏富比 2020-06-05

1764 清雍正 斗彩加料彩云蝠纹碗
“大清雍正年制”款
估　价：RMB 1,200,000～1,800,000
成交价：RMB 1,897,500
直径9.9cm 北京保利 2020-12-05

842 清雍正 斗彩花卉纹碗
“大清雍正年制”款
估　价：RMB 1,200,000～1,500,000
成交价：RMB 920,000
直径15cm 永乐拍卖 2020-12-02

866 清雍正 斗彩缠枝花卉纹碗
“大清雍正年制”楷书款
估　价：RMB 1,200,000～1,600,000
成交价：RMB 2,472,500
直径15.1cm 北京诚轩 2020-08-17

1052 清雍正 斗彩团形开光花卉斗笠碗
“大清雍正年制”楷书款
估　价：RMB 650,000～750,000
成交价：RMB 747,500
直径22.5cm 中贸圣佳 2020-10-17

3611 清雍正 斗彩人物图碗（一对）
“大清雍正年制”款
估 价：HKD 1,500,000～2,000,000
成交价：RMB 2,147,000
直径12.8cm×2 香港苏富比 2020-07-11

926 清雍正 斗彩云龙纹斗笠盖碗（一对）
“大清雍正年制”楷书款
估 价：RMB 1,600,000～2,600,000
成交价：RMB 3,335,000
直径20cm×2 保利厦门 2020-09-26

5033 清雍正 斗彩郁金香缠枝花卉纹碗
“大清雍正年制”款
估 价：RMB 1,200,000～2,200,000
成交价：RMB 2,185,000
直径15cm 北京保利 2020-10-19

536 清雍正 斗彩喜上梅梢斗笠碗
“大清雍正年制”款
估 价：HKD 100,000～150,000
成交价：RMB 434,111
直径19.2cm 香港苏富比 2020-06-05

99 清雍正 斗彩云龙纹碗（一对）
“大明成化年制”楷书款
估 价：RMB 260,000
成交价：RMB 368,000
直径12.5cm×2 中贸圣佳 2020-07-18

10 清雍正 斗彩仿成化团花纹杯（一对）
“大明成化年制”楷书款
估 价：RMB 50,000～80,000
成交价：RMB 299,000
直径7.2cm×2 北京大羿 2020-05-05

5034 清雍正 斗彩“如日方中”五色祥云纹寿字高足杯
“大清雍正年制”款
估 价：RMB 3,500,000~6,500,000
成交价：RMB 5,807,500
直径8.3cm；高8.5cm 北京保利 2020-10-19

2647 清雍正 斗彩三多纹杯（一对）
“大清雍正年制”楷书款
估 价：RMB 1,200,000~2,200,000
成交价：RMB 1,495,000
直径7.3cm×2 中国嘉德 2020-08-18

6174 清雍正 斗彩寿字纹碟（一对）
“大清雍正年制”款
估 价：RMB 600,000~800,000
成交价：RMB 908,500
直径11.5cm×2 北京保利 2020-10-20

1513 清雍正 斗彩夔龙双联盒
“大清雍正年制”单行篆书款
估 价：RMB 300,000~400,000
成交价：RMB 517,500
长9.8cm；高3.5cm 华艺国际 2020-10-16

5032 清雍正 斗彩缠枝莲托梵文小杯
“大清雍正年制”款
估 价：RMB 1,200,000~2,200,000
成交价：RMB 2,645,000
直径6.2cm 北京保利 2020-10-19

19 18世纪 斗彩缠枝花卉纹梅瓶
估 价：GBP 60,000～80,000
成交价：RMB 661,220
高36.3cm 伦敦苏富比 2020-11-04

5070 清乾隆 斗彩云蝠纹宝珠纽盖尊
“大清乾隆年制”款
估 价：RMB 2,300,000～3,300,000
成交价：RMB 2,990,000
高30cm 北京保利 2020-10-19

3069 清乾隆 斗彩龙凤呈祥缠枝蕃莲纹洗口大瓶
“大清乾隆年制”篆书款
估 价：HKD 600,000～800,000
成交价：RMB 1,597,500
高81.2cm 佳士得 2020-11-30

339 清乾隆 斗彩团菊纹盖罐
“大清乾隆年制”篆书款
估 价：HKD 300,000～500,000
成交价：RMB 506,160
高11.6cm 佳士得 2020-10-08

2365 清乾隆 斗彩团菊纹罐
“大清乾隆年制”篆书款，乾隆本朝
估 价：RMB 200,000～300,000
成交价：RMB 437,000
高11.3cm 中国嘉德 2020-08-18

1448 清乾隆 斗彩缠枝花卉纹烛台
“大清乾隆年制”单行篆书款
估　价：RMB 250,000
成交价：RMB 621,000
高35cm 中贸圣佳 2020-12-07

34 清乾隆 斗彩花卉纹洗（一对）
估　价：RMB 100,000～150,000
成交价：RMB 345,000
直径24cm×2 中贸圣佳 2020-06-20

511 清乾隆 斗彩团花卷草纹缸
估　价：RMB 1,800,000～2,800,000
成交价：RMB 2,127,500
直径33cm 北京大羿 2020-12-06

528 清乾隆 斗彩缠枝菊花纹碗
“大清乾隆年制”款
估　价：HKD 100,000～150,000
成交价：RMB 434,111
直径15.2cm 香港苏富比 2020-06-05

112 清乾隆 斗彩暗八仙纹折腰盘
“大清乾隆年制”篆书款
估　价：RMB 150,000～200,000
成交价：RMB 322,000
直径20cm 北京大羿 2020-10-16

2704 清乾隆 斗彩洞石花蝶纹盘
估　价：RMB 1,100,000～1,500,000
成交价：RMB 1,380,000
直径20.6cm 中国嘉德 2020-08-18

2706 清乾隆 斗彩莲托八吉祥纹奔巴壶
“大清乾隆年制”篆书款
估　价：HKD 2,500,000～3,500,000
成交价：RMB 2,599,000
高19.6cm 佳士得 2020-07-09

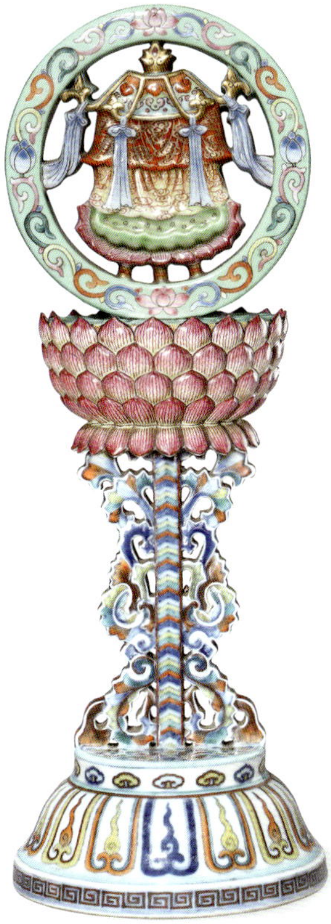

853 清乾隆 斗彩加粉彩莲台宝盖佛供
“大清乾隆年制”篆书款
估　价：RMB 600,000～800,000
成交价：RMB 1,150,000
高38.5cm 中贸圣佳 2020-10-17

4105 清乾隆 斗彩暗八仙纹折腰碗（一对）
“大清乾隆年制”款
估　价：RMB 320,000～350,000
成交价：RMB 368,000
高5.5cm，直径20cm；高5.5cm，直径19.9cm
西泠印社 2020-08-09

118 清道光 斗彩绿龙纹盖罐
“大清道光年制”篆书款
估　价：RMB 120,000～180,000
成交价：RMB 736,000
高22cm 北京大羿 2020-10-16

1136 清嘉庆 斗彩缠枝贯套花纹碗（一对）
“大清嘉庆年制”篆书款
估　价：RMB 600,000～800,000
成交价：RMB 747,500
直径15cm×2 华艺国际 2020-10-16

8650 清道光 斗彩宝相花卉纹碗（一对）
“大清道光年制”款
估　价：RMB 200,000～300,000
成交价：RMB 483,000
高7cm×2；直径14.3cm×2
十竹斋拍卖（北京）2020-10-18

601 清道光 斗彩缠枝莲纹碗（一对）
“大清道光年制”款
估　价：HKD 80,000～120,000
成交价：RMB 365,567
直径14.3cm×2 香港苏富比 2020-06-05

560 清道光 斗彩荷塘鸳鸯图碗（一对）
“大清道光年制”款
估　价：HKD 60,000～80,000
成交价：RMB 342,719
直径10.2cm×2 香港苏富比 2020-06-05

2349 清道光 斗彩荷塘鸳鸯图小碗（一对）
“大清道光年制”篆书款，道光本朝
估　价：RMB 250,000～350,000
成交价：RMB 322,000
直径10.4cm×2 中国嘉德 2020-08-18

1137 清道光 斗彩团花马蹄碗（一对）
“大清道光年制”篆书款
估　价：RMB 200,000～300,000
成交价：RMB 552,000
直径15.3cm×2 华艺国际 2020-10-16

131 清道光 斗彩团菊纹盖罐
“大清道光年制”篆书款
估　价：EUR 8,000～12,000
成交价：RMB 258,110
高12.5cm 巴黎佳士得 2020-06-23

20 清道光 斗彩绿龙纹盖罐
“大清道光年制”篆书款
估　价：RMB 120,000～150,000
成交价：RMB 437,000
高22cm 北京大羿 2020-06-06

3113 清道光 斗彩番莲纹碗（一对）
“大清道光年制”款
估　价：HKD 700,000～900,000
成交价：RMB 734,500
直径14.5cm×2 香港苏富比 2020-07-11

2640 清道光 斗彩贯套花卉纹碗（一对）
“大清道光年制”篆书款
估　价：RMB 280,000～380,000
成交价：RMB 322,000
直径15.4cm×2 中国嘉德 2020-08-18

2499 清道光 斗彩荷塘鸳鸯图卧足碗
“大清道光年制”篆书款，道光本朝
估　价：RMB 280,000～380,000
成交价：RMB 460,000
直径16.5cm 中国嘉德 2020-12-03

544 清同治 斗彩加彩水仙花神杯（一对）
“大清同治年制”款
估　价：HKD 50,000～70,000
成交价：RMB 182,784
直径5.6cm×2 香港苏富比 2020-06-05

3139 清道光 斗彩荷塘鸳鸯纹卧足碗
“大清道光年制”款
估　价：HKD 350,000～450,000
成交价：RMB 621,500
直径16.5cm 香港苏富比 2020-07-11

3008 清光绪 仿雍正斗彩龙凤呈祥福寿纹折沿大盘
“大清雍正年制”款
估　价：RMB 100,000
成交价：RMB 363,200
直径47.3cm 北京保利 2020-07-18

98 清道光 斗彩花卉马蹄碗（一对）
“大清道光年制”篆书款
估　价：RMB 200,000
成交价：RMB 517,500
直径15.3cm×2 中贸圣佳 2020-07-18

1061 清道光 斗彩灵芝纹小杯（一对）
“大清道光年制”篆书款
估　价：RMB 500,000～600,000
成交价：RMB 621,000
直径7.2cm×2 中贸圣佳 2020-10-17

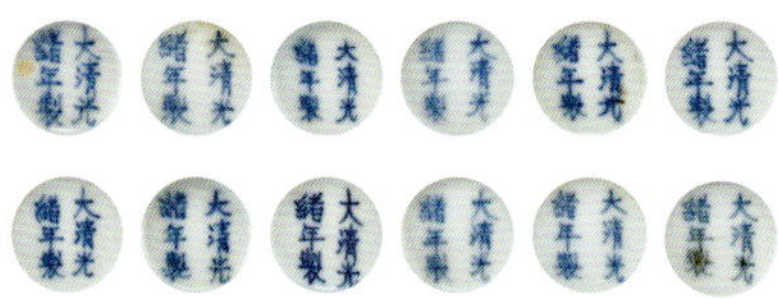

556 清光绪 斗彩加彩水仙花神杯（一组十二件）
“大清光绪年制”款
估　价：HKD 120,000 ~ 150,000
成交价：RMB 228,480
每杯直径约5.6cm 香港苏富比 2020-06-05

44 斗彩花卉纹盖罐
“大明成化年制”款
估　价：MOP 1,200,000
成交价：RMB 1,611,456
12.2cm × 8.5cm × 10.5cm 香港贞观 2020-08-30

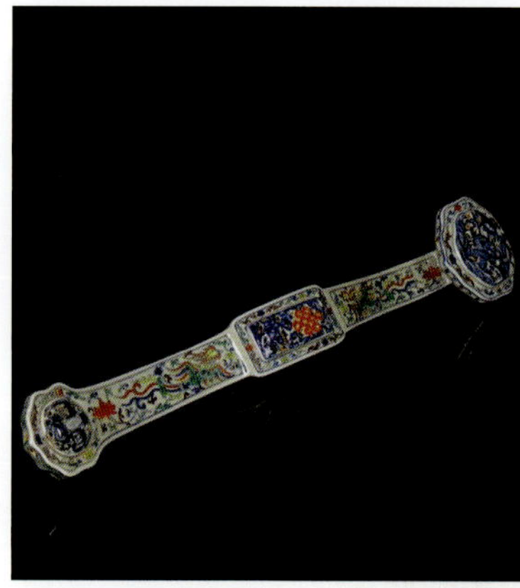

61 斗彩凤纹如意摆件
“成化年制”款
估　价：RMB 100,000
成交价：RMB 572,000
8cm × 51cm 北京贞观 2020-11-28

红绿彩

2001 磁州窑红绿彩“平生不作（做）皱眉事”碗
估　价：RMB 150,000 ~ 200,000
成交价：RMB 310,500
直径10.5cm；高4.2cm 中贸圣佳 2020-10-17

2137 明嘉靖 红绿彩龙纹罐
“大明嘉靖年制”楷书款
估　价：RMB 100,000～120,000
成交价：RMB 316,250
高15.8cm；腹径17cm 西泠印社 2020-08-08

12 清康熙 红绿彩花卉纹广口梅瓶
估　价：RMB 1,000～2,000
成交价：RMB 51,750
高17.3cm 北京大羿 2020-05-28

1033 明中期 红绿彩海水龙纹大盘
估　价：RMB 80,000～100,000
成交价：RMB 86,250
直径35.2cm 华艺国际 2020-10-16

五　彩

1567 明万历 五彩龙凤纹盘
“大明万历年制”楷书款
估　价：USD 30,000～50,000
成交价：RMB 1,192,275
直径38.7 cm 纽约佳士得 2020-09-25

3038 明嘉靖 五彩鱼藻纹方斗碗
“大明嘉靖年制”款
估　价：RMB 150,000
成交价：RMB 323,475
直径12.3cm 北京保利 2020-07-19

1035 明万历 五彩花鸟莲塘纹蒜头瓶
“大明万历年制”款
估　价：RMB 5,000,000～7,000,000
成交价：RMB 7,475,000
高53.9cm 华艺国际 2020-10-16

3092 明万历 五彩婴戏图盖罐
“大明万历年制”款
估　价：RMB 600,000～800,000
成交价：RMB 816,500
高6.2cm 中鸿信 2020-01-03

1768 明万历 五彩龙凤笔船
“大明万历年制”款
估　价：RMB 2,200,000～3,200,000
成交价：RMB 3,450,000
长30.7cm 北京保利 2020-12-05

571 明万历 五彩云龙纹缸
“大明万历年制”款
估　价：HKD 100,000～150,000
成交价：RMB 137,088
直径61.5cm 香港苏富比 2020-06-05

524 明万历 五彩松下高士图葵花式折沿盆
“大明万历年制”款
估　价：USD 30,000～50,000
成交价：RMB 1,291,059
宽35cm 纽约苏富比 2020-09-23

1585 清康熙 珊瑚红地五彩刘海戏蟾图棒槌瓶
估　价：USD 30,000～50,000
成交价：RMB 553,556
高45cm 纽约佳士得 2020-09-25

1829 清康熙 五彩《三国演义》赵子龙单骑救主图瓶
估　价：USD 50,000～70,000
成交价：RMB 425,813
高43.5 cm 纽约佳士得 2020-09-25

1579 清康熙 五彩锦鸡牡丹纹觚式瓶（两件）
估　价：USD 30,000～50,000
成交价：RMB 340,650
高53.6cm；高53.2cm 纽约佳士得 2020-09-25

28 清康熙 五彩庭院仕女婴戏图棒槌瓶
估　价：RMB 280,000～400,000
成交价：RMB 322,000
高45.3cm 北京中汉 2020-11-09

4099 清康熙 五彩《饮中八仙歌》人物故事图棒槌瓶
估　价：RMB 260,000～360,000
成交价：RMB 322,000
高43.4cm 中国嘉德 2020-07-15

1588 清康熙/雍正 珊瑚红地五彩福寿纹开光祝寿图瓶
估　价：USD 18,000～25,000
成交价：RMB 468,394
高46.3cm 纽约佳士得 2020-09-25

3066 清康熙 五彩花果纹蟋蟀罐
“绍闻堂”青花款
估　价：HKD 700,000～900,000
成交价：RMB 745,500
直径13.6cm 佳士得 2020-11-30

127 清康熙 五彩三国人物故事图大凤尾尊
估　价：USD 8,000～12,000
成交价：RMB 240,998
高76cm 纽约苏富比 2020-09-22

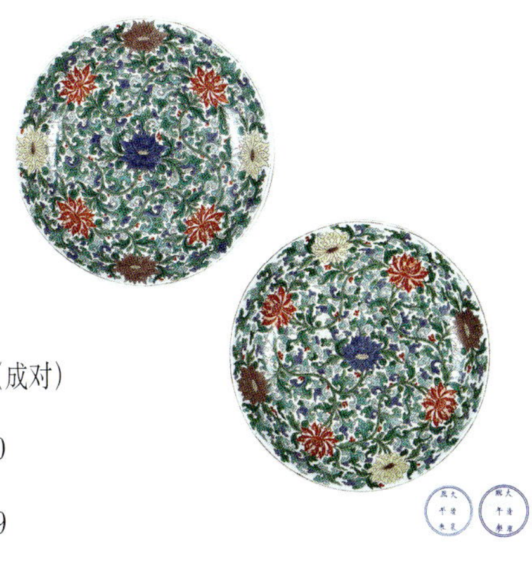

5011 清康熙 五彩缠枝番莲纹大盘（成对）
“大清康熙年制”款
估　价：RMB 1,000,000～1,500,000
成交价：RMB 1,955,000
直径46.4cm × 2 北京保利 2020-10-19

3135 清康熙 五彩龙凤呈祥盘
“大清康熙年制”款
估　价：HKD 500,000～700,000
成交价：RMB 1,243,000
直径32.1cm 香港苏富比 2020-07-11

507 清康熙 五彩凤凰麒麟纹盘（一对）
估　价：RMB 100,000～200,000
成交价：RMB 149,500
直径38cm×2 北京大羿 2020-10-16

905 清康熙 五彩过枝枸杞花蝶纹盘
“大明成化年制”楷书款
估　价：RMB 100,000～150,000
成交价：RMB 230,000
直径15.5cm；高3cm 保利厦门 2020-09-26

4530 清康熙 五彩过枝枸杞花蝶纹盘
“大明成化年制”仿款
估　价：RMB 10,000～20,000
成交价：RMB 402,500
直径17.3cm 中国嘉德 2020-07-16

5004 清康熙 五彩龙凤呈祥穿花纹大盘
“大清康熙年制”款
估　价：RMB 950,000～1,250,000
成交价：RMB 1,207,500
直径32cm 北京保利 2020-10-19

869 清康熙 五彩龙凤穿花纹盘
“大清康熙年制”楷书款
估　价：RMB 800,000～1,000,000
成交价：RMB 1,725,000
直径32cm 北京诚轩 2020-08-17

3059 清康熙 五彩龙凤纹盘
“大清康熙年制”楷书款
估　价：HKD 300,000～500,000
成交价：RMB 340,800
直径32.5cm 佳士得 2020-11-30

3133 清康熙 五彩荷塘鸳鸯碗
估　价：HKD 800,000～1,200,000
成交价：RMB 2,486,000
直径17.2cm 香港苏富比 2020-07-11

1590 清康熙 五彩西洋人物图盘
估　价：USD 20,000～30,000
成交价：RMB 638,719
直径52cm 纽约佳士得 2020-09-25

3137 清康熙 五彩仕女薪火图折沿盘
“大清康熙年制”款
估　价：HKD 180,000～250,000
成交价：RMB 339,000
直径15.2cm 香港苏富比 2020-07-11

2786 清康熙 五彩列仙传图碗
“大清康熙年制”楷书款，康熙本朝
估　价：RMB 200,000～300,000
成交价：RMB 368,000
直径17cm 中国嘉德 2020-12-03

2782 清康熙 五彩麻姑献寿图碗
“大明成化年制”楷书款
估　价：RMB 300,000～500,000
成交价：RMB 2,127,500
直径14.3cm 中国嘉德 2020-12-03

11 清康熙 御制珊瑚红地五彩九秋图碗
“康熙御制”楷书款
估　价：RMB 280,000～400,000
成交价：RMB 747,500
直径11cm 北京中汉 2020-11-09

870 清康熙 五彩玉堂富贵锦绣图碗
“大明嘉靖年制”楷书款
估　价：RMB 20,000～28,000
成交价：RMB 218,500
直径19.3cm 北京诚轩 2020-08-17

321 清康熙 五彩描金鹤鹿同春祝寿纹花盆（一对）
“大清康熙年制”款楷书横款
估　价：HKD 2,000,000～3,000,000
成交价：RMB 5,400,530
直径60.5cm×2 中国嘉德 2020-10-08

1010 清康熙 五彩龙凤纹碗
“大清康熙年制”款
估　价：RMB 600,000～800,000
成交价：RMB 690,000
直径13.2cm 永乐拍卖 2020-08-17

2500 清康熙 五彩龙凤纹碗
“大清康熙年制”楷书款，康熙本朝
估　价：RMB 150,000～250,000
成交价：RMB 460,000
直径15cm 中国嘉德 2020-12-03

5017 清康熙 五彩十二月花神杯
“大清康熙年制”款
成交价：RMB 132,825,000
直径6.5至6.8cm × 12 北京保利 2020-10-19

1752 清康熙 五彩“二月杏花”花神杯
“大清康熙年制”款
估　价：RMB 800,000～1,200,000
成交价：RMB 920,000
直径6.5cm 北京保利 2020-12-05

1751 清康熙 五彩驴背诗思图碗
“大明成化年制”仿款
估　价：RMB 350,000～550,000
成交价：RMB 598,000
直径11.2cm 北京保利 2020-12-05

2076 清康熙 五彩“十月芙蓉”花神杯
“大清康熙年制”楷书款
估　价：RMB 400,000～500,000
成交价：RMB 460,000
高5cm；口径6.5cm 西泠印社 2020-08-08

35 清康熙 五彩龙凤纹碗（一对）
“大清康熙年制”楷书款
估　价：GBP 20,000～40,000
成交价：RMB 869,600
直径10.4cm × 2 伦敦佳士得 2020-11-03

913 清康熙 五彩“把蟹行乐”故事图马蹄杯
“大明成化年制”楷书款
估　价：RMB 600,000～800,000
成交价：RMB 1,610,000
高5cm；直径9cm 保利厦门 2020-09-26

206 清康熙 五彩水仙花神杯
“大清康熙年制”楷书款
估　价：RMB 200,000～300,000
成交价：RMB 644,000
直径6.5cm 北京大羿 2020-10-16

792 清康熙 五彩竹林七贤图笔筒
估　价：USD 25,000～35,000
成交价：RMB 1,420,165
直径18.6cm 纽约苏富比 2020-09-23

5 清康熙 五彩仕女人物图碟（一对）
成交价：RMB 82,800
直径11.5cm×2 北京大羿 2020-07-12

221 清康熙 五彩描金荷塘丽景一路连科图大鱼浅
估　价：RMB 1,200,000～1,800,000
成交价：RMB 2,127,500
直径66.3cm；高26cm 北京中汉 2020-12-04

6 清康熙 五彩鱼化龙纹案缸
估　价：RMB 120,000～150,000
成交价：RMB 402,500
直径23cm 北京大羿 2020-07-12

2787 清康熙至雍正 五彩梅兰竹菊四君子图四方倭角花盆
估　价：RMB 150,000～250,000
成交价：RMB 747,500
长21cm 中国嘉德 2020-12-03

15 清康熙 五彩《水浒传》故事图缸
估　价：GBP 4,000～6,000
成交价：RMB 525,282
高20 cm 伦敦苏富比 2020-06-15

3123 清雍正 五彩花卉纹盘
“大清雍正年制”款
估　价：HKD 150,000～200,000
成交价：RMB 248,600
直径27.5cm 香港苏富比 2020-07-11

5035 清雍正 黄地绿彩暗刻加料彩云蝠“福禄”纹鸡心碗
“大清雍正年制”款
估　价：RMB 2,200,000～3,200,000
成交价：RMB 2,990,000
直径12cm 北京保利 2020-10-19

3114 清雍正 五彩戏珠云龙纹折沿盘
“大清雍正年制”款
估　价：HKD 800,000～1,000,000
成交价：RMB 791,000
直径20.1cm 香港苏富比 2020-07-11

858 清康熙 五彩花鸟诗文笔筒
铭 文：独凌霜雪伴，芳心空自知。西园
估　价：RMB 1,200,000～1,800,000
成交价：RMB 1,380,000
高15.7cm 永乐拍卖 2020-12-02

1583 清雍正 五彩太白醉酒图盘
估　价：USD 5,000～7,000
成交价：RMB 298,069
直径15.8cm 纽约佳士得 2020-09-25

862 清雍正 五彩忍冬纹莲子碗
“大清雍正年制”楷书款
估　价：RMB 100,000～120,000
成交价：RMB 218,500
直径10.3cm 北京诚轩 2020-08-17

535 清雍正 珊瑚红地五彩牡丹碗
“雍正御制”款
估　价：HKD 100,000～150,000
成交价：RMB 856,798
直径11.4cm 香港苏富比 2020-06-05

5174 清雍正 五彩二月杏花花神杯
“大清雍正年制”款
估　价：RMB 300,000～500,000
成交价：RMB 2,242,500
直径6.3cm 北京保利 2020-10-19

5 清雍正或以后 五彩仙鹿送瑞高士图小杯
“养和堂制”楷书款
估　价：HKD 80,000～120,000
成交价：RMB 341,625
直径6cm 佳士得 2020-04-21

591 清乾隆 五彩龙凤纹碗
“大清乾隆年制”款
估　价：HKD 150,000～200,000
成交价：RMB 365,567
高15.5cm 香港苏富比 2020-06-05

2497 清道光 五彩龙凤纹碗
“大清道光年制”篆书款，道光本朝
估　价：RMB 60,000～90,000
成交价：RMB 230,000
直径15cm 中国嘉德 2020-12-03

6 清乾隆 五彩龙凤纹碗
“大清乾隆年制”篆书款
估　价：RMB 150,000～200,000
成交价：RMB 517,500
直径14.6cm 北京大羿 2020-08-16

2370 清嘉庆 五彩龙凤纹小碗
“大清嘉庆年制”篆书款，嘉庆本朝
估　价：RMB 100,000～200,000
成交价：RMB 195,500
直径13.2cm 中国嘉德 2020-08-18

594 清道光 五彩修竹灵芝纹杯（两件）
“嶰竹主人造”款
估　价：HKD 60,000～80,000
成交价：RMB 182,784
直径6.3cm×2 香港苏富比 2020-06-05

552 清同治 五彩芙蓉花神杯（一对）
“大清同治年制”款
估　价：HKD 50,000～70,000
成交价：RMB 102,816
直径6.5cm×2 香港苏富比 2020-06-05

26 清道光 五彩龙凤纹碗（一对）
“大清道光年制”篆书款
估　价：RMB 200,000～250,000
成交价：RMB 644,000
直径15.5cm×2 北京大羿 2020-06-06

727 宣统三年（1911年） 醴陵釉下彩菊花图琵琶尊
底款：大清宣统三年湖南瓷业公司
成交价：RMB 161,000
高34.3cm 中贸圣佳 2020-10-17

606 清光绪 五彩龙凤纹碗
“大清光绪年制”款
估　价：HKD 60,000～80,000
成交价：RMB 114,240
直径14.2cm 香港苏富比 2020-06-05

338 民国 五彩鱼化龙纹大盘
“储秀宫制”寄托款
估　价：HKD 50,000～80,000
成交价：RMB 1,181,040
直径51.3cm 佳士得 2020-10-08

541 清咸丰 五彩水仙花神杯（一对）
“大清咸丰年制”款
估　价：HKD 60,000～80,000
成交价：RMB 685,439
直径5.8cm×2 香港苏富比 2020-06-05

三　彩

1866 北宋 段店窑三彩刻花行炉
估　价：RMB 20,000～30,000
成交价：RMB 63,250
高8.5cm；直径14cm 西泠印社 2020-08-08

1769 清康熙 素三彩暗刻花蝶纹碗（一对）
“大清康熙年制”款
估　价：RMB 600,000～800,000
成交价：RMB 828,000
直径15cm×2 北京保利 2020-12-05

2833 明 素三彩天官坐像
估　价：HKD 700,000～900,000
成交价：RMB 3,367,400
高114.4cm 佳士得 2020-07-09

5202 明万历 三彩菩萨立像（一对）
估　价：RMB 2,000,000～3,000,000
成交价：RMB 2,300,000
身高80cm，座41cm；身高74cm，座42cm
北京保利 2020-10-19

2126 清康熙 釉下三彩渔人泛舟图花觚
“大明宣德年制”楷书款
估　价：RMB 80,000～90,000
成交价：RMB 92,000
高42cm 西泠印社 2020-08-08

4491 清康熙 素三彩折枝花卉云龙纹大盘
“大清康熙年制”款
估　价：RMB 50,000～80,000
成交价：RMB 632,500
直径32.2cm 中国嘉德 2020-07-16

3132 清康熙 黄地素三彩双龙戏珠盘（一对）
“大清康熙年制”款
估　价：HKD 300,000～400,000
成交价：RMB 316,400
直径13.2cm × 2 香港苏富比 2020-07-11

1135 清康熙 黄地素三彩苍龙教子图盏托（一对）
估　价：RMB 500,000～800,000
成交价：RMB 1,092,500
13.2cm × 10.2cm × 2 华艺国际 2020-10-16

110 清康熙 素三彩暗刻龙纹折枝花卉纹碗
“大清康熙年制”楷书款
估　价：RMB 150,000～250,000
成交价：RMB 287,500
直径15cm 北京大羿 2020-10-16

105 清康熙 素三彩捏塑童子桃形洗
估　价：RMB 10,000～20,000
成交价：RMB 161,000
高14cm 北京大羿 2020-08-01

1 清光绪 黄地三彩莲托八吉祥五福捧寿纹折沿大盘
“大清光绪年制”楷书款
估　价：RMB 30,000～50,000
成交价：RMB 207,000
直径41cm 北京中汉 2020-11-09

113 清乾隆 黄地赭绿龙纹盘
“大清乾隆年制”篆书款
估　价：RMB 50,000～80,000
成交价：RMB 253,000
直径12.5cm 北京大羿 2020-10-16

3042 18世纪 素三彩太师少师摆件
估　价：HKD 120,000～180,000
成交价：RMB 127,800
长19.5cm 佳士得 2020-11-30

粉　彩

6160 清雍正至乾隆 紫地粉彩虞美人壁瓶
估　价：RMB 120,000～180,000
成交价：RMB 218,500
高14.8cm 北京保利 2020-10-20

333 清康熙 粉彩桃花流水图花盆（一对）
估　价：HKD 180,000～250,000
成交价：RMB 1,792,650
直径30cm×2 佳士得 2020-10-08

1593 清雍正 粉彩八仙贺寿图瓶
估　价：USD 60,000～80,000
成交价：RMB 936,788
高39.10cm 纽约佳士得 2020-09-25

3122 清雍正八年（1730年） 传唐金堂画粉彩仙姑献寿图胆瓶
“庚戌中秋偶作于岭南珠江海庐”字
估　价：HKD 800,000～1,200,000
成交价：RMB 5,799,160
高21.5cm 香港苏富比 2020-07-11

1617 清雍正/乾隆 粉彩罗汉坐像
估　价：USD 200,000～400,000
成交价：RMB 4,087,800
高23.8cm 纽约佳士得 2020-09-25

1801 清雍正 御制外柠檬黄釉内粉彩“金玉满堂”花篮图盘
“大清雍正年制”款
估　价：RMB 1,200,000～1,800,000
成交价：RMB 2,185,000
直径17.5cm 华艺国际 2020-10-16

3618 清雍正 粉彩雏菊海棠纹盘（一对）
“大清雍正年制”款
估　价：HKD 250,000～300,000
成交价：RMB 293,800
直径15.4cm×2 香港苏富比 2020-07-11

160 清雍正 粉彩山水人物图尊
估　价：GBP 30,000～50,000
成交价：RMB 304,360
高38.2cm 伦敦佳士得 2020-11-03

1763 清雍正 粉彩过枝福寿双全八桃五蝠大盘
“大清雍正年制”款
估　价：RMB 16,000,000～26,000,000
成交价：RMB 38,525,000
直径50.5cm 北京保利 2020-12-05

453 清雍正 粉彩花卉草虫纹盘（一对）
“大清雍正年制”款
估　价：HKD 80,000～120,000
成交价：RMB 299,069
直径15.7cm×2 香港苏富比 2020-11-26

8574 清雍正 粉彩过枝梅花纹斗笠碗
“大明成化年制”楷书款
估　价：RMB 150,000～200,000
成交价：RMB 322,000
直径10cm 十竹斋拍卖（北京） 2020-10-18

1803 清雍正 粉彩“福寿双全”过枝纹碗
“大清雍正年制”款
估　价：RMB 2,000,000～3,000,000
成交价：RMB 2,300,000
直径14cm 华艺国际 2020-10-16

557 清雍正 粉彩福禄寿图碗
“雍正御制”款
估　价：USD 250,000～350,000
成交价：RMB 2,237,836
直径12cm 纽约苏富比 2020-09-23

3622 清雍正 粉彩过枝福寿双全碗
“大清雍正年制”款
估　价：HKD 25,000,000～30,000,000
成交价：RMB 23,204,470
直径14.3cm 香港苏富比 2020-10-09

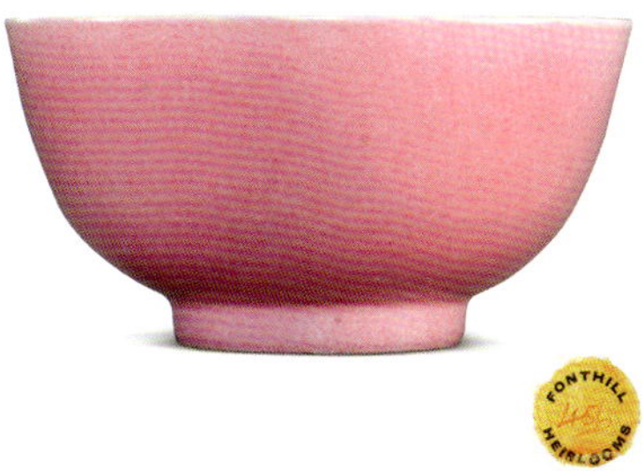

2648 清雍正 外胭脂红釉内粉彩牡丹纹碗
估　价：RMB 10,000～20,000
成交价：RMB 609,500
直径10.3cm 中国嘉德 2020-08-18

1003 清雍正 粉彩没骨牡丹花纹碗
“大清雍正年制”楷书款
估　价：RMB 300,000～500,000
成交价：RMB 690,000
直径17.5cm 华艺国际 2020-10-16

6161 清雍正 粉彩过枝虞美人碗
“大清雍正年制”款
估　价：RMB 1,500,000～2,500,000
成交价：RMB 1,840,000
直径13.2cm 北京保利 2020-10-20

527 清雍正 粉彩花卉纹碗（一对）
“大清雍正年制”款
估　价：HKD 100,000～200,000
成交价：RMB 342,719
直径13cm × 2 香港苏富比 2020-06-05

1011 清雍正 粉彩花卉纹盘（一对）
“大清雍正年制”楷书款
估　价：RMB 600,000～700,000
成交价：RMB 782,000
直径15cm × 2 华艺国际 2020-10-16

4 清雍正 粉彩花卉纹碗
“大清雍正年制”款
估　价：GBP 15,000～20,000
成交价：RMB 771,424
直径9.8cm 伦敦苏富比 2020-11-04

5038 清雍正 粉彩六桃五蝠过枝“福寿双全”图碗
“大清雍正年制”款
成交价：RMB 33,350,000
直径14.2cm 北京保利 2020-10-19

5037 清雍正 粉彩三多纹杯（一对）
“大清雍正年制”款
估　价：RMB 16,000,000~26,000,000
成交价：RMB 30,475,000
直径8.9cm×2 北京保利 2020-10-19

3003 清雍正 洋彩虞美人纹茶盅
“大清雍正年制”单圈楷书款
估　价：HKD 7,000,000~9,000,000
成交价：RMB 7,369,800
直径9.1cm 佳士得 2020-11-30

3617 清雍正 粉彩鹿鹤同春碗（一对）
“大清雍正年制”款
估　价：HKD 1,200,000~1,800,000
成交价：RMB 1,356,000
直径9.3cm×2 香港苏富比 2020-07-11

140 18世纪 红釉粉彩折枝花卉纹梅瓶
估　价：EUR 30,000~40,000
成交价：RMB 297,820
高24.0cm 巴黎佳士得 2020-06-23

2078 清雍正 粉彩菊花蜜蜂图杯
“大清雍正年制”楷书款
估　价：RMB 400,000～500,000
成交价：RMB 460,000
高4.5cm；直径8cm 西泠印社 2020-08-08

841 清雍正 粉彩桃花菊花纹杯
“大清雍正年制”款
估　价：RMB 800,000～1,200,000
成交价：RMB 920,000
直径6cm 永乐拍卖 2020-12-02

5039 清雍正 洋彩仿花梨木纹釉待琴图笔筒
“大清雍正年制”款
成交价：RMB 13,800,000
高12cm；直径16.5cm 北京保利 2020-10-19

2766 清乾隆 粉彩缠枝花卉双龙耳瓶
“大清乾隆年制”款
估　价：RMB 1,200,000～1,500,000
成交价：RMB 2,300,000
高29.8cm 中鸿信 2020-01-03

856 清乾隆 仿石纹釉开光粉彩山水纹灯笼瓶
“大清乾隆年制”篆书款
估　价：RMB 7,500,000～9,500,000
成交价：RMB 9,200,000
高15.5cm 中贸圣佳 2020-10-17

911 清乾隆 粉彩缠枝西番莲纹天球瓶
“大清乾隆年制”款
估　价：HKD 12,000,000～18,000,000
成交价：RMB 14,577,720
高50.8cm 保利香港 2020-12-02

119 清乾隆 粉彩仿掐丝珐琅番莲花纹双耳盘口瓶
“大清乾隆年制”款
估　价：HKD 400,000～600,000
成交价：RMB 1,817,701
高24.4cm 香港苏富比 2020-11-27

1416 清乾隆 粉彩描金“绶带福寿”大吉葫芦挂瓶
估　价：RMB 200,000～300,000
成交价：RMB 483,000
高35cm 广东崇正 2020-09-13

3652 清乾隆 粉彩珊瑚红地描金“大吉”葫芦挂瓶
估　价：HKD 220,000～280,000
成交价：RMB 791,000
高35.2cm 香港苏富比 2020-07-11

308 清乾隆 酱地描金开光粉彩花卉山水人物图葫芦瓶
估　价：RMB 800,000～1,000,000
成交价：RMB 1,265,000
高66.5cm 北京大羿 2020-10-16

5067 清乾隆 粉彩百花不露地莱菔瓶
“大清乾隆年制”款
估　价：RMB 1,000,000～1,500,000
成交价：RMB 2,185,000
高20cm 北京保利 2020-10-19

347 清乾隆 绿地粉彩花蝶纹葫芦瓶
“大清乾隆年制”矾红篆书款
估　价：HKD 1,000,000～1,500,000
成交价：RMB 1,054,500
高38.8cm 佳士得 2020-10-08

328 清乾隆 松石绿地粉彩缠枝花卉纹瓶
“大清乾隆年制”篆书款
估　价：HKD 800,000～1,000,000
成交价：RMB 831,664
高20cm 中国嘉德 2020-10-08

2769 清乾隆 黄地轧道洋彩折枝花卉纹玉壶春瓶
“乾隆年制”篆书款，乾隆本朝
估　价：RMB 4,000,000～6,000,000
成交价：RMB 4,600,000
高30.4cm 中国嘉德 2020-08-18

3627 清乾隆 粉彩双凤朝阳橄榄瓶
“大清乾隆年制”款
估　价：HKD 800,000～1,200,000
成交价：RMB 1,200,276
高39.5cm 香港苏富比 2020-10-09

2770 清乾隆 黄地粉彩狮子绣球蒜头瓶
“大清乾隆年制”款
估　价：RMB 320,000～450,000
成交价：RMB 805,000
高28.5cm 中鸿信 2020-01-03

1 清乾隆 洋彩红地锦上添花冬青玲珑夹层瓶
“大清乾隆年制”款
估　价：HKD 70,000,000~90,000,000
成交价：RMB 63,647,024
高31.4cm 香港苏富比 2020-07-11

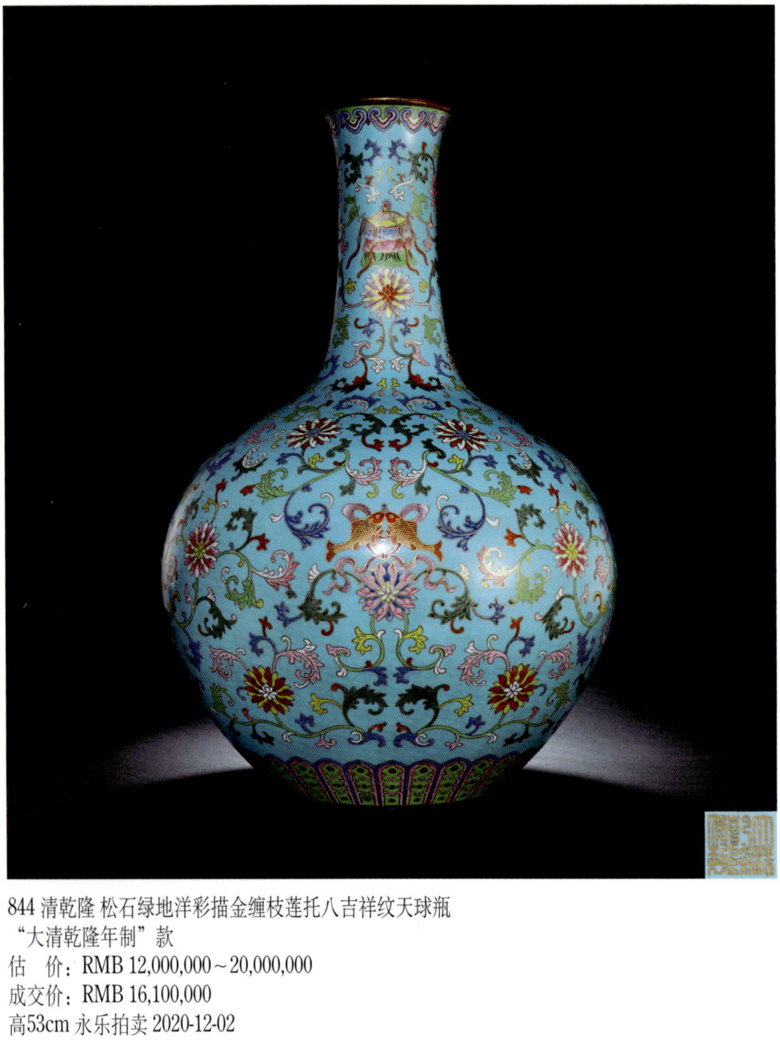

844 清乾隆 松石绿地洋彩描金缠枝莲托八吉祥纹天球瓶
“大清乾隆年制”款
估　价：RMB 12,000,000~20,000,000
成交价：RMB 16,100,000
高53cm 永乐拍卖 2020-12-02

43 清乾隆 粉彩和鸣凤鸾图大瓶
估　价：RMB 300,000~500,000
成交价：RMB 667,000
高69cm 北京大羿 2020-08-16

2768 清乾隆 胭脂红地洋彩缠枝宝相花纹壁瓶（一对）
“大清乾隆年制”篆书横款，乾隆本朝
估　价：RMB 660,000~860,000
成交价：RMB 782,000
高21.3cm×2 中国嘉德 2020-08-18

5071 清乾隆 洋彩胭脂紫地描金通景“歌舞升平，福在眼前”双螭耳大瓶
“大清乾隆年制”款
估　价：RMB 22,000,000～32,000,000
成交价：RMB 32,200,000
高75cm；腹径40cm 北京保利 2020-10-19

8581 清乾隆 胭脂红地粉彩八仙庆寿图灯笼瓶
“大清乾隆年制”篆书款
估　价：RMB 2,000,000～3,000,000
成交价：RMB 3,565,000
高36cm 十竹斋拍卖（北京） 2020-10-18

3654 清乾隆至嘉庆 粉彩豆青地浮雕云蝠暗八仙胆瓶
估　价：HKD 400,000～600,000
成交价：RMB 508,500
高68cm 香港苏富比 2020-07-11

305 清乾隆 粉彩百鹿尊
“大清乾隆年制”篆书款
估　价：RMB 18,000,000～28,000,000
成交价：RMB 35,650,000
高45cm 北京大羿 2020-10-16

845 清乾隆 洋彩松石绿地云龙纹瓶
“大清乾隆年制”款
估　价：RMB 3,600,000～5,000,000
成交价：RMB 4,140,000
高35.3cm 永乐拍卖 2020-12-02

1816 清乾隆 洋彩受天百禄双螭耳尊
“大清乾隆年制”款
估　价：RMB 8,000,000～12,000,000
成交价：RMB 10,637,500
高44.5cm 北京保利 2020-12-05

1802 清乾隆 胭脂紫地洋彩轧道三顾茅庐图双螭耳瓶
估　价：RMB 1,000,000～2,000,000
成交价：RMB 2,012,500
高74.2cm 华艺国际 2020-10-16

603 清乾隆 洋彩描金卷草皮球花开光皇家狩猎图墨彩御题诗文夔龙耳葫芦形壁瓶
“大清乾隆年制”单行篆书款
估　价：RMB 1,500,000～2,000,000
成交价：RMB 1,863,000
高21.8cm 北京大羿 2020-12-06

1596 清乾隆/嘉庆 粉彩宝石红地锦上添花开光百子图大瓶
估　价：USD 40,000～60,000
成交价：RMB 1,192,275
高76.5cm 纽约佳士得 2020-09-25

5073 清乾隆 洋彩开光海屋添筹抱月瓶
“大清乾隆年制”款
估　价：RMB 3,500,000～5,500,000
成交价：RMB 6,440,000
高18cm 北京保利 2020-10-19

2651 清乾隆 黄地洋彩“吉祥如意”大碗（一对）
“大清乾隆年制”篆书款
估　价：RMB 800,000～1,600,000
成交价：RMB 3,910,000
直径19cm×2 中国嘉德 2020-08-18

2649 清乾隆 御制洋彩“万花献瑞”大葫芦瓶
“大清乾隆年制”篆书款
估　价：RMB 4,500,000～6,000,000
成交价：RMB 5,175,000
高60.3cm 中国嘉德 2020-08-18

40 清乾隆 天蓝地锦上添花洋彩暗八仙福寿如意万年甲子旋转笔筒
“大清乾隆年制”篆书款
估　价：RMB 7,000,000～9,000,000
成交价：RMB 8,970,000
高12.7cm 华艺国际 2020-12-05

3626 清乾隆 御制粉彩浅蓝地开光山水题诗瓶
估　价：HKD 1,200,000～1,500,000
成交价：RMB 1,636,740
高长18.7cm 香港苏富比 2020-10-09

137 清乾隆 粉彩地藏菩萨坐像
估　价：EUR 20,000～30,000
成交价：RMB 1,240,916
高35cm 巴黎佳士得 2020-06-23

2088 清乾隆 袁昆书粉彩洞石花卉诗文插屏
估　价：RMB 350,000～400,000
成交价：RMB 460,000
高25.5cm；长16cm；宽9.5cm 西泠印社
2020-08-08

1039 清乾隆 御制松石绿地洋彩描金莲托八吉祥纹如意耳大瓶
“大清乾隆年制”
估　价：HKD 22,000,000～35,000,000
成交价：RMB 35,187,600
高54.5cm 保利香港 2020-12-02

1815 清乾隆 御制粉彩百花不落地茶壶
“大清乾隆年制”款
估　价：RMB 3,800,000～5,800,000
成交价：RMB 4,600,000
宽18.5cm 北京保利 2020-12-05

334 清乾隆 粉红地粉彩开光玉堂富贵背壶
“乾隆年制”矾红篆书款
估　价：HKD 2,600,000～3,500,000
成交价：RMB 3,374,400
高15.5cm 佳士得 2020-10-08

602 清乾隆 胭脂红地洋彩锦上添花缠枝花卉纹盘
“大清乾隆年制”篆书款
估　价：RMB 200,000～300,000
成交价：RMB 632,500
直径15.5cm 北京大羿 2020-12-06

147 清乾隆 松石绿釉珍珠地开光庭院人物纹兽耳狮纽盖壶
估　价：EUR 10,000～15,000
成交价：RMB 377,238
高44.5cm 巴黎佳士得 2020-06-23

459 清乾隆 粉彩珊瑚红地番莲八吉祥纹贲巴壶
“大清乾隆年制”款
估　价：HKD 800,000～1,200,000
成交价：RMB 4,353,787
高25.4cm 香港苏富比 2020-11-26

1616 清乾隆 粉彩婴戏图壮罐（一对）
“大清乾隆年制”篆书款
估　价：USD 800,000～1,200,000
成交价：RMB 11,241,450
高28.5cm×2 纽约佳士得 2020-09-25

241 清乾隆 粉彩皮球花纹墩式碗
“大清乾隆年制”篆书款
估　价：RMB 200,000～300,000
成交价：RMB 414,000
直径15.1cm 北京中汉 2020-12-04

13 清乾隆 胭脂红地轧道“锦上添花”缠枝花卉纹盘
“大清乾隆年制”篆书款
估　价：RMB 180,000～250,000
成交价：RMB 379,500
直径15.7cm 北京中汉 2020-11-09

816 清乾隆 粉彩过枝瓜瓞绵绵碗（一对）
“大清乾隆年制”款
估　价：RMB 800,000～1,000,000
成交价：RMB 920,000
直径11cm×2 永乐拍卖 2020-12-02

1130 清乾隆 粉彩过枝“玉堂富贵”图盘
“大清乾隆年制”篆书款
估　价：RMB 2,800,000～3,800,000
成交价：RMB 4,485,000
直径19.4cm 华艺国际 2020-10-16

7 清乾隆 粉彩八吉祥纹碗（一对）
“大清乾隆年制”款
估　价：GBP 60,000～80,000
成交价：RMB 661,220
直径10.7cm×2 伦敦苏富比 2020-11-04

310 清乾隆 粉彩“日日进喜”喜鹊登梅图盖碗
“大清乾隆年制”篆书款
估　价：RMB 2,500,000～3,500,000
成交价：RMB 3,312,000
直径11.2cm 北京大羿 2020-10-16

155 清乾隆 黄地洋彩缠枝牡丹纹碗
“大清乾隆年制”篆书款
估　价：RMB 250,000～300,000
成交价：RMB 310,500
直径18.2cm 中贸圣佳 2020-06-20

5175 清乾隆 粉彩四季折枝花卉纹宫碗
“大清乾隆年制”款
估　价：RMB 700,000～900,000
成交价：RMB 943,000
直径16cm 北京保利 2020-10-19

852 清乾隆 粉彩御制诗文童子鸡缸杯
“大清乾隆仿古”篆书款
估　价：RMB 1,300,000～1,500,000
成交价：RMB 1,725,000
直径7.9cm；高6.7cm 中贸圣佳 2020-10-17

1038 清乾隆 蓝地轧道粉彩开光重阳菊花纹节令膳碗（一对）
“大清乾隆年制”款
估　价：HKD 3,500,000～5,500,000
成交价：RMB 6,233,232
直径15cm 保利香港 2020-12-02

5072 清乾隆 洋彩婴戏图碗（一对）
“乾隆年制”款
估　价：RMB 3,800,000～5,800,000
成交价：RMB 4,600,000
直径15cm×2 北京保利 2020-10-19

3109 清乾隆 粉彩珊瑚红地开光牡丹纹碗
“大清乾隆年制”款
估　价：HKD 900,000～1,200,000
成交价：RMB 1,582,000
直径10.8cm 香港苏富比 2020-07-11

3117 清乾隆 粉彩过枝癞瓜纹碗
“大清乾隆年制”款
估　价：HKD 400,000～600,000
成交价：RMB 452,000
直径11.2cm 香港苏富比 2020-07-11

1044 清乾隆 黄地洋彩缠枝花卉开光佛日常明宫碗
“乾隆年制”楷书款
估　价：RMB 450,000～500,000
成交价：RMB 517,500
直径16.3cm 中贸圣佳 2020-10-17

1126 清乾隆 粉彩八吉祥纹茶圆
“大清乾隆年制”篆书款
估　价：RMB 280,000～300,000
成交价：RMB 322,000
直径10.1cm 中贸圣佳 2020-10-17

866 清乾隆 粉彩开光仕女诗文花卉纹杯
“大清乾隆年制”款
估　价：RMB 250,000～350,000
成交价：RMB 287,500
直径7.4cm 永乐拍卖 2020-12-02

2457 清乾隆 蓝地洋彩描金仿掐丝珐琅团花纹杯盏（一对）
估　价：RMB 30,000～50,000
成交价：RMB 230,000
杯宽7.6cm、7.8cm；盏托直径15cm×2
中国嘉德 2020-12-03

149 清乾隆 粉彩蝶恋花纹海棠式四足花盆
“大清乾隆年制”篆书款
估　价：EUR 20,000～30,000
成交价：RMB 188,619
长21,7cm 巴黎佳士得 2020-06-23

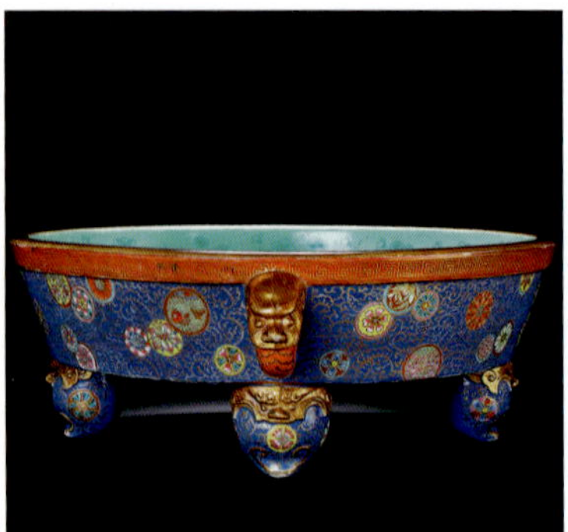

903 清乾隆至嘉庆 蓝料粉彩描金皮球花双兽耳四足洗
估　价：HKD 50,000～80,000
成交价：RMB 402,144
直径40.5cm 保利香港 2020-12-02

1046 清乾隆 黄地洋彩花卉花瓣足盆奁(一套)
估　价：RMB 350,000～450,000
成交价：RMB 678,500
直径17cm 中贸圣佳 2020-10-17

908 清乾隆 珊瑚红地洋彩夔凤穿花纹长方盆奁（一套）
估　价：HKD 600,000～1,000,000
成交价：RMB 603,216
高3.3cm；高8.5cm 保利香港 2020-12-02

215 清乾隆 茶叶末釉洋彩捏塑福寿灵芝纹桃桩形笔筒
“大清乾隆年制”篆书款
估　价：RMB 1,500,000～2,500,000
成交价：RMB 2,472,500
直径10cm；高12.3cm 北京中汉 2020-12-04

4626 清乾隆至嘉庆 洋彩百花瑞兽开光胭脂红山水人物纹花盆
估　价：RMB 580,000～880,000
成交价：RMB 805,000
直径32cm 中国嘉德 2020-07-16

403 清乾隆 唐英制山水诗文双耳杯
估　价：HKD 1,000,000～1,500,000
成交价：RMB 1,351,454
宽11cm 中国嘉德 2020-10-08

525 清乾隆 粉彩描金观音菩萨坐像
估　价：HKD 200,000～300,000
成交价：RMB 456,959
观音高14.8cm 香港苏富比 2020-06-05

855 清嘉庆 粉地洋彩福寿吉庆纹龙首柄执壶
“大清嘉庆年制”篆书款
估　价：RMB 1,200,000～1,800,000
成交价：RMB 2,357,500
长17.6cm；高13.8cm 中贸圣佳 2020-10-17

221 清嘉庆 秋葵绿地粉彩缠枝宝相花“福寿如意”纹撇口瓶
“大清嘉庆年制”篆书款
估　价：RMB 300,000～500,000
成交价：RMB 690,000
高30.5cm 北京大羿 2020-10-16

1133 清嘉庆 绿地粉彩八吉祥纹朝天耳炉
“大清嘉庆年制”单行矾红篆书款
估　价：RMB 800,000～1,200,000
成交价：RMB 943,000
高28.5cm 华艺国际 2020-10-16

5182 清乾隆 洋彩缠枝宝相花水盂连盖
“大清乾隆年制”款
估　价：RMB 1,000,000～1,500,000
成交价：RMB 1,265,000
高6cm；长9cm 北京保利 2020-10-19

2652 清嘉庆 胭脂红地粉彩“瓜瓞绵绵”海棠式茶盘
“大清嘉庆年制”篆书款
估　价：RMB 500,000～800,000
成交价：RMB 575,000
长15.2cm 中国嘉德 2020-08-18

1817 清嘉庆 绿地粉彩暗八仙开光群仙祝寿、会昌九老图双耳大瓶（一对）
估　价：RMB 800,000～1,200,000
成交价：RMB 920,000
高85cm × 2 北京保利 2020-12-05

1132 清嘉庆 胭脂紫地宝相花镂空折沿盘
“大清嘉庆年制”篆书款
估 价：RMB 1,000,000~1,500,000
成交价：RMB 2,070,000
直径39cm 华艺国际 2020-10-16

1835 清嘉庆 胭脂红地粉彩花卉纹镂空大盘
“大清嘉庆年制”矾红篆书款
估 价：USD 30,000~50,000
成交价：RMB 323,618
直径39.3 cm 纽约佳士得 2020-09-25

222 清嘉庆 秋葵绿地粉彩缠枝西番莲纹海棠式洗（一对）
“大清嘉庆年制”篆书款
估 价：RMB 250,000~300,000
成交价：RMB 747,500
直径15cm×2 北京大羿 2020-10-16

556 清嘉庆 粉彩过枝瓜瓞绵绵图碗
“大清嘉庆年制”篆书款
估 价：RMB 100,000~150,000
成交价：RMB 115,000
直径11cm；高6cm 保利厦门 2020-09-26

3648 清嘉庆 粉彩浅蓝地轧道开光秋菊图碗
“大清嘉庆年制”款
估 价：HKD 180,000~250,000
成交价：RMB 316,400
直径14.8cm 香港苏富比 2020-07-11

1009 清嘉庆 粉彩梦兰折桂杯（一对）
“大清嘉庆年制”款
估 价：RMB 500,000~600,000
成交价：RMB 575,000
直径6cm×2 永乐拍卖 2020-08-17

836 清嘉庆 粉彩过枝癞瓜图碗
“大清嘉庆年制”篆书款
估 价：RMB 50,000~65,000
成交价：RMB 218,500
直径11.1cm 北京诚轩 2020-08-17

2826 清道光 黄地洋彩缠枝莲托八宝纹贲巴瓶
“大清道光年制”篆书款，道光本朝
估　价：RMB 2,800,000～3,800,000
成交价：RMB 3,795,000
高25.8cm 中国嘉德 2020-12-03

104 清道光 宫粉地粉彩十二金钗双耳瓶（一对）
“大清道光年制”款
估　价：HKD 1,500,000～2,000,000
成交价：RMB 1,496,930
高27.5cm×2 香港苏富比 2020-11-27

307 清道光 松石绿地堆白缠枝宝相花开光粉彩四季花卉纹长颈瓶
“大清道光年制”篆书款
估　价：RMB 2,000,000～3,000,000
成交价：RMB 2,300,000
高57cm 北京大羿 2020-10-16

110 清道光 紫地粉彩香莲吉庆灯笼瓶
“慎德堂制”款
估　价：HKD 200,000～300,000
成交价：RMB 320,771
高19.8cm 香港苏富比 2020-11-27

1131 清嘉庆 黄地轧道粉彩皮球花四方倭角花盆
估　价：RMB 300,000～500,000
成交价：RMB 713,000
16.3cm×24.5cm×10.4cm 华艺国际 2020-10-16

528 清道光 绿地粉彩缠枝莲描金喜字纹壶
“大清道光年制”篆书款
估　价：RMB 500,000～800,000
成交价：RMB 575,000
高17.5cm 北京大羿 2020-10-16

5522 清道光 粉彩仿剔红雕漆锦地“万福”壮罐
“慎德堂制”款
估　价：RMB 300,000～500,000
成交价：RMB 345,000
高21cm；直径13cm 北京保利 2020-10-20

3127 清道光 粉彩绿地缠枝番莲海棠式茶盘
“大清道光年制”款
估　价：HKD 250,000～300,000
成交价：RMB 361,600
直径14.4cm 香港苏富比 2020-07-11

367 清道光 粉彩“三羊开泰”碗（一对）
“大清道光年制”篆书款
估　价：HKD 400,000～600,000
成交价：RMB 415,832
直径13.5cm×2 中国嘉德 2020-10-08

14 清道光 粉彩描金五福捧寿纹盘
“慎德堂制”楷书款
估　价：RMB 50,000～80,000
成交价：RMB 333,500
直径16cm 北京大羿 2020-08-16

825 清道光 粉彩福禄寿喜图碗
“经笥堂制”楷书款
估　价：RMB 150,000～200,000
成交价：RMB 402,500
直径14.2cm 北京诚轩 2020-08-17

117 清道光 粉彩福山寿海五谷丰登纹小碗（一对）
“嶰竹主人造”篆书款
估　价：RMB 250,000～300,000
成交价：RMB 287,500
直径10.6cm×2 北京大羿 2020-08-01

7 清道光 粉彩过枝癞瓜图碗（一对）
“大清道光年制”篆书款
估　价：RMB 100,000～200,000
成交价：RMB 402,500
直径10.5cm×2 北京大羿 2020-08-16

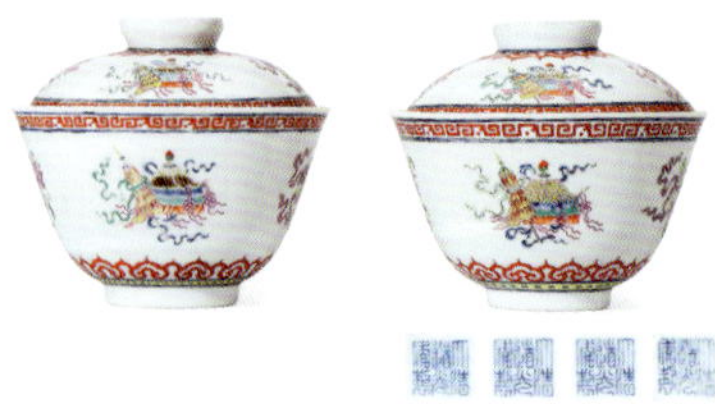

505 清道光 粉彩八宝纹盖碗（一对）
“大清道光年制”篆书款
估　价：RMB 200,000～300,000
成交价：RMB 391,000
直径10.5cm×2 北京大羿 2020-12-06

613 清道光 粉彩凤莲纹碗
“大清道光年制”款
估　价：HKD 30,000～40,000
成交价：RMB 319,871
直径20.9cm 香港苏富比 2020-06-05

2853 清道光 粉彩过枝癞瓜纹盖碗（一对）
“大清道光年制”款
估　价：RMB 400,000～600,000
成交价：RMB 460,000
直径11cm×2 中国嘉德 2020-11-09

3632 清道光 粉彩黄地轧道开光三羊开泰纹碗
“大清道光年制”款
估　价：HKD 200,000～300,000
成交价：RMB 491,022
直径14.9cm 香港苏富比 2020-10-09

231 清道光 宫粉地粉彩缠枝西番莲喜字纹碗（一对）
“大清道光年制”篆书款
估　价：RMB 300,000～500,000
成交价：RMB 471,500
直径21cm×2 北京大羿 2020-10-16

2371 清道光 粉彩西洋犬纹大碗（一对）
“大清道光年制”篆书款，道光本朝
估　价：RMB 180,000～280,000
成交价：RMB 920,000
直径18.2cm×2 中国嘉德 2020-08-18

946 清道光 粉彩三阳开泰斗笠碗（一对）
“大清道光年制”篆书款
估　价：RMB 400,000～500,000
成交价：RMB 782,000
直径13.5cm；高6cm×2 保利厦门 2020-09-26

6168 清道光 粉彩虞美人花卉纹盖碗（一对）
“大清道光年制”款
估　价：RMB 350,000～550,000
成交价：RMB 598,000
直径11cm×2 北京保利 2020-10-20

116 清道光 黄地粉彩开光四季花卉纹碗（一对）
“慎德堂制”楷书款
估　价：RMB 250,000～350,000
成交价：RMB 368,000
直径17cm×2 北京大羿 2020-08-01

219 清道光 黄地洋彩缠枝花卉纹宫碗（一对）
“大清道光年制”篆书款
估　价：RMB 300,000～500,000
成交价：RMB 678,500
直径18cm×2 北京大羿 2020-09-13

139 清道光 黄地洋彩花卉纹碗
“大清道光年制”篆书款
估　价：EUR 18,000～22,000
成交价：RMB 268,038
直径8.4cm 巴黎佳士得 2020-06-23

1062 清道光 蓝地轧道牛郎织女碗（一对）
“大清道光年制”篆书款
估　价：RMB 350,000～400,000
成交价：RMB 828,000
直径14.2cm×2 中贸圣佳 2020-10-17

2451 清道光 内青花外胭脂红地轧道洋彩花卉开光五谷丰登图碗
“大清道光年制”篆书款，道光本朝
估　价：RMB 350,000～550,000
成交价：RMB 437,000
直径14.8cm 中国嘉德 2020-12-03

1138 清道光 里青花外蓝底轧道开光粉彩鹊桥仙渡图碗（一对）
“大清道光年制”篆书款
估　价：RMB 400,000～600,000
成交价：RMB 782,000
直径14.6cm×2 华艺国际 2020-10-16

2372 清道光 内青花外粉彩灵芝花卉纹碗（一对）
“大清道光年制”篆书款，道光本朝
估　价：RMB 280,000～380,000
成交价：RMB 322,000
直径14.9cm×2 中国嘉德 2020-08-18

3149 清道光 内青花外粉彩浅蓝地轧道开光菊花碗
“大清道光年制”款
估　价：HKD 300,000～400,000
成交价：RMB 542,400
直径14.8cm 香港苏富比 2020-07-11

3142 清道光 粉彩描金石榴蝴蝶撇口杯
“大清道光年制”款
估　价：HKD 350,000～450,000
成交价：RMB 395,500
直径7.5cm 香港苏富比 2020-07-11

945 清道光 胭脂红地轧道粉彩五谷丰登图碗
“大清道光年制”篆书款
估　价：RMB 200,000～300,000
成交价：RMB 540,500
直径14.5cm；高6.5cm 保利厦门 2020-09-26

3650 清道光 洋彩黄地缠枝花卉纹碗
“大清道光年制”款
估　价：HKD 600,000～800,000
成交价：RMB 678,000
直径11.3cm 香港苏富比 2020-07-11

18 清道光 珊瑚红地洋彩花卉纹碗（一对）
“大清道光年制”篆书款
估　价：RMB 200,000～250,000
成交价：RMB 713,000
直径11cm×2 北京大羿 2020-07-12

533 清道光 粉彩牧牛童子图杯（一对）
“大清道光年制”款
估　价：HKD 150,000～200,000
成交价：RMB 514,079
直径6.6cm×2 香港苏富比 2020-06-05

3026 清道光 洋彩喜上眉梢图杯
“清慎轩”款
估　价：RMB 150,000
成交价：RMB 794,500
直径8.7cm 北京保利 2020-07-18

2852 清咸丰 黄地粉彩吉庆绵长开光渔樵耕读人物故事图碗（一对）
“大清咸丰年制”款
估　价：RMB 250,000～350,000
成交价：RMB 1,150,000
直径14.7cm×2 中国嘉德 2020-11-09

138 清咸丰 绿地粉彩万寿缠枝莲纹玉壶春瓶
“大清咸丰年制”楷书款
估　价：EUR 18,000～22,000
成交价：RMB 446,730
高29.2cm 巴黎佳士得 2020-06-23

1530 清道光 粉彩花蝶图捧盒（一对）
“慎德堂制”款
估　价：RMB 180,000～200,000
成交价：RMB 322,000
宽23.7cm×2 华艺国际 2020-10-16

158 清同治 黄地粉彩四季花卉团龙捧盒
“体和殿制”篆书款
估　价：RMB 450,000～460,000
成交价：RMB 517,500
直径28.5cm 北京大羿 2020-08-16

942 清道光 粉彩荷塘水禽纹马蹄式水丞
“大清道光年制”篆书款
估　价：RMB 80,000～120,000
成交价：RMB 207,000
直径10.5cm；高5cm 保利厦门 2020-09-26

2851 清同治 黄地粉彩喜鹊登梅图杯（一对）
“同治年制”款
估　价：RMB 50,000～80,000
成交价：RMB 264,500
直径8.8cm×2 中国嘉德 2020-11-09

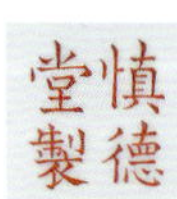

267 清道光 粉彩金玉满堂花盆
“慎德堂制”楷书款
估　价：HKD 250,000～350,000
成交价：RMB 501,358
宽31.5cm 中国嘉德 2020-07-13

141 清光绪 粉彩百蝠纹赏瓶
“大清光绪年制”款
估　价：EUR 5,000～8,000
成交价：RMB 158,837
高39.3cm 巴黎佳士得 2020-06-23

217 清同治 黄地粉彩寿字纹蝠式折沿大花盆（一对）
估　价：RMB 500,000～800,000
成交价：RMB 713,000
49.2cm×35.6cm×28cm×2 北京中汉 2020-12-04

1440 清光绪 粉青釉粉彩寿桃贯耳瓶（一对）
“大清光绪年制”楷书款
估　价：RMB 250,000
成交价：RMB 667,000
高30.3cm×2 中贸圣佳 2020-12-07

182 清光绪 粉彩九桃天球瓶
估　价：RMB 30,000～50,000
成交价：RMB 517,500
高53cm 中贸圣佳 2020-06-20

22 清同治 黄地粉彩百蝶纹渣斗
“同治年制”楷书款
估　价：RMB 70,000～90,000
成交价：RMB 80,500
高8cm 北京大羿 2020-11-08

8624 清光绪 粉彩百鹿尊
估　价：RMB 80,000～100,000
成交价：RMB 414,000
高46cm 十竹斋拍卖（北京） 2020-10-18

177 18/19世纪 粉彩太平有象烛台（一对）
估　价：GBP 30,000～50,000
成交价：RMB 260,880
高49cm×2 伦敦佳士得 2020-11-03

2127 清光绪 粉彩百子闹春图捧盒
“大清光绪年制”楷书款
估　价：RMB 120,000～150,000
成交价：RMB 138,000
高19.5cm；直径31cm 西泠印社 2020-08-08

24 19世纪初 粉青地粉彩瓜瓞绵绵双蝶耳瓜棱式套壶
估　价：GBP 15,000～20,000
成交价：RMB 209,386
高15.5cm 伦敦苏富比 2020-11-04

26 清光绪 藕荷地粉彩绣球芍药花纹渣斗
“永庆长春”楷书款
估　价：RMB 1,000～2,000
成交价：RMB 207,000
高9.5cm 北京大羿 2020-07-12

1780 清 黑地鹊梅太白尊
“大清康熙年制”款
成交价：RMB 48,300
高9cm 西泠印社 2020-08-08

2269 清光绪 黄地粉彩花卉花盆
“体和殿制”篆书款
估　价：RMB 15,000～25,000
成交价：RMB 287,500
高16.5cm 北京翰海 2020-12-12

2881 清晚期 黄地粉彩万字锦地福寿花卉开光花鸟纹大地瓶
估 价：RMB 100,000～200,000
成交价：RMB 345,000
高116cm 中国嘉德 2020-11-09

182 清 绿地粉彩百子婴戏图螭龙耳瓶
估 价：GBP 15,000～20,000
成交价：RMB 869,600
高73cm 伦敦佳士得 2020-11-03

2207 清宣统 粉彩百蝶赏瓶
“大清宣统年制”楷书款
估 价：RMB 40,000～60,000
成交价：RMB 402,500
高39cm 北京翰海 2020-12-12

143 清宣统 粉彩玉堂富贵盘
“大清宣统年制”楷书款
估 价：EUR 6,000～10,000
成交价：RMB 347,456
直径19.6cm 巴黎佳士得 2020-06-23

190 清光绪 粉彩秋操杯（一对）
“大清光绪三十四年安徽太湖附近秋操纪念杯”楷书款
估 价：RMB 20,000～30,000
成交价：RMB 195,500
长20.1cm×2 北京大羿 2020-06-19

553清光绪 粉彩松绿地藤萝月季花碗（一对）
“大雅斋”“天地一家春”“永庆长春”款
估　价：HKD 30,000～50,000
成交价：RMB 171,360
直径12.4cm×2 香港苏富比 2020-06-05

546 清光绪 粉彩水仙花神杯（一对）
“大清光绪年制”款
估　价：HKD 40,000～60,000
成交价：RMB 125,664
直径5.7cm×2 香港苏富比 2020-06-05

540 清光绪 粉彩题诗鸡缸杯
“大清光绪年制”款
估　价：HKD 60,000～80,000
成交价：RMB 171,360
直径8.2cm 香港苏富比 2020-06-05

596 清光绪 黄地粉彩百蝶碗
“大清光绪年制”款
估　价：HKD 50,000～70,000
成交价：RMB 137,088
直径19.5cm 香港苏富比 2020-06-05

523 清嘉庆 粉彩八吉祥纹碗
“大清嘉庆年制”款
估　价：HKD 80,000～120,000
成交价：RMB 137,088
直径10.6cm 香港苏富比 2020-06-05

599 清咸丰 粉彩莲纹笔盒
“大清咸丰年制”款
估　价：HKD 30,000～50,000
成交价：RMB 137,088
长17.8cm 香港苏富比 2020-06-05

239 民国 仿乾隆轧道粉彩花卉开光镂空凤纹转心瓶
“大清乾隆年制”篆书款
估　价：RMB 5,000～8,000
成交价：RMB 690,000
高28cm 北京大羿 2020-10-16

8519 王步 民国 鸟语花香粉彩菱形瓶
题识：鸟语花香，钤印：王步 竹溪，底款：珍藏
估　价：RMB 1,800,000～2,800,000
成交价：RMB 2,990,000
高12cm；直径8cm 十竹斋拍卖（北京） 2020-10-18

1733 田鹤仙 张志汤 徐仲南 刘雨岑 民国 粉彩四方梅兰竹菊琮式瓶
估　价：RMB 1,000,000～1,200,000
成交价：RMB 1,437,500
高27.5cm 北京保利 2020-12-05

555 民国 粉彩花鸟诗文双联瓶
“大清乾隆年制”篆书款
估　价：RMB 5,000～8,000
成交价：RMB 460,000
高18.5cm 北京大羿 2020-10-16

161 民国 炉钧釉开光山水如意耳尊
“大清乾隆年制”篆书款
估　价：RMB 180,000
成交价：RMB 207,000
高29.9cm 中贸圣佳 2020-07-18

155 民国 粉彩九桃图瓶
“大清乾隆年制”篆书款
估　价：RMB 150,000
成交价：RMB 322,000
高54cm 中贸圣佳 2020-07-18

4549 民国 粉彩内洪福齐天图外胭脂红地轧道花卉开光镂空云龙纹转心瓶
“大清乾隆年制”款
估　价：RMB 30,000～50,000
成交价：RMB 230,000
高30.3cm 中国嘉德 2020-07-16

741 汪晓棠 民国 粉彩人物册页（一套）
钤印：晓棠 汪氏 汪棣
估　价：RMB 300,000～400,000
成交价：RMB 529,000
长28.2cm；宽21.3cm 中贸圣佳 2020-10-17

745 王大凡 民国 粉彩渊明爱菊图长条瓷板
估　价：RMB 1,100,000～1,200,000
成交价：RMB 1,265,000
长82cm；宽20.8cm 中贸圣佳 2020-10-17

1328 汪晓棠 民国 粉彩螭龙耳高士羡鱼图尊
估　价：RMB 150,000
成交价：RMB 437,000
高16cm 中贸圣佳 2020-12-07

613 民国 何许人作粉彩雪景瓷板挂屏
估　价：RMB 300,000～400,000
成交价：RMB 414,000
38cm×24cm 保利厦门 2020-09-26

818 民国（1929年） 王琦作粉彩观雁图及牧牛图瓷板（一对）
估　价：USD 80,000～120,000
成交价：RMB 1,635,341
79cm×21cm×2 纽约苏富比 2020-09-23

749 20世纪50年代 粉彩国色天香牡丹图大缸
估　价：RMB 120,000～180,000
成交价：RMB 253,000
直径51.9cm；高48.3cm 中贸圣佳 2020-10-17

8541 刘雨岑 民国 粉彩四季花鸟图挂屏
估 价：RMB 2,600,000～3,600,000
成交价：RMB 2,990,000
高81.5cm；宽21cm×4 十竹斋拍卖（北京） 2020-10-18

744 黄晓邨 20世纪60年代 粉彩花鸟图长条瓷板（一对）
估 价：RMB 650,000～700,000
成交价：RMB 747,500
79.5cm×21.4cm×2 中贸圣佳 2020-10-17

739 毕伯涛 民国 粉彩鹦鹉荔枝图瓷板
估 价：RMB 120,000～150,000
成交价：RMB 287,500
长38.2cm；宽25.6cm 中贸圣佳 2020-10-17

816 民国 粉彩海慧谈经图盘（一对）
“长湖”款
估 价：USD 10,000～15,000
成交价：RMB 1,118,918
直径22cm×2 纽约苏富比 2020-09-23

2375 民国 胭脂红地粉彩福寿连绵图如意耳衔环镂空转心葫芦瓶（一对）
“大清嘉庆年制”篆书款
估 价：RMB 350,000～550,000
成交价：RMB 920,000
高29.8cm×2 中国嘉德 2020-08-18

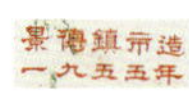

8518 徐天梅 1955年 春江水暖鸭先知粉彩大尊
底款：景德镇市造 一九五五年
估　价：RMB 2,000,000～3,000,000
成交价：RMB 3,220,000
高81.5cm；直径32cm 十竹斋拍卖（北京） 2020-10-18

8517 汪小亭 1955年 粉彩青绿山水图尊
估　价：RMB 1,200,000～1,500,000
成交价：RMB 1,552,500
高24cm；直径21cm
十竹斋拍卖（北京） 2020-10-18

1734 田鹤仙 粉彩青绿山水瓷板（一组四件）
估　价：RMB 1,200,000～1,500,000
成交价：RMB 1,380,000
瓷板39cm×25cm×4；框99cm×39.7cm×4 北京保利 2020-12-05

1186 王大凡 金粉彩十八罗汉瓷板画（六块）
估　价：RMB 2,100,000
成交价：RMB 2,530,000
72cm×20cm×6 上海嘉禾 2020-01-05

1180 王琦 粉彩布袋和尚瓷板画
估　价：RMB 400,000
成交价：RMB 460,000
37.5cm × 25cm 上海嘉禾 2020-01-05

740 王琦 1931年 粉彩风尘三侠图瓷板
估　价：RMB 1,000,000～1,200,000
成交价：RMB 1,667,500
宽25.6cm；长38.5cm；座高60.8cm
中贸圣佳 2020-10-17

8526 王锡良 2014年 江山青丽粉彩瓷板
估　价：RMB 350,000～450,000
成交价：RMB 552,000
高53cm；宽52cm
十竹斋拍卖（北京） 2020-10-18

8527 汪昆荣 1991年 琼楼飞雪图粉彩雪景瓷板
估　价：RMB 300,000～400,000
成交价：RMB 460,000
高54.5cm；宽31cm
十竹斋拍卖（北京） 2020-10-18

8532 王琦 1930年 琴中趣粉彩人物印泥盒
估　价：RMB 1,000,000～1,500,000
成交价：RMB 1,322,500
直径10cm 十竹斋拍卖（北京） 2020-10-18

8540 田鹤仙 1945年 寒梅图粉彩瓷板
估　价：RMB 1,000,000～1,200,000
成交价：RMB 1,150,000
高53cm；宽33cm
十竹斋拍卖（北京） 2020-10-18

1735 王琦 降龙布袋瓷板（一组两件）
估　价：RMB 2,600,000～3,000,000
成交价：RMB 2,990,000
长81cm × 20cm 北京保利 2020-12-05

珐琅彩

5016 清康熙 珊瑚红地瓷胎画珐琅九秋图宫碗
“康熙御制”款
估　价：RMB 3,500,000～5,500,000
成交价：RMB 7,187,500
直径11cm 北京保利 2020-10-19

150 清雍正 胭脂红地珐琅彩九秋同庆图碗
“雍正御制”楷书款
估　价：EUR 120,000～150,000
成交价：RMB 3,033,791
直径9.2cm 巴黎佳士得 2020-06-23

769 民国 蓝地轧道珐琅彩开窗婴戏图双耳瓶
“大清乾隆年制”篆书款
估　价：RMB 500,000～600,000
成交价：RMB 575,000
高19cm 中贸圣佳 2020-10-17

2180 清 天蓝釉画珐琅梅花图玉壶春瓶
“大清乾隆年制”篆书款
估　价：RMB 300,000～400,000
成交价：RMB 345,000
高36cm 西泠印社 2020-08-08

1137 民国 珐琅彩秋趣图双耳瓶（一对）
“乾隆年制”楷书款
估　价：RMB 1,600,000～1,800,000
成交价：RMB 2,300,000
高17.7cm×2 中贸圣佳 2020-10-17

2112 民国 珐琅彩过枝梅花纹盘
“乾隆年制”篆书款
估　价：RMB 50,000～60,000
成交价：RMB 506,000
直径15.5cm 西泠印社 2020-08-08

2172 民国 珐琅彩人物故事图四方笔洗
估　价：RMB 300,000～350,000
成交价：RMB 345,000
高13cm；长19.5cm；宽19.5cm
西泠印社 2020-08-08

2077 清雍正 珐琅彩暗龙花卉茶圆
估　价：RMB 500,000～600,000
成交价：RMB 920,000
高4.8cm；直径9cm 西泠印社 2020-08-08

737 王大凡 1931年 珐琅彩贵妇游园图瓶
“民国廿年晋古制”款
估　价：RMB 350,000～450,000
成交价：RMB 954,500
高29.5cm 中贸圣佳 2020-10-17

广 彩

4919 清中期 广彩花卉开光花鸟人物纹兽耳花口大瓶
估　价：RMB 1,000～2,000
成交价：RMB 11,500
高61cm 中国嘉德 2020-07-16

4278 清中期 广彩花卉开光花鸟纹蟠龙瓶（一对）
估　价：RMB 1,000～2,000
成交价：RMB 23,000
高35.3cm×2 中国嘉德 2020-11-12

4917 清中期 广彩清装人物纹大碗
估　价：RMB 1,000～2,000
成交价：RMB 11,500
直径39.2cm 中国嘉德 2020-07-16

3559 清 广彩花蝶开光花卉人物纹狮耳花口大地瓶
估　价：RMB 1,000～2,000
成交价：RMB 34,500
高90cm 中国嘉德 2020-11-10

珐华彩

713 明正德 珐华彩人物大罐
成交价：RMB 103,500
高25cm 保利厦门 2020-09-26

47 明中期 紫地珐华彩沥粉一路连科图梅瓶
估　价：RMB 150,000
成交价：RMB 172,500
高35.6cm 中贸圣佳 2020-07-18

3083 明 法华彩模印人物梅瓶
成交价：RMB 57,500
高31cm 中鸿信 2020-01-03

2119 明 珐华彩观音菩萨坐像
估　价：RMB 800,000～1,500,000
成交价：RMB 1,380,000
高144cm 古天一 2020-10-16

浅绛彩

4142 清晚期 汪藩款浅绛彩花鸟人物纹狮耳方瓶
估　价：RMB 1,000～2,000
成交价：RMB 34,500
高31cm 中国嘉德 2020-07-15

1363 任焕章 晚清 浅绛人物盘（一对）
估　价：RMB 130,000
成交价：RMB 149,500
直径23.3cm×2 中贸圣佳 2020-12-07

170 民国 浅绛彩双面绘山水瓷板
估　价：RMB 1,000
成交价：RMB 161,000
38cm×25cm 中贸圣佳 2020-07-18

736 金品卿 晚清 浅绛花鸟图贯耳尊
“大清康熙年制”楷书款
估　价：RMB 100,000～200,000
成交价：RMB 230,000
高45cm 中贸圣佳 2020-10-17

733 王少维 晚清 浅绛高士花鸟图方瓶
成交价：RMB 345,000
高40cm 中贸圣佳 2020-10-17

701 王少维 晚清 浅绛柳阴沦茗图瓷板
成交价：RMB 2,300,000
长38.6cm；宽28.9cm 中贸圣佳 2020-10-17

712 金品卿 王凤池 1876年 浅绛诗文山水图花觚
成交价：RMB 1,184,500
高61.7cm 中贸圣佳 2020-10-17

726 王少维 1879年 浅绛山水帽筒（一对）
成交价：RMB 333,500
直径11.8cm；高28.4cm × 2
中贸圣佳 2020-10-17

红　彩

2116 明正德 矾红云龙纹碗
“正德年制”楷书款
估　价：RMB 80,000～100,000
成交价：RMB 92,000
高6.5cm；直径14.7cm 西泠印社 2020-08-08

1582 清康熙 矾红描金亭台楼阁图大凤尾尊
估　价：USD 15,000～25,000
成交价：RMB 468,394
高69.5cm 纽约佳士得 2020-09-25

207 明嘉靖 矾红福寿开光云鹤纹卧足缸式杯
“大明嘉靖年制”楷书款
估　价：RMB 600,000～1,000,000
成交价：RMB 977,500
直径7.3cm 北京中汉 2020-12-04

206 清康熙 矾红福寿开光云鹤纹卧足缸式杯
“大明嘉靖年制”楷书款
估　价：RMB 200,000～300,000
成交价：RMB 529,000
直径7.2cm 北京中汉 2020-12-04

1006 清雍正 矾红云龙赶珠纹盘
“大清雍正年制”楷书款
估　价：RMB 400,000～600,000
成交价：RMB 575,000
直径17cm 华艺国际 2020-10-16

2822 清雍正 矾红缠枝莲纹碗
“大清雍正年制”楷书款，雍正本朝
估　价：RMB 450,000～650,000
成交价：RMB 747,500
直径14.2cm 中国嘉德 2020-12-03

1711 明嘉靖 矾红彩龙纹盘
“大明嘉靖年制”款
估　价：RMB 20,000～30,000
成交价：RMB 86,250
直径19.3cm 北京保利 2020-12-05

109 清乾隆 矾红彩花卉纹甘露瓶
估　价：RMB 200,000～300,000
成交价：RMB 644,000
高22.5cm 北京大羿 2020-10-16

2836 清雍正 矾红夔凤纹水丞
“大清雍正年制”楷书款
估　价：HKD 1,200,000～2,500,000
成交价：RMB 1,356,000
高5.7cm 佳士得 2020-07-09

533 清康熙 矾红彩暗刻龙纹“洪福齐天”盘
“大清康熙年制”款
估　价：USD 30,000～50,000
成交价：RMB 344,282
直径19.3cm 纽约苏富比 2020-09-23

822 清雍正 矾红灵芝纹小碟（一对）
“大清雍正年制”款
估　价：RMB 350,000～500,000
成交价：RMB 517,500
直径11.4cm×2 永乐拍卖 2020-12-02

306 清乾隆 绿地雕瓷矾红描金海水苍龙教子图天球瓶
估　价：RMB 2,600,000～3,600,000
成交价：RMB 4,427,500
高60cm 北京大羿 2020-10-16

8567 清乾隆 胭脂红云龙纹花觚
估　价：RMB 150,000～200,000
成交价：RMB 402,500
高28cm 十竹斋拍卖（北京） 2020-10-18

169 清乾隆 胭脂红釉龙凤呈祥扁壶
“大清乾隆年制”篆书款
估　价：GBP 30,000～50,000
成交价：RMB 489,150
高29cm 伦敦佳士得 2020-11-03

106 清乾隆 矾红彩折枝莲花甘露瓶（一对）
估　价：HKD 200,000～300,000
成交价：RMB 588,080
高21.3cm，高22cm 香港苏富比 2020-11-27

1539 清乾隆 松石绿地胭脂红彩描金云龙纹双耳三足鼎式炉
“大清乾隆年制”篆书横款
估　价：RMB 2,600,000～3,200,000
成交价：RMB 5,520,000
高24.2cm 华艺国际 2020-10-16

2765 清雍正 矾红卷草纹葫芦水丞（一对）
“大清雍正年制”楷书款，雍正本朝
估　价：RMB 250,000～350,000
成交价：RMB 897,000
直径6cm×2 中国嘉德 2020-08-18

3131 清乾隆 珊瑚红彩留白缠枝花卉图碗（一对）
“大清乾隆年制”款
估　价：HKD 1,200,000～1,800,000
成交价：RMB 1,582,000
直径12.8cm×2 香港苏富比 2020-07-11

2462 清中期 胭脂红彩云龙纹玉壶春瓶
估　价：RMB 150,000～250,000
成交价：RMB 1,150,000
高29.3cm 中国嘉德 2020-12-03

534 清乾隆 胭脂红彩缠枝莲八吉祥纹烛台（一对）
“大清乾隆年制”款
估　价：USD 60,000～80,000
成交价：RMB 1,979,624
高15.2cm×2 纽约苏富比 2020-09-23

5180 清乾隆 矾红三清诗茶碗
“大清乾隆年制”款
估　价：RMB 300,000～400,000
成交价：RMB 575,000
直径10.7cm 北京保利 2020-10-19

3980 清乾隆 矾红三清诗文茶碗
“大清乾隆年制”款
估　价：RMB 150,000～250,000
成交价：RMB 368,000
直径10.8cm 中国嘉德 2020-07-15

330 清乾隆 矾红双龙赶珠纹天鸡纽盖碗
“大清乾隆年制”篆书款
估　价：HKD 300,000～500,000
成交价：RMB 540,582
高20cm 中国嘉德 2020-10-08

907 清乾隆 粉彩白地轧道矾红海水龙纹盖碗
“大清乾隆年制”款
估　价：HKD 600,000～800,000
成交价：RMB 603,216
直径11cm 保利香港 2020-12-02

829 清嘉庆 矾红彩缠枝莲八吉祥纹朝冠耳炉
估　价：RMB 450,000～600,000
成交价：RMB 517,500
高28cm 永乐拍卖 2020-12-02

301 清道光 矾红彩缠枝莲描金喜字纹盖罐（一对）
“大清道光年制”篆书款
估　价：RMB 500,000～800,000
成交价：RMB 1,092,500
高25.5cm×2 北京大羿 2020-10-16

3211 清嘉庆 矾红云蝠双龙赶珠纹高足盘
“大清嘉庆年制”单行篆书款
估　价：RMB 20,000～30,000
成交价：RMB 195,500
直径16.5cm；高11.5cm 中贸圣佳 2020-12-07

550 清同治 矾红彩凤穿牡丹纹杯（一对）
“同治年制”款
估　价：HKD 50,000～70,000
成交价：RMB 194,208
直径5.7cm×2 香港苏富比 2020-06-05

120 清道光 豆青釉矾红团凤纹碗（一对）
“大清道光年制”篆书款
估　价：RMB 80,000～100,000
成交价：RMB 230,000
直径14cm×2 北京大羿 2020-10-16

26 清道光 矾红彩云龙戏珠纹杯（一对）
“大清道光年制”篆书款
估　价：RMB 80,000～120,000
成交价：RMB 218,500
直径6cm×2 北京大羿 2020-08-16

2021 清道光 黄地红龙碗
“大清道光年制”篆书款
估　价：RMB 20,000～30,000
成交价：RMB 51,750
高6cm；直径12cm 西泠印社 2020-08-08

1138 清光绪 矾红龙纹大盘
“大清光绪年制”楷书款
估　价：RMB 90,000～150,000
成交价：RMB 345,000
直径50.6cm 中贸圣佳 2020-10-17

黄　彩

2100 清乾隆 青花黄彩云龙赶珠纹盘（一对）
“大清乾隆年制”篆书款
估　价：RMB 500,000～600,000
成交价：RMB 747,500
直径25.5cm×2 西泠印社 2020-08-08

11 清道光 青花地黄龙纹碗（一对）
“大清道光年制”篆书款
估　价：RMB 250,000～300,000
成交价：RMB 287,500
直径10.4cm×2 北京大羿 2020-08-16

3105 清乾隆 蓝地黄釉云龙戏珠纹碗
“大清乾隆年制”款
估　价：HKD 380,000～500,000
成交价：RMB 508,500
直径10.5cm 香港苏富比2020-07-11

绿　彩

49 明嘉靖 红地绿彩松鹿纹卧足碗
“大明嘉靖年制”楷书款
估　价：RMB 80,000～120,000
成交价：RMB 161,000
直径12cm 北京中汉 2020-08-19

321 明正德 白地绿彩龙纹盘
“大明正德年制”楷书款
估　价：HKD 350,000～450,000
成交价：RMB 421,800
直径17.5cm 佳士得 2020-10-08

1010 明正德 绿彩暗刻云龙纹宫碗
“大明正德年制”楷书款
成交价：RMB 494,500
直径18.6cm 中贸圣佳 2020-10-17

550 清雍正 黄地绿彩云龙纹墩式碗
“大清雍正年制”楷书款
估　价：RMB 190,000～200,000
成交价：RMB 218,500
直径14cm 北京大羿 2020-12-06

1780 明弘治 白釉绿彩云龙纹盘
“大明弘治年制”款
估　价：RMB 750,000～950,000
成交价：RMB 1,092,500
直径19.8cm 北京保利 2020-12-05

5191 明正德 黄地绿彩云龙纹渣斗
“正德年制”款
估　价：RMB 1,200,000～1,800,000
成交价：RMB 1,667,500
直径16.2cm 北京保利 2020-10-19

3143 清康熙 黄地绿彩云龙戏珠纹碗
“大清康熙年制”款
估　价：HKD 180,000～250,000
成交价：RMB 180,800
直径10.2cm 香港苏富比 2020-07-11

2472 清康熙 仿嘉靖绿彩海水龙纹蒜头瓶
“大明嘉靖年制”单行楷书款
估　价：RMB 300,000～500,000
成交价：RMB 437,000
高21cm 中国嘉德 2020-12-03

871 清康熙 白地暗刻海水绿彩龙纹碗
“大清康熙年制”楷书款
估　价：RMB 150,000～200,000
成交价：RMB 322,000
直径21.5cm 北京诚轩 2020-08-17

560 清康熙 青花地绿彩赶珠龙纹碗
“大清康熙年制”款
估　价：USD 40,000～60,000
成交价：RMB 344,282
直径13.9cm 纽约苏富比 2020-09-23

1644 清康熙 黄地绿彩刻龙纹小碗
“大清康熙年制”楷书款
估　价：RMB 150,000～200,000
成交价：RMB 287,500
直径10.2cm 华艺国际 2020-10-16

2400 清康熙 仿成化绿彩云龙纹杯盏
“大明成化年制”楷书款
估　价：RMB 55,000～85,000
成交价：RMB 92,000
杯直径5.9cm；盏托直径11.6cm 中国嘉德 2020-08-18

134 18世纪 白地绿彩五爪龙纹碗
估　价：GBP 3,000～5,000
成交价：RMB 214,154
直径18.4cm 伦敦佳士得 2020-02-13

3115 清乾隆 白地绿彩云龙赶珠纹罐
“大清乾隆年制”款
估　价：HKD 500,000～700,000
成交价：RMB 678,000
高20cm 香港苏富比 2020-07-11

383 清同治 黄地绿彩丛竹纹杯（一对）
“同治年制”楷书款
估　价：HKD 80,000～120,000
成交价：RMB 135,145
直径9.1cm×2 中国嘉德 2020-10-08

554 清嘉庆 绿彩云龙八吉祥纹罐
“大清嘉庆年制”篆书款
估　价：RMB 120,000～150,000
成交价：RMB 494,500
高20cm 北京大羿 2020-12-06

97 清道光 黄地绿彩云龙纹盘（一对）
“大清道光年制”篆书款
估　价：RMB 60,000
成交价：RMB 230,000
直径18.4cm×2 中贸圣佳 2020-07-18

蓝　彩

232 唐 洒蓝釉罐
估　价：HKD 40,000～60,000
成交价：RMB 61,870
高22.3cm 中国嘉德 2020-07-13

794 清同治 黄地蓝彩寿字纹盘（一对）
“同治年制”楷书款
估　价：RMB 20,000～30,000
成交价：RMB 34,500
直径10.5cm×2 保利厦门 2020-09-26

紫　彩

5205 清康熙 绿地紫彩云龙纹碗
“大清康熙年制”款
估　价：RMB 350,000～400,000
成交价：RMB 747,500
直径11cm 北京保利 2020-10-19

33 清乾隆 绿地紫龙纹碗
“大清乾隆年制”篆书款
估　价：RMB 10,000～20,000
成交价：RMB 46,000
直径15cm 北京大羿 2020-07-17

551 清光绪 黄地紫彩暗云龙戏珠纹盘(一对)
“大清光绪年制”款
估　价：HKD 20,000～30,000
成交价：RMB 25,133
直径10.5cm×2 香港苏富比 2020-06-05

1634 清乾隆至嘉庆 绿地紫彩龙纹碗（一对）
“大清乾隆年制”篆书款
估　价：RMB 150,000
成交价：RMB 483,000
直径11.1cm；高5.3cm×2
中贸圣佳 2020-12-07

5190 明弘治 白釉地刻填酱釉花果纹盘
“大明弘治年制”款
估　价：RMB 1,600,000～2,600,000
成交价：RMB 2,817,500
直径26cm 北京保利 2020-10-19

褐　彩

5137 明 梅子青釉“飞青磁”点褐彩蒜头瓶（一对）
估　价：RMB 12,000,000～20,000,000
成交价：RMB 18,975,000
高25.3cm×2 北京保利 2020-10-19

876 18世纪末/19世纪初 素胎褐釉卧牛
估　价：USD 3,000～5,000
成交价：RMB 93,748
长15.7cm 纽约佳士得 2020-09-24

仿古铜彩

8516 张志汤 民国 古铜彩开光山水双耳如意尊
钤印：张志汤画；“大清乾隆年制”款
估　价：RMB 450,000～550,000
成交价：RMB 632,500
高32cm；直径32cm
十竹斋拍卖（北京）2020-10-18

金 彩

5140 明万历 蓝釉描金云龙纹大碗
“大明万历年制”款
估　价：RMB 50,000～80,000
成交价：RMB 92,000
直径19.1cm 中国嘉德 2020-07-17

881 清康熙 洒蓝釉描金开光花鸟图棒槌瓶
估　价：RMB 200,000～280,000
成交价：RMB 345,000
高43.6cm 北京诚轩 2020-08-17

5077 清乾隆 御制雾红釉火焰青描金御题诗胆式瓶
“乾隆年制”款
估　价：RMB 6,000,000～10,000,000
成交价：RMB 39,100,000
高32cm 北京保利 2020-10-19

45 清雍正 金彩高足杯
“大清雍正年制”款
估　价：GBP 50,000～70,000
成交价：RMB 661,220
高8.5cm 伦敦苏富比 2020-11-04

1011 清乾隆 仿古铜釉描金开光御题诗双龙耳壁瓶
“留余春山房制”款
估　价：RMB 700,000～1,000,000
成交价：RMB 897,000
高23.8cm 永乐拍卖 2020-08-17

5076 清乾隆 松石绿地金彩仿金镶松石贲巴壶
“大清乾隆年制”款
估　价：RMB 3,000,000～4,000,000
成交价：RMB 4,025,000
高19.4cm 北京保利 2020-10-19

857 清嘉庆 蓝料彩描金云龙纹贲巴壶
“大清嘉庆年制”篆书款
估　价：RMB 5,000,000～6,000,000
成交价：RMB 6,210,000
高19.4cm 中贸圣佳 2020-10-17

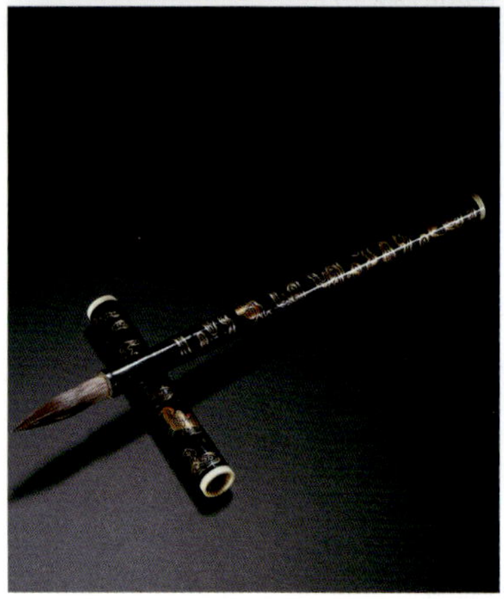

6476 清乾隆 黑漆描金云蝠毛笔
估　价：RMB 250,000～350,000
成交价：RMB 414,000
长24cm 北京保利 2020-10-20

129 18世纪 青釉描金缠枝莲纹四方倭角盖盒
“对屏山馆”楷书款
估　价：RMB 10,000～20,000
成交价：RMB 78,200
7cm×7cm×3.6cm 北京大羿 2020-08-16

4467 清同治 珊瑚红地描金喜字小盘（一对）
“同治年制”款
估　价：RMB 10,000～20,000
成交价：RMB 92,000
直径10.4cm×2 中国嘉德 2020-07-16

18 清光绪 霁蓝描金龙凤纹玉堂春瓶（一对）
“大清光绪年制”楷书款
估　价：RMB 250,000～280,000
成交价：RMB 368,000
高39.5cm×2 北京大羿 2020-06-06

910 清嘉庆 洒蓝釉描金夔凤穿花纹直颈瓶
“大清嘉庆年制”款
估　价：HKD 800,000～1,500,000
成交价：RMB 1,608,576
高29.8cm 保利香港 2020-12-02

2085 清同治 蓝地描金龙纹折沿洗
“同治年制”楷书款
估　价：RMB 120,000～130,000
成交价：RMB 149,500
口径21.2cm 西泠印社 2020-08-08

4505 清光绪 蓝釉描金团花纹赏瓶（一对）
“大清光绪年制”款
估　价：RMB 120,000～220,000
成交价：RMB 368,000
高38.5cm×2 中国嘉德 2020-07-16

608 清道光 霁蓝釉描金福庆有余盖罐（一对）
“慎德堂制”楷书款
估　价：RMB 1,200,000～1,800,000
成交价：RMB 1,552,500
高28cm×2 北京大羿 2020-12-06

566 清光绪 蓝釉描金团花长颈瓶
“大清光绪年制”款
估　价：HKD 80,000～120,000
成交价：RMB 228,480
高39cm 香港苏富比 2020-06-05

2808 清乾隆 青釉描金银如意纹“爱奥尼柱式”螭耳小瓶
“大清乾隆年制”篆书款，乾隆本朝
估　价：RMB 6,000,000～9,000,000
成交价：RMB 6,900,000
高13.6cm 中国嘉德 2020-12-03

白　花

73 南宋 吉州窑黑地彩绘梅瓶
估　价：HKD 1,600,000～2,000,000
成交价：RMB 2,182,320
高20.5cm 香港苏富比 2020-10-09

36 高丽王朝12世纪 青釉绘云鹤纹梅瓶
估　价：HKD 200,000～300,000
成交价：RMB 240,055
高30.5cm 香港苏富比 2020-10-09

5132 明 酱釉地白彩花卉纹梅瓶
估　价：RMB 300,000～400,000
成交价：RMB 437,000
高36cm 北京保利 2020-10-19

1044 元 蓝釉留白龙纹棱口盘
估　价：RMB 100,000～200,000
成交价：RMB 483,000
直径15cm 华艺国际 2020-10-16

830 清雍正 洒蓝地留白菊花纹葵瓣式宫碗（一对）
“大清雍正年制”楷书款
估　价：RMB 3,300,000～3,800,000
成交价：RMB 3,795,000
直径19cm；高9.6cm×2 中贸圣佳 2020-10-17

941 清道光 珊瑚红地留白缠枝番莲牡丹纹碗
“大清道光年制”篆书款
估　价：RMB 100,000～200,000
成交价：RMB 333,500
直径13cm；高6.5cm 保利厦门 2020-09-26

846 清雍正 红地白鱼纹盘
“大清雍正年制”楷书款
估　价：USD 70,000～90,000
成交价：RMB 1,448,825
直径20.3cm 纽约佳士得 2020-09-24

543 清道光 珊瑚红地留白花卉纹碗（一对）
“大清道光年制”篆书款
估　价：RMB 80,000～100,000
成交价：RMB 437,000
直径13cm×2 北京大羿 2020-12-06

172 清乾隆 矾红留白竹纹碗（一对）
“大清乾隆年制”篆书款
估　价：GBP 20,000～30,000
成交价：RMB 217,400
直径11.4cm×2 伦敦佳士得 2020-11-03

墨彩

553 清雍正 墨彩人物纹盘口瓶
估　价：RMB 200,000～300,000
成交价：RMB 230,000
高40cm 北京大羿 2020-12-06

8576 清雍正 墨彩山水人物纹梅瓶
估　价：RMB 250,000～350,000
成交价：RMB 287,500
高33cm 十竹斋拍卖（北京） 2020-10-18

1014 清雍正 唐窑釉下墨彩云龙纹胆瓶
估　价：RMB 600,000～900,000
成交价：RMB 1,150,000
高52cm 华艺国际 2020-10-16

1002 清雍正 墨彩山水纹碗
“大清雍正年制”楷书款
估　价：RMB 200,000～300,000
成交价：RMB 207,000
直径12cm 华艺国际 2020-10-16

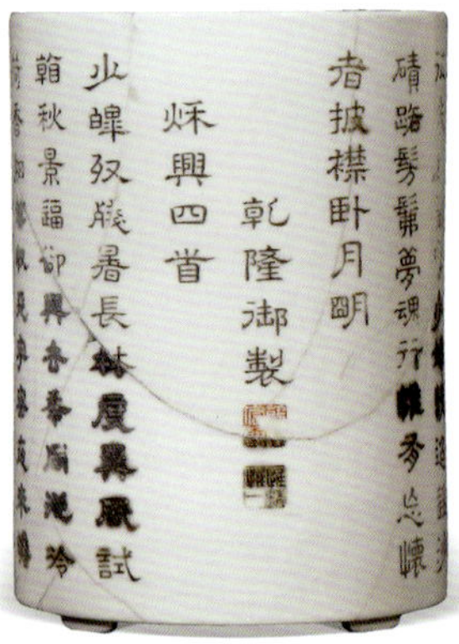

82 清乾隆 御制墨彩诗文《秋兴四首》笔筒
“乾隆御制”隶书款
估　价：RMB 100,000～150,000
成交价：RMB 161,000
直径7.9cm；高10.3cm 中贸圣佳 2020-06-20

147 清光绪或稍晚 大雅斋黄地墨彩花卉碗（一对）
“永庆长春”楷书款
估　价：RMB 70,000
成交价：RMB 80,500
直径17.4cm,高8.1cm×2 中贸圣佳 2020-07-18

5047 清光绪 黄地墨彩梅兰竹菊四君子图方花盆（一对）
“大雅斋”“天地一家春”“永庆长春”款
估　价：RMB 300,000～500,000
成交价：RMB 345,000
高27.6cm×2 中国嘉德 2020-07-17

598 清光绪 淡绿地墨彩花鸟纹方形花盆及盘（一对）
“大雅斋”款 “天地一家春”印
估　价：HKD 80,000～100,000
成交价：RMB 297,023
直径10.8cm×2 香港苏富比 2020-06-05

815 清光绪 翡翠地水墨葵菊八哥图鱼缸
“永庆长春”楷书款
估　价：RMB 150,000～200,000
成交价：RMB 299,000
40cm×28.5cm 北京诚轩 2020-08-17

刻剔彩

1095 磁州窑 白釉珍珠地花卉纹塔式瓶
估　价：RMB 650,000～700,000
成交价：RMB 747,500
高36cm 中贸圣佳 2020-10-17

5133 明 黑釉剔花虎纹梅瓶
估　价：RMB 1,000,000～1,500,000
成交价：RMB 1,725,000
高33.5cm 北京保利 2020-10-19

2439 元 磁州窑白釉剔花花卉纹梅瓶
估　价：RMB 100,000～200,000
成交价：RMB 126,500
高35.2cm 中国嘉德 2020-08-18

其他彩瓷

970 北宋 绞胎豹纹玉壶春瓶
估　价：HKD 1,800,000～2,800,000
成交价：RMB 1,809,648
高20.3cm 保利香港 2020-12-02

38 清康熙 彩绘八卦纹仿古瓶
估　价：GBP 10,000～15,000
成交价：RMB 108,700
高22cm 伦敦佳士得 2020-11-03

706 北宋 绞胎罐
估　价：USD 10,000～15,000
成交价：RMB 430,353
高9.8cm 纽约苏富比 2020-09-23

2416 清康熙 瓷胎黑漆嵌螺钿高士图杯
“大明成化年制”楷书款
估　价：RMB 75,000～100,000
成交价：RMB 89,700
直径9cm 中国嘉德 2020-08-18

6221 明 搅釉玉壶春瓶
估　价：RMB 200,000～300,000
成交价：RMB 230,000
高18.5cm 北京保利 2020-10-20

772 陈松 民国 新彩山水图瓷板
成交价：RMB 138,000
长38cm；宽26cm
中贸圣佳 2020-10-17

现当代瓷器

1187 程意亭 松鹤延年瓷板画
估　价：RMB 500,000
成交价：RMB 575,000
41cm×74cm 上海嘉禾 2020-01-05

1067 启功 1990年作 疏林清涧瓷板
估　价：RMB 50,000～80,000
成交价：RMB 517,500
36cm×25cm 中国嘉德 2020-07-16

1182 田鹤仙 月影梅花瓷板画
估　价：RMB 550,000
成交价：RMB 632,500
74cm×20cm 上海嘉禾 2020-01-05

1179 王大凡 人物故事十二生肖瓷板画
估　价：RMB 4,800,000
成交价：RMB 5,750,000
19cm × 12cm × 12 上海嘉禾 2020-01-05

654 青瓷刻花大盘
估　价：RMB 600,000 ~ 800,000
成交价：RMB 1,610,000
高7.5cm；直径31cm 上海匡时 2020-08-05

295 黄建南 港口
估　价：RMB 1,000,000 ~ 1,800,000
成交价：RMB 1,380,000
直径41.5cm 上海匡时 2020-08-05

1175 张松茂 松鹤延年瓷板画
估　价：RMB 1,200,000
成交价：RMB 1,495,000
73cm × 43cm 上海嘉禾 2020-01-05

1445马安晖 高温曜变天目铁红金圈结晶釉–梅瓶
估 价：RMB 1,500,000
成交价：RMB 2,185,000
高46.6cm 北京翰海2020-09-12

色釉瓷

红　釉

291 明早期 鲜红釉碗
估　价：HKD 250,000～350,000
成交价：RMB 550,977
直径18.6cm 中国嘉德 2020-10-08

112 清康熙 郎窑红釉长颈瓶
估　价：HKD 150,000～200,000
成交价：RMB 235,232
高43.2cm 香港苏富比 2020-11-27

839 清康熙 豇豆红釉柳叶瓶
“大清康熙年制”款
估　价：RMB 2,300,000～2,800,000
成交价：RMB 2,645,000
高15.4cm 永乐拍卖 2020-12-02

103 清康熙 豇豆红釉柳叶瓶
“大清康熙年制”款
估　价：USD 200,000～300,000
成交价：RMB 3,856,100
高15.4cm 纽约苏富比 2020-09-22

2792 清康熙 豇豆红釉暗刻团螭纹太白尊
“大清康熙年制”楷书款，康熙本朝
估　价：RMB 2,200,000～3,200,000
成交价：RMB 3,450,000
直径12.5cm 中国嘉德 2020-12-03

116 清康熙 豇豆红釉菊瓣瓶
“大清康熙年制”款
估　价：USD 100,000～150,000
成交价：RMB 5,095,926
高21cm 纽约苏富比 2020-09-22

3064 清康熙 豇豆红釉柳叶尊
“大清康熙年制”楷书款
估　价：HKD 300,000～500,000
成交价：RMB 2,662,500
高15.6cm 佳士得 2020-11-30

1032 清康熙 豇豆红釉暗刻夔龙纹太白尊
“大清康熙年制”款
估　价：HKD 1,200,000～1,800,000
成交价：RMB 1,658,844
直径12.6cm 保利香港 2020-12-02

1022 清康熙 豇豆红釉盘龙尊
“大清康熙年制”楷书款
估　价：RMB 900,000～1,000,000
成交价：RMB 1,265,000
高20cm 中贸圣佳 2020-10-17

812 清康熙 豇豆红釉太白尊
“大清康熙年制”楷书款
估　价：USD 150,000～250,000
成交价：RMB 1,874,950
直径12.4 cm 纽约佳士得 2020-09-24

296 清康熙 豇豆红釉太白尊
“大清康熙年制”楷书款
估　价：HKD 400,000～600,000
成交价：RMB 1,559,370
宽12.6cm 中国嘉德 2020-10-08

526 清康熙 郎窑红釉观音尊
估　价：RMB 260,000～360,000
成交价：RMB 299,000
高41cm 保利厦门 2020-09-26

532 清康熙 豇豆红釉镗锣洗
“大清康熙年制”款
估　价：HKD 500,000～700,000
成交价：RMB 2,113,436
直径11.5cm 香港苏富比 2020-06-05

102 清康熙 豇豆红釉印泥盖盒
“大清康熙年制”款
估　价：USD 80,000～120,000
成交价：RMB 1,979,624
直径7.2cm 纽约苏富比 2020-09-22

2835 清康熙 郎窑红釉观音尊
估　价：HKD 1,200,000～2,500,000
成交价：RMB 1,356,000
高43.9cm 佳士得 2020-07-09

211 清康熙 郎窑红釉弦纹钵式炉
估　价：RMB 350,000～500,000
成交价：RMB 402,500
直径19.3cm；高16.9cm 北京中汉 2020-12-04

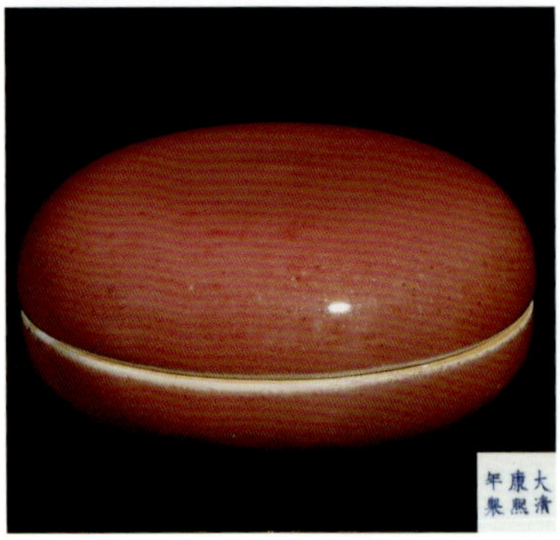

107 清康熙 豇豆红釉印泥盒
“大清康熙年制”款
估　价：HKD 800,000～1,200,000
成交价：RMB 1,200,276
直径7.3cm 香港苏富比 2020-10-09

113 清康熙 豇豆红釉镗锣洗
“大清康熙年制”款
估　价：USD 120,000～150,000
成交价：RMB 2,151,765
直径12.1cm 纽约苏富比 2020-09-22

213 清康熙 豇豆红釉印泥盒
“大清康熙年制”楷书款
估　价：RMB 3,000,000～5,000,000
成交价：RMB 2,875,000
直径7.3cm 北京中汉 2020-12-04

202 清雍正 宝石红釉梅瓶
“大清雍正年制”楷书款
估　价：RMB 800,000～1,200,000
成交价：RMB 1,495,000
高22.3cm 北京中汉 2020-12-04

827 清雍正 仿豇豆红釉梅瓶
“大清雍正年制”款
估　价：RMB 1,800,000～2,500,000
成交价：RMB 2,070,000
高22cm 永乐拍卖 2020-12-02

941 清雍正 霁红釉橄榄瓶
“大清雍正年制”款
估　价：HKD 600,000　1,200,000
成交价：RMB 955,092
高21.2cm 保利香港 2020-12-02

533 清康熙 郎窑红釉仰钟碗
“大明宣德年制”楷书款
估　价：RMB 100,000～120,000
成交价：RMB 586,500
直径15cm 北京大羿 2020-12-06

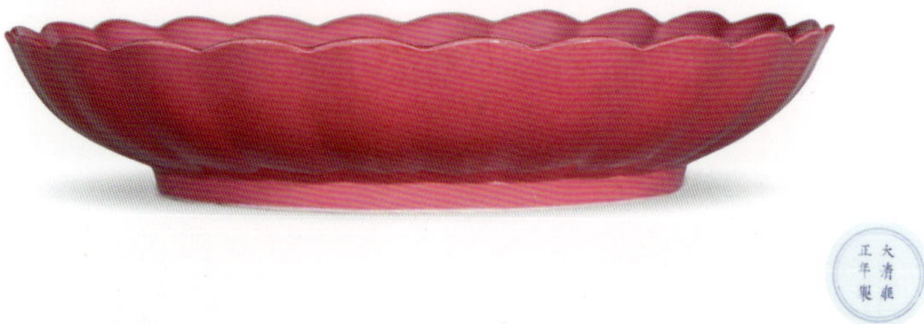

5168 清雍正 胭脂红釉菊瓣盘
“大清雍正年制”款
估　价：RMB 1,600,000～2,600,000
成交价：RMB 3,220,000
直径16cm 北京保利 2020-10-19

840 清雍正 外胭脂红釉内洋彩瓜果纹碗
“大清雍正年制”款
估　价：RMB 3,200,000～3,800,000
成交价：RMB 3,680,000
直径9.3cm 永乐拍卖 2020-12-02

303 清雍正 年红釉盆奁（一对）
“大清雍正年制”篆书款
估　价：RMB 800,000～1,200,000
成交价：RMB 1,242,000
直径20cm ×2 北京大羿 2020-10-16

517 清雍正 红釉敞口碗
“大清雍正年制”款
估　价：HKD 80,000～120,000
成交价：RMB 251,327
直径15.2cm 香港苏富比 2020-06-05

208 清雍正 年红釉宫碗
“大清雍正年制”楷书款
估　价：RMB 300,000～320,000
成交价：RMB 368,000
直径16.8cm 北京大羿 2020-08-16

2701 清雍正 红釉小胆瓶
估　价：RMB 500,000～600,000
成交价：RMB 977,500
高16cm 中国嘉德 2020-08-18

1766 清康熙 豇豆红印盒
“大清康熙年制”款
估　价：RMB 300,000～600,000
成交价：RMB 1,437,500
直径7.2cm 北京保利 2020-12-05

815 清雍正 胭脂红釉暗花龙纹碗
“雍正年制”双方框楷书款
估　价：USD 100,000～150,000
成交价：RMB 2,215,850
直径9.6cm 纽约佳士得 2020-09-24

8 清雍正或较早 宝石红釉高足碗
估　价：RMB 30,000～50,000
成交价：RMB 345,000
直径15.1cm 北京中汉 2020-07-31

161 清雍正 祭红釉圆盒盖
“雍正年制”楷书款
估　价：GBP 10,000～15,000
成交价：RMB 543,500
直径14.6cm 伦敦佳士得 2020-11-03

5170 清雍正 霁红釉小胆式瓶
“大清雍正年制”款
估　价：RMB 600,000～900,000
成交价：RMB 1,610,000
高16.5cm 北京保利 2020-10-19

2480 清乾隆 红釉玉壶春瓶
“大清乾隆年制”篆书款，乾隆本朝
估　价：RMB 380,000～580,000
成交价：RMB 575,000
高29cm 中国嘉德 2020-12-03

1021 清雍正 胭脂红釉小高足杯
“大清雍正年制”单行楷书款
估　价：RMB 800,000～1,200,000
成交价：RMB 1,150,000
直径4.6cm；高4.2cm 华艺国际 2020-10-16

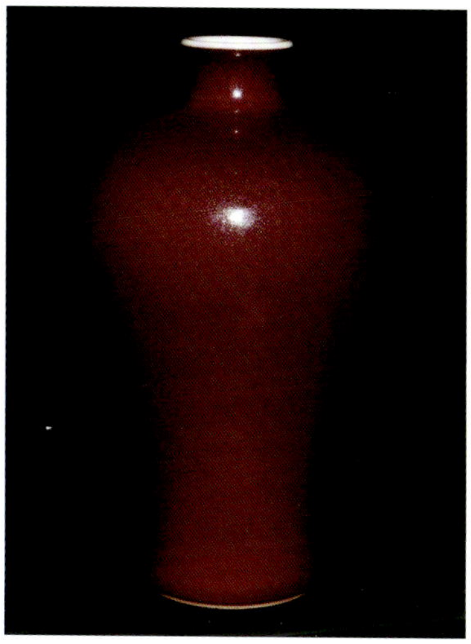

237 清乾隆 红釉梅瓶
“大清乾隆年制”款
估　价：RMB 400,000～600,000
成交价：RMB 690,000
高23cm 荣宝斋（南京） 2020-11-28

9 清雍正 仿钧天青海棠红釉折沿花盆
“大清雍正年制”篆书款
估　价：RMB 300,000～500,000
成交价：RMB 805,000
高15.9cm 北京中汉 2020-07-31

3062 清乾隆 祭红釉蒜头瓶
“大清乾隆年制”篆书款
估　价：HKD 400,000~600,000
成交价：RMB 1,384,500
高22cm 佳士得 2020-11-30

3 清道光 霁红釉天球瓶
“大清道光年制”篆书款
估　价：RMB 280,000~300,000
成交价：RMB 529,000
高29.5cm 北京大羿 2020-08-16

3147 清咸丰 霁红釉碗
“大清咸丰年制”款
估　价：HKD 200,000~300,000
成交价：RMB 904,000
直径15.5cm 香港苏富比 2020-07-11

803 清乾隆 霁红釉梅瓶
“大清乾隆年制”篆书款
估　价：RMB 500,000~600,000
成交价：RMB 1,150,000
高22.5cm 中贸圣佳 2020-10-17

1613 清乾隆 郎窑红釉梅瓶
“大清乾隆年制”篆书款
估　价：USD 100,000~150,000
成交价：RMB 1,192,275
高23.2cm 纽约佳士得 2020-09-25

3108 清乾隆 霁红釉高足碗
“大清乾隆年制”款
估　价：HKD 600,000~800,000
成交价：RMB 655,400
直径15.2cm 香港苏富比 2020-07-11

2705 清乾隆 宝石红釉僧帽壶
“大清乾隆年制”篆书款
估　价：HKD 1,200,000～1,800,000
成交价：RMB 8,249,000
高19.2cm 佳士得 2020-07-09

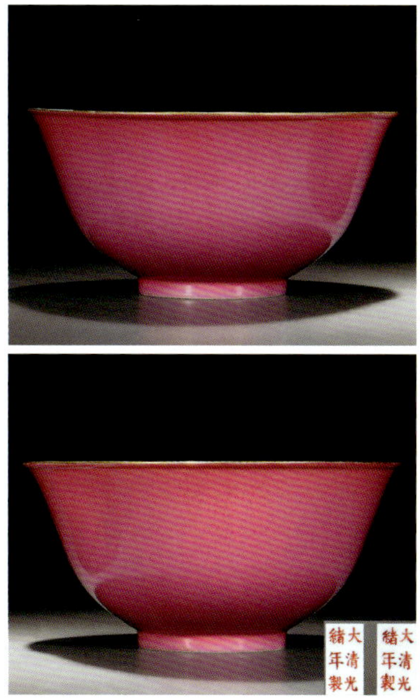

5014 清光绪 胭脂红釉大碗（一对）
“大清光绪年制”款
估　价：RMB 10,000～20,000
成交价：RMB 149,500
直径17.4cm×2 中国嘉德 2020-07-17

2737 清乾隆 胭脂红釉菊瓣盘
“大清乾隆年制”篆书款，乾隆本朝
估　价：RMB 800,000～1,200,000
成交价：RMB 1,495,000
直径18.2cm 中国嘉德 2020-08-18

1016 清乾隆 祭红釉蒜头瓶
“大清乾隆年制”款
估　价：RMB 700,000～1,000,000
成交价：RMB 805,000
高29cm 永乐拍卖 2020-08-17

黄　釉

154 明弘治 黄釉盘
“大明弘治年制”楷书款
估　价：GBP 20,000～30,000
成交价：RMB 489,150
直径21cm 伦敦佳士得 2020-11-03

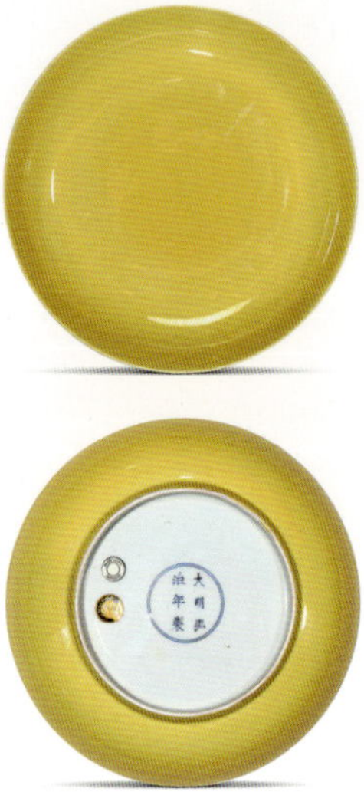

313 明弘治 娇黄釉盘
“大明弘治年制”楷书款
估　价：RMB 300,000～500,000
成交价：RMB 1,242,000
直径21.5cm 北京大羿 2020-10-16

522 明正德 黄釉盘
“大明正德年制”款
估　价：HKD 300,000～500,000
成交价：RMB 856,798
直径15.5cm 香港苏富比 2020-06-05

2911 明万历（1604年） 漳州窑米黄釉布袋和尚像
“蒋元裕制”款
估　价：RMB 150,000～250,000
成交价：RMB 2,070,000
长21cm 中国嘉德 2020-11-09

1008 明正德 黄釉碗
“大明正德年制”款
估　价：RMB 500,000～600,000
成交价：RMB 575,000
直径18cm 永乐拍卖 2020-08-17

1031 明嘉靖 黄釉盘
“大明嘉靖年制”楷书款
估　价：RMB 300,000～400,000
成交价：RMB 552,000
直径22.2cm 华艺国际 2020-10-16

1032 明万历 明黄釉大盘
“大明万历年制”楷书款
估　价：RMB 100,000～150,000
成交价：RMB 172,500
直径29.2cm 华艺国际 2020-10-16

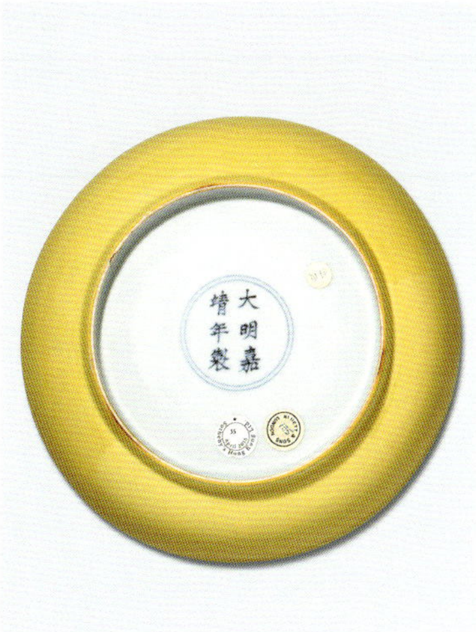

2735 明嘉靖 黄釉大盘
“大明嘉靖年制”楷书款，嘉靖本朝
估　价：RMB 350,000～550,000
成交价：RMB 1,897,500
直径22.1cm 中国嘉德 2020-08-18

101 清康熙 黄釉暗刻赶珠龙纹双耳小杯
“大清康熙年制”款
估　价：USD 20,000～30,000
成交价：RMB 1,635,341
手柄宽度7cm 纽约苏富比 2020-09-22

5001 清康熙 黄釉暗刻团龙纹盘
“大清康熙年制”款
估　价：RMB 400,000～600,000
成交价：RMB 782,000
直径17.5cm 北京保利 2020-10-19

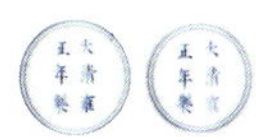

1023 清雍正 柠檬黄釉墩式碗（一对）
“大清雍正年制”楷书款
估　价：RMB 600,000～900,000
成交价：RMB 1,035,000
直径10cm × 2 华艺国际 2020-10-16

515 清康熙 黄釉暗刻团龙纹碗
“大清康熙年制”楷书款
估　价：RMB 200,000～300,000
成交价：RMB 425,500
直径15cm 北京大羿 2020-12-06

3111 清康熙 黄釉划皮球花纹碗
“大清康熙年制”款
估　价：HKD 450,000～550,000
成交价：RMB 452,000
直径12cm 香港苏富比 2020-07-11

17 清康熙 黄釉暗刻夔龙纹双耳杯
“大清康熙年制”楷书款
估　价：RMB 60,000～80,000
成交价：RMB 97,750
直径5.5cm 北京大羿 2020-06-06

2789 清雍正 黄釉暗刻龙凤呈祥图茶碗（一对）
“大清雍正年制”楷书款，雍正本朝
估　价：RMB 1,500,000～2,500,000
成交价：RMB 3,220,000
直径10.2cm×2 中国嘉德 2020-12-03

5036 清雍正 柠檬黄釉小杯（一对）
“雍正年制”款
估　价：RMB 2,600,000～3,600,000
成交价：RMB 5,060,000
直径6.2cm×2 北京保利 2020-10-19

1024 清雍正 柠檬黄釉卧足杯
“大清雍正年制”双框楷书款
估　价：RMB 200,000～300,000
成交价：RMB 954,500
直径7.5cm 华艺国际 2020-10-16

536 清雍正 米黄釉碗
“大清雍正年制”款
估　价：USD 20,000～30,000
成交价：RMB 361,497
直径12cm 纽约苏富比 2020-09-23

2382 清乾隆 黄釉暗刻云龙纹盘
“大清乾隆年制”篆书款，乾隆本朝
估　价：RMB 80,000～120,000
成交价：RMB 402,500
直径17.3cm 中国嘉德 2020-08-18

2739 清乾隆 柠檬黄釉小盘（一对）
“大清乾隆年制”篆书款，乾隆本朝
估　价：RMB 300,000～500,000
成交价：RMB 575,000
直径9cm×2 中国嘉德 2020-08-18

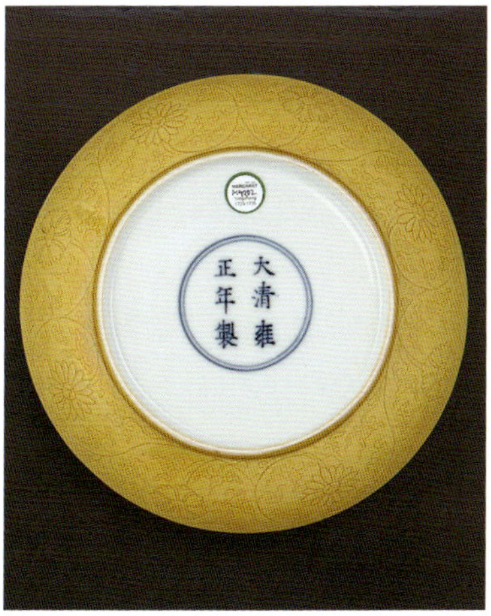

3104 清雍正 黄彩外划缠枝花卉纹盘
“大清雍正年制”款
估　价：HKD 200,000～300,000
成交价：RMB 339,000
直径14.5cm 香港苏富比 2020-07-11

3138 清乾隆 黄釉碗
“大清乾隆年制”款
估　价：HKD 400,000～600,000
成交价：RMB 734,500
直径12.8cm 香港苏富比 2020-07-11

2736 清乾隆 柠檬黄釉折腰小盘
“大清乾隆年制”篆书款，乾隆本朝
估　价：RMB 400,000～600,000
成交价：RMB 529,000
直径11.3cm 中国嘉德 2020-08-18

104 清乾隆 外柠檬黄彩折腰盘（一对）
“大清乾隆年制”款
估　价：HKD 250,000～300,000
成交价：RMB 491,022
直径11.5cm × 2 香港苏富比 2020-10-09

314 清道光 黄釉长颈瓶（一对）
“慎德堂制”楷书款
估　价：RMB 2,200,000～3,000,000
成交价：RMB 3,220,000
高30cm × 2 北京大羿 2020-10-16

1007 清乾隆 柠檬黄釉小碟
“大清乾隆年制”款
估　价：RMB 200,000～300,000
成交价：RMB 230,000
直径8.9cm 永乐拍卖 2020-08-17

499 清光绪 淡黄彩划菊纹花盆连底盆
“体和殿制”款
估　价：HKD 80,000～100,000
成交价：RMB 213,620
直径13.2cm 香港苏富比 2020-11-26

13 清道光 黄釉盖罐
“大清道光年制”篆书款
估　价：RMB 350,000～450,000
成交价：RMB 402,500
高30.2cm（含盖） 中贸圣佳 2020-06-20

139 清道光 李裕成制雕瓷仿竹形“四君子”笔筒
“李裕成作”篆书款
成交价：RMB 230,000
高13.5cm 北京大羿 2020-08-16

2302 清光绪 黄釉雕瓷云龙纹印盒
“大清光绪年制”楷书款，光绪本朝
成交价：RMB 82,800
长8cm 中国嘉德 2020-08-18

28 清光绪 黄釉暗刻花卉纹四方水仙盆
“体和殿制”篆书款
成交价：RMB 103,500
长14.5cm；宽9.5cm；高6cm
北京大羿 2020-07-12

蓝　釉

5018 明宣德 雪花蓝釉香炉
“大明宣德年制”款
估　价：HKD 800,000～1,200,000
成交价：RMB 4,024,536
直径21cm 香港苏富比 2020-05-22

46 明洪武 御制外酱釉内蓝釉暗花云龙纹碗
估　价：HKD 8,000,000～12,000,000
成交价：RMB 7,486,570
直径20.5cm 香港苏富比 2020-10-09

4508 明弘治 蓝釉双耳罐
估　价：RMB 100,000～200,000
成交价：RMB 218,500
高31cm 中国嘉德 2020-07-16

118 清康熙 霁蓝釉梅瓶
“大清康熙年制”款
估　价：USD 40,000～60,000
成交价：RMB 1,377,130
高17cm 纽约苏富比 2020-09-22

2103 清康熙 天蓝釉双月牙耳梅瓶
“大清康熙年制”楷书款
估　价：RMB 1,200,000～1,500,000
成交价：RMB 1,840,000
高21.2cm 西泠印社 2020-08-08

6235 明 蓝釉围棋罐（一对）
估　价：RMB 50,000～80,000
成交价：RMB 103,500
高11.5cm×2 北京保利 2020-10-20

5131 明 天蓝釉梅瓶
估　价：RMB 400,000～600,000
成交价：RMB 782,000
高30cm 北京保利 2020-10-19

13 清康熙 孔雀蓝釉双兽耳盘口尊
估　价：RMB 80,000～100,000
成交价：RMB 172,500
高35cm 北京大羿 2020-05-20

105 清康熙 天蓝釉琵琶式尊
“大清康熙年制”款
估　价：USD 200,000～300,000
成交价：RMB 1,721,412
高18.3cm 纽约苏富比 2020-09-22

35 清康熙 天蓝釉小花觚
“大清康熙年制”楷书款
估　价：RMB 180,000～250,000
成交价：RMB 356,500
高17.5cm 北京大羿 2020-08-16

3130 清康熙 霁蓝釉碗
“大清康熙年制”款
估　价：HKD 450,000～550,000
成交价：RMB 452,000
直径14.7cm 香港苏富比 2020-07-11

41 清康熙 天蓝釉苹果尊
“大清康熙年制”楷书款
估　价：RMB 1,000,000～1,500,000
成交价：RMB 1,265,000
高7.2cm；直径10cm 华艺国际 2020-12-05

5013 清康熙 天蓝釉百条缸
估　价：RMB 1,200,000～2,200,000
成交价：RMB 1,667,500
宽26.5cm 北京保利 2020-10-19

5206 清康熙 孔雀蓝釉花口盘
估　价：RMB 150,000～200,000
成交价：RMB 253,000
直径28cm 北京保利 2020-10-19

3065 清康熙 天蓝釉镗锣洗
“大清康熙年制”楷书款
估　价：HKD 100,000～200,000
成交价：RMB 798,750
直径12cm 佳士得 2020-11-30

6115 清雍正 孔雀蓝釉冲耳琴炉
“雍正年制”款
估　价：RMB 100,000～150,000
成交价：RMB 115,000
宽6.2cm 北京保利 2020-10-20

105 清雍正 宝石蓝釉盘
“大清雍正年制”楷书款
估　价：RMB 50,000～80,000
成交价：RMB 333,500
直径20cm 北京大羿 2020-10-16

848 清雍正 洒蓝釉梅瓶
“大清雍正年制”款
估　价：RMB 2,800,000～3,500,000
成交价：RMB 3,450,000
高17.5cm 永乐拍卖 2020-12-02

5162 清雍正 天蓝釉盘口双耳瓶
“大清雍正年制”款
估　价：RMB 1,100,000～2,100,000
成交价：RMB 1,667,500
高20.7cm 北京保利 2020-10-19

2731 清雍正 蓝釉水丞（一对）
“大清雍正年制”楷书款，雍正本朝
估　价：RMB 4,500,000～6,500,000
成交价：RMB 6,900,000
直径6cm×2 中国嘉德 2020-08-18

807 清乾隆 宝石蓝釉天球瓶
“大清乾隆年制”篆书款
估　价：RMB 2,500,000～2,800,000
成交价：RMB 2,990,000
直径40.3cm；高56cm 中贸圣佳 2020-10-17

2730 清雍正 蓝釉缸
“大清雍正年制”篆书款，雍正本朝
估　价：RMB 150,000～250,000
成交价：RMB 713,000
直径38cm 中国嘉德 2020-08-18

130 清乾隆 孔雀蓝釉灯笼尊
“大清乾隆年制”篆书刻款
估　价：EUR 20,000～40,000
成交价：RMB 595,640
高23.5cm 巴黎佳士得 2020-06-23

2050 清乾隆 天蓝釉葫芦形花尊
“大清乾隆年制”篆书款
估　价：RMB 250,000～300,000
成交价：RMB 287,500
高11.5cm；直径18cm 西泠印社 2020-08-08

3106 清雍正 天蓝釉碗
“大清雍正年制”款
估　价：HKD 800,000～1,000,000
成交价：RMB 1,808,000
直径12cm 香港苏富比 2020-07-11

5207 清乾隆 天蓝釉撇口花囊
“大清乾隆年制”款
估　价：RMB 700,000～1,000,000
成交价：RMB 805,000
高16.2cm；直径17.3cm 北京保利 2020-10-19

1518 清乾隆 天蓝釉围棋罐（一对）
估　价：RMB 250,000～300,000
成交价：RMB 356,500
高9.7cm×2 中贸圣佳 2020-10-16

4506 清乾隆 蓝釉茶碗（一对）
“大清乾隆年制”款
估　价：RMB 120,000～220,000
成交价：RMB 184,000
直径10.8cm×2 中国嘉德 2020-07-16

3118 清乾隆 霁蓝釉撇口碗
“大清乾隆年制”款
估　价：HKD 180,000～250,000
成交价：RMB 316,400
直径17.8cm 香港苏富比 2020-07-11

3608 清乾隆 霁蓝釉盘（一对）
“大清乾隆年制”款
估　价：HKD 150,000～200,000
成交价：RMB 203,400
直径20.8cm×2 香港苏富比 2020-07-11

928 清嘉庆 孔雀蓝釉暗刻苍龙教子图盘口瓶
“大清嘉庆年制”篆书款
估　价：RMB 800,000～1,200,000
成交价：RMB 1,207,500
高31cm 保利厦门 2020-09-26

1022 清雍正 霁蓝釉茶圆（一对）
“大清雍正年制”青花楷书款
估　价：RMB 100,000～200,000
成交价：RMB 253,000
直径7cm×2 华艺国际 2020-10-16

16 清道光 天蓝釉石榴尊
“浩然堂”楷书款
估　价：RMB 50,000～80,000
成交价：RMB 195,500
高8.5cm 北京大羿 2020-06-14

绿　釉

1880 辽 绿釉枕
估　价：RMB 60,000～80,000
成交价：RMB 74,750
高10.7cm；长17.5cm；宽10.5cm
西泠印社 2020-08-08

5139 明 橄榄绿釉刻花碗（一对）
估　价：RMB 400,000～600,000
成交价：RMB 483,000
直径19cm×2 北京保利 2020-10-19

4625 清早期 孔雀绿釉兽耳盘口瓶
估　价：RMB 100,000～200,000
成交价：RMB 207,000
高34.8cm 中国嘉德 2020-07-16

5123 明 淡绿釉渣斗
估　价：RMB 250,000～350,000
成交价：RMB 598,000
高14.5cm 北京保利 2020-10-19

2788 清康熙 瓜皮绿釉暗刻缠枝莲托八宝纹碗
“大清康熙年制”楷书款，康熙本朝
估　价：RMB 200,000～300,000
成交价：RMB 575,000
直径14.3cm 中国嘉德 2020-12-03

5005 清康熙 橄榄绿釉浅浮雕螭龙纹莱菔尊
估　价：RMB 1,000,000～1,500,000
成交价：RMB 2,530,000
高26cm 北京保利 2020-10-19

902 清雍正 松石绿釉杯
“大清雍正年制”楷书款
估　价：RMB 50,000～80,000
成交价：RMB 1,437,500
直径7.5cm；高3.5cm 保利厦门 2020-09-26

6116 清雍正 湖水绿釉花口碗
“大清雍正年制”款
估　价：RMB 1,000,000～1,500,000
成交价：RMB 1,150,000
直径9.5cm 北京保利 2020-10-20

2181 清雍正 秋葵绿釉碗
“大清雍正年制”楷书款
估　价：RMB 200,000～300,000
成交价：RMB 609,500
高5.3cm；直径11.9cm 西泠印社 2020-08-08

1773 清雍正 绿釉暗刻云龙纹碗
“大清雍正年制”款
估　价：RMB 300,000～500,000
成交价：RMB 345,000
直径11.3cm 北京保利 2020-12-05

23 清雍正 苹果绿釉高足碗
“大清雍正年制”款
估　价：GBP 10,000～15,000
成交价：RMB 352,651
直径15.5cm 伦敦苏富比 2020-11-04

2738 清雍正 松石绿釉捧盒
“大清雍正年制”楷书款，雍正本朝
估　价：RMB 2,800,000～3,800,000
成交价：RMB 4,140,000
直径19.5cm 中国嘉德 2020-08-18

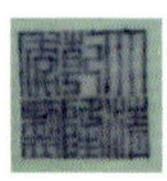

5169 清乾隆 湖水绿釉葵口三足洗
“大清乾隆年制”款
估　价：RMB 3,600,000～5,600,000
成交价：RMB 6,497,500
宽15.5cm 北京保利 2020-10-19

186 18世纪 绿哥釉天球瓶
成交价：RMB 28,750
高19.8cm 北京大羿 2020-06-19

1141 清光绪 苹果绿釉暗刻龙凤纹大捧盒（一对）
“大清光绪年制”楷书款
估　价：RMB 200,000～300,000
成交价：RMB 632,500
直径28cm×2 华艺国际 2020-10-16

43 清乾隆 御制松绿料乳足炉
“乾隆年制”楷书刻款
估　价：GBP 50,000～80,000
成交价：RMB 760,900
宽11.5cm 伦敦佳士得 2020-11-03

金　釉

851 清雍正 金釉盘（一对）
“大清雍正年制”款
估　价：RMB 500,000～800,000
成交价：RMB 655,500
直径13.8cm×2 永乐拍卖 2020-12-02

5183 清乾隆 金釉无量寿佛
估　价：RMB 350,000～550,000
成交价：RMB 552,000
高11.6cm 北京保利 2020-10-19

酱　釉

3033 北宋 定窑柿釉直口碗
估　价：HKD 200,000～400,000
成交价：RMB 213,000
直径8.2cm 佳士得 2020-11-30

2808 北宋 定窑柿釉斗笠碗
估　价：HKD 120,000～180,000
成交价：RMB 192,100
直径13.4cm 佳士得 2020-07-09

708 北宋 酱釉碗
估　价：USD 8,000～12,000
成交价：RMB 154,927
直径8.7cm 纽约苏富比 2020-09-23

5058 北宋 耀州窑酱釉碗
估　价：HKD 100,000～120,000
成交价：RMB 126,485
直径14.5cm 香港苏富比 2020-05-22

340 北宋 耀州窑柿金釉葵式小盘
估　价：HKD 40,000～60,000
成交价：RMB 45,696
直径11cm 香港苏富比 2020-06-05

55 元 磁州窑酱釉模印缠枝花卉纹八方粉盒
估　价：RMB 1,000～2,000
成交价：RMB 40,250
直径7.5cm 北京大羿 2020-11-08

2745 清乾隆 酱釉点金仿铜竹节炉
“大清乾隆年制”篆书款，乾隆本朝
估　价：RMB 800,000～1,200,000
成交价：RMB 1,955,000
高9cm 中国嘉德 2020-08-18

1020 清雍正 紫金釉菊瓣盘
“大清雍正年制”青花楷书款
估　价：RMB 600,000～800,000
成交价：RMB 713,000
直径17.5cm 华艺国际 2020-10-16

1776 明 柿釉盏托（一对）
估　价：RMB 600,000～900,000
成交价：RMB 747,500
直径10.5cm×2 北京保利 2020-12-05

297 清雍正 紫金釉菊瓣盘
“大清雍正年制”楷书款
估　价：HKD 400,000～600,000
成交价：RMB 727,706
直径17.3cm 中国嘉德 2020-10-08

6222 明 褐釉盖碗
估　价：RMB 150,000～250,000
成交价：RMB 230,000
宽11cm 北京保利 2020-10-20

1845 民国 酱釉瓶
估　价：USD 10,000～15,000
成交价：RMB 1,447,763
高28 cm 纽约佳士得 2020-09-25

21 清道光 紫金釉碗（一对）
“大清道光年制”篆书款
估　价：RMB 55,000～65,000
成交价：RMB 155,250
直径11.4cm × 2 北京大羿 2020-07-12

1005 清乾隆 紫金釉菱花口弦纹盘
“大清乾隆年制”款
估　价：RMB 250,000～350,000
成交价：RMB 287,500
直径20cm 永乐拍卖 2020-08-17

3876 清道光 紫金釉小墩式碗（一对）
“大清道光年制”款
估　价：RMB 10,000～20,000
成交价：RMB 86,250
直径11.7cm × 2 中国嘉德 2020-11-11

2287 清乾隆 紫金釉折沿碗
“大清乾隆年制”篆书款，乾隆本朝
估　价：RMB 50,000～80,000
成交价：RMB 138,000
直径17.9cm 中国嘉德 2020-08-18

铁锈釉

4363 清乾隆 铁锈釉小瓶
估　价：RMB 1,000～2,000
成交价：RMB 40,250
高7.4cm 中国嘉德 2020-11-12

4609 清乾隆 铁锈釉水丞
估　价：RMB 5,000～8,000
成交价：RMB 59,800
高8.6cm 中国嘉德 2020-07-16

4206 清中期 铁锈釉蚰耳炉
估　价：RMB 1,000～2,000
成交价：RMB 20,700
长15.5cm 中国嘉德 2020-07-15

窑变釉

2761 明 窑变釉大碗
成交价：RMB 101,200
直径20.5cm 中鸿信 2020-01-03

1809 清雍正至乾隆 窑变釉三联尊
估　价：RMB 400,000～600,000
成交价：RMB 552,000
高32cm 北京保利 2020-12-05

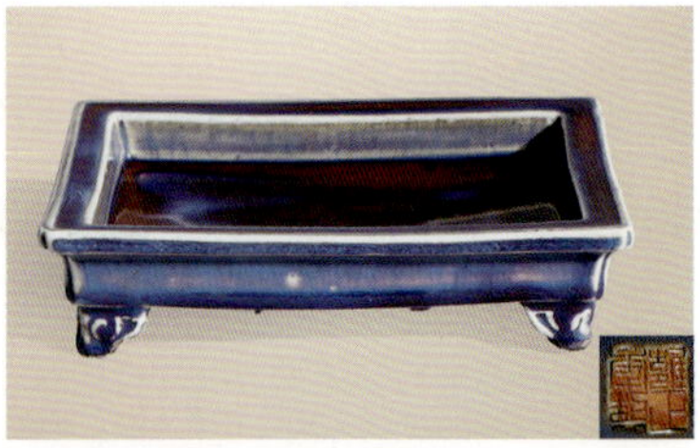

1754 清雍正 窑变釉四方水仙盆
“雍正年制”款
估　价：RMB 1,100,000～1,600,000
成交价：RMB 1,782,500
长19.5cm 北京保利 2020-12-05

2722 清乾隆 窑变釉大胆瓶
“大清乾隆年制”篆书款，乾隆本朝
估　价：RMB 1,200,000～2,200,000
成交价：RMB 1,380,000
高48cm 中国嘉德 2020-08-18

8 清乾隆 窑变釉双耳抱月瓶
“乾隆年制”款
估　价：GBP 80,000～120,000
成交价：RMB 3,941,083
高15.3cm 伦敦苏富比 2020-11-04

1810 清乾隆 窑变釉仿古弦纹双耳罍式尊
“大清乾隆年制”款
估　价：RMB 3,800,000～5,800,000
成交价：RMB 6,555,000
高33.8cm 北京保利 2020-12-05

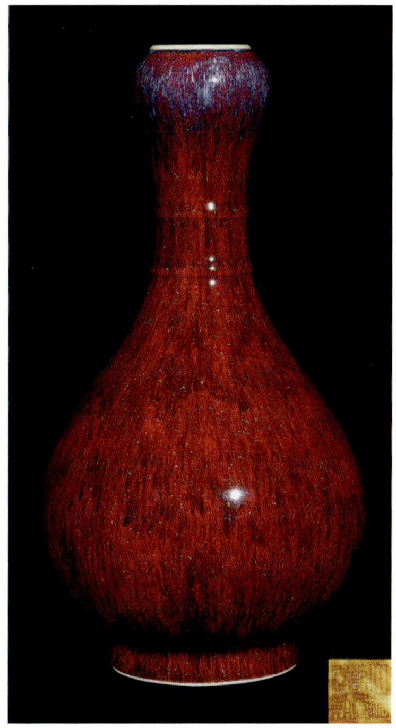

87 清乾隆 窑变釉蒜头瓶
“大清乾隆年制”款
估　价：HKD 600,000～800,000
成交价：RMB 1,091,160
高25.6cm 香港苏富比 2020-10-09

931 清乾隆 窑变釉蒜头瓶
“大清乾隆年制”篆书款
估　价：RMB 1,800,000～2,800,000
成交价：RMB 4,370,000
高29.5cm 保利厦门 2020-09-26

1527 清乾隆 窑变釉如意耳盖碗尊
估　价：RMB 600,000～800,000
成交价：RMB 1,265,000
21.9cm × 12.5cm × 12.5cm
华艺国际 2020-10-16

1758 清乾隆 窑变釉石榴尊
“大清乾隆年制”款
估　价：RMB 680,000～880,000
成交价：RMB 1,058,000
高19.3cm 北京保利 2020-12-05

804 清乾隆 窑变釉如意耳尊
“大清乾隆年制”篆书款
估　价：RMB 1,200,000～1,600,000
成交价：RMB 1,380,000
高22.5cm 中贸圣佳 2020-10-17

8569 清乾隆 窑变釉玉壶春瓶
“大清乾隆年制”款
估　价：RMB 500,000～700,000
成交价：RMB 575,000
高22cm 十竹斋拍卖（北京） 2020-10-18

2106 清乾隆 窑变釉甪端香熏
估　价：RMB 80,000～100,000
成交价：RMB 172,500
高14cm；长19.5cm 西泠印社 2020-08-08

6120 清乾隆 仿钧窑变海棠式花觚
“大清乾隆年制”款
估　价：RMB 800,000～1,200,000
成交价：RMB 920,000
高26.4cm 北京保利 2020-10-20

炉钧釉

810 清雍正 炉钧孔雀翎羽釉钵式小卷缸
“雍正年制”篆书款
估　价：RMB 1,000,000～1,200,000
成交价：RMB 1,955,000
直径20.6cm 中贸圣佳 2020-10-17

37 清雍正 炉钧釉纸槌瓶
“雍正年制”款
估　价：HKD 1,000,000～1,500,000
成交价：RMB 4,342,990
高16.1cm 香港苏富比 2020-10-09

32 清雍正 孔雀翎炉均釉卷缸
“雍正年制”篆书款
估　价：RMB 4,800,000～5,800,000
成交价：RMB 8,452,500
直径22.5cm 北京大羿 2020-08-16

1756 18世纪 炉钧釉弦纹盘口长颈瓶
估　价：RMB 350,000～550,000
成交价：RMB 632,500
高35.4cm 北京保利 2020-12-05

847 清雍正 炉钧釉冲耳炉
“大清雍正年制”款
估　价：RMB 1,800,000～3,000,000
成交价：RMB 3,162,500
直径18.8cm；高10.5cm 永乐拍卖 2020-12-02

949 清乾隆 仿钧釉持卷观音坐像
估　价：RMB 200,000～300,000
成交价：RMB 2,070,000
高28cm 保利厦门 2020-09-26

1757 清乾隆 炉钧釉灯笼瓶
“大清乾隆年制”款
估　价：RMB 1,350,000～1,550,000
成交价：RMB 1,840,000
高23.8cm 北京保利 2020-12-05

519 清乾隆 炉钧釉灯笼瓶
“大清乾隆年制”篆书款
估　价：RMB 900,000～1,200,000
成交价：RMB 1,173,000
高24cm 北京大羿 2020-10-16

5211 清乾隆 炉钧釉四方双象耳瓶
估　价：RMB 300,000～400,000
成交价：RMB 552,000
高28cm 北京保利 2020-10-19

1018 清雍正 炉钧釉四方折沿水仙盘
“大清雍正年制”篆书款
估　价：RMB 1,000,000～1,800,000
成交价：RMB 1,380,000
15.5cm × 23cm × 7cm 华艺国际 2020-10-16

2723 清乾隆 炉钧釉绶带耳葫芦瓶
“大清乾隆年制”篆书款，乾隆本朝
估　价：RMB 800,000～1,200,000
成交价：RMB 1,437,500
高22.9cm 中国嘉德 2020-08-18

仿木釉

111 清乾隆 仿木纹釉描金碗（一对）
估　价：RMB 10,000～20,000
成交价：RMB 66,700
直径12cm×2 北京大羿 2020-08-01

茄皮紫釉

5129 明永乐至宣德 丁香紫釉折沿盘
估　价：RMB 400,000～600,000
成交价：RMB 460,000
直径17cm 北京保利 2020-10-19

3048 清康熙 茄皮紫釉龙纹盘
“大清康熙年制”款
估　价：RMB 50,000
成交价：RMB 124,850
直径25cm 北京保利 2020-07-19

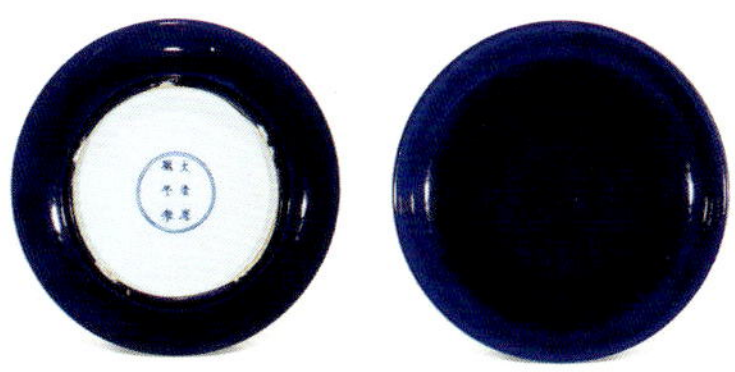

1575 清康熙 茄皮紫暗刻龙纹盘
“大清康熙年制”款青花楷书款
估　价：RMB 300,000～400,000
成交价：RMB 460,000
直径25.3cm 广东崇正 2020-09-13

2 清康熙 茄皮紫釉碗
“大清康熙年制”楷书款
估　价：RMB 80,000～100,000
成交价：RMB 345,000
直径12.2cm 北京大羿 2020-08-16

6107 清雍正 茄皮紫釉暗刻八吉祥纹盘（一对）
“大清雍正年制”款
估　价：RMB 500,000～800,000
成交价：RMB 575,000
直径11.2cm×2 北京保利 2020-10-20

3121 清雍正 茄皮紫釉暗花缠枝石榴纹盘（一对）
“大清雍正年制”款
估　价：HKD 1,000,000～1,500,000
成交价：RMB 1,130,000
直径11.3cm×2 香港苏富比 2020-07-11

1807 清雍正 茄皮紫釉刻八吉祥盘（一对）
“大清雍正年制”款
估　价：RMB 400,000～600,000
成交价：RMB 517,500
直径11.3cm×2 北京保利 2020-12-05

5208 清乾隆 茄皮紫釉纸槌瓶
“大清乾隆年制”款
估　价：RMB 600,000～800,000
成交价：RMB 1,610,000
高18cm 北京保利 2020-10-19

茶叶末釉

1755 清雍正 茶叶末釉花盆及盆托
“雍正年制”款
估　价：RMB 1,000,000～1,500,000
成交价：RMB 2,415,000
高11.2cm；直径14.1cm 北京保利 2020-12-05

2746 清雍正 厂官釉如意耳尊
“雍正年制”楷书款，雍正本朝
估　价：RMB 4,800,000～6,800,000
成交价：RMB 7,130,000
高22.5cm 中国嘉德 2020-08-18

96 清雍正 茶叶末釉铺首弦纹尊
“雍正年制”款
估　价：HKD 400,000～600,000
成交价：RMB 1,745,856
高24.9cm 香港苏富比 2020-10-09

2645 清雍正 厂官釉“鳝鱼黄”杏圆贯耳大瓶
“大清雍正年制”篆书款
估　价：RMB 1,800,000～3,800,000
成交价：RMB 3,220,000
高50cm 中国嘉德 2020-08-18

3116 清雍正 茶叶末釉三足菱式水仙盆
“雍正年制”款
估　价：HKD 1,200,000～1,800,000
成交价：RMB 1,356,000
直径20.3cm 香港苏富比 2020-07-11

45 清乾隆 茶叶末釉荸荠瓶
“大清乾隆年制”篆书款
估　价：RMB 200,000～250,000
成交价：RMB 460,000
直径25.3cm 高34.8cm 中贸圣佳 2020-06-20

121 清乾隆 茶叶末冬青釉座壁瓶
估　价：EUR 10,000～15,000
成交价：RMB 238,256
高25cm 巴黎佳士得 2020-06-23

108 清乾隆 茶叶末釉荸荠瓶
“大清乾隆年制”篆书款
估　价：RMB 800,000～1,000,000
成交价：RMB 1,092,500
高33cm 北京大羿 2020-10-16

592 清乾隆 茶叶末釉胆瓶
“大清乾隆年制”款
估　价：HKD 400,000～600,000
成交价：RMB 456,959
高18.8cm 香港苏富比 2020-06-05

5210 清乾隆 茶叶末釉荸荠瓶
“大清乾隆年制”款
估 价：RMB 800,000～1,200,000
成交价：RMB 1,380,000
高34cm 北京保利 2020-10-19

929 清乾隆 茶叶末釉观音瓶
“大清乾隆年制”篆书款
估 价：RMB 800,000～1,200,000
成交价：RMB 1,725,000
高27cm 保利厦门 2020-09-26

2067 清乾隆 茶叶末釉描金盘螭长颈瓶
“大清乾隆年制”篆书款
估 价：RMB 400,000～500,000
成交价：RMB 460,000
高15cm 西泠印社 2020-08-08

5171 清乾隆 茶叶末釉观音瓶
“大清乾隆年制”款
估 价：RMB 4,000,000～6,000,000
成交价：RMB 6,325,000
高27.5cm 北京保利 2020-10-19

1839 清乾隆 茶叶末釉六方贯耳瓶
“大清乾隆年制”篆书刻款
估 价：USD 70,000～90,000
成交价：RMB 723,881
高35 cm 纽约佳士得 2020-09-25

54 清乾隆 鳝鱼黄釉出戟双耳壶
“大清乾隆年制”款
估　价：HKD 800,000～1,200,000
成交价：RMB 872,928
高32.5cm 香港苏富比 2020-10-09

5209 清乾隆 茶叶末釉直颈小瓶
“大清乾隆年制”款
估　价：RMB 800,000～1,200,000
成交价：RMB 1,058,000
高12.3cm 北京保利 2020-10-19

6109 清乾隆 茶叶末釉三羊尊
“大清乾隆年制”款
估　价：RMB 1,000,000～1,500,000
成交价：RMB 1,150,000
高33.5cm 北京保利 2020-10-20

2080 清乾隆 茶叶末釉如意耳葫芦瓶
“大清乾隆年制”篆书款
估　价：RMB 800,000～1,000,000
成交价：RMB 920,000
高27cm 西泠印社 2020-08-08

1760 清乾隆 茶叶末釉橄榄尊
“大清乾隆年制”款
估　价：RMB 1,350,000～1,550,000
成交价：RMB 3,105,000
高13.6cm 北京保利 2020-12-05

3643 清乾隆 茶叶末釉长颈瓶
“大清乾隆年制”款
成交价：RMB 565,000
高18.9cm 香港苏富比 2020-07-11

116 清乾隆 茶叶末釉三牺尊
"大清乾隆年制"款
估　价：HKD 1,500,000～2,000,000
成交价：RMB 4,497,400
高34.2cm 香港苏富比 2020-07-11

1514 清乾隆 茶叶末釉弦纹衔环铺首衔环耳大尊
"大清乾隆年制"款
估　价：RMB 1,500,000～2,000,000
成交价：RMB 2,760,000
高52cm 华艺国际 2020-10-16

1759 清乾隆 茶叶末釉如意绶带耳葫芦瓶
"大清乾隆年制"款
估　价：RMB 1,000,000～1,200,000
成交价：RMB 1,610,000
高26cm 北京保利 2020-12-05

34 清乾隆 茶叶末釉小卷缸
"大清乾隆年制"篆书款
估　价：RMB 250,000～300,000
成交价：RMB 1,265,000
直径20cm 北京大羿 2020-08-16

5165 清乾隆 茶叶末釉小卷缸
"大清乾隆年制"款
估　价：RMB 1,100,000～2,100,000
成交价：RMB 1,840,000
直径20.5cm 北京保利 2020-10-19

5164 清乾隆 茶叶末釉出戟花觚
“大清乾隆年制”款
估　价：RMB 3,000,000～4,000,000
成交价：RMB 5,060,000
高21cm 北京保利 2020-10-19

17 清道光“行有恒堂”制茶叶末釉小口尊
“道光乙巳夏定府行有恒堂制”楷书款
估　价：RMB 300,000～500,000
成交价：RMB 897,000
高27cm 北京大羿 2020-05-20

612 清光绪 茶叶末釉长颈瓶
“大清光绪年制”款
估　价：HKD 80,000～120,000
成交价：RMB 125,664
高33cm 香港苏富比 2020-06-05

其他色釉

78 清雍正 仿古玉釉水盂
“大清雍正年制”篆书款
估　价：RMB 10,000～20,000
成交价：RMB 48,300
直径6.3cm 中贸圣佳 2020-06-20

2051 清中期 瓷仿翡翠双凤纹觯
“乾隆年制”篆书款
估　价：RMB 80,000～100,000
成交价：RMB 92,000
高13.8cm 西泠印社 2020-08-08

反　瓷

2377 清道光 仿紫砂素瓷贯耳瓶
“大清道光年制”篆书款，道光本朝
估　价：RMB 150,000～250,000
成交价：RMB 172,500
高29.4cm 中国嘉德 2020-08-18

26 清中期 反瓷三羊开泰瓷塑
估　价：RMB 1,000～2,000
成交价：RMB 20,700
长11cm 北京大羿 2020-06-14

257 民国 反瓷浮雕山水庭院人物图双耳琵琶尊
“大清乾隆年制”篆书款
估　价：RMB 30,000～50,000
成交价：RMB 57,500
高18.4cm 北京中汉 2020-12-04

2020瓷器拍卖成交汇总

拍品名称	物品尺寸	成交价RMB	拍卖公司	拍卖日期
陶器				
仰韶文化 彩陶蛙纹双系大罐	高37.9cm	81,750	中国嘉德	2020-10-10
龙山文化 黑陶大规鬲	高18.3cm	81,750	中国嘉德	2020-10-10
龙山文化 黑陶高足杯（四件）	高19.2cm×4	388,314	中国嘉德	2020-10-10
文化期 黑陶蛋壳高足杯	高7.3cm	81,750	中国嘉德	2020-10-10
东周 陶钟	高37.5cm	213,620	香港苏富比	2020-11-26
汉 彩绘陶马	长35.8cm	102,270	纽约佳士得	2020-09-24
东魏 彩绘灰陶牛	长38.4cm	226,000	佳士得	2020-07-09
汉至六朝 灰陶加彩卧龙	长26.5cm	146,320	纽约苏富比	2020-09-23
北魏 彩绘陶卧犬	长18cm	42,940	佳士得	2020-07-09
北魏 陶彩绘奔牛	高19.5cm	402,454	香港苏富比	2020-05-22
唐 褐釉陶猪	宽21cm	169,500	佳士得	2020-07-09
唐 绞胎碗	高5cm; 直径14cm	63,250	西泠印社	2020-08-08
唐 三彩蹲狮（一对）	高13.7cm×2	339,000	佳士得	2020-07-09
唐 三彩盖罐	高23cm	206,184	保利香港	2020-12-02
唐 三彩挂蓝印花葵花洗	长10.7cm	136,650	佳士得	2020-04-21
唐 三彩花卉盘	高2cm; 直径20.3cm	43,700	西泠印社	2020-08-08
唐 三彩花口杯	高3.1cm; 长9.4cm; 宽8cm	63,250	西泠印社	2020-08-08
唐 三彩印花扁壶	高15.3cm	275,426	纽约苏富比	2020-09-23
唐 陶加彩马（一对）	高34.9cm×2	447,567	纽约苏富比	2020-09-23
唐 武士陶俑（一组两件）	高64.3cm×2	79,419	巴黎佳士得	2020-06-23
唐 三彩蓝釉三足盘	直径29cm	766,463	纽约佳士得	2020-09-25
唐 三彩骆驼	高83.5cm	1,362,600	纽约佳士得	2020-09-25
唐 三彩贴花三足盖罐	高16.2cm	425,813	纽约佳士得	2020-09-25
唐 陶马	高40cm	98,730	伦敦佳士得	2020-05-21
宋 绞胎釉玉壶春瓶	高21cm	43,700	西泠印社	2020-08-08
清早期 宜钧天青釉琮式瓶	高54.5cm	253,000	中贸圣佳	2020-10-17
清早期 宜钧仿汝天青釉渣斗式撇口尊	高7.8cm	71,300	中贸圣佳	2020-06-20
民国 向逢春紫陶仿板桥竹石诗文图赏瓶	高39.8cm	184,000	中贸圣佳	2020-07-18
民国 宜均釉出筋盘口象耳大瓶	高49.5cm	207,000	中贸圣佳	2020-06-20
唐 彩绘陶马	长62.2cm	86,960	伦敦佳士得	2020-11-03
唐 彩绘陶文官	高72.5cm	38,045	伦敦佳士得	2020-11-03
唐 三彩女坐俑	高37.5cm	172,141	纽约苏富比	2020-09-23
唐 三彩双龙瓶	高32.5cm	51,979	中国嘉德	2020-10-08
唐 三彩水盂	直径7.7cm	42,724	香港苏富比	2020-11-26
唐 三彩圆盖盒（一组两件）	9.7cm及8.5cm	21,362	香港苏富比	2020-11-26
唐 彩釉陶马（一对）	长22.9cm×2	153,405	纽约佳士得	2020-09-24
唐 绿釉奁式炉及盖	高16.1cm	255,488	纽约佳士得	2020-09-25
唐 三彩骆驼	高64.1cm	140,621	纽约佳士得	2020-09-24
唐 三彩悬山式建筑模型	长25.8cm	144,776	纽约佳士得	2020-09-25
唐 三彩鸳鸯纹枕	宽12.4cm	255,488	纽约佳士得	2020-09-25
清 宜兴窑刻薄成家岂能久享款仿炉钧釉观音瓶	42.5cm	218,500	中国嘉德	2020-08-17
唐 三彩孔雀盆	长23cm	25,300	西泠印社	2020-08-08
唐 三彩鸳鸯纹盖盒	高4.5cm; 直径10cm	40,250	西泠印社	2020-08-08
明 宜钧花浇	高10.4cm	138,000	中贸圣佳	2020-10-17
明末清初 宜钧釉瓜棱瓶	高20.6cm	92,000	中贸圣佳	2020-06-20
清早期 宜均釉贡碗（双供箱）	直径18.3cm	80,500	中国嘉德	2020-12-05
清雍正 宜钧苹果绿釉贯耳瓶	高10cm	230,000	中贸圣佳	2020-10-17
清 葛明祥制宜钧海鼠釉砂胎折沿洗	9.5cm×37.2cm（含底座）	69,000	西泠印社	2020-08-08
宋 石湾仿钧窑月白釉双系罐	宽8cm	21,362	香港苏富比	2020-11-26
陈渭岩制石湾窑铁拐李造像	高30cm	13,800	广东崇正	2020-09-13
石湾窑摆件（一组五件）	尺寸不一	17,250	广东崇正	2020-09-13
石湾窑红釉双鱼联瓶	高35cm	13,800	广东崇正	2020-09-13
清 陶瓷花瓶（一组三件）		37,968	巴黎苏富比	2020-06-18
当代 老莫手作般若提梁陶壶、玉琮形凉炉（一组）	壶15.5cm×14.5cm	57,500	永乐拍卖	2020-12-03
当代 王翔制刻段泥瑞供图笔洗	7.5cm×12cm	69,000	西泠印社	2020-08-08
青瓷				
越窑				
唐/西晋 刑窑白釉笠式碗 越窑青釉双系罐		18,158	香港苏富比	2020-11-26
西晋 越窑青釉瑞兽水盂	长13.9cm	181,577	香港苏富比	2020-11-26
五代 越窑青釉粉盒	直径10.5cm	103,500	西泠印社	2020-08-08
五代 越窑青瓷鸟形杯	长15cm	226,000	佳士得	2020-07-09
五代 越窑青釉刻花卉纹带盖执壶	高22.1cm	2,933,480	佳士得	2020-07-09
南宋 越窑划花双凤纹粉盒	高4.8cm; 直径13.3cm	218,500	西泠印社	2020-08-08
宋 越窑花口碗	高6cm; 直径18cm	34,500	西泠印社	2020-08-09
宋 越窑青釉盏、磁州黑彩花卉纹高足杯及磁州白釉碗（一组三件）		51,269	香港苏富比	2020-11-26
明 青瓷刻荷花纹盖盒	直径13.5cm	1,725,000	华艺国际	2020-10-16
宋 越窑八棱四系瓶	高16.5cm	57,500	西泠印社	2020-08-08
宋 越窑凤鸟形盖盒	长14cm	17,250	西泠印社	2020-08-08
宋 越窑葫芦形执壶	高20.7cm	48,300	西泠印社	2020-08-08
宋 越窑划花双耳系瓶	高8.3cm	34,500	西泠印社	2020-08-08
宋 越窑划花执壶	高16cm	20,700	西泠印社	2020-08-08
宋 越窑双蝶弦纹盖罐	高15cm	13,800	西泠印社	2020-08-08
宋 越窑执壶	高20.5cm	36,800	西泠印社	2020-08-08
唐 越窑瓜棱执壶	高17.6cm	48,300	西泠印社	2020-08-08
宋 越窑划花莲瓣纹执壶	高20.3cm; 通经15.5cm	86,250	西泠印社	2020-08-08
西晋 越窑青釉卧蛙水盂	高8.2cm	51,408	香港苏富比	2020-06-05
越窑青瓷横栓盖罐	29cm×18cm	638,000	北京贞观	2020-11-28
耀州窑				
五代 耀州窑花口洗	直径12.7cm	202,350	佳士得	2020-11-30
五代 耀州窑剔刻花执壶	高10cm; 长11cm	207,000	西泠印社	2020-08-08
北宋 耀州窑花口盘	口径15.2cm	40,250	西泠印社	2020-08-08
北宋/金 耀州窑青釉刻莲纹盘	直径17.7cm	43,035	纽约苏富比	2020-09-23
北宋/金 耀州窑青釉刻莲纹碗	直径14cm	47,339	纽约苏富比	2020-09-23
北宋至金 耀州青窑水波游鱼纹碗	直径12cm	64,086	香港苏富比	2020-11-26
北宋 耀州窑青瓷花口尊	高14.4cm	201,072	保利香港	2020-12-02
北宋 耀州窑青釉刻牡丹纹花口尊	宽12.3cm	155,937	中国嘉德	2020-10-08
北宋 耀州窑青釉模印花卉纹斗笠盏	直径15.5cm	64,003	中国嘉德	2020-07-13
北宋/金 耀州青釉印童子花卉纹碗	直径18cm	105,450	佳士得	2020-10-08
北宋/金 耀州窑刻游鸭纹盘	直径17cm	340,800	佳士得	2020-11-30
北宋 耀州青瓷划花撇口碗	直径12.3cm	45,696	香港苏富比	2020-06-05
北宋 耀州窑柿金釉葵式小盘	直径11cm	45,696	香港苏富比	2020-06-05
北宋至金 耀州青釉内秀竹童子斗笠碗	直径10.1cm	85,680	香港苏富比	2020-06-05
宋代 耀州窑柿釉	直径14.5cm	15,642	台北艺珍	2020-08-16
宋 耀州窑刻花牡丹纹粉盒	高4cm; 直径9.5cm	149,500	西泠印社	2020-08-08
宋 耀州窑模印“鱼化龙”菊瓣盘	直径15.3cm	145,541	中国嘉德	2020-10-08
宋 耀州青釉菊纹盘	直径15.6cm	43,411	香港苏富比	2020-06-05
宋 耀州窑酱釉撇口长颈瓶	高12.1cm	22,997	香港苏富比	2020-05-22
宋 耀州窑柿釉笠式盏	直径10.7cm	68,544	香港苏富比	2020-06-05
金 耀州窑青釉荷叶盖钵	宽14cm	62,375	中国嘉德	2020-10-08
金 耀州窑青釉柳斗钵	宽11.5cm	91,483	中国嘉德	2020-10-08
金 耀州窑青釉刻犀牛望月纹碗	直径20.7cm	226,000	佳士得	2020-07-09
元 耀州窑柿红釉斗笠盏	直径13.3cm	23,000	中国嘉德	2020-11-12
元/明初 耀州窑青釉花式盘	直径14.8cm	28,453	伦敦苏富比	2020-06-15
元/明初 耀州窑青釉刻花卉纹小盘	直径12.5cm	17,509	伦敦苏富比	2020-06-15
明 耀州窑青釉牛角杯（一对）	长9cm×2	5,175,000	北京保利	2020-12-05
宋 耀州窑湖水鱼纹茶盏	直径11.3cm	23,000	西泠印社	2020-08-08
宋 耀州窑划花花卉纹罐	直径10.3cm	13,800	西泠印社	2020-08-08
宋 耀州窑划花花卉纹渣斗	直径17cm	69,000	西泠印社	2020-08-08
宋 耀州窑划花花卉纹执壶	高16cm	97,750	西泠印社	2020-08-08
宋 耀州窑刻花卉纹八角瓷枕	长16.8cm	17,250	西泠印社	2020-08-08
宋 耀州窑葵口碗	口径12cm	13,800	西泠印社	2020-08-08
耀州窑剔刻折枝花卉纹瓜棱式盏（一对）	直径20.9cm×2	1,265,000	中贸圣佳	2020-10-17
汝窑				
北宋 汝窑天青釉圆洗	高1.5cm; 直径12.5cm	862,500	西泠印社	2020-08-08

拍品名称	物品尺寸	成交价RMB	拍卖公司	拍卖日期
宋 天青釉鼎式三足炉	高10.8cm; 直径12.5cm	5,635,000	上海匡时	2020-08-05
明或更早 汝窑系把杯	高5cm; 长14.5cm	13,800	西泠印社	2020-08-08
青瓷莲瓣葵口洗	高7.5cm; 直径19cm	63,250	西泠印社	2020-08-08
汝窑花口洗	高3.8cm; 口径17.5cm; 底径11.5cm	345,000	深圳世浩	2020-07-30
汝窑天青釉笔洗	高3.5cm; 口径10.5cm; 底径9.2cm	4,600,000	深圳世浩	2020-07-30
汝窑四方笔洗	18.5cm×6.5cm	1,004,000	北京贞观	2020-11-28
汝窑天青冰片双耳炉	20cm×10cm	880,000	北京贞观	2020-11-28
仿汝釉				
明 仿汝双螭耳四方杯	宽16cm	166,333	中国嘉德	2020-10-08
清雍正 仿汝弦纹穿带盘口瓶	高28cm	138,000	中鸿信	2020-01-03
清雍正 御窑仿汝釉六方尊	高10.5cm	379,500	保利厦门	2020-09-26
清雍正或更晚 仿汝釉双耳小瓶	高13cm	297,820	巴黎佳士得	2020-06-23
清雍正 仿汝窑胆瓶	高13.9cm	852,250	纽约佳士得	2020-09-24
清雍正 仿汝釉三足洗	直径18.5cm	138,000	北京大羿	2020-08-16
清乾隆 仿汝釉八方贯耳瓶	高38.8cm	322,000	中贸圣佳	2020-06-20
清乾隆 仿汝釉八方瓶	高33.4cm	379,500	永乐拍卖	2020-12-02
清乾隆 仿汝釉八方瓶	高34cm	230,000	十竹斋拍卖（北京）	2020-10-18
清乾隆 仿汝釉八卦琮式方瓶	高28cm	184,000	北京保利	2020-10-20
清乾隆 仿汝釉六方花盆（一对）	长32cm; 高15.5cm×2	34,500	保利厦门	2020-09-26
清乾隆 仿汝釉铺首尊	高34.6cm	178,250	中贸圣佳	2020-07-18
清乾隆 仿汝釉三羊尊	高35cm	437,000	中国嘉德	2020-12-03
清乾隆 仿汝釉双耳六方穿带瓶	高26.5cm	287,500	北京诚轩	2020-08-17
清乾隆 仿汝釉双联瓶	高18.4cm	602,494	纽约苏富比	2020-09-23
清乾隆 仿汝釉双如意耳海棠口杏元壁瓶	高18.1cm	402,500	北京中汉	2020-12-04
清乾隆 仿汝釉尊	直径38.3cm	218,500	中国嘉德	2020-11-09
清乾隆 仿汝天青釉花觚	直径15.5cm; 高14.4cm	402,500	北京保利	2020-10-20
清乾隆 仿汝釉大碗	直径35.4cm	977,500	永乐拍卖	2020-12-02
清乾隆 仿汝釉八方瓶	高33.3cm	632,500	中国嘉德	2020-08-18
清乾隆 仿汝釉梅瓶	高35.5cm	299,000	中国嘉德	2020-07-15
清乾隆 仿汝釉双系鼓钉鱼篓尊	直径19.4cm	2,875,000	中国嘉德	2020-12-03
清乾隆 仿汝釉倭角方壶	高33.3cm	904,000	香港苏富比	2020-07-11
18世纪 仿汝釉桃式洗	直径13.9cm	298,288	纽约佳士得	2020-09-24
清乾隆 仿汝釉弦纹洗	直径12.9cm	3,835,125	纽约佳士得	2020-09-24
清乾隆 仿汝釉琮式瓶	高29.5cm	2,587,500	永乐拍卖	2020-08-17
清乾隆 仿汝釉鸠耳尊	高22cm	1,150,000	荣宝斋（南京）	2020-11-28
清乾隆 仿汝釉菊瓣贯耳直颈瓶	高42cm	7,820,000	北京保利	2020-10-19
清嘉庆 仿汝釉三足炉	直径16.3cm; 高9.1cm	138,000	北京中汉	2020-07-31
清道光 仿汝釉八方瓶	高33cm	379,500	北京诚轩	2020-08-17
清道光 仿汝釉八方瓶	高33cm	322,000	十竹斋拍卖（北京）	2020-10-18
民国 汝釉小盘	直径11cm	63,250	北京翰海	2020-09-12
官窑				
南宋 官窑米色青瓷撇口盘 底墨书“官”字	12cm	23,498	香港苏富比	2020-11-26
南宋 官窑青釉长颈瓶	高20cm	161,000	广东崇正	2020-09-13
南宋 官窑鼓形水滴	高9.3cm; 直径7.2cm	2,760,000	西泠印社	2020-08-08
南宋 官窑青釉鸟食杯	高1.2cm; 长4.7cm	126,500	西泠印社	2020-08-08
南宋 官窑三足炉	高11cm; 直径15cm	172,500	西泠印社	2020-08-08
南宋 官窑花口瓶	高15.6cm	1,092,374	香港苏富比	2020-05-22
宋 官窑花口贯耳瓶	高15.3cm	63,250	西泠印社	2020-08-08

拍品名称	物品尺寸	成交价RMB	拍卖公司	拍卖日期
宋 官窑镶银扣碗	高6.5cm; 直径15.5cm	34,500	西泠印社	2020-08-08
仿官釉				
宋至明 仿官窑青釉胆瓶	高19.6cm	1,713,596	香港苏富比	2020-06-05
元 米黄官釉贯耳瓶	直径17.2cm	40,250	广东崇正	2020-09-13
元/明 龙泉窑仿官釉高足杯	高8.4cm	153,293	纽约佳士得	2020-09-25
明早期 仿官釉象耳簋式炉	直径14.5cm; 高12.5cm	230,000	北京中汉	2020-12-04
明初 仿官釉鬲式炉	高12.2cm; 直径14.2cm	322,000	华艺国际	2020-10-16
明成化 仿官釉铺首耳瓶	高24.8cm	67,850	北京大羿	2020-08-16
明成化 仿官釉笠式卧足盏	直径11.4cm	3,220,000	北京保利	2020-10-19
明 仿官釉花口杯	高5.1cm; 直径9.4cm	32,200	西泠印社	2020-08-08
明 官窑浅口盘	直径14cm	25,300	中鸿信	2020-01-03
明 洪武龙泉处州官窑荷叶盖罐	高22cm	161,000	上海嘉禾	2020-01-05
明 江藤旧藏官釉御题诗文碟	直径12cm	103,500	中鸿信	2020-01-03
明 官釉炉	宽16.5cm	575,000	北京保利	2020-10-20
明 仿官釉花口渣斗	高8.8cm	184,000	中国嘉德	2020-08-18
明 官窑式葵口洗	直径12.3cm	602,494	纽约苏富比	2020-09-23
清早期 仿官釉模印蕉叶纹碗	直径18cm	55,200	北京保利	2020-10-20
清雍正 仿官釉八棱小杯	高5.8cm; 直径8.5cm	32,200	西泠印社	2020-08-08
清雍正 仿官釉橄榄瓶	高30cm	1,150,000	北京保利	2020-10-20
清雍正 仿官釉海棠形四如意足折沿洗	长29.5cm; 高8.7cm	143,750	北京中汉	2020-12-04
清雍正 仿官釉汉壶尊	高36.6cm	92,000	北京中汉	2020-11-09
清雍正 仿官釉荷叶洗	带座高9cm; 高6cm; 长27cm; 宽13cm	92,000	西泠印社	2020-08-08
清雍正 仿官釉铺首尊	高30cm	230,000	中贸圣佳	2020-07-18
清雍正 仿官釉绳纹狮耳小瓶	高14.4cm	59,800	中国嘉德	2020-12-03
清雍正 仿官釉兽耳盘口瓶	高38.8cm	20,700	中国嘉德	2020-07-15
清雍正 仿官釉双螭耳尊	高38cm	51,750	保利厦门	2020-09-26
清雍正 仿官釉双龙耳炉	宽28cm	34,500	北京保利	2020-12-05
清雍正 仿官釉四方贯耳瓶	高8.9cm	80,500	中贸圣佳	2020-06-20
清雍正 仿官釉四联瓶	高10cm	828,000	中国嘉德	2020-12-03
清雍正 仿官釉桃形洗	长21cm	55,200	北京大羿	2020-11-08
清雍正 仿官釉倭角双耳瓶	高20cm	112,700	中贸圣佳	2020-06-20
清雍正 仿官釉弦纹铺首耳衔环尊	高23.3cm	230,000	中贸圣佳	2020-12-07
清雍正 仿官釉小长颈瓶	高9.5cm	291,082	中国嘉德	2020-10-08
清雍正 仿官釉长颈瓶	带座高26cm; 高22.2cm	46,000	西泠印社	2020-08-08
清雍正 仿官釉茶叶盖罐	高13cm	1,092,500	十竹斋拍卖（北京）	2020-10-18
清雍正 仿官釉海棠形螭耳抱月瓶	高50.4cm	2,070,000	中国嘉德	2020-12-03
清雍正 仿官釉六方穿带瓶	高28.3cm	1,380,000	中国嘉德	2020-08-18
清雍正 仿官釉铺首蒜头瓶	高20.5cm	3,491,712	香港苏富比	2020-10-09
清雍正 仿官釉四联瓶	高10.2cm	1,636,740	香港苏富比	2020-10-09
清雍正 仿官釉弦纹贯耳壶	高27cm	1,418,508	香港苏富比	2020-10-09
清雍正 仿官釉胆瓶	高14.6cm	852,250	纽约佳士得	2020-09-24
清雍正 仿官釉六棱双耳瓶	高28.2cm	1,022,700	纽约佳士得	2020-09-24
清雍正 仿官釉双耳炉	宽13.3cm	724,413	纽约佳士得	2020-09-24
清雍正 仿官釉象耳汉壶尊	高19.5cm	809,638	纽约佳士得	2020-09-24
清雍正 仿官釉纸槌瓶	高16.5cm	2,727,200	纽约佳士得	2020-09-24
清雍正 仿官釉八卦纹双螭耳抱月瓶	高48cm	1,840,000	中鸿信	2020-01-03
清雍正 仿官釉鬲式三足炉	直径12.5cm; 高12.4cm	264,500	北京中汉	2020-08-19
清雍正 仿官釉双桃砚滴	宽13.2cm	207,000	北京诚轩	2020-08-17
清雍正 仿官釉双兽吞耳倭角尊	高17.4cm	4,140,000	北京中汉	2020-12-04
清雍正 仿官釉小蚰耳炉	长13.2cm	1,265,000	中国嘉德	2020-08-18
清雍正 拟宋铁骨大观釉贯耳穿带方壶	高48cm	1,150,000	中贸圣佳	2020-10-17
清乾隆 仿官釉八方小贯耳瓶	高14.7cm	149,500	中国嘉德	2020-11-09

拍品名称	物品尺寸	成交价RMB	拍卖公司	拍卖日期
清乾隆 仿官釉八卦琮式瓶	高28cm	368,000	北京保利	2020-10-20
清乾隆 仿官釉琮式壁瓶	高28cm	115,000	西泠印社	2020-08-08
清乾隆 仿官釉琮式瓶	高27cm	92,000	保利厦门	2020-09-26
清乾隆 仿官釉琮式瓶	高30cm	57,500	中鸿信	2020-01-03
清乾隆 仿官釉瓜棱贯耳瓶	高27.5cm	460,000	中国嘉德	2020-12-03
清乾隆 仿官釉贯耳八方瓶	高14.5cm	736,000	保利厦门	2020-09-26
清乾隆 仿官釉贯耳壶	高36.2cm	425,500	北京保利	2020-10-20
清乾隆 仿官釉贯耳瓶	高29.5cm	632,500	中国嘉德	2020-07-16
清乾隆 仿官釉贯耳瓶	高14cm	184,000	北京大羿	2020-05-20
清乾隆 仿官釉贯耳瓶	高31cm	54,050	保利厦门	2020-09-26
清乾隆 仿官釉贯耳杏元方瓶	高30.5cm	230,000	北京保利	2020-12-05
清乾隆 仿官釉六方贯耳瓶	高34cm	287,500	北京大羿	2020-12-06
清乾隆 仿官釉三联笔筒	高9.5cm	69,000	华艺国际	2020-10-16
清乾隆 仿官釉三联笔筒	高8.5cm	17,250	西泠印社	2020-08-08
清乾隆 仿官釉三足水盂	高4.2cm	23,000	北京大羿	2020-11-08
清乾隆 仿官釉三足筒式琴炉	直径9.5cm; 高8cm	28,750	保利厦门	2020-09-26
清乾隆 仿官釉兽耳炉	长13.5cm	43,700	中国嘉德	2020-07-15
清乾隆 仿官釉四方洗	高3cm; 长7.2cm; 宽7cm	32,200	西泠印社	2020-08-08
清乾隆 仿官釉桃形笔掭	长12cm	253,000	保利厦门	2020-09-26
清乾隆 仿官釉玉兔摆件	长9cm	128,800	保利厦门	2020-09-26
清乾隆 仿官釉三联葫芦花插	高20.3cm	747,500	中贸圣佳	2020-10-17
清乾隆 仿官釉三联葫芦瓶	高20.5cm	690,000	华艺国际	2020-10-16
清乾隆 仿官釉穿带琮式瓶	高29.3cm	1,809,648	保利香港	2020-12-02
清乾隆 仿官釉三联葫芦尊	高20.6cm	1,473,066	香港苏富比	2020-10-09
清乾隆 仿官釉蒜头瓶	高27.3cm	3,055,248	香港苏富比	2020-10-09
清乾隆 仿官釉八方贯耳瓶		138,983	巴黎佳士得	2020-06-23
清乾隆 仿官釉贯耳方壶	高13.4cm	724,413	纽约佳士得	2020-09-24
清乾隆 仿官釉鸠耳尊	高19.7cm	2,215,850	纽约佳士得	2020-09-24
清乾隆 仿官釉弦纹铺首衔环耳瓶	高19.6cm	1,107,925	纽约佳士得	2020-09-24
清乾隆 仿官釉六角形花盆(一对)	20.7cm×10.8cm×2	293,250	北京诚轩	2020-08-17
清乾隆 仿官釉穿带琮式瓶	高29cm	1,380,000	北京保利	2020-10-19
清乾隆 仿官釉琮式瓶	高28.2cm	920,000	北京诚轩	2020-08-17
清乾隆 仿官釉长颈瓶	高37.5cm	2,242,500	保利厦门	2020-09-26
清中期 仿官釉水盂	高5cm	18,400	北京大羿	2020-11-08
清中期 仿官釉桃形洗	长14cm	13,800	中国嘉德	2020-07-17
清中期 仿官釉倭角小方瓶、铁锈釉水丞(各一件)	高14.2cm; 直径7.2cm	17,250	中国嘉德	2020-07-17
清中期 官釉倭角方洗	7.8cm×3.5cm	33,600	上海联合	2020-11-29
清中期 官釉雪山大士像	高21.5cm	138,000	中贸圣佳	2020-10-17
清道光 仿官釉葵口碗(一对)	直径12cm	153,405	纽约佳士得	2020-09-24
清咸丰 仿官釉贯耳瓶	高30.5cm	63,250	中贸圣佳	2020-12-07
清同治 仿官釉八卦琮式瓶	高28.3cm	241,500	北京保利	2020-10-20
清同治 仿官釉八卦纹琮式瓶	高28cm	230,000	中国嘉德	2020-12-03
清同治 仿官釉琮式瓶	高28.5cm	195,500	北京大羿	2020-11-08
清同治 仿官釉贯耳瓶	高30.5cm	345,000	北京翰海	2020-12-12
清同治 仿官釉加粉彩朵花纹贯耳瓶	高31.2cm	230,000	中国嘉德	2020-11-09
清同治 仿官釉杏圆贯耳瓶	高30.5cm	230,000	北京大羿	2020-10-16
清光绪 仿官釉八卦琮式瓶	高28cm	333,500	北京大羿	2020-07-12
清光绪 仿官釉八卦琮式瓶	高27.5cm	333,500	北京大羿	2020-07-12
清光绪 仿官釉八卦方瓶	高27.5cm	230,000	北京翰海	2020-12-12
清光绪 仿官釉八卦纹琮式瓶	高28cm	46,000	北京大羿	2020-08-01
清光绪 仿官釉粉彩云龙纹贯耳瓶	高30cm	345,000	中国嘉德	2020-12-03
清光绪 仿官釉贯耳瓶	高30.5cm	115,000	北京翰海	2020-12-12
清 仿官釉瓜棱长颈贯耳瓶	高43cm	34,500	中贸圣佳	2020-07-18
清 仿官釉海棠瓶	高20cm	69,000	广东崇正	2020-09-13
清 仿官釉三足炉(带银盖)	高5.8cm	23,000	广东崇正	2020-09-13
清代 仿官釉桃形砚滴	长8.2cm	14,950	中贸圣佳	2020-12-07
清江藤旧藏仿官釉太极八卦抱月瓶	高50cm	184,000	中鸿信	2020-01-03
明 官窑三足筒式炉	高9cm; 直径10cm	103,500	西泠印社	2020-08-08
钧窑				
北宋至金 钧窑天青釉紫斑敛口碗	15.2cm	277,707	香港苏富比	2020-11-26
北宋至金 钧窑天蓝釉紫斑盘	直径19cm	654,696	香港苏富比	2020-10-09
北宋至金 钧窑天青釉敛口大碗	直径22.5cm	448,603	香港苏富比	2020-11-26

拍品名称	物品尺寸	成交价RMB	拍卖公司	拍卖日期
宋 钧窑玉壶春瓶	高28cm	97,750	西泠印社	2020-08-08
宋金 钧窑天蓝釉鸡心碗	高7.5cm; 口径17.3cm	13,800	西泠印社	2020-08-08
宋/金 钧窑天蓝釉玫瑰紫斑折沿盘	直径17.2cm; 高3.5cm	51,750	广东崇正	2020-09-13
宋金 钧窑天蓝釉折沿盘	高3.9cm; 口径18cm	40,250	西泠印社	2020-08-08
宋/元 钧窑天蓝釉碗	高8.7cm; 口径20.9cm	17,250	西泠印社	2020-08-08
宋至元 钧窑天蓝釉紫斑碗	17.5cm	34,179	香港苏富比	2020-11-26
宋 钧窑天蓝釉碗	高8cm; 口径19.7cm	109,250	西泠印社	2020-08-08
宋 钧窑月白釉龙首八方匜	宽9.9cm	694,266	香港苏富比	2020-11-26
宋至金 钧窑蓝釉敛口杯	直径10.5cm	283,702	香港苏富比	2020-10-09
宋至元 钧窑月白釉墩式碗	直径10.3cm	91,392	香港苏富比	2020-06-05
宋至金 钧窑天蓝釉碗	直径18.7cm	148,512	香港苏富比	2020-06-05
宋至明 钧窑天蓝釉紫斑折沿盘	直径18.5cm	97,104	香港苏富比	2020-06-05
宋至明 钧窑月白釉紫斑梅花式盏托	直径11.5cm	74,256	香港苏富比	2020-06-05
金 钧窑红斑双系罐	宽13.9cm	37,335	中国嘉德	2020-07-13
金 钧窑天蓝釉盘	直径15.5cm	298,200	佳士得	2020-11-30
金/元 钧窑紫红斑碗	直径19.8cm	155,937	中国嘉德	2020-10-08
金至元 钧窑紫釉三足炉	宽 19.3cm	3,842,000	香港苏富比	2020-07-11
金 钧窑月白釉鸡心杯	高8.8cm	125,664	香港苏富比	2020-06-05
元 钧窑大碗两只	直径20.5cm; 直径17.7cm	23,000	中国嘉德	2020-07-15
元 钧窑双耳罐	高11.1cm	36,800	北京诚轩	2020-08-17
元 钧窑天蓝釉盘(一对)	高2.7cm; 口径12cm	32,200	西泠印社	2020-08-08
元 钧窑天蓝釉紫斑折沿盘	直径15.4cm	92,000	北京中汉	2020-12-04
元 钧窑天青釉花口碗	直径21.2cm	15,594	中国嘉德	2020-10-08
元 钧窑小盘	高3cm; 直径15cm	23,000	西泠印社	2020-08-09
元 钧窑紫斑敛口碗	18cm	34,179	香港苏富比	2020-11-26
元或以前 钧窑天蓝釉玫瑰紫斑碗	直径8.3cm	23,000	广东崇正	2020-09-13
元 天青釉钧窑大碗	直径22.5cm	920,000	华艺国际	2020-12-05
元 钧窑绿釉大碗	直径22cm	24,075	伦敦苏富比	2020-06-15
元/明 钧窑石榴形水滴	宽11cm	394,494	伦敦佳士得	2020-02-13
金 钧窑茶碗	高8cm; 直径16.5cm	28,750	西泠印社	2020-08-08
金 钧窑盘	高4cm; 直径16.5cm	25,300	西泠印社	2020-08-08
金 钧窑紫斑盘	高2.7cm; 直径15.8cm	36,800	西泠印社	2020-08-08
金 钧窑紫斑小罐	高11cm	43,700	西泠印社	2020-08-08
金 钧窑紫斑印盒	高7.5cm; 直径12.5cm	34,500	西泠印社	2020-08-08
钧窑玫瑰紫斑鼓钉洗	高6cm; 直径15cm	345,000	上海匡时	2020-08-05
钧窑双桃砚滴	长10.2cm	20,700	中国嘉德	2020-07-15
钧窑天蓝釉莲子杯	高3cm; 口径6cm	575,000	上海匡时	2020-08-05
钧窑天青小碗	高4.5cm; 口径9.2cm	74,750	上海匡时	2020-08-05
钧窑天青釉鸡心碗	直径16.2cm	13,800	中国嘉德	2020-07-17
钧窑天青釉莲子杯(一对)	高3cm; 高3.1cm	74,750	上海匡时	2020-08-05
钧窑天青釉盘	高2.8cm; 直径16.4cm	74,750	上海匡时	2020-08-05
钧窑天青釉折沿盘	高2.8cm; 直径17.9cm	92,000	上海匡时	2020-08-05
钧窑贴花大香炉	高28.2cm; 直径24.5cm	115,000	上海匡时	2020-08-05
宋 钧窑钵	高12.5cm; 直径7.3cm	86,250	西泠印社	2020-08-08
宋 钧窑紫斑茶盏	高5.2cm; 口径10.3cm	86,250	西泠印社	2020-08-08
宋 钧窑紫斑渣斗	高9cm; 直径12.6cm	36,800	西泠印社	2020-08-08

拍品名称	物品尺寸	成交价RMB	拍卖公司	拍卖日期
宋至元 钧窑长颈瓶	高20.5cm	25,300	西泠印社	2020-08-08
天青釉钧窑大洗	高5cm; 直径25.7cm	57,500	上海匡时	2020-08-05
元 钧窑冲天耳炉	高16cm; 口径16cm	46,000	西泠印社	2020-08-08
元 钧窑葫芦形双耳罐	高13.5cm	23,000	西泠印社	2020-08-08
元 钧窑提梁壶	高23.8cm; 通径18.6cm	36,800	西泠印社	2020-08-08
元 钧窑长颈胆瓶	高49cm	46,000	西泠印社	2020-08-08
钧窑天青釉摩羯耳镂空连座瓶	高20cm; 直径9.5cm	1,955,000	上海匡时	2020-08-05
钧窑天青釉执壶	高24cm; 宽17.5cm	598,000	上海匡时	2020-08-05
仿钧釉				
明早期 钧窑玫瑰紫釉鼓钉洗	直径20.9cm	6,440,000	中国嘉德	2020-08-18
明 仿钧釉小水盂	直径6cm	36,800	北京大羿	2020-09-13
明 钧窑红斑大碗	直径18.5cm	97,750	北京保利	2020-10-20
明 钧窑花口三足洗	直径20.6cm	36,800	北京翰海	2020-12-12
明 钧窑山子	高52cm	149,500	中国嘉德	2020-12-03
明 钧窑天蓝釉折沿盘	直径17.8cm	48,300	北京保利	2020-10-20
明 玫瑰红钧釉花盆	直径15cm	23,000	中鸿信	2020-01-03
明或以前 钧窑月白釉笔掭	直径11cm	71,300	广东崇正	2020-09-13
明 钧窑天蓝釉莲子碗	直径16.9cm	230,000	北京保利	2020-10-20
明 钧窑天蓝釉双耳罐 及 元 钧窑天蓝釉碗	罐高19cm; 碗直径12,5cm	19,983	巴黎苏富比	2020-06-18
明 天蓝釉玫瑰紫斑钵式大碗	直径18.8cm	1,322,500	北京保利	2020-10-19
明 天蓝釉玫瑰紫斑折沿盘	直径17.1cm	402,500	北京保利	2020-10-19
明 天青釉玫瑰紫斑小盏	直径8.5cm	3,910,000	北京保利	2020-10-19
清初 仿钧釉海棠形花盆	长24.5cm; 高13cm	80,500	保利厦门	2020-09-26
清早期 仿钧釉弦纹瓶	高20.5cm	36,800	北京中汉	2020-11-09
清早期 仿钧釉布袋和尚	高12cm	97,750	北京诚轩	2020-08-17
清乾隆 仿钧窑变海棠式花觚	高26.4cm	920,000	北京保利	2020-10-20
清乾隆 仿钧釉持卷观音坐像	高28cm	2,070,000	保利厦门	2020-09-26
清中期 仿钧釉胆瓶	高21cm	28,750	中国嘉德	2020-07-17
清中期 钧釉乳钉纹三足洗	直径21.1cm	80,500	北京翰海	2020-12-12
清中期 仿钧釉葵口花盆	直径27.2cm	57,500	中国嘉德	2020-07-15
清 仿钧釉三足炉	高13.5cm	57,500	北京大羿	2020-09-13
哥 窑				
南宋 哥窑四方花盆	高11.4cm; 边长14.5cm	5,980,000	西泠印社	2020-08-08
元 哥釉鼓钉炉	直径8.2cm	172,500	中国嘉德	2020-12-03
元 哥釉小石榴尊	高7.6cm	345,000	中国嘉德	2020-12-03
仿哥釉				
明以前 仿哥釉三足炉	直径9.5cm; 高7.1cm	25,300	广东崇正	2020-09-13
明中期 仿哥釉杯	直径5.9cm; 高3.6cm	13,800	中贸圣佳	2020-12-07
明中期 仿哥釉铺首鼓墩（一对）	高31cm; 高32cm	138,000	中国嘉德	2020-12-03
明 仿哥釉布袋和尚	高17.4cm	13,800	中贸圣佳	2020-12-08
明 仿哥釉布袋和尚	高17.4cm	13,800	中贸圣佳	2020-12-08
明 仿哥釉大罐	高34.2cm	34,500	中国嘉德	2020-11-10
明 仿哥釉花口盘	直径12.5cm	17,250	中国嘉德	2020-11-09
明 仿哥釉雪山大士	高16.7cm	17,250	中贸圣佳	2020-12-08
明 仿哥釉雪山大士	高16.7cm	17,250	中贸圣佳	2020-12-08
明 仿哥釉砚台	长10.5cm	28,750	北京大羿	2020-09-13
明 哥窑冲耳乳足炉	长10.3cm	138,000	华艺国际	2020-10-16
明 哥窑葵口碗	高8.5cm; 直径22cm	92,000	西泠印社	2020-08-08
明 哥釉贯耳瓶	高20.5cm	51,750	中鸿信	2020-01-03
明 仿哥釉小砚滴	高8.5cm	69,000	中国嘉德	2020-08-18
明 仿哥釉泥金弥勒坐像	高25.5cm	184,000	北京大羿	2020-08-16
明 江藤旧藏哥釉印池	直径7.3cm	69,000	中鸿信	2020-01-03
明或更早 哥釉花口盘	直径17.5cm	43,700	北京大羿	2020-08-16
明 哥窑七孔花插	直径12cm	3,220,000	中鸿信	2020-01-03
明晚期 仿哥釉花口盘（一对）	直径13.7cm; 高2.5cm	17,250	中贸圣佳	2020-07-18
清早期 仿哥釉冲天耳炉	高7cm	20,700	广东崇正	2020-09-13

拍品名称	物品尺寸	成交价RMB	拍卖公司	拍卖日期
清早期 仿哥釉鼓式花盆	直径24.2cm	20,700	中国嘉德	2020-07-15
清雍正 仿哥釉笔筒	高13.7cm	20,700	中国嘉德	2020-11-10
清雍正 仿哥釉荷叶杯	长13.2cm	20,700	中国嘉德	2020-11-10
清雍正 仿哥釉荷叶形洗	直径28cm	48,300	广东崇正	2020-09-13
清雍正 仿哥釉梅花形水丞	高5cm	32,200	北京大羿	2020-08-16
清雍正 仿哥釉盘	直径25.5cm	20,700	北京大羿	2020-05-28
清雍正 仿哥釉双耳炉	直径11.8cm; 高8.6cm	17,250	中贸圣佳	2020-06-20
清雍正 仿哥釉铁锈花狮耳小尊	高21.5cm	28,750	中国嘉德	2020-07-17
清雍正 仿哥釉长颈盘口瓶	高25.2cm	92,000	中贸圣佳	2020-12-07
清雍正 哥釉水丞	高7cm	20,700	保利厦门	2020-09-26
清雍正 黄哥釉双戟耳炉	长13cm	17,250	中贸圣佳	2020-07-18
清雍正 绿哥釉鼓式罐	高13.5cm	28,750	中国嘉德	2020-11-09
清雍正 铁骨哥釉纸槌瓶	高8.8cm	94,300	中国嘉德	2020-08-16
清雍正/乾隆 仿哥釉贯耳瓶	高23.2cm	36,800	中国嘉德	2020-07-16
清雍正 仿哥釉浮雕太极八卦图抱月瓶	高49cm	920,000	中国嘉德	2020-08-18
清雍正/乾隆 唐英风格仿哥釉紫金釉布袋和尚小像	长8.5cm	345,000	中国嘉德	2020-11-09
清雍正 仿哥釉八方抱月瓶（配硬木座）	高49cm	5,060,000	华艺国际	2020-10-16
清雍正 仿哥釉六方贯耳大瓶	高46.6cm	1,150,000	中国嘉德	2020-08-18
清雍正 仿哥釉六方贯耳大尊	高46.6cm	1,725,000	永乐拍卖	2020-12-02
清雍正 仿哥釉铺首尊	高25.6cm	6,210,000	中国嘉德	2020-12-03
清雍正 仿哥釉弦纹瓶	高18.5cm	4,025,000	保利厦门	2020-09-26
18世纪 仿哥釉瓷钟	直径11.8cm; 高14cm	20,700	中贸圣佳	2020-12-07
18世纪 仿哥釉三足炉	高7.5cm	17,250	北京大羿	2020-06-19
18世纪 仿哥釉三足炉	直径13cm; 12.2cm	16,950	北京中汉	2020-09-03
18世纪 仿哥釉双耳瓶	高16.8cm	28,750	北京大羿	2020-07-12
18世纪 仿哥釉双戟耳炉	长13cm; 高6.6cm	20,700	中贸圣佳	2020-07-18
18世纪 仿哥釉双象耳尊	高38cm	25,300	北京大羿	2020-06-19
18世纪 仿哥釉天球瓶	高21cm	13,800	北京大羿	2020-06-19
清乾隆 仿哥釉花口盘	直径14.5cm; 长3.9cm	17,250	广东崇正	2020-09-13
清乾隆 仿哥釉八卦琮式瓶	高28cm	105,800	十竹斋拍卖（北京）	2020-10-18
清乾隆 仿哥釉八卦纹琮式瓶	高28cm	287,500	中国嘉德	2020-12-03
清乾隆 仿哥釉八卦纹琮式瓶	高29cm	82,800	北京大羿	2020-09-13
清乾隆 仿哥釉琮式瓶	高37cm	92,000	西泠印社	2020-08-08
清乾隆 仿哥釉大碗	直径18.5cm	25,300	中国嘉德	2020-07-15
清乾隆 仿哥釉胆瓶	高32.5cm	25,300	中国嘉德	2020-07-15
清乾隆 仿哥釉葵口碗	直径12.3cm	33,350	中贸圣佳	2020-12-07
清乾隆 仿哥釉灵芝形洗	长15.8cm	48,300	北京大羿	2020-10-16
清乾隆 仿哥釉龙柄把杯	高8cm	13,800	北京大羿	2020-05-28
清乾隆 仿哥釉盘	直径20cm	17,250	中国嘉德	2020-07-15
清乾隆 仿哥釉如意耳炉	长16.5cm	25,300	中国嘉德	2020-07-17
清乾隆 仿哥釉双耳瓶	高16.5cm	48,300	北京大羿	2020-05-20
清乾隆 仿哥釉双螭耳四方侈口瓶	高22cm	161,000	中贸圣佳	2020-12-07
清乾隆 仿哥釉双兽耳炉	高7.5cm	17,250	北京大羿	2020-09-13
清乾隆 仿哥釉弦纹汉壶尊	高29.5cm	287,500	北京保利	2020-12-05
清乾隆 仿哥釉象耳尊	高13.2cm	138,000	中贸圣佳	2020-10-17
清乾隆 仿哥釉小琮式瓶	高16.8cm	43,700	中国嘉德	2020-11-12
清乾隆 仿哥釉小琮式瓶	高10.7cm	34,500	中国嘉德	2020-11-10
清乾隆 仿哥釉印盒	直径4.5cm	46,000	北京大羿	2020-08-16
清乾隆 粉彩仿哥釉描金御题诗文瓷板	高36.5cm	25,300	中鸿信	2020-01-03
清乾隆 哥釉缸	高15.5cm	34,500	北京翰海	2020-12-12
清乾隆 哥釉水盂	直径8.2cm; 高3cm	36,800	中贸圣佳	2020-06-20
清乾隆 黄哥釉双铺首耳鼓钉式水盂	高15cm	41,400	北京大羿	2020-07-12
清乾隆 黄哥釉压经炉	高3.5cm; 高5.5cm; 通径12cm	23,000	西泠印社	2020-08-08
清乾隆 蓝哥釉贯耳尊	高13.7cm	23,000	北京大羿	2020-06-14
清乾隆 绿哥釉太白罐	高17.3cm	40,250	北京大羿	2020-07-12

拍品名称	物品尺寸	成交价RMB	拍卖公司	拍卖日期
清乾隆 哥釉小纸槌瓶	高9.7cm	598,000	中贸圣佳	2020-10-17
清乾隆 仿哥釉鼓式花插	高17.2cm	264,500	中国嘉德	2020-08-18
18世纪 哥釉仿生树瘤形笔筒	高9.2cm	71,300	北京大羿	2020-07-17
清乾隆 仿哥釉穿带琮式瓶	高29cm	690,000	永乐拍卖	2020-08-17
清乾隆 仿哥釉葵口碗	直径11.9cm	109,250	北京诚轩	2020-08-17
清乾隆 仿哥釉弦纹盘口瓶	高29cm	667,000	北京大羿	2020-08-16
清乾隆 仿哥釉小卷缸	直径21cm	713,000	北京大羿	2020-08-16
清乾隆 仿哥釉葵花式三足洗	直径22.2cm	4,825,728	保利香港	2020-12-02
清乾隆 仿哥釉五岳朝山弦纹琮式瓶	高27cm	2,875,000	北京保利	2020-10-20
清中期 仿哥釉大蚰耳炉	长29cm	13,800	中国嘉德	2020-07-17
清中期 仿哥釉花卉耳扁瓶	高13.3cm	32,200	中国嘉德	2020-11-10
清中期 仿哥釉葵口洗	直径13cm	63,250	中国嘉德	2020-11-10
清中期 仿哥釉梅瓶	高20.4cm	23,000	中国嘉德	2020-11-10
清中期 仿哥釉三足炉	直径12cm	34,500	中国嘉德	2020-11-10
清中期 仿哥釉兽耳盘口瓶	高25.3cm	17,250	中国嘉德	2020-11-12
清中期 仿哥釉小天球瓶	高14cm	20,700	北京大羿	2020-05-20
清中期 黄哥釉兽耳尊	高15.3cm	13,800	中贸圣佳	2020-12-07
清中期 黄哥釉蚰耳炉	长14.2cm	36,800	中国嘉德	2020-11-10
清中期 绿哥釉茶壶	长14.6cm; 高8.7cm	18,080	北京中汉	2020-09-03
清中期 绿哥釉小花觚	高22.5cm	57,500	中国嘉德	2020-07-16
清中期 绿哥釉小天球瓶	高17.9cm	36,800	中国嘉德	2020-07-15
清道光 仿哥釉琮式瓶	高27.8cm	345,000	中贸圣佳	2020-10-17
清同治 仿哥釉贯耳瓶	高30.5cm	299,000	北京翰海	2020-12-12
清晚期 仿哥釉螭龙耳盘口尊	高37.2cm	23,000	北京大羿	2020-09-13
清晚期 泰国订制仿哥釉粉彩释迦像耳尊	高33.8cm	23,000	中国嘉德	2020-11-11
清 成化年制款哥釉笔筒	高12cm; 直径6.6cm	20,700	西泠印社	2020-08-09
清 德化仿哥釉三足炉 炉瓶三事（一组）	尺寸不一	23,000	永乐拍卖	2020-12-03
清 仿哥釉大碗	直径30.8cm	17,250	中国嘉德	2020-07-17
清 仿哥釉海棠形花觚	高22.5cm	48,300	中国嘉德	2020-11-09
清 仿哥釉海棠形狮耳尊	高29.2cm	20,700	中国嘉德	2020-07-17
清 哥釉瓶、白釉瓶、红釉葫芦瓶（一组三件）	高13.4cm; 高16.5cm; 高12cm	23,000	广东崇正	2020-06-27
清或更早 仿哥釉猫食盆	长20.5cm; 高6.5cm	97,750	十竹斋拍卖（北京）	2020-10-18
明 哥窑花口洗	高5.5cm; 直径12cm	109,250	西泠印社	2020-08-08
明 哥窑葵口洗	高3cm; 直径12cm	48,300	西泠印社	2020-08-08
明 哥窑葵口洗	高4.8cm; 直径14.5cm	138,000	西泠印社	2020-08-08
龙泉窑				
北宋 龙泉金村窑青釉熏炉	总高17.2cm	319,500	佳士得	2020-11-30
南宋 龙泉青釉洗	8.6cm	21,362	香港苏富比	2020-11-26
南宋 龙泉窑仿官釉折沿洗	高4.5cm; 口径16.3cm	34,500	西泠印社	2020-08-08
南宋 龙泉窑粉青釉渣斗	高8.8cm	51,750	广东崇正	2020-09-13
南宋 龙泉窑粉青釉纸槌瓶	高15.5cm	97,750	西泠印社	2020-08-08
南宋 龙泉窑鬲式炉	高7.8cm	109,250	西泠印社	2020-08-08
南宋 龙泉窑贯耳瓶	高19cm	138,000	西泠印社	2020-08-08
南宋 龙泉窑花口洗	高4.5cm; 口径12.7cm	57,500	西泠印社	2020-08-08
南宋 龙泉窑菊瓣盏	高4.5cm; 口径9cm	28,750	西泠印社	2020-08-08
南宋 龙泉窑莲瓣盘	高4.1cm; 口径13.2cm	20,700	西泠印社	2020-08-08
南宋 龙泉窑莲瓣碗	高6.5cm; 口径14.6cm	40,250	西泠印社	2020-08-08
南宋 龙泉窑芒口杯	高4.3cm; 口径9cm	46,000	西泠印社	2020-08-08
南宋 龙泉窑梅花杯	高4.5cm; 口径8.7cm	63,250	西泠印社	2020-08-08
南宋 龙泉窑青釉茶盏	直径10.4cm	20,792	中国嘉德	2020-10-08
南宋 龙泉窑青釉蟠龙瓶	高26.8cm	92,000	西泠印社	2020-08-08
南宋 龙泉窑青釉瓶	高15.5cm	275,426	纽约苏富比	2020-09-23

拍品名称	物品尺寸	成交价RMB	拍卖公司	拍卖日期
南宋 龙泉窑青釉洗	直径13.5cm	106,500	佳士得	2020-11-30
南宋 龙泉窑束口盏	高4.8cm; 口径10.4cm	46,000	西泠印社	2020-08-08
南宋 龙泉窑双鱼纹折沿洗	直径22.5cm; 高4.5cm	34,500	广东崇正	2020-09-13
南宋 龙泉窑双鱼洗及荷叶盘（一组三件）	尺寸不一	46,000	西泠印社	2020-08-08
南宋 龙泉窑长颈瓶	高16.7cm; 口径7cm	74,750	西泠印社	2020-08-08
南宋 龙泉官青釉鬲式炉	直径13.5cm	6,124,600	香港苏富比	2020-07-11
南宋 龙泉官窑六瓣葵花式小杯	直径9.4cm	545,580	香港苏富比	2020-10-09
南宋 龙泉青釉鬲式炉	直径12.5cm	5,181,278	香港苏富比	2020-10-09
南宋 龙泉青釉笠式碗	直径14.5cm	1,073,500	香港苏富比	2020-07-11
南宋 龙泉窑仿官釉琴炉	高7cm; 口径9cm	437,000	西泠印社	2020-08-08
南宋 龙泉窑粉青釉鬲式炉	高8cm; 直径11cm	402,500	西泠印社	2020-08-08
南宋 龙泉窑粉青釉花觚	高13.4cm; 口径11cm	667,000	西泠印社	2020-08-08
南宋 龙泉窑粉青釉芒口杯	高4.8cm; 口径9.6cm	103,500	西泠印社	2020-08-08
南宋 龙泉窑凤耳瓶	高19.2cm; 通径8.4cm	690,000	西泠印社	2020-08-08
南宋 龙泉窑官釉葵口洗	高3.5cm; 直径12.7cm	161,000	西泠印社	2020-08-08
南宋 龙泉窑莲瓣洗	高4cm; 口径12.5cm	109,250	西泠印社	2020-08-08
南宋 龙泉窑梅子青釉琮式瓶	高38.5cm; 边长13.7cm	3,450,000	西泠印社	2020-08-08
南宋 龙泉窑青釉筒式花插	高17.8cm	3,367,400	佳士得	2020-07-09
南宋 龙泉青釉方瓶	高15.5cm	108,528	香港苏富比	2020-06-05
南宋或更晚 龙泉窑青釉杯	直径6.8cm	183,979	香港苏富比	2020-05-22
南宋至元 龙泉窑青釉八卦纹奁式炉	高9.5cm	149,483	香港苏富比	2020-05-22
南宋 龙泉窑弦纹奁式炉	高10cm; 口径14cm	1,127,000	上海匡时	2020-08-05
南宋 龙泉窑粉青釉纸槌瓶	高21cm	11,270,000	广东崇正	2020-09-13
宋 龙泉粉青釉芒口盏	高4.7cm; 直径8.7cm	43,700	西泠印社	2020-08-09
宋 龙泉青釉莲瓣杯	直径8.8cm	69,427	香港苏富比	2020-11-26
宋 龙泉窑花口三足炉	高7cm; 通径9cm	126,500	西泠印社	2020-08-08
宋 龙泉窑花口盏	高5cm; 口径11cm	32,200	西泠印社	2020-08-08
宋 龙泉窑莲瓣盏	高5cm; 口径9.1cm	34,500	西泠印社	2020-08-08
宋 龙泉窑米黄釉洗	高3cm; 口径9cm	32,200	西泠印社	2020-08-08
宋至元 龙泉窑花觚	高16cm	138,000	西泠印社	2020-08-08
宋至元 龙泉窑莲瓣钵	高6cm; 直径12cm	17,250	西泠印社	2020-08-08
宋元 龙泉窑弦纹三足筒式炉	高5.5cm; 直径8.2cm	34,500	西泠印社	2020-08-08
宋 龙泉青釉凤耳盘口瓶	高19cm	29,702	香港苏富比	2020-06-05
宋 龙泉青釉莲瓣碗		297,023	香港苏富比	2020-06-05
宋 龙泉青釉莲瓣碗	直径12.6cm	39,984	香港苏富比	2020-06-05
宋 龙泉青釉敛口菊瓣碗	直径18cm	108,528	香港苏富比	2020-06-05
宋 龙泉青釉小水盂连盖	高6.7cm	36,557	香港苏富比	2020-06-05
宋 龙泉青釉八卦纹三足炉	直径12cm	137,088	香港苏富比	2020-06-05
宋 龙泉窑青釉弦纹三足炉	高6cm	164,151	伦敦苏富比	2020-06-15
元 龙泉刻花卉火石红三足大洗	直径36cm	119,175	北京保利	2020-07-19
元 龙泉青釉划花盘	直径33.8cm	52,210	北京保利	2020-07-19
元 龙泉青釉龙纹盘	直径33.3cm	135,255	伦敦佳士得	2020-02-13
元 龙泉窑船形水注	长15.5cm	115,000	北京翰海	2020-12-12
元 龙泉窑贯耳长颈瓶	高17cm	17,250	西泠印社	2020-08-08
元 龙泉窑刻花卉鼓墩	高37.7cm	79,450	北京保利	2020-07-19
元 龙泉窑青釉“天之美禄”小方盘	宽10.3cm	25,300	北京诚轩	2020-08-17
元 龙泉窑青釉缠枝牡丹纹大瓶	高64.1cm	172,141	纽约苏富比	2020-09-23
元 龙泉窑青釉凤耳瓶、环耳瓶各一件	高17.8cm; 高15.3cm	23,000	中国嘉德	2020-07-15
元 龙泉窑青釉高足碗、双鱼洗各一件	高13.5cm; 直径13.2cm	13,800	中国嘉德	2020-07-15

拍品名称	物品尺寸	成交价RMB	拍卖公司	拍卖日期
元 龙泉窑青釉鬲式炉	直径9.6cm	13,800	中国嘉德	2020-11-12
元 龙泉窑青釉龟伏荷叶碗（一对）	直径11.6cm	78,200	中国嘉德	2020-08-18
元 龙泉窑青釉净瓶	高17.3cm	215,177	纽约苏富比	2020-09-23
元 龙泉窑青釉莲瓣盘	直径16cm	97,750	中国嘉德	2020-12-03
元 龙泉窑青釉莲瓣碗	直径14.8cm	92,000	中国嘉德	2020-12-03
元 龙泉窑青釉莲瓣碗	直径17cm	13,800	中国嘉德	2020-07-17
元 龙泉窑青釉模印花卉纹大盘	直径35cm	23,000	中国嘉德	2020-11-10
元 龙泉窑青釉盘口瓶	高14.4cm	23,000	中国嘉德	2020-11-12
元 龙泉窑青釉双鱼洗	直径13.1cm	46,000	中国嘉德	2020-12-03
元 龙泉窑青釉贴塑缠枝花卉纹小凤尾尊	高32.2cm	57,500	中国嘉德	2020-07-17
元 龙泉窑青釉凸花花鸟纹罐	直径32cm	43,700	中国嘉德	2020-07-16
元 龙泉窑青釉小炉（两件）	直径8.3cm; 直径7.6cm	23,000	中国嘉德	2020-07-15
元 龙泉窑三兽足鼓钉洗	高8cm; 通径26.5cm	103,500	西泠印社	2020-08-08
元 龙泉窑贴塑牡丹纹双环耳瓶	高27.5cm	126,500	西泠印社	2020-08-08
元 龙泉窑香炉	5.2×6.8cm	17,250	永乐拍卖	2020-12-03
元/明 龙泉窑青釉高足碗	高13.5cm	25,821	纽约苏富比	2020-09-23
元/明 龙泉窑青釉执壶	高13.7cm	51,642	纽约苏富比	2020-09-23
元/明 龙泉窑青釉暗刻花卉纹大盘两只	直径34cm; 直径33.2cm	32,200	中国嘉德	2020-07-15
元/明 龙泉窑青釉花卉纹、八卦纹炉（各一件）	直径16cm; 直径13.6cm	17,250	中国嘉德	2020-07-15
元或以前 龙泉窑龙耳炉	直径7cm; 高6.5cm	32,200	广东崇正	2020-09-13
元 龙泉窑八卦纹三足炉	宽12.8cm	138,000	华艺国际	2020-10-16
元 龙泉窑浮雕花卉瑞果纹六方梅瓶	高39.4cm	264,500	中贸圣佳	2020-10-17
元 龙泉窑荷叶双鱼茶盘	直径24.2cm	126,500	中国嘉德	2020-08-18
元 龙泉窑青釉“金玉满堂”花口盘	直径14.5cm	207,000	中国嘉德	2020-07-16
元 龙泉窑水月观音	高26cm	287,500	西泠印社	2020-08-08
元 龙泉窑贴塑龙纹罐	高25cm	195,500	西泠印社	2020-08-08
元 龙泉窑贴塑牡丹纹三足炉	高14.4cm	747,500	西泠印社	2020-08-08
元 龙泉青釉双层菊瓣小杯	直径8.6cm	79,968	香港苏富比	2020-06-05
元至明 龙泉青釉镂空投壶	高25.5cm	342,719	香港苏富比	2020-06-05
元 龙泉青釉莲纹盘口胆瓶	高13.5cm	25,133	香港苏富比	2020-06-05
元 龙泉青釉双鱼纹洗	直径15.5cm	57,120	香港苏富比	2020-06-05
元 龙泉窑百条缸	高21.5cm; 宽28.5cm	170,250	北京保利	2020-07-19
明初 龙泉窑折沿大盘	直径46.5cm	41,400	中贸圣佳	2020-12-07
明早期 龙泉刻花纹盘	直径33.3cm	43,700	北京大羿	2020-05-05
明早期 龙泉青釉鼓钉纹三足炉	直径25cm	43,700	北京大羿	2020-09-13
明早期 龙泉窑青釉刻并蒂莲纹菱口折沿大盘	宽49.5cm	311,874	中国嘉德	2020-10-08
明早期 龙泉窑青釉刻菊纹罐	直径32.7cm	43,700	中贸圣佳	2020-06-20
明早期 龙泉窑印花盘	直径26cm	13,800	中贸圣佳	2020-06-20
元末/明初 龙泉窑青釉八卦纹兽面三足炉	直径31cm	51,642	纽约苏富比	2020-09-23
元至明初 龙泉釉暗刻缠枝花卉纹“大吉利”菱口盘	直径22.9cm	23,000	北京中汉	2020-12-04
明初 龙泉青釉梅瓶	高38.8cm	6,667,000	香港苏富比	2020-07-11
明初 龙泉窑青釉龙纹大盘	直径40.5cm	516,424	纽约苏富比	2020-09-23
明早期 处州龙泉官窑暗刻缠枝花卉纹莲子碗	直径20cm	402,144	保利香港	2020-12-02
明初 龙泉青釉划花大碗	直径39.5cm	57,120	香港苏富比	2020-06-05
明初 龙泉窑青釉番莲纹盘	直径19.8cm	344,960	香港苏富比	2020-05-22
明初 龙泉窑青釉贴双鱼折沿盘	直径22.2cm	49,245	伦敦苏富比	2020-06-15
明早期 处州龙泉窑粉青釉碗（一对）	高10.5cm，口径22cm; 高10.7cm，口径22cm	1,092,500	上海匡时	2020-08-05
明早期 龙泉窑青釉刻牡丹纹菱口大盘	直径43cm	437,000	中贸圣佳	2020-06-20
明初 龙泉窑暗刻花三友图梅瓶	高38cm	2,185,000	华艺国际	2020-10-16

拍品名称	物品尺寸	成交价RMB	拍卖公司	拍卖日期
明洪武 龙泉窑青釉凸花缠枝莲纹碗	直径13.2cm	207,000	中国嘉德	2020-12-03
明洪武 处州龙泉官窑刻菊纹菱口大盘	直径46.5cm	1,265,000	北京保利	2020-10-20
明永乐 龙泉窑青釉高足碗	直径12.8cm	180,965	保利香港	2020-12-02
明永乐 处州龙泉双系罐	高5cm	218,500	中国嘉德	2020-08-16
明永乐 龙泉官窑青釉内暗刻折枝花卉纹外菊瓣大碗	直径20.4cm	437,000	中国嘉德	2020-08-18
明永乐 龙泉窑一把莲花口折沿洗	直径36.2cm	181,600	北京保利	2020-07-19
明永乐 处州龙泉官窑青釉葵口大盘	直径47.7cm	1,058,000	北京保利	2020-10-20
明成化 龙泉窑暗花“封侯爵禄”爵杯	直径12.5cm; 高9.5cm	345,000	华艺国际	2020-10-16
15世纪初 龙泉窑青釉刻莲塘水藻纹大碗	直径39cm	204,390	纽约佳士得	2020-09-25
明15世纪 龙泉青釉梅瓶	高38.7cm	68,130	纽约佳士得	2020-09-25
15世纪 龙泉窑青釉刻缠枝牡丹纹罐	宽33.5cm	250,800	佳士得	2020-07-01
明中期 龙泉窑青釉暗刻缠枝花卉八卦纹筒式炉	直径24.6cm	25,300	中国嘉德	2020-07-16
明中期 龙泉窑青釉诸葛碗	直径14.5cm	17,250	中国嘉德	2020-07-16
明16世纪 龙泉窑青釉刻锦纹索耳三足大炉	宽29.2cm	51,642	纽约苏富比	2020-09-23
明15至16世纪 龙泉青釉“美酒清香”铺首耳罐	宽33cm	138,853	香港苏富比	2020-11-26
15/16世纪 龙泉窑刻缠枝花卉纹三足大炉	高4cm	238,256	巴黎佳士得	2020-06-23
明 龙泉八角印花盆	高6.3cm; 直径6.3cm	57,500	西泠印社	2020-08-09
明 龙泉青釉花瓣式折沿盘	直径33.6cm	46,074	伦敦佳士得	2020-05-21
明 龙泉青釉刻花卉纹盘	直径32.5cm	21,940	伦敦佳士得	2020-05-21
明 龙泉青釉双耳三足小香炉	宽10.7cm	128,172	香港苏富比	2020-11-26
明 龙泉窑冰裂纹盏	直径8.5cm	13,800	北京保利	2020-10-20
明 龙泉窑粉青釉折沿洗	宽12.3cm	345,000	华艺国际	2020-10-16
明 龙泉窑捏塑高士“贪心”杯及莲叶盏托	高8cm; 直径16.5cm	402,500	北京保利	2020-10-20
明 龙泉窑青釉暗刻八宝纹高足碗	直径14.2cm	20,700	中国嘉德	2020-07-17
明 龙泉窑青釉暗刻缠枝莲纹双摩羯耳兽足炉	高11.8cm	63,250	中贸圣佳	2020-12-07
明 龙泉窑青釉暗刻钱纹、花卉纹花口盘各一只	直径26.3cm; 直径24cm	25,300	中国嘉德	2020-07-15
明 龙泉窑青釉出戟尊形螭耳炉	长14.5cm	32,200	中国嘉德	2020-11-10
明 龙泉窑青釉琮式瓶	高24.8cm	59,800	中国嘉德	2020-07-17
明 龙泉窑青釉刻缠枝莲锦纹菱口盘	直径36cm	81,767	纽约苏富比	2020-09-23
明 龙泉窑青釉三足炉	宽17cm	32,002	中国嘉德	2020-07-13
明 龙泉窑青釉香炉	宽18.5cm	83,166	中国嘉德	2020-10-08
明 龙泉窑青釉小提桶、花卉纹小瓶（各一件）	高12cm; 高11.7cm	17,250	中国嘉德	2020-07-15
明 龙泉窑青釉鸭熏	长15.5cm	36,800	北京保利	2020-10-20
明 龙泉窑青釉鱼化龙纹折沿大盘	直径29.7cm	25,300	中国嘉德	2020-07-17
明 龙泉窑青釉诸葛碗	直径20.2cm	71,300	中国嘉德	2020-07-17
明 龙泉窑青釉座	直径24cm	32,200	中国嘉德	2020-07-15
明 龙泉窑狮形香炉	高15cm	46,000	广东崇正	2020-09-13
明 龙泉窑香炉	4.8cm×7cm	46,000	永乐拍卖	2020-12-03
明 龙泉窑印花花卉纹花口碗	直径16.5cm	13,800	中国嘉德	2020-07-17
明 龙泉划花卉大盘	直径35.5cm	345,000	北京翰海	2020-12-12
明 龙泉青釉云龙纹罐	高26cm	114,240	香港苏富比	2020-06-05
明 龙泉窑梅子青釉双摩羯耳瓶	高27.5cm	8,050,000	北京保利	2020-12-05
龙泉溪口窑花口盆	高8.8cm; 直径12cm	287,500	上海匡时	2020-08-05
龙泉窑粉青莲瓣纹盘（一对）	高3.5cm; 高3.45cm	184,000	上海匡时	2020-08-05
龙泉窑粉青莲辨纹敛口碗	高6.7cm; 口径16.4cm	115,000	上海匡时	2020-08-05
龙泉窑粉青釉花口折沿盘	高2.8cm; 直径16cm	322,000	上海匡时	2020-08-05
龙泉窑粉青釉盘口胆瓶	高15.2cm; 直径6.8cm	92,000	上海匡时	2020-08-05

拍品名称	物品尺寸	成交价RMB	拍卖公司	拍卖日期
龙泉窑鬲式炉	高11.5cm;直径14cm	149,500	上海匡时	2020-08-05
龙泉窑瓜形洗	长12cm;宽8.8cm	34,500	上海匡时	2020-08-05
龙泉窑青釉莲瓣碗	直径16.3cm	46,000	中国嘉德	2020-07-17
龙泉窑绳耳鼎式炉	高12.8cm;口径11.5cm	23,000	上海匡时	2020-08-05
龙泉窑鱼耳炉	高6.2cm;直径7cm	276,000	上海匡时	2020-08-05
明 龙泉窑刻花牡丹凤鸟纹梅瓶	高41.5cm	82,800	西泠印社	2020-08-08
明 龙泉窑执壶	高26cm;通径18.5cm	20,700	西泠印社	2020-08-08
明永乐 龙泉窑刻花锦地菱口大碗	高13cm;直径29.3cm	46,000	西泠印社	2020-08-08
南宋 龙泉窑对瓶	1.高15.3cm;2.高15.5cm	17,250	西泠印社	2020-08-08
宋 龙泉窑把杯	高4.8cm;通径10.5cm;直径8.3cm	18,400	西泠印社	2020-08-08
宋 龙泉窑斗笠盏	高4.5cm;直径11cm	44,850	西泠印社	2020-08-08
宋 龙泉窑凤耳瓶	高25cm	36,800	西泠印社	2020-08-08
宋 龙泉窑鬲式炉	高8.5cm;直径10.5cm	52,900	西泠印社	2020-08-08
宋 龙泉窑葫芦瓶	高23cm	57,500	西泠印社	2020-08-08
宋 龙泉窑吉字瓶（一对）	高20.9cm;高20.9cm	23,000	西泠印社	2020-08-08
宋 龙泉窑葵口鬲式炉	高15.5cm;直径18cm	32,200	西泠印社	2020-08-08
宋 龙泉窑双凤耳瓶	高29.5cm	48,300	西泠印社	2020-08-08
宋 龙泉窑水洗	高4cm;直径10.7cm	23,000	西泠印社	2020-08-08
宋 龙泉窑五管瓶	高15.3cm	32,200	西泠印社	2020-08-08
宋至元 龙泉窑瓜棱执壶	高17cm;通径14.5cm	74,750	西泠印社	2020-08-08
宋至元 龙泉窑簋式小炉	高4.5cm;直径8cm	25,300	西泠印社	2020-08-08
元 龙泉窑刻花卉纹梅瓶	高22.5cm	13,800	西泠印社	2020-08-08
元至明 龙泉窑镂空雕花卉纹瓶	高25cm	17,250	西泠印社	2020-08-08
龙泉窑粉青釉鬲式炉	直径13.2cm	747,500	中国嘉德	2020-12-03
龙泉窑粉青釉鬲式炉	高9cm;直径6.6cm	690,000	上海匡时	2020-08-05
龙泉窑刻花套壶	高20.5cm;口径24.5cm	1,058,000	上海匡时	2020-08-05
龙泉窑露胎瑞果花口折沿盘	高3.1cm;直径16.5cm	299,000	上海匡时	2020-08-05
龙泉窑双凤耳长颈盘口瓶	高26cm	1,265,000	中贸圣佳	2020-10-17
仿龙泉窑				
清乾隆 仿龙泉釉龙纹蒜头瓶	高29.3cm	36,800	中鸿信	2020-01-03
清乾隆 仿龙泉窑青釉琮式瓶	高36.5cm	149,500	北京诚轩	2020-08-17
清18/19世纪 仿官釉及仿龙泉釉笔筒及小瓶（一组四件）	高11.2-14.2cm	69,491	巴黎佳士得	2020-06-23
徐朝兴 龙泉仿古釉跳刀碗	碗口直径21.5cm;高8cm	67,200	上海联合	2020-11-29
景德镇青釉				
元 青釉三足香炉	直径6cm	51,408	香港苏富比	2020-06-05
明永乐 翠青釉盖罐	高12cm	15,345,520	香港苏富比	2020-10-09
明宣德 青釉暗花菱口小盘	直径9cm	258,212	纽约苏富比	2020-09-23
明 粉青釉梅花纹鼓钉围棋罐	宽9.5cm	483,000	北京保利	2020-10-19
明 江藤旧藏青釉穿带长颈瓶	高23cm	115,000	中鸿信	2020-01-03
明 青釉模印荷塘纹大碗	直径21cm	105,800	十竹斋拍卖（北京）	2020-10-18
明 青釉麒麟香熏	高27cm	92,000	华艺国际	2020-10-16
明 青釉执壶	高9.5cm	25,300	中贸圣佳	2020-12-07
明 青釉叶形笔掭	长11.6cm	598,000	北京保利	2020-10-19
明 青釉鹦鹉纹盖盒	直径13cm	57,500	中鸿信	2020-01-03
明 梅子青釉双耳炉	宽14.6cm	1,840,000	北京保利	2020-10-19
明 梅子青釉双凤耳瓶	高27.5cm	8,050,000	北京保利	2020-10-19
清早期 青釉葵口盘（一对）	直径16.4cm	23,000	中国嘉德	2020-11-12
清康熙 冬青釉花口洗	直径14cm	36,800	北京大羿	2020-09-13

拍品名称	物品尺寸	成交价RMB	拍卖公司	拍卖日期
清康熙 冬青釉阔口尊	高20.5cm	345,000	保利厦门	2020-09-26
清康熙 豆青釉暗刻缠枝花卉纹笔筒	高13.5cm;直径12.4cm	55,200	北京大羿	2020-09-13
清康熙 豆青釉暗刻螭龙纹笔筒	高14.2cm	34,500	北京大羿	2020-06-19
清康熙 豆青釉暗刻莲瓣纹花口碗（一对）	直径11.4cm	32,200	北京大羿	2020-05-28
清康熙 豆青釉暗刻如意云纹炉	直径10.5cm;高8cm	32,200	保利厦门	2020-09-26
清康熙 豆青釉出戟花觚	高19.6cm	34,500	中贸圣佳	2020-12-07
清康熙 豆青釉模印龙凤纹笔筒	直径11cm;高13.1cm	16,950	北京中汉	2020-09-03
清康熙 青釉暗刻缠枝牡丹纹炉	直径25cm	20,700	中国嘉德	2020-07-15
清康熙 青釉暗刻螭龙纹笔筒	直径13.1;高13.8cm	33,350	中贸圣佳	2020-12-07
清康熙 青釉大盘	直径21cm	17,250	中国嘉德	2020-11-10
清康熙 青釉模印兽面纹出戟花觚	高35cm	25,300	北京大羿	2020-11-08
清康熙 青釉日月罐	高19.3cm	40,250	中国嘉德	2020-12-03
清康熙 青釉贴如意头纹茶叶罐	高17.7cm	115,000	北京诚轩	2020-08-17
清康熙 青釉凸花云龙纹观音瓶	高44.5cm	172,500	中国嘉德	2020-12-03
清康熙 青釉竹节笔筒	高13.7cm	20,700	中国嘉德	2020-11-10
清康熙 外豆青釉内青花山水纹高足杯	高8.5cm	17,250	北京大羿	2020-05-28
清康熙 冬青釉暗花海水龙纹莱菔尊	高19.5cm	2,754,259	纽约苏富比	2020-09-22
清康熙 粉青釉暗刻云纹水丞	高7.5cm	1,597,500	佳士得	2020-11-30
清康熙 冬青釉刻暗刻海水龙纹盖罐	高38cm	119,900	巴黎苏富比	2020-06-18
清康熙 大清年制款 冬青釉暗刻云龙纹长颈瓶	高60.8cm	517,500	中贸圣佳	2020-07-18
清康熙 冬青釉浅浮雕海水螭龙纹莱菔尊	高19cm	7,590,000	北京保利	2020-10-19
清雍正 翠青釉莲花形斗笠碗	直径26cm	437,000	北京保利	2020-10-20
清雍正 粉青釉贯耳瓶	高20.5cm	402,500	北京保利	2020-10-20
清雍正 粉青釉划灵芝纹小盘	直径11.6cm	523,757	香港苏富比	2020-10-09
清雍正 粉青釉模印寿山福海纹折腰盘	直径19.8cm	184,000	华艺国际	2020-10-16
清雍正 粉青釉凸花福禄图镗锣洗	直径15cm	51,750	中国嘉德	2020-07-17
清雍正 粉青釉长颈荸荠瓶	高32cm	460,000	西泠印社	2020-08-08
清雍正 青釉螭耳炉	长13cm	782,000	中国嘉德	2020-08-18
清雍正 青釉大瓜棱橄榄瓶	高41.8cm	40,250	中国嘉德	2020-11-10
清雍正 青釉黑面达摩瓷塑立像	高32.2cm	69,000	中贸圣佳	2020-06-20
清雍正 青釉贴塑福禄万代葫芦瓶	高20.5cm	345,000	中贸圣佳	2020-06-20
清雍正 青釉凸花穿花凤纹高足杯	直径9.4cm	17,250	中国嘉德	2020-11-09
清雍正 天青釉四方花盆	高8cm	78,200	北京大羿	2020-05-20
清雍正至乾隆 上蓝釉下青釉堆白岁寒三友图葫芦瓶	高30cm	59,800	中国嘉德	2020-11-10
清雍正 粉青釉模印缠枝花卉纹碗	直径26.5cm	805,000	北京大羿	2020-10-16
清雍正 粉青釉暗划花卉纹花浇	高25cm	2,837,016	香港苏富比	2020-10-09
清雍正 粉青釉浮雕八吉祥大碗	直径22.5cm	872,928	香港苏富比	2020-10-09
清雍正 粉青釉模印缠枝花卉纹大碗	高12.5cm;直径26.7cm	172,500	西泠印社	2020-08-08
清雍正 青釉小盘（一对）	直径13.3cm×2	1,380,000	中国嘉德	2020-08-18
清雍正 天青釉莲花式大盘	直径30cm	6,667,000	香港苏富比	2020-07-11
清雍正 外粉青釉划灵芝纹盘	直径11.7cm	621,500	香港苏富比	2020-07-11
清雍正 粉青釉划云蝠纹碗	直径12cm	323,855	纽约佳士得	2020-09-24
清雍正 粉青釉六联瓶	高24cm	5,105,215	伦敦苏富比	2020-11-04
清雍正 粉青釉五蝠捧寿纹盘	直径20cm	110,793	纽约佳士得	2020-09-24
清雍正 粉青釉小盘	直径13.3cm	255,675	纽约佳士得	2020-09-24
清雍正 仿汝天青釉屈卮形洗	长19.3cm	3,910,000	中国嘉德	2020-08-18
清雍正 粉青釉暗刻寿山福海碗（一对）	直径12cm;高5.5cm	1,840,000	中贸圣佳	2020-10-17
清雍正 粉青釉菊瓣盘	直径18cm	1,046,500	华艺国际	2020-10-16
清雍正 粉青釉夔凤纹折沿洗	直径29cm	2,875,000	永乐拍卖	2020-12-02
清雍正 粉青釉三系九弦纹梅瓶	高28.3cm	17,250,000	中贸圣佳	2020-10-17
18世纪 豆青釉青花四足小方鼎	高17cm	17,250	北京大羿	2020-08-16

拍品名称	物品尺寸	成交价RMB	拍卖公司	拍卖日期
18世纪 粉青釉双象耳瓶	高37.5cm	16,455	伦敦佳士得	2020-05-21
18世纪 青釉四方镂空案几	长25cm; 宽25cm; 高10cm	13,800	中贸圣佳	2020-12-07
清乾隆 豆青缠枝莲纹三足炉	直径20.5cm; 高16cm	42,560	上海联合	2020-11-29
清乾隆 豆青釉安居乐业图盖罐	高23.5cm	28,750	北京大羿	2020-05-28
清乾隆 豆青釉堆白花鸟纹瓶	高51cm	20,700	荣宝斋（南京）	2020-11-28
清乾隆 豆青釉粉彩梅花纹臂搁	长23.3cm	13,800	中鸿信	2020-01-03
清乾隆 豆青釉粉彩月影梅竹灯笼瓶	高36.5cm	63,250	中鸿信	2020-01-03
清乾隆 豆青釉鼓钉罐	直径16cm; 高17cm	195,500	中贸圣佳	2020-06-20
清乾隆 豆青釉鼓钉罐	高17cm	57,500	中鸿信	2020-01-03
清乾隆 豆青釉鼓钉罐	高17.7cm	28,750	中鸿信	2020-01-03
清乾隆 豆青釉瓜棱尊	高14.2cm	25,300	中贸圣佳	2020-12-07
清乾隆 豆青釉葫芦瓶	高32.5cm	103,500	中贸圣佳	2020-07-18
清乾隆 豆青釉加粉彩描金鹤鹿同春瓜棱瓶	高24cm	253,000	华艺国际	2020-10-16
清乾隆 豆青釉开光青花山水诗文双蝠耳尊	直径26cm; 高18cm	126,500	中贸圣佳	2020-12-07
清乾隆 豆青釉模印宝杵纹鼓钉洗	长7.5cm	13,800	中鸿信	2020-01-03
清乾隆 豆青釉月牙罐	高18.9cm	161,000	北京诚轩	2020-08-17
清乾隆 豆青釉月牙罐	高18.8cm	32,200	中贸圣佳	2020-12-07
清乾隆 豆青釉竹式笔搁	长13.6cm	20,700	中贸圣佳	2020-06-20
清乾隆 粉青釉暗刻博古纹开光诗文人物尊	高36.6cm	23,000	北京中汉	2020-08-19
清乾隆 粉青釉暗刻水波纹折沿花口碗	直径26.5cm	126,500	北京中汉	2020-07-31
清乾隆 粉青釉福寿纹折沿洗	高4.9cm; 直径18.3cm	57,500	西泠印社	2020-08-08
清乾隆 粉青釉格盘（一对）	直径13.5cm	63,250	北京大羿	2020-08-16
清乾隆 粉青釉鼓钉罐	高17.5cm	138,000	华艺国际	2020-10-16
清乾隆 粉青釉花卉纹供盘（一对）	17.3cm	213,847	香港苏富比	2020-11-27
清乾隆 粉青釉九思炉	高15.5cm	17,250	北京大羿	2020-06-14
清乾隆 粉青釉爵杯（原配座）	直径10.9cm; 高6.7cm	92,000	华艺国际	2020-10-16
清乾隆 粉青釉六方瓶	高29.5cm	287,500	西泠印社	2020-08-08
清乾隆 粉青釉镂雕夔龙纹笔海	直径21.5cm; 高16.7cm	17,250	中贸圣佳	2020-07-18
清乾隆 粉青釉模印夔龙纹双耳尊	高25cm	20,700	保利厦门	2020-09-26
清乾隆 粉青釉兽耳方瓶	高10.5cm	57,500	保利厦门	2020-09-26
清乾隆 粉青釉双耳海棠形瓶	高24cm	40,250	保利厦门	2020-09-26
清乾隆 粉青釉双龙耳弦纹瓶	高30cm	69,000	西泠印社	2020-08-08
清乾隆 粉青釉羽觞	长11.4cm	37,950	中鸿信	2020-01-03
清乾隆 粉青釉玉兰花口杯	宽8.6cm	69,000	北京保利	2020-10-20
清乾隆 灰青釉灵芝形小洗	8.8×3cm	20,700	北京诚轩	2020-08-17
清乾隆 青釉暗刻水波纹花口斗笠碗	直径26cm	34,500	中国嘉德	2020-12-03
清乾隆 青釉八方花盆	长26.5cm	23,000	中国嘉德	2020-11-10
清乾隆 青釉出戟花觚	高25.2cm	40,250	中贸圣佳	2020-06-20
清乾隆 青釉仿生笔洗	长8.3cm	13,800	中鸿信	2020-01-03
清乾隆 青釉粉彩寒梅诗文盘	直径23.5cm	36,800	中国嘉德	2020-07-15
清乾隆 青釉鼓钉洗	直径14cm	207,000	中国嘉德	2020-11-10
清乾隆 青釉刻八吉祥如意绣墩	高18.5cm	115,000	十竹斋拍卖（北京）	2020-10-18
清乾隆 青釉模印夔龙纹盘	直径20.7cm	23,000	中贸圣佳	2020-12-07
清乾隆 青釉铺首鼓钉罐	长17.2cm	57,500	中国嘉德	2020-08-18
清乾隆 青釉青花渔家乐图大盘	直径38.5cm	17,250	中国嘉德	2020-11-10
清乾隆 青釉凸花一路连科图螭耳瓶	高33.5cm	23,000	中国嘉德	2020-07-15
清乾隆 青釉小象耳尊	高11.3cm	78,200	中国嘉德	2020-07-16
清乾隆 青釉鱼篓尊水盂	直径9cm	25,300	中贸圣佳	2020-06-20
清乾隆 青釉月牙盖罐	高18.5cm; 直径9.3cm	92,000	西泠印社	2020-08-08

拍品名称	物品尺寸	成交价RMB	拍卖公司	拍卖日期
清乾隆 青釉杂宝纹一炷香、青花卉六字真言香盘	直径11.2cm; 直径10.7cm	13,800	北京保利	2020-12-05
清乾隆 青釉竹蝶图狮耳衔环小尊	高13.7cm	13,800	中国嘉德	2020-07-15
清乾隆 天青釉水丞	直径8.1cm	51,750	中国嘉德	2020-11-09
清乾隆 五子登科童子粉青釉暗花洋彩轿瓶	高17.5cm	14,950	上海嘉禾	2020-01-05
清乾隆 冬青釉双管瓶	高18cm	977,500	华艺国际	2020-10-16
清乾隆 豆青釉刻缠枝牡丹纹大碗	直径27cm	361,600	香港苏富比	2020-07-11
清乾隆 豆青釉凸花缠枝莲纹盘口瓶	高48.2cm	4,018,280	佳士得	2020-07-09
清乾隆 粉青釉浮雕莲瓣花口碗	直径15.9cm	1,636,740	香港苏富比	2020-10-09
清乾隆 粉青釉模印夔龙纹双耳尊	高35cm	552,000	北京保利	2020-12-05
清乾隆 粉青釉折枝花果纹大碗	直径34cm	1,248,024	纽约苏富比	2020-09-23
清乾隆 青釉高足盘	直径17.9cm	299,000	中国嘉德	2020-11-09
清乾隆 青釉葫芦瓶	高31cm	690,000	西泠印社	2020-08-08
清乾隆 青釉长方倭角花盆（一对）	长34.5cm×2	115,000	中国嘉德	2020-08-18
清乾隆 豆青釉铺兽首鼓形罐	高16.5cm	198,547	巴黎佳士得	2020-06-23
清乾隆 粉青釉仿犀角杯	直径11.8cm	46,874	纽约佳士得	2020-09-24
清乾隆 粉青釉鼓式洗	直径14.2cm	1,534,050	纽约佳士得	2020-09-24
清乾隆 粉青釉六方瓶	高36cm	638,719	纽约佳士得	2020-09-25
清乾隆 粉青釉螺形洗	长10.8cm	221,585	纽约佳士得	2020-09-24
清乾隆 粉青釉绶带耳葫芦尊	高20.1cm	3,085,695	伦敦苏富比	2020-11-04
清乾隆 粉青釉小盘	直径14.4cm	80,964	纽约佳士得	2020-09-24
清乾隆 粉青釉三足荸荠小瓶	高10.5cm	747,500	中鸿信	2020-01-03
清乾隆 粉青釉"五蝠捧寿"纹折沿洗	直径41cm	4,524,120	保利香港	2020-12-02
清乾隆 粉青釉暗花十字宝杵纹鼓钉式洗（一对）	直径7.3cm ×2	1,840,000	北京大羿	2020-10-16
清乾隆 粉青釉葫芦瓶	高31.8cm	6,900,000	北京保利	2020-10-19
清乾隆 粉青釉镂空缠枝牡丹纹长颈套瓶	高27cm	4,524,120	保利香港	2020-12-02
清乾隆 粉青釉模印花卉仿宋葵瓣式三足洗	直径15.5cm	2,070,000	中贸圣佳	2020-10-17
清乾隆 粉青釉倭角如意足小花盆	长13.2cm; 宽9.8cm; 高7.8cm	2,070,000	中贸圣佳	2020-10-17
清乾隆 粉青釉弦纹长颈瓶	高16.5cm	5,750,000	北京保利	2020-10-19
清嘉庆 粉青釉暗刻皮球花碗	直径15.2cm	34,500	华艺国际	2020-10-16
清嘉庆 粉青釉高足盘	高8cm; 直径16cm	63,250	广东崇正	2020-09-13
清嘉庆 粉青釉三足炉	直径20.5cm	230,000	中国嘉德	2020-12-03
清嘉庆 粉青釉折腰盘	直径16.5cm	36,800	北京大羿	2020-06-19
清中期 豆青釉堆塑蟠螭纹瓶	高24.3cm	13,800	中贸圣佳	2020-07-18
清中期 豆青釉折角小水仙盆	13.7cm×10.3cm×3.6cm	32,200	北京诚轩	2020-08-17
清中期 粉青釉荷叶式洗	宽22.5cm	46,000	北京诚轩	2020-08-17
清中期 粉青釉甲虫叶形笔掭	长14cm	17,250	北京翰海	2020-12-12
清中期 青釉琮式瓶	高36.2cm	20,700	中国嘉德	2020-07-17
清中期 青釉仿石纹长方水仙盆	长23cm	17,250	中国嘉德	2020-07-15
清中期 青釉葫芦瓶	高30.8cm	138,000	中国嘉德	2020-11-10
清中期 青釉青花堆白骏马图盘口瓶（一对）	高41.8cm	13,800	中国嘉德	2020-07-16
清中期 青釉四系鱼篓尊	直径21.3cm	23,000	中国嘉德	2020-11-10
清中期 青釉贴塑双鱼洗	长12.8cm	17,250	中国嘉德	2020-07-16
清中期 青釉凸花螭龙纹鸠耳尊	高28.7cm	28,750	中国嘉德	2020-07-15
清中期 青釉凸花螭龙纹兽耳方瓶	高38cm	13,800	中国嘉德	2020-11-12
清中期 青釉凸花穿花龙纹小天球瓶	高32.3cm	48,300	中国嘉德	2020-07-17
清中期 天青釉六方倭角瓶	高33.5cm	20,700	保利厦门	2020-09-26
清嘉庆 豆青釉月牙盖罐	高21.2cm	506,000	中贸圣佳	2020-10-17
清嘉庆 青釉双陆尊	高28cm	345,000	中国嘉德	2020-12-03
清嘉庆 粉青釉菊瓣形盖碗	直径15cm	112,700	北京大羿	2020-06-14
清道光 冬青釉暗刻缠枝莲纹碗	高6cm; 直径15cm	57,500	保利厦门	2020-09-26
清道光 冬青釉暗刻团花纹碗	直径15cm	57,500	北京中汉	2020-08-19
清道光 冬青釉折腰盘	直径16.5cm	36,800	北京大羿	2020-08-01
清道光 豆青釉暗刻皮球花碗	直径15.2cm	106,690	北京保利	2020-07-18

拍品名称	物品尺寸	成交价RMB	拍卖公司	拍卖日期
清道光 豆青釉折沿盘	直径16.8cm	46,000	永乐拍卖	2020-12-02
清道光 粉青釉暗刻缠枝团花纹碗（一对）	直径15.2cm;高6cm×2	184,000	广东崇正	2020-09-13
清道光 粉青釉海棠式水仙盆（一对）	高8.3cm; 长21.5cm;宽16.5cm	92,000	西泠印社	2020-08-08
清道光 青釉暗刻缠枝花卉纹碗（一对）	直径15cm	138,000	北京大羿	2020-07-12
清道光 青釉花口碗（一对）	直径12.5cm	86,250	十竹斋拍卖（北京）	2020-10-18
清道光 青釉描金荷叶洗	直径19cm	105,800	中国嘉德	2020-07-16
清道光 青釉折腰盘	直径17cm	46,000	中国嘉德	2020-07-15
清道光 青釉暗刻花卉纹瓶	高31.5cm	935,622	中国嘉德	2020-10-08
清同治 豆青地青花柳荫八骏双耳瓶	高35.2cm	17,250	北京保利	2020-10-20
清同治 粉青釉八卦琮式瓶	高28cm	207,000	北京大羿	2020-08-16
清同治 粉青釉八卦纹琮式瓶	高28cm	43,700	北京大羿	2020-08-16
清同治 粉青釉杏圆贯耳瓶	高29.5cm	79,350	北京大羿	2020-07-17
清同治 粉青釉琮式瓶	高28cm	287,500	北京大羿	2020-05-20
19世纪 粉青釉浮雕拐子龙纹瓶	50.8cm	42,724	香港苏富比	2020-11-26
清18至19世纪 粉青釉莲纹碗	直径26.1cm	15,780	伦敦佳士得	2020-02-13
清光绪 豆青釉暗刻云蝠纹水仙盆	长28.2cm	14,950	北京大羿	2020-08-01
清光绪 粉青釉八卦琮式瓶	高27cm	149,500	十竹斋拍卖（北京）	2020-10-18
清光绪 粉青釉八卦琮式瓶	高27cm	46,000	北京大羿	2020-07-17
清光绪 粉青釉八卦琮式瓶	高27.8cm	36,800	中贸圣佳	2020-06-20
清光绪 粉青釉八卦方瓶	高27cm	253,000	北京翰海	2020-12-12
清光绪 粉青釉八卦纹琮式瓶	高26.7cm	230,000	中贸圣佳	2020-12-07
清光绪 粉青釉八卦纹琮式瓶	高28cm	218,500	北京大羿	2020-07-17
清光绪 粉青釉八卦纹琮式瓶	高28cm	218,500	广东崇正	2020-09-13
清光绪 粉青釉八卦纹琮式瓶	高27.5cm	184,000	北京大羿	2020-06-14
清光绪 粉青釉八卦纹琮式瓶	高27.5cm	184,000	中国嘉德	2020-11-09
清光绪 粉青釉八卦纹琮式瓶	高28cm	97,750	北京大羿	2020-08-16
清光绪 粉青釉八卦纹琮式瓶	高27.1cm	86,250	中国嘉德	2020-07-16
清光绪 粉青釉琮式瓶	高27.5cm	345,000	北京大羿	2020-09-13
清光绪 粉青釉琮式瓶	高27.5cm; 长14cm;宽14cm	174,800	荣宝斋（南京）	2020-11-28
清光绪 粉青釉贯耳瓶	高31cm	48,300	西泠印社	2020-08-08
清光绪 粉青釉模印八卦琮式瓶	高28cm	68,100	北京保利	2020-07-18
清光绪 粉青釉四方八卦琮式瓶	高27.8cm	207,000	北京中汉	2020-07-31
清光绪 粉青釉杏元贯耳瓶	高30cm	166,333	中国嘉德	2020-10-08
清光绪 粉青釉杏圆贯耳瓶	高30.5cm	195,500	北京大羿	2020-11-08
清光绪 粉青釉杏圆贯耳瓶	高30.3cm	138,000	中贸圣佳	2020-12-07
清光绪 青釉八卦琮式瓶（一对）	长14.3cm;宽14.3cm;高27.7cm	69,000	中贸圣佳	2020-06-20
清光绪 青釉八卦纹琮式瓶	高27.5cm	149,500	中国嘉德	2020-11-10
清光绪 青釉八卦纹琮式瓶	高27.8cm	57,500	中国嘉德	2020-11-10
清光绪 青釉铺首尊	高30.6cm	20,700	中贸圣佳	2020-12-07
清光绪 粉青釉杏圆贯耳瓶	高29.5cm	74,455	巴黎佳士得	2020-06-23
清晚期 粉青釉小长颈瓶	高12cm	32,200	北京大羿	2020-05-20
清晚期 青釉象耳衔环蒜头扁瓶	高30.5cm	101,200	中国嘉德	2020-08-18
清宣统 粉青釉八卦纹琮式瓶	高28cm	253,000	北京大羿	2020-05-05
清宣统 粉青釉八卦纹琮式瓶	高27cm	103,500	西泠印社	2020-08-08
清宣统 青釉八卦纹琮式瓶	高27cm	59,800	中国嘉德	2020-07-17
清 单色釉炉、瓶、水盂	尺寸不一	32,200	中贸圣佳	2020-06-20
清 豆青开光青花花卉盆	直径22cm	36,800	北京翰海	2020-09-12
清 豆青刻花脉枕	17.5×12.5×6cm	39,200	上海联合	2020-11-29
清 豆青团凤碗（两件）	直径14cm×2	230,000	北京翰海	2020-09-12
清 豆青釉、天蓝釉青花诗文花卉花盆（一对）	高116.9cm;高216.5cm	24,150	中贸圣佳	2020-12-08
清 粉青釉出戟梅瓶	高23cm	17,250	广东崇正	2020-09-13
清 青釉鼓钉罐	高17cm	48,300	中国嘉德	2020-07-17
清 青釉铺首罐	直径27cm	32,200	北京翰海	2020-09-12
清 青釉凸花缠枝莲团寿字三孔花插	高8.5cm	17,250	中国嘉德	2020-07-17

拍品名称	物品尺寸	成交价RMB	拍卖公司	拍卖日期
清 青釉凸花夔凤纹海棠形狮耳衔环瓶	高37cm	25,300	中国嘉德	2020-11-11
清 青釉凸花折枝莲纹六方花盆	长23cm	25,300	中国嘉德	2020-11-12
清 青釉竹形花盆、三足炉、青釉堆白花鸟纹笔筒（各一件）	直径28cm;直径25cm;直径19.2cm	17,250	中国嘉德	2020-11-11
清代 粉青釉暗刻蕉叶纹花觚	高20.5cm	28,750	中贸圣佳	2020-07-18
18/19世纪 粉青釉仿古纹双耳瓶	高45cm	74,937	巴黎苏富比	2020-06-18
18/19世纪 粉青釉菊瓣纹瓶	14.7cm	34,272	香港苏富比	2020-06-05
民国 青釉鼓钉洗	直径26.5cm	13,800	中国嘉德	2020-11-10
民国 青釉铺首尊	高27.5cm	23,000	中国嘉德	2020-07-17
民国 青釉三联葫芦瓶	高17.7cm	36,800	北京大羿	2020-06-14
民国 青釉弦纹铺首尊	高31.3cm	34,500	中国嘉德	2020-07-15
民国 青釉玉兰花杯	宽9.4cm	17,250	北京保利	2020-10-20
50年代 青釉瓜棱罐	高21.4cm	69,000	中贸圣佳	2020-12-07
70年代 建国瓷厂天青釉堆鹤酒具（一套，一壶十杯）	一壶十杯，壶高19.3cm;杯高6.6cm	23,000	中贸圣佳	2020-12-07
青釉飞天纹盏	直径16.8cm	322,000	中贸圣佳	2020-10-17
青釉弦纹梅瓶	直径21.2cm	46,000	中贸圣佳	2020-12-07
清 大清乾隆年制款豆青釉描金八宝纹莲子罐	高6cm	46,000	西泠印社	2020-08-08
青瓷粉青釉瑞果鬲式炉	直径18.4cm;高10.9cm	977,500	中贸圣佳	2020-10-17
粉青釉小天球瓶	高18.4cm	639,188	纽约佳士得	2020-09-24
青釉双耳盘口瓶	高13cm	298,288	纽约佳士得	2020-09-24
豆青釉暗刻花卉纹大盘	直径36.5cm	682,000	北京贞观	2020-11-28
天青釉扁壶	长25.5cm	2,070,000	中贸圣佳	2020-10-17
其他窑青釉				
隋 青釉高足盘	直径36cm	32,002	中国嘉德	2020-07-13
宋 高丽青瓷盏托	高4.5cm;直径13.3cm	23,000	西泠印社	2020-08-08
宋 高丽青瓷梅瓶	高29cm	86,250	西泠印社	2020-08-08
明 河南青釉盘	直径15cm	115,000	北京保利	2020-10-20
明 漳州窑夔龙纹花口洗	高2.5cm;口径14.3cm	23,000	西泠印社	2020-08-08
高丽王朝 青釉刻莲纹盖盒	直径9cm	344,960	香港苏富比	2020-05-22
白瓷				
定窑白釉				
五代 定窑花口碟	高4cm; 直径16.5cm	126,500	西泠印社	2020-08-08
北宋 “官”字款定窑划花莲纹盘	高3cm; 口径19.5cm	86,250	西泠印社	2020-08-08
北宋 定窑白釉划花花卉纹盘	直径20cm	87,471	中国嘉德	2020-07-13
北宋 定窑白釉刻划莲荷纹斗笠碗	高22cm	138,000	广东崇正	2020-09-13
北宋 定窑白釉萼口碗	12.7cm	32,043	香港苏富比	2020-11-26
北宋 定窑白釉盘	直径19.3cm	120,499	纽约苏富比	2020-09-23
北宋 定窑花口盘	高2cm; 口径12.5cm	51,750	西泠印社	2020-08-08
北宋 定窑划花萱草纹盘	高1.5cm;口径12.3cm	23,000	西泠印社	2020-08-08
北宋 定窑酱釉碗	直径13cm	47,339	纽约苏富比	2020-09-23
北宋至金 定窑白釉模印花卉纹碗	9.2cm	25,634	香港苏富比	2020-11-26
北宋至金 定窑白釉印花卉纹花口高足碗	直径11.5cm	43,035	纽约苏富比	2020-09-23
北宋 定窑白釉出棱葵瓣式刻花莲纹盏	直径17cm	402,500	中贸圣佳	2020-10-17
北宋 定窑白釉划莲纹水盂	高5.2cm	256,344	香港苏富比	2020-11-26
北宋 定窑白釉划莲纹香盒	直径13cm	2,712,000	佳士得	2020-07-09
北宋 定窑白釉菊瓣式洗	直径17cm	852,000	佳士得	2020-11-30
北宋 定窑白釉刻莲纹折沿碗	直径20.3cm	565,000	佳士得	2020-07-09
北宋 定窑白釉葵花式盘	直径15.2cm	361,497	纽约苏富比	2020-09-23
北宋 定窑白釉刻萱花纹碗	直径19cm	341,793	香港苏富比	2020-11-26
北宋/金 定窑系执壶	高26.7cm	253,080	佳士得	2020-10-08
北宋晚期/金早期 定窑刻莲纹大碗	直径31.5cm	23,728,200	佳士得	2020-11-30

拍品名称	物品尺寸	成交价RMB	拍卖公司	拍卖日期
北宋 定窑白釉刻莲花葵式盘	直径19.5cm	114,240	香港苏富比	2020-06-05
北宋至金 定窑白釉划莲花碗	直径19.7cm	29,702	香港苏富比	2020-06-05
北宋至金 定窑白釉长颈瓶	高30.5cm	456,959	香港苏富比	2020-06-05
北宋至金 定窑白釉碗		34,272	香港苏富比	2020-06-05
北宋 定窑白釉刻划牡丹花葵口盘	直径20.3cm; 高5.2cm	1,322,500	广东崇正	2020-09-13
定瓷剔刻摩羯鱼纹花口盘	直径20.1cm	1,725,000	中贸圣佳	2020-10-17
南宋 定窑白釉印花螭龙舞海石榴花纹洗	直径14cm	2,127,500	中贸圣佳	2020-10-17
宋 “尚药局”铭定窑龙纹盖盒	高5.7cm; 直径8cm	69,000	西泠印社	2020-08-08
宋 定窑花口碟	高2cm; 口径11cm	20,700	西泠印社	2020-08-08
宋 定窑花口瓶	高19cm	353,457	中国嘉德	2020-10-08
宋 定窑划花花口洗	高6cm; 直径16.5cm	69,000	西泠印社	2020-08-08
宋 定窑划花盘	高3.6cm; 口径21cm	19,550	西泠印社	2020-08-08
宋 定窑刻花莲纹碟	高2cm; 直径11.6cm	32,200	西泠印社	2020-08-08
宋 定窑刻花莲纹盘	高4.5cm; 口径20.4cm	92,000	西泠印社	2020-08-08
宋 定窑小洗	高3.3cm; 直径10cm	36,800	西泠印社	2020-08-08
宋 定窑白釉盏台	直径14cm; 高7.4cm	322,000	中贸圣佳	2020-10-17
宋 定窑刻花螭龙纹盘（一对）	高2.7cm×2; 口径16.7cm×2	437,000	西泠印社	2020-08-08
宋 定窑白釉花口小碗	直径10.2cm	79,968	香港苏富比	2020-06-05
宋 定窑系白釉鼓式盖罐	高8.5cm	57,120	香港苏富比	2020-06-05
宋 邢窑白釉碗、定窑系白釉杯、褐釉盏碗(一组三件)		34,272	香港苏富比	2020-06-05
金代早期 定窑白釉长颈胆瓶	高30.8cm	322,000	中贸圣佳	2020-10-17
定窑白釉刻花莲花纹盘	直径20.1cm	25,300	中国嘉德	2020-07-17
定窑白釉模印花卉纹花口碗	直径16.3cm	57,500	中国嘉德	2020-07-16
宋 “官”款定窑花口盘	高4.3cm; 直径15.7cm	74,750	西泠印社	2020-08-08
宋 “官”字定窑穿带瓶	高17.5cm	105,800	西泠印社	2020-08-08
宋 定窑花鸟纹菊瓣盘	高2.5cm; 直径14.2cm	14,950	西泠印社	2020-08-08
宋 定窑划花花卉纹盖盒	高4.8cm; 直径8cm	13,800	西泠印社	2020-08-08
宋 定窑划花开窗鱼藻纹弦纹瓶	高18.2cm	25,300	西泠印社	2020-08-08
宋 定窑划花双蝶花卉纹大碗	高6.7cm; 直径19.3cm	108,100	西泠印社	2020-08-08
宋 定窑刻花葫芦瓶	高19cm	40,250	西泠印社	2020-08-08
宋 定窑模印人物清供图盘	高2.7cm; 直径20.3cm	59,800	西泠印社	2020-08-08
宋 定窑人物婴戏图对盘	高2cm; 直径14cm	20,700	西泠印社	2020-08-08
宋 定窑长颈瓶	高30cm	43,700	西泠印社	2020-08-08
定窑鱼篓尊	高7cm; 直径7cm	195,500	上海匡时	2020-08-05
仿定釉				
北宋 传世定窑刻萱草纹碗	直径14.7cm	229,974	香港苏富比	2020-05-22
金 定窑白釉刻莲纹碗	直径9.5cm	36,908	佳士得	2020-10-08
明 定窑刻花莲瓣团螭龙纹盘成对	直径16.8cm; 直径16.6cm	460,000	北京保利	2020-12-05
明 定窑模印夔龙穿花纹盘	直径18.5cm	4,255,000	北京保利	2020-12-05
明末清初 浆胎仿定釉水丞	腹径6.5cm	230,000	华艺国际	2020-10-16
清康熙 白釉仿定模印花卉盖盒	直径12cm	51,750	十竹斋拍卖（北京）	2020-10-18
清康熙 仿定窑暗刻夔龙纹水盂	高7.5cm	17,250	中贸圣佳	2020-06-20
清康熙 仿定釉暗刻鱼化龙纹洗	直径12.2cm	115,000	中国嘉德	2020-07-16
清康熙 白釉仿定窑鱼藻纹折沿洗	直径27.8cm	115,000	北京大羿	2020-05-20
清雍正 仿定窑白釉模印缠枝莲纹盘口尊	高36.6cm	28,750	北京大羿	2020-05-05
18世纪 仿定模白釉印暗八仙纹双兽耳瓶	高35cm	20,700	北京大羿	2020-06-19
18世纪 浆胎仿定窑菊瓣纹盖盒	直径10cm	40,250	北京大羿	2020-05-20
18世纪 浆胎仿定窑模印松鼠葡萄纹鏤式洗	直径7.2cm	17,250	北京大羿	2020-05-20
清乾隆 白釉仿定暗刻龙纹四方水盂	高3.4cm	45,200	北京中汉	2020-09-03
清乾隆 白釉仿定螭龙纹盉壶	高15.5cm	92,000	十竹斋拍卖（北京）	2020-10-18
清乾隆 仿定堆白水丞	高3.5cm	36,800	北京大羿	2020-09-13
清乾隆 仿定窑白釉龙纹梅瓶	高15cm	13,800	中贸圣佳	2020-12-07
清乾隆 仿定窑白釉模印缠枝花卉纹天球瓶	高32cm	264,500	保利厦门	2020-09-26
清乾隆 仿定窑白釉水丞（带座）	7cm×6.6cm×3.3cm	57,500	广东崇正	2020-09-13
清乾隆 浆胎仿定釉凸花百寿图方瓶	高16.3cm	63,250	中国嘉德	2020-11-10
清乾隆 浆胎仿定釉凸花百寿图方瓶	高16.5cm	46,000	中国嘉德	2020-11-10
清乾隆 浆胎仿定釉暗刻九五之尊菊花纹三足洗	直径13.3cm	402,500	中国嘉德	2020-08-18
清乾隆 浆胎仿定釉暗刻兽面纹盖碗尊	高20.5cm	264,500	中国嘉德	2020-08-18
清乾隆 白釉仿定龙女献宝	高38.7cm	71,300	北京中汉	2020-08-19
清中期 仿定窑白釉模印蕉叶兽面纹双耳簋式炉	高8cm	20,700	北京大羿	2020-08-01
清 浆胎仿定模印兽面纹双耳尊	高25.5cm	28,750	北京大羿	2020-06-14
磁州窑白釉				
北宋/金 磁州窑白釉嘟噜瓶	高14.4cm	248,600	佳士得	2020-07-09
北宋 磁州窑刻花盘（一对）	直径18cm; 直径18.8cm	34,272	香港苏富比	2020-06-05
宋 磁州白釉碗	直径12.5cm	148,512	香港苏富比	2020-06-05
辽 磁州窑白釉剔花叶纹盘口瓶	高48cm	301,247	纽约苏富比	2020-09-23
宋 18世纪 磁州窑“安乐清净”小瓷枕 德化窑白釉瑞兽纽瓷章（三件）		68,543	佳士得	2020-10-08
宋 磁州窑山水人物枕	高17.8cm; 长47.9cm; 宽19.7cm	25,300	西泠印社	2020-08-08
宋 磁州窑双鱼盆	高11.7cm; 直径38cm	48,300	西泠印社	2020-08-08
德化窑				
元 德化白釉印花卷草纹盖盒	直径14.6cm	17,214	纽约苏富比	2020-09-23
明末约1630年 德化白釉观音菩萨坐像	19cm	74,767	香港苏富比	2020-11-26
清17世纪 德化白釉观音坐像	高29cm	55,946	纽约苏富比	2020-09-23
17世纪 德化白釉堆塑螭龙纹带盖酒壶	高15.2cm	161,809	纽约佳士得	2020-09-25
明末 何朝宗制德化窑持卷观音	高26.3cm	713,000	永乐拍卖	2020-08-17
明 德化窑达摩像	高23cm	138,000	中贸圣佳	2020-10-17
明 德化窑观音持莲坐像	高13cm	40,250	西泠印社	2020-08-08
明 德化窑文关公坐像	高33cm	276,000	保利厦门	2020-09-26
明 德化窑祥云观音立像	高35cm	80,500	保利厦门	2020-09-26
明 德化窑青白釉观音坐像	高28.1cm	483,000	中贸圣佳	2020-10-17
明 德化白瓷观世音菩萨像	高22.2cm	628,319	香港苏富比	2020-06-05
明 林朝景制持经观音坐像	高24.5cm	2,070,000	中贸圣佳	2020-10-17
明晚期 德化窑真武像	高24cm	57,500	北京保利	2020-12-05
明末清初 德化弦纹炉	高8.4cm	17,250	中贸圣佳	2020-07-18
明末清初 德化窑白釉布袋和尚小像	长7cm	241,500	中国嘉德	2020-11-09
清初 德化观音坐像	高15.3cm	31,635	佳士得	2020-10-08
清初 德化窑龙虎杯及松石绿釉桃形小杯	长112.4cm; 长26.9cm	34,500	中贸圣佳	2020-12-08
清初 德化窑龙虎杯及松石绿釉桃形小杯	长112.4cm; 长26.9cm	34,500	中贸圣佳	2020-12-08
清初 德化窑双狮耳炉	10.8×7×9.5cm	33,600	乾禧国际	2020-01-20
清早期 德化窑白釉仿定弦纹三足筒式炉	直径16.8cm; 高12cm	23,000	北京中汉	2020-11-09
清早期 德化窑白釉模印螭龙纹筒式炉	直径11.8cm	34,500	中国嘉德	2020-07-16
清早期 德化窑白釉模印回纹簋式炉	长15.7cm	28,750	中国嘉德	2020-07-16
清早期 德化窑仕女人物形酒壶	高25.2cm	74,750	中贸圣佳	2020-12-07

拍品名称	物品尺寸	成交价RMB	拍卖公司	拍卖日期
清早期 德化窑弦纹炉	直径18.6cm	14,950	北京中汉	2020-08-19
清早期 德化窑弥勒佛立像	高24.7cm	48,300	北京中汉	2020-08-19
清早期 狮吼观音坐像	高42.2cm	207,000	上海匡时	2020-08-05
清康熙 德化白釉螭龙印	宽4.1cm	34,135	中国嘉德	2020-07-13
清康熙 德化白釉龙耳三足炉	高9.5cm	34,428	纽约苏富比	2020-09-23
清康熙 德化白釉铺首炉	直径19.4cm	32,200	中贸圣佳	2020-06-20
清康熙 德化观音坐像	高33cm	369,075	佳士得	2020-10-08
18世纪 德化白釉牡丹纹撇口碗	15.2cm	20,294	香港苏富比	2020-11-26
清17至18世纪 德化白釉叶式洗	13.5cm	17,090	香港苏富比	2020-11-26
18世纪初 德化白瓷观音立像	高45cm	440,814	伦敦苏富比	2020-11-04
清中期 德化瓷白釉持卷观音坐像	高31cm	24,150	北京大羿	2020-09-13
清中期 德化窑博及渔人大观音立像	高86cm	212,750	北京保利	2020-10-20
19世纪 德化观音坐像	高24.1cm	24,134	伦敦佳士得	2020-05-21
清晚期 德化窑白釉观音像	高37.5cm	17,250	中国嘉德	2020-07-17
清晚期 德化窑白釉观音像	高38cm	13,800	中国嘉德	2020-07-15
清晚期 德化窑加彩伏虎罗汉像	高17cm	94,300	中国嘉德	2020-11-12
清晚期 许云麟制德化窑童子拜观音	高37cm	40,250	北京保利	2020-12-05
清 德化达摩像	高60cm	168,720	佳士得	2020-10-08
清 德化如意观音坐像	高21.5cm	48,300	西泠印社	2020-08-08
清 德化窑白釉达摩坐像	高9.3cm	28,750	北京保利	2020-12-05
清 德化窑白釉回纹螭耳炉	长14.3cm	23,000	中国嘉德	2020-07-15
清 德化窑白釉龙耳香炉	直径10.3cm; 高8cm	17,250	广东崇正	2020-09-13
清德化窑白釉梅花杯、碗（五只）	尺寸不一	17,250	中国嘉德	2020-07-15
清 德化窑白釉骑犼观音像	高22cm	28,750	中国嘉德	2020-11-10
清 德化窑白釉瑞兽仿犀角杯、九螭杯（三只）	长13.6cm; 长13.2cm; 长11.5cm	13,800	中国嘉德	2020-07-15
清 德化窑白釉仕女壶	高25.5cm	46,000	中国嘉德	2020-07-16
清 德化窑虎钮纽圆章	高5.5cm	13,800	北京翰海	2020-12-12
清 德化窑文昌星（禄财神）坐像	高31cm	32,200	上海嘉禾	2020-01-05
清 德化窑旋纹香炉 附供箱	3.5×6cm	23,000	永乐拍卖	2020-12-03
清代 “许云麟制”款德化窑白瓷观音立像	高61cm	437,000	古天一	2020-10-16
清代 博及渔人款释迦牟尼立像	高48cm	184,000	上海匡时	2020-08-05
清早 德化窑白釉关公坐像	高27cm	92,000	西泠印社	2020-08-08
晚清 德化观音瓷像	高42cm	17,250	中贸圣佳	2020-12-07
晚清/民初 德化观音坐像	高22cm	63,270	佳士得	2020-10-08
晚清 德化关帝骑赤兔马像	高43.9cm	565,000	佳士得	2020-07-09
清17世纪 德化白瓷弥勒菩萨立像	高25.4cm	91,392	香港苏富比	2020-06-05
20世纪 德化白釉达摩坐像	高23.7cm	21,090	佳士得	2020-10-08
德化茶具（共七件）	高15.3cm	40,071	佳士得	2020-10-08
17世纪 德化白瓷叶式小杯（一对）	高7.5cm×2	34,272	香港苏富比	2020-06-05
景德镇白釉				
北宋 白釉瓜棱罐	高 12.2cm	17,248	香港苏富比	2020-05-22
北宋 青白釉葵式盏及盏托	总高8cm	159,936	香港苏富比	2020-06-05
北宋 白釉划莲花纹碗	直径10.2cm	20,792	伦敦苏富比	2020-06-15
南宋 湖田窑杯式炉	高7.8cm; 直径7.9cm	155,250	西泠印社	2020-08-08
南宋 湖田窑瓷塑道士	高16cm	172,500	西泠印社	2020-08-08
南宋 湖田窑瓜棱粉盒	高8.3cm; 直径7cm	17,250	西泠印社	2020-08-08
南宋 湖田窑刻花碗及钵（一组两件）	碗高5.3cm; 钵高3.6cm	23,000	西泠印社	2020-08-08
南宋 青白瓷素胎捏塑罗汉像	高19cm	184,000	中贸圣佳	2020-10-17
南宋 青白釉波涛纹碗	直径18.6cm	12,801	中国嘉德	2020-07-13
南宋 青白釉褐彩双鹌双联盖盒	宽8.4cm	32,002	中国嘉德	2020-07-13
南宋 青白釉莲花三联盖盒	宽8.7cm	16,001	中国嘉德	2020-07-13
南宋 青白釉三联盖盒	宽7.9cm	32,002	中国嘉德	2020-07-13
南宋 青白釉印花婴戏莲纹碗（一对）	直径18.4cm	21,334	中国嘉德	2020-07-13
南宋/元 青白釉带盖小执壶（共两件）	总高12.5cm	11,600	佳士得	2020-10-08

拍品名称	物品尺寸	成交价RMB	拍卖公司	拍卖日期
南宋 湖田窑博山炉	高11.8cm; 直径9.2cm	345,000	西泠印社	2020-08-08
南宋 湖田窑菊瓣杯	高5.3cm; 口径10cm	161,000	西泠印社	2020-08-08
南宋 青白釉瓜楞式执壶	高25cm	1,921,000	佳士得	2020-07-09
南宋 青白釉小茶罐（一对）	高9cm×2	361,600	佳士得	2020-07-09
南宋青白釉内刻海水双鱼纹葵口碗	直径19.1cm	160,981	香港苏富比	2020-05-22
南宋/元 青白釉印花花鸟纹八棱瓶	高17cm	31,767	巴黎佳士得	2020-06-23
南宋 青白釉刻婴戏莲纹碗	直径19.7cm	59,950	巴黎苏富比	2020-06-18
宋 湖田窑莲瓣纹香炉	高6cm; 直径7.5cm	109,250	西泠印社	2020-08-08
宋 青白釉瓜棱式执壶	14.8cm	192,258	香港苏富比	2020-11-26
宋 青白釉花卉纹花口杯（一对）	11.3cm	21,362	香港苏富比	2020-11-26
宋 青白釉刻花卉纹葵口盘	14.7cm	53,405	香港苏富比	2020-11-26
宋 青白釉刻花卉纹碗（一组两件）	19.8及19.2cm	48,065	香港苏富比	2020-11-26
宋 青白釉笠式花口碗	14cm	69,427	香港苏富比	2020-11-26
宋 青白釉柳斗杯	高7.9cm	105,450	佳士得	2020-10-08
宋 青白釉秋葵高足杯及刻莲纹折沿盘一组两件	杯10.2cm; 盘16.3cm	37,384	香港苏富比	2020-11-26
宋 湖田窑刻花莲纹花口盘	高4cm; 口径17.5cm	109,250	西泠印社	2020-08-08
宋 青白刻卷草童子纹碗	直径20.6cm; 直径18.7cm	76,646	纽约佳士得	2020-09-25
宋 青白釉莲瓣纹炉	高11.3cm	685,425	佳士得	2020-10-08
宋 白釉弦纹三足筒式炉	高8.5cm	74,256	香港苏富比	2020-06-05
宋 青白釉高足杯及盏托	高12cm	62,832	香港苏富比	2020-06-05
宋 青白釉瓜棱式盖壶	高14cm	12,566	香港苏富比	2020-06-05
宋 青白釉印双凤纹碗	直径19cm	182,784	香港苏富比	2020-06-05
元 湖田窑青白瓷花口盘（一对）	直径11.5cm	48,300	中国嘉德	2020-12-03
元 江藤旧藏白釉双鱼纹御题诗文大碗	直径24.5cm	92,000	中鸿信	2020-01-03
元 青白釉刘海戏金蟾像	高16.5cm	69,000	中国嘉德	2020-12-03
元 枢府釉花卉盘	直径17.4cm	34,500	中国嘉德	2020-12-03
元 枢府釉花口盏托	高1.5cm; 直径15.3cm	57,500	西泠印社	2020-08-08
元 枢府釉模印花鸟纹碗	直径17cm	17,250	中国嘉德	2020-11-12
元 影青釉仿金银器莲瓣杯盏	杯直径11.2cm; 盏托直径16.7cm	20,700	中国嘉德	2020-11-10
元 白釉大梅瓶	高41cm	598,000	北京保利	2020-10-19
元 白釉模印缠枝花卉大碗	直径30.5cm	437,000	保利厦门	2020-09-26
元 枢府碗	高7.5cm; 口径17cm	230,000	西泠印社	2020-08-08
明初 甜白釉暗刻花纹罐	高17.2cm	207,000	中贸圣佳	2020-10-17
明洪武至永乐 甜白釉凸花云凤纹大碗	直径21.3cm	218,500	中国嘉德	2020-12-03
明洪武至永乐 甜白釉凸花云龙纹大碗	直径21cm	690,000	中国嘉德	2020-08-18
明洪武 蛋白釉暗刻龙纹折沿洗	直径15.5cm	172,500	中鸿信	2020-01-03
明永乐 白釉供盘	高18.2cm	690,000	永乐拍卖	2020-12-02
明永乐 甜白釉暗刻缠枝花卉纹鸡心大碗	直径20.8cm	184,000	中国嘉德	2020-12-03
明永乐 甜白釉暗刻云龙纹罐	高17.5cm	287,500	永乐拍卖	2020-12-02
明永乐 甜白釉罐	高15.5cm	69,000	十竹斋拍卖（北京）	2020-10-18
明永乐 甜白釉僧帽壶	高19.5cm	345,000	保利厦门	2020-09-26
明永乐 白釉浮雕莲瓣纹束腰三足座	高19cm	184,000	西泠印社	2020-08-08
明永乐 甜白釉三系小罐	高7cm	2,185,000	西泠印社	2020-08-08
明永乐 甜白釉暗刻缠枝花纹莲子碗	直径20.7cm	2,185,000	华艺国际	2020-10-16
明宣德 白釉暗刻云龙纹盘	直径13.4cm	48,300	中国嘉德	2020-07-16
明宣德 甜白釉盘	直径13.8cm	66,700	中贸圣佳	2020-06-20
明宣德 白釉内暗刻如意云头纹外赶珠云龙纹盘	直径13cm	713,000	保利厦门	2020-09-26
明宣德 甜白釉暗刻莲瓣纹碗	直径21.5cm; 高10cm	920,000	保利厦门	2020-09-26
明15世纪 甜白釉暗刻缠枝莲纹罐	高17.1cm	172,500	中贸圣佳	2020-12-07

拍品名称	物品尺寸	成交价RMB	拍卖公司	拍卖日期
明永乐或15世纪 甜白釉模印花卉纹盘	直径21.2cm	28,750	中贸圣佳	2020-07-18
明成化（1474年）白釉双龙耳弦纹盘口瓶	高51cm	575,000	北京中汉	2020-12-04
明弘治 白釉大碗	直径18.3cm	97,750	中国嘉德	2020-11-09
明正德 甜白釉葵口十棱洗	直径19.5cm	667,000	十竹斋拍卖（北京）	2020-10-18
明嘉靖 白釉暗刻缠枝莲纹盖罐	高19.5cm	138,000	中国嘉德	2020-12-03
明嘉靖 白釉暗刻云龙纹罐	高10.5cm	345,000	保利厦门	2020-09-26
明嘉靖 甜白釉暗刻花卉纹杯	直径6.8cm	529,000	北京保利	2020-10-19
明嘉靖 白釉暗花缠枝莲纹高足碗	高11cm	125,263	佳士得	2020-04-21
明嘉靖 白釉暗刻凤凰纹撇口碗	直径30cm	666,923	香港苏富比	2020-05-22
明嘉靖 白釉罐	高26.7cm	205,632	香港苏富比	2020-06-05
明嘉靖 白釉暗花云龙纹罐	高14.8cm	87,547	伦敦苏富比	2020-06-15
明嘉靖 甜白釉仰钟杯	直径17.8cm	3,507,500	北京保利	2020-10-19
明万历 白釉暗刻花卉清供图鬲式炉	直径21.5cm	97,750	中国嘉德	2020-07-15
明万历 白釉暗刻花卉纹碗	直径18.3cm	74,750	北京中汉	2020-12-04
16世纪 白釉梅瓶（一对）	高21.1cm	47,828	佳士得	2020-04-21
明万历 白釉暗刻云凤纹梅瓶	高33cm	207,000	中国嘉德	2020-07-16
明天启 白釉“丁卯年造”象耳炉	长22.2cm; 宽17cm; 高14.2cm	43,700	中贸圣佳	2020-06-20
明崇祯 白釉暗刻缠枝莲纹筒式炉	直径10cm; 高7cm	59,800	保利厦门	2020-09-26
明崇祯 白釉暗刻莲瓣纹炉	高8.5cm	18,400	北京大羿	2020-06-19
明崇祯 白釉暗刻云龙纹罐	高17.5cm	23,000	中国嘉德	2020-07-15
明崇祯 白釉菊石纹筒瓶	高42cm	46,000	中贸圣佳	2020-12-07
明崇祯 白釉刻花笔筒	高18.6cm	36,800	中贸圣佳	2020-07-18
明崇祯 白釉暗刻凤穿花纹莲子盖罐（一对）	高22cm×2	89,700	北京大羿	2020-08-16
明 白釉“盈”字罐	高16cm	575,000	北京保利	2020-10-19
明 白釉暗刻莲花纹盖罐（一对）	高9cm	28,750	西泠印社	2020-08-08
明 白釉花口洗	直径20.5cm	862,500	十竹斋拍卖（北京）	2020-10-18
明 白釉刻萱草纹盘	直径11.5cm	34,500	北京保利	2020-12-05
明 白釉模印花卉回纹兽耳扁壶	高38cm	92,000	中国嘉德	2020-12-03
明 白釉盘	直径33.5cm	109,250	北京翰海	2020-12-12
明 白釉蒜头小瓶	高14cm	425,500	北京保利	2020-10-20
明 白釉胭脂盖盒	高7cm; 宽11.5cm	74,750	北京保利	2020-10-20
明 白釉御题诗文刻划萱草纹盘	直径13.6cm	69,000	中鸿信	2020-01-03
明 白釉折腰花口盘	直径19.5cm	18,400	中鸿信	2020-01-03
明 江藤旧藏白釉花口盘	直径20cm	75,900	中鸿信	2020-01-03
明 江藤旧藏甜白釉罐	直径14.5cm	80,500	中鸿信	2020-01-03
明 青白釉带盖四耳小壶	高10.3cm	161,000	北京保利	2020-10-20
明 青白釉花口盏托	高10cm	230,000	北京保利	2020-10-20
明 青白釉划花碗	直径22.4cm	184,000	北京保利	2020-12-05
明 青白釉六出筋花口盏	直径14.3cm	74,750	北京保利	2020-10-20
明 青白釉罗汉说法坐像	高41.5cm	25,300	中鸿信	2020-01-03
明 青白釉剔刻花卉形盖盒	直径12cm	287,500	北京保利	2020-10-19
明 影青釉刻云纹碗	直径20.5cm	23,000	北京保利	2020-12-05
明 白釉刻划花卉纹碗	直径21cm	977,500	北京保利	2020-10-19
明 白釉模印凤穿牡丹纹盘	直径17.8cm	460,000	北京保利	2020-10-20
明 青白瓷束莲纹盏	口径17.7cm; 高6.2cm	287,500	中国嘉德	2020-08-16
明 青白釉莲瓣形注壶及温碗	高25cm	1,840,000	北京保利	2020-10-19
明 白釉划花螭龙花卉纹葵口盘	直径23.8cm	29,900,000	北京保利	2020-10-19
明 白釉刻莲瓣螭龙纹碗	直径15cm	3,162,500	北京保利	2020-10-19
明 青白釉弦纹梅瓶	高31cm	1,380,000	北京保利	2020-10-19
明 月白釉三足鼓钉洗	直径20cm	5,405,000	北京保利	2020-10-19
明晚期 白釉暗刻团龙纹折沿洗	直径15.3cm	232,675	北京保利	2020-07-19
明末清初 白釉暗刻凤竹纹小花觚（一对）	高10.5cm	25,300	中国嘉德	2020-11-10
明末清初 白釉暗刻花卉纹小罗汉炉	直径12cm	13,800	中国嘉德	2020-11-12
明末清初 白釉暗刻花鸟纹小案缸	直径12.7cm	28,750	中国嘉德	2020-11-10
明末清初 白釉僧帽壶	高18.5cm	496,366	巴黎佳士得	2020-06-23

拍品名称	物品尺寸	成交价RMB	拍卖公司	拍卖日期
清早期 白釉暗刻龙凤纹鱼篓尊	直径11.7cm; 宽14cm	22,600	北京中汉	2020-09-03
清早期 白釉暗刻云龙纹杯	直径6cm	25,300	中国嘉德	2020-07-16
清早期 白釉戟耳炉	长12.8cm	13,800	中国嘉德	2020-11-10
清早期 白釉双耳三足炉	宽14.8cm	17,250	北京保利	2020-10-19
清早期 白釉凸花缠枝莲纹筒瓶	高38.8cm	32,200	中国嘉德	2020-11-10
清早期 内青花花卉纹外白釉暗刻《赤壁赋》诗文杯 一对	直径5.8cm	28,750	中国嘉德	2020-07-16
清早期 甜白釉暗刻龙纹斗笠盏	直径13.2cm	23,000	北京保利	2020-10-20
清康熙 白釉暗花赶珠龙纹瓶	高24cm	68,856	纽约苏富比	2020-09-22
清康熙 白釉暗刻缠枝莲纹炉	直径12.7cm	32,200	中国嘉德	2020-11-10
清康熙 白釉暗刻海水绿龙纹盘	直径16.3cm	28,750	北京中汉	2020-07-31
清康熙 白釉暗刻龙纹斗笠盏	直径9.8cm	57,500	北京中汉	2020-12-04
清康熙 白釉暗刻龙纹橄榄瓶	高36.5cm	35,650	北京大羿	2020-08-16
清康熙 白釉暗刻瑞兽纹小花觚	高18cm	25,300	中国嘉德	2020-11-10
清康熙 白釉刻花卉纹长颈瓶	高18.5cm	25,300	保利厦门	2020-09-26
清康熙 白釉模印缠枝花卉纹鼓式洗	直径23.5cm	13,800	北京大羿	2020-05-28
清康熙 白釉剔荷花小卷缸	直径25cm; 高16cm	115,000	中贸圣佳	2020-07-18
清康熙 白釉凸雕穿花螭龙纹笔海	高16.5cm; 直径20.5cm	172,500	北京大羿	2020-08-16
清康熙 白釉凸花缠枝莲托梵文碗	直径15.3cm	25,300	中国嘉德	2020-11-11
清康熙 白釉凸花缠枝莲纹观音瓶	高44.7cm	13,800	中国嘉德	2020-11-12
清康熙 白釉凸花菊瓣大碗	直径21.2cm	13,800	中国嘉德	2020-11-10
清康熙 白釉印花开光青花团龙凤尾尊	高42cm	264,500	十竹斋拍卖（北京）	2020-10-18
清康熙 仿永乐甜白釉暗刻云龙纹斗笠碗	直径13.3cm	63,250	北京中汉	2020-12-04
清康熙 仿永乐甜白釉凸花云龙纹小碗	直径11.5cm	80,500	中国嘉德	2020-08-18
清康熙 浆胎白釉暗刻福寿连绵图案缸	直径25.5cm	23,000	中国嘉德	2020-07-15
清康熙 甜白釉暗刻云龙戏珠纹碗	12.5cm	261,878	香港苏富比	2020-10-09
清康熙至雍正 仿永乐甜白釉暗刻云龙纹高足碗	直径15.6cm	207,000	中国嘉德	2020-08-18
清康熙 白釉暗花云纹马蹄尊	高7cm	559,459	纽约苏富比	2020-09-22
清康熙 白釉暗刻云龙纹碗	直径16cm	828,000	中国嘉德	2020-11-09
清康熙 白釉太白尊	直径12.1cm	639,188	纽约佳士得	2020-09-24
清康熙 雍亲王胤禛制“朗吟阁”天蓝釉、白釉小锥把瓶两件	高11.5cm×2	4,025,000	北京保利	2020-10-19
清雍正 白釉暗刻八吉祥纹高足碗	高11.5cm	43,700	北京大羿	2020-09-13
清雍正 白釉暗刻莲托八宝纹高足碗	直径15.7cm	43,700	中国嘉德	2020-12-03
清雍正 白釉暗刻云龙纹梅瓶	高17.4cm	33,900	北京中汉	2020-09-03
清雍正 白釉高足杯	直径9.5cm; 高8.2cm	69,000	中贸圣佳	2020-12-07
清雍正 白釉模印莲瓣纹花口盘（一对）	直径19.5cm	13,800	中贸圣佳	2020-12-07
清雍正 仿影青釉凸花穿花凤纹高足杯	高8.5cm	66,700	中国嘉德	2020-08-18
清雍正 仿永乐白釉暗花梅瓶	高26cm	24,150	中贸圣佳	2020-06-20
清雍正 浆胎白釉暗刻云龙纹蒜头扁瓶	高19cm	28,750	中国嘉德	2020-07-15
清雍正 甜白釉暗刻鱼藻纹铺首尊	高22cm	230,000	华艺国际	2020-10-16
清雍正 甜白釉盘	直径14.8cm	264,500	华艺国际	2020-10-16
清雍正 月白釉包袱瓶	高19.4cm	345,000	北京保利	2020-10-20
清雍正 白釉暗刻莲托八宝纹高足碗（一对）	直径18.5cm×2	667,000	华艺国际	2020-10-16
清雍正 白釉碗	直径9.9cm	352,651	伦敦苏富比	2020-11-04
清雍正 白釉碗	直径14.3cm	308,569	伦敦苏富比	2020-11-04
清雍正 甜白釉菊瓣盘	直径16cm	1,518,000	保利厦门	2020-09-26
清雍正 白釉暗刻龙衔灵芝纹长颈瓶（一对）	高11.5cm×2	4,600,000	华艺国际	2020-10-16
清雍正 甜白釉菊瓣盘	直径17.5cm	1,955,000	北京保利	2020-10-19
18世纪 白釉暗花卉纹敞口碗	9.2cm	32,043	香港苏富比	2020-11-26

拍品名称	物品尺寸	成交价RMB	拍卖公司	拍卖日期
18世纪 白釉暗刻折枝三多纹水盂	高8cm	49,450	北京大羿	2020-08-01
18世纪 白釉盖碗（一对）	直径11cm	17,250	北京大羿	2020-06-19
18世纪 白釉弥勒佛	高17cm	18,400	北京大羿	2020-11-08
18世纪 白釉模印缠枝西番莲纹天球瓶	高33.5cm	147,630	佳士得	2020-10-08
18世纪 白釉模印海水云龙纹碗（一对）	直径11cm	32,200	北京大羿	2020-08-01
18世纪 白釉模印花卉纹琴炉	高5cm	25,300	北京大羿	2020-10-16
18世纪 白釉模印一路连科纹水盂	高6.5cm	57,500	北京大羿	2020-05-20
18世纪 白釉模印云龙纹罐	4.8cm	64,154	香港苏富比	2020-11-27
18世纪 白釉诵经罗汉像	高18cm	34,500	北京大羿	2020-06-19
清乾隆 白釉暗刻缠枝莲纹大盘	直径39cm	23,000	中国嘉德	2020-11-10
清乾隆 白釉暗刻缠枝莲纹灯笼瓶	高27cm	36,800	广东崇正	2020-09-13
清乾隆 白釉暗刻缠枝莲纹盘	直径36.5cm	23,000	广东崇正	2020-09-13
清乾隆 白釉暗刻花卉纹小太白罐	高12.3cm	23,000	北京大羿	2020-07-17
清乾隆 白釉暗刻卷草纹镗锣洗	直径9.2cm	55,200	中国嘉德	2020-07-16
清乾隆 白釉暗刻龙纹高足碗	高11.7cm	34,500	北京大羿	2020-06-06
清乾隆 白釉大盘	直径33cm	17,250	中国嘉德	2020-07-15
清乾隆 白釉模印缠枝莲大罐	高31.9cm	18,400	中贸圣佳	2020-12-07
清乾隆 白釉模印蕉叶夔龙纹花觚	高23.4cm	43,700	北京大羿	2020-07-17
清乾隆 白釉盘（一对）	直径32.5cm	207,000	中贸圣佳	2020-07-18
清乾隆 白釉凸花螭龙纹盘口瓶	高36cm	63,250	中国嘉德	2020-11-09
清乾隆 白釉小天球瓶	高13.7cm	48,300	中贸圣佳	2020-12-07
清乾隆 仿钧月白釉花觚	高21.5cm	345,000	西泠印社	2020-08-08
清乾隆 青白釉花口瓶	高32.3cm	86,960	伦敦佳士得	2020-11-03
清乾隆 甜白釉仰钟式大碗	直径20.4cm	126,500	中贸圣佳	2020-10-17
清乾隆 白釉暗刻缠枝莲纹高足碗	直径15cm	266,680	中国嘉德	2020-07-13
清乾隆 白釉玲珑瓷暗花西番莲纹碗	直径13cm; 高5.5cm	575,000	保利厦门	2020-09-26
清乾隆 白釉饕餮纹爵杯	高16.5cm	160,008	中国嘉德	2020-07-13
清乾隆 仿永乐甜白釉暗刻缠枝莲纹高足碗	直径14.5cm	989,000	中国嘉德	2020-08-18
清乾隆 月白釉爵杯	高11.8cm	508,500	香港苏富比	2020-07-11
18世纪 甜白釉夔凤牡丹纹折沿八方盘	直径17.1cm	51,135	纽约佳士得	2020-09-24
17世纪 白釉浅雕竹林七贤笔筒	高18.8cm	297,023	香港苏富比	2020-06-05
清乾隆 白釉高浮雕“海屋添筹”图笔筒	高11.5cm	575,000	华艺国际	2020-10-16
清嘉庆十三年（1808年）白釉仿周福盉	宽18cm	115,000	中国嘉德	2020-12-03
清中期 白釉暗刻万字锦地团寿字水丞、狮耳小方瓶各一件	高9.3cm；6.2cm	28,750	中国嘉德	2020-07-16
清中期 白釉堆塑福寿纹桃形洗	长13cm	43,700	北京大羿	2020-09-13
清中期 白釉堆塑松鼠葡萄四方小双陆尊	高11.5cm	23,000	中国嘉德	2020-07-16
清中期 白釉堆塑折枝菊花水丞	直径12.3cm	25,300	中国嘉德	2020-07-16
清中期 白釉堆塑折枝菊花小水丞	高5.8cm	17,250	中国嘉德	2020-07-16
清中期 浆胎白釉凸花花蝶纹花卉杯（一对）	长6.7cm	23,000	中国嘉德	2020-07-16
陈国治 清道光 春牛图素雕笔筒	直径13.1cm; 高14cm	138,000	中贸圣佳	2020-12-07
清道光 白釉暗刻海水纹绿龙盘	高4.2cm; 直径18.6cm	48,300	西泠印社	2020-08-08
清道光 白釉浮雕松鹤延年四方笔筒	高14.5cm	51,750	北京大羿	2020-05-28
清道光 白釉印番莲夔龙纹福寿绵绵双龙耳瓶	26.9cm	436,464	香港苏富比	2020-10-09
清道光 陈国治制素胎雕瓷八骏图笔筒	高16.3cm; 直径16.5cm	92,000	广东崇正	2020-09-13
清道光二十九年（1849年）陈国治作白釉雕瓷仿竹雕柳荫双骏图笔筒	高11cm	195,500	中国嘉德	2020-11-09
清咸丰 白釉暗刻海水纹绿龙盘	直径18cm	149,500	北京大羿	2020-10-16
清咸丰 白釉暗刻海水纹绿龙纹盘	直径18cm	149,500	北京大羿	2020-11-08

拍品名称	物品尺寸	成交价RMB	拍卖公司	拍卖日期
清同治 白釉碗	直径15.2cm	28,750	北京大羿	2020-07-12
19世纪 白釉浮雕寿字纹三足炉	直径24cm	36,800	北京大羿	2020-10-16
清光绪 白釉暗刻福山寿海纹盘	直径18cm	34,500	北京大羿	2020-09-13
清光绪 白釉螭龙纹仿宋象物簋	宽22.3cm	46,000	中国嘉德	2020-12-03
清光绪 白釉太白尊	直径12.8cm; 高8.8cm	19,550	中贸圣佳	2020-06-20
清晚期 白釉贝形笔掭	长13cm	23,000	中国嘉德	2020-08-18
清晚期 白釉雕瓷花鸟纹洗、苹果绿釉雕瓷当朝一品图香筒各一件	直径11.7cm; 高13.2cm	36,800	中国嘉德	2020-12-03
清晚期 白釉兽首餐壶	长23cm	28,750	中国嘉德	2020-07-16
清宣统 白釉大碗（一对）	直径17.5cm	109,250	中国嘉德	2020-08-18
清宣统 白釉荷叶盖罐	高37cm	55,200	中国嘉德	2020-07-15
清宣统 白釉菊瓣盖碗	直径11cm	20,430	北京保利	2020-07-18
清宣统 金边白釉碗（一对）	直径15cm	241,500	北京大羿	2020-10-16
清 白釉暗刻花卉纹尊	高17.3cm	21,850	中贸圣佳	2020-12-07
清 白釉布袋和尚	高16cm	23,000	北京翰海	2020-09-12
清 白釉螭龙纹仿元天历簠	长24cm	17,250	中国嘉德	2020-11-11
清 白釉模印如意纹双龙耳尊	高39.5cm	34,500	北京大羿	2020-06-14
清 白釉四方花盆	长36.9cm; 宽29.1cm; 高29.8cm	52,900	中贸圣佳	2020-12-08
清 白釉四方花盆	长36.9cm; 宽29.1cm; 高29.8cm	52,900	中贸圣佳	2020-12-08
清 白釉凸花苍龙教子图梅瓶	高35.5cm	20,700	中国嘉德	2020-11-11
18/19世纪 白釉荷叶盖罐（一对）	高38.7cm × 2	228,480	香港苏富比	2020-06-05
18世纪 白釉暗龙纹碗	直径13.1cm	74,256	香港苏富比	2020-06-05
18世纪 浆胎白瓷仿古兽面纹瓶	高12.9cm	125,664	香港苏富比	2020-06-05
民国 白釉暗刻花印泥盒、婴戏印泥盒（一组两件）	直径13cm; 直径9.5cm	20,700	广东崇正	2020-06-27
民国 白釉雕灵猴献瑞图笔筒	高10.5cm	13,800	中国嘉德	2020-11-12
大明成化年制款白釉暗刻龙纹杯	高4.5cm; 直径5.7cm	25,300	西泠印社	2020-08-08
湖田窑薄胎透影钵	高4.2cm; 口径7.5cm	69,000	上海匡时	2020-08-05
湖田窑瓷塑人物	高25cm; 宽10.2cm	218,500	上海匡时	2020-08-05
湖田窑青白瓷划花花卉纹斗笠碗	直径16.5cm	17,250	中国嘉德	2020-08-18
青白釉莲瓣纹行炉	高11.6cm	172,500	中贸圣佳	2020-12-07
宋 湖田窑仿生莲蓬形水滴	长9.8cm	13,800	西泠印社	2020-08-08
宋 湖田窑莲枝纹三联粉盒	高5cm; 长10cm	25,300	西泠印社	2020-08-08
宋 湖田窑娃娃枕	高13cm; 长20.2cm	34,500	西泠印社	2020-08-08
宋 湖田窑弦纹执壶	高18cm	69,000	西泠印社	2020-08-08
宋 影青刻蕉叶纹盖碗	高13.5cm; 口径11.5cm	34,500	西泠印社	2020-08-08
元 白釉龙首花卉纹扁壶	高22cm	80,500	西泠印社	2020-08-08
元 湖田窑瓜果形笔洗	高3.8cm; 长9cm	34,500	西泠印社	2020-08-08
元 枢府釉龙纹高足盘	高7.5cm; 直径16cm	25,300	西泠印社	2020-08-08
月白釉三足炉	高13.5cm; 口径11.7cm	55,200	上海匡时	2020-08-05
其他窑白釉				
隋 白釉香盒	高7.5cm; 直径8cm	69,000	西泠印社	2020-08-08
隋 白釉杯及盏托（一组两件）	杯高7.3cm; 托高7.9cm；直径8.4cm	149,500	西泠印社	2020-08-08
隋 白釉龙柄双联小瓶	高7.5cm	149,341	中国嘉德	2020-07-13
隋 白釉长颈瓶及青铜带盖长颈瓶	高27.2cm; 高26.7cm	426,000	佳士得	2020-11-30
唐 白釉出筋碗（一对）	高4.1cm; 口径13.5cm	36,800	西泠印社	2020-08-08
唐 白釉带盖水丞	宽5.7cm	85,338	中国嘉德	2020-07-13
唐 白釉四系盖罐	高31.4cm	55,946	纽约苏富比	2020-09-23
唐 外黑里白釉碗	直径17cm	81,087	中国嘉德	2020-10-08
唐“盈”字款白釉罐	高21cm	155,250	西泠印社	2020-08-08
唐 白釉兔	高9.6cm	2,727,200	纽约佳士得	2020-09-24
唐 邢窑白釉花口盘	直径13.5cm	103,958	中国嘉德	2020-10-08
唐/五代 邢窑白釉碗	直径13.8cm	77,464	纽约苏富比	2020-09-23

拍品名称	物品尺寸	成交价RMB	拍卖公司	拍卖日期
唐末至五代 白釉菱口盘	直径16.9cm	68,856	纽约苏富比	2020-09-23
唐至五代 邢窑白釉钵式碗	直径12cm	51,979	中国嘉德	2020-10-08
五代 邢窑莲瓣形水盂	高5cm；直径7cm	69,000	西泠印社	2020-08-08
唐至五代 邢窑白釉洗	高10cm； 直径20.5cm	287,500	西泠印社	2020-08-08
五代 邢窑白釉四系穿带壶	高22.6cm	452,000	佳士得	2020-07-09
北宋 磁州黑、白釉斗笠碗（一组两件）	黑 12.6cm； 白 13.3cm	23,498	香港苏富比	2020-11-26
唐末至北宋 白釉双系罐	高16.3cm	80,491	香港苏富比	2020-05-22
宋 登封窑白釉珍珠地牡丹纹梅瓶	高42.2cm	239,103	中国嘉德	2020-10-08
辽 白釉印瑞鸭牡丹纹花口方盘	长11.5cm	34,428	纽约苏富比	2020-09-23
元 霍州窑白釉模印鱼纹匜式洗	长10.9cm	115,000	北京中汉	2020-07-31
白釉杯（一对）	高7.5cm，直径8.6cm； 高7.5cm，直径8.65cm	897,000	上海匡时	2020-08-05
黑瓷				
黑釉				
唐 淄素瓷把杯	高7.2cm；通径10cm	92,000	西泠印社	2020-08-08
北宋/金 黑釉酱斑小碗	直径9cm	73,160	纽约苏富比	2020-09-23
北宋/金 黑釉铁锈花碗	直径14cm	31,635	佳士得	2020-10-08
北宋至金 黑釉油滴纹笠式碗	直径13.7cm	38,732	纽约苏富比	2020-09-23
北宋 磁州窑鹧鸪斑斗笠盏	直径13cm	1,309,392	香港苏富比	2020-10-09
北宋 定窑黑釉净瓶	高29.5cm	259,895	中国嘉德	2020-10-08
北宋 黑釉油滴茶盏	直径13.5cm	436,464	香港苏富比	2020-10-09
北宋至金 河南黑釉油滴天目茶盏	直径12.6cm	927,486	香港苏富比	2020-10-09
北宋至金 黑釉油滴盏	直径10.2cm	3,164,000	香港苏富比	2020-07-11
北宋 磁州窑黑釉棱线纹罐 及 磁州窑黑釉杯	11.5 cm； 8.5cm	74,741	香港苏富比	2020-05-22
北宋至金 黑釉棱线纹双系罐	高26.3cm	108,528	香港苏富比	2020-06-05
北宋 建窑黑釉兔毫笠式茶盏	直径12.8cm	16,415	伦敦苏富比	2020-06-15
南宋 吉州窑玳瑁釉茶入	高9.5cm	74,750	西泠印社	2020-08-08
南宋 吉州窑玳瑁釉盏	高6.5cm；口径13cm	51,750	西泠印社	2020-08-08
南宋 吉州窑剪纸贴花鹿纹碗	直径11.3cm	137,713	纽约苏富比	2020-09-23
南宋 吉州窑满天星梅瓶	高20cm	92,000	西泠印社	2020-08-08
南宋 吉州窑木叶碗	直径11.4cm	426,000	佳士得	2020-11-30
南宋 建窑黑釉油滴茶盏	直径11.8cm；高6cm	931,500	广东崇正	2020-09-13
南宋 建窑兔毫天目盏	11.2cm	74,767	香港苏富比	2020-11-26
南宋 建窑兔毫盏	高6cm；口径12cm	161,000	西泠印社	2020-08-08
南宋 建窑兔毫盏	直径8.4cm	63,270	佳士得	2020-10-08
南宋 建窑兔毫盏	12.3cm	32,043	香港苏富比	2020-11-26
南宋 建窑曜斑盏	高6cm；通径14cm	46,000	西泠印社	2020-08-08
南宋 建窑盏	直径9.5cm	16,001	中国嘉德	2020-07-13
南宋 淄素瓷碗	高6.5cm；口径12cm	97,750	西泠印社	2020-08-08
宋 南宋 建窑黑釉褐斑盏 建窑兔毫小盏	直径10.2cm	52,725	佳士得	2020-10-08
宋 南宋 建窑兔毫盏、黑釉兔毫盏	直径12.2cm	63,270	佳士得	2020-10-08
南宋 吉州窑黑釉梅瓶	高19.5cm	207,000	中贸圣佳	2020-10-17
南宋 吉州窑黑釉木叶天目茶盏	直径15.5cm	654,696	香港苏富比	2020-10-09
南宋 吉州窑木叶盏	高5cm；口径15cm	483,000	西泠印社	2020-08-08
南宋 建窑斗笠形油滴天目盏	高5.4cm；口径13cm	1,782,500	西泠印社	2020-08-08
南宋 建窑禾目天目茶盏	直径12cm	8,534,430	香港苏富比	2020-10-09
南宋 建窑兔毫碗	直径12.6cm	429,400	佳士得	2020-07-09
南宋 建窑兔毫茶盏（一组两件）	直径10.8cm； 直径8.8cm	22,848	香港苏富比	2020-06-05
南宋 建窑油滴茶盏	直径9.3cm	45,696	香港苏富比	2020-06-05
南宋 建窑兔毫茶盏	直径9.5cm	62,832	香港苏富比	2020-06-05
南宋 建窑黑釉油滴天目茶盏	高6.3cm； 直径12.2cm	1,380,000	广东崇正	2020-09-13
宋 黑釉线条花口尊	高12cm； 直径12.2cm	55,200	西泠印社	2020-08-08
宋 黑釉铁锈花梅瓶	19.3cm	85,448	香港苏富比	2020-11-26
宋 黑釉铁锈花玉壶春瓶	26cm	17,090	香港苏富比	2020-11-26
宋 黑釉兔毫束口盏	直径13.1cm； 高7.5cm	230,000	中贸圣佳	2020-10-17
宋 黑釉锈斑花盏	16cm	80,108	香港苏富比	2020-11-26
宋 黑釉锈斑盏及盖罐（一组两件）	罐10.8cm； 盏16cm	58,746	香港苏富比	2020-11-26
宋 黑釉银毫盏	直径10.7cm；高5cm	184,000	中贸圣佳	2020-10-17
宋 黑釉盏（一组三件）	最大直径11.5cm	34,179	香港苏富比	2020-11-26
宋 吉州窑白釉褐彩绘花卉纹三足香炉	直径8cm	85,448	香港苏富比	2020-11-26
宋 吉州窑玳瑁釉洗	高6.5cm；直径25cm	23,000	西泠印社	2020-08-09
宋 吉州窑木叶盏	高5cm；口径11.5cm	109,250	西泠印社	2020-08-08
宋 建窑黑釉盏	高5.2cm； 口径10.2cm	74,750	西泠印社	2020-08-08
宋 建窑兔毫盏	高7.4cm； 口径12.3cm	126,500	西泠印社	2020-08-08
宋 建窑兔毫盏（两件）	直径12.3cm	73,815	佳士得	2020-10-08
宋或以后 柿釉盖杯、绞胎高足碗、吉州窑执壶、黑釉褐斑梅瓶（两件）	高32.2cm	40,071	佳士得	2020-10-08
宋金 黑釉玉壶春瓶	高30cm； 腹径14.5cm	25,300	西泠印社	2020-08-08
宋 黑釉描银凤纹盏	直径11.6cm	632,500	中贸圣佳	2020-10-17
宋 磁州窑铁锈花茶盏	高5cm； 口径12.7cm	80,500	西泠印社	2020-08-08
宋 黑釉褐斑罐	高20.5cm	678,000	香港苏富比	2020-07-11
宋 怀仁窑油滴盏	高4cm；口径9cm	517,500	西泠印社	2020-08-08
宋 传世建窑黑釉兔毫茶盏	直径12.9cm	252,971	香港苏富比	2020-05-22
宋 磁州窑鹧鸪斑釉碗	直径12.5cm	97,104	香港苏富比	2020-06-05
宋 河南窑黑釉罐（一组两件）	口径17cm； 口径21cm	45,696	香港苏富比	2020-06-05
宋 河南窑黑釉罐（一组两件）	高11cm，高12.5cm	22,848	香港苏富比	2020-06-05
宋 黑釉锈斑碗及双系罐一组两件	高20.4cm； 直径19.2cm	54,835	香港苏富比	2020-06-05
宋 黑釉锈花梅瓶	高20cm	97,104	香港苏富比	2020-06-05
宋 黑釉鹧鸪斑纹碗	直径12.9cm	57,493	香港苏富比	2020-05-22
宋 吉州窑褐釉小罐	高6.5cm	25,133	香港苏富比	2020-06-05
宋 建窑兔毫茶盏（一组两件）	直径12.3cm； 直径9.2cm	27,418	香港苏富比	2020-06-05
宋 建窑兔毫碗	直径12.1cm	59,564	巴黎佳士得	2020-06-23
宋 耀州黑釉盏托	直径11.8cm	114,240	香港苏富比	2020-06-05
宋 河南窑油滴碗	直径13cm	109,434	伦敦苏富比	2020-06-15
金 黑釉狮枕	长32cm	42,669	中国嘉德	2020-07-13
金 磁州窑黑釉铁斑碗	直径15cm	74,256	香港苏富比	2020-06-05
元 黑釉连座小玉壶春瓶	高13cm	32,200	中国嘉德	2020-07-16
明 黑釉褐斑提梁罐	宽19cm	713,000	北京保利	2020-10-19
明 黑釉剪纸梅花纹瓶	高19cm	207,000	北京保利	2020-10-19
明 黑釉油滴撇口瓶	高25.5cm	184,000	北京保利	2020-10-20
明 黑釉盏	直径12.8cm	20,700	十竹斋拍卖（北京）	2020-10-18
明 建窑兔毫盏	直径13cm	115,000	华艺国际	2020-10-16
明 鹧鸪斑盏	直径16.5cm	368,000	北京保利	2020-10-19
明代 建窑黑釉小盏	高4.2cm； 直径9.5cm	28,750	古天一	2020-10-16
明 黑釉银油滴敛口小盏（一对）	直径12.8cm × 2	943,000	北京保利	2020-10-19
明 黑釉褐斑茶盏	直径12.5cm	747,500	北京保利	2020-10-19
明 白覆轮天目盏	直径15.5cm	1,495,000	北京保利	2020-10-19
明 黑釉大斗笠盏	直径13cm	1,150,000	北京保利	2020-10-19
明 黑釉笠式碗	直径21cm	1,127,000	北京保利	2020-10-20
明 木叶盏	直径15.5cm	1,322,500	北京保利	2020-10-19
明 天目盏及剔红花卉盏托	直径11.8； 宽16.8cm	1,322,500	北京保利	2020-10-19
清雍正 黑釉冲天耳炉	直径11cm；高6.2cm	23,000	广东崇正	2020-09-13
清光绪 黑釉开光青花苍龙教子纹铺首耳海棠式尊	高51.1cm	275,426	纽约苏富比	2020-09-23
清代 建窑撇口兔毫大盏	高9cm；直径18.8cm	368,000	古天一	2020-10-16
清代 建窑兔毫小盏	高4.2cm； 直径9.2cm	46,000	古天一	2020-10-16

拍品名称	物品尺寸	成交价RMB	拍卖公司	拍卖日期
黑釉鸡心碗（一对）	高8.8cm; 口径15cm; 高8.9cm; 口径15cm	55,200	上海匡时	2020-08-05
黑釉铁绘双耳罐	高9.8cm; 口径12cm	23,000	上海匡时	2020-08-05
黑釉凸线双系罐	高20cm; 口径19cm	23,000	上海匡时	2020-08-05
黑釉兔毫盏	高6.8cm; 口径12.8cm	287,500	上海匡时	2020-08-05
建窑黑釉兔毫碗	高6.4cm; 口径11cm	138,000	上海匡时	2020-08-05
宋 吉州窑茶碗	高5.4cm; 直径15.5cm	13,800	西泠印社	2020-08-08
宋 吉州窑剪纸贴花三凤纹碗	高6.5cm; 直径17cm	43,700	西泠印社	2020-08-08
宋 建窑大碗	高11.2cm; 口径25.7cm	36,800	西泠印社	2020-08-08
宋 建窑兔毫斗笠盏	高5.8cm; 口径13.3cm	43,700	西泠印社	2020-08-08
宋 建窑鹧鸪斑盏	高6.7cm; 口径11.9cm	43,700	西泠印社	2020-08-08
宋 建盏	高6.3cm; 口径12.7cm	59,800	西泠印社	2020-08-08
宋 建盏	高7cm; 口径12.5cm	57,500	西泠印社	2020-08-08
宋 建盏	高7.5cm; 口径11.6cm	55,200	西泠印社	2020-08-08
宋 建盏	高6.5cm; 口径12cm	43,700	西泠印社	2020-08-08
宋 建盏	高4.5cm; 口径11.3cm	34,500	西泠印社	2020-08-08
宋 建盏	高6cm; 口径13.9cm	34,500	西泠印社	2020-08-08
宋 建盏	高7cm; 口径12.5cm	17,250	西泠印社	2020-08-08
宋 建盏	高7.5cm; 口径16.5cm	20,700	西泠印社	2020-08-08
淄博窑黑釉线条壶	高22.8cm; 直径15cm	86,250	上海匡时	2020-08-05
定窑黑釉梅瓶	高25cm; 直径6.5cm	253,000	上海匡时	2020-08-05
吉州窑玳瑁盏	高5.7cm; 口径12.6cm	207,000	上海匡时	2020-08-05
乌金釉				
南宋 建窑乌金釉油滴盏	高7.2cm; 口径12.5cm	69,000	西泠印社	2020-08-08
宋 建盏乌金釉撇口盏	高5.4cm; 口径11cm	115,000	西泠印社	2020-08-08
清康熙 乌金釉棒槌瓶	高24.5cm	40,250	北京大羿	2020-07-12
清康熙、清乾隆 乌金釉描金花卉纹小玉壶春执壶、黄釉杯（各一件）	高16.8cm; 直径6.3cm	46,000	中国嘉德	2020-07-16
清雍正 乌金釉兽足鼎式炉	高19.5cm	34,500	北京大羿	2020-08-16
宋 乌金釉建盏	高4.7cm; 口径12.2cm	28,750	西泠印社	2020-08-08
乌金釉兔毫盏	口径13cm; 高6.8cm	586,500	上海匡时	2020-08-05
彩瓷				
褐黑彩				
北宋 青白釉褐斑玄武座莲叶枕	长16.5cm	398,563	佳士得	2020-04-21
北宋/金 黑釉褐斑花卉纹嘟噜瓶	高20.2cm	316,400	佳士得	2020-07-09
宋 磁州白地黑彩卷草纹罐	宽19.6cm	58,746	香港苏富比	2020-11-26
宋 磁州窑系诗文枕	长32.6cm	103,500	西泠印社	2020-08-08
宋 磁州褐彩卷草纹罐	高17.4cm	251,327	香港苏富比	2020-06-05
金 磁州白地黑彩开光荷花人物图罐	高30cm	57,120	香港苏富比	2020-06-05
元 磁州窑白地褐彩小虎头	长5cm	17,250	中国嘉德	2020-07-16

拍品名称	物品尺寸	成交价RMB	拍卖公司	拍卖日期
元 磁州窑白地黑花苏东坡醉游水晶宫图长方枕	长29.7cm	36,440	佳士得	2020-04-21
元 青白釉褐彩卧人	长14cm	213,620	香港苏富比	2020-11-26
青花				
元 青花缠枝花卉纹朝冠耳带座小炉	高13cm	184,000	西泠印社	2020-08-08
元 青花缠枝花卉纹军持	高16cm	322,000	中国嘉德	2020-12-03
元 青花缠枝莲纹玉壶春瓶	高24.5cm	281,501	保利香港	2020-12-02
元 青花荷塘莲瓣纹玉壶春瓶	高27.9cm	264,500	中贸圣佳	2020-10-17
元 青花龙纹玉壶春瓶	高30cm	57,500	西泠印社	2020-08-08
元 青花鸳鸯水盂	高8.3cm	57,500	十竹斋拍卖（北京）	2020-10-18
元 青花缠枝花卉纹兽耳罐	高30.5cm	1,092,500	中国嘉德	2020-08-18
元 青花龙戏珠纹高足碗	直径11.9cm	654,696	香港苏富比	2020-10-09
元 青花秋郊饮马图玉壶春瓶	高25.5cm; 腹径12.8cm	1,495,000	西泠印社	2020-08-08
元 青花山石鹿纹玉壶春瓶	高25cm	331,769	保利香港	2020-12-02
元 青花双龙牡丹纹罐	高20cm	706,550	伦敦佳士得	2020-11-03
元 青花岁寒三友缠枝灵芝托杂宝纹盘	直径32cm	502,680	保利香港	2020-12-02
元 青花缠枝牡丹如意开光凤穿花纹兽耳大罐	高37cm	13,800,000	中贸圣佳	2020-10-17
元 青花苏料仙人指路图玉壶春瓶	高24.4cm	10,580,000	中贸圣佳	2020-10-17
元 青花云龙牡丹纹铺首罐	高38.5cm	11,500,000	华艺国际	2020-12-05
元 青花云龙纹兽耳盘口大罐	高38cm	8,625,000	北京保利	2020-10-20
明早期 青花缠枝菊花纹罐	高16.5cm	43,700	中国嘉德	2020-07-17
明早期 青花云龙纹大罐	高36.5cm	23,000	中鸿信	2020-01-03
明洪武 青花缠枝菊纹花口盘	直径20cm	322,000	北京保利	2020-10-20
明洪武 青花模印云凤纹盘	直径13.1cm	57,500	中国嘉德	2020-08-18
明洪武 青花四季花卉纹花口折沿大盘	直径46cm	138,000	中贸圣佳	2020-12-07
明洪武 青花四季花卉纹花口折沿大盘	直径46.4cm	2,130,000	佳士得	2020-11-30
明永乐 青花缠枝花卉海水纹折沿洗	直径26.5cm	230,000	中鸿信	2020-01-03
明永乐 青花缠枝花卉一束莲纹盘	直径33.5cm	155,250	广东崇正	2020-09-13
明永乐 青花缠枝莲纹盘	高8cm; 直径37.5cm	126,500	西泠印社	2020-08-08
明永乐 青花瓜瓞连绵图折沿大盘	直径39.7cm	115,000	中国嘉德	2020-07-15
明永乐 青花花卉纹烛台（上半截）	高12.8cm	115,000	中贸圣佳	2020-07-18
明永乐 青花缠枝莲纹双系小罐	高6cm	874,000	北京中汉	2020-12-04
明永乐 青花缠枝花卉纹折沿洗	直径32cm	1,695,000	佳士得	2020-07-09
明永乐 青花花卉纹菱口折沿盘	直径38cm	3,055,248	香港苏富比	2020-10-09
明永乐 青花轮花绶带葫芦扁瓶	高29.5cm	14,297,660	香港苏富比	2020-10-09
明永乐 青花缠枝花卉纹折沿菱口大盘	直径37.8cm	10,015,110	纽约佳士得	2020-09-25
明永乐 青花缠枝四季花卉菊花灵芝纹折沿大盘	直径40cm	4,428,450	纽约佳士得	2020-09-25
明永乐 青花缠枝四季花卉菊纹盘	直径34.8cm	4,343,288	纽约佳士得	2020-09-25
明永乐 青花一把莲纹盘	直径32.1cm	2,980,688	纽约佳士得	2020-09-25
明永乐 青花缠枝花卉纹莲子碗	直径21.4cm	1,207,500	北京诚轩	2020-08-17
明永乐 青花缠枝花卉纹折沿大盘	直径41.5cm	2,300,000	中国嘉德	2020-08-18
明永乐 青花缠枝花卉折沿菱口大盘	直径37.8cm	6,440,000	北京保利	2020-12-05
明永乐 青花轮花绶带耳葫芦扁瓶	高25cm	6,670,000	中国嘉德	2020-08-18
明永乐 青花轮花纹绶带耳葫芦扁瓶	高32cm	21,850,000	北京翰海	2020-12-12
明永乐 青花葡萄缠枝四季花卉海波纹折沿大盘	直径37cm	3,737,500	北京中汉	2020-08-19
明永乐 青花一把莲纹盘	直径32cm	2,415,000	中国嘉德	2020-12-03
明永乐 青花折枝花果纹梅瓶	高29cm	25,300,000	中国嘉德	2020-12-03
明宣德 青花缠枝百合纹豆	高10cm	132,250	北京大羿	2020-08-16
明宣德 青花缠枝花卉罐	高19cm	322,000	中鸿信	2020-01-03
明宣德 青花缠枝莲纹盖罐	高23cm	46,000	广东崇正	2020-09-13

拍品名称	物品尺寸	成交价RMB	拍卖公司	拍卖日期
明宣德 青花缠枝牵牛花纹四方倭角双龙耳瓶	高16.5cm	48,300	北京大羿	2020-08-16
明宣德 青花锦纹长方形砖	长28cm	48,300	北京大羿	2020-08-16
明宣德 青花卷草花卉长八方菱口鸟食罐	长11.9cm	109,250	中贸圣佳	2020-07-18
明宣德 青花折枝花果石榴花纹盘	直径29.4cm	345,000	北京保利	2020-12-05
明宣德 御窑青花折枝石榴花果纹盘	直径29cm	299,000	保利厦门	2020-09-26
明宣德 青花缠枝月季纹鸟食罐	宽5.9cm	508,500	佳士得	2020-07-09
明宣德 青花花卉纹鸟食罐	带座高5cm; 高3.5cm; 直径5.5cm	920,000	西泠印社	2020-08-08
明宣德 青花缠枝花卉纹钵式洗		230,000	中贸圣佳	2020-06-20
明宣德 青花缠枝花卉纹斗笠碗	直径20.6cm	414,000	北京诚轩	2020-08-17
明宣德 青花折枝月季花菱口盘	直径20cm	345,000	北京大羿	2020-08-16
明宣德 青花缠枝百合纹豆	高10.2cm	1,840,000	北京保利	2020-10-19
明宣德 青花缠枝花果莲子碗	直径20.5cm	3,105,000	中国嘉德	2020-08-18
明宣德 青花缠枝花卉纹盘	直径27.6cm	4,945,000	中国嘉德	2020-12-03
明宣德 青花缠枝牡丹花卉纹大碗	直径26.6cm	3,680,000	北京保利	2020-12-05
明宣德 青花缠枝月季花纹胆式瓶	高16.2cm	5,750,000	中贸圣佳	2020-12-07
明宣德 青花雕龙纹鸟食罐	长7.1cm; 高3.5cm	1,322,500	永乐拍卖	2020-12-02
明宣德 青花瑞果纹瓜棱贯耳瓶式花插	高5.7cm	2,070,000	北京大羿	2020-10-16
明宣德 青花折枝花卉瑞果纹葵口碗	直径22.6cm	8,847,168	保利香港	2020-12-02
明正统 青花花卉纹银锭形盖盒	长11cm	34,500	保利厦门	2020-09-26
明正统 青花牡丹蝴蝶纹梨形壶	高12cm	92,000	保利厦门	2020-09-26
明正统至天顺 青花高士带盖梅瓶	高28cm	59,020	北京保利	2020-07-19
明正统至天顺 青花高士梅瓶	高36cm	230,000	北京保利	2020-10-20
明正统至天顺 青花高士图梅瓶	高38cm	310,500	北京大羿	2020-10-16
明正统 青花人物故事图大罐	高33cm	897,000	保利厦门	2020-09-26
明正统至成化 青花瑞狮戏球图墩式碗	直径13.1cm	1,725,000	北京诚轩	2020-08-17
明空白期 青花高士图梅瓶	高21.5cm	36,800	十竹斋拍卖（北京）	2020-10-18
明空白期 青花牡丹纹梅瓶	高25cm	36,800	西泠印社	2020-08-08
明空白期 青花人物大罐	高36cm	186,300	十竹斋拍卖（北京）	2020-10-18
明空白期 青花狮纹三足小炉	直径7cm; 高8.6cm	57,500	北京中汉	2020-08-19
明空白期 青花寿星图瓷板	长18.2cm	23,000	中国嘉德	2020-07-15
明空白期 青花携琴访友图大罐	高37cm; 通径36cm	230,000	西泠印社	2020-08-08
明空白期 青花鱼龙纹高足碗、鱼化龙纹碗（一组）	直径14.6cm; 直径12cm	17,250	广东崇正	2020-09-13
明空白期/明万历 青花麒麟图大盘、人物纹盖罐（各一件）	直径31.5cm; 高25.5cm	40,250	中国嘉德	2020-07-15
明空白期 青花龙凤纹梅瓶	高35cm	460,000	西泠印社	2020-08-08
15世纪（安南）青花花卉四系罐	宽10cm	35,185	北京保利	2020-07-19
明成化 青花缠枝花卉纹碗	直径19cm	13,800	中国嘉德	2020-07-17
明成化 青花缠枝莲纹罐	高9.5cm	86,250	北京大羿	2020-08-16
明成化 青花缠枝莲纹葫芦瓶	高35.4cm	92,000	中国嘉德	2020-11-09
明成化 青花洞石花卉盘	直径34cm	230,000	北京保利	2020-12-05
明成化 青花梵文碗	直径14.4cm	301,478	中国嘉德	2020-10-08
明成化 青花高士图盘（一对）	直径12.7cm	36,800	中贸圣佳	2020-06-20
明成化 青花海马纹墩式碗	直径12.2cm	41,400	北京大羿	2020-08-16
明成化 青花海水云纹罐	高14.8cm	20,700	中国嘉德	2020-11-09
明成化 青花九秋图罐	高10.5cm	201,250	北京大羿	2020-08-16
明成化 青花童子拜观音瓷板	直径25.4cm	471,500	中贸圣佳	2020-12-08
明成化至正德 青花缠枝莲花纹碗	直径16cm; 高7.5cm	379,500	广东崇正	2020-09-13
明成化–弘治 青花携琴访友梅瓶	高30cm	897,000	北京保利	2020-10-19
明成化至弘治 青花高士人物图三足炉	直径12.7cm; 高7.7cm	57,500	北京中汉	2020-08-19
明15世纪中 青花文明富贵图梅瓶	高33.6cm	731,600	纽约苏富比	2020-09-23

拍品名称	物品尺寸	成交价RMB	拍卖公司	拍卖日期
明成化 御窑内青花折枝花鸟纹高足碗	直径16.4cm; 高11.2cm	632,500	中贸圣佳	2020-10-17
15世纪 青花人物图筒式三足炉	直径17.8cm	508,500	佳士得	2020-07-09
明成化 青花缠枝莲托八吉祥纹盘	直径19.1cm	2,727,900	香港苏富比	2020-10-09
明成化 青花海水应龙纹小罐	高 8.8cm	30,532,600	香港苏富比	2020-07-11
越南 15世纪 青花牡丹佛狮纹大罐	高33cm	3,224,395	巴黎佳士得	2020-06-23
明15世纪 青花牡丹寿石纹大盘	直径33.9cm	323,618	纽约佳士得	2020-09-25
明成化 青花九秋图罐	直径10.5cm	28,175,000	北京保利	2020-10-19
明成化 青花葡萄纹高足碗	直径16cm; 高11.2cm	1,035,000	中贸圣佳	2020-10-17
明成化 青花童子拜观音瓷板	直径25.4cm	471,500	中贸圣佳	2020-12-08
明成化 青花婴戏图碗	直径22.5cm	5,197,900	中国嘉德	2020-10-08
明成化至弘治 青花缠枝灵芝盘	直径26.2cm	1,955,000	北京保利	2020-10-19
明弘治 青花神仙人物故事图圆形瓷板	直径27.7cm	161,000	中贸圣佳	2020-12-07
明弘治 黄地青花栀子花果纹盘双圈六字楷书款	直径26.6cm	204,390	纽约佳士得	2020-09-25
明弘治 黄地青花折枝花果纹盘	直径26.2cm	2,875,000	北京保利	2020-10-19
明弘治 黄地青花栀子花纹盘（一对）	直径26cm×2	15,525,000	华艺国际	2020-10-16
明正德 青花阿拉伯文盖盒	长19.5cm	13,800	中鸿信	2020-01-03
明正德 青花缠枝莲托八宝纹大罐	高26.8cm	126,500	中贸圣佳	2020-12-07
明正德 青花穿花龙纹尊	高7.7cm	94,300	中贸圣佳	2020-12-07
明正德 青花莲纹朝冠耳三足香炉	宽26.2cm; 直径17.6cm	16,022	香港苏富比	2020-11-26
明正德 青花西番莲纹葫芦瓶	高40cm	51,750	中鸿信	2020-01-03
明正德 青花龙纹盘	直径21.2cm	638,719	纽约佳士得	2020-09-25
明嘉靖 黄地青花云鹤纹盘	13.7cm	90,789	香港苏富比	2020-11-26
明嘉靖 青花“国泰民安”云鹤纹罐	高25.8cm	55,200	中贸圣佳	2020-06-20
明嘉靖 青花十八学士图大罐	高33cm	230,000	保利厦门	2020-09-26
明嘉靖 青花八宝茶碗	直径8.2cm	34,500	中鸿信	2020-01-04
明嘉靖 青花八卦云鹤纹盘	直径20.2cm	57,500	中贸圣佳	2020-07-18
明嘉靖 青花缠枝花卉纹斗笠盏	直径10cm	13,800	中国嘉德	2020-07-15
明嘉靖 青花缠枝花卉纹罐	高38.5cm	94,300	荣宝斋（南京）	2020-11-28
明嘉靖 青花缠枝莲纹大碗	直径40cm; 高19.2cm	50,600	中贸圣佳	2020-12-07
明嘉靖 青花缠枝莲纹双兽耳瓶	高23cm	14,950	中贸圣佳	2020-12-07
明嘉靖 青花缠枝莲纹仰钟碗	直径15.2cm; 高9.3cm	207,000	华艺国际	2020-10-16
明嘉靖 青花缠枝灵托八宝纹小罐	高12.7cm	154,927	纽约苏富比	2020-09-23
明嘉靖 青花戴胜桃树纹盘	直径22.5cm	322,000	华艺国际	2020-10-16
明嘉靖 青花凤纹方罐	高20cm; 直径17.5cm	69,000	华艺国际	2020-10-16
明嘉靖 青花海马璎珞纹小口罐	高25.8cm	40,250	中国嘉德	2020-07-15
明嘉靖 青花荷塘鸳鸯卧足撇口杯	直径9.1cm	50,268	保利香港	2020-12-02
明嘉靖 青花花果纹大盘	直径51cm	46,000	中国嘉德	2020-12-03
明嘉靖 青花花卉开光人物纹大罐	直径40cm	414,000	中国嘉德	2020-08-18
明嘉靖 青花开光人物纹大碗	直径21.2cm	57,500	中贸圣佳	2020-12-07
明嘉靖 青花开光瑞兽寿星图葫芦大瓶	高65.7cm	218,500	中贸圣佳	2020-12-07
明嘉靖 青花龙凤盖罐	高17cm	460,000	北京保利	2020-10-20
明嘉靖 青花龙凤渣斗	直径15cm	34,500	北京保利	2020-10-20
明嘉靖 青花人物纹罐	高12.5cm	86,250	北京大羿	2020-08-16
明嘉靖 青花双狮戏球纹盘	直径12.4cm	65,220	伦敦佳士得	2020-11-03
明嘉靖 青花四美图兽耳三足香熏	高11cm; 直径13.5cm	74,750	荣宝斋（南京）	2020-11-28
明嘉靖 青花庭院花卉纹罐	高12cm	80,500	北京大羿	2020-12-06
明嘉靖 青花婴戏图盘	直径15.8cm	253,000	中国嘉德	2020-07-17
明嘉靖 青花婴戏图小罐	高11.2cm	258,212	纽约苏富比	2020-09-23
明嘉靖 青花鱼藻纹大缸	直径73cm	506,000	北京保利	2020-10-20
明嘉靖 青花云鹤高士图葫芦瓶	高30.5cm	48,300	中贸圣佳	2020-07-18
明嘉靖 青花云鹤纹大盘	直径44.2cm	71,300	中国嘉德	2020-07-15

拍品名称	物品尺寸	成交价RMB	拍卖公司	拍卖日期
明嘉靖 青花云鹤纹墩式碗	直径18cm; 高9cm	207,000	保利厦门	2020-09-26
明嘉靖丙寅年（1566年）青花花鸟图碗	直径15.2cm	172,141	纽约苏富比	2020-09-23
明嘉靖 青花八仙人物花卉纹环形盖盒	直径39cm	805,000	北京保利	2020-10-20
明嘉靖 蓝地白花“寿”字云鹤纹大盘	直径32.5cm	1,005,360	保利香港	2020-12-02
明嘉靖 青花“八仙过海”图小罐	高9.5cm	653,484	保利香港	2020-12-02
明嘉靖 青花龙赶珠纹大瓶（一对）	高48.2cm×2	298,069	纽约佳士得	2020-09-25
明嘉靖 青花乾坤八卦云鹤纹盘（一对）	高2.9cm×2; 直径13.7cm×2	241,500	西泠印社	2020-08-08
明嘉靖 青花双龙戏珠纹盘	直径49.5cm	221,423	纽约佳士得	2020-09-25
明嘉靖丙午年(1546) 青花高士图朝冠耳三足炉	两耳宽20.5cm	161,809	纽约佳士得	2020-09-25
明嘉靖至万历 青花卷草龙纹摩羯鱼象耳尊	高86cm	402,500	中国嘉德	2020-08-18
明嘉靖 蓝釉龙纹碗及明万历 青花文官像	碗直径21cm; 像高18cm	114,240	香港苏富比	2020-06-05
明嘉靖 青花“岁寒三友”盘	直径76cm	496,366	巴黎佳士得	2020-06-23
明嘉靖 青花故事人物图罐	高32.8cm	171,360	香港苏富比	2020-06-05
明嘉靖 青花庭院婴戏图大罐		1,985,465	巴黎佳士得	2020-06-23
明嘉靖 青花涌泉麒麟纹执壶	高39.1cm	851,625	纽约佳士得	2020-09-25
明嘉靖 青花花卉纹罐	高24.3cm	218,868	伦敦苏富比	2020-06-15
明嘉靖 青花璎珞海马纹罐	高25.5cm	82,075	伦敦苏富比	2020-06-15
明嘉靖 青花云龙赶珠纹罐	高12.5cm	93,019	伦敦苏富比	2020-06-15
明嘉靖 青花“鲭鲢鲤鳜”鱼藻纹大缸	直径42.3cm	1,840,000	北京保利	2020-10-19
明嘉靖 青花八仙过海图罐	高28.2cm	437,000	北京诚轩	2020-08-17
明嘉靖 青花穿花龙纹朝珠盒	直径39.2cm	3,518,760	保利香港	2020-12-02
明嘉靖 青花福禄寿大罐	高34cm	1,150,000	北京保利	2020-12-05
明嘉靖 青花团龙团凤纹葫芦瓶	高48cm	3,105,000	华艺国际	2020-10-16
明嘉靖 青花云龙鹤凤大罐	高41cm	4,025,000	北京保利	2020-10-19
明隆庆 青花奏乐人物盘	直径15cm	115,000	北京保利	2020-10-20
明中期 青花穿花凤纹执壶	高29cm	63,250	保利厦门	2020-09-26
明中期 青花高士人物梅瓶	高27.5cm	23,000	中鸿信	2020-01-03
明中期 青花罗汉图瓷砖（两件）	长19.5cm	17,250	北京保利	2020-10-20
明中期 青花应龙纹净水碗	直径29.6cm	23,000	中国嘉德	2020-07-15
明中期 青花折枝寿桃纹小罐	高13.7cm	13,800	中国嘉德	2020-07-17
明中期、明晚期 青花刘海戏蟾图三足盖盒、山水人物花卉麒麟图瓜棱水丞（各一件）	直径10.2cm; 直径10cm	23,000	中国嘉德	2020-11-12
明隆庆 青花龙凤纹卷缸	直径50cm	1,322,500	华艺国际	2020-10-16
明万历 螭龙纹青花砚	直径13.8cm	13,800	中贸圣佳	2020-07-18
明万历 仿永乐青花花卉海浪碗	直径15.5cm	483,000	北京保利	2020-10-19
明万历 内青花花虫外珊瑚红地描金莲池游鱼纹盘	直径14.2cm	17,250	北京大羿	2020-06-19
明万历 内青花山水楼阁图外云鹤纹大盘	直径43.5cm	17,250	中国嘉德	2020-11-10
明万历 青花“宝历万年”碗	高6.3cm; 直径14.3cm	29,900	西泠印社	2020-08-08
明万历 青花荷塘鸳鸯图盖罐	直径50.5cm	184,000	保利厦门	2020-09-26
明万历 青花英雄独立纹碗	直径14.2cm	12,650	北京中汉	2020-08-19
明万历 青花八仙小杯	直径9cm	138,000	北京保利	2020-10-20
明万历 青花百寿纹碗	直径20.1cm	31,640	北京中汉	2020-09-03
明万历 青花缠枝花卉碗（一对）	直径12.2cm; 直径12.4cm	241,500	北京保利	2020-12-05
明万历 青花缠枝花卉纹螭耳橄榄瓶（一对）	高38.6cm	115,000	中国嘉德	2020-08-18
明万历 青花缠枝花卉纹大碗	直径21.5cm; 高9cm	138,000	保利厦门	2020-09-26
明万历 青花缠枝花卉纹碗	直径20.5cm	89,700	北京大羿	2020-08-01
明万历 青花缠枝莲托杂宝纹调色盘	直径15.2cm	36,800	中国嘉德	2020-11-10
明万历 青花缠枝莲纹罐	高16cm	46,000	北京大羿	2020-07-12
明万历 青花缠枝莲纹盘	直径12cm	36,800	保利厦门	2020-09-26
明万历 青花缠枝莲纹四方罐	高18.3cm	17,250	北京大羿	2020-07-17
明万历 青花缠枝牡丹纹盘	直径25.5cm	17,250	中贸圣佳	2020-12-07
明万历 青花瓷塑真武大帝像	高26.5cm	103,500	北京大羿	2020-10-16
明万历 青花淡描麒麟三足炉	高10cm	43,700	北京大羿	2020-07-17
明万历 青花地留白花果纹盘	直径29cm	34,500	北京大羿	2020-09-13
明万历 青花梵文莲瓣盘	直径19cm	48,300	中鸿信	2020-01-03
明万历 青花梵文盘	直径18.4cm	77,464	纽约苏富比	2020-09-23
明万历 青花梵文小碗	直径10cm	207,000	北京保利	2020-10-20
明万历 青花凤纹盘（一对）	直径13.8cm	84,360	佳士得	2020-10-08
明万历 青花高士琴棋书画图罐	高13cm	207,000	中贸圣佳	2020-10-17
明万历 青花龟背锦地开光花鸟纹调色盘	直径18.8cm	20,700	中国嘉德	2020-11-10
明万历 青花荷塘游龙图大碗	直径19cm	632,500	中国嘉德	2020-12-03
明万历 青花花卉海马纹四方瓶	高23.3cm	13,800	中国嘉德	2020-07-17
明万历 青花花鸟图罐	高25.5cm	13,800	北京大羿	2020-06-19
明万历 青花花鸟纹罐	高30.8cm	172,500	中国嘉德	2020-11-10
明万历 青花花鸟纹罐	高40.5cm	69,000	中贸圣佳	2020-06-20
明万历 青花锦地开光云鹤纹洗	直径27.6cm	28,750	中国嘉德	2020-07-15
明万历 青花锦堂富贵图盖盒	直径18.6cm	258,212	纽约苏富比	2020-09-23
明万历 青花开光八仙人物故事图葫芦瓶	高50cm	258,750	保利厦门	2020-09-26
明万历 青花开光花果纹碗	直径14cm	73,160	纽约苏富比	2020-09-23
明万历 青花开光花鸟纹花口大盘（三只）	尺寸不一	23,000	中国嘉德	2020-07-15
明万历 青花开光杂宝瑞兽纹花口折沿大盘	直径51cm	48,300	中国嘉德	2020-07-17
明万历 青花魁星点斗图卧足盘	直径13.6cm	24,150	中贸圣佳	2020-12-07
明万历 青花莲瓣梵文供盘	直径18cm	80,500	保利厦门	2020-09-26
明万历 青花莲塘蛙鸣纹克拉克式大盘	直径47.5cm	32,610	伦敦佳士得	2020-11-03
明万历 青花莲托福寿双全纹盖盒	长7.5cm	575,000	保利厦门	2020-09-26
明万历 青花龙凤纹八棱洗	直径20cm; 高5.5cm	80,500	保利厦门	2020-09-26
明万历 青花龙凤纹瓜棱罐	直径18cm	184,000	中国嘉德	2020-08-18
明万历 青花龙凤纹花口洗	直径15cm	86,250	保利厦门	2020-09-26
明万历 青花龙纹大盘	直径32cm	184,000	北京保利	2020-10-20
明万历 青花龙纹盘	直径12.5cm	59,800	北京大羿	2020-08-16
明万历 青花龙纹四方盝顶盖盒	四方盝7.9cm	158,175	佳士得	2020-10-08
明万历 青花龙纹洗口双耳瓶	高19cm	437,000	北京保利	2020-10-20
明万历 青花内云纹外云龙纹盘	直径17.3cm	23,000	中国嘉德	2020-11-10
明万历 青花葡萄纹折沿盘	直径44.5cm	36,800	北京大羿	2020-06-19
明万历 青花麒麟献宝图小盘	直径10.5cm	43,700	北京诚轩	2020-08-17
明万历 青花瑞兽纹格盘	直径24cm	115,000	北京大羿	2020-12-06
明万历 青花狮球图折沿大盘	直径35cm	23,000	中国嘉德	2020-07-15
明万历 青花岁寒三友花鸟纹葫芦壁瓶	高32.5cm	109,250	中国嘉德	2020-07-16
明万历 青花贴塑莲花梵文盘	直径18.5cm	552,000	北京保利	2020-10-20
明万历 青花团螭纹瓶（一对）	高27.0cm	53,336	中国嘉德	2020-07-13
明万历 青花万寿图大碗	直径20cm	48,300	中国嘉德	2020-11-10
明万历 青花象形军持	高19.3cm	50,616	佳士得	2020-10-08
明万历 青花婴戏图罐	高12.5cm	13,800	北京大羿	2020-08-01
明万历 青花璎珞海马纹罐	高24cm	103,500	中贸圣佳	2020-06-20
明万历 青花鱼藻纹盘	直径18.5cm	105,800	保利厦门	2020-09-26
明万历 青花鱼藻纹盘	直径16.5cm	48,300	北京诚轩	2020-08-17
明万历 青花云鹤纹鸟食罐	高7cm	36,800	保利厦门	2020-09-26
明万历 青花云龙纹盘	直径17cm	69,000	中贸圣佳	2020-07-18
明万历 青花云龙纹盘	直径16.5cm	23,000	中国嘉德	2020-11-12
明万历 青花雉鸡牡丹图双兽耳瓶	高41cm	207,000	北京大羿	2020-07-12
明万历 外珊瑚红描金内青花花卉纹碗（一对）	直径15cm	34,500	北京大羿	2020-07-12
明万历/明崇祯 青花锦地开光瑞兽纹花口壶、青花高士图执壶（各一件）	高22cm; 高18.4cm	28,750	中国嘉德	2020-07-15
明万历 青花花鸟镂空如意足器座	直径24.5cm	230,000	中贸圣佳	2020-10-17

拍品名称	物品尺寸	成交价RMB	拍卖公司	拍卖日期
明万历 青花寿字云龙纹“福寿”大罐	高52.5cm	805,000	北京保利	2020-10-20
明万历 青花鱼藻纹蒜头瓶	高43cm	437,000	华艺国际	2020-10-16
明万历 青花八卦纹三足炉	直径15.2cm	920,000	中国嘉德	2020-08-18
明万历 青花仿古镂空饕餮纹出戟觚式瓶	高35.2cm	383,231	纽约佳士得	2020-09-25
明万历 青花开光云龙纹罐	高17cm	1,065,000	佳士得	2020-11-30
明万历 青花龙纹杯	直径6.4cm	1,955,000	中国嘉德	2020-08-18
明万历 青花瑞兽图大瓶	高85cm	238,455	纽约佳士得	2020-09-25
明万历 青花双鱼纹盘	直径18.1cm	187,358	纽约佳士得	2020-09-25
明万历 御窑仿宣德青花海兽纹高足杯	直径10cm	920,000	中国嘉德	2020-12-03
明16世纪初 青花缠枝牡丹纹戟耳活环大瓶	高62.3cm	119,228	纽约佳士得	2020-09-25
明万历 青花八仙过海图小罐 双圈三行六字楷书款	高16.2cm	272,520	纽约佳士得	2020-09-25
明万历 青花九鹤图圆盖盒	直径24.7cm	221,423	纽约佳士得	2020-09-25
明万历 青花松下高士图大梅瓶	高64.6cm	1,107,113	纽约佳士得	2020-09-25
明万历 青花云龙纹大盘	直径38.4cm	681,300	纽约佳士得	2020-09-25
明万历 青花缠枝花卉大缸	直径47.5cm	1,840,000	北京保利	2020-10-20
明万历 青花穿花翼龙纹大罐	高37cm	667,000	北京大羿	2020-08-16
明万历 青花龙凤穿花纹盘	直径38cm	1,035,000	保利厦门	2020-09-26
明万历 青花内双龙捧寿图外花卉开光高士图碗	直径16.1cm	1,127,000	中国嘉德	2020-08-18
明万历 青花双龙纹四方倭角捧盒	长24cm	1,150,000	华艺国际	2020-10-16
明万历 青花婴戏图八方盖罐	高13.5cm	4,021,440	保利香港	2020-12-02
明万历 青花云龙纹缸	高42cm;直径50.5cm	2,990,000	永乐拍卖	2020-12-02
明天启 青花高士图贯耳瓶	直径19.1cm	32,200	中国嘉德	2020-07-16
明天启 青花高士图盘	直径21.8cm	17,250	中国嘉德	2020-07-15
明天启 青花人物纹八方罐	高29.6cm	40,250	中国嘉德	2020-11-10
明天启 青花人物纹钵	直径22.5cm	57,500	中鸿信	2020-01-03
明天启 青花山水人物纹小筒式炉	直径10.8cm	17,250	中国嘉德	2020-11-10
明天启 青花折枝花卉纹八方罐（一对）	高30.7cm	34,500	中国嘉德	2020-07-15
明天启、清雍正 青花花卉纹花口盘、八蛮进宝图大碗（三只）	尺寸不一	25,300	中国嘉德	2020-07-15
明天启 米万钟制青花洞石花卉出戟觚	高32cm	14,375,000	北京保利	2020-10-18
17世纪 青花刀马人物纹撇口笔筒	高18.5cm	46,000	北京大羿	2020-06-19
17世纪 青花莲瓣纹鸡心碗	直径21cm	23,000	北京大羿	2020-07-17
17世纪 青花《西厢记》“太和湖上搬救兵”人物故事笔筒	高16.5cm	36,800	北京大羿	2020-06-19
明16/17世纪 青花仙鹿香插	高17cm	84,360	佳士得	2020-10-08
明崇祯 暗刻缠枝花卉青花团花纹小罗汉炉	直径10.5cm	40,250	中国嘉德	2020-07-16
明崇祯 绿地青花福禄万年碗	直径14.8cm	207,000	北京保利	2020-10-20
明崇祯 青花八仙祝寿图筒瓶	高42.9cm	152,550	北京中汉	2020-09-03
明崇祯青花蔡襄造洛阳桥图罗汉炉	直径22.3cm;高13cm	43,700	中贸圣佳	2020-06-20
明崇祯青花刘备跃马檀溪图莲子罐	高17.7cm	195,500	中贸圣佳	2020-06-20
明崇祯 青花仙人乘槎图香炉	直径9.5cm	32,200	北京大羿	2020-06-19
明崇祯 青花智破八阵图笔筒	直径7.3cm;高15.6cm	37,950	中贸圣佳	2020-06-20
明崇祯 青花波花散纹案缸	高9.6cm	71,300	北京大羿	2020-08-16
明崇祯 青花博古图蒜头瓶	高39.3cm	13,800	中贸圣佳	2020-06-20
明崇祯 青花辞行图花觚	高45.5cm	316,250	北京大羿	2020-12-06
明崇祯 青花东山捷报图笔筒	高19.5cm;直径20.5cm	517,500	永乐拍卖	2020-12-02
明崇祯 青花焚香告天人物故事图笔筒	高16.3cm	287,500	中国嘉德	2020-11-09
明崇祯 青花高士图小罗汉炉	直径12.3cm	126,500	中国嘉德	2020-11-10
明崇祯 青花高士图长颈瓶	高40.7cm	34,500	中国嘉德	2020-11-12

拍品名称	物品尺寸	成交价RMB	拍卖公司	拍卖日期
明崇祯 青花高士图钵式炉	直径11.8cm;高9.5cm	73,450	北京中汉	2020-09-03
明崇祯 青花高士图大香炉	直径20.7cm	425,500	北京保利	2020-10-20
明崇祯 青花荷塘清趣图小花觚	高31.7cm	20,700	中国嘉德	2020-11-12
明崇祯 青花花卉开光渔樵耕樵人物纹瓶	高36cm	20,700	中国嘉德	2020-07-15
明崇祯 青花花卉纹大莲子罐	高26cm	34,500	荣宝斋（南京）	2020-11-28
明崇祯 青花花卉纹筒瓶	高45.5cm	109,250	北京大羿	2020-12-06
明崇祯 青花花卉纹长颈瓶	高36.7cm	57,500	中贸圣佳	2020-12-07
明崇祯 青花花鸟纹案缸	高17.1cm	71,300	中贸圣佳	2020-12-07
明崇祯 青花花鸟纹觚	高26.2cm	17,250	中国嘉德	2020-11-10
明崇祯 青花花鸟纹罐	高18.5cm	40,535	中国嘉德	2020-07-13
明崇祯 青花花鸟纹筒瓶	带座高22.5cm	55,200	西泠印社	2020-08-08
明崇祯 青花花鸟纹小花觚	高28.5cm	89,700	中国嘉德	2020-07-16
明崇祯 青花花鸟纹小筒瓶	高19cm	63,250	中贸圣佳	2020-12-07
明崇祯 青花花鸟纹小筒瓶	高20cm	23,000	中贸圣佳	2020-12-07
明崇祯 青花花鸟纹渣斗	高15cm	48,300	中国嘉德	2020-07-16
明崇祯 青花花鸟纹尊	高25.4cm	112,700	中国嘉德	2020-07-16
明崇祯 青花加官进爵图笔筒	高16cm	74,750	中国嘉德	2020-12-03
明崇祯 青花加官进爵图赏瓶	高38cm	59,800	中国嘉德	2020-07-15
明崇祯 青花驾鹤之宾神仙人物故事图笔筒	高14.8cm	138,000	中国嘉德	2020-11-12
明崇祯 青花魁星点斗诗文筒瓶	高41.6cm	218,500	中国嘉德	2020-07-16
明崇祯 青花六国封相故事罐	高31.8cm	92,000	中贸圣佳	2020-12-07
明崇祯 青花芦雁图炉	直径21.5cm	172,500	中国嘉德	2020-12-03
明崇祯 青花罗汉图小钵式炉	直径8.4cm	59,800	中国嘉德	2020-07-16
明崇祯 青花牡丹春燕图案缸	直径17.8cm	103,500	中国嘉德	2020-07-15
明崇祯 青花牧牛童子图碗	10cm	96,129	香港苏富比	2020-11-26
明崇祯 青花平升三级人物故事图八方罐	高30cm	32,200	中国嘉德	2020-11-10
明崇祯 青花平升三级人物故事图八棱罐	高30.5cm	23,000	中国嘉德	2020-07-16
明崇祯 青花瓶花博古图笔筒	高17.7cm	28,750	中国嘉德	2020-07-15
明崇祯 青花麒麟纹折沿盘	直径39cm	234,300	佳士得	2020-11-30
明崇祯 青花人物大笔筒	高20.5cm	23,000	上海嘉禾	2020-01-05
明崇祯 青花人物故事诗文小莲子罐	高13.5cm	74,750	中国嘉德	2020-11-10
明崇祯 青花人物故事图笔筒	高21.6cm	713,000	中贸圣佳	2020-10-17
明崇祯 青花人物故事图笔筒	高19.6cm	86,250	中国嘉德	2020-07-15
明崇祯 青花人物故事图花觚	高45.7cm	115,000	中国嘉德	2020-07-15
明崇祯 青花人物故事图筒瓶	高44cm	253,000	中国嘉德	2020-12-03
明崇祯 青花人物故事图香炉	直径20.5cm	368,000	北京大羿	2020-06-19
明崇祯 青花人物故事图执壶	高19cm	21,850	保利厦门	2020-09-26
明崇祯 青花人物故事图尊	直径22.2cm	43,700	中国嘉德	2020-07-15
明崇祯 青花人物故事纹罐	高12.5cm	120,750	北京保利	2020-10-20
明崇祯 青花人物故事纹莲子罐（一对）	高22.4cm	126,500	北京大羿	2020-06-19
明崇祯 青花人物诗文笔筒	高14.2cm	103,500	华艺国际	2020-10-16
明崇祯 青花儒释道三教图香炉	直径10.6cm	41,400	中贸圣佳	2020-12-07
明崇祯 青花三国人物故事图长颈瓶	高39.2cm	218,500	北京中汉	2020-11-09
明崇祯 青花《三国演义》之“辕门射戟”人物故事图筒瓶	高45cm	138,000	中国嘉德	2020-08-18
明崇祯 青花三教图三足炉	高6.5cm;直径9.3cm	23,000	西泠印社	2020-08-08
明崇祯 青花三兽渡河图案缸	高18cm	402,500	北京大羿	2020-12-06
明崇祯 青花山水人物图莲子罐	高13.5cm	36,800	中贸圣佳	2020-06-20
明崇祯 青花山水人物纹花觚	高45cm	103,500	保利厦门	2020-09-26
明崇祯 青花山水人物纹筒瓶	高45.5cm	57,500	中国嘉德	2020-11-10
明崇祯 青花商山四皓图长颈瓶	高40.5cm	87,400	北京大羿	2020-08-01
明崇祯 青花神仙人物纹案缸	直径22.3cm	184,000	中国嘉德	2020-12-03
明崇祯 青花授经图莲子罐	高25.5cm	23,000	中贸圣佳	2020-06-20
明崇祯 青花四牛图小尊	高11cm	43,700	中国嘉德	2020-07-15

拍品名称	物品尺寸	成交价RMB	拍卖公司	拍卖日期
明崇祯 青花孙叔敖埋蛇故事图莲子罐	高17cm	115,000	北京大羿	2020-08-16
明崇祯 青花文王访贤图大香炉	高18.3cm;直径23.3cm	299,000	北京保利	2020-12-05
明崇祯 青花文王访贤图罐	高25.5cm	149,500	北京大羿	2020-11-08
明崇祯 青花文王访贤图筒瓶	高47cm	253,000	北京大羿	2020-12-06
明崇祯 青花西湖十景之雷峰夕照图大笔海	直径20cm	483,000	华艺国际	2020-10-16
明崇祯 青花羲之爱鹅人物故事图罗汉炉	直径13cm	172,500	中国嘉德	2020-12-03
明崇祯 青花羲之爱鹅图小卷缸	高9cm; 通径12.5cm	23,000	西泠印社	2020-08-08
明崇祯 青花携琴访友图筒瓶	高20.5cm	34,500	北京大羿	2020-07-12
明崇祯 青花驯马图、牧牛图莲子罐（一对）	高17.4cm;高17.2cm	138,000	中国嘉德	2020-08-18
明崇祯 青花饮中仙莲子罐	高14.8cm	161,000	中贸圣佳	2020-12-07
明崇祯 青花折桂图筒瓶	高46.3cm	218,500	中国嘉德	2020-07-16
明崇祯 青花钟馗捉鬼图花觚	高44.4cm	138,000	中国嘉德	2020-11-09
明崇祯 青花竹林高士图长颈瓶	高37.7cm	161,000	北京中汉	2020-11-09
明崇祯 青花竹林七贤图案缸	直径22.6cm	230,000	中国嘉德	2020-08-18
明崇祯 青花竹林七贤图钵式炉	直径20.9cm;高12.5cm	172,500	北京中汉	2020-12-04
明崇祯八年（1635年）青花李白《赠郭将军》仕女婴戏诗文筒瓶	高46.5cm	207,000	中国嘉德	2020-08-18
明末 青花庭园婴戏图茶壶	15cm	27,771	香港苏富比	2020-11-26
明末 青花文会图缸	直径20cm	18,400	中鸿信	2020-01-03
清17世纪 青花婴戏图撇口筒瓶	高45cm	255,600	佳士得	2020-11-30
明崇祯 白釉暗刻花卉青花开光加官进爵笔筒	直径20.2cm	414,000	北京保利	2020-10-20
明崇祯 青花高士人物纹小卷缸	直径20.2cm	552,000	北京保利	2020-10-19
明崇祯 青花暗刻凤凰麒麟图大笔筒	直径20.3cm	897,000	中国嘉德	2020-12-03
明崇祯 青花《彩楼记》之拾柴雪景人物故事图笔筒	高17.3cm	575,000	中国嘉德	2020-07-16
明崇祯 青花高士提梁壶	高27cm	230,000	北京保利	2020-12-05
明崇祯 青花高士图罗汉炉	直径9cm	920,000	中国嘉德	2020-12-03
明崇祯 青花文王访贤图瓶	高34.9cm	119,228	纽约佳士得	2020-09-25
明崇祯 青花五老祝寿图大净水碗座	高35.2cm	172,500	中国嘉德	2020-08-18
17世纪 青花瑞兽纹盖罐 及 18世纪 青花山水纹观音尊	高34.5cm; 高39cm	47,960	巴黎苏富比	2020-06-18
17世纪 青花岁寒三友罐	高17.7cm	68,544	香港苏富比	2020-06-05
明崇祯 青花山水人物纹束腰笔筒	高22.7cm	437,000	北京大羿	2020-06-19
明崇祯 青花“司马题桥”图笔海	高20.5cm;直径19cm	1,322,500	华艺国际	2020-10-16
明崇祯 青花孔明观鱼图筒瓶	高43cm	1,495,000	华艺国际	2020-10-16
明崇祯 青花人物故事笔筒	高21cm	690,000	北京翰海	2020-12-12
明崇祯 青花人物故事图筒瓶	高45cm	1,437,500	北京大羿	2020-10-16
明崇祯 青花山水庭院人物故事图小卷缸	高18.5cm	1,173,000	中贸圣佳	2020-10-17
明崇祯 青花文王访贤大笔筒	高21.7cm;直径19.3cm	1,012,000	北京保利	2020-10-19
明 黄地青花鱼藻纹碗	直径12.8cm	20,700	北京翰海	2020-12-12
明 嘉靖款青花龙纹大碗	直径22.6cm;高10.5cm	63,250	上海嘉禾	2020-01-05
明 青花“一路连科”小壶	高12.6cm	23,000	北京保利	2020-10-20
明 青花八宝麒麟图盘	直径16.2cm	32,200	中国嘉德	2020-07-17
明 青花丙吉问牛图瓷板挂屏	37.8cm×37.8cm;瓷板直径28.5cm	25,300	中国嘉德	2020-07-17
明 青花缠枝花卉纹罐	高21.5cm	36,800	中国嘉德	2020-07-17
明 青花缠枝四季花卉纹抱月瓶	高28cm	207,000	西泠印社	2020-08-08
明 青花雕塑三阳开泰图笔架	长11cm; 高6.5cm	23,000	西泠印社	2020-08-08
明 青花海水砚	直径12.5cm	18,400	中鸿信	2020-01-03
明 青花荷莲鸳鸯六棱罐	高16.5cm	43,700	北京翰海	2020-12-12
明 青花花卉纹葵口碗	直径28cm; 高11cm	25,300	保利厦门	2020-09-26

拍品名称	物品尺寸	成交价RMB	拍卖公司	拍卖日期
明 青花花鸟矮桩梅瓶	高18.8cm	44,800	上海联合	2020-11-29
明 青花孔雀穿花砚屏	27.5×17.2×34cm	23,000	北京保利	2020-10-20
明 青花龙凤纹罐	直径39.5cm	34,500	中国嘉德	2020-07-17
明 青花龙纹葫芦瓶	高27cm	184,000	北京保利	2020-10-20
明 青花内花卉纹外穿花龙纹盘	直径20.1cm	20,700	中国嘉德	2020-11-12
明 青花仙鹤纹杯（一对）	高8.7cm	19,201	中国嘉德	2020-07-13
明 青花携琴访友图笔筒	高16.5cm	63,250	中贸圣佳	2020-12-08
明 青花携琴访友图笔筒	高16.5cm	63,250	中贸圣佳	2020-12-08
明 青花婴戏图碗	高5.6cm	69,000	中贸圣佳	2020-12-07
明 青花鱼藻纹大罐	高38.3cm	28,750	中国嘉德	2020-11-12
明 青花云鹤罐	高37cm	17,250	北京翰海	2020-09-12
明 青花云龙纹梅瓶	高35.2cm	59,800	中国嘉德	2020-07-15
明代 青花仙人乘槎图瓷板	直径22cm	414,000	中贸圣佳	2020-10-17
明约1640年 青花文王访贤图炉	直径21.5cm	473,388	纽约苏富比	2020-09-23
晚明至晚清 青花云龙纹炉、青花花卉纹粥罐、青花云龙纹钵式洗（一组三只）	尺寸不一	29,900	北京大羿	2020-06-19
明16至17世纪 青花蛙式军持	高16.5cm	69,941	巴黎苏富比	2020-06-18
明万历 青花龙纹碗	直径6.3cm	114,240	香港苏富比	2020-06-05
明16世纪 青花缠枝莲纹梅瓶（一对）	高25.2cm×2	109,908	巴黎苏富比	2020-06-18
明万历 青花缠枝莲纹盘	直径18.5cm	194,208	香港苏富比	2020-06-05
明万历 青花梵文莲花式盘	直径21cm	45,696	香港苏富比	2020-06-05
明17世纪 青花开光人物图盖罐	高49.5cm	71,132	伦敦苏富比	2020-06-15
明晚期 青花八仙庆寿诗文琵琶尊	高37.7cm	103,500	中国嘉德	2020-11-12
明晚期 青花草书诗文诸葛碗	直径11.8cm	46,000	中国嘉德	2020-07-16
明晚期 青花缠枝莲纹瓜棱罐	直径21cm	17,250	中国嘉德	2020-11-10
明晚期 青花缠枝莲纹蟋蟀罐	高21.5cm	20,700	中国嘉德	2020-07-15
明晚期 青花缠枝托寿字开光商山四皓图大盘	直径31.6cm	40,250	中国嘉德	2020-11-10
明晚期 青花穿花凤纹大盘	直径30.3cm	36,800	中国嘉德	2020-07-17
明晚期 青花高士图兽足炉	直径25cm	66,700	中国嘉德	2020-11-10
明晚期 青花高士图折沿大盘	直径48cm	20,700	中国嘉德	2020-11-10
明晚期 青花海马纹铃铛杯	直径7.8cm	17,250	中国嘉德	2020-07-17
明晚期 青花海马璎珞纹小口罐	高26.5cm	48,300	中国嘉德	2020-11-09
明晚期 青花荷塘图案缸	直径29.3cm	34,500	中国嘉德	2020-07-15
明晚期 青花花虫纹天圆地方葫芦壁瓶	高29cm	57,500	中国嘉德	2020-08-18
明晚期 青花花蝶纹瓜棱罐、花卉开光人物纹大碗（三件）	尺寸不一	17,250	中国嘉德	2020-07-15
明晚期 青花锦地开光地支花鸟纹花口盘	直径28.5cm	20,700	中国嘉德	2020-07-15
明晚期 青花开光鹤鹿同春图大碗	直径28.2cm	23,000	中国嘉德	2020-11-12
明晚期 青花开光山水纹壶、云龙纹杯（二件）	壶长12.5cm;杯口径5.2cm	13,800	中国嘉德	2020-11-10
明晚期 青花落花流水纹小盖罐	高11cm	23,000	北京诚轩	2020-08-17
明晚期 青花人物故事图杯（一对）	直径8.2cm	17,250	中国嘉德	2020-11-10
明晚期 青花童子牧牛图大碗	直径21.5cm	23,000	中国嘉德	2020-11-10
明晚期 青花携琴亲访友图小碗（一对）	直径12.2cm	46,000	中国嘉德	2020-11-10
明晚期 青花玉兔花卉纹大碗	直径37cm	20,700	中国嘉德	2020-07-15
明晚期 青花云鹤纹渣斗	直径11.6cm	20,700	中国嘉德	2020-07-16
明晚期、清康熙 青花神仙人物纹盘、青花仕女图折沿盘各（一对）	直径16cm;直径14.5cm	13,800	中国嘉德	2020-11-12
明晚期 青花婴戏图茶碗	直径9.3cm	89,700	中国嘉德	2020-07-16
明晚期 青花婴戏图六方口小罐两件	高16.3cm×2	39,967	巴黎苏富比	2020-06-18
明末清初 蓝釉青花落花流水图围棋罐	直径11cm	32,200	中国嘉德	2020-11-10
明末清初 青花高士图莲子盖罐	长25cm	218,500	十竹斋拍卖（北京）	2020-10-18
明末清初 青花高士图小盖罐	高6.5cm	23,000	中国嘉德	2020-11-10

拍品名称	物品尺寸	成交价RMB	拍卖公司	拍卖日期
明末清初 青花留白折枝莲纹案缸	直径14cm	20,700	中国嘉德	2020-07-15
明末清初 青花芦雁图莲子罐	高25.3cm	101,200	中国嘉德	2020-11-12
明末清初 青花麒麟图花觚	高45.6cm	25,300	中国嘉德	2020-11-12
明末清初 青花瑞兽纹碗	直径15.5cm	43,700	中贸圣佳	2020-12-07
明末清初 青花折枝花卉纹小葫芦瓶	高19.5cm	25,300	中国嘉德	2020-07-15
明末清初 青花折枝花卉纹小葫芦瓶	高20.5cm	17,250	中国嘉德	2020-11-10
明末清初 17世纪中期 青花花卉纹花觚	高42.9cm	218,401	巴黎佳士得	2020-06-23
明末清初 约1650年 青花庭院人物图长颈瓶	高40.6cm	153,207	伦敦苏富比	2020-06-15
过渡期 1650年前后 青花博古图瓶	高41.9cm	766,463	纽约佳士得	2020-09-25
明 / 清早期 青花火焰纹纹高足杯、人物纹杯（一组）	高10.3cm; 高3.8cm	17,250	广东崇正	2020-09-13
清初 青花花鸟纹罐	高26.5cm	34,500	保利厦门	2020-09-26
清早期 青花缠枝牡丹花觚	高45cm	82,800	十竹斋拍卖（北京）	2020-10-18
清早期青花海兽纹花口盘（一对）	直径15.7cm	17,250	中国嘉德	2020-11-12
清早期 青花花卉纹杯（四只）	直径7.3cm	20,700	中国嘉德	2020-11-12
清早期 青花花鸟怪石图束腰笔筒	高13.5cm	46,000	北京保利	2020-10-20
清早期 青花菊花纹杯（一对）	直径7.8cm	23,000	中国嘉德	2020-11-12
清早期 青花留白海兽纹小高足杯（一对）	直径6.9cm	43,700	中国嘉德	2020-07-16
清早期 青花龙凤呈祥纹四如意足方几	长33.9cm; 宽23cm; 高24cm	92,000	北京中汉	2020-11-09
清早期 青花山水人物纹蒜头瓶	高34.2cm	13,800	中国嘉德	2020-07-16
清早期 青花诗文人物笔筒	直径10cm; 高13.5cm	16,800	上海联合	2020-11-29
清早期 青花兽面纹小花觚	高23.5cm	25,300	中国嘉德	2020-11-12
清早期 青花凸花四季花卉纹大碗	直径18.8cm	17,250	中国嘉德	2020-07-16
清早期 青花云凤纹笔筒、青花花卉纹盖罐（各一件）	高15.8cm; 高13.5cm	17,250	中国嘉德	2020-11-12
清早期 青花杂宝开光云龙纹花口大盘	直径31.4cm	25,300	中国嘉德	2020-11-12
晚明/清初 青花瑞兽纹筒瓶	高41cm	25,308	佳士得	2020-10-08
清早期 青花三阳开泰仰钟碗	直径16.4cm	460,000	北京保利	2020-12-05
清顺治 青花八仙庆寿图大盘	直径35cm	40,250	中国嘉德	2020-07-15
清顺治 青花博古图盖罐	高29.5cm	172,500	中国嘉德	2020-12-03
清顺治 青花洞石花卉诗文笔筒	高15.3cm	69,000	中国嘉德	2020-11-10
清顺治 青花福山寿海纹尊	高21cm	18,400	北京大羿	2020-11-08
清顺治 青花花卉纹大碗	直径26.4cm	23,000	中国嘉德	2020-07-16
清顺治 青花花鸟图筒花觚	45.7cm	101,470	香港苏富比	2020-11-26
清顺治 青花花鸟纹罐	高27.8cm	57,500	中国嘉德	2020-07-16
清顺治 青花花鸟纹花觚	高41.4cm	20,700	中国嘉德	2020-07-16
清顺治 青花花鸟纹小筒瓶	高20.3cm	43,700	中国嘉德	2020-07-15
清顺治 青花开光瑞兽纹小罐	高15.7cm	20,700	中贸圣佳	2020-12-07
清顺治 青花麒麟芭蕉大盘	直径32.5cm	51,750	北京保利	2020-10-20
清顺治 青花麒麟芭蕉图大盘	直径35.2cm	25,300	中国嘉德	2020-11-10
清顺治 青花瑞兽纹碗	直径17.7cm	25,300	中国嘉德	2020-07-15
清顺治 青花岁寒三友图盖罐	高26.5cm	86,250	中国嘉德	2020-12-03
清顺治 青花岁寒三友图罐、云龙纹炉（各一件）	高23.5cm; 直径22.7cm	13,800	中国嘉德	2020-07-16
清顺治 青花云龙赶珠纹筒瓶	高43cm	13,800	北京大羿	2020-06-19
清顺治 青花云龙纹笔筒	高20.2cm	20,700	中国嘉德	2020-07-15
清顺治 青花云龙纹罐	高35cm	46,000	中国嘉德	2020-11-10
清顺治 青花云龙纹罗汉炉	直径24.2cm	43,700	中国嘉德	2020-11-10
清顺治、清乾隆 青花龙凤纹将军罐、缠枝莲纹贯耳瓶（各一件）	高34.8cm; 高34.2cm	13,800	中国嘉德	2020-07-16
清顺治 青花山水人物纹花觚	高43.5cm	63,250	中国嘉德	2020-07-16
清顺治 青花仕女诗文大盘	直径35.3cm	322,000	中国嘉德	2020-11-09
清康熙 青花山水人物图笔筒	直径19.9cm; 高16.6cm	109,250	北京中汉	2020-08-19
清康熙 仿成化青花缠枝花卉纹杯	直径6.7cm	46,000	中国嘉德	2020-07-16

拍品名称	物品尺寸	成交价RMB	拍卖公司	拍卖日期
清康熙 仿明青花穿花龙凤纹葵口折沿大盘	直径38cm	48,300	中国嘉德	2020-07-15
清康熙 仿明青花莲瓣纹鸡心碗	直径21cm	23,000	中国嘉德	2020-11-10
清康熙 仿明青花内缠枝花卉纹外莲瓣纹鸡心碗	直径20.7cm	46,000	中国嘉德	2020-07-15
清康熙 仿宣德内外青花缠枝牡丹纹大碗	直径27.5cm; 高11.5cm	23,000	保利厦门	2020-09-26
清康熙 仿宣德青花缠枝花卉纹斗笠碗	直径21cm	17,250	中国嘉德	2020-07-15
清康熙 仿宣德青花缠枝花卉纹碗	直径16.7cm	13,800	北京大羿	2020-08-16
清康熙 仿宣德青花缠枝莲纹小花觚	高18.8cm	36,800	中国嘉德	2020-08-18
清康熙 仿宣德青花缠枝牡丹纹斗笠碗	直径22cm	13,800	中国嘉德	2020-07-15
清康熙 仿永宣青花缠枝莲纹卧足碗	直径14cm	230,000	中国嘉德	2020-11-09
清康熙 海水龙纹青花大画缸	直径58cm	20,700	上海嘉禾	2020-01-05
清康熙 黄地青花花卉纹盘	直径20.5cm	51,750	北京诚轩	2020-08-17
清康熙 浆胎青花缠枝花卉团凤纹茶碗	直径10.3cm	28,750	中国嘉德	2020-07-16
清康熙 浆胎青花鹤鹿同春图“若深”杯一对	直径7cm	57,500	中国嘉德	2020-07-16
清康熙 浆胎青花花卉纹香盒	直径6.5cm	51,750	保利厦门	2020-09-26
清康熙 蓝釉青花花蝶纹炉	直径24cm	48,300	中国嘉德	2020-07-15
清康熙 蓝釉青花开光博古诗文瓜棱罐	高16.2cm	23,000	中国嘉德	2020-07-15
清康熙 蓝釉青花云鹤螭龙纹盖盅	高12cm	34,500	中国嘉德	2020-07-15
清康熙 米黄釉青花麒麟图案缸	直径21cm	20,700	中国嘉德	2020-07-15
清康熙 内青花瓜瓞连绵图外暗刻缠枝莲纹盘	直径14.8cm	17,250	中国嘉德	2020-11-12
清康熙 内青花外绿釉龙纹碗	碗口18.5cm; 高9cm	16,800	上海联合	2020-11-29
清康熙 青花“阿弥陀佛”罗汉图碗	直径14.7cm	25,300	中国嘉德	2020-07-16
清康熙 青花《赤壁赋》碗	直径22.5cm; 高10cm	43,700	中贸圣佳	2020-06-20
清康熙 青花空城计故事图案缸	高17cm	55,200	北京大羿	2020-06-19
清康熙 青花龙凤呈祥纹盘	直径16cm	161,000	保利厦门	2020-09-26
清康熙 青花烹茶会友图罐	高32.5cm	20,700	中贸圣佳	2020-06-20
清康熙 青花“青白礼贵”鱼藻纹缸	直径36cm	46,000	中国嘉德	2020-11-10
清康熙 青花五灵图仰钟式花盆	直径38.5cm; 高26.3cm	247,250	北京中汉	2020-12-04
清康熙 青花《西厢记》故事纹碗	高9cm; 直径19.5cm	13,800	荣宝斋（南京）	2020-11-28
清康熙 青花“鱼化龙”诗文笔筒	直径18.8cm	706,914	中国嘉德	2020-10-08
清康熙 青花八卦纹铃铛杯	直径8.1cm	20,792	中国嘉德	2020-10-08
清康熙 青花八骏图斗笠碗	16.8cm	44,860	香港苏富比	2020-11-26
清康熙 青花八骏图琵琶尊	高29.2cm	25,300	中国嘉德	2020-11-10
清康熙 青花八骏图碗	直径17cm	23,000	中国嘉德	2020-07-15
清康熙 青花八仙庆寿图花口折沿盘	直径26.2cm	20,700	中国嘉德	2020-07-16
清康熙 青花八仙庆寿图炉	直径22.5cm	25,300	中国嘉德	2020-07-15
清康熙 青花八仙人物纹将军罐	高32.3cm	23,000	中贸圣佳	2020-06-20
清康熙 青花八仙图、仕女图花口碗各一只	直径11.8cm; 直径11.8cm	17,250	中国嘉德	2020-11-12
清康熙 青花八仙纹炉	宽25.3cm	62,375	中国嘉德	2020-10-08
清康熙 青花八仙纹香炉	高11cm; 直径15cm	82,800	十竹斋拍卖（北京）	2020-10-18
清康熙 青花八仙祝寿图罗汉炉	直径22.6cm; 高13.8cm	49,450	中贸圣佳	2020-12-07
清康熙 青花百蝶纹铃铛杯	高7.5cm; 直径8cm	34,500	西泠印社	2020-08-08
清康熙 青花百寿碗	直径18.9cm	48,002	中国嘉德	2020-07-13

拍品名称	物品尺寸	成交价RMB	拍卖公司	拍卖日期
清康熙 青花百子婴戏开光麒麟送子图印盒	直径10.5cm	20,700	中国嘉德	2020-07-15
清康熙 青花百子婴戏图将军罐	高35.2cm	74,750	中国嘉德	2020-11-10
清康熙 青花百子婴戏图将军罐	高34.8cm	36,800	中国嘉德	2020-07-15
清康熙青花宝瓶纹长颈瓶（三件）	最高30.5cm	120,499	纽约苏富比	2020-09-23
清康熙 青花冰梅开光博古图筒式炉	直径19.6cm	17,250	中国嘉德	2020-11-10
清康熙 青花冰梅纹、缠枝花卉纹小罐（三件）	高13.5cm; 高13cm; 高12.8cm	25,300	中国嘉德	2020-07-16
清康熙 青花冰梅纹盖罐	高19.5cm	17,250	中国嘉德	2020-11-10
清康熙 青花冰梅纹盖罐	高25cm	17,250	中国嘉德	2020-11-10
清康熙 青花冰梅纹碗	直径16.2cm	14,950	北京中汉	2020-08-19
清康熙 青花博古开光山水人物纹撇口笔筒	高13.2cm	66,700	中国嘉德	2020-11-10
清康熙 青花博古篮花图葫芦瓶	高21.3cm	20,700	中国嘉德	2020-07-15
清康熙 青花博古图笔筒	高13cm	32,200	中国嘉德	2020-11-10
清康熙 青花博古图罐、小棒槌瓶（各一件）	高20.8cm; 高17.5cm	20,700	中国嘉德	2020-07-16
清康熙 青花博古图炉、山水人物纹炉（各一件）	直径23.5cm; 直径20.5cm	20,700	中国嘉德	2020-07-16
清康熙 青花博古图罗汉炉	直径22.5cm	17,250	中国嘉德	2020-11-10
清康熙 青花博古图罗汉炉	直径23.5cm	13,800	中国嘉德	2020-11-10
清康熙 青花博古图撇口笔筒	高13.4cm	17,250	中国嘉德	2020-11-10
清康熙 青花博古图纹执壶	长17.3cm	74,750	中贸圣佳	2020-12-07
清康熙 青花博古图香炉	直径24.5cm	32,200	北京大羿	2020-07-12
清康熙 青花博古纹香炉	直径25cm	20,700	北京大羿	2020-06-19
清康熙 青花缠枝勾莲纹大盘	直径38.5cm	56,500	北京中汉	2020-09-03
清康熙 青花缠枝花果寿字花口菊瓣盘（一对）	直径16.1cm	13,800	中国嘉德	2020-11-10
清康熙 青花缠枝花卉纹盘	直径21.1cm	32,200	中国嘉德	2020-07-15
清康熙 青花缠枝花卉纹盘	直径15.8cm	13,560	北京中汉	2020-09-03
清康熙 青花缠枝花卉纹碗	直径16.3cm	115,000	中国嘉德	2020-11-10
清康熙 青花缠枝花卉纹碗	直径19.6cm	32,200	中国嘉德	2020-07-15
清康熙 青花缠枝菊花纹碗	直径17.7cm	23,000	中国嘉德	2020-11-12
清康熙 青花缠枝菊纹印盒	直径9.8cm	17,250	中国嘉德	2020-07-15
清康熙 青花缠枝连纹、仕女图盖瓶（三件）	高31cm; 高19.7cm; 高19.7cm	28,750	中国嘉德	2020-11-10
清康熙 青花缠枝莲托寿字折沿碗（两只）	直径16.5cm; 直径16.2cm	23,000	中国嘉德	2020-07-15
清康熙 青花缠枝莲碗	直径16.9cm	70,691	中国嘉德	2020-10-08
清康熙 青花缠枝莲纹大盘	直径38cm	74,750	保利厦门	2020-09-26
清康熙 青花缠枝莲纹大盘	直径38cm	43,700	中国嘉德	2020-11-10
清康熙 青花缠枝莲纹大盘	直径38.5cm	25,300	中国嘉德	2020-11-12
清康熙 青花缠枝莲纹大盘（一对）	直径38.3cm; 直径38.1cm	322,000	中国嘉德	2020-08-18
清康熙 青花缠枝莲纹凤尾尊	高45cm	51,750	中国嘉德	2020-07-16
清康熙 青花缠枝莲纹罗汉炉	直径21.9cm	36,800	中国嘉德	2020-11-10
清康熙 青花缠枝莲纹梅瓶	高16cm	103,500	华艺国际	2020-10-16
清康熙 青花缠枝莲纹盘	直径15.3cm	69,000	北京大羿	2020-09-13
清康熙 青花缠枝莲纹盘	直径15.5cm	55,200	中国嘉德	2020-07-16
清康熙 青花缠枝莲纹盘	直径15.5cm	48,300	中国嘉德	2020-11-10
清康熙 青花缠枝莲纹盘	直径16.5cm	43,700	北京大羿	2020-09-13
清康熙 青花缠枝莲纹盘	直径15.2cm	43,700	中国嘉德	2020-11-11
清康熙 青花缠枝莲纹盘	直径15cm	34,500	北京大羿	2020-06-14
清康熙 青花缠枝莲纹水丞	直径9cm	13,800	中国嘉德	2020-11-10
清康熙 青花缠枝莲纹碗	直径16cm	90,671	中国嘉德	2020-07-13
清康熙 青花缠枝莲纹碗	直径16.2cm	32,200	中国嘉德	2020-11-10
清康熙 青花缠枝莲纹碗	直径13.2cm	25,300	中国嘉德	2020-07-15
清康熙青花缠枝莲纹盏托（一对）	直径11.6cm×2	276,000	中国嘉德	2020-12-03
清康熙 青花缠枝莲纹长颈荸荠瓶	高37.3cm	25,300	中国嘉德	2020-11-10
清康熙 青花缠枝莲纹长颈荸荠瓶	高38cm	23,000	中国嘉德	2020-11-10
清康熙 青花缠枝莲纹直颈瓶	高40cm	57,500	北京诚轩	2020-08-17
清康熙 青花缠枝牡丹纹大碗	直径24cm; 高11.4cm	71,300	广东崇正	2020-09-13
清康熙 青花缠枝牡丹纹盘	直径15.8cm	34,500	中国嘉德	2020-11-10
清康熙 青花缠枝西番莲纹碗	直径16.2cm	92,000	北京中汉	2020-11-09
清康熙 青花缠枝西番莲纹玉壶春瓶（一对）	高25.1cm	43,700	中贸圣佳	2020-06-20
清康熙 青花朝岁清供茶壶	17cm	16,022	香港苏富比	2020-11-26
清康熙 青花螭龙纹盘	直径16.9cm	31,640	北京中汉	2020-09-03
清康熙 青花螭龙云纹长颈瓶	高22.7cm	159,750	佳士得	2020-11-30
清康熙 青花穿花螭龙纹大碗	直径20.5cm	23,000	中国嘉德	2020-07-16
清康熙 青花穿花凤纹凤尾尊	高45cm	23,000	中国嘉德	2020-07-16
清康熙 青花穿花凤纹将军罐	高33.5cm	36,800	中国嘉德	2020-07-15
清康熙 青花穿花凤纹将军罐	高24.3cm	25,300	中国嘉德	2020-11-10
清康熙 青花穿花凤纹将军罐（一对）	高53.5cm	46,000	中国嘉德	2020-11-12
清康熙 青花穿花童子图小赏瓶、青花冰梅开光婴戏图罐（各一件）	高21cm; 高16cm	17,250	中国嘉德	2020-07-16
清康熙 青花春夜宴桃李园序诗文长颈弦纹瓶	高25.3cm	207,000	中贸圣佳	2020-12-07
清康熙 青花大富贵亦寿考人物故事图罐	高21.5cm	48,300	中国嘉德	2020-07-15
清康熙 青花大富贵亦寿考人物故事图罐	高22cm	46,000	中国嘉德	2020-07-15
清康熙 青花丹凤牡丹纹花觚	高41cm	115,000	北京大羿	2020-12-06
清康熙 青花淡描人物纹莲子盖罐	直径5.6cm; 高14.1cm	46,000	北京中汉	2020-11-09
清康熙 青花地绿龙赶珠纹盘	直径36.5cm	112,700	北京大羿	2020-12-06
清康熙 青花洞石花卉纹瓶	高21cm	23,000	北京大羿	2020-06-19
清康熙 青花洞石花卉纹小琵琶尊	高13cm	40,250	北京大羿	2020-05-28
清康熙 青花堆白福寿花鸟纹四方折沿花盆	长27.8cm; 宽27.8cm; 高16.5cm	92,000	北京中汉	2020-08-19
清康熙 青花翻羹不恚人物故事图花觚	高44.8cm	126,500	中国嘉德	2020-07-16
清康熙 青花仿定夔凤纹六方小瓶	高16.1cm	13,560	北京中汉	2020-09-03
清康熙 青花飞黄腾达图碗	直径9.4cm	17,250	北京大羿	2020-09-13
清康熙 青花凤穿花纹罐（一对）	高43cm	59,800	中贸圣佳	2020-06-20
清康熙 青花福禄寿三星百寿文棒槌瓶（两件）	高45.6cm×2	639,000	佳士得	2020-11-30
清康熙 青花福寿云龙纹碗	直径13.2cm	34,500	中国嘉德	2020-07-15
清康熙 青花抚琴图酒杯	直径5cm	34,500	北京大羿	2020-08-16
清康熙 青花高士烹茶图撇口笔筒	高13.6cm	55,200	中国嘉德	2020-12-03
清康熙 青花高士图笔筒	直径19.5cm	115,000	中国嘉德	2020-07-16
清康熙 青花高士图斗笠碗	直径22.3cm	25,300	中国嘉德	2020-11-10
清康熙 青花高士图罗汉炉	直径21.5cm	36,800	中国嘉德	2020-11-12
清康熙 青花高士图罗汉炉	直径22cm	20,700	中国嘉德	2020-11-10
清康熙 青花高士图撇口笔筒	高13.2cm	109,250	中国嘉德	2020-11-09
清康熙 青花高士图碗	直径18cm	23,000	中国嘉德	2020-11-10
清康熙 青花高士图小盘（一对）	直径11.3cm	13,800	中国嘉德	2020-07-16
清康熙 青花耕织图碗	直径19.5cm	207,000	北京大羿	2020-12-06
清康熙 青花攻玉子诗文竹图笔筒	直径18.8cm; 高16cm	138,000	广东崇正	2020-09-13
清康熙 青花瓜棱开光教子图小罐	高16.8cm	28,750	中国嘉德	2020-07-16
清康熙 青花过墙凤竹纹笠式杯（一对）	直径9.8cm	97,750	北京保利	2020-10-20
清康熙 青花海水螭龙纹长颈瓶	高21cm	161,000	北京大羿	2020-10-16
清康熙 青花海水麒麟花觚	高41.2cm	52,210	北京保利	2020-07-19
清康熙 青花鹤鹿同春图棒槌瓶	高44.9cm	103,500	中国嘉德	2020-11-10
清康熙 青花鹤鹿同春图凤尾尊	高45.3cm	78,200	中国嘉德	2020-07-16
清康熙 青花鹤鹿同春图将军罐	高34cm	34,500	中国嘉德	2020-11-10
清康熙 青花红叶题诗笔筒	高11.2cm	103,500	中贸圣佳	2020-12-08
清康熙 青花红叶题诗笔筒	高11.2cm	103,500	中贸圣佳	2020-12-08
清康熙 青花花碟纹花口杯盏（十九只）	尺寸不一	17,250	中国嘉德	2020-07-15
清康熙 青花花蝶图撇口笔筒	高13.2cm	43,700	中国嘉德	2020-07-15
清康熙 青花花蝶图碗	直径16.3cm	13,800	中国嘉德	2020-11-10
清康熙 青花花蝶图小盘	直径9cm	70,150	北京大羿	2020-08-01

拍品名称	物品尺寸	成交价RMB	拍卖公司	拍卖日期
清康熙 青花花蝶纹罐	高18cm	23,000	中国嘉德	2020-07-16
清康熙 青花花蝶纹花口折沿大盘（三只）	尺寸不一	13,800	中国嘉德	2020-07-16
清康熙 青花花卉开光博古人物纹罐	高26.7cm	28,750	中国嘉德	2020-07-15
清康熙 青花花卉仕女纹花觚（一对）	高24.9cm	36,800	中国嘉德	2020-07-15
清康熙 青花花卉纹杯盏（二十六件）	尺寸不一	34,500	中国嘉德	2020-07-16
清康熙 青花花卉纹交颈瓶	高19.2cm	17,250	中国嘉德	2020-07-15
清康熙 青花花卉纹瓶（一对）	高16.5cm	29,305	伦敦佳士得	2020-02-13
清康熙 青花花卉纹瓶（一对）	高17.5cm	21,850	北京大羿	2020-11-08
清康熙 青花花卉纹瓶、高足杯、折沿盘（四件）	高20.3cm; 直径18.7cm; 高7cm	20,700	中国嘉德	2020-07-16
清康熙 青花花卉纹碗（一对）	直径16cm	29,305	伦敦佳士得	2020-02-13
清康熙 青花花卉纹小瓶（五件）	尺寸不一	25,300	中国嘉德	2020-07-15
清康熙 青花花卉小盖罐	高7cm	34,500	北京保利	2020-10-20
清康熙 青花花鸟诗文图四方瓶	高35cm	89,700	北京大羿	2020-06-19
清康熙 青花花鸟筒瓶	高42.5cm; 直径12.5cm	402,500	十竹斋拍卖（北京）	2020-10-18
清康熙 青花花鸟图觚式瓶	高44.5cm	63,270	佳士得	2020-10-08
清康熙 青花花鸟纹笔筒	直径9.3cm; 高12.2cm	25,300	中贸圣佳	2020-07-18
清康熙 青花花鸟纹长颈瓶	高45.2cm	264,500	中贸圣佳	2020-12-07
清康熙 青花花鸟纹执壶	高19cm	20,700	中国嘉德	2020-11-10
清康熙 青花花鸟小杯	直径6.5cm; 高4.7cm	161,000	中贸圣佳	2020-10-17
清康熙 青花绘山水人物诗文笔筒	高16cm; 直径13cm	105,800	华艺国际	2020-10-16
清康熙 青花鸡缸杯	直径7cm	25,300	中国嘉德	2020-07-16
清康熙 青花加暗刻《后赤壁赋》山水人物诗文笔筒	高15cm	161,000	中国嘉德	2020-08-18
清康熙 青花加官进爵图小将军罐	高14.5cm	57,500	中国嘉德	2020-11-10
清康熙 青花江崖海水龙纹棒槌瓶	高46cm	897,000	北京大羿	2020-12-06
清康熙 青花教子图、人物纹折沿盘各（一对）	直径25.8cm; 直径21.3cm	17,250	中国嘉德	2020-11-10
清康熙 青花教子图小盘、盏托（十只）	直径10.5cm	17,250	中国嘉德	2020-11-12
清康熙 青花教子图折沿小盘（十只）	尺寸不一	17,250	中国嘉德	2020-07-15
清康熙 青花锦地开光八仙图凤尾尊	高46.7cm	149,500	中国嘉德	2020-08-18
清康熙 青花锦地开光八仙图凤尾尊	高45.1cm	28,750	中国嘉德	2020-11-10
清康熙 青花锦地开光八仙图花觚	高45.8cm	43,700	中国嘉德	2020-11-10
清康熙 青花锦地开光海兽纹花觚	高43.2cm	57,500	中国嘉德	2020-11-12
清康熙 青花锦地开光海兽纹花觚	高42cm	25,300	中国嘉德	2020-11-12
清康熙 青花锦地开光山水人物纹花觚	高42.2cm	207,000	中国嘉德	2020-08-18
清康熙 青花锦地开光云龙纹提梁壶	高13.5cm	17,250	中贸圣佳	2020-12-07
清康熙 青花菊花诗文花神杯	直径6.7cm	201,072	保利香港	2020-12-02
清康熙 青花卷草纹小杯	8.8cm	174,586	香港苏富比	2020-10-09
清康熙 青花开光高士图笔筒	直径18.4cm	59,800	中国嘉德	2020-11-12
清康熙 青花开光高士图高足盖杯（一对）	高11.3cm	17,250	中国嘉德	2020-11-10
清康熙 青花开光花卉纹花觚、盖罐八件	尺寸不一	55,200	中国嘉德	2020-07-15
清康熙 青花开光魁星点斗、赤壁赋山水人物诗文大笔筒	直径19.8cm	92,000	中国嘉德	2020-12-03
清康熙 青花开光群仙祝寿、海水八卦纹碗	直径14cm	34,500	北京保利	2020-10-20
清康熙 青花开光人物故事图笔筒	高16.5cm	59,800	北京大羿	2020-06-19
清康熙 青花开光人物纹、花卉纹瓶、罐（四件）	尺寸不一	48,300	中国嘉德	2020-07-15
清康熙 青花开光人物纹花盆	直径24cm	32,200	中国嘉德	2020-11-10

拍品名称	物品尺寸	成交价RMB	拍卖公司	拍卖日期
清康熙 青花开光山水花卉纹罐（一对）	高52.5cm	34,500	中贸圣佳	2020-06-20
清康熙 青花开光山水人物博古图粥罐	直径22cm	34,500	中国嘉德	2020-07-16
清康熙 青花开光山水人物纹笔筒	直径18.4cm	230,000	中国嘉德	2020-11-09
清康熙 青花开光山水人物纹壶	长17cm	51,750	中国嘉德	2020-11-10
清康熙 青花开光山水人物纹撇口笔筒	直径21.5cm	17,250	中国嘉德	2020-11-10
清康熙 青花开光山水人物纹粥罐	直径21.2cm	43,700	中国嘉德	2020-11-10
清康熙 青花开光寿字纹笔筒	高15cm	13,800	北京大羿	2020-06-19
清康熙 青花开光四妃十六子图罐	高22.3cm	36,800	中国嘉德	2020-07-15
清康熙 青花开光《西厢记》人物故事图瓜棱罐	高20.2cm	34,500	中国嘉德	2020-11-10
清康熙 青花开光《西厢记》人物故事图折沿大碗（一对）	直径20.5cm	51,750	中国嘉德	2020-11-12
清康熙 青花开光《西厢记》人物故事图折沿碗	直径20.3cm	51,750	中国嘉德	2020-11-10
清康熙 青花开光婴戏图诗文筒式炉	高7.5cm; 直径6.9cm	69,000	西泠印社	2020-08-08
清康熙 青花开光婴戏图粥罐	高6.5cm	13,800	北京大羿	2020-07-17
清康熙 青花开光鸳鸯缘人物故事图粥罐	直径25.7cm	63,250	中国嘉德	2020-07-15
清康熙 青花开光云鹤博古图罗汉炉	直径23cm	17,250	中国嘉德	2020-11-10
清康熙 青花魁星点斗图笔筒	高13.6cm	172,500	北京保利	2020-10-20
清康熙 青花夔凤纹双陆尊	高9.2cm	39,100	中贸圣佳	2020-12-07
清康熙 青花夔龙纹观音瓶	高20cm	92,000	华艺国际	2020-10-16
清康熙 青花连生贵子盘	15.8cm	361,600	香港苏富比	2020-07-11
清康熙 青花莲瓣开光花卉纹螭耳瓶（一对）	高23.2cm	25,300	中国嘉德	2020-07-16
清康熙 青花莲花婴戏碗	直径17.3cm	264,500	北京保利	2020-12-05
清康熙 青花莲塘佳色图笔筒	直径21.5cm	77,464	纽约苏富比	2020-09-23
清康熙 青花莲托八宝纹香炉	直径20.2cm; 高13.3cm	16,950	北京中汉	2020-09-03
清康熙 青花莲托八吉祥纹撇口杯（一对）	直径7.7cm	57,500	北京中汉	2020-08-19
清康熙 青花麟凤呈祥图罗汉纹炉	直径22.5cm	32,200	中国嘉德	2020-11-10
清康熙 青花留白缠枝花卉八宝纹罐	高29.2cm	36,800	中国嘉德	2020-11-10
清康熙 青花龙凤纹墩式碗	直径14.8cm	218,500	中贸圣佳	2020-10-17
清康熙 青花龙凤纹高足杯	高12cm	23,000	中国嘉德	2020-07-16
清康熙 青花龙凤纹盘（一对）	直径16cm	276,000	十竹斋拍卖（北京）	2020-10-18
清康熙 青花龙凤纹盘（一对）	直径17cm	161,000	中贸圣佳	2020-06-20
清康熙 青花罗汉图炉	直径17cm	17,250	北京大羿	2020-08-01
清康熙 青花落花流水图铃铛杯	高12.6cm	48,300	中国嘉德	2020-07-15
清康熙 青花描金岁寒三友开光二乔并读图盘	直径20.4cm	17,250	中国嘉德	2020-11-10
清康熙 青花牡丹飞凤纹八方碗（一对）	直径15cm	25,300	北京大羿	2020-10-16
清康熙 青花内老子出关图外海屋添筹图盘	直径20cm	402,500	中国嘉德	2020-08-18
清康熙 青花内秋胡戏妻图外萧何月下追韩信人物故事图盒	直径13.7cm	51,750	中国嘉德	2020-11-10
清康熙 青花烹茶抚琴图酒圆	直径5.4cm	149,500	中贸圣佳	2020-12-07
清康熙 青花麒麟送子图罐	高21cm	40,250	中国嘉德	2020-07-15
清康熙 青花麒麟送子图罐	高22cm	25,300	北京大羿	2020-07-17
清康熙 青花麒麟纹案缸	高17.5cm	115,000	北京大羿	2020-10-16
清康熙 青花人物故事笔筒	直径9.8cm; 高12.5cm	71,300	中贸圣佳	2020-12-07
清康熙 青花人物故事图棒槌瓶	高45cm	195,500	中国嘉德	2020-11-09
清康熙 青花人物故事图大观音瓶	高51.5cm	126,500	中国嘉德	2020-11-10
清康熙 青花人物故事图凤尾尊	高47cm	138,000	保利厦门	2020-09-26
清康熙 青花人物故事图罐	高21.8cm	17,250	中国嘉德	2020-11-12
清康熙 青花人物故事图盘	直径14.5cm	92,000	中贸圣佳	2020-12-07

拍品名称	物品尺寸	成交价RMB	拍卖公司	拍卖日期
清康熙 青花人物故事图盘	直径35.8cm	32,200	中贸圣佳	2020-12-07
清康熙 青花人物故事图四方笔筒	高15.1cm	80,500	中国嘉德	2020-11-10
清康熙 青花人物故事纹盘（一对）	尺寸不一	13,800	中贸圣佳	2020-06-20
清康熙 青花人物纹大盘（三只）	尺寸不一	20,700	中国嘉德	2020-07-15
清康熙 青花人物纹观音瓶	高20.7cm	69,000	中国嘉德	2020-07-15
清康熙 青花人物纹琵琶尊	高35.5cm	46,000	北京大羿	2020-09-13
清康熙 青花人物纹瓶	高22.5cm	55,469	中国嘉德	2020-07-13
清康熙 青花人物纹兽耳衔环瓶（一对）	高26.3cm	51,750	中国嘉德	2020-11-10
清康熙 青花人物纹小凤尾尊	高27.5cm	23,000	中国嘉德	2020-11-10
清康熙 青花人物纹小罐	高16cm	34,500	中国嘉德	2020-07-16
清康熙 青花人物纹折沿大盘（一对）	直径28.5cm	80,500	中国嘉德	2020-07-15
清康熙 青花人物纹折沿盘（三只）	尺寸不一	13,800	中国嘉德	2020-07-15
清康熙 青花如意纹粥罐	直径23.3cm	17,250	中国嘉德	2020-07-15
清康熙 青花瑞兽纹花盆	直径25cm	63,250	中国嘉德	2020-11-09
清康熙 青花瑞兽纹三足洗	直径22.5cm;高7cm	126,500	保利厦门	2020-09-26
清康熙 青花瑞兔形三足洗	直径12.4cm;高5.5cm	149,500	中贸圣佳	2020-12-07
清康熙 青花三国凤仪亭之梳妆掷戟故事图大棒槌瓶	高46.4cm	97,750	中贸圣佳	2020-12-07
清康熙 青花三瑞兽纹大卷缸	直径60cm; 高48cm	230,000	中贸圣佳	2020-07-18
清康熙 青花三色莲荷纹葫芦瓶	高16cm	20,700	北京大羿	2020-07-17
清康熙 青花三星百寿图棒槌瓶	高46.2cm	74,750	中国嘉德	2020-12-03
清康熙 青花三星平安吉庆图香筒	高22.7cm	46,000	中贸圣佳	2020-12-07
清康熙 青花三星图盘	直径19.5cm	20,700	中国嘉德	2020-11-10
清康熙 青花山海麒麟纹棒槌瓶	高45.8cm	227,750	佳士得	2020-04-21
清康熙 青花山石花卉纹渣斗形笔筒	高13cm;直径9.8cm	40,250	北京大羿	2020-09-13
清康熙 青花山水高士图笔筒	直径20cm	57,500	北京保利	2020-10-20
清康熙 青花山水花鸟纹双面插屏	高30.5cm	32,200	北京大羿	2020-06-19
清康熙 青花山水人物案头缸	高16.5cm;直径24cm	43,700	十竹斋拍卖（北京）	2020-10-18
清康熙 青花山水人物大缸	高46.5cm;直径60cm	149,500	十竹斋拍卖（北京）	2020-10-18
清康熙 青花山水人物瓶（两件）	高120.8cm;高217.2cm	19,550	中贸圣佳	2020-12-08
清康熙 青花山水人物瓶（两件）	高120.8cm;高217.2cm	19,550	中贸圣佳	2020-12-08
清康熙 青花山水人物图棒槌瓶	高27cm	57,500	中贸圣佳	2020-12-07
清康熙 青花山水人物图笔筒	高15.5cm;直径19cm	34,500	西泠印社	2020-08-08
清康熙 青花山水人物图缸	22.6cm	160,215	香港苏富比	2020-11-26
清康熙 青花山水人物图花觚	高43.5cm	86,960	伦敦佳士得	2020-11-03
清康熙 青花山水人物图小棒槌瓶	高26.3cm	241,500	华艺国际	2020-10-16
清康熙 青花山水人物纹、冰梅纹、花卉纹瓶（各一件）	高23.8cm;高23.7cm;高20.4cm	36,800	中国嘉德	2020-11-10
清康熙 青花山水人物纹笔筒	直径18.3cm	92,000	中国嘉德	2020-07-16
清康熙 青花山水人物纹笔筒	直径18.5cm	43,700	中国嘉德	2020-11-10
清康熙 青花山水人物纹笔筒	直径18.5cm	36,800	中国嘉德	2020-11-10
清康熙 青花山水人物纹笔筒	直径19cm; 高16cm	28,750	中贸圣佳	2020-06-20
清康熙 青花山水人物纹笔筒	高14cm	20,700	中国嘉德	2020-11-10
清康熙 青花山水人物纹笔筒	直径9.2cm;高12.6cm	13,800	中贸圣佳	2020-06-20
清康熙 青花山水人物纹大棒槌瓶（一对）	高74.5cm; 高76cm	782,000	中国嘉德	2020-12-03
清康熙 青花山水人物纹大花盆	直径37cm	63,250	中国嘉德	2020-11-10
清康熙 青花山水人物纹凤尾尊	高45.2cm	57,500	中国嘉德	2020-11-12
清康熙 青花山水人物纹凤尾尊	高44.2cm	48,300	中国嘉德	2020-07-16
清康熙 青花山水人物纹凤尾尊	高44.3cm	36,800	中国嘉德	2020-11-12
清康熙青花山水人物纹高足杯、米黄釉青花花蝶纹葫芦瓶（各一件）	高18cm;高11.3cm	20,700	中国嘉德	2020-07-16
清康熙 青花山水人物纹花觚	高43.6cm	43,700	中国嘉德	2020-11-10
清康熙 青花山水人物纹花觚	高39.8cm	34,500	中国嘉德	2020-11-10
清康熙 青花山水人物纹花觚	高24.5cm	17,250	北京大羿	2020-06-19
清康熙 青花山水人物纹炉	直径19.5cm	23,000	中国嘉德	2020-07-16
清康熙 青花山水人物纹炉	直径24cm	13,800	中国嘉德	2020-07-15
清康熙 青花山水人物纹罗汉炉	直径15.5cm	17,250	北京大羿	2020-07-12
清康熙 青花山水人物纹盘	直径16.2cm	13,800	中国嘉德	2020-11-10
清康熙 青花山水人物纹三足炉	直径23.8cm	40,250	中国嘉德	2020-11-10
清康熙 青花山水人物纹束腰笔筒	高14.2cm;直径10cm	101,200	北京大羿	2020-09-13
清康熙 青花山水人物纹提梁壶	高17.5cm	36,800	北京大羿	2020-09-13
清康熙 青花山水人物纹小案缸	直径12.5cm	36,800	中国嘉德	2020-07-15
清康熙 青花山水图笔筒	高13cm;直径9.3cm	78,200	北京大羿	2020-09-13
清康熙 青花神仙人物纹棒槌瓶	高44.8cm	437,000	中国嘉德	2020-11-10
清康熙 青花神仙人物纹大盘、花卉纹折沿大盘（各一只）	直径39.2cm;直径33.8cm	20,700	中国嘉德	2020-11-12
清康熙 青花诗文笔筒	直径17.7cm;高14.7cm	667,000	中贸圣佳	2020-12-07
清康熙 青花诗文笔筒	直径11cm;高14.5cm	31,360	上海联合	2020-11-29
清康熙 青花狮球纹锥把瓶	高59cm	43,700	中国嘉德	2020-07-15
清康熙 青花十八罗汉笔筒	直径19cm;高15.5cm	101,200	中贸圣佳	2020-06-20
清康熙 青花仕女对弈图小茶叶罐	高10.2cm	17,250	中国嘉德	2020-11-10
清康熙 青花仕女花蝶纹杯盏（二十一件）	尺寸不一	25,300	中国嘉德	2020-07-15
清康熙 青花仕女图棒槌瓶	高42.5cm	14,950	北京大羿	2020-06-19
清康熙 青花仕女图杯	直径5.5cm	51,750	北京大羿	2020-11-08
清康熙 青花仕女图大将军罐	高46.5cm	34,500	中国嘉德	2020-07-15
清康熙 青花仕女图大盘	直径34.9cm	20,700	中国嘉德	2020-11-10
清康熙 青花仕女图盖罐	高26.8cm	69,337	中国嘉德	2020-07-13
清康熙 青花仕女图花口折沿大盘（一对）	直径34.4cm	32,200	中国嘉德	2020-07-16
清康熙 青花仕女图四方茶叶罐（一对）	高23.2cm	17,250	中国嘉德	2020-07-15
清康熙 青花仕女图执壶、渣斗（各一件）	高17.5cm;直径11.5cm	34,500	中国嘉德	2020-07-15
清康熙 青花仕女婴戏、松鹿图杯（两件）	直径19.5cm;直径29cm	58,650	中贸圣佳	2020-12-08
清康熙 青花仕女婴戏、松鹿图杯（两件）	直径19.5cm;直径29cm	58,650	中贸圣佳	2020-12-08
清康熙 青花仕女婴戏图花觚（一对）	高28.6cm	43,700	中国嘉德	2020-07-15
清康熙 青花仕女婴戏图瓶	高18cm	17,250	中国嘉德	2020-07-16
清康熙 青花寿字纹盖碗（一对）	直径10cm;高8.5cm	33,350	广东崇正	2020-09-13
清康熙 青花寿字纹观音瓶	高39.8cm	155,250	北京中汉	2020-08-19
清康熙 青花寿字纹水盂	直径8cm; 高6cm	17,250	中贸圣佳	2020-12-08
清康熙 青花寿字纹水盂	直径8cm; 高6cm	17,250	中贸圣佳	2020-12-08
清康熙 青花狩猎图花口大盘（一对）	直径20cm	17,250	中国嘉德	2020-11-12
清康熙 青花狩猎图花口大盘、青花开光博古图瓜棱罐（各一件）	直径27cm;高21.5cm	13,800	中国嘉德	2020-11-12
清康熙 青花双凤穿花祥云纹墩式碗	高9.2cm;直径19.4cm	92,000	西泠印社	2020-08-08
清康熙 青花双龙戏珠纹炉	直径19cm	28,750	北京大羿	2020-06-19
清康熙 青花双龙戏珠纹盘	直径16.6cm	25,300	广东崇正	2020-09-13
清康熙 青花双龙戏珠纹三足炉	高13cm	40,250	北京大羿	2020-09-13
清康熙 青花双龙戏珠纹水盂	高5.4cm	94,300	北京大羿	2020-08-01
清康熙 青花四方瓶	高55.5cm	259,895	中国嘉德	2020-10-08
清康熙 青花四开光人物图笔筒	高18.5cm	253,000	华艺国际	2020-10-16
清康熙 青花四美图观音盖瓶（一对）	高20.5cm	25,300	北京保利	2020-12-05
清康熙 青花四美图将军罐	高22.8cm	46,000	中国嘉德	2020-11-10

拍品名称	物品尺寸	成交价RMB	拍卖公司	拍卖日期
清康熙 青花四美图折沿大盘	直径31.5cm	17,250	中国嘉德	2020-11-10
清康熙 青花松鼠葡萄纹大花觚	高51cm	43,700	中国嘉德	2020-11-10
清康熙 青花松鼠葡萄纹大碗	直径22.5cm; 高10.7cm	13,800	中贸圣佳	2020-12-07
清康熙 青花岁寒三友图大碗	直径20.3cm	28,750	中国嘉德	2020-11-10
清康熙 青花岁寒三友图凤尾尊	高45.5cm	115,000	北京大羿	2020-12-06
清康熙 青花岁寒三友图小玉壶春瓶	高10.5cm	17,250	中国嘉德	2020-07-15
清康熙 青花太白醉酒图笔筒	高11.5cm	28,750	广东崇正	2020-09-13
清康熙 青花太极兽面纹觯式瓶	高16.9cm	28,750	中国嘉德	2020-11-12
清康熙 青花《桃花源记》人物故事图小棒槌瓶	高20.8cm	34,500	中国嘉德	2020-07-16
清康熙 青花《滕王阁序》笔筒	直径18.5cm	202,677	中国嘉德	2020-07-13
清康熙 青花《滕王阁序》笔筒	高18cm; 直径19cm	184,000	十竹斋拍卖（北京）	2020-10-18
清康熙 青花庭院仕女图罐	高21.5cm	86,250	中贸圣佳	2020-10-17
清康熙 青花庭院仕女婴戏图盘	直径20.3cm	34,500	北京保利	2020-10-20
清康熙 青花庭院婴戏图碗	直径22.5cm	34,500	北京大羿	2020-08-16
清康熙 青花通景山水筒式炉	高10cm; 直径10.5cm	34,500	保利厦门	2020-09-26
清康熙 青花团龙纹梅瓶	高17cm	28,750	中国嘉德	2020-07-15
清康熙 青花团龙纹碗	直径19.9cm; 高8.6cm	25,300	中贸圣佳	2020-06-20
清康熙 青花文王访贤图撇口瓶	高20.5cm	51,750	北京保利	2020-12-05
清康熙 青花倭角牵牛花纹兽耳瓶（一对）	高15.5cm	115,000	华艺国际	2020-10-16
清康熙 青花西湖十景之雷峰夕照山水人物诗文大碗	直径21cm	126,500	中国嘉德	2020-08-18
清康熙 青花《西厢记》佛殿奇逢图盖罐	高20.5cm	51,750	北京大羿	2020-06-19
清康熙 青花《西厢记》故事纹茶碗（一对）	长12cm; 直径6.5cm	51,750	广东崇正	2020-09-13
清康熙 青花《西厢记》人物故事图大碗、折沿碗各一只	直径20.7cm; 直径16cm	20,700	中国嘉德	2020-07-15
清康熙 青花《西厢记》人物故事图粥罐	直径23.5cm	34,500	中国嘉德	2020-07-16
清康熙 青花《西厢记》之草桥惊梦人物故事图观音瓶	高46.2cm	25,300	中国嘉德	2020-07-16
清康熙 青花西园雅集图大碗	直径22.4cm	20,700	中贸圣佳	2020-07-18
清康熙 青花小瓶（一组十件）	最大高度23.8cm	29,305	伦敦佳士得	2020-02-13
清康熙 青花小瓶、壶、碗（四件）	尺寸不一	20,700	中国嘉德	2020-11-12
清康熙 青花小瓶、小水盂、小壶（三件）	高13.5cm; 高7cm; 宽8cm	34,500	北京保利	2020-12-05
清康熙 青花一路连科纹罐	高18cm	46,000	北京大羿	2020-07-17
清康熙 青花婴戏图大碗	直径20cm	36,800	中国嘉德	2020-11-12
清康熙 青花婴戏图罐（一对）	高17.5cm	86,250	中贸圣佳	2020-12-07
清康熙 青花婴戏图花觚	高37.2cm	23,000	中国嘉德	2020-07-16
清康熙 青花婴戏图水盂	直径6cm; 高5.5cm	115,000	北京中汉	2020-11-09
清康熙 青花婴戏图小印盒	直径6.2cm	20,700	中国嘉德	2020-07-16
清康熙 青花婴戏纹、鸡纹小罐及小缸（三件）	高15.6cm; 高25.2cm; 高313cm	51,750	中贸圣佳	2020-12-08
清康熙 青花鱼化龙纹盘	直径16cm	36,800	中国嘉德	2020-11-12
清康熙 青花鱼化龙纹盘（一对）	直径16cm; 直径15.8cm	46,000	中国嘉德	2020-11-10
清康熙 青花鱼藻纹杯	高5cm; 直径9cm	172,500	保利厦门	2020-09-26
清康熙 青花鱼藻纹花口碗	直径20.3cm	47,453	佳士得	2020-10-08
清康熙 青花鱼藻纹盘	直径16cm	13,800	北京翰海	2020-12-12
清康熙 青花鱼藻纹盘（一对）	直径15.6cm	25,300	北京大羿	2020-06-19
清康熙 青花鱼藻纹小碗	8.4cm	67,800	香港苏富比	2020-07-11
清康熙 青花渔家乐图碗	直径15.5cm	13,800	中国嘉德	2020-07-16
清康熙 青花渔乐山水花觚	高44.5cm	184,000	北京保利	2020-10-20
清康熙 青花云凤纹高足净水杯	高14cm	23,000	北京大羿	2020-09-13

拍品名称	物品尺寸	成交价RMB	拍卖公司	拍卖日期
清康熙 青花云凤纹罐	高18cm	70,691	中国嘉德	2020-10-08
清康熙 青花云龙纹盖子	直径18cm	28,750	中贸圣佳	2020-07-18
清康熙 青花云龙纹盘	直径16.4cm	23,000	中国嘉德	2020-11-12
清康熙 青花云龙折枝莲托福寿碗	直径13.2cm	48,300	中国嘉德	2020-11-10
清康熙 青花云纹开光博古图盖缸	高18.5cm	23,000	中国嘉德	2020-11-10
清康熙 青花昭君出塞棒槌瓶	高45.5cm	460,000	华艺国际	2020-10-16
清康熙 青花昭君出塞图笔筒	高16.7cm; 直径17.8cm	356,500	北京大羿	2020-09-13
清康熙 青花折枝花卉纹杯	直径6cm	218,500	北京大羿	2020-05-05
清康熙 青花折枝花卉纹大盘	直径21cm	13,800	中国嘉德	2020-11-12
清康熙 青花折枝花卉纹碗	直径15.7cm	17,250	中国嘉德	2020-07-16
清康熙 青花折枝花狮纹斗笠碗（一对）	直径17cm	28,750	北京大羿	2020-07-12
清康熙 青花折枝莲托梵文团狮纹碗	直径13.5cm	13,800	中国嘉德	2020-11-12
清康熙 青花指日高升、文人三才人物故事图花觚	高43.7cm	149,500	中国嘉德	2020-11-09
清康熙 青花雉鸡牡丹图案缸	高17.5cm	48,300	北京大羿	2020-10-16
清康熙 青花雉鸡牡丹图凤尾尊	高47.2cm	46,000	中国嘉德	2020-11-10
清康熙 青花雉鸡牡丹图罐	高23.5cm	103,500	中国嘉德	2020-08-18
清康熙 青花雉鸡牡丹图瓶	高38.8cm	46,000	中国嘉德	2020-11-10
清康熙 青花雉鸡牡丹纹罐	高23cm	86,250	北京大羿	2020-08-16
清康熙 青花竹林七贤图大碗	直径20cm	17,250	中国嘉德	2020-11-10
清康熙 若深珍藏款花鸟纹杯（四只）	直径6.8cm; 高2.8cm	48,300	中贸圣佳	2020-12-07
清康熙 洒蓝釉开光青花诗文胆瓶	高27.5cm	43,700	中国嘉德	2020-11-10
清康熙 洒蓝釉开光青花唐明皇游月宫人物故事图折沿洗	直径42.2cm	23,000	中国嘉德	2020-11-12
清康熙 外珊瑚红内青花“一鹭莲科”纹墩式碗	直径11cm; 高6cm	218,500	保利厦门	2020-09-26
清康熙、清乾隆 青花花鸟纹、山水人物纹执壶（各一件）	长23cm; 长15cm	13,800	中国嘉德	2020-07-16
清康熙/雍正 青花云凤纹罐	高18cm	80,500	北京诚轩	2020-08-17
清康熙二十九年（1690年）青花《后赤壁赋》诗文大笔筒	直径17.5cm	402,500	中国嘉德	2020-12-03
清康熙二十九年（1690年）青花折枝花卉诗文瓜棱小罐	高14.2cm	80,500	中国嘉德	2020-07-16
清康熙至雍正 青花过墙凤鸣在竹斗笠盏（一对）	直径10cm	80,500	中国嘉德	2020-08-18
清康熙至雍正 青花过墙凤鸣在竹斗笠盏（一对）	直径9.8cm	57,500	中国嘉德	2020-08-18
清康熙早期 青花八仙庆寿图花觚	高40.3cm	28,750	中国嘉德	2020-07-15
清康熙早期 青花加官进爵图笔筒	直径15.6cm	138,000	中国嘉德	2020-08-18
清康熙早期 青花教子图小观音瓶	高20cm	86,250	中国嘉德	2020-11-10
清康熙早期 青花披麻皴山水纹小观音瓶	高17.2cm	17,250	中国嘉德	2020-11-10
清康熙早期 青花人物故事图笔筒	高11.7cm	63,250	中国嘉德	2020-07-15
清康熙早期 青花文王访贤人物故事图大笔筒	直径17cm	368,000	中国嘉德	2020-12-03
清康熙早期 青花文王访贤人物故事图束腰笔筒	直径13cm	34,500	中国嘉德	2020-11-10
清康熙早期 青花携琴访友图小案缸	高11.8cm	71,300	中国嘉德	2020-07-16
清康熙早期 青花婴戏图高足杯	高11.3cm	71,300	中国嘉德	2020-07-15
清康熙早期 青花竹林七贤图笔筒	高16.7cm	82,800	中国嘉德	2020-11-09
清康熙至雍正 青花岁岁和谐图盘	直径15.4cm	94,678	纽约苏富比	2020-09-23
清康熙 青花“武则天夜会狄仁杰”人物故事大笔海	直径21.2cm; 高17cm	460,000	华艺国际	2020-10-16
清康熙 青花“夜游赤壁”图诗文笔筒	直径19cm; 高16.5cm	920,000	保利厦门	2020-09-26
清康熙 青花八仙贺寿图小盘	直径14.8cm	667,000	中贸圣佳	2020-10-17
清康熙 青花赏心十六事诗文太白罐	高35cm	609,500	北京大羿	2020-12-06
清康熙 青花诗文花神杯(月季花)	直径6.5cm	977,500	北京中汉	2020-12-04

拍品名称	物品尺寸	成交价RMB	拍卖公司	拍卖日期
清康熙 青花《秋声赋》诗文笔筒	高15.7cm;直径19.7cm	345,000	西泠印社	2020-08-08
清康熙 青花缠枝莲纹大盘	直径38cm	395,500	香港苏富比	2020-07-11
清康熙 青花缠枝莲纹碗（一对）	直径16.2cm×2	203,400	香港苏富比	2020-07-11
清康熙 青花缠枝牡丹纹苹果尊	高9.9cm	59,658	纽约佳士得	2020-09-24
清康熙 青花缠枝藤花纹葫芦瓶	高20cm	897,000	北京保利	2020-10-19
清康熙 青花刀马人物纹大棒槌瓶	高59cm	207,000	中国嘉德	2020-07-16
清康熙 青花仿古兽面纹凤尾尊	高46.2cm	127,744	纽约佳士得	2020-09-25
清康熙 青花赶珠龙纹碗	直径14.2cm	791,000	香港苏富比	2020-07-11
清康熙 青花《后赤壁赋》山水人物诗文笔筒	直径18.2cm	483,000	中国嘉德	2020-07-16
清康熙 青花花蝶纹铃铛杯	直径8cm	506,000	北京保利	2020-12-05
清康熙 青花山水高士凤尾尊	高45.7cm	345,000	北京保利	2020-12-05
清康熙 青花兽面纹铺首尊	直径40cm	713,000	中国嘉德	2020-08-18
清康熙 青花双凤穿花祥云纹墩式碗（一对）	高7cm×2;口径13cm×2	437,000	西泠印社	2020-08-08
清康熙 青花五灵图大缸	直径61cm	3,220,000	中国嘉德	2020-12-03
清康熙 青花潇湘八景山水人物诗文笔筒	直径18.6cm	644,000	中国嘉德	2020-08-18
清康熙 青花御题耕织图人物诗文大碗	直径20.2cm	713,000	中国嘉德	2020-07-16
清康熙 御窑仿宣德青花苏东坡海棠诗意图碗	直径12.5cm	1,725,000	中国嘉德	2020-12-03
清康熙 1720年 青花题《醉翁亭记》山水人物图将军罐	高50.5cm	279,766	巴黎苏富比	2020-06-18
清康熙 青花花鸟纹盖罐（一对）	高21cm	44,673	巴黎佳士得	2020-06-23
清康熙 青花清供图盖钟（一套十二件）	直径9cm×12	159,936	香港苏富比	2020-06-05
清康熙 青花如意莲瓣纹碗	直径16cm	79,419	巴黎佳士得	2020-06-23
清康熙 青花山水人物图茶盏及盏托	盏托直径8.4cm	25,133	香港苏富比	2020-06-05
清康熙 青花山水人物图长颈瓶	高39cm	102,816	香港苏富比	2020-06-05
清康熙 洒蓝地福禄寿三星棒槌瓶	高45.5cm	595,640	巴黎佳士得	2020-06-23
清康熙 青花仿成化花卉纹宫碗	直径14.5cm	357,683	纽约佳士得	2020-09-25
清康熙 青花龙纹碗	直径20.9cm	153,293	纽约佳士得	2020-09-25
清康熙 青花山水渔乐图棒槌瓶	高44.7cm	408,780	纽约佳士得	2020-09-25
清康熙 青花通景狩猎图大罐	高46.3cm	204,390	纽约佳士得	2020-09-25
清康熙 青花锦纹笔盒	长22.1cm	171,360	香港苏富比	2020-06-05
清康熙 青花仕女婴戏图盖盒	直径22.2cm	388,415	香港苏富比	2020-06-05
清康熙 青花高士图执壶	高21.5cm	32,830	伦敦苏富比	2020-06-15
清康熙 外销青花十字架纹罐	高21.5cm	65,660	伦敦苏富比	2020-06-15
清康熙 青花海水龙纹高足碗	直径15.6cm	330,625	中鸿信	2020-01-03
清康熙 青花陶渊明赏菊图小杯	直径6cm	264,500	中贸圣佳	2020-07-18
清康熙 暗刻海水青花外九龙闹海内双龙捧寿纹大盘	直径29cm	448,500	中贸圣佳	2020-12-07
清康熙 青花缠枝灵芝纹铃铛杯	直径8.1cm	442,750	北京中汉	2020-08-19
清康熙 青花福禄寿三星诗文墩式碗	直径17cm	1,840,000	中国嘉德	2020-08-18
清康熙 青花临潼斗宝人物故事图大棒槌瓶	高75cm	2,415,000	中国嘉德	2020-12-03
清康熙 青花龙纹小盖罐	高11.5cm	1,667,500	保利厦门	2020-09-26
清康熙 青花人物故事诗纹花觚	直径44.5cm	805,000	北京大羿	2020-12-06
清康熙 青花山水图铃铛杯	高7.5cm;直径7.9cm	1,150,000	北京保利	2020-10-19
清康熙 青花十二月花神杯（存十只）	直径6.5-6.8cm	13,225,000	北京保利	2020-10-19
清康熙 青花通景溪山泛舟图大棒槌瓶	高72cm	1,150,000	北京保利	2020-10-19
清康熙 青花团花锯齿纹摇铃尊	高23.5cm	10,005,000	中国嘉德	2020-08-18
清康熙 青花团龙纹茶圆	直径9.1cm;高5.8cm	1,265,000	中贸圣佳	2020-10-17
清康熙 青花万寿大笔海	高27cm;直径34cm	1,495,000	十竹斋拍卖（北京）	2020-10-18
清康熙 青花摇铃尊	高22.5cm	3,638,530	中国嘉德	2020-10-08

拍品名称	物品尺寸	成交价RMB	拍卖公司	拍卖日期
清康熙 青花玉堂富贵铃铛杯	直径9.9cm	1,380,000	北京保利	2020-10-19
清康熙 青花跃龙纹梅瓶	高25cm	23,402,500	北京保利	2020-10-19
清康熙 青花云龙纹经筒	高26cm	3,220,000	永乐拍卖	2020-12-02
清雍正 仿成化青花淡描莲托杂宝纹卧足杯	直径7.1cm	57,500	中国嘉德	2020-08-18
清雍正 仿成化青花莲托梵文卧足杯	直径9cm;高3.5cm	322,000	朵云轩	2020-09-24
清雍正 仿成化青花内十字宝杵纹外缠枝莲托八宝纹盘	直径16cm	51,750	中国嘉德	2020-11-10
清雍正 仿明青花贯套花卉纹卧足杯（一对）	直径10.7cm	17,250	中国嘉德	2020-07-15
清雍正 仿明青花云龙纹茶碗（一对）	直径9.7cm	345,000	中国嘉德	2020-08-18
清雍正 仿明青花云龙纹大碗	直径19cm	23,000	中国嘉德	2020-07-15
清雍正 仿明式青花“喜上眉梢”抱月瓶	高30cm	598,000	中国嘉德	2020-08-18
清雍正 仿永乐青花折枝花果纹梅瓶	高34cm	253,000	中国嘉德	2020-11-09
清雍正 仿永宣青花缠枝花卉纹水丞	直径10cm	71,300	中国嘉德	2020-11-10
清雍正 黄地青花缠枝花卉纹大盘（一对）	直径20.4cm	28,750	中国嘉德	2020-11-10
清雍正 黄地青花缠枝莲纹盘	直径15cm	101,200	中国嘉德	2020-11-11
清雍正 黄地青花缠枝一束莲纹盘	直径27.3cm	207,000	中贸圣佳	2020-12-07
清雍正 黄地青花折枝花果纹大盘	直径26.2cm	20,700	中国嘉德	2020-11-10
清雍正 江藤旧藏青花官仿官缠枝莲纹梅瓶	高25.5cm	36,800	中鸿信	2020-01-03
清雍正 青花岁寒三友图小罐（一对）	直径5cm;高5.2cm	43,700	中贸圣佳	2020-06-20
清雍正 青花长亭送别图盘	直径21.8cm	34,500	中贸圣佳	2020-06-20
清雍正 青花八宝纹花口盘（一对）	直径15cm×2	339,250	荣宝斋（南京）	2020-11-28
清雍正 青花八吉祥穿花龙纹高足碗	直径18.4cm;高10.8cm	115,000	北京中汉	2020-11-09
清雍正 青花八仙祝寿图碗	直径14.9cm	97,750	中贸圣佳	2020-12-07
清雍正 青花百寿碗	碗口15cm;高7cm	20,160	上海联合	2020-11-29
清雍正 青花缠枝花卉纹大盘	直径40cm	80,500	中国嘉德	2020-11-10
清雍正 青花缠枝花卉纹大盘	直径37cm	32,200	北京大羿	2020-06-19
清雍正 青花缠枝花卉纹高足盘	直径20.2cm	68,930	北京中汉	2020-09-03
清雍正 青花缠枝花卉纹花口折沿盘（一对）	直径16.3cm	25,300	中国嘉德	2020-11-10
清雍正 青花缠枝花卉纹梅瓶	高22cm	241,500	中贸圣佳	2020-07-18
清雍正 青花缠枝花卉纹盘	直径15.5cm	181,342	中国嘉德	2020-07-13
清雍正 青花缠枝花卉纹盘	直径27.2cm	159,425	佳士得	2020-04-21
清雍正 青花缠枝花卉纹天字罐	直径21cm	36,800	中国嘉德	2020-11-10
清雍正 青花缠枝花卉小罐	高11cm	23,000	中鸿信	2020-01-03
清雍正 青花缠枝花卉一束莲纹盘	直径20.4cm	149,500	中贸圣佳	2020-07-18
清雍正 青花缠枝花卉折枝双雀图大盘	直径49.5cm	207,000	中贸圣佳	2020-07-18
清雍正 青花缠枝莲纹茶圆	直径7.1cm	402,500	北京大羿	2020-07-12
清雍正 青花缠枝莲纹大盘	直径63.1cm	218,500	中贸圣佳	2020-06-20
清雍正 青花缠枝莲纹大碗	直径19.2cm	48,300	中国嘉德	2020-08-18
清雍正 青花缠枝莲纹鼓钉罐式七孔花插	高8.5cm	40,250	中贸圣佳	2020-12-07
清雍正 青花缠枝莲纹盘（一对）	直径15.2cm×2	138,000	中国嘉德	2020-12-03
清雍正 青花缠枝莲纹水丞	高7.5cm	36,800	北京大羿	2020-05-05
清雍正 青花缠枝莲纹卧足杯	直径7cm;高3.2cm	28,000	上海联合	2020-11-29
清雍正 青花缠枝莲纹小杯	直径7cm	138,000	保利厦门	2020-09-26
清雍正 青花缠枝莲纹小天球瓶	高16.9cm	201,250	北京中汉	2020-07-31
清雍正 青花缠枝莲纹鱼潜	直径57.3cm	241,500	中国嘉德	2020-11-09
清雍正 青花缠枝苜蓿纹盘	直径21cm	345,000	北京中汉	2020-12-04
清雍正 青花缠枝纹盘	直径11.5cm	59,800	十竹斋拍卖（北京）	2020-10-18

拍品名称	物品尺寸	成交价RMB	拍卖公司	拍卖日期
清雍正 青花缠枝西番莲纹盘	直径21cm	71,300	北京大羿	2020-08-16
清雍正 青花穿花飞凤海浪纹双夔凤耳尊	高48.5cm	253,000	北京中汉	2020-12-04
清雍正 青花淡描携琴访友图斗笠盏（一对）	直径10cm×2	69,000	保利厦门	2020-09-26
清雍正 青花梵文杯	直径9.2cm	322,000	中国嘉德	2020-12-03
清雍正 青花方胜锦地桃纹盘（一对）	直径15.9cm	575,000	北京中汉	2020-12-04
清雍正 青花仿成化外缠枝内宝相花碗	直径11.8cm	598,000	北京保利	2020-12-05
清雍正 青花佛花杯（两件）	直径7cm	55,200	北京翰海	2020-12-12
清雍正 青花福禄寿三星图盘口瓶	高38.5cm	13,800	北京大羿	2020-06-19
清雍正 青花福禄寿三星图尊	高31.5cm	43,700	中贸圣佳	2020-12-07
清雍正 青花福禄寿三仙人物盘	直径19.8cm	13,800	中贸圣佳	2020-06-20
清雍正 青花高士图杯	直径9.3cm	36,800	中贸圣佳	2020-07-18
清雍正 青花高士图碗	直径17.9cm	36,800	中贸圣佳	2020-07-18
清雍正 青花过墙云龙纹盘（一对）	直径19.9cm; 直径19.6cm	13,800	中国嘉德	2020-11-11
清雍正 青花荷塘纹印盒	直径9.7cm	23,000	中贸圣佳	2020-06-20
清雍正 青花荷塘鸳鸯图卧足碗	直径17.5cm	149,500	中国嘉德	2020-12-03
清雍正 青花荷塘鸳鸯纹盘（一对）	直径17.5cm	456,540	伦敦佳士得	2020-11-03
清雍正 青花花卉纹菱口盘	直径16cm	32,200	广东崇正	2020-09-13
清雍正 青花花卉纹梅瓶	高16.8cm	57,500	中贸圣佳	2020-12-07
清雍正 青花花鸟纹抱月瓶	高29.5cm	101,200	北京大羿	2020-08-16
清雍正 青花花鸟纹杯（一组三件）	直径9.5cm	1,413,100	伦敦佳士得	2020-11-03
清雍正 青花花鸟纹斗笠盏	直径19.7cm	483,000	中贸圣佳	2020-10-17
清雍正 青花花鸟纹盘	直径33.2cm	467,811	中国嘉德	2020-10-08
清雍正 青花鸡冠花纹盘（一对）	直径13cm	149,500	华艺国际	2020-10-16
清雍正 青花教子图盘（一对）	直径16cm	82,800	中国嘉德	2020-11-10
清雍正 青花教子图盘（一对）	直径15.7cm	43,700	中国嘉德	2020-11-10
清雍正 青花卷草纹盘口小瓶	高18.5cm	230,000	北京保利	2020-10-20
清雍正 青花卷草纹水盂	直径8.3cm	17,250	北京大羿	2020-07-17
清雍正 青花开光持莲童子图罐	高18cm	23,000	中国嘉德	2020-11-10
清雍正 青花葵口折枝花果纹斗笠碗	直径24.1cm	48,300	北京中汉	2020-12-04
清雍正 青花莲托八宝纹小杯	高2.6cm; 直径7cm	138,000	西泠印社	2020-08-08
清雍正 青花龙凤纹盘	直径16cm	40,250	北京中汉	2020-11-09
清雍正 青花苜蓿洋菊盘	直径21cm	437,000	北京保利	2020-12-05
清雍正 青花内婴戏图外开光西厢记人物故事图大碗	直径19.2cm	63,250	中国嘉德	2020-11-10
清雍正 青花人物故事贯耳瓶	高34.2cm	540,500	中贸圣佳	2020-10-17
清雍正 青花三星图棒槌瓶	高40cm	28,750	中国嘉德	2020-11-12
清雍正 青花山水楼阁纹折沿大盘	直径18.2cm	13,800	中国嘉德	2020-07-15
清雍正 青花山水人物棒槌瓶	高42cm	17,250	中贸圣佳	2020-06-20
清雍正 青花山水人物纹、团鹤纹炉各一件	直径24cm; 直径24cm	17,250	中国嘉德	2020-07-16
清雍正 青花山水人物纹案缸	直径24.5cm	51,750	中国嘉德	2020-11-10
清雍正 青花山水人物纹笔筒	高15.4cm	20,700	中国嘉德	2020-07-16
清雍正 青花山水人物纹瓷板	长41cm; 宽27cm; 高5.4cm	218,500	北京中汉	2020-11-09
清雍正 青花山水人物纹瓷板	长40.8cm; 宽26.7cm; 高5.4cm	212,750	北京中汉	2020-11-09
清雍正 青花山水人物纹大笔筒	高19.5cm	92,000	北京大羿	2020-10-16
清雍正 青花山水人物纹六方大花盆	长34cm	66,700	中国嘉德	2020-11-10
清雍正 青花山水人物纹三足笔筒	直径19.4cm	40,250	中国嘉德	2020-11-09
清雍正 青花山水人物纹纹小瓶	高14.3cm	25,300	中国嘉德	2020-07-16
清雍正 青花山水图三足洗	直径24cm	66,700	华艺国际	2020-10-16
清雍正 青花十字宝杵万寿纹盘	直径6cm	43,700	北京大羿	2020-06-19
清雍正 青花寿字小杯	直径4cm	437,000	北京保利	2020-10-20
清雍正 青花双龙戏珠纹罗汉炉	直径27.5cm	34,500	北京大羿	2020-09-13
清雍正 青花松鹿延年图盘	直径20.4cm	23,000	中国嘉德	2020-07-15

拍品名称	物品尺寸	成交价RMB	拍卖公司	拍卖日期
清雍正 青花松竹花鸟纹小梅瓶	高16.4cm	34,500	中国嘉德	2020-11-12
清雍正 青花松竹梅纹碗（一对）	直径9.6cm	12,650	中贸圣佳	2020-12-07
清雍正 青花岁寒三友图凤尾尊	高42.8cm	101,200	中国嘉德	2020-07-16
清雍正 青花岁寒三友图盖罐	高24cm	20,700	中国嘉德	2020-11-12
清雍正 青花岁寒三友图碗（一对）	直径11.5cm	57,500	中国嘉德	2020-07-15
清雍正 青花岁寒三友图粥罐	直径24cm	13,800	中国嘉德	2020-11-12
清雍正 青花踏雪寻梅图盘	直径15.5cm	28,750	中国嘉德	2020-07-16
清雍正 青花天官赐福麻姑献寿图狮耳方瓶	高31.7cm	690,000	中国嘉德	2020-08-18
清雍正 青花团花纹碗	直径11.8cm	275,426	纽约苏富比	2020-09-23
清雍正 青花西厢记之长亭送别人物故事图墩式碗	直径17.8cm	13,800	中国嘉德	2020-07-16
清雍正 青花喜上眉梢抱月瓶	长11.7cm	253,000	中鸿信	2020-01-03
清雍正 青花仙人人物杯	直径9.4cm; 高5.7cm	24,150	中贸圣佳	2020-12-07
清雍正 青花鱼跃龙门图盘	直径16.2cm	32,200	中国嘉德	2020-07-15
清雍正 青花渔家乐图小琵琶尊	高23.1cm	13,800	中国嘉德	2020-11-12
清雍正 青花郁金纹碗	直径12cm	575,000	中国嘉德	2020-12-03
清雍正 青花云凤纹盘	直径21cm	34,500	北京中汉	2020-07-31
清雍正 青花云凤纹碗	直径15.3cm	25,300	北京诚轩	2020-08-17
清雍正 青花云鹤纹盘	高2.5cm; 直径11cm	48,300	西泠印社	2020-08-08
清雍正 青花云龙纹器盖	直径18cm	17,250	北京大羿	2020-07-17
清雍正 青花云龙纹折腰碗（一对）	直径12.2cm	126,500	中贸圣佳	2020-12-07
清雍正 青花长亭送别图碗	直径16.6cm	40,250	中贸圣佳	2020-07-18
清雍正 青花折枝花果纹大盘	直径25.9cm	59,800	中国嘉德	2020-11-10
清雍正 青花折枝花果纹梅瓶	高17.8cm	63,250	中国嘉德	2020-07-15
清雍正 青花折枝花卉三多纹高足花口杯	直径8.6cm	230,000	北京保利	2020-10-20
清雍正 青花折枝花卉纹花口瓶	高33cm	345,000	北京大羿	2020-09-13
清雍正至乾隆 青花人物故事图贯耳瓶	高33.2cm	34,500	中国嘉德	2020-07-15
清雍正或更晚 青花太极八卦纹香盘	直径11cm	39,449	伦敦佳士得	2020-02-13
清雍正至乾隆 青花缠枝花卉玉壶春瓶	高71cm	34,500	中鸿信	2020-01-03
清雍正至乾隆 青花缠枝连纹净水钵	长25.5cm	69,000	中鸿信	2020-01-03
清雍正至乾隆 青花仿墨龙图大橄榄瓶	高52.7cm	667,000	中国嘉德	2020-08-18
清雍正 青花缠枝花卉纹如意绶带耳扁壶	高18.2cm	920,000	中贸圣佳	2020-10-17
清雍正 青花缠枝莲纹折沿碗	直径17cm	632,500	华艺国际	2020-10-16
清雍正 青花瓜瓞绵绵纹瓜棱罐	高11cm	989,000	保利厦门	2020-09-26
清雍正 仿成化青花淡描团菊纹茶圆	直径7.2cm	632,500	中国嘉德	2020-08-18
清雍正 粉青釉青花堆白螭龙纹折沿大盘	直径50cm	3,450,000	北京保利	2020-12-05
清雍正 青花八仙庆寿碗	10.6cm	248,600	香港苏富比	2020-07-11
清雍正 青花宝杵梵纹盘	直径17.5cm; 高4cm	690,000	保利厦门	2020-09-26
清雍正 青花宝相花小蒜头瓶	高11cm	4,280,440	香港苏富比	2020-07-11
清雍正 青花缠枝花卉纹盘	直径26.7cm	542,400	佳士得	2020-07-09
清雍正 青花缠枝花卉纹碗（一对）	直径12cm×2	361,600	香港苏富比	2020-07-11
清雍正 青花缠枝莲纹如意耳盘口瓶	高33.6cm	2,990,000	中国嘉德	2020-12-03
清雍正 青花缠枝莲纹双耳葫芦尊	高23.5cm	551,017	伦敦苏富比	2020-11-04
清雍正 青花缠枝四季花卉纹抱月瓶	高27.2cm	2,990,000	西泠印社	2020-08-08
清雍正 青花团花纹碗（一对）	直径11.3cm	688,565	纽约苏富比	2020-09-23
清雍正 青花一把莲纹盘	直径34.2cm	991,830	伦敦苏富比	2020-11-04
清雍正 青花鱼藻纹卧足小杯	直径4.3cm	2,599,000	香港苏富比	2020-07-11
清雍正 青花缠枝牡丹纹盘	直径21.1cm	342,719	香港苏富比	2020-06-05
清雍正 青花岁寒三友小罐	高8cm	479,807	香港苏富比	2020-06-05

拍品名称	物品尺寸	成交价RMB	拍卖公司	拍卖日期
清雍正 黄地青花仙芝花卉纹双耳杯	宽9.8cm	881,627	伦敦苏富比	2020-11-04
清雍正 青花赶珠龙纹盘	直径18.2cm	852,250	纽约佳士得	2020-09-24
清雍正 青花灵芝纹八棱小罐	高10.8cm	409,080	纽约佳士得	2020-09-24
清雍正 青花团夔龙纹馒头心碗	直径11.9cm	286,529	伦敦苏富比	2020-11-04
清雍正 青花折枝花卉纹盘	直径20.8cm	479,807	香港苏富比	2020-06-05
清雍正 青花龙凤呈祥纹罐	高17cm	621,000	北京大羿	2020-08-16
清雍正 青花山水人物图茶圆	直径9cm	506,000	北京大羿	2020-08-01
清雍正 青花云龙纹折腰碗	直径16.7cm	402,500	北京大羿	2020-06-06
清雍正 青花折枝三多纹茶叶瓶	高25.5cm	4,197,500	北京大羿	2020-08-16
清雍正 银釉地青花灵芝纹杯（一对）	直径6.6cm×2	690,000	中贸圣佳	2020-06-20
清雍正 仿明式青花荔枝纹抱月瓶	高26cm	3,450,000	中国嘉德	2020-08-18
清雍正 仿永乐青花缠枝花卉条带变体石榴纹天球瓶	高55.3cm	4,370,000	中贸圣佳	2020-10-17
清雍正 黄地青花一束莲纹盘（一对）	直径15.4cm×2	1,265,000	十竹斋拍卖（北京）	2020-10-18
清雍正 青花“穿花游龙”翼龙纹大盘	直径51cm	14,375,000	北京保利	2020-10-19
清雍正 青花八宝云鹤纹瓷钟	高13.1cm	1,380,000	永乐拍卖	2020-12-02
清雍正 青花宝相花三多八宝折沿大盘	直径45cm	4,600,000	北京保利	2020-10-20
清雍正 青花缠枝花卉纹抱月瓶	高53.3cm	6,900,000	中国嘉德	2020-08-18
清雍正 青花缠枝莲纹莲瓣形盖盒	直径7cm	1,725,000	中国嘉德	2020-08-18
清雍正 青花缠枝莲纹印盒	直径7cm	1,955,000	中国嘉德	2020-12-03
清雍正 青花缠枝四季花卉一束莲纹盘	直径34.5cm	1,495,000	中贸圣佳	2020-10-17
清雍正 青花穿花游龙大盘	直径51cm	6,920,255	中国嘉德	2020-10-08
清雍正 青花淡描海浪九龙纹大胆式瓶	长39cm	85,100,000	北京保利	2020-10-19
清雍正 青花仿永乐喜鹊登梅图抱月瓶	高22cm	8,970,000	北京保利	2020-12-05
清雍正 青花瓜瓞绵绵纹折沿大盘	直径45.3cm	4,830,000	北京保利	2020-12-05
清雍正 青花莲池游龙海水纹撇口尊	直径17.1cm; 高15cm	1,265,000	中贸圣佳	2020-10-17
清雍正 青花团凤如意连连宫碗	直径11.9cm	1,380,000	北京保利	2020-10-19
清雍正 青花团花纹卧足碗（一对）	直径11.6cm; 直径11.8cm	1,150,000	北京保利	2020-12-05
清雍正 青花折枝繁花瑞果纹钵式卷缸	宽40cm	12,075,000	北京保利	2020-12-05
清雍正 青花折枝灵芝花卉纹摩羯花口杯	长11.6cm; 高5.7cm	517,500	中贸圣佳	2020-12-07
18世纪 青花缠枝花卉纹梅瓶	15.2cm	85,448	香港苏富比	2020-11-26
18世纪 青花穿莲龙凤纹瓶	高31.1cm	351,040	伦敦佳士得	2020-05-21
18世纪 青花海水留白模印暗花龙纹胆瓶	高45.8cm	136,650	佳士得	2020-04-21
18世纪 青花盘（一组三件）	最大直径41cm	29,305	伦敦佳士得	2020-02-13
18世纪 青花山水人物小梅瓶	高4.7cm	14,950	中贸圣佳	2020-12-07
18世纪 青花云龙纹小梅瓶	6.1cm	58,808	香港苏富比	2020-11-27
清乾隆 “片月”款青花缠枝花卉纹开光墨彩诗文海棠形笔筒	高7.5cm	40,250	北京大羿	2020-08-16
清乾隆 仿明青花缠枝卷草纹小罐	高12.3cm	34,500	中国嘉德	2020-11-09
清乾隆 仿明青花海水龙纹盘	直径17.5cm	74,750	中国嘉德	2020-11-10
清乾隆 仿明青花云龙纹盏托	直径12cm	36,800	中国嘉德	2020-11-09
清乾隆 仿明青花云龙纹折腰碗	直径17cm	207,000	中国嘉德	2020-11-09
清乾隆 仿明青花云龙纹折腰碗（一对）	直径17.5cm	235,750	中国嘉德	2020-07-17
清乾隆 仿永乐青花缠枝苜蓿花纹碗	直径15.3cm; 高6.3cm	207,000	广东崇正	2020-09-13
清乾隆 粉青釉青花山水纹大瓶	高41cm	40,250	广东崇正	2020-09-13
清乾隆 粉青釉青花竹纹弦纹瓶	高40.5cm	57,500	十竹斋拍卖（北京）	2020-10-18
清乾隆 广彩青花开窗燕乐图盖瓶	高55cm	109,250	广东崇正	2020-09-13
清乾隆 黄地青花缠枝莲纹高足盘	直径21.6cm	23,000	中国嘉德	2020-11-10

拍品名称	物品尺寸	成交价RMB	拍卖公司	拍卖日期
清乾隆 黄地青花开光折枝花果纹执壶	高25.5cm	48,300	中贸圣佳	2020-12-07
清乾隆 黄地青花万寿无疆纹盘（一对）	直径17.5cm×2	138,000	广东崇正	2020-09-13
清乾隆 浆胎青花缠枝莲托八宝对蝶纹镗锣洗	直径15.6cm	55,200	中国嘉德	2020-11-09
清乾隆 浆胎青花地留白龙纹印盒	直径4.5cm	46,000	中贸圣佳	2020-06-20
清乾隆 蓝釉堆白青花福寿纹花口盘	直径30cm	13,800	中国嘉德	2020-07-15
清乾隆 青花“团凤牡丹”云蝠莲瓣纹盘口尊	高35cm	115,000	保利厦门	2020-09-26
清乾隆 青花八骏图马蹄碗（两件）	直径12.5cm	51,750	北京翰海	2020-12-12
清乾隆 青花八仙庆寿图小碗	直径10.8cm	28,750	中国嘉德	2020-07-17
清乾隆 青花八仙人物碗	直径17.7cm; 高8cm	17,250	中贸圣佳	2020-12-07
清乾隆 青花缠枝宝相花纹贯耳尊	高53cm	287,500	西泠印社	2020-08-08
清乾隆 青花缠枝花卉盘	直径15.6cm	35,185	北京保利	2020-07-19
清乾隆 青花缠枝花卉纹案缸	直径21.7cm	17,250	中国嘉德	2020-11-10
清乾隆 青花缠枝花卉纹大盘	直径41.3cm	28,750	中国嘉德	2020-11-10
清乾隆 青花缠枝花卉纹盖缸	直径21.2cm	17,250	中国嘉德	2020-07-15
清乾隆 青花缠枝花卉纹高足盘	直径20.8cm	20,700	中国嘉德	2020-11-10
清乾隆 青花缠枝花卉纹盘口瓶	高35cm	28,750	中国嘉德	2020-11-10
清乾隆 青花缠枝花卉纹如意耳方瓶	高36.8cm	23,000	中国嘉德	2020-07-16
清乾隆 青花缠枝花卉纹双耳小壶	高11.5cm	231,990	佳士得	2020-10-08
清乾隆 青花缠枝花卉纹碗	直径16.7cm	80,500	中国嘉德	2020-11-10
清乾隆 青花缠枝花卉纹卧足杯（一对）	直径8cm×2	94,300	北京大羿	2020-08-16
清乾隆 青花缠枝花卉纹卧足杯（一对）	直径8.4cm×2	69,000	中国嘉德	2020-12-03
清乾隆 青花缠枝花卉纹小天球瓶	高33.8cm	40,250	中国嘉德	2020-11-10
清乾隆 青花缠枝花卉纹小碗	直径11.5cm	36,800	中国嘉德	2020-07-17
清乾隆 青花缠枝花小贯耳瓶	高11.8cm	13,800	中贸圣佳	2020-07-18
清乾隆 青花缠枝连莲托八宝双耳尊	高45.5cm	195,500	中鸿信	2020-01-03
清乾隆 青花缠枝莲蝠纹六方盆奁	长18.1cm	74,750	中国嘉德	2020-08-18
清乾隆 青花缠枝莲花卉纹大盘	直径33.8cm	28,750	中国嘉德	2020-11-10
清乾隆 青花缠枝莲花卉小抱月瓶	长14.2cm	126,500	中国嘉德	2020-11-10
清乾隆 青花缠枝莲团寿纹方盖盒	长14cm	69,000	保利厦门	2020-09-26
清乾隆 青花缠枝莲托八宝开光“万寿无疆”大碗	直径18.4cm	161,000	中国嘉德	2020-12-03
清乾隆 青花缠枝莲托八宝纹大碗	直径26cm	287,500	中国嘉德	2020-12-03
清乾隆 青花缠枝莲托八宝纹大碗	直径26cm	55,200	中国嘉德	2020-12-03
清乾隆 青花缠枝莲托八吉祥纹碗	直径14.2cm	155,937	中国嘉德	2020-10-08
清乾隆 青花缠枝莲托梵文高足杯	高13.5cm	115,000	北京大羿	2020-10-16
清乾隆 青花缠枝莲纹八方鼓墩	高48.5cm	48,300	北京大羿	2020-08-16
清乾隆 青花缠枝莲纹茶船	长19.3cm; 宽7.7cm	46,000	十竹斋拍卖（北京）	2020-10-18
清乾隆 青花缠枝莲纹大缸	直径60cm; 高50cm	448,500	保利厦门	2020-09-26
清乾隆 青花缠枝莲纹大天球瓶	高54.5cm	230,000	西泠印社	2020-08-08
清乾隆 青花缠枝莲纹高足盘（一对）	高14cm	126,500	中国嘉德	2020-08-18
清乾隆 青花缠枝莲纹高足碗	直径15.7cm	36,800	中国嘉德	2020-07-16
清乾隆 青花缠枝莲纹格盘	长13.6cm	63,250	中国嘉德	2020-08-18
清乾隆 青花缠枝莲纹鼓墩（一对）	高42.5cm	115,000	中国嘉德	2020-11-09
清乾隆 青花缠枝莲纹瓜棱罐	直径22.6cm	36,800	中国嘉德	2020-07-15
清乾隆 青花缠枝莲纹贯耳瓶	高19.5cm	552,000	西泠印社	2020-08-09
清乾隆 青花缠枝莲纹贯耳瓶	高37.8cm	20,700	中国嘉德	2020-11-11
清乾隆 青花缠枝莲纹葵口洗	高4cm; 直径18cm	138,000	西泠印社	2020-08-08
清乾隆 青花缠枝莲纹盘	直径15.2cm	48,300	中国嘉德	2020-11-09
清乾隆 青花缠枝莲纹盘	直径19.5cm	31,187	中国嘉德	2020-10-08
清乾隆 青花缠枝莲纹盘（一对）	直径13.5cm	195,500	中国嘉德	2020-08-18
清乾隆 青花缠枝莲纹盘（一对）	直径19.2cm	71,300	中国嘉德	2020-11-09
清乾隆 青花缠枝莲纹铺首尊	高25.5cm	322,000	中国嘉德	2020-07-16

拍品名称	物品尺寸	成交价RMB	拍卖公司	拍卖日期
清乾隆 青花缠枝莲纹铺首尊	高25.6cm	266,680	中国嘉德	2020-07-13
清乾隆 青花缠枝莲纹赏瓶	高36cm	172,500	广东崇正	2020-09-13
清乾隆 青花缠枝莲纹赏瓶	高32cm	172,500	中贸圣佳	2020-12-07
清乾隆 青花缠枝莲纹赏瓶	高32cm	149,500	中国嘉德	2020-07-16
清乾隆 青花缠枝莲纹双兽耳罐	高8cm	16,100	北京大羿	2020-07-17
清乾隆 青花缠枝莲纹太白罐	高30.2cm	46,000	中国嘉德	2020-07-15
清乾隆 青花缠枝莲纹潭柘寺供碗	直径17.5cm	57,500	北京大羿	2020-08-01
清乾隆 青花缠枝莲纹天字罐	直径23cm	48,300	中国嘉德	2020-11-11
清乾隆 青花缠枝莲纹碗（一对）	直径16.4cm	181,342	中国嘉德	2020-07-13
清乾隆 青花缠枝莲纹牺耳尊	高31.5cm	69,000	中鸿信	2020-01-03
清乾隆 青花缠枝莲纹玉壶春瓶	高25cm	47,150	北京大羿	2020-09-13
清乾隆 青花缠枝莲纹玉堂春瓶	高37cm	172,500	北京大羿	2020-08-16
清乾隆 青花缠枝莲纹玉堂春瓶	高32cm	94,300	北京大羿	2020-08-01
清乾隆 青花缠枝莲纹渣斗	高8.5cm; 口径8.4cm	46,000	西泠印社	2020-08-08
清乾隆 青花缠枝莲小梅瓶	高17.6cm	57,500	北京保利	2020-10-20
清乾隆 青花缠枝牡丹纹碗	直径16.4cm; 高8.7cm	80,500	中贸圣佳	2020-06-20
清乾隆 青花缠枝苜蓿纹碗	直径15.3cm	57,500	中国嘉德	2020-07-17
清乾隆 青花缠枝西番莲纹盘	直径19.9cm	57,500	北京中汉	2020-11-09
清乾隆 青花螭龙穿花暗八仙纹贯耳瓶	高34.2cm	172,500	中贸圣佳	2020-06-20
清乾隆 青花穿花螭龙纹贯耳瓶	高37.8cm	126,500	中国嘉德	2020-07-17
清乾隆 青花地黄龙纹碗	直径13.5cm	83,950	北京大羿	2020-08-16
清乾隆 青花洞石芭蕉纹玉壶春瓶	直径19.5cm	55,200	北京大羿	2020-06-19
清乾隆 青花对头凤纹盘（一对）	直径16.3cm	178,250	北京大羿	2020-12-06
清乾隆 青花梵文大碗	直径17.3cm	14,755	北京保利	2020-07-19
清乾隆 青花梵文碗	直径17.9cm	184,000	中贸圣佳	2020-12-07
清乾隆 青花仿永宣海浪锦纹壮罐	高28.5cm	244,025	北京保利	2020-07-19
清乾隆 青花凤纹尊	高17cm	78,200	北京大羿	2020-07-17
清乾隆 青花福寿暗八仙盘	16cm	74,767	香港苏富比	2020-11-26
清乾隆 青花海水龙纹盘	高3.5cm; 直径17cm	20,700	西泠印社	2020-08-08
清乾隆 青花海水云鹤八卦纹碗（一对）	直径14cm	345,000	北京大羿	2020-10-16
清乾隆 青花海水云龙纹碗	直径14.5cm	105,800	北京大羿	2020-06-06
清乾隆 青花花卉开光徽章大盘	直径31.5cm	32,200	中国嘉德	2020-07-15
清乾隆 青花花卉纹鱼篓尊	高13cm	20,700	保利厦门	2020-09-26
清乾隆 青花花鸟纹笔筒 康熙青花绿彩云龙纹碗（一组）	尺寸不一	13,800	中贸圣佳	2020-06-20
清乾隆 青花绘暗八仙“福禄寿”、墨彩山水图插屏	14cm×11cm×25cm	299,000	北京保利	2020-10-20
清乾隆 青花几何花卉纹壮罐	高28.5cm	94,300	北京大羿	2020-08-16
清乾隆青花蕉叶纹小花觚（一对）	高18.1cm	13,560	北京中汉	2020-09-03
清乾隆 青花九桃天球瓶	高50.5cm	402,500	中鸿信	2020-01-03
清乾隆 青花夔龙缠枝花卉纹罐	高18.3cm	195,500	中贸圣佳	2020-12-07
清乾隆 青花夔龙穿花纹铺首尊	高37cm	218,500	保利厦门	2020-09-26
清乾隆 青花莲托梵文高足杯	高13.3cm	66,700	中贸圣佳	2020-06-20
清乾隆 青花龙纹高脚盘	高18cm	103,500	中贸圣佳	2020-07-18
清乾隆 青花龙纹盘	直径17.6cm	83,166	中国嘉德	2020-10-08
清乾隆 青花龙纹盘	直径16.7cm	46,000	北京保利	2020-10-20
清乾隆 青花龙纹盘（一对）	直径24cm	345,000	北京大羿	2020-12-06
清乾隆 青花龙纹双耳大瓶	高80cm	172,500	中鸿信	2020-01-03
清乾隆 青花龙纹折腰碗	直径17cm	57,500	北京大羿	2020-06-06
清乾隆 青花墨床及料彩描金高士图墨床	尺寸不一	28,750	中鸿信	2020-01-03
清乾隆青花苜蓿花卉纹碗（一对）	直径15.2cm	161,000	北京大羿	2020-12-06
清乾隆 青花内福寿纹外折枝花卉纹格盘	直径13.6cm	103,500	北京大羿	2020-10-16
清乾隆 青花内岁寒三友图外仕女婴戏图盘	直径18.2cm	55,200	中国嘉德	2020-12-03
清乾隆 青花内岁寒三友图外庭院仕女婴戏图盘	直径18cm	69,000	中国嘉德	2020-11-09
清乾隆 青花内岁寒三友外庭院仕女图盘	直径17.8cm	161,000	北京大羿	2020-05-05
清乾隆 青花内五蝠捧寿图外暗八仙纹小马蹄盘（一对）	直径7.8cm×2	28,750	中国嘉德	2020-12-03
清乾隆 青花忍冬纹盘（一对）	直径15.5cm×2	161,000	荣宝斋（南京）	2020-11-28
清乾隆 青花如意尊	直径12.5cm; 高6.5cm	179,200	上海联合	2020-11-29
清乾隆 青花三多纹模印莲瓣纹蒜头瓶	高28.5cm	483,000	中鸿信	2020-01-03
清乾隆 青花三果纹洗口灯笼瓶	高36.5cm	69,000	保利厦门	2020-09-26
清乾隆 青花山水楼阁图瓶	高45.5cm	13,800	中国嘉德	2020-11-10
清乾隆 青花山水镂空大盘	直径28.3cm	13,800	中贸圣佳	2020-12-07
清乾隆 青花山水人物图盘口尊	高39.5cm	57,500	中贸圣佳	2020-10-17
清乾隆 青花山水人物纹瓶、盖罐、盖盒各一件	长37cm; 高28.3cm; 高25.4cm	17,250	中国嘉德	2020-07-15
清乾隆 青花山水人物纹折沿花盆	直径27cm	17,250	中国嘉德	2020-07-15
清乾隆 青花诗文几	长15.6cm	23,000	中国嘉德	2020-07-15
清乾隆 青花双耳绶带蒜头瓶（一件）	高19cm	46,000	上海嘉禾	2020-01-05
清乾隆 青花双凤纹盘	直径16.4cm	103,500	中国嘉德	2020-11-09
清乾隆 青花双凤纹盘	直径16.5cm	80,500	中贸圣佳	2020-06-20
清乾隆 青花双凤纹盘（一对）	直径16.5cm	161,000	中国嘉德	2020-08-18
清乾隆 青花四季花卉六方花盆	高27cm	17,250	中贸圣佳	2020-12-08
清乾隆 青花松鼠葡萄图大碗	直径22.4cm	78,200	中国嘉德	2020-11-09
清乾隆 青花松阴瑞兽图灯笼尊	高38.7cm	25,300	中贸圣佳	2020-07-18
清乾隆 青花岁寒三友庭院仕女图盘（一对）	直径18.1cm	264,500	北京中汉	2020-07-31
清乾隆 青花庭院婴戏图碗	直径15.4cm	287,500	中贸圣佳	2020-07-18
清乾隆 青花喜鹊登梅扁瓶	高23.5cm	13,800	中鸿信	2020-01-03
清乾隆 青花胭脂红八仙祝寿图高足杯	高10cm	42,550	保利厦门	2020-09-26
清乾隆 青花洋人献宝山水纹花觚	高35.5cm	28,750	中贸圣佳	2020-07-18
清乾隆 青花婴戏图碗	直径15cm	63,250	北京大羿	2020-12-06
清乾隆 青花云龙赶珠纹盘	直径11.5cm	207,000	北京大羿	2020-06-06
清乾隆 青花云龙赶珠纹盘	直径17cm	115,000	北京大羿	2020-10-16
清乾隆 青花云龙赶珠纹盘	直径16.7cm	59,800	北京大羿	2020-07-12
清乾隆青花云龙赶珠纹盘（一对）	直径16.3cm	241,500	北京大羿	2020-08-16
清乾隆 青花云龙纹案缸	直径20.8cm; 高13.8cm	414,000	中贸圣佳	2020-12-07
清乾隆 青花云龙纹盘	直径16.8cm	115,000	北京中汉	2020-07-31
清乾隆 青花云龙纹盘	直径19.7cm	103,500	北京中汉	2020-12-04
清乾隆 青花云龙纹盘	直径16.7cm	103,500	中国嘉德	2020-12-03
清乾隆 青花云龙纹盘	直径17cm	23,000	中国嘉德	2020-11-10
清乾隆 青花云龙纹束腰碗	直径17.1cm	51,979	中国嘉德	2020-10-08
清乾隆 青花云龙纹天球瓶	高40.5cm	115,000	中国嘉德	2020-11-10
清乾隆 青花云龙纹碗	高5.1cm; 直径9.8cm	63,250	十竹斋拍卖（北京）	2020-10-18
清乾隆青花云龙纹小杯（一对）	高3.3cm; 直径6cm	345,000	西泠印社	2020-08-08
清乾隆 青花云龙纹印盒	高4.5cm; 直径6.5cm	23,000	西泠印社	2020-08-08
清乾隆 青花云龙纹折沿碗	直径17cm	80,500	北京中汉	2020-07-31
清乾隆 青花云龙纹折腰碗	直径16.5cm	241,500	北京大羿	2020-10-16
清乾隆 青花杂宝纹开光山水图六方瓶	高35.5cm	299,000	保利厦门	2020-09-26
清乾隆 青花折枝繁花瑞果纹卷缸	直径31cm	540,500	保利厦门	2020-09-26
清乾隆 青花折枝花果纹梅瓶	高35cm	276,000	北京大羿	2020-08-01
清乾隆 青花折枝花卉纹折沿斗笠碗	直径18.9cm	80,500	北京诚轩	2020-08-17
清乾隆 青釉地青花加白八吉祥螭耳瓶	高39.5cm	124,850	北京保利	2020-07-19
清乾隆五十一年（1786年）青花缠枝莲托八宝开光“山高水长”小碗	直径12.4cm	17,250	中国嘉德	2020-11-11
清乾隆至嘉庆 青花盘结镂空带扣	长8.2cm; 宽4.5cm	36,800	中贸圣佳	2020-12-07

拍品名称	物品尺寸	成交价RMB	拍卖公司	拍卖日期
清乾隆 黄地青花折枝花卉纹斗笠碗	直径26cm	368,000	华艺国际	2020-10-16
清乾隆 青花缠枝莲纹赏瓶	高37cm	1,150,000	保利厦门	2020-09-26
清乾隆 青花夔龙纹瓜棱形双象耳瓶	高33.5cm	575,000	北京保利	2020-10-20
清乾隆 青花松鼠葡萄纹大碗	直径22.5cm	517,500	北京大羿	2020-10-16
清乾隆 青花云蝠纹水丞（原配座）	长9cm; 高3.5cm	575,000	华艺国际	2020-10-16
清乾隆 青花八吉祥盉壶	宽25cm	437,000	北京保利	2020-12-05
清乾隆 青花八吉祥花觚	高34.5cm	508,500	香港苏富比	2020-07-11
清乾隆 青花缠枝花卉纹茶碗（一对）	直径10cm×2	218,500	中国嘉德	2020-07-16
清乾隆 青花缠枝花卉纹六方贯耳壶	高44.7cm	2,982,000	佳士得	2020-11-30
清乾隆 青花缠枝莲双云耳鹿头尊	高47cm	1,380,000	西泠印社	2020-08-08
清乾隆 青花缠枝莲纹赏瓶	高37.5cm	1,495,000	中国嘉德	2020-11-09
清乾隆 青花缠枝莲纹烛台	高20.5cm	161,000	保利厦门	2020-09-26
清乾隆 青花缠枝四季花卉纹鼓式罐	高19.7cm	2,260,000	佳士得	2020-07-09
清乾隆 青花螭龙纹鼎	高19.8cm; 长19.5cm; 宽12.5cm	437,000	西泠印社	2020-08-08
清乾隆 青花淡描金刚杵八宝纹镗锣洗（一对）	直径15.5cm×2	517,500	中国嘉德	2020-08-18
清乾隆 青花海水云龙纹缸	直径21.6cm	1,356,000	香港苏富比	2020-07-11
清乾隆 青花花蝶纹海棠式象首瓶	高36.3cm	4,133,418	香港苏富比	2020-10-09
清乾隆 青花花果纹蒜头瓶	高28cm	3,164,000	香港苏富比	2020-07-11
清乾隆 青花莲托八吉祥纹盉壶	宽23cm	1,032,650	伦敦佳士得	2020-11-03
清乾隆 青花龙纹高足盘	直径23cm	421,800	佳士得	2020-10-08
清乾隆 青花三清诗文茶碗	直径10.9cm	747,500	中国嘉德	2020-08-18
清乾隆 青花松鼠葡萄纹碗	直径22.2cm	316,400	佳士得	2020-07-09
清乾隆 青花婴戏图碗	直径15cm; 高7cm	690,000	保利厦门	2020-09-26
清乾隆 青花游龙献寿如意耳葫芦瓶	高17.6cm	1,091,160	香港苏富比	2020-10-09
清乾隆 青花折枝花果三多纹梅瓶	高33cm	4,260,000	佳士得	2020-11-30
清乾隆 青花折枝花果纹六方瓶	高44.5cm	1,309,392	香港苏富比	2020-10-09
清乾隆 青花折枝花果纹梅瓶	高32.5cm	4,600,000	西泠印社	2020-08-08
清乾隆 青花折枝花卉纹纸槌瓶	带座高40cm; 高31.5cm	1,380,000	西泠印社	2020-08-09
清乾隆 青花折枝九桃盘	高5.3cm; 直径27cm	402,500	西泠印社	2020-08-08
清乾隆 青花梵纹缠枝番莲纹高足碗	直径14.6cm	94,310	巴黎佳士得	2020-06-23
18世纪 青花岁寒三友图盘（一对）	直径15.2cm×2	681,300	纽约佳士得	2020-09-25
清康熙/雍正18世纪初 青花鸣凤在竹纹碗（一对）	直径9.9cm	110,793	纽约佳士得	2020-09-24
清乾隆 黄地青花折枝花果纹梅瓶	高32.8cm	4,258,125	纽约佳士得	2020-09-25
清乾隆 青花缠枝花卉海水纹折肩贯耳壶	高52.4cm	1,898,409	巴黎苏富比	2020-06-18
清乾隆 青花缠枝莲托八吉祥纹“万寿无疆”碗	直径18cm	120,377	伦敦苏富比	2020-06-15
清乾隆 青花庭院婴戏岁寒三友图盘（一对）	直径18.1cm×2	402,500	中贸圣佳	2020-07-18
清乾隆 青花云龙纹碗（一对）	直径14.5cm; 直径14.7cm	391,000	北京中汉	2020-08-19
清乾隆 青花竹石芭蕉纹玉壶春瓶	高28cm	2,300,000	永乐拍卖	2020-08-17
清乾隆 粉青釉青花八吉祥纹螭耳抱月瓶	高48cm	29,900,000	北京保利	2020-10-19
清乾隆 黄地青花缠枝花卉双耳出戟尊	高32.8cm	8,050,000	北京保利	2020-12-05
清乾隆 青花八吉祥纹抱月瓶	高49.5cm	1,012,000	中贸圣佳	2020-07-18
清乾隆 青花变体蕉叶缠枝四季花卉纹六方大瓶	高47.1cm	8,280,000	中贸圣佳	2020-10-17

拍品名称	物品尺寸	成交价RMB	拍卖公司	拍卖日期
清乾隆 青花缠枝宝莲蕉叶海浪纹盘口尊	高54cm	6,900,000	北京中汉	2020-12-04
清乾隆 青花缠枝花卉莱菔瓶	高20.6cm	4,600,000	北京保利	2020-10-19
清乾隆 青花缠枝花卉莲托八宝大洗	高6.9cm; 直径22.3cm	2,587,500	北京保利	2020-12-05
清乾隆 青花缠枝花卉铺首尊	高25cm	1,357,000	保利厦门	2020-09-26
清乾隆 青花缠枝莲八吉祥纹抱月瓶	高50cm	6,936,984	保利香港	2020-12-02
清乾隆 青花缠枝莲托八宝纹大尊	高48.8cm	8,280,000	北京保利	2020-10-19
清乾隆 青花缠枝莲纹水呈	直径7.5cm	1,092,500	北京保利	2020-10-19
清乾隆 青花开光折枝花果纹执壶	高28cm	2,185,000	保利厦门	2020-09-26
清乾隆 青花外缠枝莲托八宝内十字宝杵纹大碗	直径25cm	517,500	北京大羿	2020-10-16
清乾隆 青花鱼化龙纹高足盘	高18cm; 直径22.8cm	517,500	华艺国际	2020-10-16
清乾隆 青花云鹤九霄爵杯、盏托（一套）	直径16.5cm; 长12cm	1,610,000	北京保利	2020-12-05
清乾隆 青花云龙纹小缸	直径21.2cm	1,667,500	北京保利	2020-10-20
清乾隆 青花折枝花果六方大瓶	高66cm	12,075,000	北京保利	2020-10-19
清乾隆 青花折枝花果纹六方大瓶	高65.5cm	12,075,000	永乐拍卖	2020-12-02
清乾隆 青花竹石芭蕉纹玉壶春瓶	高29cm	2,300,000	十竹斋拍卖（北京）	2020-10-18
清乾隆 唐英制青花仙松瑞鹿图大橄榄瓶	高67cm	4,600,000	北京保利	2020-10-19
清乾隆 御制青花缠枝莲纹书灯（一对）	高15cm×2	2,990,000	中国嘉德	2020-08-18
清乾隆 御制青花海水云龙赶珠纹钵盂式大卷缸	高48.5cm; 直径43cm	14,490,000	北京大羿	2020-12-06
清乾隆 御制青花灵芝莲纹如意耳平底葫芦瓶	高18cm	19,550,000	华艺国际	2020-10-16
清嘉庆 青花俳优演艺图小盘	直径14.5cm	101,200	十竹斋拍卖（北京）	2020-10-18
清嘉庆 黄地青花缠枝花卉如意纹橄榄尊	高26.6cm	73,450	北京中汉	2020-09-03
清嘉庆 内青花花果艾叶灵符纹外胭脂红地轧道洋彩花卉开光花果纹大碗	直径18.4cm	149,500	中国嘉德	2020-12-03
清嘉庆 青花暗八宝纹折腰盘	直径20cm	126,500	荣宝斋（南京）	2020-11-28
清嘉庆 青花八宝纹碗	直径16.9cm	33,267	中国嘉德	2020-10-08
清嘉庆 青花八卦云鹤纹碗	14cm	85,448	香港苏富比	2020-11-26
清嘉庆 青花八吉祥纹花觚	高28cm	83,166	中国嘉德	2020-10-08
清嘉庆 青花缠枝蕃莲“福庆”盖碗	直径11.2cm	88,530	北京保利	2020-07-18
清嘉庆 青花缠枝花卉福寿纹如意耳扁瓶	高24.3cm	195,500	中贸圣佳	2020-07-18
清嘉庆 青花缠枝花卉纹小天球瓶	高9.3cm	40,250	西泠印社	2020-08-09
清嘉庆 青花缠枝莲开光蝠寿纹抱月瓶	高24cm	161,000	中国嘉德	2020-11-09
清嘉庆 青花缠枝莲纹盘	直径15.3cm	46,000	中国嘉德	2020-12-03
清嘉庆 青花缠枝牡丹碗	直径16.5cm	119,175	北京保利	2020-07-18
清嘉庆 青花穿花龙纹盘	直径19.8cm	218,500	中国嘉德	2020-11-09
清嘉庆 青花穿花龙纹盘	直径19.6cm	23,000	中国嘉德	2020-11-11
清嘉庆 青花福寿如意夔龙纹撇口瓶	高37.2cm	379,500	北京中汉	2020-11-09
清嘉庆 青花福寿云龙纹碗	直径13.2cm	126,500	北京诚轩	2020-08-17
清嘉庆 青花赶珠龙纹盘（一对）	直径16.8cm	92,000	广东崇正	2020-09-13
清嘉庆 青花荷塘鸳鸯纹卧足碗	直径16.5cm	71,300	北京大羿	2020-08-16
清嘉庆 青花锦地开光山水人物博古诗文长方小炉	长9.2cm	51,750	中国嘉德	2020-07-16
清嘉庆 青花莲托八吉祥开光万寿无疆纹碗	直径18.4cm	48,300	北京中汉	2020-07-31
清嘉庆 青花龙纹碗	直径12.9cm	41,583	中国嘉德	2020-10-08
清嘉庆 青花牡丹纹碗	直径16.5cm	52,725	佳士得	2020-10-08
清嘉庆 青花一把莲纹小盘	直径11.6cm	172,500	中国嘉德	2020-08-18

拍品名称	物品尺寸	成交价RMB	拍卖公司	拍卖日期
清嘉庆 青花鱼龙相化花插	高12.3cm	17,250	北京大羿	2020-06-19
清嘉庆 青花御题诗海棠式茶盘（一对）	15.8cm	320,771	香港苏富比	2020-11-27
清嘉庆 青花御题诗海棠洗	长15.5cm	414,000	保利厦门	2020-09-26
清嘉庆 青花云蝠纹小碟	高1.8cm; 直径7.7cm	23,000	西泠印社	2020-08-08
清嘉庆青花云龙赶珠纹盘（一对）	直径17cm	218,500	北京大羿	2020-10-16
清嘉庆至道光 青花凤穿牡丹天球瓶	56.8cm	277,707	香港苏富比	2020-11-26
清顺治、清中期 青花一把莲纹盘、青花螭龙纹盘、青花团龙纹洗（各一件）	直径15.4cm; 直径14.7cm; 直径12cm	13,800	中国嘉德	2020-07-16
清中期 青花、蓝釉描金瓶、盖盅（三件）	高78cm; 高38.5cm; 长36cm	13,800	中国嘉德	2020-11-12
清中期 青花百寿图瓜棱瓶	高38.7cm	66,700	中国嘉德	2020-11-11
清中期 青花冰梅团花纹灯笼瓶	高39cm	17,250	中国嘉德	2020-07-16
清中期 青花缠枝花卉纹螭耳大地瓶	高79.5cm	184,000	中国嘉德	2020-11-10
清中期 青花缠枝莲八宝纹长方倭角花盆	长34.2cm	20,700	中国嘉德	2020-07-15
清中期 青花缠枝莲托八宝纹大盘	直径23.8cm	20,700	中国嘉德	2020-11-10
清中期 青花缠枝莲纹花盆	直径39.6cm	40,250	中国嘉德	2020-11-10
清中期 青花缠枝莲纹五足洗	直径24.5cm	17,250	北京大羿	2020-07-17
清中期 青花缠枝牡丹纹灯笼瓶	高19.8cm	34,500	中国嘉德	2020-07-17
清中期 青花穿花龙纹象耳方瓶	高29.2cm	36,800	中国嘉德	2020-11-11
清中期 青花仿嘉窑穿花龙纹碗	直径13cm	23,000	北京大羿	2020-06-06
清中期 青花飞鸣宿食图鼓钉盒	直径11.8cm	43,700	中国嘉德	2020-07-16
清中期 青花福庆绵长开光云龙纹缸	直径41.5cm	57,500	中国嘉德	2020-07-16
清中期 青花花卉轴头（一对）	高4.5cm	46,000	中国嘉德	2020-08-18
清中期 青花开光团字纹“织锦令”令官杯	直径7.3cm	55,200	北京大羿	2020-08-16
清中期 青花莲托寿字纹双兽面衔环铺首尊	高50.1cm	195,500	中贸圣佳	2020-12-07
清中期 青花三多鸡心碗（两件）	直径10.6cm	57,500	北京翰海	2020-12-12
清中期 青花山水人物插屏	瓷板直径39.5cm; 外框高67.6cm	86,250	中贸圣佳	2020-10-17
清中期 青花山水人物诗文穿带扁瓶	高19.8cm	32,200	中国嘉德	2020-11-10
清中期 青花山水瑞兽花卉诗文提梁承盘	长18.3cm	17,250	中国嘉德	2020-07-16
清中期 青花岁寒三友图凤尾尊	高42cm	36,800	北京大羿	2020-11-08
清中期 青花团螭纹八方大花盆	直径40cm	17,250	中国嘉德	2020-07-16
清中期 青花纹章贴塑铺首撇口大瓶	高51.1cm	46,000	北京中汉	2020-08-19
清中期 青花一把莲纹盘	直径29.2cm	17,250	中国嘉德	2020-07-15
清中期 青花釉里琵琶樽	23.4×14cm	87,360	上海联合	2020-11-29
清中期 青花云龙纹瓷板	直径30cm	80,500	中国嘉德	2020-12-03
清中期 青花云龙纹大橄榄瓶	高62.8cm	149,500	中国嘉德	2020-11-10
清中期 青花折枝花卉开光云龙纹折沿盆	直径44cm	34,500	中国嘉德	2020-07-15
清中期至光绪 青花杂宝纹罐、青花云龙纹洗、青花云龙纹碗（一组三只）	尺寸不一	19,550	北京大羿	2020-06-19
清嘉庆 青花缠枝花卉福寿纹双耳长颈瓶	高29.5cm	920,000	西泠印社	2020-08-08
清嘉庆 青花御题诗海棠式茶盘	直径15.9cm	339,000	香港苏富比	2020-07-11
清嘉庆 青花开光御制诗文海棠式茶盘（一对）	长15.9cm×2	416,948	巴黎佳士得	2020-06-23
清嘉庆 青花缠枝莲纹赏瓶	高37cm	1,437,500	北京大羿	2020-12-06
清嘉庆 青花缠枝莲御制诗文海棠洗	直径16cm	230,000	北京中汉	2020-07-31
清中期 青花缠枝莲寿字纹贯耳尊	高60cm	884,800	上海联合	2020-11-29
清道光 “慎德堂”制青花云龙纹印盒	直径9.5cm	92,000	保利厦门	2020-09-26

拍品名称	物品尺寸	成交价RMB	拍卖公司	拍卖日期
清道光 仿康熙青花雉鸡牡丹图将军罐	高36cm	92,000	中国嘉德	2020-08-18
清道光 仿明青花云龙纹碗	直径14.7cm	59,800	中国嘉德	2020-11-11
清道光 仿明青花云龙纹折腰碗	直径17cm	57,500	中国嘉德	2020-11-10
清道光 仿永乐青花缠枝花卉开光花果纹玉壶春执壶		149,500	中国嘉德	2020-11-09
清道光 仿永乐青花内荷塘图外缠枝苜蓿花纹碗	直径14.4cm	36,800	中国嘉德	2020-11-09
清道光 仿永乐青花内如意纹外缠枝苜蓿花纹碗	直径15cm	80,500	中国嘉德	2020-11-09
清道光 内青花外黄地锦地洋彩折枝灵芝开光万花献瑞图碗	直径14.8cm	71,300	中国嘉德	2020-11-10
清道光 内青花外蓝地轧道洋彩云纹开光鹊桥仙渡图碗	直径15cm	48,300	中国嘉德	2020-11-10
清道光 内外青花碗（一对）	直径15.2cm	218,500	中贸圣佳	2020-12-07
清道光 青花八仙祝寿图碗	直径11cm; 高5cm	92,000	保利厦门	2020-09-26
清道光 青花八仙碗	直径22cm	34,500	北京大羿	2020-08-16
清道光 青花并蒂莲纹碗	直径12.3cm	36,800	中国嘉德	2020-07-17
清道光 青花缠枝菖蒲花纹盘（一对）	直径19.5cm	112,700	北京大羿	2020-07-12
清道光 青花缠枝花卉碗（一对）	直径11.3cm	82,800	十竹斋拍卖（北京）	2020-10-18
清道光 青花缠枝花卉纹大碗	直径17.2cm; 高9cm	25,300	广东崇正	2020-09-13
清道光 青花缠枝花卉纹赏瓶	高37cm	644,540	中国嘉德	2020-10-08
清道光 青花缠枝花卉纹碗	直径11.4cm	66,700	北京诚轩	2020-08-17
清道光 青花缠枝花卉纹碗	直径16.7cm	36,800	中国嘉德	2020-07-15
清道光 青花缠枝花卉纹碗	直径16.7cm	23,000	中国嘉德	2020-11-10
清道光 青花缠枝花卉纹纸槌瓶	高31.5cm	207,916	中国嘉德	2020-10-08
清道光 青花缠枝莲福寿喜字大碗	直径21.2cm	94,300	中国嘉德	2020-11-09
清道光 青花缠枝莲托八宝开光万寿无疆大碗	直径18.5cm	36,800	中国嘉德	2020-07-15
清道光 青花缠枝莲托八宝开光万寿无疆大碗	直径18.3cm	25,300	中国嘉德	2020-07-17
清道光 青花缠枝莲托八吉祥“万寿无疆”碗	直径18.2cm	108,960	北京保利	2020-07-18
清道光 青花缠枝莲托梵文高足杯	高9cm	28,750	中国嘉德	2020-07-15
清道光 青花缠枝莲纹大盘	直径27cm	28,750	中国嘉德	2020-11-10
清道光 青花缠枝莲纹高足盘	直径15.7cm	82,800	中国嘉德	2020-11-09
清道光 青花缠枝莲纹高足碗（一对）	高16.2cm	48,300	中国嘉德	2020-11-09
清道光 青花缠枝莲纹盘	直径15.4cm	55,200	北京中汉	2020-07-31
清道光 青花缠枝莲纹盘	直径15.4cm	51,750	中国嘉德	2020-11-09
清道光 青花缠枝莲纹盘	直径15.3cm	36,800	中国嘉德	2020-07-17
清道光 青花缠枝莲纹盘	直径27cm	36,160	北京中汉	2020-09-03
清道光 青花缠枝莲纹盘	直径15.4cm	25,300	北京中汉	2020-11-09
清道光 青花缠枝莲纹盘	直径15.3cm	23,000	北京中汉	2020-11-09
清道光 青花缠枝莲纹铺首尊	高25cm	839,500	北京大羿	2020-08-16
清道光 青花缠枝莲纹铺首尊	高25cm	184,000	中国嘉德	2020-12-03
清道光 青花缠枝莲纹赏瓶	高37.5cm	667,000	中国嘉德	2020-08-18
清道光 青花缠枝莲纹赏瓶	高37.5cm	582,165	中国嘉德	2020-10-08
清道光 青花缠枝莲纹赏瓶	高37.5cm	115,000	中国嘉德	2020-11-09
清道光 青花缠枝莲纹四联盒	直径14.5cm; 高17cm	20,700	保利厦门	2020-09-26
清道光 青花缠枝莲纹碗	直径16.5cm	20,700	中国嘉德	2020-11-10
清道光 青花缠枝莲纹小碗	直径11.5cm	48,300	中国嘉德	2020-11-09
清道光 青花缠枝莲弦纹铺首尊	高18.6cm	57,500	北京中汉	2020-08-19
清道光 青花缠枝牡丹纹胆瓶	高39.8cm	28,750	中贸圣佳	2020-06-20
清道光 青花缠枝牡丹纹碗（一对）	直径11.5cm; 高6cm	155,250	保利厦门	2020-09-26
清道光 青花缠枝苜蓿纹碗	直径15.2cm	74,750	中国嘉德	2020-12-03
清道光 青花缠枝苜蓿纹碗	直径15.3cm	48,300	中国嘉德	2020-07-17
清道光 青花缠枝牵牛花纹碗（一对）	1.直径15cm; 2.直径14.8cm	138,000	西泠印社	2020-08-08
清道光 青花穿花凤纹椭圆碗	长26.5cm	264,500	中国嘉德	2020-11-09

拍品名称	物品尺寸	成交价RMB	拍卖公司	拍卖日期
清道光 青花淡描缠枝花卉纹卧足杯	直径7.2cm	32,200	北京保利	2020-10-19
清道光 青花淡描团花花卉马蹄碗	直径15cm	103,500	北京翰海	2020-12-12
清道光 青花地黄龙纹碗	直径10cm	51,750	北京大羿	2020-08-16
清道光 青花对头凤纹盘	直径16.5cm	28,750	北京大羿	2020-07-12
清道光 青花凤纹盘	直径16.7cm	43,700	十竹斋拍卖（北京）	2020-10-18
清道光 青花凤纹盘	高3.5cm; 直径16.5cm	28,750	西泠印社	2020-08-09
清道光 青花福寿双喜纹大碗（一对）	直径21.9cm	230,000	中贸圣佳	2020-12-07
清道光 青花福寿纹盘	直径19cm; 高3cm	22,400	上海联合	2020-11-29
清道光 青花贯套花卉纹盘	直径27cm	28,750	北京大羿	2020-06-19
清道光 青花贯套寿字纹盘	直径15cm	63,250	保利厦门	2020-09-26
清道光 青花海兽纹碗	直径19cm	115,000	北京大羿	2020-12-06
清道光 青花花卉开光山高水长纹碗	直径16.7cm	92,000	中贸圣佳	2020-07-18
清道光 青花花卉寿字盘	直径21cm	103,500	北京翰海	2020-12-12
清道光 青花九狮图烟壶	高7cm	32,200	中贸圣佳	2020-07-18
清道光 青花夔凤纹大碗	直径23.9cm	115,000	中国嘉德	2020-12-03
清道光 青花灵芝竹纹葵口小碗	直径11.4cm	115,000	中国嘉德	2020-08-18
清道光 青花留白云龙纹大盘	直径24.6cm	25,300	中国嘉德	2020-11-11
清道光 青花龙纹大碗	直径26.8cm	166,333	中国嘉德	2020-10-08
清道光 青花内岁寒三友图外仕女婴戏图盘	直径18cm	126,500	中国嘉德	2020-08-18
清道光 青花内岁寒三友图外仕女婴戏图盘	直径17.8cm	92,000	中国嘉德	2020-08-18
清道光 青花内岁寒三友外庭院仕女婴戏图盘	直径17.8cm	184,000	北京大羿	2020-10-16
清道光 青花三多纹碗	直径15cm	72,537	中国嘉德	2020-07-13
清道光 青花双凤纹大盘	直径27cm	40,250	中国嘉德	2020-11-11
清道光 青花双凤纹盘	直径26.2cm	103,500	北京大羿	2020-10-16
清道光 青花双凤纹盘	直径16.5cm	71,300	中国嘉德	2020-12-03
清道光 青花双凤纹盘	直径24.9cm	65,220	伦敦佳士得	2020-11-03
清道光 青花双凤纹盘	直径26.4cm	61,290	北京保利	2020-07-18
清道光 青花双凤纹盘	直径16cm	46,000	北京大羿	2020-07-17
清道光 青花双凤纹盘	直径16.6cm	25,300	中国嘉德	2020-11-11
清道光 青花双凤纹盘（一对）	直径16.5cm	149,500	中国嘉德	2020-08-18
清道光 青花双龙戏珠纹碗	直径11cm	57,500	北京大羿	2020-06-06
清道光 青花松竹梅庭院仕女婴戏图盘	直径18cm	161,000	十竹斋拍卖（北京）	2020-10-18
清道光 青花岁寒三友图碗	直径13.5cm	92,000	北京大羿	2020-10-16
清道光 青花岁寒三友碗	13.4cm	128,308	香港苏富比	2020-11-27
清道光 青花庭院婴戏图碗	直径15.4cm	158,900	北京保利	2020-07-18
清道光 青花胭脂红八仙过海图大碗	直径22.6cm	155,250	中国嘉德	2020-12-03
清道光 青花胭脂红八仙过海纹碗	22.1cm	130,939	香港苏富比	2020-10-09
清道光 青花胭脂水八仙人物碗	直径22.4cm	97,750	北京翰海	2020-12-12
清道光 青花饮中八仙人物诗文撇口碗	17.6cm	234,982	香港苏富比	2020-11-26
清道光 青花婴戏图碗	直径15.5cm	48,300	中国嘉德	2020-12-03
清道光 青花婴戏图碗	直径16cm	23,000	中国嘉德	2020-11-11
清道光 青花婴戏图碗（一对）	高7.5cm; 直径15.4cm	322,000	十竹斋拍卖（北京）	2020-10-18
清道光 青花云龙纹大盘	直径26.8cm	20,700	中国嘉德	2020-11-10
清道光 青花云龙纹盖钟（一对）	13.8cm及14cm	160,385	香港苏富比	2020-11-27
清道光 青花云龙纹缸	高43.3cm	43,700	中贸圣佳	2020-06-20
清道光 青花云龙纹盘	直径17cm	103,500	北京大羿	2020-12-06
清道光 青花云龙纹盘	直径17cm	78,200	中国嘉德	2020-11-09
清道光 青花云龙纹盘	直径26.5cm	63,250	北京翰海	2020-12-12
清道光 青花云龙纹盘	直径16.8cm	25,300	中国嘉德	2020-11-11
清道光 青花云龙纹盘	直径16.9cm	24,150	中贸圣佳	2020-12-07
清道光 青花云龙纹碗	直径14.5cm	57,500	北京大羿	2020-07-17
清道光 青花云龙纹小碗	直径11.2cm	63,250	中国嘉德	2020-11-10
清道光 青花云龙纹小碗（一对）	直径11.2cm	184,000	中国嘉德	2020-12-03
清道光 青花云龙纹玉壶春瓶	高29.5cm	86,250	中国嘉德	2020-11-11
清道光 青花折枝花卉纹纸槌瓶	高31.5cm	287,500	西泠印社	2020-08-08
清道光 御窑仿永乐青花缠枝花卉开光花果纹玉壶春瓶	高29.5cm	782,000	中国嘉德	2020-12-03
清道光、咸丰、同治、光绪 青花缠枝莲纹盘（四只）	尺寸不一	253,000	中国嘉德	2020-12-03
清道光二十七年（1847年）青花缠枝莲托八宝开光“山高水长”盘（一对）	直径15.8cm	101,200	中国嘉德	2020-07-16
清道光或稍晚 青花胭脂红八仙过海碗	口径22cm; 底径8.9cm; 高7.2cm	80,500	中贸圣佳	2020-12-07
清道光 青花缠枝莲纹铺首尊	高25cm	1,058,000	北京大羿	2020-08-16
清道光 青花婴戏图碗（一对）	直径15.5cm×2	402,500	北京大羿	2020-10-16
清道光二十九年（1849年）行有恒堂制青花携琴访友题诗茶壶	宽15cm	977,500	北京保利	2020-10-19
清道光 青花穿花祥凤图椭圆碗	长26.5cm; 高8cm	241,500	保利厦门	2020-09-26
清道光 青花缠枝莲纹铺首尊	高25cm	1,058,000	中国嘉德	2020-08-18
清道光青花缠枝莲纹赏瓶（一对）	高37.5cm×2	1,782,500	中国嘉德	2020-08-18
清道光 青花开光花果纹执壶	高26.3cm	1,356,000	香港苏富比	2020-07-11
清道光 青花内岁寒三友图外庭院仕女婴戏图盘（一对）	直径18cm×2	310,500	中国嘉德	2020-11-09
清道光 青花“寿”字龙纹葫芦瓶	高17.3cm	119,128	巴黎佳士得	2020-06-23
清道光 青花缠枝莲纹杏圆开光式福寿纹双耳扁壶	高23.5cm	54,600	巴黎佳士得	2020-06-23
清道光 青花云龙纹折腰碗	直径17.1cm	399,839	香港苏富比	2020-06-05
清道光 青花婴戏图碗（一对）	直径15cm×2	471,500	北京大羿	2020-08-01
清道光 青花折枝花果纹蒜头瓶	高28cm	977,500	永乐拍卖	2020-08-17
清道光 青花穿花喜字大碗（一对）	直径21.2cm; 直径20.8cm	209,975	北京保利	2020-07-18
清咸丰 青花双凤纹盘	直径16.6cm	207,000	中国嘉德	2020-12-03
清咸丰 青花松竹梅纹盘	直径18cm	172,500	荣宝斋（南京）	2020-11-28
清咸丰 青花竹石芭蕉玉壶春瓶	高28cm	92,000	北京翰海	2020-12-12
清咸丰 青花花果纹蒜头瓶	高28cm	623,748	中国嘉德	2020-10-08
清咸丰 青花云龙赶珠纹水丞	高5cm; 直径7cm	207,000	西泠印社	2020-08-08
清咸丰 青花竹石芭蕉图玉壶春瓶	高29.1cm	368,000	中国嘉德	2020-08-18
清同治 仿永乐青花缠枝苜蓿纹碗	直径15.4cm	32,200	中国嘉德	2020-11-10
清同治 青花八卦云鹤纹碗	直径13.9cm	57,500	北京中汉	2020-11-09
清同治 青花缠枝花卉纹金钟式碗（一对）	直径15.7cm	149,500	北京大羿	2020-08-16
清同治 青花缠枝莲纹大盘（一对）	直径25cm	51,750	中国嘉德	2020-07-15
清同治 青花缠枝莲纹盘	直径15.5cm	20,700	中国嘉德	2020-11-10
清同治 青花缠枝莲纹盘（一对）	直径15.5cm×2	55,200	中国嘉德	2020-12-03
清同治 青花缠枝寿字大盘（一对）	直径27cm	149,500	中国嘉德	2020-07-16
清同治 青花缠枝寿字盘	直径14.6cm	17,250	中国嘉德	2020-07-15
清同治 青花对头凤纹盘	直径27cm	72,450	北京大羿	2020-08-01
清同治 青花花卉纹仰钟式碗	高11.6cm; 直径20cm	46,000	西泠印社	2020-08-08
清同治 青花锦卉堆“龙”字纹瓷板	长40.6cm; 宽8.8cm; 高48cm	25,300	北京中汉	2020-08-19
清同治 青花内岁寒三友图外庭院仕女婴戏图盘	直径17.8cm	46,000	中国嘉德	2020-11-10
清同治 青花双凤纹盘	直径16.5cm	40,250	中贸圣佳	2020-06-20
清同治 青花双龙赶珠纹小碗	直径11cm	56,750	北京保利	2020-07-18
清同治青花一把莲纹小盘（一对）	直径11cm	78,200	中国嘉德	2020-08-18
清同治 青花云龙赶珠纹盘	直径16cm	46,000	北京大羿	2020-10-16
清同治 青花云龙纹盘	直径26.5cm	115,000	北京翰海	2020-12-12
清同治 青花云龙纹盘	直径26.7cm	115,000	北京翰海	2020-12-12
清同治 青花折枝三多纹碗	直径15cm	92,000	北京大羿	2020-10-16
清同治 青花竹石芭蕉图玉壶春瓶	高30.4cm	43,700	中国嘉德	2020-11-10
清同治-光绪 青花缠枝莲纹缸	直径40cm	51,750	中国嘉德	2020-08-18
清同治-光绪 素云道人制青花九龙海八怪纹小瓶成对	高9.5cm	93,070	北京保利	2020-07-18

拍品名称	物品尺寸	成交价RMB	拍卖公司	拍卖日期
清同治 青花缠枝莲纹赏瓶	高37.3cm	517,500	中贸圣佳	2020-10-17
清同治 青花内岁寒三友图外仕女婴戏图盘（一对）	直径17.7cm×2	161,000	中国嘉德	2020-08-18
19世纪 青花百子图太白罐	高39.5cm	89,700	北京大羿	2020-06-19
19世纪 青花堆白“富甲天下”盖罐	高32.5cm	115,000	北京大羿	2020-08-16
19世纪 青花双龙戏珠纹大烛台	高66cm	40,250	北京大羿	2020-09-13
19世纪 珊瑚红地青花云龙纹钵式洗	高11cm	13,800	北京大羿	2020-07-17
朝鲜王朝19世纪 青花云龙纹罐	25.2cm	16,022	香港苏富比	2020-11-26
程门 清光绪 青花山水兽耳瓶	高11.5cm	40,250	中贸圣佳	2020-12-07
金品卿 清光绪 内青花外浅绛松鹤延年图碗（一对）	直径15.1cm	120,750	中贸圣佳	2020-10-17
清19世纪 青花缠枝牡丹纹大缸	直径70cm	89,633	佳士得	2020-10-08
清19世纪 青花三多折枝花果纹六方瓶	高70cm	141,310	伦敦佳士得	2020-11-03
清19世纪 青花双龙戏珠纹碗（一对）	直径19.5cm	20,700	北京大羿	2020-09-13
清光绪 仿万历青花龙凤纹双兽耳瓶	高22cm	23,000	北京大羿	2020-06-19
清光绪 黄地青花云凤纹盘	直径26.8cm	33,900	北京中汉	2020-09-03
清光绪 内青花外黄地洋彩锦地瓶生吉庆开光三羊开泰图碗	直径15.2cm	115,000	中国嘉德	2020-11-09
清光绪 内青花外黄地轧道洋彩瓶生吉庆开光三羊开泰图碗	直径15cm	126,500	中国嘉德	2020-12-03
清光绪 青花“梅兰竹菊”四君子图杯	直径10.5cm;高6cm	48,300	保利厦门	2020-09-26
清光绪 青花岁寒三友图碗	直径13cm;高7cm	23,000	保利厦门	2020-09-26
清光绪 青花岁寒三友图小盘（一对）	直径10.5cm×2	40,250	保利厦门	2020-09-26
清光绪 青花岁寒三友图盘	直径17.5cm	28,750	中贸圣佳	2020-06-20
清光绪 青花八卦云鹤团龙纹盘	直径14.8cm	46,000	中国嘉德	2020-11-10
清光绪 青花八卦云鹤碗（一对）	直径13.6cm	54,850	伦敦佳士得	2020-05-21
清光绪青花八卦云鹤纹盘（一对）	直径15.1cm	46,000	中国嘉德	2020-12-03
清光绪 青花八卦云鹤纹碗	直径13.8cm	43,700	中国嘉德	2020-07-16
清光绪 青花八卦云鹤纹碗、青花缠枝莲纹盘（各一只）	直径14.2cm;直径13.6cm	36,800	中国嘉德	2020-11-11
清光绪 青花八仙过海纹碗	直径21.8cm;高7.4cm	18,400	中贸圣佳	2020-06-20
清光绪 青花八仙人物纹玉壶春瓶	高29.6cm	17,250	中贸圣佳	2020-06-20
清光绪 青花八仙纹碗	直径10.5cm	40,250	中贸圣佳	2020-12-07
清光绪 青花缠枝花卉开光“吉祥如意”倭角方盘	长13.8cm	46,000	中国嘉德	2020-12-03
清光绪 青花缠枝花卉盘	直径15.7cm	46,000	北京翰海	2020-12-12
清光绪 青花缠枝花卉盘	直径15.5cm	46,000	北京翰海	2020-12-12
清光绪 青花缠枝花卉盘	直径15.5cm	34,500	北京翰海	2020-12-12
清光绪 青花缠枝花卉盘	直径15.5cm	17,250	北京翰海	2020-12-12
清光绪 青花缠枝花卉赏瓶	高37.5cm	345,000	中贸圣佳	2020-10-17
清光绪 青花缠枝花卉赏瓶	高38.5cm	287,500	北京翰海	2020-12-12
清光绪 青花缠枝花卉碗（两件）	直径10.3cm	69,000	北京翰海	2020-12-12
清光绪 青花缠枝花卉碗（两件）	直径11.8cm	25,300	北京翰海	2020-12-12
清光绪 青花缠枝花卉纹盖碗（一对）	直径10cm	34,500	中国嘉德	2020-07-15
清光绪 青花缠枝花卉纹瓶	高32.7cm	20,700	中国嘉德	2020-07-17
清光绪 青花缠枝花卉纹碗	直径11.5cm	46,000	北京大羿	2020-10-16
清光绪 青花缠枝花卉纹小碗（一对）	直径11.5cm	89,700	中国嘉德	2020-08-18
清光绪 青花缠枝花卉纹小碗（一对）	直径11cm	82,800	北京大羿	2020-11-08
清光绪 青花缠枝花卉纹小碗（一对）	直径11.6cm	74,750	中国嘉德	2020-07-16
清光绪 青花缠枝花卉纹渣斗	直径8.6cm	40,250	中国嘉德	2020-11-09
清光绪青花缠枝花卉小碟（一对）	直径11cm	33,600	乾禧国际	2020-01-20

拍品名称	物品尺寸	成交价RMB	拍卖公司	拍卖日期
清光绪 青花缠枝莲托八宝纹碗（一对）	直径14cm	48,300	北京大羿	2020-12-06
清光绪 青花缠枝莲碗	直径16cm	28,750	北京大羿	2020-07-12
清光绪 青花缠枝莲碗（一对）	直径15cm	36,800	北京保利	2020-12-05
清光绪 青花缠枝莲纹大罐	高42cm	94,678	纽约苏富比	2020-09-23
清光绪 青花缠枝莲纹大罐	直径40cm;高39.5cm	46,000	中贸圣佳	2020-06-20
清光绪 青花缠枝莲纹大盘	直径39.7cm	101,441	伦敦佳士得	2020-02-13
清光绪 青花缠枝莲纹大碗	直径45.5cm	138,000	中国嘉德	2020-08-18
清光绪 青花缠枝莲纹大碗	直径20cm	20,700	中国嘉德	2020-11-10
清光绪青花缠枝莲纹大碗（一对）	直径19cm	13,800	中国嘉德	2020-11-10
清光绪 青花缠枝莲纹盘	直径15cm	31,050	北京大羿	2020-11-08
清光绪 青花缠枝莲纹盘	直径14cm	23,000	北京大羿	2020-11-08
清光绪 青花缠枝莲纹盘	直径15cm	23,000	中国嘉德	2020-11-10
清光绪 青花缠枝莲纹盘	直径15.8cm	13,800	中国嘉德	2020-11-10
清光绪 青花缠枝莲纹盘（一对）	直径16cm;直径15.5cm	63,250	中国嘉德	2020-11-09
清光绪 青花缠枝莲纹盘（一对）	直径16cm	46,000	中贸圣佳	2020-12-07
清光绪 青花缠枝莲纹盘（一对）	直径15.5cm	40,250	中国嘉德	2020-11-10
清光绪 青花缠枝莲纹盘（一对）	直径15.4cm	34,500	中国嘉德	2020-12-03
清光绪 青花缠枝莲纹赏瓶	高39cm	402,500	中国嘉德	2020-07-16
清光绪 青花缠枝莲纹赏瓶	高38.9cm	402,500	中贸圣佳	2020-07-18
清光绪 青花缠枝莲纹赏瓶	高38.8cm	218,500	中国嘉德	2020-11-09
清光绪 青花缠枝莲纹赏瓶	高38.7cm	172,500	中国嘉德	2020-08-18
清光绪 青花缠枝莲纹赏瓶	高39.5cm	115,000	保利厦门	2020-09-26
清光绪 青花缠枝莲纹赏瓶	高39cm	97,750	中贸圣佳	2020-12-07
清光绪 青花缠枝莲纹赏瓶	高39.5cm	92,000	中国嘉德	2020-11-11
清光绪 青花缠枝莲纹赏瓶	高36.7cm	74,750	北京保利	2020-10-20
清光绪 青花缠枝莲纹碗		40,250	中贸圣佳	2020-12-07
清光绪 青花缠枝莲纹碗	直径17cm	36,800	十竹斋拍卖（北京）	2020-10-18
清光绪 青花缠枝莲纹碗	直径17cm	34,500	北京大羿	2020-07-17
清光绪 青花缠枝莲纹碗	直径16.5cm	25,300	北京大羿	2020-08-01
清光绪 青花缠枝莲纹碗	直径16.5cm	23,000	北京大羿	2020-11-08
清光绪 青花缠枝莲纹碗（一对）	直径11.3cm;直径11.5cm	115,000	北京保利	2020-10-20
清光绪 青花缠枝莲纹玉堂春瓶	高38.5cm	494,500	北京大羿	2020-05-05
清光绪 青花缠枝莲纹玉堂春瓶	高38.5cm	379,500	北京大羿	2020-05-05
清光绪 青花缠枝莲纹玉堂春瓶	高39.5cm	105,800	北京大羿	2020-07-12
清光绪 青花缠枝莲纹渣斗	直径8.4cm	28,750	中国嘉德	2020-11-10
清光绪 青花缠枝莲纹长颈瓶	高38.8cm	81,525	伦敦佳士得	2020-11-03
清光绪 青花缠枝寿字大盘	直径26.4cm	32,200	中国嘉德	2020-07-15
清光绪 青花地白龙纹盘	直径25.3cm	65,550	中贸圣佳	2020-06-20
清光绪 青花对头凤纹盘（一对）	直径26.3cm	184,000	北京大羿	2020-12-06
清光绪 青花对头凤纹盘（一对）	直径26.5cm	138,000	北京大羿	2020-10-16
清光绪 青花二龙戏珠大盘	直径38.2cm	120,750	中贸圣佳	2020-12-07
清光绪 青花赶珠龙纹盘	直径19.1cm	42,831	伦敦佳士得	2020-02-13
清光绪 青花赶珠龙纹盘	直径19.2cm;高4cm	23,000	广东崇正	2020-09-13
清光绪 青花赶珠龙纹盘（一对）	直径17cm;直径16.4cm	57,500	广东崇正	2020-09-13
清光绪 青花瓜果云龙纹碗	直径16.4cm	55,200	北京中汉	2020-07-31
清光绪 青花贯套花卉纹大盘	直径27cm	20,700	中贸圣佳	2020-07-18
清光绪 青花贯套花卉纹盘	直径26.8cm	20,700	北京大羿	2020-06-19
清光绪 青花海兽纹大碗	直径21cm	112,700	北京大羿	2020-06-19
清光绪 青花海兽纹大碗	直径19cm	34,500	中国嘉德	2020-07-15
清光绪 青花海水双龙赶珠纹仰钟式大杯	直径12.6cm	71,300	北京大羿	2020-06-06
清光绪 青花海水云龙纹碗（两件）	直径12.9cm	109,250	北京翰海	2020-12-12
清光绪 青花花卉佛字碗（两件）	直径14.3cm	178,250	北京翰海	2020-12-12
清光绪 青花花卉福寿碗	直径16.4cm	115,000	北京翰海	2020-12-12
清光绪 青花花卉纹卧足碗（一对）	直径8cm×2	20,700	北京大羿	2020-06-19
清光绪 青花花卉杂宝纹大盘、云龙纹高足杯（各一只）	直径21cm;直径9.5cm	20,700	中国嘉德	2020-07-17

拍品名称	物品尺寸	成交价RMB	拍卖公司	拍卖日期
清光绪 青花花鸟纹碗（两件）	直径9cm	48,300	北京翰海	2020-12-12
清光绪 青花花神杯（两件）	直径5.6cm	115,000	北京翰海	2020-12-12
清光绪 青花菊花纹碗（一对）	直径17.2cm	16,100	中贸圣佳	2020-12-07
清光绪 青花夔龙纹花盆（一对）	高35.2cm	40,250	中贸圣佳	2020-06-20
清光绪 青花莲托八宝纹碗	直径13.5cm; 高6.5cm	46,000	保利厦门	2020-09-26
清光绪 青花莲托八宝纹碗	直径14cm; 高6.5cm	46,000	广东崇正	2020-09-13
清光绪 青花莲托八吉祥纹碗	直径14.2cm	36,385	中国嘉德	2020-10-08
清光绪 青花莲托八吉祥纹碗（一对）	直径14.3cm	69,000	北京中汉	2020-07-31
清光绪 青花龙凤纹印盒、青花莲花卧足杯（两件）	直径7.8cm; 直径8cm	14,755	北京保利	2020-07-18
清光绪 青花龙纹大盘	直径58.7cm	63,250	中鸿信	2020-01-03
清光绪 青花龙纹盘	直径27cm	46,781	中国嘉德	2020-10-08
清光绪 青花龙纹盘	直径16.7cm	46,000	北京大羿	2020-06-06
清光绪青花梅兰竹菊图碗（一对）	直径16.5cm	71,300	北京大羿	2020-08-01
清光绪 青花内岁寒三友外庭院婴戏纹盘	直径18cm	66,700	北京中汉	2020-07-31
清光绪 青花三娘教子缸	高22cm	33,600	乾禧国际	2020-01-20
清光绪 青花双凤纹大盘	直径26.5cm	74,750	中国嘉德	2020-11-10
清光绪 青花双凤纹大盘（一对）	直径26.8cm	115,000	中国嘉德	2020-08-18
清光绪 青花双凤纹盘	直径16.8cm	40,250	中国嘉德	2020-07-15
清光绪 青花双凤纹盘	直径16.6cm	25,300	中国嘉德	2020-07-15
清光绪 青花双凤纹盘	直径16.3cm	25,300	中国嘉德	2020-11-10
清光绪 青花双凤纹折腰盖盘	直径26.2cm	36,800	中国嘉德	2020-11-10
清光绪 青花双鸡花卉图铃铛杯（一对）	直径8cm	25,300	北京大羿	2020-08-01
清光绪 青花双龙赶珠纹茶圆（一对）	直径9.5cm×2	43,700	北京大羿	2020-08-16
清光绪 青花双龙赶珠纹盖碗	直径10.5cm	28,750	北京大羿	2020-06-06
清光绪 青花双龙戏珠纹大盘	直径38.5cm	89,700	北京大羿	2020-08-01
清光绪 青花双龙戏珠纹盘	直径34cm	105,800	北京大羿	2020-06-06
清光绪 青花双龙戏珠纹碗	直径10.8cm	43,700	北京大羿	2020-09-13
清光绪 青花松柏常青碗	直径20cm	43,700	北京大羿	2020-08-16
清光绪 青花松虬纹小碗（一对）	直径12.5cm	66,700	中国嘉德	2020-07-16
清光绪 青花松寿千年图小碗	直径12.6cm	20,700	中国嘉德	2020-07-15
清光绪 青花松树纹大碗	直径20cm	25,300	北京保利	2020-10-20
清光绪 青花松树纹盘（一对）	直径18.7cm	241,500	北京保利	2020-12-05
清光绪青花岁寒三友图杯（一对）	直径8.5cm×2	103,500	中国嘉德	2020-12-03
清光绪 青花岁寒三友图碗	直径13cm	80,500	北京大羿	2020-10-16
清光绪 青花岁寒三友图碗	直径13.1cm	32,200	中国嘉德	2020-11-10
清光绪青花岁寒三友图碗（一对）	直径17cm	126,500	北京大羿	2020-07-12
清光绪青花岁寒三友图碗（一对）	直径13.2cm	101,200	中国嘉德	2020-07-16
清光绪 青花岁寒三友图小碗（一对）	直径13.5cm	66,700	中国嘉德	2020-07-15
清光绪 青花团鹤纹花盆	直径26cm; 高18.6cm	63,250	北京中汉	2020-08-19
清光绪 青花五老观瀑太极图卷缸	直径39.8cm; 高34.8cm	149,500	中贸圣佳	2020-12-07
清光绪 青花西番莲纹朝珠盒	直径21.8cm; 高12.5cm	35,650	中贸圣佳	2020-12-07
清光绪 青花胭脂红"八仙过海"碗	直径22.4cm	64,454	中国嘉德	2020-10-08
清光绪 青花胭脂红八仙庆寿图大碗	直径22.5cm	109,250	中国嘉德	2020-11-09
清光绪 青花胭脂红八仙庆寿图大碗	直径22cm	74,750	中国嘉德	2020-11-10
清光绪 青花延年益寿万字纹盖罐	高40cm	138,000	中鸿信	2020-01-03
清光绪 青花一把莲纹小盘（一对）	直径10.9cm	23,000	中国嘉德	2020-07-17
清光绪青花云凤纹杯（一组四只）	尺寸不一	29,900	北京大羿	2020-11-08
清光绪 青花云凤纹盘	直径26.4cm	51,750	北京翰海	2020-12-12
清光绪 青花云凤纹盘（两件）	直径16.7cm	126,500	北京翰海	2020-12-12
清光绪 青花云凤纹盘（一对）	直径17.2cm	46,000	北京中汉	2020-11-09
清光绪 青花云凤纹椭圆形花口折沿盘	长28.6cm	25,300	中国嘉德	2020-07-15

拍品名称	物品尺寸	成交价RMB	拍卖公司	拍卖日期
清光绪 青花云鹤八宝纹盖碗（一对）	碗直径11cm; 盏托直径11.5cm	55,200	中国嘉德	2020-07-15
清光绪 青花云鹤八卦海水龙纹盘	直径24cm	149,500	北京翰海	2020-12-12
清光绪 青花云鹤八卦纹杯（一对）	直径5.5cm×2	23,000	北京大羿	2020-08-16
清光绪 青花云鹤八卦纹碗（两件）	直径13.8cm	143,750	北京翰海	2020-12-12
清光绪 青花云鹤八卦纹碗（一组四只）	直径9cm	138,000	北京大羿	2020-12-06
清光绪 青花云龙赶珠纹盘	直径16.5cm	29,900	北京大羿	2020-09-13
清光绪 青花云龙赶珠纹盘	直径15.5cm	28,750	北京大羿	2020-09-13
清光绪 青花云龙赶珠纹盘	直径18cm	18,400	北京大羿	2020-11-08
清光绪青花云龙赶珠纹盘（一对）	直径16cm	97,750	北京大羿	2020-12-06
清光绪青花云龙赶珠纹盘（一对）	直径16.5cm×2	57,500	北京大羿	2020-08-16
清光绪 青花云龙海水纹提梁壶	高16.5cm	71,300	北京大羿	2020-08-01
清光绪 青花云龙纹杯	直径6cm	13,800	中国嘉德	2020-11-10
清光绪 青花云龙纹大盘	直径44.8cm	69,000	中贸圣佳	2020-06-20
清光绪 青花云龙纹大盘	直径34.2cm	46,000	中贸圣佳	2020-06-20
清光绪 青花云龙纹大盘	直径24.2cm	23,000	中国嘉德	2020-11-10
清光绪 青花云龙纹盖碗、红釉盖碗（各一只）	直径11cm; 直径10.7cm	13,800	中国嘉德	2020-07-17
清光绪 青花云龙纹盘	直径16.6cm	59,800	北京翰海	2020-12-12
清光绪 青花云龙纹盘	直径17.2cm	59,800	北京翰海	2020-12-12
清光绪 青花云龙纹盘	直径15.2cm	34,500	中国嘉德	2020-07-17
清光绪 青花云龙纹盘	直径17cm	34,500	中国嘉德	2020-11-10
清光绪 青花云龙纹盘	直径16.9cm	28,750	中国嘉德	2020-07-15
清光绪 青花云龙纹盘	直径18.5cm	23,000	中国嘉德	2020-11-11
清光绪 青花云龙纹盘	直径20.5cm	20,700	中贸圣佳	2020-12-07
清光绪 青花云龙纹盘（一对）	直径16.8cm	86,250	中国嘉德	2020-07-16
清光绪 青花云龙纹碗	直径14.6cm	40,250	北京中汉	2020-07-31
清光绪 青花云龙纹碗（一对）	碗口10.8cm; 高5.85cm	100,800	上海联合	2020-11-29
清光绪 青花云龙纹温盅	长14.5cm	17,250	中国嘉德	2020-07-17
清光绪 青花云龙纹小杯（一对）	直径5.7cm	48,300	中贸圣佳	2020-12-07
清光绪 青花云龙纹小碗	直径11.5cm	25,300	中国嘉德	2020-07-17
清光绪 青花云龙纹玉壶春大瓶	高51cm	184,000	广东崇正	2020-09-13
清光绪 青花折枝花果纹茶碗	直径10.6cm	32,200	中国嘉德	2020-11-10
清光绪 青花竹石芭蕉图玉壶春瓶	高28cm	172,500	西泠印社	2020-08-08
清光绪 青花竹石芭蕉图玉壶春瓶	高29.1cm	62,100	中贸圣佳	2020-12-07
清光绪 胭脂红地青花八仙过海纹碗	直径22cm; 高7.2cm	43,700	中贸圣佳	2020-07-18
清光绪 青花"天下第一泉"诗文大盖罐	高41cm	1,207,500	中国嘉德	2020-12-03
清光绪 青花云龙纹赏瓶	高38.8cm	920,000	中国嘉德	2020-12-03
清光绪 黄地青花花卉纹盘	直径27cm	402,500	北京大羿	2020-08-16
清光绪 青花海水云龙赶珠纹杯（一对）	直径8.5cm×2	149,500	北京大羿	2020-05-05
清康熙/清晚期 青花海屋添筹图凤尾尊、冰梅纹罐（三件）	高40cm; 高36cm; 高31.4cm	17,250	中国嘉德	2020-07-15
清康熙; 清晚期 青花人物纹、花卉纹折沿碗（四只）	尺寸不一	28,750	中国嘉德	2020-07-15
清晚期 黄地青花描金云龙纹贯耳尊	高59.3cm	63,250	中国嘉德	2020-11-10
清晚期 青花、广彩大瓶、花觚（四件）	尺寸不一	25,300	中国嘉德	2020-07-16
清晚期 青花缠枝花卉纹茶碗（一对）	直径9.8cm	48,300	中国嘉德	2020-08-18
清晚期 青花缠枝花卉纹蒜头瓶	长29.6cm	32,200	中贸圣佳	2020-12-07
清晚期 青花缠枝莲螭龙纹冰箱	长29cm	89,700	中国嘉德	2020-07-16
清晚期 青花缠枝莲开光人物花鸟纹缸	直径46.2cm	13,800	中国嘉德	2020-11-10
清晚期 青花缠枝莲托八宝开光"山高水长"大盘	直径26cm	13,800	中国嘉德	2020-11-11
清晚期 青花缠枝莲纹铺首尊	高25.3cm	25,300	中国嘉德	2020-11-09
清晚期 青花穿花凤纹象耳方瓶	高14cm	23,000	中国嘉德	2020-07-15
清晚期 青花瓷器（六件）	尺寸不一	40,250	中国嘉德	2020-11-12
清晚期 青花二甲传胪图洗	直径18.5cm	28,750	中国嘉德	2020-11-12

拍品名称	物品尺寸	成交价RMB	拍卖公司	拍卖日期
清晚期 青花仿唐英风格罗汉图大瓶	高95cm	161,000	北京保利	2020-12-05
清晚期 青花飞鸣宿食图胆瓶	高44.7cm	46,000	中国嘉德	2020-07-15
清晚期 青花高士图案缸（一对）	直径18.6cm	17,250	中国嘉德	2020-07-16
清晚期 青花寒江独钓图荸荠瓶、青花留白冰梅纹罐（三件）	高41cm; 高41cm; 高27.5cm	25,300	中国嘉德	2020-07-16
清晚期 青花夔凤纹双陆尊	高19.7cm	20,700	中国嘉德	2020-07-17
清晚期 青花龙凤纹碗（一对）	直径17.4cm	20,340	北京中汉	2020-09-03
清晚期 青花三星图大盘	直径48.6cm	17,250	中国嘉德	2020-11-11
清晚期 青花山水人物荸荠瓶	高29cm	57,500	中贸圣佳	2020-12-07
清晚期 青花双龙捧寿如意耳葫芦瓶	高18.3cm	13,800	中贸圣佳	2020-12-07
清晚期 青花双龙戏珠纹盖盒	直径15cm	17,250	北京大羿	2020-06-06
清晚期 青花团鹤纹花盆（一对）	直径26cm	59,800	中国嘉德	2020-11-10
清晚期 青花五瑞图瓶（一对）	高43.7cm; 高43.2cm	25,300	中国嘉德	2020-11-10
清晚期 青花鱼藻纹缸	直径41.4cm	48,300	中国嘉德	2020-07-15
清晚期 青花云龙纹缸	直径39cm	28,750	中国嘉德	2020-11-10
清晚期 青花折枝花果纹蒜头瓶	高30.5cm	13,800	中国嘉德	2020-07-17
清晚期至民国 青花蚕食中国花卉纹盖碗	直径10.8cm	13,800	中国嘉德	2020-11-10
清晚期至民国 青花蚕食中国诗文碗（一对）	直径13.5cm	34,500	中国嘉德	2020-11-10
清晚期至民国 青花蚕食中国诗文碗（一对）	直径14.3cm	23,000	中国嘉德	2020-07-16
清晚期至民国 青花凤纹石渠砚（一对）	长13.5cm; 长13cm	51,750	中国嘉德	2020-08-18
清晚期至民国 青花云龙纹杯盏	杯长8.5cm; 盏托直径13cm	20,700	中国嘉德	2020-07-16
清晚期至民国 青花云龙纹茶碗（一对）	直径9.4cm	36,800	中国嘉德	2020-11-10
清晚期至民国 青花云龙纹壶	长18cm	17,250	中国嘉德	2020-07-16
清晚期至民国 青花折枝花卉纹碗（一对）	直径14.3cm	25,300	中国嘉德	2020-11-10
清晚期至民国 青花砖瓦文大盘	直径24.6cm	17,250	中国嘉德	2020-07-16
清晚期至民国 青花砖瓦文盘	直径18.5cm	17,250	中国嘉德	2020-07-16
清宣统 青花洞石芭蕉纹玉壶春	高29.5cm	172,500	广东崇正	2020-09-13
清宣统 青花仿古权式三足炉	直径13.8cm; 高8.3cm	44,850	北京中汉	2020-08-19
清宣统 青花花卉纹卧足杯	直径8.1cm	51,750	中贸圣佳	2020-12-07
清宣统 青花三权鼎立三足炉	长20.5cm	23,000	中国嘉德	2020-07-17
清宣统二年（1910年）青花山水人物纹兽耳炉	长20.2cm	112,700	中国嘉德	2020-07-15
清宣统二年（1910年）青花折枝花卉纹杯（一对）	直径8cm	20,700	北京大羿	2020-08-01
清 单色釉、青花瓶、罐、碗（四件）	尺寸不一	13,800	中国嘉德	2020-11-12
清 豆青釉、天蓝釉青花诗文花卉花盆（一对）	高116.9cm; 高216.5cm	24,150	中贸圣佳	2020-12-08
清 仿明青花折枝花卉纹花口高足碗	直径19cm	17,250	中国嘉德	2020-07-17
清 福寿堂制款青花婴戏纹碗	直径8cm; 高16cm	69,000	上海嘉禾	2020-01-05
清 江藤旧藏青花牡丹纹大梅瓶	高41cm	103,500	中鸿信	2020-01-03
清 蓝釉盘、青花西番莲纹盘（一组五件）	直径14.5cm; 直径19.2cm	44,850	广东崇正	2020-06-27
清 乾隆款青花八仙纹小碗	直径13.5cm; 高6cm	92,000	上海嘉禾	2020-01-05
清 青花"双龙戏珠"纹盘	直径15cm	13,800	保利厦门	2020-09-26
清 青花阿弥陀佛碗、灵芝纹杯、松竹梅纹盘（一组）	尺寸不一	48,300	中贸圣佳	2020-06-20
清 青花八卦纹鼓式罐	高13cm	25,300	北京翰海	2020-09-12
清 青花八卦云鹤纹碗	直径13.9cm	13,800	中国嘉德	2020-11-11
清 青花杯（三十只）	尺寸不一	40,250	中国嘉德	2020-11-12
清 青花博古开光山水人物纹尊	高33.5cm	17,250	中国嘉德	2020-11-12
清 青花缠枝花卉碗	直径11cm	46,000	北京翰海	2020-09-12
清 青花缠枝花卉纹贝壳形盘	长31.5cm	32,200	北京大羿	2020-06-14
清 青花缠枝莲纹天球瓶	高45.5cm	97,750	中国嘉德	2020-07-16
清 青花缠枝莲纹碗	直径15.8cm	13,800	中国嘉德	2020-07-17
清 青花缠枝莲纹洗	直径23.7cm	13,800	中国嘉德	2020-07-17
清 青花螭虎方形水盂	7cm×5.3cm×5.5cm	19,040	上海联合	2020-11-29
清 青花螭龙纹灯笼瓶	高58cm	28,750	中国嘉德	2020-07-17
清 青花瓷器（六件）	尺寸不一	13,800	中国嘉德	2020-11-11
清 青花堆白"惟吾知足"杯（四只）	直径6.2cm; 高4.1cm×4	13,800	广东崇正	2020-09-13
清 青花飞龙瓶	高49cm	28,750	北京翰海	2020-09-12
清 青花凤凰牡丹图鼓墩	高47.5cm	20,700	中国嘉德	2020-07-16
清 青花凤纹花觚（两件）	高38cm	20,700	北京翰海	2020-09-12
清 青花勾莲开光寿字纹花盆	直径26cm	55,200	北京翰海	2020-09-12
清 青花勾莲开光寿字纹花盆	直径26cm	43,700	北京翰海	2020-09-12
清 青花勾莲盘	直径15cm	57,500	北京翰海	2020-09-12
清 青花勾莲盘	直径13.5cm	48,300	北京翰海	2020-09-12
清 青花勾莲盘	直径15cm	48,300	北京翰海	2020-09-12
清 青花勾莲盘	直径14cm	46,000	北京翰海	2020-09-12
清 青花勾莲盘	直径13.5cm	13,800	北京翰海	2020-09-12
清 青花勾莲碗	直径16.5cm	66,700	北京翰海	2020-09-12
清 青花勾莲碗	直径17cm	46,000	北京翰海	2020-09-12
清 青花勾莲碗	直径17cm	40,250	北京翰海	2020-09-12
清 青花海水龙纹荸荠瓶	高34cm	22,400	上海联合	2020-11-29
清 青花海水龙纹贯耳尊	直径54.1cm	59,800	中贸圣佳	2020-12-07
清 青花花蝶纹杯（一对）	直径8.3cm	23,000	中国嘉德	2020-07-17
清 青花花卉碗（两件）	直径9.5cm	28,750	北京翰海	2020-09-12
清 青花花卉纹盘	盘口38.6cm; 高5.8cm	28,000	上海联合	2020-11-29
清 青花花卉纹玉壶春	高32cm	17,250	广东崇正	2020-09-13
清 青花花卉卧足碗（两件）	直径8cm	36,800	北京翰海	2020-09-12
清 青花花卉五孔瓶	高16cm	172,500	北京翰海	2020-09-12
清 青花花鸟水丞	高7.5cm	34,500	北京翰海	2020-09-12
清 青花花鸟纹缸	高16cm	16,100	北京翰海	2020-09-12
清 青花锦地花蝶开光博古图折沿盘	直径27.6cm	13,800	中国嘉德	2020-07-15
清 青花龙鹤八卦盘	直径14.5cm	32,200	北京翰海	2020-09-12
清 青花麒麟罐	高20cm	60,900	乾禧国际	2020-01-20
清 青花人物罐	高57cm	17,250	北京翰海	2020-09-12
清 青花人物诗文笔筒	高13.5cm	26,450	北京翰海	2020-09-12
清 青花人物筒式瓶	高48cm	23,000	北京翰海	2020-09-12
清 青花人物诸葛碗	直径14cm	63,250	北京翰海	2020-09-12
清 青花山水方瓶	高43cm	57,500	北京翰海	2020-09-12
清 青花山水梅瓶	高26cm	14,950	北京翰海	2020-09-12
清 青花山水人物诗文笔筒	直径19.6cm	57,500	中国嘉德	2020-11-12
清 青花山水人物纹棒槌瓶	高46cm	57,500	中国嘉德	2020-11-12
清 青花山水人物纹笔筒	直径18.7cm	32,200	中国嘉德	2020-11-12
清 青花绳纹花觚	高42.3cm	20,700	中贸圣佳	2020-12-07
清 青花团龙纹花盆（一对）	直径26.5cm; 高16.5cm×2	20,700	保利厦门	2020-09-26
清 青花文玩（一组九件）	尺寸不一	40,250	保利厦门	2020-09-26
清 青花五老观画图笔筒	直径18cm	43,700	中国嘉德	2020-11-12
清 青花云龙纹炉	直径19cm	13,800	北京翰海	2020-09-12
清代 青花小罐	高约20cm; 口径约8cm; 足径约10cm	364,496	香港贞观	2020-08-30
清代 轴头（六只）	青高5.5cm; 红高4.9cm	17,250	中贸圣佳	2020-12-07
清乾隆 青花缠枝莲梵文高足杯	9.5cm	181,577	香港苏富比	2020-11-26
晚清 黎瑛竹庵青花素胎山水图方洗	长12.8cm; 宽11.4cm; 高5.8cm	51,750	中贸圣佳	2020-12-07
清 黄地青花葫芦瓶	带座高19.4cm; 高15.8cm	69,000	西泠印社	2020-08-08
18世纪 青花八仙贺寿图盘口尊	高36cm	44,962	巴黎苏富比	2020-06-18
清 青花喜鹊登梅图大缸（一对）	高41.6cm×2	437,000	中贸圣佳	2020-12-07

拍品名称	物品尺寸	成交价RMB	拍卖公司	拍卖日期
民国 王步风格洒兰釉开光人物故事图双耳尊	高30cm	29,900	保利厦门	2020-09-26
民国 仿乾隆青花九桃福寿纹小天球瓶	高33cm	230,000	北京大羿	2020-08-16
民国 黄地青花缠枝莲纹花盆带奁（一对）	花盆直径26cm; 奁直径25.5cm	25,300	中国嘉德	2020-07-15
民国 江西瓷业公司花鸟纹茶圆	直径9.8cm; 高4.7cm	13,800	中贸圣佳	2020-06-20
民国 江西瓷业公司仁寿盘（一组10件）	尺寸不一	43,700	中贸圣佳	2020-06-20
民国 青花百花锦地开光人物瑞兽花虫纹折沿大碗	直径26cm	34,500	中国嘉德	2020-11-10
民国 青花缠枝花卉纹铺首尊	高27cm	34,500	北京大羿	2020-07-17
民国 青花穿花龙纹洗	直径18.7cm	20,700	中国嘉德	2020-07-16
民国 青花二虎相争图铃铛杯	直径8cm	25,300	中国嘉德	2020-11-10
民国 青花雀蚌相争图扁肚瓶	高26.3cm	138,000	中贸圣佳	2020-10-17
民国 青花人物故事花插	直径16.3cm; 高9.2cm	69,000	中贸圣佳	2020-07-18
民国 青花山水人物纹大盘	直径33.9cm	20,700	中国嘉德	2020-07-16
民国 青花狮子滚绣球小缸	直径17.8cm; 长15.2cm	16,950	北京中汉	2020-09-03
民国 青花云龙纹盖盒	直径10.4cm	13,560	北京中汉	2020-09-03
民国 青花云龙纹花口花盆带奁（一对）	花盆直径24.3cm; 奁直径21.8cm	28,750	中国嘉德	2020-11-11
民国 青花云龙纹小天球瓶	高32cm	34,500	中国嘉德	2020-07-17
民国 青花折枝花果纹碗	直径14cm	13,800	北京大羿	2020-06-14
民国 青花钟馗捉鬼图瓶	高30cm	25,300	北京大羿	2020-06-19
民国 王步风格青花花鸟图印盒	高3cm; 直径7.5cm	34,500	西泠印社	2020-08-08
民国 王步风格青花人物图瓶	高17cm	138,000	中贸圣佳	2020-07-18
魏洪泰 民国 青花刘海戏金蟾瓷塑	高32cm	37,950	中贸圣佳	2020-12-07
魏洪泰 民国 青花弥勒佛瓷雕塑	高27.5cm	59,800	中贸圣佳	2020-12-07
民国 王步青花花鸟图瓶（一对）	高22.3cm×2	931,500	中贸圣佳	2020-07-18
20世纪50至60年代 景德镇制青花梅竹图盘	直径19.3cm	253,000	中贸圣佳	2020-10-17
20世纪 黄地青花缠枝莲纹尊	高22cm	13,665	佳士得	2020-04-21
“大清雍正年制”款青花寿字八宝纹盘	高3.5cm; 直径15.8cm	20,700	西泠印社	2020-08-08
大清康熙年制 青花芦雁纹大笔筒	直径16.5cm; 高13.5cm	28,750	江苏汇中	2020-08-06
高俊华 青花长寿龟纽章	4.4cm×2.3cm×2.15cm; 重量49.5g	33,600	上海联合	2020-11-29
过渡期约1640年 青花马跃坛溪图葫芦瓶	高33.7cm	215,177	纽约苏富比	2020-09-23
过渡期约1640年 青花竹林七贤图长颈瓶	高36.8cm	129,106	纽约苏富比	2020-09-23
綦瑛 1895年 青花策杖寻梅图笔筒	直径12.5cm; 高14.5cm	322,000	中贸圣佳	2020-10-17
青花过墙龙纹大盘	28.5×6cm	82,000	北京贞观	2020-11-28
青花花卉纹薄胎盘	27.6×5cm	462,000	北京贞观	2020-11-28
青花龙凤纹花口盘	33×5.8cm	825,000	北京贞观	2020-11-28
青花如意麒麟纹罐	17×22cm	770,000	北京贞观	2020-11-28
青花太白罐	高23cm	13,800	西泠印社	2020-08-08
青花云龙纹蒜头瓶	28.5×14cm	158,000	北京贞观	2020-11-28
清 大清乾隆年制款青花缠枝莲纹蒜头瓶	高25cm	63,250	西泠印社	2020-08-08
王朝杰 青花山形笔搁	16cm×5.1cm×1.6cm 重量121.8g	22,400	上海联合	2020-11-29
王怀俊 2007年（丁亥年）观松图 青花瓷瓶	高35cm; 直径32cm	32,200	十竹斋拍卖（北京）	2020-10-18
徐海根 青花明月照百川瓷板插屏	直径33.5cm	53,760	上海联合	2020-11-29
元 青花鱼藻纹葵口盘	高1.3cm; 直径11.7cm	46,000	西泠印社	2020-08-08
元 青花鱼藻纹玉壶春瓶	高28.5cm	218,500	西泠印社	2020-08-08
20世纪 青花孔雀花鸟图大缸	直径38.5cm	148,512	香港苏富比	2020-06-05
王步青花欢天喜地瓷板画（四件）	54.5×32cm×4	1,380,000	上海嘉禾	2020-01-05
釉里红				

拍品名称	物品尺寸	成交价RMB	拍卖公司	拍卖日期
元 釉里红洒斑旋转高足杯	高9.4cm	184,000	中贸圣佳	2020-10-17
元 釉里红花卉纹匜	宽18cm	291,082	中国嘉德	2020-10-08
元 釉里红题字高足杯	高8.9cm	251,327	香港苏富比	2020-06-05
明洪武 釉里红缠枝花卉纹玉壶春瓶	高33cm	603,216	保利香港	2020-12-02
明洪武 釉里红如意云形缠枝牡丹菊纹大碗	直径41cm	9,890,000	华艺国际	2020-10-16
明成化 釉里红云龙纹碗	直径17.2cm	38,204	保利香港	2020-12-02
清康熙 釉里红龙纹菊瓣长颈瓶	高13cm	43,700	西泠印社	2020-08-08
清康熙 釉里红三多纹碗（一对）	直径15cm; 高7cm×2	540,500	保利厦门	2020-09-26
清康熙 釉里红三鱼纹高足杯	直径9.4cm; 高9.2cm	40,250	中贸圣佳	2020-06-20
清康熙 釉里红云凤纹小琵琶尊	高17.6cm	32,200	中国嘉德	2020-07-16
清康熙 仿永乐釉里红龙纹碗（一对）	直径15.6cm×2	632,500	北京保利	2020-10-19
清康熙 釉里红绿彩月季图花插	高 8.3cm	1,695,000	香港苏富比	2020-07-11
清康熙 釉里红绿彩折枝玫瑰纹水盂	高8.9cm	3,012,471	纽约苏富比	2020-09-22
清康熙 釉里红绿彩折枝玫瑰纹水盂	高8.5cm	731,600	纽约苏富比	2020-09-22
清康熙 青花豆青釉里红牡丹寿石螭龙纹觚式瓶（一对）	高41.5cm; 高42.3cm	204,390	纽约佳士得	2020-09-25
清康熙 釉里红加彩牡丹纹马蹄尊	直径13.2cm	238,630	纽约佳士得	2020-09-24
清康熙 釉里红加彩牡丹纹苹果尊	直径9.6cm	298,288	纽约佳士得	2020-09-24
清康熙 釉里红团龙纹碗	直径14.6cm	136,360	纽约佳士得	2020-09-24
清康熙 釉里红缠枝西番莲纹碗	直径22cm; 高10.5cm	138,000	中贸圣佳	2020-06-20
清康熙 釉里红花卉纹苹果尊	直径9.5cm	9,200,000	北京保利	2020-10-19
清康熙 釉里红加彩花卉纹马蹄尊	直径12.5cm	2,300,000	北京保利	2020-12-05
清康熙 釉里红夔凤纹摇铃尊	高17.8cm	2,875,000	永乐拍卖	2020-12-02
清康熙 釉里红摇铃尊	高19cm	690,000	北京翰海	2020-12-12
清雍正 釉里红三多碗	直径12cm	28,750	中鸿信	2020-01-03
清雍正 釉里红三多纹碗	直径12cm	298,200	佳士得	2020-11-30
清雍正 釉里红三鱼纹高足碗	高11.2cm	82,800	北京大羿	2020-08-16
清雍正 釉里红三鱼纹高足碗	直径15.4cm; 高11.5cm	57,500	中贸圣佳	2020-06-20
清雍正 釉里红三鱼纹盘	直径16.5cm	258,750	保利厦门	2020-09-26
清雍正 釉里红三鱼高足碗	直径15.5cm	598,000	华艺国际	2020-10-16
清雍正 冬青釉釉里红“洪福齐天”纹碗（一对）	直径15.3cm; 直径15.4cm	1,105,896	保利香港	2020-12-02
清雍正 双龙云纹梅瓶	高35cm	1,739,200	伦敦佳士得	2020-11-03
清雍正 釉里红三鱼盘	直径15cm	394,686	中国嘉德	2020-07-13
清雍正 白地釉里红三多碗	直径12cm	272,720	纽约佳士得	2020-09-24
清雍正 白地釉里红三鱼纹碗	直径19.6cm	221,585	纽约佳士得	2020-09-24
18世纪 仿哥釉釉里红象耳瓶	高27cm	25,300	北京大羿	2020-06-19
18世纪 釉里红瓶	高32.8cm	78,899	伦敦佳士得	2020-02-13
清乾隆 青釉釉里红桃形水丞	长11.6cm	23,000	中国嘉德	2020-07-15
清乾隆 釉里红白龙纹梅瓶	高36cm	78,200	中贸圣佳	2020-06-20
清乾隆 釉里红苍龙教子梅瓶	高35cm	126,500	中贸圣佳	2020-06-20
清乾隆 釉里红穿花龙凤纹小胆瓶	高21cm	92,000	中贸圣佳	2020-07-18
清乾隆 釉里红山水人物图砚屏	23.7×16cm	126,500	北京诚轩	2020-08-17
清乾隆 釉里红云龙赶珠纹大梅瓶	高37cm	322,000	保利厦门	2020-09-26
清乾隆 釉里红云龙纹大瓶	高60.4cm	103,500	中国嘉德	2020-11-10
清乾隆至嘉庆 釉里红苍龙教子图小天球瓶	高19.5cm	230,000	中国嘉德	2020-07-16
清乾隆 仿宣德釉里红三鱼纹杯	直径8.6cm	782,000	中国嘉德	2020-08-18
清乾隆 釉里红福禄纹琮式瓶	高23.2cm	1,437,500	中国嘉德	2020-08-18
清乾隆 釉里红汉壶尊	高32.5cm	1,400,000	上海联合	2020-11-29
清中期 豆青地釉里红桃果纹瓶	高13.4cm	28,750	中贸圣佳	2020-06-20
清中期 粉青釉釉里红梅瓶	高16cm	32,200	保利厦门	2020-09-26
清中期 釉里红三多纹天球瓶	高36.5cm	25,300	中国嘉德	2020-11-11
清道光 釉里红龙纹敦式大碗	直径26.5cm	135,145	中国嘉德	2020-10-08
清道光 釉里红龙纹水盂、印泥盒	尺寸不一	26,450	中贸圣佳	2020-06-20
清道光 釉里红山水人物双兽耳瓶	高31.5cm	57,500	北京大羿	2020-12-06

拍品名称	物品尺寸	成交价RMB	拍卖公司	拍卖日期
清道光 釉里红狮纹敦式大碗	直径26.5cm	83,166	中国嘉德	2020-10-08
清道光 釉里红团凤纹碗	直径14.5cm	74,750	中国嘉德	2020-08-18
清道光 釉里红团凤纹碗（两件）	直径14.5cm	345,000	北京翰海	2020-12-12
清道光 釉里红渔樵耕读图四方尊	高30.6cm	805,000	北京中汉	2020-07-31
清晚期 红釉小胆瓶、青釉釉里红小尊（各一件）	直径12cm; 高9.7cm	13,800	中国嘉德	2020-07-17
清晚期 釉里红松竹梅纹罐	高21.2cm	26,450	中贸圣佳	2020-12-08
清晚期 釉里红松竹梅纹罐	高21.2cm	26,450	中贸圣佳	2020-12-08
清代 釉里红苹果尊	直径10.5cm	27,600	中贸圣佳	2020-12-07
18/19世纪 釉里红瑞兽纹长颈瓶	高39.2cm	319,732	巴黎苏富比	2020-06-18
青花釉里红				
明万历 青花釉里红鹿鹤同春八卦长方盖盒	长28.4cm	181,600	北京保利	2020-07-19
清康熙 “思补堂”款青花釉里红鲤跃龙门图盘	直径27.3cm	40,250	北京大羿	2020-06-19
清康熙 豆青釉青花釉里红八骏图花觚	高43.9cm	36,800	中贸圣佳	2020-06-20
清康熙 内青花釉里红鱼藻纹外青釉大盘	直径23.5cm	40,250	中国嘉德	2020-11-10
清康熙 青花釉里红堆白花鸟纹束腰笔筒	高13cm	55,200	保利厦门	2020-09-26
清康熙青花釉里红凤凰牡丹图案缸	直径22.5cm	46,000	中国嘉德	2020-11-10
清康熙青花釉里红花鸟纹小纸槌瓶	高9.5cm	13,800	中国嘉德	2020-11-10
清康熙青花釉里红菊莲清供诗文瓶	高14.3cm	48,300	中国嘉德	2020-07-16
清康熙 青花釉里红梅花纹折沿碗	直径20.4cm; 高10cm	20,700	中贸圣佳	2020-12-07
清康熙 青花釉里红牵牛花纹长颈瓶	高42cm	149,500	十竹斋拍卖（北京）	2020-10-18
清康熙 青花釉里红瑞兽纹瓶	高19.8cm	32,200	中国嘉德	2020-07-15
清康熙 青花釉里红山水人物缸	高33cm; 直径38cm	172,500	荣宝斋（南京）	2020-11-28
清康熙 青花釉里红圣主得贤臣颂笔筒	高16.3cm	402,500	中贸圣佳	2020-10-17
清康熙 青花釉里红双龙捧寿纹菊瓣洗	直径17cm	63,250	北京大羿	2020-08-16
清康熙 青花釉里红松鹿诗文扇形壁瓶	高19.8cm	18,400	中贸圣佳	2020-12-08
清康熙 青花釉里红松鹿诗文扇形壁瓶	高19.8cm	18,400	中贸圣佳	2020-12-08
清康熙 青花釉里红松鼠葡萄纹大碗	直径19.7cm	25,300	中国嘉德	2020-07-16
清康熙 青花釉里红云龙开光海兽纹琵琶尊	高38.8cm	207,000	中国嘉德	2020-07-16
清康熙 御窑青花釉里红加彩双龙赶珠纹缸	高30cm; 直径30cm	448,500	保利厦门	2020-09-26
清康熙 青花釉里红螭龙纹长颈瓶	高22.2cm	645,530	纽约苏富比	2020-09-22
清康熙 青花釉里红蟠龙纹长颈瓶	高20.3cm	204,540	纽约佳士得	2020-09-24
清康熙 青花釉里红团花锯齿纹摇铃尊	高22.9cm	774,635	纽约苏富比	2020-09-22
清康熙 青花釉里红《圣主得贤臣颂》笔筒	直径19.2cm; 高16cm	1,552,500	中贸圣佳	2020-06-20
清康熙 中和堂青花釉里红寿字莲瓣盘	直径21.5cm	586,500	中贸圣佳	2020-06-20
清康熙 青花釉里红《圣主得贤臣颂》笔筒	直径19cm	3,335,000	北京保利	2020-10-19
清雍正 青花釉里红八仙庆寿图小盘（一对）	直径10.6cm	69,000	中国嘉德	2020-12-03
清雍正 青花釉里红八仙人物纹盘	直径14.3cm	28,750	中贸圣佳	2020-12-07
清雍正 青花釉里红八仙小杯（一对）	直径6.2cm	20,700	北京保利	2020-10-20
清雍正 青花釉里红鱼藻纹梅瓶	高18cm	59,800	保利厦门	2020-09-26
清雍正 青花釉里红云龙纹天字罐	高14.9cm	69,000	北京中汉	2020-11-09
清雍正 唐英制青花釉里红云龙三现图天球瓶	高37cm	2,070,000	华艺国际	2020-12-05

拍品名称	物品尺寸	成交价RMB	拍卖公司	拍卖日期
清雍正 青花缠枝莲釉里红灵芝石榴花纹观音尊	高39cm	31,050,000	北京保利	2020-10-19
清雍正 青花釉里红加红彩云龙穿花纹玉壶春	高31.2cm	8,625,000	北京保利	2020-10-19
清雍正 青花釉里红云龙纹天球瓶	高61.5cm	2,415,000	中贸圣佳	2020-10-17
18世纪 青花釉里红菊石牡丹纹观音尊	高47cm	100,178	佳士得	2020-10-08
清乾隆 淡青花釉里红云龙纹如意耳尊	高29.2cm	63,250	中贸圣佳	2020-12-07
清乾隆 豆青釉开光青花釉里红诗文双耳方瓶	高18.8cm	57,500	中贸圣佳	2020-07-18
清乾隆 粉青釉青花釉里红诗文穿带扁瓶	高26.4cm	74,750	中贸圣佳	2020-06-20
清乾隆 青花釉里红岁寒三友图大梅瓶	高34cm	57,500	保利厦门	2020-09-26
清乾隆 青花釉里红八仙过海水盂	高4.1cm	23,000	中贸圣佳	2020-06-20
清乾隆 青花釉里红八仙贺寿纹碗	直径22.2cm; 高8.2cm	92,000	中贸圣佳	2020-12-07
清乾隆 青花釉里红八仙人物纹盘	直径24cm	82,800	保利厦门	2020-09-26
清乾隆 青花釉里红八仙纹碗	直径14.5cm	98,760	中国嘉德	2020-10-08
清乾隆 青花釉里红缠枝花卉纹双蝶耳尊（一对）	高28.5cm×2	66,700	北京大羿	2020-06-19
清乾隆 青花釉里红缠枝莲大罐	高39cm	80,500	中鸿信	2020-01-03
清乾隆 青花釉里红螭纹花盆	盆直径13cm; 高11cm	56,000	上海联合	2020-11-29
清乾隆 青花釉里红花卉诗文双耳瓶	高14cm; 带座高15cm	345,000	西泠印社	2020-08-08
清乾隆 青花釉里红花鸟诗文贯耳瓶	高37.4cm	34,500	中贸圣佳	2020-07-18
清乾隆 青花釉里红开光瑞兽图天球瓶	高58.5cm	460,000	十竹斋拍卖（北京）	2020-10-18
清乾隆 青花釉里红开光山水诗文铺首尊	高37.5cm	195,500	中贸圣佳	2020-10-17
清乾隆 青花釉里红龙凤纹双象耳海棠瓶	高30cm	293,800	北京中汉	2020-09-03
清乾隆 青花釉里红蟠龙耳尊	高20cm	138,000	十竹斋拍卖（北京）	2020-10-18
清乾隆 青花釉里红三多纹梅瓶	高30.6cm	79,100	北京中汉	2020-09-03
清乾隆 青花釉里红四季花果纹双耳方瓶	高26.5cm	92,000	保利厦门	2020-09-26
清乾隆 青花釉里红松鹤纹椎把瓶	高42cm	184,000	十竹斋拍卖（北京）	2020-10-18
清乾隆 青花釉里红印泥缸、粉彩山水印泥盒（两件）	宽4.2cm; 宽6cm	19,550	北京保利	2020-10-20
清乾隆 青花釉里红云龙纹荸荠瓶	高28.7cm	230,000	北京大羿	2020-10-16
清乾隆 青花釉里红云龙纹瓶	高39cm	48,300	中国嘉德	2020-07-15
清乾隆 青花釉里红云龙纹瓶	高25.5cm	25,300	中鸿信	2020-01-03
清乾隆 青釉青花釉里红菊花竹石诗文狮耳方瓶	高26.2cm	25,300	中国嘉德	2020-07-15
清乾隆 青釉青花釉里红三多纹小葫芦瓶	高17.5cm	172,500	中国嘉德	2020-11-09
清乾隆 青釉青花釉里红诗文螭耳方瓶	高18cm	13,800	中国嘉德	2020-11-11
清乾隆 青釉青花釉里红玉宛诗文贯耳瓶	高17.8cm	17,250	北京保利	2020-10-20
清乾隆 庆宜堂青花釉里红八仙盘（一对）	直径21cm	212,750	朵云轩	2020-09-24
清乾隆 天蓝釉青花釉里红梅竹双清诗文灯笼瓶	高36.8cm	43,700	中国嘉德	2020-11-10
18世纪 青花釉里红高士四艺图洗口瓶	高48cm	4,133,418	香港苏富比	2020-10-09
清乾隆 青花釉里红八仙过海图碗	直径22.2cm	215,177	纽约苏富比	2020-09-23
清乾隆 青花釉里红八仙庆寿碗	直径22.4cm	248,600	香港苏富比	2020-07-11
清乾隆 青花釉里红缠枝莲纹赏瓶	高39.8cm	5,757,167	纽约苏富比	2020-09-23

拍品名称	物品尺寸	成交价RMB	拍卖公司	拍卖日期
清乾隆 青花釉里红折枝瑞果纹盏托	直径16.8cm	253,000	北京保利	2020-12-05
18世纪 青花釉里红鸬鹚竹雀纹六方瓶	高58cm	347,456	巴黎佳士得	2020-06-23
清乾隆 豆青地青花釉里红花卉纹双象耳小方壶 六字篆书款	高13.7cm	79,419	巴黎佳士得	2020-06-23
清乾隆 豆青地仿石纹釉青花釉里红诗文铺首耳方尊	高30cm	322,000	北京大羿	2020-08-16
清乾隆 青花釉里红折枝瑞果盏台	直径16.6cm	253,000	中贸圣佳	2020-07-18
清乾隆 青花釉里红缠枝莲纹长颈瓶	高36cm	1,012,000	中贸圣佳	2020-10-17
清乾隆 青花釉里红山水人物双龙耳瓶	高44.5cm	345,000	北京翰海	2020-12-12
清乾隆 唐英督制青花釉里红鹤鹿同春诗文瓶	高41.2cm	3,450,000	中国嘉德	2020-08-18
清乾隆 唐英督制青花釉里红一品富贵诗文瓶（一对）	高39.5cm×2	5,520,000	北京大羿	2020-12-06
清中期 青花釉里红八仙图铃铛杯	高10cm	34,500	中国嘉德	2020-11-11
清中期 青花釉里红缠枝花卉纹天球瓶	高48.2cm	23,000	中国嘉德	2020-11-11
清中期 青花釉里红螭龙灵芝纹小天球瓶	高22.8cm	25,300	中国嘉德	2020-07-17
清中期 青花釉里红福寿海水江崖图小瓶	高13.8cm	13,800	中国嘉德	2020-07-15
清中期 青花釉里红海水龙纹大瓶	高62cm	218,500	中国嘉德	2020-07-16
清中期 青花釉里红三多纹案缸	直径24cm	23,000	中国嘉德	2020-07-15
清中期、民国 青花釉里红渔耕问答图狮耳瓶、粉彩百花纹壶（各一件）	高27.7cm;长23cm	23,000	中国嘉德	2020-11-11
清道光 青花釉里红松鼠葡萄纹瓶	高35cm	97,750	十竹斋拍卖（北京）	2020-10-18
19世纪晚期 青花釉里红四灵纹赏瓶	高38.5cm	85,406	佳士得	2020-04-21
清光绪 青花釉里红九桃纹天球瓶	高50.1cm	82,800	中贸圣佳	2020-07-18
清光绪 青花釉里红满池娇纹卷缸	13cm×30cm×23cm	15,750	乾禧国际	2020-01-20
清光绪 青花釉里红琵琶雀鸟图盘（一对）	高14cm	20,700	北京大羿	2020-07-17
清光绪 青花釉里红太狮少狮大撇口瓶	高59.2cm	41,400	中贸圣佳	2020-12-07
清晚期 青花釉里红飞鸣宿食图瓶	高36.5cm	46,000	中国嘉德	2020-07-16
清晚期 青花釉里红福寿纹梅瓶	高28cm	103,500	中国嘉德	2020-07-15
清晚期 青花釉里红福寿纹梅瓶	高19cm	28,750	中国嘉德	2020-11-11
清晚期 青花釉里红锦地开光云龙纹瓶	高45.5cm	32,200	中国嘉德	2020-11-10
清晚期 青花釉里红梅花纹小尊	高17.2cm	28,750	中国嘉德	2020-07-16
清晚期 青花釉里红瑞兽纹赏瓶	高39.2cm	43,700	中国嘉德	2020-11-10
清晚期 青花釉里红瑞兽纹水丞	直径8.6cm	40,250	中国嘉德	2020-07-17
清晚期 青花釉里红松鹰图贯耳壁瓶（一对）	高15.5cm	40,250	中国嘉德	2020-07-15
清晚期至民国 青花釉里红花鸟纹盘	直径18.5cm	28,750	中国嘉德	2020-07-16
清晚期至民国 青花釉里红童子戏虎图笔筒	直径19.5cm	36,800	中国嘉德	2020-07-16
清 豆青青花釉里红八骏花觚	高46cm	12,650	北京翰海	2020-09-12
清 青花釉里红瓜果纹水盂	宽6.4cm	16,001	中国嘉德	2020-07-13
清 青花釉里红净碗	碗口13.4cm;高7cm	33,600	上海联合	2020-11-29
清 青花釉里红三多纹双耳盖罐（一对）	直径12cm×2	25,300	保利厦门	2020-09-26
清 青花釉里红三多纹玉壶春瓶	高32.2cm	17,250	中国嘉德	2020-11-12
清 青花釉里红鱼纹梅瓶	高22cm	13,800	北京翰海	2020-09-12
清 青花釉里红长颈瓶	高21.5cm	22,400	上海联合	2020-11-29
清乾隆 青花釉里红苍松寿鹿碗	20cm	34,179	香港苏富比	2020-11-26
民国 青花釉里红福寿纹桃形水盂（一对）	长111.7cm;长211.5cm	27,600	中贸圣佳	2020-12-08
民国 青花釉里红海水龙纹大瓶	高62cm	13,800	中国嘉德	2020-11-12

拍品名称	物品尺寸	成交价RMB	拍卖公司	拍卖日期
民国 青花釉里红花鸟盘	直径19.5cm	36,800	北京翰海	2020-12-12
民国青花釉里红卧牛摆件（一对）	长24cm	17,250	北京大羿	2020-07-12
清末至民国 青花釉里红梅花四方大瓶	高61cm	63,250	中贸圣佳	2020-12-08
清末至民国 青花釉里红梅花四方大瓶	高61cm	63,250	中贸圣佳	2020-12-08
青花釉里红龙纹盘	28.2×5.8cm	96,000	北京贞观	2020-11-28
青花釉里红鱼藻纹苹果尊	11×14.5cm	495,000	北京贞观	2020-11-28
五十年代 青花釉里红梅花孔雀图玉壶春	高22cm	33,350	中贸圣佳	2020-12-07
黄美尧 2014年作 "万古江山" 青花釉里红瓷瓶	高59cm;口径8cm;肚径26cm;底径15cm	1,150,000	荣宝斋（南京）	2020-11-28
青花加彩				
明成化 青花矾红云龙纹碗	直径18cm	575,000	中贸圣佳	2020-12-07
明成化 青花绿彩暗刻云龙纹盘	直径22.1cm	759,000	中贸圣佳	2020-12-07
明正德 青花矾红阿拉伯文罐	高29.5cm	52,900	中鸿信	2020-01-03
明正德 青花加彩鱼纹盘	直径17.7cm	553,556	纽约佳士得	2020-09-25
明正德 青花矾红阿拉伯文罐	高26.6cm	328,301	伦敦苏富比	2020-06-15
明嘉靖 青花五彩描金螭龙纹碗（一对）	直径12.1cm	65,220	伦敦佳士得	2020-11-03
明嘉靖/万历 青花加彩莲纹罐	高20.3cm	93,679	纽约佳士得	2020-09-25
明万历 矾红地青花麒麟瑞兽盘	直径24.5cm	230,000	北京保利	2020-10-19
明万历 青花地矾红云龙纹盘	直径25.4cm	40,250	中贸圣佳	2020-06-20
明万历 青花矾红葫芦瓶	高20.7cm	34,500	北京中汉	2020-08-19
明万历 青花加彩缠枝花卉纹碗	直径21cm	64,400	北京大羿	2020-08-16
明万历 青花五彩 "龙凤呈祥" 葵花口折沿盘	口径34.5cm;底径23.5cm;高8.5cm	552,000	广东崇正	2020-09-13
明万历 青花五彩博古纹花觚	高52.5cm	373,750	荣宝斋（南京）	2020-11-28
明万历 青花五彩穿花龙纹出戟尊	高16cm	59,800	中国嘉德	2020-07-15
明万历 青花五彩高士图提梁壶	长16cm;高15.5cm	138,000	北京中汉	2020-12-04
明万历 青花五彩满池娇瓜棱罐	高11cm	57,500	中鸿信	2020-01-03
明万历 青花五彩内云龙纹外五谷丰登进宝图大碗	直径16.8cm	69,000	中国嘉德	2020-08-18
明万历 青花五彩人物方胜形盖盒	直径15cm	41,400	中贸圣佳	2020-12-07
明万历 青花五彩《山海经》异兽图瓜棱形花觚	高30cm	71,300	北京大羿	2020-08-16
明万历 青花五彩石榴花小盘	直径12.5cm	132,250	北京保利	2020-10-20
明万历 青花五彩鱼藻纹隔盒	直径22.7cm	57,500	北京大羿	2020-05-05
明万历 青花五彩云龙觚	高39.5cm	92,000	北京保利	2020-10-20
明万历 青花五彩张天师驱邪图小杯	直径9cm	172,500	北京保利	2020-10-20
明万历 青花五彩折枝花卉梵文莲瓣盘	直径19.6cm	92,000	中国嘉德	2020-07-15
明万历 青花五彩鹿鹤同春执壶	直径17.5cm	575,000	北京保利	2020-10-19
明万历 青花五彩云龙纹葵口折沿洗	直径38cm	483,000	中国嘉德	2020-07-15
明万历 青花五彩龙凤菊花湖石图碗	直径17.9cm	460,000	中贸圣佳	2020-06-20
明万历 青花五彩双龙戏珠纹盖盒	35cm×10cm	3,220,000	十竹斋拍卖（北京）	2020-10-18
明天启 青花、青花五彩玉兔纹花口盘（三只）	尺寸不一	34,500	中国嘉德	2020-07-15
明崇祯 青花五彩高士行乐图筒形炉	直径14.1cm;高9.2cm	143,750	北京中汉	2020-12-04
明崇祯 青花五彩婴戏图胆瓶	高21.5cm	28,750	中国嘉德	2020-11-10
清17世纪中期 青花五彩访贤图花觚	高39.1cm	34,163	佳士得	2020-04-21
清17世纪中期 青花五彩郭子仪富贵寿考图花觚	高37.3cm	31,885	佳士得	2020-04-21
明 青花五彩鱼藻纹大盘	直径29.5cm	82,800	中国嘉德	2020-07-17
明晚期 内青花龙纹外矾红描金缠枝莲纹小碗（一对）	直径11.2cm	28,750	中国嘉德	2020-07-17

拍品名称	物品尺寸	成交价RMB	拍卖公司	拍卖日期
明晚期 青花五彩锦地开光折枝花卉婴戏图纸鸢形四层盒	长19cm	20,700	中国嘉德	2020-07-16
明末清初 青花红彩花鸟纹香炉	直径9cm; 高7.5cm	23,000	广东崇正	2020-09-13
明末清初 青花五彩高士图筒式炉	直径10.3cm	32,200	中国嘉德	2020-07-15
清早期、清晚期 青花、粉彩瓷器（九件）	尺寸不一	57,500	中国嘉德	2020-07-16
清顺治 青花五彩八仙庆寿图大盘	直径36.2cm	230,000	中国嘉德	2020-12-03
清顺治 青花五彩洞石牡丹图筒瓶	高36.5cm	40,250	中国嘉德	2020-07-15
清顺治 青花五彩鼓乐笙歌人物故事图花觚	高43.4cm	161,000	北京中汉	2020-11-09
清顺治 青花五彩教子图小筒瓶	高22.3cm	13,800	中国嘉德	2020-11-10
清顺治 青花五彩锦地麟凤呈祥图罐	高23.3cm	25,300	中国嘉德	2020-11-10
清顺治 青花五彩清平调人物故事诗文罐	高25cm	25,300	中国嘉德	2020-11-10
清顺治 青花五彩人物故事图笔筒	高15.4cm	51,750	中国嘉德	2020-11-10
清顺治 青花五彩人物纹将军罐	高28.5cm	25,300	中国嘉德	2020-11-10
清顺治 青花五彩神仙人物纹花觚	高40.5cm	40,250	中国嘉德	2020-07-15
清顺治 青花五彩仕女图大将军罐	高50cm	66,700	中国嘉德	2020-07-15
清顺治 青花五彩仕女婴戏图花觚	高41.5cm	28,750	中国嘉德	2020-11-10
清顺治 青花五彩松鼠葡萄纹将军罐	高37.5cm	82,800	中国嘉德	2020-07-15
清顺治 青花五彩五谷丰登图将军罐	高36.5cm	32,200	中国嘉德	2020-07-15
清顺治 青花五彩折桂图将军罐（清末民初后加彩）	高43.2cm	34,500	北京中汉	2020-08-19
清顺治 青花五彩雉鸡牡丹图花觚	高39.4cm	32,200	中国嘉德	2020-11-10
清顺治 青花五彩十八罗汉图大罐（一对）	高39cm × 2	690,000	华艺国际	2020-10-16
清康熙 矾红地青花西王母乘鹤图高足杯	直径15.6cm; 高10.8cm	57,500	中贸圣佳	2020-12-07
清康熙 仿明青花黄彩海水龙纹碗	直径14cm	71,300	中国嘉德	2020-07-16
清康熙 仿宣德青花矾红九龙闹海图盘	直径20.5cm	52,900	北京大羿	2020-08-16
清康熙 黄地青花加彩桐叶封弟人物故事图观音瓶	高42.2cm	287,500	中国嘉德	2020-11-09
清康熙 内青花外五彩缠枝花卉纹碗	直径15.7cm	25,300	中国嘉德	2020-11-10
清康熙 青花、五彩牡丹纹、瑞兽纹大盘（三只）	直径36cm; 直径27cm; 直径26.8cm	13,800	中国嘉德	2020-11-12
清康熙 青花斗彩三星百寿图棒槌瓶	高48cm	57,500	中鸿信	2020-01-03
清康熙 青花矾红彩海水龙纹碗	直径18.5cm	215,177	纽约苏富比	2020-09-23
清康熙 青花矾红卷草纹杯	直径5.6cm	46,000	中鸿信	2020-01-03
清康熙 青花矾红描金花卉纹罐（一对）	高52.3cm; 高52cm	20,700	中国嘉德	2020-07-15
清康熙 青花矾红描金麟凤呈祥图盖罐	高25.5cm	28,750	中国嘉德	2020-11-10
清康熙 青花花蝶纹、青花矾红描金花卉纹折沿大盘（各一只）	直径35cm; 直径32.3cm	13,800	中国嘉德	2020-07-15
清康熙 青花黄彩云龙纹碗	直径14cm	86,250	中国嘉德	2020-12-03
清康熙 青花五彩"喜祝百龄"人物故事图莲子罐	高16.9cm	78,200	中国嘉德	2020-07-16
清康熙 青花五彩缠枝牡丹纹罐	高23cm	105,450	佳士得	2020-10-08
清康熙 青花五彩梵文采芝图盘	直径22.3cm	74,750	北京中汉	2020-07-31
清康熙 青花五彩罐	高25cm	47,040	上海联合	2020-11-29
清康熙 青花五彩荷塘图香盒	直径6.4cm	17,250	中国嘉德	2020-07-16
清康熙 青花五彩花卉纹盘	直径20.5cm	20,700	北京大羿	2020-08-16
清康熙 青花五彩花卉纹碗	直径15.7cm	18,080	北京中汉	2020-09-03
清康熙 青花五彩加官进爵人物故事图观音瓶	高45.3cm	36,800	中国嘉德	2020-11-10
清康熙 青花五彩人物故事图笔筒	高15.3cm	57,500	中国嘉德	2020-07-15
清康熙 青花五彩仕女图大观音尊	高49.8cm	59,800	中国嘉德	2020-07-15
清康熙 青花五彩仕女纹盖罐	高35.5cm	57,500	广东崇正	2020-09-13

拍品名称	物品尺寸	成交价RMB	拍卖公司	拍卖日期
清康熙 青花五彩树石三多纹罐	高28.8cm	28,750	中贸圣佳	2020-12-07
清康熙 青花五彩双龙戏珠纹碗	直径14cm	92,000	北京大羿	2020-12-06
清康熙 青花五彩四妃十六子将军罐	高31.7cm	48,300	中国嘉德	2020-11-10
清康熙 青花五彩团花纹大花盆	直径41cm	17,250	中国嘉德	2020-11-10
清康熙 青花五彩鱼藻纹小盘	直径11.3cm	92,000	中国嘉德	2020-08-18
清康熙 青花五彩雉鸡牡丹图凤尾尊	高44.5cm	43,700	中国嘉德	2020-11-10
清康熙 外斗彩高士图内青花杯（一对）	直径10.6cm	135,145	中国嘉德	2020-10-08
清康熙 外矾红内青花一路连科图碗	直径11cm	207,000	北京大羿	2020-12-06
清康熙 外青花内矾红彩三鱼纹折腰盘	直径27cm	34,500	北京大羿	2020-08-16
清康熙、清雍正 青花、五彩云龙及仕女图盘（三只）	直径21cm; 直径18cm; 直径16cm	20,700	中国嘉德	2020-11-10
清康熙至民国 康熙青花山水人物瓷板及民国粉彩婴戏图瓷板（一组）	长122.5cm; 宽132.5cm; 长235.2cm; 宽225.9cm	20,700	中贸圣佳	2020-12-08
清康熙早期 青花五彩仕女诗文小将军罐	高21.5cm	48,300	中国嘉德	2020-11-09
清康熙 青花五彩诗文人物图盖罐	高36.5cm	402,500	华艺国际	2020-10-16
清康熙 青花五彩云龙纹盘	直径14.5cm	506,000	中贸圣佳	2020-10-17
清康熙 青花矾红斗彩海水云龙纹盘	直径21.2cm	474,600	香港苏富比	2020-07-11
清康熙 青花矾红海水龙纹盘	直径21.2cm	920,000	中国嘉德	2020-12-03
清康熙 青花五彩鱼藻纹盘	直径20cm	102,270	纽约佳士得	2020-09-24
清康熙 青花地海水矾红九龙纹大碗（一对）	直径18.6cm × 2	1,322,500	北京保利	2020-12-05
清康熙 青花矾红九龙闹海大碗（一对）	直径18.8cm × 2	2,185,000	北京保利	2020-10-19
清康熙青花五彩龙凤纹碗（一对）	直径13cm × 2	1,506,500	中贸圣佳	2020-10-17
清康熙 青花五彩钟馗渡海图捧盒	直径20.3cm	1,035,000	华艺国际	2020-10-16
清雍正 仿明青花矾红云龙纹盃碗	直径17.7cm	71,300	中国嘉德	2020-11-11
清雍正 青花斗彩如意纹盘	直径17.5cm; 高3.6cm	23,000	中贸圣佳	2020-12-07
清雍正 青花矾红彩折枝番莲纹杯	直径8.2cm	275,426	纽约苏富比	2020-09-23
清雍正 青花矾红龙纹盘（一对）	直径16.1cm	414,000	中贸圣佳	2020-10-17
清雍正 青花矾红龙纹盘（一对）	直径16.3cm	230,000	永乐拍卖	2020-12-02
清雍正 青花矾红云龙纹格盘	直径12cm	18,400	北京大羿	2020-09-13
清雍正 青花矾红云龙纹调色盘	直径13.5cm	63,250	中国嘉德	2020-12-03
清雍正 青花粉彩狩猎图将军罐	高35cm	36,800	中国嘉德	2020-07-15
清雍正 青花加五彩四色云龙葵口盘	直径15.2cm	414,000	北京保利	2020-10-19
清雍正 青花五彩、粉彩鱼藻纹、花卉纹、博古清供图盘（五只）	尺寸不一	13,800	中国嘉德	2020-07-15
清雍正 青花五彩缠枝子午莲纹大盘	直径21.4cm	115,000	中国嘉德	2020-11-10
清雍正 青花五彩花卉纹杯	直径10.1 高5.5cm	207,000	中贸圣佳	2020-07-18
清雍正 青花五彩花神杯	直径6cm	149,500	北京中汉	2020-07-31
清雍正 青花五彩龙凤纹碗	直径14.8cm	287,500	广东崇正	2020-09-13
清雍正 青花矾红海水暗刻龙凤纹盘	直径21cm	701,500	华艺国际	2020-10-16
清雍正青花矾红云龙纹盘（一对）	直径16.2cm × 2	322,000	中国嘉德	2020-08-18
清乾隆 粉彩西洋人物青花山水插屏	直径30.4cm	218,312	中国嘉德	2020-10-08
清乾隆 青花矾红龙生九子图盘	直径17.5cm	120,750	保利厦门	2020-09-26
清乾隆 青花矾红彩海兽纹大碗	直径21cm	66,700	北京大羿	2020-08-01
清乾隆 青花矾红彩海水龙纹盘（一对）	直径17.5cm	275,426	纽约苏富比	2020-09-23
清乾隆 青花矾红彩龙凤呈祥盘	宽19cm	158,175	佳士得	2020-10-08
清乾隆 青花矾红彩龙生九子图盘	直径17.2cm	264,500	北京大羿	2020-12-06

拍品名称	物品尺寸	成交价RMB	拍卖公司	拍卖日期
清乾隆 青花矾红海水龙纹盘	直径17.5cm	166,750	北京中汉	2020-11-09
清乾隆 青花矾红海水龙纹盘（一对）	直径17.5cm	368,000	中国嘉德	2020-08-18
清乾隆 青花矾红九龙海水纹盘	直径17.5cm	168,720	佳士得	2020-10-08
清乾隆 青花矾红龙纹盘	直径16.5cm	69,000	十竹斋拍卖（北京）	2020-10-18
清乾隆 青花矾红御题诗文大碗	直径18cm	36,800	中国嘉德	2020-11-10
清乾隆 青花矾红云龙纹水盂	高5.9cm	34,500	中贸圣佳	2020-06-20
清乾隆 青花矾红云龙纹碗	高7cm; 直径14.5cm	149,500	西泠印社	2020-08-08
清乾隆 青花粉彩矾红描金持经观音坐像	高41.2cm	437,000	中贸圣佳	2020-12-07
清乾隆 青花粉彩描金花卉开光高士图墨床	长8.6cm	13,800	中国嘉德	2020-07-15
清乾隆 青花粉彩描金开光花卉婴戏纹三层盖盒	直径9.8cm; 高8.9cm	25,300	北京中汉	2020-11-09
清乾隆 青花粉彩人物鼻烟壶、青花龙纹鸟食罐	高6.7cm; 高2.9cm	86,250	广东崇正	2020-09-13
清乾隆 青花黄彩云龙赶珠纹盘	高4cm; 直径25cm	264,500	西泠印社	2020-08-08
清乾隆 青花黄彩云龙纹大盘	直径25cm	63,250	中国嘉德	2020-12-03
清乾隆 青花黄彩云龙纹大盘（一对）	直径25.3cm	184,000	中国嘉德	2020-08-18
清乾隆 青花五彩龙凤呈祥碗	高6.4cm; 直径13.1cm	34,500	西泠印社	2020-08-08
清乾隆 青花胭脂红缠枝花卉纹灯笼盖瓶（一对）	高24cm	287,500	中国嘉德	2020-07-17
清乾隆 青花胭脂红缠枝万福纹盏托	直径12.5cm	20,700	中国嘉德	2020-07-17
清乾隆 矾红蓝料彩御题诗文如意	长32.5cm	862,500	华艺国际	2020-10-16
18世纪 青花矾红梅纹梅瓶	高54cm	553,556	纽约佳士得	2020-09-25
清乾隆 仿明青花矾红海兽纹大碗	直径21.2cm	253,000	中国嘉德	2020-07-16
清乾隆 青花地斗彩穿花金凤纹夔凤耳大橄榄瓶	高77.5cm	644,000	中国嘉德	2020-07-15
清乾隆 青花矾红彩云龙纹碗	直径17.2cm	192,100	香港苏富比	2020-07-11
清乾隆 青花矾红海水异兽图大碗	直径21cm	230,000	中鸿信	2020-01-03
清乾隆 青花黄彩云龙赶珠纹盘（一对）	直径25.5cm×2	747,500	西泠印社	2020-08-08
清乾隆 青花五彩龙凤呈祥碗（一对）	直径15.5cm×2	828,000	中国嘉德	2020-08-18
清乾隆 仿成化青花矾红宝相花纹杯（一套十只）	直径8cm×10	1,023,500	北京大羿	2020-08-16
清乾隆 青花矾红海水龙纹盘（一对）	直径18cm×2	506,000	北京大羿	2020-07-12
清乾隆 青花矾红云蝠纹笔杆	长19.5cm	80,500	中贸圣佳	2020-06-20
清乾隆 粉青釉青花矾红描金开光大花盆（一对）	直径38.5cm×2	4,025,000	北京保利	2020-10-19
清乾隆 青花矾红海兽纹大碗	直径20.8cm	230,000	北京大羿	2020-10-16
清嘉庆 青花矾红海兽纹大碗	直径20.9cm; 高9.2cm	264,500	中贸圣佳	2020-10-17
清嘉庆 青花矾红龙纹盘（一对）	直径10.5cm	97,750	中贸圣佳	2020-06-20
清嘉庆 青花五彩忍冬纹茶碗	直径10.2cm	46,000	中国嘉德	2020-07-17
清乾隆、清中期 青花山水纹温盘、粉彩婴戏图凤尾尊（各一件）	高39.4cm; 长27.4cm	13,800	中国嘉德	2020-07-16
清中期 仿明青花矾红海水龙纹墩式碗	直径18.5cm	32,200	中国嘉德	2020-07-15
清中期 青花矾红云龙纹碗	直径14.3cm	40,250	中国嘉德	2020-07-15
清中期 青花五彩水浒人物纹大罐	高45cm	195,500	广东崇正	2020-09-13
清中期、清民国 青釉青花荷塘图大盘、黄地粉彩万代云开光"万寿无疆"盘（三只）	直径24cm; 直径14.6cm; 直径14.6cm	13,800	中国嘉德	2020-11-11
清中期、清晚期 单色釉、青花五彩瓷器（六件）	尺寸不一	28,750	中国嘉德	2020-07-16
清道光 仿成化青花矾红折枝莲纹杯	直径7.9cm	80,500	中国嘉德	2020-12-03
清道光 仿明青花矾红海兽纹大碗	直径21.4cm	74,750	中国嘉德	2020-07-16
清道光 粉彩内青花花卉兔纹碗	直径14.9cm	124,750	中国嘉德	2020-10-08
清道光 红彩青花海兽纹碗	高10cm; 直径21.2cm	101,200	西泠印社	2020-08-08
清道光 内青花外粉彩荷塘纹碗	直径14.6cm	55,200	北京诚轩	2020-08-17
清道光 青花斗彩宝相花纹盘（一对）	直径15.2cm	138,000	北京大羿	2020-07-17
清道光 青花矾红彩海水龙纹盘	直径17.5cm	130,440	伦敦佳士得	2020-11-03
清道光 青花矾红缠枝西番莲纹碗	直径14.4cm	28,750	北京中汉	2020-08-19
清道光 青花矾红海水九龙盘	直径17.5cm	143,750	十竹斋拍卖（北京）	2020-10-18
清道光 青花矾红海水龙纹盘	直径17.3cm	80,500	中国嘉德	2020-12-03
清道光 青花矾红海水龙纹盘	直径18cm	40,250	中国嘉德	2020-11-10
清道光 青花矾红龙纹碗	直径16.5cm	155,937	中国嘉德	2020-10-08
清道光 青花梵红彩海八怪碗	直径21cm	184,000	北京翰海	2020-12-12
清道光 青花粉彩花卉花盆	直径32.5cm; 高21cm	40,250	中贸圣佳	2020-07-18
清道光 青花海水矾红龙纹盘	高4cm; 直径17.7cm	74,750	西泠印社	2020-08-08
清道光 青花海水矾红龙纹盘	直径17.8cm	69,000	北京大羿	2020-07-12
清道光 青花黄彩云龙纹大盘	直径25cm	115,000	中国嘉德	2020-12-03
清道光 青花胭脂红料八仙祝寿图碗	直径22.4cm	138,000	北京诚轩	2020-08-17
清道光 1850年 青花红彩龙纹盘（一对）	直径16.1cm	467,811	中国嘉德	2020-10-08
清道光 青花地黄龙纹碗（一对）	直径10.4cm×2	287,500	北京大羿	2020-08-16
清道光 青花五彩花神杯（芙蓉花）	直径6.6cm	184,000	北京中汉	2020-07-31
清道光 青花胭脂红八仙过海图大碗	直径21.8cm	184,000	北京大羿	2020-08-16
清道光 青花五彩花神杯（芙蓉花）	直径6.6cm	287,500	北京中汉	2020-12-04
清同治 青花矾红五蝠捧寿纹盘	直径26.2cm	17,250	中贸圣佳	2020-06-20
清同治 青花五彩龙穿花纹碗	直径17.8cm	44,850	中贸圣佳	2020-06-20
清同治 青花五彩忍冬纹大盘	直径21.4cm	63,250	中国嘉德	2020-07-16
清同治 青花五彩十月芙蓉花神杯	高5cm	17,250	中贸圣佳	2020-06-20
清同治、清光绪 青花忍冬纹大盘、粉彩八宝开光龙凤纹盘（各一只）	直径26.5cm; 直径18.5cm	13,800	中国嘉德	2020-11-11
清同治-光绪 青花团龙加粉彩博古花卉大盘	直径62.5cm	113,500	北京保利	2020-07-18
19世纪 青花矾红描金螭龙捧寿纹如意耳葫芦扁瓶	高17.8cm	22,871	中国嘉德	2020-10-08
清19世纪 青花粉彩岁寒三友双联瓶	高12.8cm	73,815	佳士得	2020-10-08
清光绪 内青花外粉彩荷塘图大碗	直径17.7cm	51,750	中国嘉德	2020-07-16
清光绪 青花地黄彩龙纹盘	直径25.3cm	46,000	北京保利	2020-12-05
清光绪 青花矾红彩洪福齐天荸荠瓶	高34.5cm	264,500	北京大羿	2020-08-01
清光绪 青花矾红彩双龙戏珠纹大盘	直径54.5cm	55,200	北京大羿	2020-06-06
清光绪 青花矾红彩云蝠纹杯一组四只	直径9.3cm	13,800	北京大羿	2020-11-08
清光绪 青花矾红彩云蝠纹碗（一对）	直径13.5cm	94,300	北京大羿	2020-07-12
清光绪 青花矾红缠枝莲八宝纹小碗（一对）	直径10.5cm	66,700	中国嘉德	2020-07-17
清光绪 青花矾红缠枝莲托八宝纹小碗（一对）	直径10.5cm	32,200	中国嘉德	2020-11-10
清光绪 青花矾红蝠纹盘	直径16.9cm	42,550	中贸圣佳	2020-12-07
清光绪 青花矾红蝠纹盘（一对）	直径15.5cm	54,058	中国嘉德	2020-10-08
清光绪 青花矾红云蝠纹盘（一对）	直径18.4cm	40,250	中国嘉德	2020-07-15
清光绪 青花矾红云蝠纹碗	直径16.8cm; 高7cm	23,000	广东崇正	2020-09-13
清光绪 青花粉彩缠枝西番莲纹鹿头尊	高46cm	36,800	北京保利	2020-10-20
清光绪 青花粉彩龙凤纹碗	直径15cm	57,500	中国嘉德	2020-11-11
清光绪 青花红彩蝠纹盘	直径15.6cm	57,500	北京翰海	2020-12-12

拍品名称	物品尺寸	成交价RMB	拍卖公司	拍卖日期
清光绪 青花红彩蝠纹盘（两件）	直径15.3cm	92,000	北京翰海	2020-12-12
清光绪 青花加彩福寿图橄榄瓶	高32.2cm	113,500	北京保利	2020-07-18
清光绪 青花加彩缠枝莲纹小盘（两对）	直径10.5cm; 直径8.5cm	23,000	中国嘉德	2020-11-11
清光绪 青花锦地开光粉彩五谷丰登纹碗（一对）	直径17cm	46,000	北京中汉	2020-11-09
清光绪 青花描金加彩云凤纹盘	直径26.5cm	69,000	北京翰海	2020-12-12
清光绪 青花五彩花神杯	高5cm	23,000	中贸圣佳	2020-07-18
清光绪 青花五彩龙凤纹碗	直径15.6cm; 高7.5cm	57,500	广东崇正	2020-09-13
清光绪 青花胭脂红八仙过海图大碗	直径22cm	149,500	中国嘉德	2020-07-16
清光绪 青花胭脂红八仙过海图大碗	直径21.8cm	51,750	中国嘉德	2020-07-15
清光绪 青花胭脂红八仙过海图碗	直径22.2cm	55,200	北京中汉	2020-07-31
清光绪 青花胭脂红八仙过海图碗	直径22cm	23,000	中鸿信	2020-01-03
清光绪 青花胭脂红料八仙祝寿图碗	高7cm; 直径22cm	80,500	西泠印社	2020-08-08
清光绪 青花胭脂红料八仙祝寿图碗（一对）	直径22cm×2	299,000	北京大羿	2020-08-01
清晚期 木框青花加粉彩刀马人物纹瓷板挂屏	52cm×53cm; 瓷板直径44.5cm	13,800	中国嘉德	2020-07-16
清晚期 内青花外天蓝釉轧道粉彩万寿开光万花献瑞图碗	直径14.8cm	17,250	中国嘉德	2020-07-15
清晚期 青花粉彩描金英雄独立图梅瓶	高31cm	20,700	中国嘉德	2020-07-15
清晚期 青花加彩婴戏图贯耳尊	高44.9cm	48,300	中国嘉德	2020-11-11
清晚期 青花五彩龙凤开光海兽纹大盘（一对）	直径22.8cm	43,700	中国嘉德	2020-11-10
清晚期 青花五彩忍冬纹斗笠盏（一对）	直径10.8cm	36,800	中国嘉德	2020-07-17
清晚期 青花云鹤开光粉彩福山寿海图花盆（一对）	直径26.7cm	20,700	中国嘉德	2020-07-15
清晚期 青花云鹤开光粉彩福寿纹花盆（一对）	直径17cm	32,200	中国嘉德	2020-11-10
清晚期 硬木框黄地青花矾红描金八仙图瓷板插屏	高53.4cm; 瓷板35.5cm×25.4cm	20,700	中国嘉德	2020-07-16
清晚期至民国青花矾红云蝠纹大盘	直径24.2cm	17,250	中国嘉德	2020-11-10
清晚期至民国 青花矾红云蝠纹盘（一对）	直径18.4cm	23,000	中国嘉德	2020-11-10
清宣统 青花开光粉彩花卉纹折沿盘	直径14.7cm	32,200	中国嘉德	2020-11-09
清宣统二年（1910年）青花矾红折枝莲纹杯	直径8.3cm	25,300	中国嘉德	2020-07-16
清雍正、清晚期 斗彩、青花五彩盘、碗、杯（十三件）	尺寸不一	55,200	中国嘉德	2020-07-16
清 粉彩、青花瓶、折沿盘、碗（六件）	尺寸不一	23,000	中国嘉德	2020-11-12
清 粉彩花鸟 青花人物瓷板插屏	尺寸不一	43,700	中贸圣佳	2020-06-20
清 内青花外粉彩花卉纹碗	直径15.7cm	28,750	中国嘉德	2020-07-17
清 青花、粉彩、单色釉瓷器（八件）	尺寸不一	32,200	中国嘉德	2020-07-16
清 青花、粉彩、素三彩、单色釉瓷器（八件）	尺寸不一	17,250	中国嘉德	2020-07-16
清 青花、料彩、粉彩壁瓶（各一件）	长19.5cm; 长18cm; 长17.7cm	17,250	中国嘉德	2020-11-12
清 青花矾红、单色釉瓷器（五件）	尺寸不一	25,300	中国嘉德	2020-07-16
清 青花矾红、粉彩壶、杯盏（十六件）	尺寸不一	17,250	中国嘉德	2020-11-12
清 青花矾红云龙纹马蹄碗	直径15.7cm	13,800	中国嘉德	2020-07-17
清 青花粉彩、广彩人物纹、花卉纹壶、杯（四件）	尺寸不一	34,500	中国嘉德	2020-07-15

拍品名称	物品尺寸	成交价RMB	拍卖公司	拍卖日期
清 青花花鸟纹大盘、粉彩花鸟纹大盘（各一件）	直径37cm; 直径35cm	13,800	中国嘉德	2020-07-16
清 青花加彩飞鸣宿食图盖罐	高23.5cm	13,800	中国嘉德	2020-11-10
清 青花诗文开光五彩山水人物纹笔筒	直径19.3cm	20,700	中国嘉德	2020-08-18
清 青釉青花、粉彩大瓶（三件）	尺寸不一	13,800	中国嘉德	2020-11-12
晚清 青花斗彩浅绛彩开窗山水诗文高足碗	长15.7cm; 宽15.7cm; 高11.8cm	74,750	中贸圣佳	2020-10-17
18/19世纪 青花五彩人物花卉纹棒槌瓶（两件）	高42cm; 高41.5cm	79,933	巴黎苏富比	2020-06-18
民国 青花百花锦地开光粉彩人物纹兽耳衔环瓶	高28.3cm	13,800	中国嘉德	2020-11-10
民国 青花穿花龙开光粉彩山水花鸟纹小瓷板插屏	高20.5cm	20,700	中国嘉德	2020-07-16
民国 青花粉彩人物故事图火锅	高17.5cm	57,500	西泠印社	2020-08-08
民国 青花开窗粉彩山水纹壁瓶（一对）	高19.5cm×2	28,750	广东崇正	2020-09-13
民国 青花神仙人物纹笔筒、粉彩罗汉图笔筒（各一件）	高15cm; 高12cm	17,250	中国嘉德	2020-11-11
民国 青花五彩花神杯（两只）	直径6.3cm; 直径6cm	25,300	中国嘉德	2020-07-17
清/民国 粉彩青花轴头（一组四对）	尺寸不一	69,000	广东崇正	2020-09-13
20世纪 青花矾红彩云蝠纹荸荠瓶	高35.3cm	21,636	佳士得	2020-04-21
20世纪 青花五彩戏珠龙纹瓶	高38.1cm	14,804	佳士得	2020-04-21
俞海青 现代 青花斗彩“森林之歌”冬瓜瓶	高60.3cm	14,950	中贸圣佳	2020-12-08
50年代 青花斗彩缠枝牡丹纹餐具	直径25.5cm	34,500	中贸圣佳	2020-12-07
青花、斗彩、单色釉瓷器（五件）	尺寸不一	59,800	中国嘉德	2020-07-16
青花、斗彩、单色釉瓷器（五件）	尺寸不一	13,800	中国嘉德	2020-11-11
青花、粉彩、单色釉瓷器（六件）	尺寸不一	28,750	中国嘉德	2020-07-16
青花、五彩、单色釉瓷器（四件）	尺寸不一	46,000	中国嘉德	2020-07-16
青花矾红龙凤纹对瓶	24.7cm×2	440,000	北京贞观	2020-11-28
青花牛郎织女神仙人物纹碗、料彩缠枝莲开光矾红“吉祥如意”盘（各一只）	直径15.7cm; 直径15.3cm	20,700	中国嘉德	2020-07-17
斗彩				
明万历 斗彩紫彩云龙纹碗	直径13.8cm	575,000	中贸圣佳	2020-10-17
明万历 斗彩缠枝子午莲纹碗	直径17cm	1,840,000	北京保利	2020-10-19
明江藤旧藏斗彩葡萄纹碟（一对）	直径8.2cm	92,000	中鸿信	2020-01-03
明 江藤旧藏 斗彩卧足杯（一对）	直径6cm	75,900	中鸿信	2020-01-03
清早期 斗彩穿花狮纹盘	直径17cm	23,000	中国嘉德	2020-07-16
清康熙 斗彩落花流水图碗	直径18.5cm	25,300	北京大羿	2020-06-19
清康熙 斗彩群仙祝寿图钵式炉	直径23.5cm; 高14.5cm	80,500	保利厦门	2020-09-26
清康熙 斗彩博古图琵琶尊	高41.5cm	57,500	中国嘉德	2020-11-10
清康熙 斗彩缠枝莲纹盘	直径19.2cm	32,200	北京大羿	2020-09-13
清康熙 斗彩缠枝莲纹盘	直径19.8cm	32,200	中国嘉德	2020-07-16
清康熙 斗彩螭龙灵芝开光盆花清供图盘	直径16.3cm	43,700	中国嘉德	2020-11-10
清康熙 斗彩螭龙纹小杯	直径5.8cm	36,800	北京保利	2020-12-05
清康熙 斗彩福禄寿三星寿字纹棒槌瓶	高47.5cm	86,250	北京中汉	2020-07-31
清康熙 斗彩贯套西洋花卉福寿纹盖盅	直径12.4cm	575,000	北京保利	2020-10-20
清康熙 斗彩过枝竹凤盏	直径6.8cm	20,700	中贸圣佳	2020-12-07
清康熙 斗彩荷塘鸳鸯满池娇小碟	直径11.5cm	74,750	北京保利	2020-12-05
清康熙 斗彩葡萄松鼠纹盘	直径11.7cm	166,750	北京诚轩	2020-08-17
清康熙 斗彩瑞果纹盘（一对）	直径15.9cm	86,250	中贸圣佳	2020-10-17
清康熙 斗彩双龙戏珠盘（一对）	直径11.5cm	105,800	中贸圣佳	2020-10-17
清康熙 斗彩庭院仕女图灯罩	高24.5cm	69,000	中国嘉德	2020-11-10
清康熙 斗彩团凤纹卧足杯	直径6.4cm	38,590	北京保利	2020-07-19

拍品名称	物品尺寸	成交价RMB	拍卖公司	拍卖日期
清康熙 斗彩团花花鸟纹杯（一对）	直径7.5cm	207,000	北京中汉	2020-11-09
清康熙 斗彩团花纹碗	直径18.6cm	149,500	北京中汉	2020-07-31
清康熙 斗彩喜鹊登梅图盘	直径15.8cm	195,500	中国嘉德	2020-08-18
清康熙 斗彩喜上眉梢纹盘（一对）	直径15.7cm	172,500	北京大羿	2020-12-06
清康熙 斗彩闲庭高士图碗	直径15.4cm	154,927	纽约苏富比	2020-09-23
清康熙 斗彩鱼化龙盘	直径20.7cm	34,050	北京保利	2020-07-19
清康熙 仿成化斗彩缠枝花卉纹碗	直径15.1cm	43,700	中国嘉德	2020-07-17
清康熙 仿成窑斗彩鸡缸杯	直径8.3cm	322,000	北京保利	2020-10-20
清康熙 斗彩“龙凤穿花”大盘	直径36.5cm	322,000	中国嘉德	2020-08-18
清康熙 斗彩海水云龙纹盘	直径21cm; 高4cm	517,500	保利厦门	2020-09-26
清康熙 斗彩花蝶图罐	宽12.7cm	847,500	香港苏富比	2020-07-11
清康熙 斗彩鸡缸杯（一对）	直径6.1cm×2	2,409,977	纽约苏富比	2020-09-22
清康熙 斗彩人物纹粥罐	高18.5cm	138,000	北京大羿	2020-09-13
清康熙 斗彩雉鸡牡丹纹碗	直径16.8cm	380,450	伦敦佳士得	2020-11-03
清康熙 斗彩人物小杯	直径5.7cm	297,023	香港苏富比	2020-06-05
清康熙 斗彩鹤汀凫渚纹盘	直径32cm	621,000	中贸圣佳	2020-06-20
清康熙 斗彩龙凤纹浅碗（一对）	直径11.1cm×2	690,000	中贸圣佳	2020-10-17
清雍正 斗彩“海屋添筹”盘	直径26cm	322,270	中国嘉德	2020-10-08
清雍正 斗彩八蛮进宝图碗	直径9.5cm	460,000	北京大羿	2020-10-16
清雍正 斗彩并蒂莲纹盘	直径15.5cm	46,000	北京大羿	2020-06-19
清雍正 斗彩缠枝花卉碗	直径14.4cm	575,000	北京保利	2020-10-20
清雍正 斗彩缠枝花卉纹盘	直径19.6cm	69,000	中贸圣佳	2020-06-20
清雍正 斗彩缠枝莲八宝纹斗笠盏	高4.5cm; 口径10cm	34,500	西泠印社	2020-08-08
清雍正 斗彩缠枝莲花纹印泥盖盒	直径10cm	102,488	佳士得	2020-04-21
清雍正 斗彩缠枝莲纹盘	直径20cm	51,750	北京大羿	2020-11-08
清雍正 斗彩缠枝莲纹小碗	直径10cm	805,000	中国嘉德	2020-08-18
清雍正 斗彩洞石花卉纹插屏	瓷板长22.4cm; 高18cm; 框长30.2cm; 长16.9cm; 高35cm	51,750	中贸圣佳	2020-12-07
清雍正 斗彩过墙凤鸣在竹斗笠盏（一对）	直径10cm×2	97,750	中国嘉德	2020-12-03
清雍正 斗彩过枝鱼虫花卉纹碗	直径19.5cm	55,200	中贸圣佳	2020-12-07
清雍正 斗彩荷塘图茶碗	直径9.8cm	46,000	中国嘉德	2020-07-15
清雍正 斗彩荷塘鸳鸯纹盘（一对）	直径15.7cm	46,000	十竹斋拍卖（北京）	2020-10-18
清雍正 斗彩洪福齐天水盂	高6cm	895,735	库恩国际	2020-01-08
清雍正 斗彩花卉纹盘（一对）	直径16.2cm	258,212	纽约苏富比	2020-09-23
清雍正 斗彩鸡缸杯	直径6.2cm	218,500	中国嘉德	2020-08-18
清雍正 斗彩鸡缸杯	直径7cm; 高3.5cm	13,800	广东崇正	2020-09-13
清雍正 斗彩菊纹盘（一对）	直径12cm×2	94,300	荣宝斋（南京）	2020-11-28
清雍正 斗彩夔龙纹双联盖盒	长10.3cm	69,000	北京大羿	2020-08-16
清雍正 斗彩灵芝花卉纹折腰盘（一对）	1.高3cm; 直径13.6cm; 2.高3cm; 直径13.5cm	71,300	西泠印社	2020-08-08
清雍正 斗彩灵芝如意纹盘	直径21cm	138,000	保利厦门	2020-09-26
清雍正 斗彩龙凤纹盘（一对）	直径15.5cm	115,000	北京大羿	2020-05-05
清雍正 斗彩人物祝寿图盘	直径15.3cm	218,500	北京大羿	2020-12-06
清雍正 斗彩忍冬纹碗	直径12.7cm	287,500	十竹斋拍卖（北京）	2020-10-18
清雍正 斗彩瑞鸟牡丹纹梅瓶	37.4cm	117,616	香港苏富比	2020-11-27
清雍正 斗彩三多纹杯	高3.4cm; 直径7.2cm	287,500	西泠印社	2020-08-08
清雍正 斗彩团花牡丹纹碗	直径14.5cm; 高6.8cm	425,500	广东崇正	2020-09-13
清雍正 斗彩鸳鸯纹碗	直径20.3cm; 高7.7cm	28,750	中贸圣佳	2020-07-18
清雍正 斗彩云蝠纹小碗	直径7cm	299,000	北京大羿	2020-12-06
清雍正 斗彩云龙纹花口盘	直径15.8cm	155,937	中国嘉德	2020-10-08
清雍正 斗彩竹石梅花纹小罐	高7cm	138,000	西泠印社	2020-08-08
清雍正 仿成化斗彩贯套花卉纹盘	直径16.6cm	63,250	中国嘉德	2020-07-17
清雍正 仿成化斗彩鸡缸杯	直径8.2cm	57,500	中国嘉德	2020-08-18
清雍正 仿成化斗彩内如意纹外灵芝纹小折腰盘	直径8.2cm	23,000	中国嘉德	2020-07-16
清雍正 仿成化斗彩葡萄纹杯	直径7.3cm	311,874	中国嘉德	2020-10-08
清雍正 斗彩缠枝莲纹盘（一对）	直径15cm×2	759,000	华艺国际	2020-10-16
清雍正 斗彩花卉纹盖罐	高10.1cm	345,000	永乐拍卖	2020-12-02
清雍正 斗彩花卉纹碗	直径15cm	920,000	永乐拍卖	2020-12-02
清雍正 斗彩夔龙双联盒	长9.8cm; 高3.5cm	517,500	华艺国际	2020-10-16
清雍正 斗彩如意云纹杯（一对）	直径7.5cm×2	575,000	华艺国际	2020-10-16
清雍正 斗彩寿字纹碟（一对）	直径11.5cm×2	908,500	北京保利	2020-10-20
清雍正 斗彩团形开光花卉斗笠碗	直径22.5cm	747,500	中贸圣佳	2020-10-17
清雍正 仿成化窑斗彩葡萄纹盘（一对）	直径8cm×2	920,000	保利厦门	2020-09-26
清雍正 斗彩暗八仙纹碗	直径13.3cm	905,250	佳士得	2020-11-30
清雍正 斗彩缠枝番莲纹碗	直径11.8cm	1,017,000	香港苏富比	2020-07-11
清雍正 斗彩缠枝花卉纹盘（一对）	直径16.6cm 及 17cm	1,356,000	香港苏富比	2020-07-11
清雍正 斗彩穿花凤纹六弦瓶	高34cm	782,000	中国嘉德	2020-12-03
清雍正 斗彩蝶恋花盘	直径20.9cm	1,243,000	香港苏富比	2020-07-11
清雍正 斗彩人物图碗 （一对）	直径12.8cm×2	2,147,000	香港苏富比	2020-07-11
清雍正 斗彩三多纹杯（一对）	直径7.3cm×2	1,495,000	中国嘉德	2020-08-18
清雍正 斗彩云龙戏珠纹盘	直径20.1cm	1,091,160	香港苏富比	2020-10-09
清雍正 斗彩暗八仙纹碗	直径15.3cm	937,475	纽约佳士得	2020-09-24
清雍正 斗彩莲池鸳鸯纹卧足盘（一对）	直径17.4cm×2	1,277,438	纽约佳士得	2020-09-25
清雍正 斗彩蔓草纹盘	直径21.3cm	102,270	纽约佳士得	2020-09-24
清雍正 斗彩团云龙纹罐	高18.5cm	1,983,661	伦敦苏富比	2020-11-04
清雍正斗彩团花纹斗笠碗（一对）	直径22cm×2	434,111	香港苏富比	2020-06-05
清雍正 斗彩喜上梅梢斗笠碗	直径19.2cm	434,111	香港苏富比	2020-06-05
清雍正 斗彩并蒂莲纹小碗	直径10.1cm	1,380,000	北京大羿	2020-08-16
清雍正 斗彩缠枝西洋花卉纹小碗	直径12.5cm	2,012,500	北京大羿	2020-08-16
清雍正斗彩仿成化团花纹杯（一对）	直径7.2cm×2	299,000	北京大羿	2020-05-05
清雍正 斗彩云龙纹碗（一对）	直径12.5cm×2	368,000	中贸圣佳	2020-07-18
清雍正 斗彩“如日方中”五色祥云纹寿字高足杯	直径8.3cm; 高 8.5cm	5,807,500	北京保利	2020-10-19
清雍正 斗彩缠枝花卉纹碗	直径15.1cm	2,472,500	北京诚轩	2020-08-17
清雍正 斗彩缠枝莲托梵文小杯	直径6.2cm	2,645,000	北京保利	2020-10-19
清雍正 斗彩矾红五龙闹海图蒜头瓶	高49cm	1,725,000	华艺国际	2020-10-16
清雍正 斗彩花蝶图盉碗	直径17.5cm	1,840,000	中国嘉德	2020-08-18
清雍正 斗彩加粉彩云鹤九桃纹盘	直径18.7cm	2,208,000	华艺国际	2020-10-16
清雍正 斗彩加料彩云蝠纹碗	直径9.9cm	1,897,500	北京保利	2020-12-05
清雍正 斗彩孔雀牡丹纹梅瓶	高38cm	2,932,500	华艺国际	2020-10-16
清雍正 斗彩灵仙祝寿图盘	直径21.5cm	2,645,000	北京大羿	2020-10-16
清雍正 斗彩牡丹大盘	直径27cm	1,552,500	北京保利	2020-12-05
清雍正 斗彩郁金香缠枝花卉纹碗	直径15cm	2,185,000	北京保利	2020-10-19
清雍正 斗彩鸳鸯荷塘图卧足盘（一对）	直径17.8cm×2	1,782,500	北京诚轩	2020-08-17
清雍正 斗彩云龙纹斗笠盖碗（一对）	直径20cm×2	3,335,000	保利厦门	2020-09-26
18世纪 斗彩莲塘鸳鸯图碗	直径15cm	51,642	纽约苏富比	2020-09-23
18世纪 斗彩婴戏杯	7cm	64,086	香港苏富比	2020-11-26
18世纪 斗彩云鹤纹梅瓶（一对）	高44.5cm	130,440	伦敦佳士得	2020-11-03
清乾隆 斗彩官上加官图小碟（一对）	直径8cm×2	138,000	保利厦门	2020-09-26
清乾隆 斗彩暗八仙纹束腰盘	直径20.2cm	124,750	中国嘉德	2020-10-08
清乾隆 斗彩暗八仙折沿盘	直径20cm	287,500	西泠印社	2020-08-08
清乾隆 斗彩并蒂莲纹小碗	直径10.2cm	36,800	中国嘉德	2020-07-17
清乾隆 斗彩缠枝凤纹贯耳瓶	长33cm	105,800	十竹斋拍卖（北京）	2020-10-18
清乾隆 斗彩缠枝花卉盘（两件）	直径15.3cm	241,500	北京翰海	2020-12-12
清乾隆 斗彩缠枝花卉纹茶碗	直径11.5cm	25,300	中国嘉德	2020-11-10
清乾隆 斗彩缠枝花卉纹水仙盆	长24.3cm	97,750	中国嘉德	2020-08-18
清乾隆 斗彩缠枝花卉纹烛台	高35cm	621,000	中贸圣佳	2020-12-07

拍品名称	物品尺寸	成交价RMB	拍卖公司	拍卖日期
清乾隆 斗彩缠枝莲纹高足碗	直径15.7cm	105,800	中国嘉德	2020-07-16
清乾隆 斗彩缠枝寿字盘（一对）	直径14.5cm	287,500	中国嘉德	2020-07-16
清乾隆 斗彩穿花夔凤纹盘	高4cm; 直径19.5cm	161,000	西泠印社	2020-08-09
清乾隆 斗彩穿花夔凤纹盘	直径19.2cm	57,500	中国嘉德	2020-11-10
清乾隆 斗彩方胜纹盘（一对）	直径16.8cm	264,500	中贸圣佳	2020-06-20
清乾隆 斗彩凤穿花纹盘口尊	高42cm	94,300	北京大羿	2020-12-06
清乾隆 斗彩佛花笠式小碗	直径10.6cm	92,000	北京保利	2020-12-05
清乾隆 斗彩福寿双全纹碗（一对）	直径13cm	215,177	纽约苏富比	2020-09-23
清乾隆 斗彩海水龙纹盘	直径17.6cm	184,000	中国嘉德	2020-07-17
清乾隆 斗彩海屋添筹图杯托	直径12.2cm	75,900	广东崇正	2020-06-27
清乾隆 斗彩花卉斗笠碗（两件）	直径10.3cm	299,000	北京翰海	2020-12-12
清乾隆 斗彩花卉纹马蹄盘	直径15.8cm	23,000	中国嘉德	2020-11-10
清乾隆 斗彩加粉彩缠枝莲纹水仙盆	直径20cm	74,750	北京大羿	2020-10-16
清乾隆 斗彩莲瓣纹器座	直径14cm	46,000	北京大羿	2020-09-13
清乾隆 斗彩龙穿花小尊	高12.5cm	460,000	北京保利	2020-10-20
清乾隆 斗彩内暗八仙纹外缠枝花卉纹折腰盘	直径20.5cm	207,000	中国嘉德	2020-08-18
清乾隆 斗彩内折枝花卉纹外缠枝莲托八宝纹折腰碗	直径22.1cm	55,200	中国嘉德	2020-12-03
清乾隆 斗彩蟠桃寿字纹盘	直径14.5cm	97,750	北京中汉	2020-12-04
清乾隆 斗彩忍冬纹小碗	直径10cm	230,000	北京大羿	2020-12-06
清乾隆 斗彩瑞兽纹葫芦瓶	高30cm	161,000	中贸圣佳	2020-12-07
清乾隆 斗彩寿字纹盘	直径20.7cm	241,500	北京大羿	2020-10-16
清乾隆 斗彩团菊罐	高12cm	155,937	中国嘉德	2020-10-08
清乾隆 斗彩团菊罐	高11.3cm	155,937	中国嘉德	2020-10-08
清乾隆 斗彩团菊纹罐	高11cm	437,000	北京大羿	2020-10-16
清乾隆 斗彩团菊纹罐（带原盒）	高10.5cm	460,000	华艺国际	2020-10-16
清乾隆 斗彩团寿纹盘	直径21cm	195,500	保利厦门	2020-09-26
清乾隆 斗彩西番莲纹八方花盆	高10.1cm	36,800	中贸圣佳	2020-12-07
清乾隆 斗彩云龙纹盘	直径14.5cm	195,500	永乐拍卖	2020-08-17
清乾隆 斗彩暗八仙纹折腰盘	直径20cm	322,000	北京大羿	2020-10-16
18世纪 斗彩缠枝花卉纹梅瓶连盖	高46.7cm	551,017	伦敦苏富比	2020-11-04
清乾隆 斗彩暗八仙纹折腰碗（一对）	高5.5cm，直径20cm；高5.5cm，直径19.9cm	368,000	西泠印社	2020-08-09
清乾隆 斗彩洞石花蝶纹盘	直径20.6cm	1,380,000	中国嘉德	2020-08-18
清乾隆 斗彩莲托八吉祥纹奔巴壶	高19.6cm	2,599,000	佳士得	2020-07-09
清乾隆 斗彩龙凤呈祥缠枝蕃莲纹洗口大瓶	高81.2cm	1,597,500	佳士得	2020-11-30
清乾隆 斗彩团菊纹盖罐	高11.6cm	506,160	佳士得	2020-10-08
清乾隆 斗彩团菊纹罐	高11.3cm	437,000	中国嘉德	2020-08-18
18世纪 斗彩缠枝花卉纹梅瓶	高36.3cm	661,220	伦敦苏富比	2020-11-04
清乾隆 斗彩缠枝菊花纹碗	直径15.2cm	434,111	香港苏富比	2020-06-05
清乾隆 斗彩缠枝菊花纹碗	直径15cm	159,936	香港苏富比	2020-06-05
清乾隆 斗彩花卉纹洗（一对）	直径24cm×2	345,000	中贸圣佳	2020-06-20
清乾隆 斗彩加粉彩莲台宝盖佛供	高38.5cm	1,150,000	中贸圣佳	2020-10-17
清乾隆 斗彩团花卷草纹缸	直径33cm	2,127,500	北京大羿	2020-12-06
清乾隆 斗彩云蝠纹宝珠纽盖尊	高30cm	2,990,000	北京保利	2020-10-19
清嘉庆 斗彩缠枝莲纹小蒜头瓶	高10cm	287,500	西泠印社	2020-08-08
清嘉庆 斗彩簇菊纹碗（一对）	直径15.4cm	287,500	中国嘉德	2020-07-16
清嘉庆 斗彩花卉暗八仙纹折腰盘	直径20.5cm	132,250	北京中汉	2020-07-31
清嘉庆 斗彩忍冬纹鸡心碗	直径10cm	92,000	华艺国际	2020-10-16
清嘉庆 斗彩寿字纹盘	直径14.5cm	207,000	北京大羿	2020-08-16
清嘉庆 斗彩寿字纹盘	直径21cm	128,006	中国嘉德	2020-07-13
清嘉庆 斗彩团花花卉纹马蹄碗	直径15cm; 高7cm	253,000	保利厦门	2020-09-26
清嘉庆 斗彩团花纹马蹄式碗	直径15.2cm	76,090	伦敦佳士得	2020-11-03
清中期 斗彩缠枝花卉梵文大碗（一对）	直径17.7cm	230,000	中国嘉德	2020-08-18
清中期 斗彩缠枝莲托八宝纹天球瓶	高46cm	92,000	保利厦门	2020-09-26
清中期 斗彩描金婴戏图马蹄碗	直径17cm	17,250	中国嘉德	2020-07-15
清中期 斗彩盘	盘口9cm; 高2.2cm	50,400	上海联合	2020-11-29
清嘉庆 斗彩缠枝贯套花纹碗（一对）	直径15cm×2	747,500	华艺国际	2020-10-16
清道光 斗彩暗八仙纹折腰盘	直径20.2cm	13,560	北京中汉	2020-09-03
清道光 斗彩宝相莲花纹碗	直径14.4cm; 高6.6cm	46,000	中贸圣佳	2020-07-18
清道光 斗彩并蒂莲纹鸡心碗	直径12.4cm	20,700	中国嘉德	2020-11-11
清道光 斗彩并蒂莲纹碗	直径12cm	195,500	北京大羿	2020-08-16
清道光 斗彩缠枝花卉纹盘（一对）	直径15.3cm	74,750	中国嘉德	2020-11-10
清道光 斗彩缠枝花卉纹碗	直径14.2cm	287,500	北京翰海	2020-12-12
清道光 斗彩缠枝花卉纹碗	直径14.5cm	103,500	中国嘉德	2020-07-17
清道光 斗彩穿花夔凤纹盘	直径19.3cm	138,000	中国嘉德	2020-07-16
清道光 斗彩穿花夔凤纹盘	直径19.4cm	48,300	中国嘉德	2020-07-17
清道光 斗彩簇菊纹碗	直径15cm	59,800	中国嘉德	2020-08-18
清道光 斗彩福寿双全碗	直径13.3cm	54,350	伦敦佳士得	2020-11-03
清道光 斗彩荷塘鸳鸯纹碗（一对）	直径10cm	143,750	北京大羿	2020-12-06
清道光 斗彩花卉碗（一对）	高6.8cm; 直径13cm	287,500	西泠印社	2020-08-08
清道光 斗彩花卉纹碗	直径14.4cm	145,541	中国嘉德	2020-10-08
清道光 斗彩花鸟纹卧足杯	直径6.2cm	59,800	中国嘉德	2020-07-17
清道光 斗彩绿龙纹盖罐	高21cm	644,000	北京大羿	2020-10-16
清道光 斗彩绿龙纹盖罐	高22cm	149,500	北京大羿	2020-06-06
清道光 斗彩绿龙纹盘（一对）	直径17.5cm	264,500	北京大羿	2020-08-16
清道光 斗彩忍冬纹茶圆（一对）	直径10cm	230,000	北京大羿	2020-09-13
清道光 斗彩忍冬纹盘	直径21cm	66,700	十竹斋拍卖（北京）	2020-10-18
清道光 斗彩忍冬纹盘	直径20.5cm	57,500	荣宝斋（南京）	2020-11-28
清道光 斗彩寿字贯套纹盘	直径20.4cm	55,200	北京保利	2020-10-20
清道光 斗彩寿字纹碗（一对）	直径13cm	126,500	北京大羿	2020-08-16
清道光 斗彩团花花卉罐	高16cm	172,500	北京翰海	2020-12-12
清道光 斗彩团花马蹄尊	直径15cm; 高5.7cm	63,250	上海嘉禾	2020-01-05
清道光 斗彩团花纹马蹄杯	直径15cm	115,000	北京大羿	2020-07-12
清道光 斗彩团菊纹罐	高11.5cm	356,500	永乐拍卖	2020-08-17
清道光 斗彩团菊纹罐	高11.5cm	172,500	北京诚轩	2020-08-17
清道光 斗彩折枝并蒂花卉纹碗	直径15.3cm	84,360	佳士得	2020-10-08
清道光 斗彩折枝花卉纹碗	直径15cm; 高6cm	230,000	保利厦门	2020-09-26
清道光 斗彩宝相花卉纹碗（一对）	高7cm×2; 直径14.3cm×2	483,000	十竹斋拍卖（北京）	2020-10-18
清道光 斗彩灵芝纹小杯（一对）	直径7.2cm×2	621,000	中贸圣佳	2020-10-17
清道光 斗彩绿龙纹盖罐	高22cm	736,000	北京大羿	2020-10-16
清道光 斗彩团花马蹄碗（一对）	直径15.3cm×2	552,000	华艺国际	2020-10-16
清道光 斗彩番莲纹碗（一对）	直径14.5cm×2	734,500	香港苏富比	2020-07-11
清道光 斗彩贯套花卉纹碗（一对）	直径15.4cm×2	322,000	中国嘉德	2020-08-18
清道光 斗彩荷塘鸳鸯图卧足碗	直径16.5cm	460,000	中国嘉德	2020-12-03
清道光 斗彩荷塘鸳鸯图小碗（一对）	直径10.4cm×2	322,000	中国嘉德	2020-08-18
清道光 斗彩荷塘鸳鸯纹卧足碗	直径16.5cm	621,500	香港苏富比	2020-07-11
清道光 斗彩缠枝莲纹碗（一对）	直径14.3cm×2	365,567	香港苏富比	2020-06-05
清道光 斗彩团菊纹盖罐	高12.5cm	258,110	巴黎佳士得	2020-06-23
清道光 斗彩荷塘鸳鸯图碗（一对）	直径10.2cm×2	342,719	香港苏富比	2020-06-05
清道光 斗彩花卉马蹄碗（一对）	直径15.3cm×2	517,500	中贸圣佳	2020-07-18
清道光 斗彩绿龙纹盖罐	高22cm	437,000	北京大羿	2020-06-06
清同治 斗彩缠枝寿字盘（一对）	直径14.4cm	82,800	中国嘉德	2020-08-18
清同治 斗彩花卉纹碗	直径14.3cm; 高7.1cm	34,500	中贸圣佳	2020-06-20
清同治 斗彩水盂	高6cm	51,192	台北艺珍	2020-08-16
清同治 斗彩加彩水仙花神杯（一对）	直径5.6cm×2	182,784	香港苏富比	2020-06-05
19世纪 斗彩龙纹梅瓶	高33.8cm	136,650	佳士得	2020-04-21
19世纪 斗彩团花纹镗锣洗	直径15cm	13,800	北京大羿	2020-08-16
清19世纪 斗彩八宝夔凤纹大盘	直径47.5cm	103,500	北京大羿	2020-09-13

拍品名称	物品尺寸	成交价RMB	拍卖公司	拍卖日期
清光绪 斗彩暗八仙纹折腰盘	直径20.8cm	63,250	北京中汉	2020-11-09
清光绪 斗彩洞石兰花纹杯	直径5.8cm	46,000	中国嘉德	2020-11-10
清光绪 斗彩洞石兰花纹杯	直径5.6cm	25,300	中国嘉德	2020-11-11
清光绪 斗彩洞石水仙图杯	直径8.8cm	32,200	中国嘉德	2020-08-18
清光绪 斗彩加粉彩水仙花神杯（一对）	5.7cm	80,108	香港苏富比	2020-11-26
清光绪 斗彩加粉彩水仙花神杯（一对）	5.7cm	69,427	香港苏富比	2020-11-26
清光绪 斗彩夔凤纹八吉祥折沿盘	直径46cm	112,700	保利厦门	2020-09-26
清光绪 斗彩兰花杯（一对）	直径5.5cm	46,000	北京大羿	2020-08-16
清光绪 斗彩莲池鸳鸯纹碗（一对）	直径13cm	51,750	北京大羿	2020-09-13
清光绪 斗彩龙凤纹大梅瓶	高44.4cm	92,000	北京中汉	2020-08-19
清光绪 斗彩内暗八仙及外缠枝花卉纹折腰碗（一对）	直径21cm	115,000	中国嘉德	2020-07-16
清光绪 斗彩内暗八仙纹外缠枝花卉纹折腰碗	直径20.8cm	66,700	中国嘉德	2020-07-17
清光绪 斗彩内八宝纹外缠枝花卉纹折腰碗	直径20.8cm	25,300	中国嘉德	2020-11-11
清光绪 斗彩忍冬寿字纹盘	直径21cm	32,200	北京大羿	2020-09-13
清光绪、清宣统 斗彩鸡缸杯（一组两件）	直径7.8cm	46,781	中国嘉德	2020-10-08
清光绪 仿雍正斗彩龙凤呈祥福寿纹折沿大盘	直径47.3cm	363,200	北京保利	2020-07-18
清晚期 斗彩缠枝莲托八宝纹天球瓶	高45.8cm	57,500	中国嘉德	2020-11-10
清晚期斗彩高士图斗笠盏（一对）	直径10cm	17,250	中国嘉德	2020-11-12
清晚期斗彩荷塘鸳鸯图匙（一对）	长14.7cm	17,250	中国嘉德	2020-07-15
清晚期 斗彩荷塘鸳鸯图小盘、汤匙（三对）	长14.7cm; 直径8.7cm; 直径7.4cm	74,750	中国嘉德	2020-08-18
清晚期 斗彩饕餮纹卣	高18.8cm	48,300	中国嘉德	2020-07-16
清晚期 仿明斗彩团菊纹小盖罐（一对）	高6.5cm	17,250	中国嘉德	2020-07-16
清 斗彩穿花螭龙纹梅瓶	高34.5cm	40,250	中国嘉德	2020-11-11
清 雍正款斗彩花卉纹碗	直径19.3cm; 高7.4cm	97,750	上海嘉禾	2020-01-05
清光绪 斗彩加彩水仙花神杯（一组十二件）	每杯直径约5.6cm	228,480	香港苏富比	2020-06-05
民国斗彩缠枝莲托寿字杯（一对）	直径9cm	20,700	中国嘉德	2020-11-10
民国 斗彩鸡缸杯（一对）	直径6.9cm×2	126,500	北京诚轩	2020-08-17
斗彩缠枝花卉纹小碗	直径9.8cm	17,250	中国嘉德	2020-07-17
清 大清乾隆年制款斗彩团花马蹄碗	高6.8cm; 直径15.4cm	17,250	西泠印社	2020-08-08
斗彩祥云纹马蹄式水盂	高5.6cm	98,490	伦敦苏富比	2020-06-15
斗彩凤纹如意摆件	8cm×51cm	572,000	北京贞观	2020-11-28
斗彩花卉纹盖罐	12.2cm×8.5cm×10.5cm	1,611,456	香港贞观	2020-08-30
红绿彩				
磁州窑红绿彩“平生不作（做）皱眉事”碗	直径10.5cm; 高4.2cm	310,500	中贸圣佳	2020-10-17
明嘉靖 红绿彩开光花卉纹八棱罐	高15.5cm	18,400	北京大羿	2020-08-01
明嘉靖 红绿彩折枝寿桃鹦鹉纹六方供盘	直径24cm	14,950	中贸圣佳	2020-12-08
明嘉靖 红绿彩龙纹罐	高15.8cm; 腹径17cm	316,250	西泠印社	2020-08-08
明中期 红绿彩海水龙纹大盘	直径35.2cm	86,250	华艺国际	2020-10-16
明 矾红绿彩鱼藻纹渣斗	直径16.1cm	13,800	中国嘉德	2020-11-12
清顺治 红绿彩开光麒麟纹罐	高17cm	35,650	北京大羿	2020-07-12
清康熙 红绿彩花卉纹广口梅瓶	高17.3cm	51,750	北京大羿	2020-05-28
清中期 矾红绿彩落花流水图长方花盆	长24.3cm	46,000	中国嘉德	2020-11-10
清 白釉贴塑红绿彩螭龙尊	高16.7cm	32,200	中贸圣佳	2020-06-20
16世纪 安南彩绘花鸟纹盘	直径28.4cm	32,830	伦敦苏富比	2020-06-15
五彩				
明嘉靖 五彩海水龙纹杯	直径8.2cm	207,000	华艺国际	2020-10-16

拍品名称	物品尺寸	成交价RMB	拍卖公司	拍卖日期
明嘉靖 五彩开光团螭纹瓶	高30.5cm	13,800	北京大羿	2020-08-16
明嘉靖 五彩龙凤纹方斗香炉	12.8cm	48,065	香港苏富比	2020-11-26
明嘉靖 五彩鱼藻纹方斗碗	直径12.3cm	323,475	北京保利	2020-07-19
明16世纪 五彩“金襕手”花卉纹执壶	高24.6cm	210,900	佳士得	2020-10-08
明万历 五彩缠枝花卉纹小罐	高9cm	55,200	北京诚轩	2020-08-17
明万历 五彩缠枝莲纹出戟花觚	高21cm	28,750	北京大羿	2020-06-19
明万历 五彩花果开光花鸟纹小罐	高13.8cm	78,200	中国嘉德	2020-11-09
明万历 五彩龙凤纹文具盒	长29cm; 宽12.7cm	92,000	十竹斋拍卖（北京）	2020-10-18
明万历 五彩龙凤圆形瓷板镜心	直径27.8cm	276,000	北京保利	2020-10-19
明万历 五彩人物图盘（一对）	12.5cm及12.7cm	192,258	香港苏富比	2020-11-26
明万历 五彩云龙纹笔杆	长21cm	92,000	北京翰海	2020-12-12
明万历 五彩云龙纹四方罐	高12.5cm; 宽14cm; 长14cm	368,000	荣宝斋（南京）	2020-11-28
明万历 五彩缠枝花卉纹长方盒	长31.4cm	38,323	纽约佳士得	2020-09-25
明万历 五彩松下高士图葵花式折沿盘	宽35cm	1,291,059	纽约苏富比	2020-09-23
明万历 五彩龙凤纹盘	直径38.7cm	1,192,275	纽约佳士得	2020-09-25
明万历 五彩婴戏图盖罐	高6.2cm	816,500	中鸿信	2020-01-03
明万历 五彩花鸟莲塘纹蒜头瓶	高53.9cm	7,475,000	华艺国际	2020-10-16
明万历 五彩龙凤笔船	长30.7cm	3,450,000	北京保利	2020-12-05
明天启 五彩荷塘鸳鸯纹盘（一对）	直径16.2cm	65,550	中贸圣佳	2020-06-20
明天启 五彩弥勒图棱形盘一对及高士图方盘一只	长18.6cm; 宽14.2cm	34,500	中贸圣佳	2020-12-08
明崇祯 五彩八仙庆寿图罗汉炉	直径10.6cm	126,500	中国嘉德	2020-12-03
17世纪 五彩龙凤纹高足碗	高12cm	110,711	纽约佳士得	2020-09-25
明万历 五彩云龙纹缸	直径61.5cm	137,088	香港苏富比	2020-06-05
明万历 五彩杂宝纹攒盘	直径25.5cm	62,832	香港苏富比	2020-06-05
明晚期 五彩锦地花卉开光花卉龙凤人物纹盘	直径22.2cm	23,000	中国嘉德	2020-07-15
明晚期 五彩神仙人物纹朝冠耳长方炉	高13cm	17,250	中国嘉德	2020-07-15
明晚期 五彩婴戏图罐	高14.5cm	23,000	北京大羿	2020-07-12
明末清初 五彩人物故事图罐	高24.1cm	12,067	伦敦佳士得	2020-05-21
清早期 五彩海水龙纹琵琶尊	高42cm	28,750	中国嘉德	2020-11-12
清早期 五彩教子图荸荠瓶	高19.7cm	25,300	中国嘉德	2020-07-16
清早期 五彩人物故事诗文盘（一对）	直径16.8cm	55,200	中国嘉德	2020-07-15
清顺治 五彩锦地花卉纹大盘	直径27.5cm	17,250	中国嘉德	2020-11-12
清顺治 五彩锦地麟凤呈祥图筒瓶	高36cm	13,800	中国嘉德	2020-11-10
清顺治 五彩牡丹纹小罐	高18.3cm	20,700	中国嘉德	2020-07-16
清顺治/康熙 五彩人物故事图罐配盖	高37cm	189,355	纽约苏富比	2020-09-23
清顺治、清康熙 五彩花鸟纹小筒瓶、大盘三件	直径33.5cm; 直径30cm; 高18.5cm	36,800	中国嘉德	2020-07-15
清康熙 暗刻云纹五彩狮球图瓶	高34cm	322,000	中国嘉德	2020-07-16
清康熙 冬青地五彩花果纹盖碗（一对）	直径12cm	172,141	纽约苏富比	2020-09-22
清康熙 矾红描金五彩花卉如意纹葫芦瓶	高41.2cm	103,500	中贸圣佳	2020-07-18
清康熙 蓝釉描金花卉莲瓣开光五彩花卉瑞兽纹大碗	直径29.7cm	17,250	中国嘉德	2020-07-16
清康熙 内暗刻五彩荷塘图外酱釉描金梅竹双清图大碗	直径19cm	48,300	中国嘉德	2020-07-16
清康熙 内五彩花蝶纹外红釉卧足碗	直径13cm	94,300	中国嘉德	2020-11-10
清康熙 青釉五彩狮子戏绣球纹橄榄瓶	高23.5cm	25,300	北京大羿	2020-06-19
清康熙 洒蓝釉描金开光五彩花鸟纹棒槌瓶	高44cm	287,500	北京大羿	2020-06-19

拍品名称	物品尺寸	成交价RMB	拍卖公司	拍卖日期
清康熙 珊瑚红开光五彩山水人物纹盘	直径16.2cm	23,000	中国嘉德	2020-11-12
清康熙 五彩郭子仪祝寿图盘	直径33.9cm	59,800	中贸圣佳	2020-06-20
清康熙 五彩八吉祥纹碗（一对）	宽20.6cm	13,526	伦敦佳士得	2020-02-13
清康熙 五彩班超出西域人物故事图将军罐	高42cm	105,800	中国嘉德	2020-11-10
清康熙 五彩博古图盘（一对）	直径39cm	12,067	伦敦佳士得	2020-05-21
清康熙 五彩博古图折沿洗	直径29cm	43,700	十竹斋拍卖（北京）	2020-10-18
清康熙 五彩缠枝花卉开光博古花蝶纹花觚	高46.7cm	51,750	中国嘉德	2020-11-10
清康熙 五彩缠枝花卉开光山水花鸟纹琵琶尊	高35.9cm	43,700	中国嘉德	2020-11-12
清康熙 五彩缠枝莲开光花鸟博古图盖罐	高37cm	40,250	中国嘉德	2020-07-16
清康熙 五彩缠枝莲纹开光山水花鸟博古图棒槌瓶	高47cm	60,249	纽约苏富比	2020-09-23
清康熙 五彩二乔并读图大盘	直径26.8cm	23,000	中国嘉德	2020-11-10
清康熙 五彩高士图杯	直径8.2cm	17,250	中国嘉德	2020-11-12
清康熙 五彩高士图笔筒	高13.7cm	34,500	中国嘉德	2020-07-16
清康熙 五彩高士图笔筒	高14.3cm	42,180	佳士得	2020-10-08
清康熙 五彩冠上加冠图杯	直径7.3cm	43,700	中国嘉德	2020-07-16
清康熙 五彩过枝枸杞蝴蝶纹盘	直径15.7cm	115,000	北京中汉	2020-12-04
清康熙 五彩过枝枸杞花蝶纹盘	直径15.5cm; 高3cm	230,000	保利厦门	2020-09-26
清康熙 五彩过枝枸杞花蝶纹盘	直径17.2cm	97,750	中贸圣佳	2020-12-07
清康熙 五彩过枝枸杞花蝶纹盘	直径16cm; 高4.5cm	36,800	广东崇正	2020-09-13
清康熙 五彩海马纹将军罐	高31.4cm	36,800	中国嘉德	2020-11-12
清康熙 五彩荷塘翠鸟图大盘（一对）	直径21.2cm	57,500	中国嘉德	2020-11-12
清康熙 五彩花蝶纹罐	高22.3cm	32,200	中国嘉德	2020-07-15
清康熙 五彩花卉开光山水人物博古图六方瓶（一对）	高29.7cm	13,800	中国嘉德	2020-11-12
清康熙 五彩花卉纹双耳盖碗	长18cm	34,500	中国嘉德	2020-11-10
清康熙 五彩花卉纹长颈葫芦瓶	高27.7cm	25,300	中国嘉德	2020-11-12
清康熙 五彩花卉仙鹤开光山水人物纹折沿大盘	直径38cm	17,250	中国嘉德	2020-11-10
清康熙 五彩花篮纹大盘	直径38cm	24,797	伦敦佳士得	2020-02-13
清康熙 五彩花鸟纹棒槌瓶	高45.2cm	48,300	中国嘉德	2020-11-10
清康熙 五彩花鸟纹瓷板（一对）	24.7×18.8cm	25,300	中国嘉德	2020-11-10
清康熙 五彩花鸟纹凤尾尊	高45cm	86,250	北京中汉	2020-11-09
清康熙 五彩花鸟纹瓶（一组五件）	最大高度21.8cm	36,068	伦敦佳士得	2020-02-13
清康熙 五彩花鸟纹碗	直径18.5cm	17,250	中国嘉德	2020-11-10
清康熙 五彩花鸟鱼纹斗笠碗	直径20.6cm	28,750	北京中汉	2020-08-19
清康熙 五彩花神杯（九月菊花）	直径6.5cm	425,500	永乐拍卖	2020-12-02
清康熙 五彩教子图小盘	直径14.7cm	20,700	中国嘉德	2020-11-10
清康熙 五彩菊花纹盘	直径15.6cm	34,500	中国嘉德	2020-08-18
清康熙 五彩开窗花鸟纹笔筒	高14.5cm	59,800	广东崇正	2020-09-13
清康熙 五彩开光花虫山水人物纹罐	高20.5cm	46,000	中国嘉德	2020-11-10
清康熙 五彩开光花蝶诗文笔筒	高13.1cm	17,250	中国嘉德	2020-11-12
清康熙 五彩开光山水人物图罐	高20.2cm	29,380	北京中汉	2020-09-03
清康熙 五彩开光婴戏纹笔筒	高13cm	63,250	广东崇正	2020-09-13
清康熙 五彩开光渔乐图棒槌瓶	高45cm	94,678	纽约苏富比	2020-09-23
清康熙 五彩篮花图大盘（两只）	直径36cm; 直径34.8cm	25,300	中国嘉德	2020-11-12
清康熙 五彩李白酒醉图诗文方杯	宽8.3cm	51,642	纽约苏富比	2020-09-23
清康熙 五彩刘海戏金蟾图盘	直径16.3cm	17,250	中国嘉德	2020-11-12
清康熙 五彩龙凤呈祥碗	高6.5cm; 直径15cm	92,000	西泠印社	2020-08-08
清康熙 五彩龙凤纹六系罐	高30.3cm	51,750	中国嘉德	2020-11-10
清康熙 五彩龙凤纹盘	直径32cm	184,000	永乐拍卖	2020-08-17
清康熙 五彩龙凤纹碗	直径15cm	109,250	中国嘉德	2020-11-09
清康熙 五彩龙凤纹碗	直径14.8cm	69,000	中国嘉德	2020-07-15
清康熙 五彩龙凤纹小碗	直径10.4cm	333,500	北京诚轩	2020-08-17
清康熙 五彩龙凤纹小碗	高6.7cm; 直径15cm	28,750	西泠印社	2020-08-08

拍品名称	物品尺寸	成交价RMB	拍卖公司	拍卖日期
清康熙 五彩罗汉图“阿弥陀佛”罗汉炉	直径15.4cm	115,000	中国嘉德	2020-07-16
清康熙 五彩梅花纹折沿盘（十只）	尺寸不一	25,300	中国嘉德	2020-07-15
清康熙 五彩描金杨门女将图大盘	直径42.5cm	97,830	伦敦佳士得	2020-11-03
清康熙 五彩墨竹诗文笔筒	高15cm; 直径19.5cm	287,500	西泠印社	2020-08-08
清康熙 五彩墨竹折桂图棒槌瓶	高20.1cm	69,000	北京中汉	2020-11-09
清康熙 五彩内桃纹外列仙传图大碗	直径18.9cm	287,500	中国嘉德	2020-12-03
清康熙 五彩瓶花博古图花口折沿大盘（三只）	直径26.7cm; 直径26cm; 直径26cm	13,800	中国嘉德	2020-07-15
清康熙 五彩麒麟送子图罐	直径21cm	36,800	中国嘉德	2020-07-15
清康熙 五彩人物笔筒	高14.2cm	55,200	十竹斋拍卖（北京）	2020-10-18
清康熙 五彩人物故事图棒槌瓶	高42cm	149,500	北京大羿	2020-07-17
清康熙 五彩人物故事图棒槌瓶	高42.8cm	34,500	中国嘉德	2020-07-15
清康熙 五彩人物故事图大盘	直径34.2cm	68,856	纽约苏富比	2020-09-23
清康熙 五彩人物故事图大盘	直径35cm	34,500	中国嘉德	2020-07-15
清康熙 五彩人物故事图大盘（一组三件）	最大直径39cm	157,798	伦敦佳士得	2020-02-13
清康熙 五彩人物故事图罐	高33cm	23,000	中贸圣佳	2020-12-07
清康熙 五彩人物故事图盘（一对）	直径21.5cm	28,750	中国嘉德	2020-11-10
清康熙 五彩人物故事纹笔筒	直径10.6cm; 高13.6cm	32,200	中贸圣佳	2020-06-20
清康熙 五彩人物图梅瓶	高15cm	149,500	十竹斋拍卖（北京）	2020-10-18
清康熙 五彩人物纹、瑞兽纹、花卉纹盘、碗（四只）	尺寸不一	25,300	中国嘉德	2020-07-15
清康熙 五彩人物纹盘	直径21.4cm	13,800	中国嘉德	2020-11-09
清康熙 五彩人物像	高18.5cm	15,780	伦敦佳士得	2020-02-13
清康熙 五彩人物折沿盆	高9cm; 直径37.5cm	40,250	荣宝斋（南京）	2020-11-28
清康熙 五彩三国故事盘（一对）	直径27.2cm; 高3.6cm	41,400	中贸圣佳	2020-12-07
清康熙 五彩三星献瑞人物故事图凤尾尊	高44.8cm	218,500	中国嘉德	2020-11-09
清康熙 五彩山水人物纹棒槌瓶	高44.3cm	63,250	中国嘉德	2020-07-15
清康熙 五彩山水人物纹笔筒	高14.5cm	48,300	中国嘉德	2020-11-10
清康熙 五彩诗文魁星点斗图笔筒	直径9.2cm; 高11.9cm	56,350	中贸圣佳	2020-12-07
清康熙 五彩仕女童子杯	直径6.4cm	31,187	中国嘉德	2020-10-08
清康熙 五彩仕女图盘	直径23.2cm	59,785	伦敦佳士得	2020-11-03
清康熙 五彩仕女图扇形壁瓶	长29.4cm	55,200	中国嘉德	2020-07-16
清康熙 五彩仕女婴戏笔筒	高12.5cm	55,200	十竹斋拍卖（北京）	2020-10-18
清康熙 五彩寿字花卉纹六方觚式瓶	高32.8cm	33,814	伦敦佳士得	2020-02-13
清康熙 五彩兽面纹铃铛杯	直径8.6cm	17,250	中国嘉德	2020-07-16
清康熙 五彩水浒人物图盘（一对）	直径26.5cm	149,500	北京大羿	2020-08-01
清康熙 五彩四妃十六子将军罐	高33cm	92,000	北京保利	2020-10-20
清康熙 五彩松鼠葡萄碗	直径27cm	31,560	伦敦佳士得	2020-02-13
清康熙 五彩岁寒三友图油槌瓶	高41cm	66,700	中国嘉德	2020-07-16
清康熙 五彩《昙花记》之郊游点化人物故事图棒槌瓶	高43.3cm	264,500	中国嘉德	2020-11-10
清康熙 五彩童子琴棋书画图案缸	高16cm	55,200	北京大羿	2020-10-16
清康熙 五彩凸花穿花螭龙开光寿星麻姑献寿图六方执壶	高27.3cm	13,800	中国嘉德	2020-11-12
清康熙 五彩万字锦地开光瑞兽纹四方笔筒	高15.3cm	71,300	中国嘉德	2020-07-16
清康熙 五彩《西厢记》人物故事图凤尾尊	高33cm	34,500	中国嘉德	2020-11-10
清康熙 五彩《西厢记》人物故事图莱服瓶	高28.6cm	17,250	中国嘉德	2020-11-12

拍品名称	物品尺寸	成交价RMB	拍卖公司	拍卖日期
清康熙 五彩《西厢记》人物故事图天圆地方瓶	高48cm	43,700	中国嘉德	2020-11-10
清康熙 五彩《西厢记》人物故事图仰钟式杯	高7.5cm	40,250	中国嘉德	2020-08-18
清康熙 五彩《西游记》人物故事图大盘	直径38.5cm	89,700	中国嘉德	2020-08-18
清康熙 五彩喜上眉梢图笔筒	高12.5cm	51,750	北京大羿	2020-08-01
清康熙 五彩夜宴图凤尾尊	高45cm	126,500	中贸圣佳	2020-12-07
清康熙 五彩婴戏图瓷嵌饰（四件）	长18.4cm;宽7.8cm;高3cm	35,650	中贸圣佳	2020-12-08
清康熙 五彩鱼纹大盘	直径34.6cm	172,500	中国嘉德	2020-08-18
清康熙 五彩鱼藻纹杯（一套四只）	直径8.2cm	17,250	北京大羿	2020-08-16
清康熙 五彩指日高升图笔筒	带座高14cm;高12.5cm;口径9.5cm	29,900	西泠印社	2020-08-08
清康熙 五彩雉鸡牡丹图罐	高41cm	13,800	北京大羿	2020-06-19
清康熙五彩雉鸡牡丹纹盘（一对）	直径22.5cm	13,526	伦敦佳士得	2020-02-13
清康熙 五彩钟馗诗文小棒槌瓶	高25.5cm	20,700	中国嘉德	2020-07-16
清康熙 五彩钟馗送福图小棒槌瓶	高25.3cm	195,500	中国嘉德	2020-07-16
清康熙 五彩钟馗图小棒槌瓶	高20cm	25,300	中国嘉德	2020-11-12
清康熙五十二年（1713年）五彩云龙纹罗汉炉	直径25cm	36,800	中国嘉德	2020-11-12
清康熙五彩凤凰麒麟纹盘（一对）	直径38cm×2	149,500	北京大羿	2020-10-16
清康熙 五彩水仙花神杯	直径6.5cm	644,000	北京大羿	2020-10-16
清康熙 五彩庭院仕女婴戏图棒槌瓶	高45.3cm	322,000	北京中汉	2020-11-09
清康熙 御制珊瑚红地五彩九秋图碗	直径11cm	747,500	北京中汉	2020-11-09
清康熙 五彩“二月杏花”花神杯	直径6.5cm	920,000	北京保利	2020-12-05
清康熙 五彩“十月芙蓉”花神杯	高5cm; 口径6.5cm	460,000	西泠印社	2020-08-08
清康熙 五彩“小筑”诗文图盘	直径34cm	187,358	纽约佳士得	2020-09-25
清康熙 五彩过枝枸杞花蝶纹盘	直径17.3cm	402,500	中国嘉德	2020-07-16
清康熙 五彩荷塘鸳鸯碗	直径17.2cm	2,486,000	香港苏富比	2020-07-11
清康熙 五彩花果纹蟋蟀罐	直径13.6cm	745,500	佳士得	2020-11-30
清康熙 五彩花篮纹大盘	直径51.1cm	68,130	纽约佳士得	2020-09-25
清康熙 五彩列仙传图碗	直径17cm	368,000	中国嘉德	2020-12-03
清康熙 五彩龙凤呈祥盘	直径32.1cm	1,243,000	香港苏富比	2020-07-11
清康熙 五彩龙凤纹盘	直径32.5cm	340,800	佳士得	2020-11-30
清康熙 五彩龙凤纹碗	直径15cm	460,000	中国嘉德	2020-12-03
清康熙 五彩龙凤纹碗（一对）	直径10.4cm×2	869,600	伦敦佳士得	2020-11-03
清康熙 五彩驴背诗思图碗	直径11.2cm	598,000	北京保利	2020-12-05
清康熙 五彩内寿桃纹外麻姑献寿图大碗	直径22.4cm	1,150,000	中国嘉德	2020-12-03
清康熙 五彩三国人物故事图人凤尾尊	高76cm	240,998	纽约苏富比	2020-09-22
清康熙 五彩狮戏绣球图笔筒	高14.8cm	85,163	纽约佳士得	2020-09-25
清康熙 五彩仕女薪火图折沿盘	直径15.2cm	339,000	香港苏富比	2020-07-11
清康熙 五彩寿字云肩纹葫芦瓶	高45cm	238,455	纽约佳士得	2020-09-25
清康熙 五彩西洋人物图盘	直径52cm	638,719	纽约佳士得	2020-09-25
清康熙 五彩《饮中八仙歌》人物故事图棒槌瓶	高43.4cm	322,000	中国嘉德	2020-07-15
清康熙 五彩竹林七贤图笔筒	直径18.6cm	1,420,165	纽约苏富比	2020-09-23
清康熙至雍正 五彩梅兰竹菊四君子图四方倭角花盆	长21cm	747,500	中国嘉德	2020-12-03
清康熙 五彩锦地花鸟纹罐	高28.5cm	74,256	香港苏富比	2020-06-05
清康熙 五彩龙凤呈祥纹碗	直径13cm	148,910	巴黎佳士得	2020-06-23
清康熙 五彩麻姑献寿图盘	高30.3cm	49,958	巴黎苏富比	2020-06-18
清康熙 五彩牡丹纹小碗	直径5.6cm	34,272	香港苏富比	2020-06-05
清康熙 五彩太狮少狮纹长颈瓶（一对）	高35.4cm	59,950	巴黎苏富比	2020-06-18
清康熙 珊瑚红地五彩刘海戏蟾图棒槌瓶	高45cm	553,556	纽约佳士得	2020-09-25
清康熙 五彩锦鸡牡丹纹觚式瓶（两件）	高53.6cm;高53.2cm	340,650	纽约佳士得	2020-09-25

拍品名称	物品尺寸	成交价RMB	拍卖公司	拍卖日期
清康熙 五彩人物故事图大罐	高45cm	187,358	纽约佳士得	2020-09-25
清康熙 五彩《三国演义》赵子龙单骑救主图瓶	高43.5cm	425,813	纽约佳士得	2020-09-25
清康熙/雍正 珊瑚红地五彩福寿纹开光祝寿图瓶	高46.3cm	468,394	纽约佳士得	2020-09-25
清康熙 五彩蝶恋诗文小盘（一对）	直径16cm;直径15.8cm	49,245	伦敦苏富比	2020-06-15
清康熙 五彩凤凰麒麟纹大盘	直径38.6cm	49,245	伦敦苏富比	2020-06-15
清康熙 五彩花鸟纹观音尊	高45.3cm	60,189	伦敦苏富比	2020-06-15
清康熙 五彩《水浒传》故事图缸	高20cm	525,282	伦敦苏富比	2020-06-15
清康熙 五彩龙凤纹碗	直径13.2cm	690,000	永乐拍卖	2020-08-17
清康熙五彩仕女人物图碟（一对）	直径11.5cm×2	82,800	北京大羿	2020-07-12
清康熙 五彩鱼化龙纹案缸	直径23cm	402,500	北京大羿	2020-07-12
清康熙 五彩“把蟹行乐”故事图马蹄杯	高5cm; 直径9cm	1,610,000	保利厦门	2020-09-26
清康熙 五彩缠枝番莲纹大盘（成对）	直径46.4cm×2	1,955,000	北京保利	2020-10-19
清康熙 五彩花鸟诗文笔筒	高15.7cm	1,380,000	永乐拍卖	2020-12-02
清康熙 五彩龙凤呈祥穿花纹大盘	直径32cm	1,207,500	北京保利	2020-10-19
清康熙 五彩龙凤穿花纹盘	直径32cm	1,725,000	北京诚轩	2020-08-17
清康熙 五彩麻姑献寿图碗	直径14.3cm	2,127,500	中国嘉德	2020-12-03
清康熙 五彩描金荷塘丽景一路连科图大鱼浅	直径66.3cm;高26cm	2,127,500	北京中汉	2020-12-04
清康熙 五彩描金鹤鹿同春祝寿纹花盆（一对）	直径60.5cm×2	5,400,530	中国嘉德	2020-10-08
清康熙 五彩十二月花神杯	直径6.5至6.8cm×12	132,825,000	北京保利	2020-10-19
清康熙 五彩玉堂富贵锦绣图碗	直径19.3cm	218,500	北京诚轩	2020-08-17
清雍正 矾红五彩江崖海水云龙纹斗笠碗	直径21.8cm	46,000	中贸圣佳	2020-07-18
清雍正 五彩花卉纹盘	直径27.5cm	248,600	香港苏富比	2020-07-11
清雍正 五彩太白醉酒图盘	直径15.8cm	298,069	纽约佳士得	2020-09-25
清雍正 五彩戏珠云龙纹折沿盘	直径20.1cm	791,000	香港苏富比	2020-07-11
清雍正或以后 五彩仙鹿送瑞高士图小杯	直径6cm	341,625	佳士得	2020-04-21
清雍正 珊瑚红地五彩牡丹碗	直径11.4cm	856,798	香港苏富比	2020-06-05
清雍正 五彩二月杏花花神杯	直径6.3cm	2,242,500	北京保利	2020-10-19
清雍正 五彩忍冬纹莲子碗	直径10.3cm	218,500	北京诚轩	2020-08-17
清乾隆 五彩龙凤纹碗	直径15.4cm;高7.4cm	92,000	中贸圣佳	2020-12-07
清乾隆 五彩龙凤纹碗	直径14.5cm	62,100	北京大羿	2020-08-16
清乾隆 五彩龙凤纹碗	直径15.5cm	51,750	中国嘉德	2020-11-10
清乾隆 五彩龙凤纹碗	直径15.5cm	46,330	北京中汉	2020-09-03
清乾隆 五彩龙凤纹碗	直径15.5cm	46,000	北京大羿	2020-06-06
清乾隆 五彩龙凤纹碗	直径15.6cm	43,700	中国嘉德	2020-11-10
清乾隆 五彩龙凤纹碗（一对）	直径14.9cm×2	184,000	北京诚轩	2020-08-17
清乾隆 五彩龙凤纹碗	高15.5cm	365,567	香港苏富比	2020-06-05
清乾隆 五彩龙凤纹碗	直径14.6cm	517,500	北京大羿	2020-08-16
嘉庆款 五彩婴戏小尊	高13cm	51,750	十竹斋拍卖（北京）	2020-10-18
清嘉庆 珊瑚红地描金五彩十六子婴戏图大碗	直径21.3cm	71,300	中国嘉德	2020-08-18
清嘉庆 珊瑚红地五彩描金十六子婴戏图大碗	直径21.2cm	115,000	中国嘉德	2020-11-09
清嘉庆 五彩龙凤纹碗	直径15cm	197,520	中国嘉德	2020-10-08
清嘉庆 五彩龙凤纹碗	直径16.2cm	109,250	中国嘉德	2020-07-15
清嘉庆 五彩龙凤纹碗	直径14.5cm	92,000	北京大羿	2020-10-16
清康熙、清中期 五彩、粉彩、单色釉瓷器（四件）	尺寸不一	20,700	中国嘉德	2020-07-16
清中期 五彩鱼藻纹杯（一对）	直径7cm×2	32,200	保利厦门	2020-09-26
清嘉庆 五彩龙凤纹小碗	直径13.2cm	195,500	中国嘉德	2020-08-18
清道光 五彩串枝海棠杯（一对）	6.6cm	53,405	香港苏富比	2020-11-26
清道光 五彩龙凤呈祥纹碗	直径15cm	47,670	北京保利	2020-07-18
清道光 五彩龙凤纹碗	直径14.7cm	241,500	北京大羿	2020-08-16
清道光 五彩龙凤纹碗	直径15.9cm	184,000	北京诚轩	2020-08-17
清道光 五彩龙凤纹碗	直径14.2cm	184,000	北京大羿	2020-10-16

拍品名称	物品尺寸	成交价RMB	拍卖公司	拍卖日期
清道光 五彩龙凤纹碗	直径15.9cm	178,250	北京中汉	2020-07-31
清道光 五彩龙凤纹碗	直径16cm	43,480	伦敦佳士得	2020-11-03
清道光 五彩龙凤纹小碗	直径13cm	230,000	中国嘉德	2020-07-15
清道光 五彩龙凤纹小碗	直径13.3cm	149,500	中国嘉德	2020-11-09
清道光 五彩忍冬纹大盘	直径21.2cm	43,700	中国嘉德	2020-11-10
清道光 五彩龙凤纹碗	直径15cm	230,000	中国嘉德	2020-12-03
清道光 五彩修竹灵芝纹杯（两件）	直径6.3cm×2	182,784	香港苏富比	2020-06-05
清道光 五彩龙凤纹碗（一对）	直径15.5cm×2	644,000	北京大羿	2020-06-06
清同治 五彩芙蓉花神杯（一对）	直径6.5cm×2	102,816	香港苏富比	2020-06-05
清光绪 暗刻海水纹五彩云龙纹碗	直径13.9cm	17,250	中国嘉德	2020-07-17
清光绪 五彩龙凤碗	高6.5cm; 直径15cm	20,700	西泠印社	2020-08-09
清光绪 五彩龙凤纹盘（一对）	直径15cm	51,750	中国嘉德	2020-11-10
清光绪 五彩龙凤纹碗	直径14.3cm	115,000	北京大羿	2020-08-16
清光绪 五彩龙凤纹碗	直径14.7cm	74,750	中国嘉德	2020-11-10
清光绪 五彩龙凤纹碗	直径14.8cm	46,000	中国嘉德	2020-07-17
清光绪 五彩龙凤纹碗（一对）	直径14.5cm	333,500	北京大羿	2020-06-06
清光绪 五彩龙凤纹温盅	长23.8cm	69,000	中国嘉德	2020-08-18
清晚期 仿嘉靖五彩鱼藻纹瓜棱大罐	高28.8cm	13,800	中国嘉德	2020-07-15
清晚期 洒蓝釉开光五彩太白醉酒人物故事图镂空盘（一对）	直径21.2cm	17,250	中国嘉德	2020-07-15
清晚期 五彩缠枝花卉开光花蝶图折沿盆	直径34.5cm	17,250	中国嘉德	2020-07-16
清晚期 五彩穿花龙开光山水人物花卉纹笔筒	直径17.7cm	25,300	中国嘉德	2020-07-15
清晚期 五彩刀马人物纹鱼篓尊	高33.5cm	20,700	中国嘉德	2020-07-15
清晚期 五彩花卉开光花鸟人物纹小缸	直径36.5cm	17,250	中国嘉德	2020-07-16
清晚期 五彩九龙图仿犀角杯	长13.5cm	20,700	中国嘉德	2020-07-15
清晚期 五彩开光花鸟山水人物纹马蹄碗	直径22.5cm	17,250	中国嘉德	2020-07-16
清晚期 五彩内鱼藻纹外缠枝花卉开光神仙人物纹缸	直径45.5cm	51,750	中国嘉德	2020-11-10
清晚期 五彩人物纹将军罐	高33.5cm	13,800	中国嘉德	2020-11-12
清晚期 五彩人物纹瓶（一对）	高24.7cm	23,000	中国嘉德	2020-11-10
清晚期 五彩十八罗汉图棒槌瓶	高44.8cm	13,800	中国嘉德	2020-07-16
清晚期 五彩仕女图笔筒	高14.2cm	13,800	中国嘉德	2020-07-16
清晚期 五彩四妃十六子图将军罐	高46.5cm	20,700	中国嘉德	2020-11-10
清晚期 五彩四季花卉纹天圆地方瓶	高46.2cm	13,800	中国嘉德	2020-07-15
清晚期 五彩西厢记人物故事图大棒槌瓶	高61cm	55,200	中国嘉德	2020-11-10
清晚期 五彩雉鸡牡丹图观音瓶（一对）	高44cm	36,800	中国嘉德	2020-07-15
清宣统 五彩龙凤碗	13cm	149,534	香港苏富比	2020-11-26
清宣统 五彩龙凤纹碗（一对）	直径14.5cm	89,700	北京大羿	2020-08-16
宣统三年（1911年）醴陵釉下彩菊花图琵琶尊	高34.3cm	161,000	中贸圣佳	2020-10-17
清 德化窑白釉加五彩关公像	高22.8cm	253,000	中国嘉德	2020-07-16
清康熙 洒蓝釉开光五彩花鸟纹碗	直径19.2cm; 高9cm	63,250	上海嘉禾	2020-01-05
清 蓝地描金五彩鱼藻纹缸	高40cm; 直径46.5cm	25,300	北京大羿	2020-07-12
清 外珊瑚红釉描金内五彩瓜果纹盘	直径14.5cm	17,250	北京大羿	2020-09-13
清 五彩伯夷叔齐扣马谏君王人物故事图琵琶尊	高33cm	13,800	中国嘉德	2020-11-12
清 五彩荷莲大盘	直径54.5cm	51,750	北京翰海	2020-09-12
清 五彩花鸟纹大花盆	直径34.3cm	32,200	中国嘉德	2020-11-12
清 五彩花鸟纹水盂	12.5cm	34,179	香港苏富比	2020-11-26
清 五彩麒麟图洗	直径13.8cm	13,800	中国嘉德	2020-11-12
清 五彩人物故事骰子大碗	直径39cm	31,500	乾禧国际	2020-01-20
清 五彩人物纹棒槌瓶	高46.5cm	13,800	中国嘉德	2020-11-12
清 五彩侍女盘	直径29.5cm	17,250	北京翰海	2020-09-12

拍品名称	物品尺寸	成交价RMB	拍卖公司	拍卖日期
清 五彩侍女盘	直径29cm	13,800	北京翰海	2020-09-12
清 五彩四季花卉纹四方瓶连座（一对）	高34.2cm	57,500	中国嘉德	2020-07-16
清代 五彩花鸟镶铜饰橄榄尊（一对）	高55cm	132,250	中贸圣佳	2020-12-07
清中晚期 蓝地描金五彩八仙图大球瓶	高54.7cm	207,000	中贸圣佳	2020-07-18
18世纪 五彩锦鸡花卉纹太白尊	直径12.5cm	74,256	香港苏富比	2020-06-05
清光绪 五彩龙凤纹碗	直径14.2cm	114,240	香港苏富比	2020-06-05
清咸丰 五彩水仙花神杯（一对）	直径5.8cm×2	685,439	香港苏富比	2020-06-05
民国 五彩人物故事图盖罐	高28.5cm	28,750	中国嘉德	2020-07-16
民国 五彩鱼化龙纹大盘	直径51.3cm	1,181,040	佳士得	2020-10-08
五彩、粉彩瓷器（五件）	尺寸不一	17,250	中国嘉德	2020-11-12
17世纪 五彩人物故事花觚	高42.5cm	54,954	巴黎苏富比	2020-06-18
三彩				
北宋 段店窑三彩刻花行炉	高8.5cm; 直径14cm	63,250	西泠印社	2020-08-08
明万历 三彩菩萨立像（一对）	身高80cm, 座41cm; 身高74cm, 座42cm	2,300,000	北京保利	2020-10-19
明至清初16/17世纪 素三彩观音坐像	高51.1cm	272,720	纽约佳士得	2020-09-24
明 素三彩狮首绣墩	高49.5cm	67,800	佳士得	2020-07-09
明 素三彩天官坐像	高114.4cm	3,367,400	佳士得	2020-07-09
清早期 素三彩瓷塑降龙伏虎罗汉	高28.5cm×2	322,000	广东崇正	2020-09-13
清康熙 虎皮三彩碗（一对）	直径16.8cm	51,750	北京保利	2020-12-05
清康熙 虎皮三彩碗（一对）	直径19cm	17,250	北京大羿	2020-07-12
清康熙 黄地三彩花果云龙纹盘	直径10.9cm	80,500	北京中汉	2020-11-09
清康熙 黄地素三彩双龙戏珠盘	直径13.2cm	23,000	中贸圣佳	2020-12-07
清康熙 黄地素三彩双龙戏珠纹盘	直径13cm	57,500	北京大羿	2020-06-06
清康熙 黄地素三彩仙人纹寿字形茶壶	高20.6cm	18,034	伦敦佳士得	2020-02-13
清康熙 黄地素三彩折枝花卉云龙纹大盘	直径35.6cm	172,500	中国嘉德	2020-11-09
清康熙 黄地赭绿龙纹盘	直径15.2cm; 高3.2cm	78,200	中贸圣佳	2020-07-18
清康熙 素三彩暗花龙纹碗（一对）	直径15.5cm	280,687	中国嘉德	2020-10-08
清康熙 素三彩暗刻龙纹折枝花卉纹碗	直径15cm	78,200	北京大羿	2020-12-06
清康熙 素三彩八臂观音像	高33cm	13,800	中国嘉德	2020-11-10
清康熙 素三彩螭龙杯(一对)	长9.2cm	97,750	中国嘉德	2020-07-16
清康熙 素三彩海水云龙纹四方瓶	高52cm	36,800	北京大羿	2020-07-12
清康熙 素三彩锦地纹书函式花盆（一对）	高13.5cm	63,250	北京大羿	2020-09-13
清康熙 素三彩镂空狮纽熏炉	高31cm	69,000	北京诚轩	2020-08-17
清康熙 素三彩落花流水图筒式炉	直径19.5cm	25,300	中国嘉德	2020-11-10
清康熙 素三彩童子喜上眉梢摆件	高21.6cm	26,450	中贸圣佳	2020-12-07
清康熙 素三彩鱼化龙纹折沿大盘	直径42.5cm	23,000	中国嘉德	2020-07-17
清康熙 素三彩云龙纹小碗	直径11.3cm	28,750	中国嘉德	2020-11-10
清康熙 素三彩真武大帝坐像	高28.5cm; 宽16.5cm	17,250	西泠印社	2020-08-08
清康熙 釉里三彩荷塘纹笔筒	直径15.4cm; 高18cm	55,200	中贸圣佳	2020-06-20
清康熙 釉下三彩山水纹花觚	高41.5cm	172,500	十竹斋拍卖（北京）	2020-10-18
清康熙 素三彩暗刻龙纹折枝花卉纹碗	直径15cm	287,500	北京大羿	2020-10-16
清康熙 黄地素三彩双龙戏珠盘（一对）	直径13.2cm×2	316,400	香港苏富比	2020-07-11
清康熙 素三彩暗刻花蝶纹碗（一对）	直径15cm×2	828,000	北京保利	2020-12-05
清康熙 素三彩卧马	长13.7cm	40,908	纽约佳士得	2020-09-24
清康熙 素三彩折枝花卉云龙纹大盘	直径32.2cm	632,500	中国嘉德	2020-07-16
清康熙 釉下三彩渔人泛舟图花觚	高42cm	92,000	西泠印社	2020-08-08
清康熙 素三彩捏塑童子桃形洗	高14cm	161,000	北京大羿	2020-08-01

拍品名称	物品尺寸	成交价RMB	拍卖公司	拍卖日期
清康熙 黄地素三彩苍龙教子图盏托（一对）	13.2cm×10.2cm×2	1,092,500	华艺国际	2020-10-16
清乾隆 黄地素三彩云龙纹小盘	直径10.8cm	32,200	中国嘉德	2020-11-10
清乾隆 黄地紫绿彩双龙戏珠纹盘	直径14.3cm	70,655	伦敦佳士得	2020-11-03
清乾隆 黄地紫绿彩双龙戏珠纹小盘	直径14.4cm	92,395	伦敦佳士得	2020-11-03
清乾隆 素三彩雕福禄寿摆件	高17.2cm	66,700	中贸圣佳	2020-12-07
清乾隆 黄地赭绿龙纹盘	直径12.5cm	253,000	北京大羿	2020-10-16
18世纪 素三彩太师少师摆件	长19.5cm	127,800	佳士得	2020-11-30
清中期 黄地素三彩荷塘图兽耳盘口瓶	高40.4cm	20,700	中国嘉德	2020-11-10
清道光 黄地素三彩双龙戏珠纹盘（一对）	直径13cm	69,000	北京大羿	2020-06-06
清道光 黄地素三彩云龙纹盘	直径14cm	46,000	中国嘉德	2020-07-15
清道光 黄地赭绿云龙纹扁瓶	高29.6cm	115,000	北京翰海	2020-12-12
清同治 黄地素三彩云龙纹盘（一对）	直径13.1cm	80,500	中国嘉德	2020-12-03
清同治 黄地素三彩云龙纹盘（一对）	直径14.3cm	59,800	中国嘉德	2020-07-16
清19世纪 素三彩韦驼立像	高100cm	42,180	佳士得	2020-10-08
清光绪 黄地三彩双龙戏珠纹大盘	直径32.5cm	51,750	北京大羿	2020-08-16
清光绪 黄地素三彩双龙戏珠纹盘	直径13cm	36,800	北京大羿	2020-07-12
清光绪 黄地素三彩双龙戏珠纹盘（一对）	直径10.5cm	78,200	北京大羿	2020-06-06
清光绪 黄地素三彩双龙戏珠纹盘（一对）	直径10.5cm	57,500	北京大羿	2020-06-06
清光绪 墨地素三彩云龙纹碗	直径16.1cm	32,200	中国嘉德	2020-11-09
清光绪 素三彩梅竹双清图碗	直径16.2cm	55,200	北京诚轩	2020-08-17
清光绪 素三彩人物水注	长12.1cm; 高7cm	18,400	中贸圣佳	2020-12-07
清光绪 素三彩外海水云龙内海兽纹碗	直径22cm	13,800	北京大羿	2020-08-16
清光绪、清宣统 黄地素三彩云龙纹小盘（各一只）	直径10.8cm; 直径10.7cm	32,200	中国嘉德	2020-11-10
清光绪 黄地三彩莲托八吉祥五福捧寿纹折沿大盘	直径41cm	207,000	北京中汉	2020-11-09
清18/19世纪 素三彩卧鸭	长9.5cm	34,090	纽约佳士得	2020-09-24
清晚期 黄地素三彩花卉纹梅瓶	高27.2cm	36,800	中国嘉德	2020-07-15
清晚期 墨地素三彩云龙纹梅瓶	高35.2cm	32,200	中国嘉德	2020-07-15
清晚期 素三彩荷塘清趣图将军罐	高37.5cm	28,750	中国嘉德	2020-07-15
清晚期 素三彩人物纹兽耳小方尊	高17.5cm	13,800	中国嘉德	2020-07-15
清晚期-民国 王炳荣款素三彩雕瓷一路连科图小天球瓶	高36cm	20,700	中国嘉德	2020-11-10
清 素三彩如意蕉叶纹瓜棱式双象耳瓶	高44.5cm	50,600	中贸圣佳	2020-12-07
清代 素三彩花卉纹大花觚	高120cm	97,750	中贸圣佳	2020-12-07
民国 素三彩雕瓷文房瓷器（一组五件）	尺寸不一	51,750	朵云轩	2020-09-24
大清康熙年制款素三彩花卉山石盘	高6cm; 直径33.4cm	46,000	西泠印社	2020-08-08
粉彩				
17世纪 仿掐丝珐琅粉彩三多纹胆瓶	高18.8cm	57,500	广东崇正	2020-09-13
清早期 粉彩梅花诗文马蹄杯	直径7.9cm	43,700	北京中汉	2020-12-04
清康熙 彩绘洒蓝地山水图大盘（两件）	最大直径41cm	45,085	伦敦佳士得	2020-02-13
清康熙 粉彩芦雁花卉茶壶	16.4cm	25,634	香港苏富比	2020-11-26
清康熙 粉彩桃花流水图花盆（一对）	直径30cm×2	1,792,650	佳士得	2020-10-08
清雍正 矾红描金洋彩海水龙纹烛台底座	高12.8cm	109,250	中贸圣佳	2020-12-07
清雍正 粉彩“安居乐业”盘（一对）	直径22.5cm	40,250	中贸圣佳	2020-06-20
清雍正 粉彩“福寿双全”纹胆瓶	高20cm	322,000	华艺国际	2020-10-16
清雍正 粉彩“海屋添筹”笔筒	直径18.7cm	172,500	中贸圣佳	2020-06-20
清雍正 粉彩海屋添筹图将军罐	高37cm	80,500	北京中汉	2020-11-09
清雍正 粉彩八宝纹摇铃尊	高13.4cm	13,800	中国嘉德	2020-07-16

拍品名称	物品尺寸	成交价RMB	拍卖公司	拍卖日期
清雍正 粉彩八仙过海图瓜棱橄榄尊	高41.5cm	101,200	中国嘉德	2020-07-15
清雍正 粉彩八仙祝寿弦纹瓶	高30.2cm	43,700	中鸿信	2020-01-03
清雍正 粉彩博古清供图折沿大盘	直径40cm	46,000	中国嘉德	2020-11-10
清雍正 粉彩蝶恋花纹大盘	直径20cm	97,750	中国嘉德	2020-11-12
清雍正 粉彩堆塑花卉开光人物纹四方大瓶	高51cm	17,250	中国嘉德	2020-11-12
清雍正 粉彩堆塑花卉纹壶、壶承（一套两件）	长15.6cm; 长11.5cm	13,800	中国嘉德	2020-11-10
清雍正 粉彩朵花纹杯（一对）	直径7.2cm	13,800	中国嘉德	2020-11-10
清雍正 粉彩仿木纹开光花卉纹笔筒	高14.5cm	230,000	中贸圣佳	2020-06-20
清雍正 粉彩凤凰牡丹图罐	高21.3cm	28,750	中国嘉德	2020-07-15
清雍正 粉彩福禄如意纹碗	直径11.5cm	57,500	华艺国际	2020-10-16
清雍正 粉彩福寿双星图凤尾尊	高44.2cm	25,300	中国嘉德	2020-07-16
清雍正 粉彩福寿仙人图盘口凤尾尊	高42.2cm	48,300	北京中汉	2020-11-09
清雍正 粉彩高士图笔筒	高14cm; 直径13cm	69,000	保利厦门	2020-09-26
清雍正 粉彩高士图大盘	直径20cm	32,200	中国嘉德	2020-11-12
清雍正 粉彩荷莲花卉杂宝纹卷缸	直径39cm; 高34cm	32,200	北京中汉	2020-08-19
清雍正 粉彩洪福齐天盖碗	直径10.1cm; 高8cm	69,000	中贸圣佳	2020-12-07
清雍正 粉彩花蝶图大盘	直径26cm	40,250	北京保利	2020-10-20
清雍正 粉彩花蝶纹杯	直径6.1cm; 高3.4cm	46,000	中贸圣佳	2020-12-07
清雍正 粉彩花蝶纹盘（一对）	直径15.2cm	97,750	北京中汉	2020-12-04
清雍正 粉彩花蝶纹盘（一对）	直径22.2cm	13,800	中国嘉德	2020-07-16
清雍正 粉彩花卉开光双螭捧寿图六方帽架	长22cm	66,700	中国嘉德	2020-07-15
清雍正 粉彩花卉碗（两件）	直径9cm	25,300	北京翰海	2020-12-12
清雍正 粉彩花卉碗（一对）	直径12.7cm	172,500	中贸圣佳	2020-12-07
清雍正 粉彩花卉纹盘	直径15.2cm	57,500	中国嘉德	2020-07-15
清雍正 粉彩花卉纹盘	直径16.5cm	28,750	北京大羿	2020-07-17
清雍正 粉彩花卉纹盘（一对）	直径22.5cm	17,250	中国嘉德	2020-07-15
清雍正 粉彩花卉纹碗	直径11.9cm	101,200	北京中汉	2020-11-09
清雍正 粉彩花卉纹碗（一对）	直径10cm	20,340	北京中汉	2020-09-03
清雍正 粉彩花鸟纹、花卉纹大盘（五只）	尺寸不一	36,800	中国嘉德	2020-11-10
清雍正 粉彩花鸟纹盘口尊	高37.8cm	18,400	中贸圣佳	2020-07-18
清雍正 粉彩花鸟纹椭圆盘	长26.2cm	28,750	中国嘉德	2020-11-10
清雍正 粉彩教子图笔筒	高12.3cm	20,700	中国嘉德	2020-07-16
清雍正 粉彩教子图大盘	直径36.5cm	34,500	中国嘉德	2020-11-10
清雍正 粉彩教子图瓶	高39cm	201,250	中国嘉德	2020-11-10
清雍正 粉彩锦地开光博古雉鸡牡丹纹折沿大盘	直径46cm	17,250	中国嘉德	2020-07-15
清雍正 粉彩锦地开光双龙捧寿纹六方香熏	高19cm	94,300	北京大羿	2020-12-06
清雍正 粉彩锦地如意花鸟纹迎手	高20.3cm	230,000	中贸圣佳	2020-10-17
清雍正 粉彩开光人物图大盖罐	高85cm	34,428	纽约苏富比	2020-09-23
清雍正 粉彩孔雀牡丹图折沿大盘	直径39.1cm	13,800	中国嘉德	2020-07-15
清雍正 粉彩莲池纹碗	直径9cm	161,000	北京大羿	2020-09-13
清雍正 粉彩莲塘鸳鸯盘	直径35.3cm	21,415	伦敦佳士得	2020-02-13
清雍正 粉彩镂空开光山水人物花卉四方笔筒	高13cm	17,250	中国嘉德	2020-11-12
清雍正 粉彩吕布戏貂蝉图棒槌瓶	高43cm	69,000	中贸圣佳	2020-12-07
清雍正 粉彩麻姑献寿图瓶	高43.7cm	48,300	中国嘉德	2020-11-10
清雍正 粉彩麻姑献寿图瓶	高23.5cm	34,500	中国嘉德	2020-11-10
清雍正 粉彩描金福寿八宝纹马蹄洗水盂	高7.5cm	1,343,603	库恩国际	2020-01-08
清雍正 粉彩描金内鱼藻纹外花卉清供图大鱼盆	直径57cm	172,500	中国嘉德	2020-07-15
清雍正 粉彩描金婴戏图花觚	高44.9cm	109,250	北京中汉	2020-07-31
清雍正 粉彩牡丹凤纹瓶	高24cm	18,400	中贸圣佳	2020-12-08
清雍正 粉彩人物福禄寿盘（一对）	直径18.8cm	74,750	十竹斋拍卖（北京）	2020-10-18

拍品名称	物品尺寸	成交价RMB	拍卖公司	拍卖日期
清雍正 粉彩人物故事图马蹄杯	直径8cm; 高4cm	13,800	保利厦门	2020-09-26
清雍正 粉彩人物故事图梅瓶	高23.5cm	20,700	中国嘉德	2020-11-10
清雍正 粉彩人物故事图碗	直径11.5cm; 高5cm	32,200	保利厦门	2020-09-26
清雍正 粉彩人物故事图折沿大盘	直径43cm	32,200	中国嘉德	2020-07-16
清雍正 粉彩人物故事纹小盘	直径12.5cm	32,200	保利厦门	2020-09-26
清雍正 粉彩三秋图盘（一对）	直径14.7cm	34,500	中贸圣佳	2020-06-20
清雍正 粉彩山水景致梅瓶	高25cm	138,000	中贸圣佳	2020-10-17
清雍正 粉彩山水楼阁图碗	直径20.5cm	28,750	北京大羿	2020-11-08
清雍正 粉彩神仙人物纹盘口瓶	高70.5cm	17,250	中国嘉德	2020-07-15
清雍正 粉彩仕女人物方瓶	高45.6cm	161,000	中鸿信	2020-01-03
清雍正 粉彩仕女婴戏图罐	高35.8cm	41,400	中贸圣佳	2020-12-07
清雍正 粉彩寿桃花蝶纹碗	直径22.5cm	17,250	广东崇正	2020-09-13
清雍正 粉彩寿星图大盘	直径39.3cm	149,500	中贸圣佳	2020-12-07
清雍正 粉彩寿星图大盘	直径36cm	36,800	中国嘉德	2020-07-15
清雍正 粉彩双龙捧寿纹罗汉炉	直径23cm	25,300	北京大羿	2020-07-12
清雍正粉彩松鹤延年图杯（一对）	直径7.2cm	17,250	中国嘉德	2020-07-15
清雍正 粉彩《隋唐演义》人物故事图大盘	直径38.8cm	48,300	中国嘉德	2020-07-16
清雍正 粉彩踏雪寻梅图瓶	高23.5cm	57,500	中贸圣佳	2020-10-17
清雍正 粉彩庭园人物图模印龙纹撇口杯	直径9.5cm; 高4.7cm	17,250	中贸圣佳	2020-12-07
清雍正 粉彩庭院花卉纹盘	直径15.2cm	23,000	中国嘉德	2020-07-15
清雍正 粉彩童子牧牛图大口梅瓶	高17.5cm	51,750	中国嘉德	2020-11-10
清雍正 粉彩透雕“双龙捧寿”绣墩式迎手	高21cm	97,750	保利厦门	2020-09-26
清雍正粉彩《西厢记》人物故事图瓶	高42.8cm	34,500	中国嘉德	2020-11-12
清雍正 粉彩婴戏图罐	高21cm	28,750	中国嘉德	2020-07-16
清雍正 粉彩婴戏图纹笔筒	高12.5cm	56,350	十竹斋拍卖（北京）	2020-10-18
清雍正 粉彩幽篁戴胜图三足炉	高15cm; 直径17.9cm	34,500	西泠印社	2020-08-08
清雍正 粉彩渔乐图凤尾尊	高45cm	92,000	北京大羿	2020-09-13
清雍正 粉彩虞美人花卉图盘	直径15.2cm	57,500	北京大羿	2020-06-14
清雍正 粉彩玉堂富贵图凤尾尊	高45cm	43,700	北京大羿	2020-11-08
清雍正 粉彩云龙纹小案缸	直径11.5cm	20,700	中国嘉德	2020-07-15
清雍正 粉彩折枝花果纹提梁壶	高16cm	57,500	北京大羿	2020-05-05
清雍正 粉彩折枝花卉纹茶碗	直径9.4cm	40,250	中国嘉德	2020-08-18
清雍正 粉彩折枝虞美人花小碟（一对）	直径11cm	310,500	北京保利	2020-10-20
清雍正 粉彩雉鸡牡丹缸	高18.5cm	86,250	北京翰海	2020-12-12
清雍正 粉彩雉鸡牡丹图大碗	直径23.6cm	13,800	中国嘉德	2020-11-12
清雍正 粉彩雉鸡牡丹图将军罐	高44cm	25,300	中国嘉德	2020-07-16
清雍正 粉彩雉鸡牡丹图折沿盆	直径36.5cm	13,800	中国嘉德	2020-11-10
清雍正 蓝地粉彩缠枝花卉螭龙堆雕八仙四方双陆尊	高26.8cm	34,500	中国嘉德	2020-11-12
清雍正 外宝石红釉内粉彩蝶恋花纹卧足碗	直径13cm	43,700	北京大羿	2020-06-19
清雍正 外胭脂红内粉彩刘海戏蟾图盘	20.4cm	135,600	香港苏富比	2020-07-11
清雍正 外胭脂水内粉彩灵芝纹盘	直径10.8cm	72,537	中国嘉德	2020-07-13
清雍正、乾隆 粉彩人物纹杯连盏托 矾红墨彩花鸟纹茶叶罐	宽11.5cm	44,802	中国嘉德	2020-07-13
清雍正、清道光 粉彩人物纹瓶、婴戏图罐（各一件）	高42.2cm; 高23.7cm	23,000	中国嘉德	2020-11-12
清雍正、清乾隆 胭脂红釉开光粉彩杯、广彩昭君出塞图瓶（三件）	高20.8cm; 直径8.8cm; 直径8.8cm	43,700	中国嘉德	2020-07-16
清雍正至乾隆 粉彩螭龙、花卉纹六方笔筒（两只）	高112.5cm; 高213cm	20,700	中贸圣佳	2020-12-08
清雍正至乾隆 粉彩芦雁图碗	直径14.5cm	69,000	中贸圣佳	2020-12-07
清雍正至乾隆 粉彩贴塑博古图棒槌瓶	高39.5cm	36,800	中国嘉德	2020-11-10

拍品名称	物品尺寸	成交价RMB	拍卖公司	拍卖日期
清雍正 粉彩过枝梅花纹斗笠碗	直径10cm	322,000	十竹斋拍卖（北京）	2020-10-18
清雍正 粉彩花卉纹盘（一对）	直径15cm×2	782,000	华艺国际	2020-10-16
清雍正 粉彩没骨牡丹花纹碗	直径17.5cm	690,000	华艺国际	2020-10-16
清雍正 粉彩桃花菊花纹杯	直径6cm	920,000	永乐拍卖	2020-12-02
清雍正至乾隆 紫地粉彩虞美人壁瓶	高14.8cm	218,500	北京保利	2020-10-20
清雍正 粉彩雏菊海棠纹盘（一对）	直径15.4cm×2	293,800	香港苏富比	2020-07-11
清雍正 粉彩福禄寿图碗	直径12cm	2,237,836	纽约苏富比	2020-09-23
清雍正 粉彩过枝福寿双全碗	直径14.3cm	23,204,470	香港苏富比	2020-10-09
清雍正 粉彩花卉草虫纹盘（一对）	直径15.7cm×2	299,069	香港苏富比	2020-11-26
清雍正 粉彩菊花蜜蜂图杯	高4.5cm; 直径8cm	460,000	西泠印社	2020-08-08
清雍正 粉彩鹿鹤同春碗（一对）	直径9.3cm×2	1,356,000	香港苏富比	2020-07-11
清雍正 粉彩山水人物图尊	高38.2cm	304,360	伦敦佳士得	2020-11-03
清雍正 外胭脂红釉内粉彩牡丹纹碗	直径10.3cm	609,500	中国嘉德	2020-08-18
清雍正 洋彩虞美人纹茶盅	直径9.1cm	7,369,800	佳士得	2020-11-30
清雍正八年（1730年）传唐金堂画粉彩仙姑献寿图胆瓶	高21.5cm	5,799,160	香港苏富比	2020-07-11
清雍正 粉彩花卉纹碗（一对）	直径13cm×2	342,719	香港苏富比	2020-06-05
清雍正 粉彩八仙贺寿图瓶	高39.10cm	936,788	纽约佳士得	2020-09-25
清雍正 粉彩花卉纹碗	直径9.8cm	771,424	伦敦苏富比	2020-11-04
清雍正/乾隆 粉彩罗汉坐像	高23.8cm	4,087,800	纽约佳士得	2020-09-25
清雍正 粉彩“福寿双全”过枝纹碗	直径14cm	2,300,000	华艺国际	2020-10-16
清雍正 粉彩过枝福寿双全八桃五蝠大盘	直径50.5cm	38,525,000	北京保利	2020-12-05
清雍正 粉彩过枝虞美人碗	直径13.2cm	1,840,000	北京保利	2020-10-20
清雍正 粉彩六桃五蝠过枝“福寿双全”图碗	直径14.2cm	33,350,000	北京保利	2020-10-19
清雍正 粉彩三多纹杯（一对）	直径8.9cm×2	30,475,000	北京保利	2020-10-19
清雍正 洋彩仿花梨木纹釉待琴图笔筒	高12cm; 直径16.5cm	13,800,000	北京保利	2020-10-19
清雍正 御制外柠檬黄釉内粉彩“金玉满堂”花篮图盘	直径17.5cm	2,185,000	华艺国际	2020-10-16
18世纪 粉彩花卉纹碗（一对）	直径14cm; 高6cm×2	97,750	保利厦门	2020-09-26
18世纪 粉彩描金人物故事图灯	高19.3cm	16,907	伦敦佳士得	2020-02-13
清乾隆 “片月”款珍珠地开光粉彩山水诗文图笔筒	高8.5cm	264,500	北京大羿	2020-08-16
清乾隆 矾红描金开光粉彩山水纹墨床	长8cm	28,750	中国嘉德	2020-11-10
清乾隆 仿石纹釉粉彩人物故事图双耳方瓶	高13cm	25,300	保利厦门	2020-09-26
清乾隆 粉彩、单色釉杯、水丞（七件）	尺寸不一	103,500	中国嘉德	2020-12-03
清乾隆 粉彩“富贵守业”壁瓶	高16cm	34,500	保利厦门	2020-09-26
清乾隆 粉彩八吉祥纹碗	高6.2cm	149,500	永乐拍卖	2020-12-02
清乾隆粉彩八吉祥纹盏托（一对）	直径11cm×2	13,800	保利厦门	2020-09-26
清乾隆 粉彩八仙庆寿花卉纹攒盘（一套九只）	尺寸不一	92,000	中国嘉德	2020-12-03
清乾隆 粉彩八仙人物观音瓶	高47cm	57,500	保利厦门	2020-09-26
清乾隆 粉彩百子戏春图花觚	高39.3cm	92,000	中贸圣佳	2020-07-18
清乾隆 粉彩博古花卉纹折沿大盘	直径39.8cm	13,800	中国嘉德	2020-11-10
清乾隆 粉彩布袋和尚坐像	高15cm	320,431	香港苏富比	2020-11-26
清乾隆 粉彩缠枝花卉纹瓷板挂屏（一对）	长32cm	28,750	北京大羿	2020-09-13
清乾隆 粉彩缠枝莲纹带扣	长6cm	20,700	中国嘉德	2020-11-10
清乾隆 粉彩缠枝莲纹盘（一对）	直径15cm	92,000	北京大羿	2020-10-16
清乾隆 粉彩缠枝莲纹碗（一对）	直径12.3cm	18,400	中贸圣佳	2020-12-07
清乾隆 粉彩缠枝莲纹小烛台（一对）	高12cm	230,000	西泠印社	2020-08-08
清乾隆 粉彩瓷塑锦鸡（一对）	高32cm	68,543	佳士得	2020-10-08
清乾隆 粉彩等各式小盏（十件）	直径6.8cm	114,354	中国嘉德	2020-10-08
清乾隆 粉彩雕塑送子观音像	高23.2cm	172,500	中贸圣佳	2020-07-18

拍品名称	物品尺寸	成交价RMB	拍卖公司	拍卖日期
清乾隆 粉彩仿木釉开光折枝花蝶纹镂空盘	直径25.4cm	48,300	中国嘉德	2020-11-10
清乾隆 粉彩福寿绵长海水江崖图爵托	直径16.3cm	36,800	中国嘉德	2020-11-09
清乾隆 粉彩福寿图罐	高18.4cm	20,700	北京中汉	2020-11-09
清乾隆 粉彩过枝癞瓜小碗	直径11.2cm	172,500	北京保利	2020-10-20
清乾隆 粉彩海屋添筹图瓷板插屏	高65.5cm; 瓷板 40.7cm×25.5cm	55,200	中国嘉德	2020-07-16
清乾隆 粉彩红底描金"大吉"葫芦挂屏	葫芦高35cm	207,000	保利厦门	2020-09-26
清乾隆 粉彩红底描金大吉葫芦挂屏	高45.3cm; 宽31.7cm	230,000	永乐拍卖	2020-08-17
清乾隆 粉彩后赤壁赋山水人物诗文小盘（一对）	直径10.6cm	23,000	中国嘉德	2020-11-11
清乾隆 粉彩葫芦水丞	长9.2cm	13,800	中国嘉德	2020-11-11
清乾隆 粉彩花虫纹椭圆大盘	长43.2cm	32,200	中国嘉德	2020-07-15
清乾隆 粉彩花蝶图长方倭角花盆	长23cm	13,800	中国嘉德	2020-07-15
清乾隆 粉彩花卉诗文碗	直径17.7cm; 高7.3cm	32,200	中贸圣佳	2020-12-07
清乾隆 粉彩花卉纹茶碗	直径11cm	59,800	中国嘉德	2020-07-16
清乾隆 粉彩花卉纹盖碗	直径6.3cm; 高6.5cm	27,600	中贸圣佳	2020-12-07
清乾隆 粉彩花卉纹花口狮纽盖罐	高53cm	40,250	中国嘉德	2020-11-10
清乾隆 粉彩花卉纹折沿大盘（一对）	直径35.5cm	17,250	中国嘉德	2020-11-10
清乾隆 粉彩花鸟诗文方盖杯（一对）	高7.6cm	28,750	中贸圣佳	2020-07-18
清乾隆 粉彩花鸟纹大壶	高31.5cm	17,250	中国嘉德	2020-11-10
清乾隆 粉彩花鸟纹壮罐	高20cm	43,700	中国嘉德	2020-11-10
清乾隆 粉彩鸡缸杯（一对）	直径6.5cm	195,500	中国嘉德	2020-07-15
清乾隆 粉彩加金无量寿佛	高11cm	56,750	北京保利	2020-07-19
清乾隆 粉彩开光人物诗文卧足杯	直径7.4cm	230,000	华艺国际	2020-10-16
清乾隆 粉彩开光仕女图壶	高12.7cm	25,300	中国嘉德	2020-11-11
清乾隆 粉彩莲花式碗盖	直径11.2cm	48,300	中贸圣佳	2020-06-20
清乾隆 粉彩镂空福寿纹盖碗	高9cm; 直径11cm	172,500	西泠印社	2020-08-08
清乾隆 粉彩描金"绶带福寿"大吉葫芦挂瓶	高35cm	483,000	广东崇正	2020-09-13
清乾隆 粉彩牧牛图大将军罐	高61cm	28,750	中国嘉德	2020-07-16
清乾隆 粉彩七珍(大臣宝)	高10.3cm	28,750	北京中汉	2020-08-19
清乾隆 粉彩群仙人物纹瓷板	长40.6cm; 长30.5cm	132,250	中贸圣佳	2020-12-07
清乾隆 粉彩群仙祝寿图长方倭角茶盘	长37.4cm	32,200	中国嘉德	2020-07-16
清乾隆 粉彩人物大碗	直径35cm; 高14.3cm	17,250	中贸圣佳	2020-12-07
清乾隆 粉彩人物故事图盖碗（一对）	直径11.7cm	109,250	中贸圣佳	2020-10-17
清乾隆 粉彩人物故事纹碗	直径30cm; 高12.5cm	29,900	中贸圣佳	2020-06-20
清乾隆 粉彩人物鹿鹤同春福寿纹鹿头尊	高39.6cm	57,500	北京中汉	2020-08-19
清乾隆 粉彩人物纹长方倭角花盆（一对）	长35.2cm	63,250	中国嘉德	2020-11-11
清乾隆 粉彩三多墩式碗	14.9cm	436,464	香港苏富比	2020-10-09
清乾隆 粉彩三多纹墩式碗	直径15.2cm	172,500	北京诚轩	2020-08-17
清乾隆 粉彩三星图瓶	高40.8cm	71,300	中国嘉德	2020-07-15
清乾隆 粉彩山水图折沿洗	直径40.5cm	311,874	中国嘉德	2020-10-08
清乾隆 粉彩诗文童子大吉图盖碗（一对）	直径11.5cm×2	46,000	保利厦门	2020-09-26
清乾隆 粉彩仕女人物纹盘	直径28.7cm	23,000	中贸圣佳	2020-12-07
清乾隆 粉彩室上大吉图大盘	直径25.5cm	25,300	中国嘉德	2020-11-10
清乾隆 粉彩松绿地海水九龙双耳盘口瓶	70.5cm	373,836	香港苏富比	2020-11-26
清乾隆 粉彩桃花源图砚屏（一对）	21.8×21.8cm×2	71,300	北京诚轩	2020-08-17

拍品名称	物品尺寸	成交价RMB	拍卖公司	拍卖日期
清乾隆 粉彩陶渊明爱菊人物故事图瓷板	41.3×25cm	17,250	中国嘉德	2020-11-11
清乾隆 粉彩通景山水人物观音尊	高27.3cm	40,250	中贸圣佳	2020-10-17
清乾隆 粉彩无量寿佛小像	高11.3cm	43,700	中国嘉德	2020-08-18
清乾隆 粉彩五福捧寿杯	宽10.2cm	34,500	北京保利	2020-10-20
清乾隆 粉彩西山图山水纹瓷板	瓷板长22cm; 高19cm; 外框长32.2cm; 长21cm; 高40.3cm	138,000	中贸圣佳	2020-12-07
清乾隆 粉彩洗桐图瓷板	26×21.6cm; 瓷板23.5×17cm	23,000	中国嘉德	2020-07-15
清乾隆 粉彩喜鹊登梅图胆瓶	高38.5cm	82,800	中国嘉德	2020-07-16
清乾隆 粉彩携琴访友图瓷板挂屏	瓷板29.8×20.2cm; 挂屏51.3×40.1cm	57,500	中国嘉德	2020-08-18
清乾隆 粉彩婴戏图杯（一对）	直径6.6cm	43,700	中国嘉德	2020-11-11
清乾隆 粉彩婴戏图挂屏	31.5×31.5cm	64,003	中国嘉德	2020-07-13
清乾隆 粉彩婴戏图将军罐	高23cm	32,200	中国嘉德	2020-11-10
清乾隆 粉彩婴戏图盘	直径15.7cm	35,650	中贸圣佳	2020-12-07
清乾隆 粉彩婴戏图双耳斗杯	长7.3cm; 宽7.3cm; 高5.5cm	13,800	中贸圣佳	2020-12-08
清乾隆 粉彩婴戏图双耳斗杯	长7.3cm; 宽7.3cm; 高5.5cm	13,800	中贸圣佳	2020-12-08
清乾隆 粉彩玉兰杯	长12cm	322,000	中国嘉德	2020-07-16
清乾隆 粉彩玉兰花杯	宽7.6cm	43,662	中国嘉德	2020-10-08
清乾隆 粉彩折桂图瓷板	长24cm×宽24cm	20,700	北京大羿	2020-08-16
清乾隆 粉彩折枝花蝶纹盘（一对）	直径17cm	36,800	中国嘉德	2020-11-10
清乾隆 粉彩折枝花卉纹镂空小花篮（一对）	长10cm	13,800	中国嘉德	2020-07-16
清乾隆 宫粉地洋彩描金缠枝莲纹斋戒牌	长5.2cm; 宽3.8cm	46,000	北京大羿	2020-07-12
清乾隆 黄地洋彩缠枝宝相花卉纹折沿腰圆大花盆	长30cm	322,000	北京大羿	2020-10-16
清乾隆 金地粉彩花卉纹盖碗（一对）	直径11.5cm×2	52,900	保利厦门	2020-09-26
清乾隆 蓝釉粉彩松竹梅纹瓶	直径9.5cm; 高13.9cm	34,500	中贸圣佳	2020-06-20
清乾隆 蓝釉粉彩折枝花卉开光洞石牡丹纹大缸	直径62cm	230,000	中国嘉德	2020-07-15
清乾隆 蓝釉描金缠枝花卉开光粉彩人物纹花觚、盖罐各（一对）	高27.5cm; 高26cm	17,250	中国嘉德	2020-11-12
清乾隆 绿地粉彩折枝花卉纹鼓式罐	直径11.5cm	13,800	中国嘉德	2020-07-16
清乾隆 绿地轧道花卉开光粉彩花鸟纹瓶（一对）	高40.7cm	74,750	中国嘉德	2020-07-15
清乾隆 墨彩加粉彩山水人物纹大瓶	高55.8cm	17,250	中国嘉德	2020-07-16
清乾隆 墨地粉彩缠枝花卉纹碗	直径13.8cm	40,250	中国嘉德	2020-07-16
清乾隆 墨地粉彩缠枝花卉纹碗	直径14cm	34,500	中鸿信	2020-01-03
清乾隆 木纹釉粉彩荷花诗文瓷板	长41.5cm; 宽28.1cm	23,000	北京中汉	2020-11-09
清乾隆 木纹釉粉彩花蝶洞石墨彩山水纹小砚屏	高10.3cm	36,800	北京中汉	2020-11-09
清乾隆 木纹釉粉彩花卉诗文瓷板	长34.2cm; 宽28cm	23,000	北京中汉	2020-11-09
清乾隆 木纹釉开光粉彩西洋人物纹笔筒	直径6.9cm; 高9.6cm	69,000	北京中汉	2020-11-09
清乾隆 内矾红五蝠捧寿图外粉彩缠枝花卉寿字盘	直径15.6cm	34,500	中国嘉德	2020-11-10
清乾隆 内矾红五蝠捧寿图外粉彩缠枝花卉纹盘	直径15.7cm	46,000	中国嘉德	2020-11-11
清乾隆 青釉粉彩博古清供花鸟纹石榴耳花口大地瓶（一对）	高92cm	253,000	中国嘉德	2020-11-10

拍品名称	物品尺寸	成交价RMB	拍卖公司	拍卖日期
清乾隆 青釉粉彩牡丹纹灯笼瓶	高28cm	207,000	中国嘉德	2020-11-10
清乾隆 青釉粉彩山水人物纹折沿盆	直径34.3cm	25,300	中国嘉德	2020-07-15
清乾隆 色地粉彩折枝花卉纹三连小葫芦瓶	高6.5cm	40,250	中国嘉德	2020-07-16
清乾隆 珊瑚红描金缠枝莲开光粉彩婴戏图瓶	高20cm	13,800	中国嘉德	2020-11-10
清乾隆 松石绿地粉彩缠枝莲福寿纹碗	直径13.2cm	28,750	中国嘉德	2020-07-17
清乾隆 松石绿地粉彩穿花龙纹四足洗	长21cm	109,250	保利厦门	2020-09-26
清乾隆 松石绿地粉彩描金番莲纹长方花盆	长25.7cm	172,141	纽约苏富比	2020-09-23
清乾隆 唐英风格粉彩仿石纹开光花蝶纹瓶	高40.2cm	115,000	中国嘉德	2020-11-09
清乾隆 唐英制粉彩山水通景诗文笔筒	高11.7cm; 直径9cm	78,200	北京大羿	2020-08-16
清乾隆 外木纹釉内诗文鸡缸图碗	直径11.8cm	24,150	中贸圣佳	2020-12-07
清乾隆 胭脂红地粉彩缠枝莲福庆有余海棠形盆托（一对）	长22cm; 16.2cm	49,450	中贸圣佳	2020-07-18
清乾隆 胭脂红地粉彩花卉纹碗	高5cm; 直径12.5cm	32,200	荣宝斋（南京）	2020-11-28
清乾隆 洋彩八吉祥莲花器座	直径14.5cm	55,615	北京保利	2020-07-19
清乾隆 珍珠地松石绿釉粉彩开光庭院人物双耳盖尊（一对）	高43cm	195,500	中贸圣佳	2020-12-07
清乾隆/嘉庆 粉彩鱼藻纹折沿洗	直径38cm	253,000	中贸圣佳	2020-10-17
清乾隆-嘉庆 粉彩通景渔樵耕读图夔龙耳大瓶	高89cm	402,500	广东崇正	2020-09-13
清乾隆至民国瓷壁瓶（三对六只）	尺寸不一	24,150	中贸圣佳	2020-12-08
清乾隆十二年（1747年）粉彩渔家乐图太白罐	直径21.5cm	43,700	中国嘉德	2020-11-10
清乾隆 粉彩八吉祥纹茶圆	直径10.1cm	322,000	中贸圣佳	2020-10-17
清乾隆 粉彩过枝瓜瓞绵绵碗（一对）	直径11cm×2	920,000	永乐拍卖	2020-12-02
清乾隆 粉彩开光仕女诗文花卉纹杯	直径7.4cm	287,500	永乐拍卖	2020-12-02
清乾隆 粉彩皮球花纹墩式碗	直径15.1cm	414,000	北京中汉	2020-12-04
清乾隆 粉彩四季折枝花卉纹宫碗	直径16cm	943,000	北京保利	2020-10-19
清乾隆 粉彩御制诗文童子鸡缸杯	直径7.9cm; 高6.7cm	1,725,000	中贸圣佳	2020-10-17
清乾隆 黄地洋彩缠枝花卉开光佛日常明宫碗	直径16.3cm	517,500	中贸圣佳	2020-10-17
清乾隆 黄地洋彩花卉花瓣足盆奁（一套）	直径17cm	678,500	中贸圣佳	2020-10-17
清乾隆 绿地粉彩花蝶纹葫芦瓶	高38.8cm	1,054,500	佳士得	2020-10-08
清乾隆 胭脂红地轧道"锦上添花"缠枝花卉纹盘	直径15.7cm	379,500	北京中汉	2020-11-09
清乾隆 粉彩仿掐丝珐琅番莲花纹双耳盘口瓶	高24.4cm	1,817,701	香港苏富比	2020-11-27
清乾隆 粉彩过枝癞瓜纹碗	直径11.2cm	452,000	香港苏富比	2020-07-11
清乾隆 粉彩珊瑚红地番莲八吉祥纹贲巴壶	高25.4cm	4,353,787	香港苏富比	2020-11-26
清乾隆 粉彩珊瑚红地开光牡丹纹碗	直径10.8cm	1,582,000	香港苏富比	2020-07-11
清乾隆 粉彩珊瑚红地描金"大吉"葫芦挂瓶	高35.2cm	791,000	香港苏富比	2020-07-11
清乾隆 粉彩双凤朝阳橄榄瓶	高39.5cm	1,200,276	香港苏富比	2020-10-09
清乾隆 粉红地粉彩开光玉堂富贵背壶	高15.5cm	3,374,400	佳士得	2020-10-08
清乾隆 蓝地洋彩描金仿掐丝珐琅团花纹杯盏（一对）	杯宽7.6cm、7.8cm; 盏托直径15cm×2	230,000	中国嘉德	2020-12-03
清乾隆 珊瑚红地洋彩夔凤穿花纹长方盆奁（一套）	高3.3cm; 高8.5cm	603,216	保利香港	2020-12-02

拍品名称	物品尺寸	成交价RMB	拍卖公司	拍卖日期
清乾隆 松石绿地粉彩缠枝花卉纹瓶	高20cm	831,664	中国嘉德	2020-10-08
清乾隆 唐英制山水诗文双耳杯	宽11cm	1,351,454	中国嘉德	2020-10-08
清乾隆 胭脂红地洋彩缠枝宝相花纹壁瓶（一对）	高21.3cm×2	782,000	中国嘉德	2020-08-18
清乾隆 洋彩红地锦上添花冬青玲珑夹层瓶	高31.4cm	63,647,024	香港苏富比	2020-07-11
清乾隆 御制粉彩浅蓝地开光山水题诗瓶	18.7cm	1,636,740	香港苏富比	2020-10-09
清乾隆 袁昆书粉彩洞石花卉诗文插屏	高25.5cm; 长16cm; 宽9.5cm	460,000	西泠印社	2020-08-08
清乾隆/嘉庆 粉彩宝石红地锦上添花开光百子图大瓶	高76.5cm	1,192,275	纽约佳士得	2020-09-25
清乾隆至嘉庆 蓝料粉彩描金皮球花纹双兽耳四足洗	直径40.5cm	402,144	保利香港	2020-12-02
清乾隆至嘉庆 洋彩百花瑞兽开光胭脂红山水人物纹花盆	直径32cm	805,000	中国嘉德	2020-07-16
清乾隆至嘉庆 粉彩豆青地浮雕云蝠暗八仙胆瓶	高68cm	508,500	香港苏富比	2020-07-11
18世纪 红釉粉彩折枝花卉纹梅瓶	高24.0cm	297,820	巴黎佳士得	2020-06-23
清乾隆 粉彩地藏菩萨坐像	高35cm	1,240,916	巴黎佳士得	2020-06-23
清乾隆 粉彩蝶恋花纹海棠式四足花盆	长21.7cm	188,619	巴黎佳士得	2020-06-23
清乾隆/嘉庆 粉彩罗汉图莲花大碗	直径35cm	79,419	巴黎佳士得	2020-06-23
18世纪 粉彩蝶恋花纹苹果尊	直径9.2cm	46,874	纽约佳士得	2020-09-24
清乾隆 粉彩八吉祥纹碗（一对）	直径10.7cm×2	661,220	伦敦苏富比	2020-11-04
清乾隆 粉彩海棠式杯	高5.7cm	119,315	纽约佳士得	2020-09-24
清乾隆 粉彩莲花形笔搁	长7.7cm	46,874	纽约佳士得	2020-09-24
清乾隆 粉彩婴戏图壮罐（一对）	高28.5cm×2	11,241,450	纽约佳士得	2020-09-25
清乾隆 粉彩黄地"佛日常明"碗（一对）《乾隆年制》款	直径11.7cm×2	365,567	香港苏富比	2020-06-05
清乾隆 粉彩描金观音菩萨坐像	观音高14.8cm	456,959	香港苏富比	2020-06-05
清乾隆 粉彩和鸣凤鸾图大瓶	高69cm	667,000	北京大羿	2020-08-16
清乾隆 黄地粉彩狮子绣球蒜头瓶	高28.5cm	805,000	中鸿信	2020-01-03
清乾隆 茶叶末釉洋彩捏塑福寿灵芝纹桃桩形笔筒	直径10cm; 高12.3cm	2,472,500	北京中汉	2020-12-04
清乾隆 仿石纹釉开光粉彩山水纹灯笼瓶	高15.5cm	9,200,000	中贸圣佳	2020-10-17
清乾隆 粉彩"日日进喜"喜鹊登梅图盖碗	直径11.2cm	3,312,000	北京大羿	2020-10-16
清乾隆 粉彩百花不露地莱菔瓶	高20cm	2,185,000	北京保利	2020-10-19
清乾隆 粉彩百鹿尊	高45cm	35,650,000	北京大羿	2020-10-16
清乾隆 粉彩缠枝花卉双龙耳瓶	高29.8cm	2,300,000	中鸿信	2020-01-03
清乾隆 粉彩缠枝西番莲纹天球瓶	高50.8cm	14,577,720	保利香港	2020-12-02
清乾隆 粉彩过枝"玉堂富贵"图盘	直径19.4cm	4,485,000	华艺国际	2020-10-16
清乾隆 黄地洋彩"吉祥如意"大碗（一对）	直径19cm×2	3,910,000	中国嘉德	2020-08-18
清乾隆 黄地洋彩缠枝牡丹纹碗	直径18.2cm	310,500	中贸圣佳	2020-06-20
清乾隆 黄地轧道洋彩折枝花卉纹玉壶春瓶	高30.4cm	4,600,000	中国嘉德	2020-08-18
清乾隆 酱地描金开光粉彩花卉山水人物图葫芦瓶	高66.5cm	1,265,000	北京大羿	2020-10-16
清乾隆 蓝地轧道粉彩开光重阳菊花纹节令膳碗（一对）	直径15cm	6,233,232	保利香港	2020-12-02
清乾隆 松石绿地洋彩描金缠枝莲托八吉祥纹天球瓶	高53cm	16,100,000	永乐拍卖	2020-12-02
清乾隆 天蓝地锦上添花洋彩暗八仙福寿如意万年甲子旋转笔筒	高12.7cm	8,970,000	华艺国际	2020-12-05
清乾隆 胭脂红地粉彩八仙庆寿图灯笼瓶	高36cm	3,565,000	十竹斋拍卖（北京）	2020-10-18
清乾隆 胭脂红地洋彩锦上添花缠枝花卉纹盘	直径15.5cm	632,500	北京大羿	2020-12-06

拍品名称	物品尺寸	成交价RMB	拍卖公司	拍卖日期
清乾隆 胭脂紫地洋彩轧道三顾茅庐图双螭耳瓶	高74.2cm	2,012,500	华艺国际	2020-10-16
清乾隆 洋彩缠枝宝相花水盂连盖	高6cm; 长9cm	1,265,000	北京保利	2020-10-19
清乾隆 洋彩开光海屋添筹抱月瓶	高18cm	6,440,000	北京保利	2020-10-19
清乾隆 洋彩描金卷草皮球花开光皇家狩猎图墨彩御题诗文夔龙耳葫芦形壁瓶	高21.8cm	1,863,000	北京大羿	2020-12-06
清乾隆 洋彩受天百禄双螭耳尊	高44.5cm	10,637,500	北京保利	2020-12-05
清乾隆 洋彩松石绿地云龙纹瓶	高35.3cm	4,140,000	永乐拍卖	2020-12-02
清乾隆 洋彩胭脂紫地描金通景"歌舞升平，福在眼前"双螭耳大瓶	高75cm; 腹径40cm	32,200,000	北京保利	2020-10-19
清乾隆 洋彩婴戏图碗（一对）	直径15cm×2	4,600,000	北京保利	2020-10-19
清乾隆 御制粉彩百花不落地茶壶	宽18.5cm	4,600,000	北京保利	2020-12-05
清乾隆 御制松石绿地洋彩描金莲托八吉祥纹如意耳大瓶	高54.5cm	35,187,600	保利香港	2020-12-02
清乾隆 御制洋彩"万花献瑞"大葫芦瓶	高60.3cm	5,175,000	中国嘉德	2020-08-18
清嘉庆 "筑野堂制"粉彩缠枝莲纹盘	直径15.5cm	46,000	北京大羿	2020-05-05
清嘉庆 白釉暗刻海水粉彩仙人乘槎图折腰花口碗	直径18cm	17,250	北京大羿	2020-07-12
清嘉庆彩粉三多纹墩式碗（一对）	直径14.8cm	66,700	中鸿信	2020-01-03
清嘉庆 雕瓷粉彩缠枝花卉纹碗	高7cm; 直径17cm	63,250	保利厦门	2020-09-26
清嘉庆 矾红地开光粉彩婴戏图瓶	高19.8cm	25,300	北京大羿	2020-06-19
清嘉庆 粉彩花洲春晓图方斗杯	长10cm	25,300	北京大羿	2020-09-13
清嘉庆 粉彩"万寿无疆"八吉祥折沿盘	15.5cm	32,043	香港苏富比	2020-11-26
清嘉庆 粉彩八宝纹小碗	直径11cm	28,750	中国嘉德	2020-11-10
清嘉庆 粉彩八吉祥纹杯	直径10.5cm; 高6cm	201,250	保利厦门	2020-09-26
清嘉庆 粉彩百子嬉春图碗	直径18.5cm	74,750	北京中汉	2020-08-19
清嘉庆 粉彩宝相花福纹长方花盆（一对）	长18cm	36,320	北京保利	2020-07-18
清嘉庆 粉彩缠枝八宝纹花觚（一对）	高28.5cm	322,000	十竹斋拍卖（北京）	2020-10-18
清嘉庆 粉彩缠枝花卉纹盖碗	直径13cm	25,300	中国嘉德	2020-11-10
清嘉庆 粉彩缠枝莲福纹茶船	长15.2cm	92,000	中国嘉德	2020-11-10
清嘉庆 粉彩缠枝莲开光喜字盘	直径16.8cm	23,000	中国嘉德	2020-11-10
清嘉庆 粉彩缠枝莲纹茶船	长13.5cm	13,800	北京大羿	2020-07-17
清嘉庆 粉彩缠枝莲纹盖盒	直径11cm; 高6.1cm	66,700	中贸圣佳	2020-12-07
清嘉庆粉彩缠枝西番莲纹六方花盆	直径19.5cm	82,800	北京大羿	2020-08-16
清嘉庆 粉彩豆（一对）	口径14.3cm; 高13.8cm	16,800	上海联合	2020-11-29
清嘉庆 粉彩端午龙舟百子婴戏图盖罐（一对）	高41.9cm	40,250	北京中汉	2020-11-09
清嘉庆 粉彩福寿纹盘（一对）	直径16cm	92,000	北京大羿	2020-08-01
清嘉庆 粉彩耕织图山水人物诗文花口折腰碗	直径17.7cm	46,000	中国嘉德	2020-11-10
清嘉庆 粉彩过枝瓜瓞绵绵图碗	直径11cm; 高6cm	115,000	保利厦门	2020-09-26
清嘉庆 粉彩花鸟纹六方碗	直径17.4cm	20,700	中国嘉德	2020-07-15
清嘉庆 粉彩甲子万年碗	直径14.6cm; 高6.5cm	21,850	中贸圣佳	2020-12-07
清嘉庆 粉彩江西十景碗（一对）	直径21.1cm	63,250	中贸圣佳	2020-06-20
清嘉庆 粉彩江西十景小杯	直径5.5cm; 高4.4cm	23,000	中贸圣佳	2020-12-07
清嘉庆 粉彩江西十景之徐庭烟柳山水楼阁诗文花口碗	直径17cm	48,300	中国嘉德	2020-07-15
清嘉庆 粉彩江西十景之庐山瀑布山水楼阁诗文八方碗	长16.8cm	59,800	中国嘉德	2020-11-09
清嘉庆 粉彩绿地花卉纹执壶	高16.2cm	20,700	中贸圣佳	2020-12-07
清嘉庆 粉彩内三多纹外荷塘清趣图大马蹄碗	直径19.4cm	172,500	中国嘉德	2020-07-16
清嘉庆 粉彩三多纹墩式碗	直径15cm	71,300	中贸圣佳	2020-12-07

拍品名称	物品尺寸	成交价RMB	拍卖公司	拍卖日期
清嘉庆 粉彩四季花卉荸荠瓶	高24cm	172,500	中鸿信	2020-01-03
清嘉庆 粉彩松石绿地瑞兽图盘（一对）	15.8cm及15.7cm	34,179	香港苏富比	2020-11-26
清嘉庆 粉彩庭园婴戏花口碗	17.3cm	42,724	香港苏富比	2020-11-26
清嘉庆 粉彩外喜字内五福捧寿纹盘	直径17cm	20,700	北京大羿	2020-08-16
清嘉庆 粉彩折枝花卉纹海棠洗	长16cm	115,000	保利厦门	2020-09-26
清嘉庆 粉地洋彩开光花卉纹三孔抱月瓶	高11cm	115,000	北京大羿	2020-08-16
清嘉庆 黄地粉彩"甲子万年"盘（一对）	直径11.4cm	102,150	北京保利	2020-07-18
清嘉庆 黄地粉彩"万年甲子"盘（一对）	直径19.3cm	97,750	北京保利	2020-12-05
清嘉庆 黄地洋彩缠枝莲开光五谷丰登图盘	直径16.8cm	63,250	中国嘉德	2020-12-03
清嘉庆 金地粉彩荷塘图盖碗（一对）	1.高9.2cm; 2.高9.2cm	103,500	西泠印社	2020-08-09
清嘉庆 蓝地轧道粉彩开光花卉纹碗	高7.3cm; 直径16.3cm	115,000	西泠印社	2020-08-08
清嘉庆 内矾红五蝠捧寿图外粉彩折枝花卉纹小盘	直径10.8cm	25,300	中国嘉德	2020-07-17
清嘉庆 秋葵绿地洋彩洞石四季花卉纹双铺首衔环耳撇口瓶	高34.1cm	322,000	中贸圣佳	2020-12-07
清嘉庆 珊瑚红地洋彩开光花卉纹小碗	直径11.2cm	97,750	中国嘉德	2020-07-16
清嘉庆 珊瑚红釉粉彩开光长乐久安碗	直径14cm	23,000	中鸿信	2020-01-03
清嘉庆 松石绿地粉彩缠枝莲御制诗文海棠洗	长15.7cm	43,700	北京中汉	2020-08-19
清嘉庆 松石绿地洋彩西番莲开光百子戏春图瓶	高31.7cm	276,000	中贸圣佳	2020-07-18
清嘉庆 松石绿地婴戏图瓶	高23cm	80,500	北京大羿	2020-07-12
清嘉庆 胭脂红地洋彩九秋同庆图小碗	直径9.5cm	109,250	广东崇正	2020-09-13
清嘉庆 胭脂紫红地粉彩莲托八吉祥纹三足炉	高27.3cm	207,000	中贸圣佳	2020-12-07
清嘉庆/道光 珊瑚红地粉彩祥云仙鹤大吉葫芦盖瓶	高25cm	253,000	中贸圣佳	2020-10-17
清嘉庆至道光 粉彩花鸟寿桃纹天球瓶	高43.3cm	25,300	北京中汉	2020-11-09
清嘉庆至道光 粉彩七政宝碗（一对）	10.5cm	32,043	香港苏富比	2020-11-26
清嘉庆至道光 粉彩婴戏图双螭耳大瓶	高62.3cm	28,750	北京中汉	2020-08-19
清中期 矾红粉彩盘（三只）	尺寸不一	12,650	中贸圣佳	2020-12-07
清中期 粉彩暗八仙福寿纹瓷板（一对）	24.8cm×12.8cm	20,700	中国嘉德	2020-11-10
清中期 粉彩博古纹绣墩（一对）	高46cm×2	55,200	保利厦门	2020-09-26
清中期 粉彩缠枝花卉纹瓷板（一对）	23.7cm×9.8cm	13,800	中国嘉德	2020-07-15
清中期 粉彩缠枝莲托宝伞纹杯（四只）	直径7.3cm	63,250	中国嘉德	2020-08-18
清中期 粉彩春夜宴桃李园人物故事图盘口大瓶	高43cm	17,250	中国嘉德	2020-07-16
清中期 粉彩仿生荷叶匙（一对）	长13cm	17,250	中国嘉德	2020-07-16
清中期 粉彩封神演义人物故事图大瓶	高59.7cm	34,500	中国嘉德	2020-07-16
清中期 粉彩福寿八仙人物纹纸镇式瓷板	长24.5cm	36,800	北京中汉	2020-08-19
清中期 粉彩瓜瓞连绵开光吴王西施游八景、《浣纱记》之采莲人物故事图鼓墩	高48.8cm	115,000	中国嘉德	2020-11-10
清中期 粉彩葫芦形水洗	长9cm	23,000	北京保利	2020-10-20
清中期 粉彩花蝶开光麻姑献寿图果盘	长28.8cm	25,300	中国嘉德	2020-11-10

拍品名称	物品尺寸	成交价RMB	拍卖公司	拍卖日期
清中期 粉彩花蝶纹灯笼瓶	高18cm	48,300	中国嘉德	2020-07-16
清中期 粉彩花果开光刀马人物纹绶带葫芦瓶（一对）	高29.7cm	32,200	中国嘉德	2020-11-11
清中期 粉彩花果纹椭圆盘	长47cm	23,000	中国嘉德	2020-11-10
清中期 粉彩花卉纹壁瓶	长21cm	40,250	中国嘉德	2020-07-15
清中期 粉彩花鸟开光三国演义人物故事图大瓶	高45cm	13,800	中国嘉德	2020-07-16
清中期 粉彩花鸟纹长方倭角花盆带奁（一对）	花盆长23cm; 奁长23.4cm	28,750	中国嘉德	2020-07-16
清中期 粉彩江西十景之庐山瀑布山水楼阁诗文花口大碗	直径21cm	34,500	中国嘉德	2020-11-10
清中期 粉彩江西十景之麻姑仙坛山水楼阁诗文花口折腰碗	直径18.3cm	25,300	中国嘉德	2020-07-16
清中期 粉彩江西十景之南浦归帆山水楼阁诗文花口大碗	直径21.3cm	20,700	中国嘉德	2020-11-10
清中期 粉彩金玉满堂长方形花盆（一对）	高24cm	74,750	十竹斋拍卖（北京）	2020-10-18
清中期 粉彩榴开百子图缸	高28.6cm	25,300	中国嘉德	2020-07-15
清中期 粉彩镂雕云龙纹香薰	长21.5cm	36,800	中国嘉德	2020-07-15
清中期 粉彩镂空铜钱纹绣墩（一对）	高49cm×2	46,000	保利厦门	2020-09-26
清中期 粉彩罗汉	高25.4cm	40,250	中贸圣佳	2020-12-07
清中期 粉彩内鱼藻纹外十二花神图海棠形果盘	长29cm	20,700	中国嘉德	2020-11-11
清中期 粉彩琴棋书画人物故事图螭耳盘口大瓶	高43.9cm	17,250	中国嘉德	2020-07-16
清中期 粉彩群仙祝寿图螭耳盘口瓶（一对）	高43.6cm	23,000	中国嘉德	2020-11-10
清中期 粉彩人物博古图笔筒	高12.5cm	25,300	北京翰海	2020-12-12
清中期 粉彩三世同堂水丞	长8cm	16,100	北京大羿	2020-11-08
清中期 粉彩山水纹瓷板（两件）	长24cm	29,868	中国嘉德	2020-07-13
清中期 粉彩十八罗汉插屏	直径41cm	207,916	中国嘉德	2020-10-08
清中期 粉彩仕女纹大盘	直径47.5cm	49,450	广东崇正	2020-09-13
清中期 粉彩四妃十六子图盘口大瓶	高85.6cm	34,500	中国嘉德	2020-07-16
清中期 粉彩四季花卉纹大瓶	高44cm	13,800	中国嘉德	2020-07-16
清中期 粉彩贴塑花果纹香插	高13.8cm	23,000	中国嘉德	2020-11-09
清中期 粉彩童子小像	高21cm	43,700	中国嘉德	2020-11-09
清中期 粉彩外缠枝宝相花纹内五福捧寿纹盘	直径16cm	13,800	中贸圣佳	2020-12-07
清中期 粉彩无双谱盒（两件）	高11.4cm; 直径10.3cm	32,200	中国嘉德	2020-07-16
清中期 粉彩无双谱人物诗文夔龙耳六方大瓶	高39.4cm	20,700	中国嘉德	2020-11-11
清中期 粉彩西洋人物徽章菊瓣印盒	直径6.2cm	23,000	中国嘉德	2020-07-16
清中期 粉彩西洋人物纹瓶	高15.5cm	25,300	中国嘉德	2020-11-11
清中期 粉彩鱼藻纹杯（一对）	直径7cm	17,250	中国嘉德	2020-11-12
清中期 粉彩折枝花卉开光英王徽奖杯（一对）	高32.4cm	28,750	中国嘉德	2020-11-10
清中期 粉彩竹石诗文九子攒盘(一套九只)	长21.5cm; 长21cm; 长15.2cm	43,700	中国嘉德	2020-11-10
清中期 红釉水盂、洒蓝粉彩螭龙纹提梁壶（一组两只）	尺寸不一	17,250	北京大羿	2020-06-19
清中期 黄地粉彩花卉纹描金“福寿”葫芦挂屏	葫芦高34cm; 外框45.5×65cm	40,250	保利厦门	2020-09-26
清中期黄地粉彩开光岁朝清供图碗	直径11.8cm	92,000	北京中汉	2020-07-31
清中期 黄地粉彩西番莲纹开光“三阳开泰”纹壁瓶	高18cm	46,000	保利厦门	2020-09-26
清中期 蓝地轧道洋彩花卉开光菊花纹杯	直径7.1cm	32,200	中国嘉德	2020-07-16
清中期 内粉彩花蝶纹外仿木釉和合二仙八方香插	长12.2cm	25,300	中国嘉德	2020-11-10
清中期 松石绿地粉彩缠枝莲福寿纹帽架	高28cm	69,000	中国嘉德	2020-11-10

拍品名称	物品尺寸	成交价RMB	拍卖公司	拍卖日期
清中期 松石绿地粉彩缠枝莲开光大富贵亦寿考人物故事图狮耳花口大地瓶	高91.5cm	40,250	中国嘉德	2020-11-10
清中期 松石绿地粉彩花鸟开光人物纹抱月瓶（一对）	高47.8cm	57,500	中国嘉德	2020-07-16
清中期 松石绿地粉彩西番莲纹海棠形花盆	长17.5cm; 高8cm	13,800	保利厦门	2020-09-26
清中期 松石绿地开窗粉彩人物纹壁瓶（一对）	高17.5cm	34,500	广东崇正	2020-09-13
清嘉庆 黄地轧道粉彩皮球花四方倭角花盆	16.3cm×24.5cm ×10.4cm	713,000	华艺国际	2020-10-16
清嘉庆 绿地粉彩八吉祥纹朝天耳炉	高28.5cm	943,000	华艺国际	2020-10-16
清嘉庆 秋葵绿地粉彩缠枝宝相花“福寿如意”纹撇口瓶	高30.5cm	690,000	北京大羿	2020-10-16
清嘉庆 秋葵绿地粉彩缠枝西番莲纹海棠式洗（一对）	直径15cm×2	747,500	北京大羿	2020-10-16
清嘉庆 粉彩浅蓝地轧道开光秋菊图碗	直径14.8cm	316,400	香港苏富比	2020-07-11
清嘉庆 绿地粉彩暗八仙开光群仙祝寿、会昌九老图双耳大瓶（一对）	高85cm×2	920,000	北京保利	2020-12-05
清嘉庆 胭脂红地粉彩“瓜瓞绵绵”海棠式茶盘	长15.2cm	575,000	中国嘉德	2020-08-18
清嘉庆 粉彩福寿双全盘（一对）	直径16cm×2	198,547	巴黎佳士得	2020-06-23
清嘉庆 胭脂红地粉彩花卉纹镂空大盘	直径39.3cm	323,618	纽约佳士得	2020-09-25
清嘉庆 粉彩梦兰折桂杯（一对）	直径6cm×2	575,000	永乐拍卖	2020-08-17
清嘉庆 粉彩过枝癞瓜图碗	直径11.1cm	218,500	北京诚轩	2020-08-17
清嘉庆 粉地洋彩福寿吉庆纹龙首柄执壶	长17.6cm; 高13.8cm	2,357,500	中贸圣佳	2020-10-17
清嘉庆 胭脂紫地宝相花镂空折沿盘	直径39cm	2,070,000	华艺国际	2020-10-16
清道光 粉彩胭脂紫地轧道开光山水图碗	高6.5cm; 直径15cm	103,500	西泠印社	2020-08-08
清道光 白地粉彩缠枝莲捧寿纹海棠形花盆（一对）	直径22cm×2	39,100	北京大羿	2020-08-16
清道光 白地轧道粉彩人物花口碗	直径9.9cm	32,200	北京翰海	2020-12-12
清道光 翠地洋彩锦上添花四开窗鹊桥仙渡图碗	直径14.5cm	94,300	北京大羿	2020-08-16
清道光 粉彩“鹿鹤同春”纹铃铛杯（一对）	直径18.1cm; 高17.5cm; 直径28.2cm; 高7.3cm	86,250	北京中汉	2020-11-09
清道光 粉彩“云山晚钟”诗文卧足杯	直径7cm	93,562	中国嘉德	2020-10-08
清道光 粉彩八吉祥纹盘	直径25cm	43,700	保利厦门	2020-09-26
清道光 粉彩八吉祥纹烛台	高42.8cm	138,000	中贸圣佳	2020-07-18
清道光 粉彩八蛮进宝大碗	高16cm; 长35cm; 宽29cm	13,800	荣宝斋（南京）	2020-11-28
清道光 粉彩博古图小杯	直径6.3cm	126,500	中贸圣佳	2020-10-17
清道光 粉彩螭龙纹三足炉	直径14.1cm; 高9.2cm	20,700	中贸圣佳	2020-06-20
清道光 粉彩穿花夔凤纹小碗	直径11.7cm	36,800	中国嘉德	2020-07-15
清道光 粉彩蝶恋花盘（一对）	23.8cm及24.4cm	21,362	香港苏富比	2020-11-26
清道光 粉彩凤凰花卉图葵瓣形花盆	直径17cm	15,818	佳士得	2020-10-08
清道光 粉彩福山寿海图盘	直径15.5cm	40,250	北京大羿	2020-06-19
清道光 粉彩福寿延年杯托	11.7cm	32,043	香港苏富比	2020-11-26
清道光 粉彩高士图茶碗	直径11.2cm	13,800	中国嘉德	2020-11-11
清道光 粉彩鸽子纹小碗	直径10.8cm	17,250	中国嘉德	2020-11-10
清道光 粉彩官上加官图茶碗	直径10.8cm	126,500	中国嘉德	2020-12-03
清道光 粉彩过枝癞瓜纹茶碗	直径11cm	74,750	中国嘉德	2020-11-09
清道光 粉彩过枝籁瓜纹盖碗	直径11cm; 高8.5cm	230,000	保利厦门	2020-09-26

拍品名称	物品尺寸	成交价RMB	拍卖公司	拍卖日期
清道光 粉彩花蝶杯	直径8.4cm	59,800	北京翰海	2020-12-12
清道光 粉彩花蝶图瓜形烟壶	高7.2cm	17,250	中国嘉德	2020-08-18
清道光 粉彩花果纹茶碗	直径11.5cm	57,500	中国嘉德	2020-07-15
清道光 粉彩花卉洞石草虫纹笔筒	直径6.1cm; 高11.9cm	25,300	北京中汉	2020-11-09
清道光 粉彩花卉福寿纹盖碗	直径10.4cm	51,750	北京中汉	2020-12-04
清道光 粉彩花卉纹茶碗	直径10.8cm	138,000	中国嘉德	2020-08-18
清道光 粉彩花卉纹大碗	直径21.3cm	55,200	中国嘉德	2020-07-16
清道光 粉彩花卉纹盖碗	直径10.8cm	195,500	永乐拍卖	2020-12-02
清道光 粉彩花卉纹盖碗	直径11cm	115,000	中国嘉德	2020-08-18
清道光 粉彩花卉纹盖碗	直径10.6cm	74,750	中国嘉德	2020-11-09
清道光 粉彩花卉纹盘（一对）	直径15.2cm	138,000	中国嘉德	2020-08-18
清道光 粉彩花卉纹渣斗	高10cm	17,250	北京大羿	2020-08-01
清道光 粉彩花鸟纹盘（一对）	直径15.1cm	80,500	中国嘉德	2020-07-15
清道光 粉彩加金花卉盘（两件）	直径12.8cm	138,000	北京翰海	2020-12-12
清道光 粉彩江西四景方瓶	高40.1cm	20,700	中贸圣佳	2020-12-07
清道光 粉彩金玉满堂图大盘	直径29.7cm	13,800	中国嘉德	2020-11-10
清道光 粉彩开光堆塑折桂图、魁星点斗图四方笔筒	高9.7cm	32,200	中国嘉德	2020-11-11
清道光 粉彩开光五谷丰登碗	直径14cm	28,750	中鸿信	2020-01-03
清道光 粉彩癞瓜纹盖碗	直径10.5cm	101,200	北京大羿	2020-09-13
清道光 粉彩莲瓣纹盖碗（一对）	直径16.7cm	86,250	北京大羿	2020-08-01
清道光 粉彩莲托八宝纹高足碗	直径18.8cm; 高13.8cm	36,800	中贸圣佳	2020-06-20
清道光 粉彩绿龙纹盘	直径17.5cm	59,800	十竹斋拍卖（北京）	2020-10-18
清道光 粉彩梅花纹盖碗	直径10.8cm	71,300	中国嘉德	2020-07-16
清道光 粉彩描金福寿纹盘	直径16.1cm	80,500	北京诚轩	2020-08-17
清道光 粉彩七政宝纹碗（一对）	直径10.6cm	28,262	伦敦佳士得	2020-11-03
清道光 粉彩三多图墩式碗	直径15.2cm	333,500	中贸圣佳	2020-10-17
清道光 粉彩三多纹墩式碗	直径15.1cm	63,250	北京诚轩	2020-08-17
清道光 粉彩三多纹碗	直径10.5cm	119,570	伦敦佳士得	2020-11-03
清道光 粉彩三阳开泰图斗笠碗	直径13.5cm	86,250	北京大羿	2020-08-16
清道光 粉彩三阳开泰图笠碗	直径15.6cm	149,500	北京大羿	2020-08-16
清道光 粉彩山水图碗（一对）	直径9.8cm	27,051	伦敦佳士得	2020-02-13
清道光 粉彩神仙人物纹花口折腰小碗（一对）	直径11.3cm	43,700	中国嘉德	2020-11-11
清道光粉彩狮球图墩式杯（一对）	直径8.2cm	57,500	中国嘉德	2020-08-18
清道光 粉彩松绿地花鸟纹攒盘（一对）	11.5cm	44,860	香港苏富比	2020-11-26
清道光 粉彩松绿地描金福寿同庆纹笔筒	11.8cm	283,702	香港苏富比	2020-10-09
清道光 粉彩太平有象杯	直径8.3cm	119,175	北京保利	2020-07-18
清道光粉彩太平有象纹杯（一对）	直径8.5cm	184,000	北京大羿	2020-10-16
清道光 粉彩桃花春燕图碗	直径17cm	40,250	中国嘉德	2020-11-10
清道光 粉彩题诗祭稷图茶盅	直径9.9cm	51,269	香港苏富比	2020-11-26
清道光 粉彩庭院仕女图碗	直径18.2cm, 高8cm	17,250	中贸圣佳	2020-07-18
清道光 粉彩庭院婴戏图碗	直径14.4cm	172,500	北京诚轩	2020-08-17
清道光 粉彩团花纹大盘	直径24.9cm	23,000	中国嘉德	2020-11-10
清道光 粉彩团花纹盘	直径14.8cm	20,700	中国嘉德	2020-11-11
清道光 粉彩无双谱人物杯	高7.8cm	25,300	广东崇正	2020-09-13
清道光 粉彩《西厢记》人物故事图套杯（九只）	尺寸不一	46,000	中国嘉德	2020-07-16
清道光 粉彩喜上梅梢盘	12.8cm	16,022	香港苏富比	2020-11-26
清道光 粉彩胭脂地轧道开光山水纹碗	直径15cm; 高6.7cm	69,000	中贸圣佳	2020-06-20
清道光 粉彩一路连科碗	直径16cm	149,500	北京翰海	2020-12-12
清道光 粉彩渔樵人物纹烟壶	高6.1cm	34,500	中国嘉德	2020-08-18
清道光 粉彩玉兰花形洗	直径19cm	23,000	北京大羿	2020-07-12
清道光 粉彩轧道八仙杯（一对）	高6.9cm	62,375	中国嘉德	2020-10-08
清道光 粉彩折枝花虫纹瓜棱鼓钉洗	直径19.3cm	28,750	中国嘉德	2020-11-10
清道光 粉彩竹梅图盘	直径16.8cm	69,000	北京大羿	2020-08-16
清道光 粉彩竹石花蝶图马蹄杯（一对）	直径7cm	17,250	中国嘉德	2020-11-11
清道光 粉地轧道粉彩开光丹桂飘香图碗	直径14.9cm	287,500	北京诚轩	2020-08-17
清道光 粉红地粉彩洪福齐天八吉祥纹海棠形花盆	宽24.6cm	137,085	佳士得	2020-10-08
清道光 宫粉地粉彩五子登科双夔龙耳瓶	高30.5cm	345,000	华艺国际	2020-10-16
清道光 宫粉地洋彩四季花卉纹碗	直径13.5cm	40,250	北京大羿	2020-08-16
清道光 黄彩轧道锦地粉彩开光四时山水图碗	直径13.9cm	218,500	西泠印社	2020-08-08
清道光 黄地粉彩缠枝莲开光艾叶灵符花卉博古图碗	直径14.7cm	86,250	中国嘉德	2020-12-03
清道光 黄地粉彩佛日长明碗	直径16.2cm	310,500	永乐拍卖	2020-12-02
清道光 黄地粉彩花卉图碗	直径14.5cm	25,300	中鸿信	2020-01-03
清道光 黄地粉彩开光“艾叶祥符”碗	直径14.7cm	207,916	中国嘉德	2020-10-08
清道光 黄地粉彩开光博古图碗	直径21.6cm	28,750	中鸿信	2020-01-03
清道光 黄地粉彩开光山水碗	直径15cm	391,000	十竹斋拍卖（北京）	2020-10-18
清道光 黄地粉彩牡丹纹碗	直径11.3cm	240,998	纽约苏富比	2020-09-23
清道光 黄地洋彩缠枝花卉纹大碗	直径17.2cm	97,750	中国嘉德	2020-08-18
清道光 黄地洋彩缠枝花卉纹碗	直径14.6cm	23,000	中国嘉德	2020-07-17
清道光 黄地轧道粉彩三羊开泰纹碗	直径14.7cm	345,000	北京大羿	2020-07-12
清道光 黄地轧道洋彩开光四景山水纹碗	直径15cm	368,000	中贸圣佳	2020-10-17
清道光 江西十景腾阁高风碗	直径13.9cm	13,164	伦敦佳士得	2020-05-21
清道光 蓝地粉彩吉庆连绵福寿纹镂空帽筒	高28.5cm	63,250	中国嘉德	2020-11-09
清道光 蓝地洋彩锦上添花四开窗鹊桥相会图碗	直径14.5cm	103,500	北京大羿	2020-07-17
清道光 蓝地轧道粉彩开光鹊桥仙渡图碗	直径15cm	264,500	北京诚轩	2020-08-17
清道光 蓝地轧道粉彩开光天河配碗	直径14.8cm	473,388	纽约苏富比	2020-09-23
清道光 蓝地轧道洋彩花卉开光菊花纹杯	直径7cm	36,800	北京大羿	2020-08-01
清道光 蓝地轧道洋彩花卉开光菊花纹杯	直径7cm	20,700	北京大羿	2020-08-01
清道光 绿地粉彩福寿连绵图供盘	直径25.7cm	59,800	中国嘉德	2020-08-18
清道光 绿地粉彩花卉纹海棠盘	宽14.6cm	124,750	中国嘉德	2020-10-08
清道光 绿地粉彩云龙纹四方小烛台一对	高14cm	46,000	中国嘉德	2020-07-16
清道光 内粉彩云鹤春桃纹外黄釉云龙纹盘	直径16.2cm	71,300	中国嘉德	2020-07-15
清道光 内青花艾叶祥符纹外粉彩五谷丰登图碗（一对）	直径15cm	184,000	中国嘉德	2020-11-09
清道光 内青花花卉纹外粉彩黄地轧道开光万寿牡丹纹碗	直径14.7cm	320,771	香港苏富比	2020-11-27
清道光 内青花外粉彩荷塘纹碗	直径14.9cm	83,166	中国嘉德	2020-10-08
清道光 内青花外粉彩花卉碗（一对）	直径15cm	195,500	十竹斋拍卖（北京）	2020-10-18
清道光 内青花外胭脂红地洋彩花卉开光五谷丰登图碗	直径15cm	230,000	中国嘉德	2020-08-18
清道光 浅粉地粉彩缠枝莲托八宝纹高足碗（一对）	高12cm; 直径17cm×2	57,500	保利厦门	2020-09-26
清道光 珊瑚红地粉彩开光花卉纹碗	高6cm; 直径11cm	149,500	保利厦门	2020-09-26
清道光 珊瑚红地洋彩花卉开光牡丹纹碗	直径11cm	310,500	中国嘉德	2020-08-18
清道光 松石绿地粉彩宝相花纹盖罐	高28.5cm	43,700	中鸿信	2020-01-03
清道光 松石绿地粉彩缠枝莲托八宝纹大花觚（一对）	高41.5cm	138,000	中国嘉德	2020-07-17

拍品名称	物品尺寸	成交价RMB	拍卖公司	拍卖日期
清道光 外红釉内粉彩鱼藻纹碗（一对）	直径11.5cm 高5cm	172,500	中贸圣佳	2020-06-20
清道光 外胭脂地轧道粉彩开光内青花花果纹碗	直径14.7cm	316,350	佳士得	2020-10-08
清道光 嶰竹主人造粉彩花虫纹小杯（一对）	高5.4cm	26,450	中贸圣佳	2020-12-07
清道光 胭脂红地粉彩开光花卉纹碗	直径14.9cm	73,263	伦敦佳士得	2020-02-13
清道光 胭脂红地轧道粉彩开光山水图碗	直径15cm	379,500	北京大羿	2020-08-16
清道光 胭脂紫地轧道粉彩开光艾叶灵符图碗	直径14.9cm	264,500	北京诚轩	2020-08-17
清道光 御窑内青花外黄地轧道洋彩“三阳开泰”图节令膳碗	直径15cm; 高6.5cm	356,500	保利厦门	2020-09-26
清道光/清同治 粉彩花卉纹碗（四只）	尺寸不一	23,000	北京大羿	2020-05-28
清道光 粉彩仿剔红雕漆锦地“万福”壮罐	高21cm; 直径13cm	345,000	北京保利	2020-10-20
清道光 粉彩花蝶图捧盒（一对）	宽23.7cm×2	322,000	华艺国际	2020-10-16
清道光 粉彩虞美人花卉纹盖碗（一对）	直径11cm×2	598,000	北京保利	2020-10-20
清道光 宫粉地粉彩缠枝西番莲喜字纹碗（一对）	直径21cm×2	471,500	北京大羿	2020-10-16
清道光 里青花外蓝底轧道开光粉彩鹊桥仙渡图碗（一对）	直径14.6cm×2	782,000	华艺国际	2020-10-16
清道光 粉彩“三羊开泰”碗（一对）	直径13.5cm×2	415,832	中国嘉德	2020-10-08
清道光 粉彩过枝瓞瓜纹盖碗（一对）	直径11cm×2	460,000	中国嘉德	2020-11-09
清道光 粉彩荷塘水禽纹马蹄式水丞	直径10.5cm; 高5cm	207,000	保利厦门	2020-09-26
清道光 粉彩黄地轧道开光三羊开泰纹碗	直径14.9cm	491,022	香港苏富比	2020-10-09
清道光 粉彩金玉满堂花盆	宽31.5cm	501,358	中国嘉德	2020-07-13
清道光 粉彩绿地缠枝番莲海棠式茶盘	直径14.4cm	361,600	香港苏富比	2020-07-11
清道光 粉彩描金石榴蝴蝶撇口杯	直径7.5cm	395,500	香港苏富比	2020-07-11
清道光 粉彩三阳开泰斗笠碗（一对）	直径13.5cm; 高6cm×2	782,000	保利厦门	2020-09-26
清道光粉彩西洋犬纹大碗（一对）	直径18.2cm×2	920,000	中国嘉德	2020-08-18
清道光 宫粉地粉彩十二金钗双耳瓶（一对）	高27.5cm×2	1,496,930	香港苏富比	2020-11-27
清道光 黄地洋彩缠枝花卉纹宫碗（一对）	直径18cm×2	678,500	北京大羿	2020-09-13
清道光 内青花外粉彩灵芝花卉纹碗（一对）	直径14.9cm×2	322,000	中国嘉德	2020-08-18
清道光 内青花外粉彩浅蓝地轧道开光菊花碗	直径14.8cm	542,400	香港苏富比	2020-07-11
清道光 内青花外胭脂红地轧道洋彩花卉开光五谷丰登图碗	直径14.8cm	437,000	中国嘉德	2020-12-03
清道光 胭脂红地轧道粉彩五谷丰登图碗	直径14.5cm; 高6.5cm	540,500	保利厦门	2020-09-26
清道光 洋彩黄地缠枝花卉纹碗	直径11.3cm	678,000	香港苏富比	2020-07-11
清道光 紫地粉彩番莲吉庆灯笼瓶	高19.8cm	320,771	香港苏富比	2020-11-27
清道光 粉彩凤莲纹碗	直径20.9cm	319,871	香港苏富比	2020-06-05
清道光 粉彩牧牛童子图杯（一对）	直径6.6cm×2	514,079	香港苏富比	2020-06-05
清道光 粉彩青绿地番莲万寿纹盖碗	直径10.6cm	34,272	香港苏富比	2020-06-05
清道光 粉彩喜上梅梢纹碗	直径18.4cm	159,936	香港苏富比	2020-06-05
清道光 黄地洋彩花卉纹碗	直径8.4cm	268,038	巴黎佳士得	2020-06-23
清道光 绿地粉彩八吉祥番莲纹花觚	高40cm	64,946	巴黎苏富比	2020-06-18
清道光 粉彩浅蓝地轧道开光花卉纹碗	直径14.6cm	340,650	纽约佳士得	2020-09-25

拍品名称	物品尺寸	成交价RMB	拍卖公司	拍卖日期
清道光 粉彩福禄寿喜图碗	直径14.2cm	402,500	北京诚轩	2020-08-17
清道光 粉彩福山寿海五谷丰登纹小碗（一对）	直径10.6cm×2	287,500	北京大羿	2020-08-01
清道光粉彩过枝瓞瓜图碗（一对）	直径10.5cm×2	402,500	北京大羿	2020-08-16
清道光 粉彩描金五福捧寿纹盘	直径16cm	333,500	北京大羿	2020-08-16
清道光 黄地粉彩开光四季花卉纹碗（一对）	直径17cm×2	368,000	北京大羿	2020-08-01
清道光 珊瑚红地洋彩花卉纹碗（一对）	直径11cm×2	713,000	北京大羿	2020-07-12
清道光 粉彩八宝纹盖碗（一对）	直径10.5cm×2	391,000	北京大羿	2020-12-06
清道光 黄地洋彩缠枝莲托八宝纹贲巴瓶	高25.8cm	3,795,000	中国嘉德	2020-12-03
清道光 蓝地轧道牛郎织女碗（一对）	直径14.2cm×2	828,000	中贸圣佳	2020-10-17
清道光 绿地粉彩缠枝莲描金喜字纹壶	高17.5cm	575,000	北京大羿	2020-10-16
清道光 松石绿地堆白缠枝宝相花开光粉彩四季花卉纹长颈瓶	高57cm	2,300,000	北京大羿	2020-10-16
清道光 洋彩喜上眉梢图杯	直径8.7cm	794,500	北京保利	2020-07-18
清咸丰 粉彩《无双谱》人物纹杯、碟（一对）	杯直径9.5cm; 碟直径12.6cm	17,250	北京中汉	2020-08-19
清咸丰 粉彩开光仕女花卉纹花口杯（一对）	直径8.5cm	24,150	北京大羿	2020-09-13
清咸丰 粉彩七珍杯	直径8.3cm	17,250	中国嘉德	2020-11-10
清咸丰 粉彩七珍碗（一对）	直径12.7cm×2	25,300	中国嘉德	2020-12-03
清咸丰 黄地粉彩吉庆绵长开光渔樵耕读人物故事图碗（一对）	直径14.7cm×2	1,150,000	中国嘉德	2020-11-09
清咸丰 绿地粉彩万寿缠枝莲纹玉壶春瓶	高29.2cm	446,730	巴黎佳士得	2020-06-23
清同治 粉彩“万寿无疆”碗（一对）	直径11.5cm	31,187	中国嘉德	2020-10-08
清同治 粉彩八宝团凤纹盘	直径14.5cm	17,250	中国嘉德	2020-07-15
清同治 粉彩八宝纹杯	直径10.6cm	69,000	中贸圣佳	2020-06-20
清同治 粉彩八宝纹海棠形水仙盆	长28.5cm	23,000	北京大羿	2020-08-16
清同治 粉彩八宝纹盘	直径15cm	25,300	北京大羿	2020-07-12
清同治 粉彩八吉祥碗	直径10.8cm	63,270	佳士得	2020-10-08
清同治 粉彩百蝠纹碗	直径20.8cm	20,700	中贸圣佳	2020-06-20
清同治 粉彩缠枝莲八宝纹盘（一对）	直径15.2cm	103,500	中国嘉德	2020-11-09
清同治 粉彩雕瓷龙舟	长23.2cm	69,000	北京中汉	2020-11-09
清同治粉彩洞石兰花纹杯（一对）	直径6cm	25,300	北京中汉	2020-11-09
清同治 粉彩凤纹调羹（一套五件）	长17cm	117,339	中国嘉德	2020-07-13
清同治 粉彩黄地百蝶盘（一对）	直径7.5cm	42,724	香港苏富比	2020-11-26
清同治 粉彩黄地彩蝶双喜杯	直径10.1cm	32,043	香港苏富比	2020-11-26
清同治 粉彩锦地花卉纹杯	直径8.9cm	74,750	中贸圣佳	2020-12-07
清同治粉彩锦地开光福禄寿喜纹碗	直径13.2cm	14,950	中贸圣佳	2020-12-07
清同治 粉彩描金莲花寿字杯 六字楷书款（一对）	直径9.2cm	96,794	佳士得	2020-04-21
清同治 粉彩皮球花花盆	高24cm	48,300	北京大羿	2020-08-16
清同治 粉彩皮球花纹六方花盆	高26cm	66,700	北京大羿	2020-08-16
清同治 粉彩人物纹卷缸	直径52.2cm; 高44.7cm	21,850	中贸圣佳	2020-12-07
清同治粉彩三阳开泰图碗（一对）	直径14cm	230,000	北京大羿	2020-08-16
清同治 粉彩双龙赶珠纹大碗（一对）	直径20.5cm; 高11.5cm×2	155,250	保利厦门	2020-09-26
清同治 粉彩《水浒传》人物故事图兽耳大瓶	高64.5cm	59,800	中国嘉德	2020-07-15
清同治 粉彩团花纹碗（一对）	直径15.6cm	89,700	中国嘉德	2020-11-11
清同治 粉彩外双龙戏珠内一路莲科鱼浅	直径31cm	57,500	北京大羿	2020-08-16
清同治 粉彩《无双谱》盖碗（一组六只）	尺寸不一	46,000	北京大羿	2020-06-14
清同治 粉彩云蝠纹大盘	直径20.8cm	25,300	中国嘉德	2020-11-10
清同治 粉彩云龙纹盖碗（一对）	直径10.8cm	32,200	中国嘉德	2020-07-17

拍品名称	物品尺寸	成交价RMB	拍卖公司	拍卖日期
清同治 黄地粉彩“喜上眉梢”香盒（一对）	直径3.5cm	145,541	中国嘉德	2020-10-08
清同治 黄地粉彩百蝶描金双喜碗	直径10.5cm	101,200	保利厦门	2020-09-26
清同治 黄地粉彩百蝶纹碗（两件）	直径16.5cm	98,730	伦敦佳士得	2020-05-21
清同治 黄地粉彩百蝶喜字纹茶圆	直径9.7cm	28,750	北京大羿	2020-06-19
清同治 黄地粉彩丛竹纹杯（一对）	直径6.6cm	63,250	中国嘉德	2020-07-16
清同治 黄地粉彩蝠寿纹六方大花盆	长32.5cm	55,200	中国嘉德	2020-11-09
清同治 黄地粉彩蝴蝶纹杯（一对）	直径10.2cm	66,137	中国嘉德	2020-07-13
清同治 黄地粉彩描金“喜”字百蝶纹盘	直径14.9cm	51,750	北京中汉	2020-12-04
清同治 黄地粉彩万福万寿纹盘	直径16.7cm	34,500	中国嘉德	2020-11-10
清同治 黄地粉彩喜鹊登梅盘（两件）	直径10.5cm	74,750	北京翰海	2020-12-12
清同治 黄地粉彩喜上眉梢图杯	直径9cm	161,000	北京大羿	2020-09-13
清同治 黄地粉彩喜上眉梢图杯	直径9cm	138,000	北京大羿	2020-12-06
清同治 松石绿地粉彩福寿绵长图杯（一对）	高6.5cm	36,800	中国嘉德	2020-12-03
清同治/清光绪 粉彩百蝶图缸	46.7cm×40.3cm	109,250	北京诚轩	2020-08-17
清同治 黄地粉彩百蝶纹渣斗	高8cm	80,500	北京大羿	2020-11-08
清同治 黄地粉彩寿字纹蝠式折沿大花盆（一对）	49.2cm×35.6cm ×28cm×2	713,000	北京中汉	2020-12-04
清同治 黄地粉彩喜鹊登梅图杯（一对）	直径8.8cm×2	264,500	中国嘉德	2020-11-09
清同治 黄地粉彩四季花卉团龙捧盒	直径28.5cm	517,500	北京大羿	2020-08-16
18/19世纪 粉地粉彩番莲龙首带钩	8.7cm	42,769	香港苏富比	2020-11-27
19世纪 粉彩番莲八吉祥花觚部件（一对）	18cm	21,362	香港苏富比	2020-11-26
19世纪 粉彩果蔬挑图碗、粉彩骏马图碗（两件）	直径12.7cm; 直径17.3cm	25,300	北京保利	2020-12-05
19世纪 粉彩花卉纹碗（一组四只）	尺寸不一	20,700	北京大羿	2020-06-19
19世纪 粉彩莲池鱼藻纹天球瓶	高44.5cm	51,750	北京大羿	2020-07-17
19世纪 粉彩寿星瓷板	38.4×25.5cm	13,800	北京大羿	2020-06-19
19世纪 粉彩胭脂紫地轧道龙凤纹碗（一对）	11cm	53,405	香港苏富比	2020-11-26
19世纪 天蓝地粉彩花卉纹方壶	高28cm	20,843	伦敦佳士得	2020-05-21
19世纪 外粉彩内青花龙纹碗	宽15.3cm	19,201	中国嘉德	2020-07-13
19世纪 胭脂红地粉彩寿星图瓶（一对）	高60.5cm	124,750	中国嘉德	2020-10-08
清19世纪 粉彩百蝶纹赏瓶	高50.8cm	101,441	伦敦佳士得	2020-02-13
清 19 世纪 粉彩百蝶纹碗（一对）	直径15cm; 高16.5cm	50,616	佳士得	2020-10-08
清19世纪 粉彩瓜瓞绵绵纹碗（一对）	直径11.4cm	67,628	伦敦佳士得	2020-02-13
清19世纪 粉彩过枝籁瓜纹碗（一对）	直径14.4cm; 高39.4cm	40,071	佳士得	2020-10-08
清19世纪 粉彩孔雀（一对）	高44cm	217,400	伦敦佳士得	2020-11-03
清19世纪 粉彩人物图灯（两件）	最大高度33.7cm	20,288	伦敦佳士得	2020-02-13
清光绪“大雅斋”制黄地粉彩富贵长青图花盆	直径17cm; 高11.5cm	46,000	保利厦门	2020-09-26
清光绪“大雅斋”制珊瑚红地粉彩花卉纹水仙盆	长22cm	34,500	保利厦门	2020-09-26
清光绪 大雅斋紫地粉彩花卉纹茶碗	直径11cm	52,725	佳士得	2020-10-08
清光绪 粉彩荷塘翠鸟图赏瓶	高40cm	43,700	保利厦门	2020-09-26
清光绪 粉彩双龙赶珠纹碗（一对）	直径15.5cm; 高6.5cm×2	32,200	保利厦门	2020-09-26
清光绪 粉彩“万寿无疆”盘	直径24.5cm	25,990	中国嘉德	2020-10-08
清光绪 粉彩八宝纹杯	直径7.7cm	23,000	中国嘉德	2020-07-17
清光绪 粉彩八宝纹大盘	直径33.5cm	63,250	北京大羿	2020-05-28
清光绪 粉彩八宝纹大盘	直径33.5cm	36,800	北京大羿	2020-08-16
清光绪 粉彩八宝纹碗	直径16.9cm	69,000	中国嘉德	2020-11-10
清光绪 粉彩八宝云龙纹赏瓶	高34.3cm	18,400	中贸圣佳	2020-12-07

拍品名称	物品尺寸	成交价RMB	拍卖公司	拍卖日期
清光绪 粉彩八宝云龙纹折沿盆	直径34cm	17,250	中国嘉德	2020-07-17
清光绪 粉彩八吉祥杯（一对）	直径5.8cm	66,700	中贸圣佳	2020-12-07
清光绪 粉彩八吉祥盘（两件）	直径14.6cm	57,500	北京翰海	2020-12-12
清光绪 粉彩八吉祥碗	直径10.2cm	32,043	香港苏富比	2020-11-26
清光绪 粉彩八吉祥纹大盘	直径44cm	80,500	保利厦门	2020-09-26
清光绪 粉彩八吉祥纹盖碗	直径10.5cm	48,300	北京大羿	2020-05-05
清光绪 粉彩八吉祥纹盘	直径26.5cm	69,000	北京大羿	2020-08-16
清光绪 粉彩八吉祥纹盘（一对）	直径15cm×2	82,800	保利厦门	2020-09-26
清光绪 粉彩百蝶赏瓶	高38.5cm	264,500	十竹斋拍卖（北京）	2020-10-18
清光绪 粉彩百蝶赏瓶	高39cm	138,000	北京翰海	2020-12-12
清光绪 粉彩百蝶图赏瓶	高38.6cm	172,500	中国嘉德	2020-12-03
清光绪 粉彩百蝶图赏瓶	高39cm	105,800	中国嘉德	2020-11-09
清光绪 粉彩百蝶纹赏瓶	高39cm	253,000	北京大羿	2020-10-16
清光绪 粉彩百蝶纹赏瓶	高39.2cm	69,000	中贸圣佳	2020-12-07
清光绪 粉彩百蝶云龙纹椭圆折沿盘	长24.8cm	51,750	中国嘉德	2020-07-16
清光绪 粉彩百福纹大盘	直径51cm	163,534	纽约苏富比	2020-09-23
清光绪 粉彩百福纹赏瓶（一对）	高41cm	282,620	伦敦佳士得	2020-11-03
清光绪 粉彩百蝠纹荸荠瓶	高33cm	63,250	中国嘉德	2020-11-10
清光绪 粉彩百蝠纹赏瓶	高32.5cm	21,850	中鸿信	2020-01-03
清光绪 粉彩百鹿尊	高47cm	230,000	北京保利	2020-10-20
清光绪 粉彩百鹿尊	高45.5cm	103,500	北京保利	2020-10-20
清光绪 粉彩报岁兰纹碗（一对）	直径14cm	23,000	中国嘉德	2020-11-10
清光绪 粉彩缠枝八宝纹大盘	直径33cm	80,500	北京保利	2020-10-20
清光绪 粉彩缠枝八宝纹大盘	直径33.7cm	48,300	中贸圣佳	2020-06-20
清光绪 粉彩缠枝凤纹盘（一对）	直径27.7cm	143,750	十竹斋拍卖（北京）	2020-10-18
清光绪 粉彩缠枝花卉矾红团龙纹盘（一对）	直径19.1cm	52,725	佳士得	2020-10-08
清光绪 粉彩缠枝莲八宝纹大盘	直径38.2cm	55,200	中国嘉德	2020-11-10
清光绪 粉彩缠枝莲八宝纹大盘	直径34.3cm	46,000	中国嘉德	2020-11-10
清光绪 粉彩缠枝莲八宝纹大盘	直径28.5cm	40,250	中国嘉德	2020-07-15
清光绪 粉彩缠枝莲八宝纹大盘	直径34.7cm	32,200	中国嘉德	2020-07-15
清光绪 粉彩缠枝莲纹八宝纹大盘	直径34cm	69,000	中国嘉德	2020-11-10
清光绪 粉彩缠枝莲纹碗	直径12.5cm	35,650	北京大羿	2020-08-16
清光绪 粉彩缠枝牡丹福寿纹碗	直径17.5cm	17,250	中国嘉德	2020-11-11
清光绪 粉彩穿花龙凤纹绣墩	高47.4cm	23,000	中贸圣佳	2020-12-08
清光绪 粉彩穿花龙凤纹绣墩	高47.4cm	23,000	中贸圣佳	2020-12-08
清光绪 粉彩大雅斋水仙盆	长39.2cm	115,000	北京保利	2020-12-05
清光绪 粉彩蝶恋花仰钟式花盆（一对）	高32cm×2	29,900	北京大羿	2020-08-16
清光绪 粉彩洞石兰花图马蹄杯	直径11cm	28,750	北京大羿	2020-11-08
清光绪 粉彩朵花纹小盘	直径10.4cm	20,700	中国嘉德	2020-11-10
清光绪 粉彩矾红彩瓜瓞绵绵小碗（一对）	直径9.3cm	39,449	伦敦佳士得	2020-02-13
清光绪 粉彩凤纹碗	直径21cm	25,300	北京翰海	2020-12-12
清光绪 粉彩福禄万代开光吉庆有余图水丞	直径11.2cm	23,000	中国嘉德	2020-07-16
清光绪 粉彩福禄纹杯一套十件（连老锦盒）	高3.6cm	74,750	中贸圣佳	2020-07-18
清光绪 粉彩福寿花鸟纹赏瓶	高39cm	97,750	北京翰海	2020-12-12
清光绪 粉彩福寿如意纹大盘	直径37.6cm	97,750	广东崇正	2020-09-13
清光绪 粉彩福在眼前团龙凤纹大盘	直径35cm	40,250	中国嘉德	2020-07-17
清光绪 粉彩高士图大碗	直径21cm	13,800	中国嘉德	2020-11-10
清光绪 粉彩瓜瓞绵绵花盆（一对）	高52.7cm	106,810	香港苏富比	2020-11-26
清光绪 粉彩过墙花卉纹盘	直径21cm	32,200	北京大羿	2020-08-01
清光绪 粉彩过枝“瓜瓞绵绵”图折腰碗	直径14.5cm; 高6cm	34,500	保利厦门	2020-09-26
清光绪 粉彩过枝癞瓜碗（两件）	直径10.5cm	143,750	北京翰海	2020-12-12
清光绪 粉彩过枝癞瓜图碗	直径13.5cm	51,750	北京大羿	2020-11-08
清光绪 粉彩过枝癞瓜纹盖碗	直径11cm	43,700	中国嘉德	2020-11-11

拍品名称	物品尺寸	成交价RMB	拍卖公司	拍卖日期
清光绪 粉彩过枝癞瓜纹盖碗（一对）	直径10.6cm	115,000	中国嘉德	2020-11-09
清光绪 粉彩过枝癞瓜纹折腰碗	直径14.5cm	32,200	中国嘉德	2020-11-10
清光绪 粉彩过枝癞瓜纹折腰碗（一对）	直径14.8cm	66,700	中国嘉德	2020-11-11
清光绪 粉彩过枝梅花纹盘	直径21.8cm	25,300	中国嘉德	2020-11-10
清光绪 粉彩过枝瑞果纹杯	直径10.3cm；高6.2cm	51,750	中贸圣佳	2020-07-18
清光绪 粉彩荷塘图小盘（一对）	直径13.7cm	43,700	中国嘉德	2020-11-10
清光绪 粉彩鹤寿千年图碗	直径16.7cm	40,250	中国嘉德	2020-11-10
清光绪 粉彩洪福齐天图盖碗	直径10.9cm	55,200	中国嘉德	2020-07-15
清光绪 粉彩花果盘（两件）	直径19.6cm	69,000	北京翰海	2020-12-12
清光绪 粉彩花卉纹杯	直径6.2cm	20,700	中国嘉德	2020-07-16
清光绪 粉彩花卉纹杯（一对）	高4.7cm	29,900	中贸圣佳	2020-12-07
清光绪 粉彩花卉纹盘	直径22cm	34,500	北京中汉	2020-07-31
清光绪 粉彩花卉纹盘	直径18cm	23,000	中贸圣佳	2020-06-20
清光绪 粉彩花鸟纹杯	直径9cm	20,700	中国嘉德	2020-11-10
清光绪粉彩花鸟纹螭耳尊（一对）	高52.5cm	92,000	中贸圣佳	2020-12-07
清光绪 粉彩九桃开光花鸟诗文海棠尊	高50.8cm	228,708	中国嘉德	2020-10-08
清光绪 粉彩九桃天球大瓶	高56.5cm	241,500	广东崇正	2020-09-13
清光绪 粉彩九桃天球瓶	高53.2cm	241,500	中贸圣佳	2020-12-07
清光绪 粉彩九桃图大盘	直径34.2cm	28,750	中国嘉德	2020-07-15
清光绪 粉彩九桃图碗	直径12.6cm	28,750	中国嘉德	2020-07-15
清光绪 粉彩九桃图碗（一对）	直径16.7cm×2	126,500	北京诚轩	2020-08-17
清光绪 粉彩九桃图碗（一对）	直径14.1cm	66,700	中国嘉德	2020-11-10
清光绪 粉彩九桃图温盅	长23cm	34,500	中国嘉德	2020-07-15
清光绪 粉彩九桃纹大盘	直径47cm	86,250	十竹斋拍卖（北京）	2020-10-18
清光绪 粉彩九桃纹大捧盒	直径28cm	34,500	保利厦门	2020-09-26
清光绪 粉彩九桃纹盘	直径16.8cm	37,950	中贸圣佳	2020-12-07
清光绪 粉彩九桃纹赏瓶	高21cm	40,250	十竹斋拍卖（北京）	2020-10-18
清光绪 粉彩九桃纹天球瓶	高59cm	345,000	十竹斋拍卖（北京）	2020-10-18
清光绪 粉彩九桃纹天球瓶	高51.3cm	105,450	佳士得	2020-10-08
清光绪 粉彩九桃纹碗（一对）	直径14cm	65,550	北京大羿	2020-08-01
清光绪 粉彩九桃纹碗（一对）	直径12.3cm	32,200	十竹斋拍卖（北京）	2020-10-18
清光绪 粉彩夔凤团龙纹盘	直径14.5cm	28,750	中国嘉德	2020-11-10
清光绪 粉彩夔凤纹大碗	直径21cm	13,800	中国嘉德	2020-11-11
清光绪 粉彩夔凤纹碗	直径17cm	103,500	北京翰海	2020-12-12
清光绪粉彩癞瓜纹折腰盘（一对）	直径22.8cm	20,700	北京大羿	2020-08-01
清光绪 粉彩癞瓜纹折腰碗	直径20cm	37,950	北京大羿	2020-08-01
清光绪 粉彩癞瓜纹折腰小杯（一对）	直径6.5cm	43,700	北京大羿	2020-07-12
清光绪 粉彩立龙百蝶图椭圆形盘	26.9×22.3cm	34,500	北京诚轩	2020-08-17
清光绪 粉彩莲瓣纹秋操杯	长15.1cm	69,000	北京中汉	2020-11-09
清光绪 粉彩莲池芦雁图棒槌瓶	高41.5cm	23,000	北京大羿	2020-06-19
清光绪 粉彩莲花玉壶春瓶	高30.3cm	230,000	北京保利	2020-10-20
清光绪 粉彩龙凤八吉祥纹赏瓶	高40cm	130,440	伦敦佳士得	2020-11-03
清光绪 粉彩龙凤呈祥福禄纹盘（一对）	直径19cm	124,850	北京保利	2020-07-18
清光绪 粉彩龙凤穿花纹盘	直径33.5cm	39,100	北京大羿	2020-11-08
清光绪 粉彩龙凤纹荸荠瓶	高33.6cm	40,250	中国嘉德	2020-07-15
清光绪 粉彩龙凤纹大碗	直径37.5cm	13,800	中国嘉德	2020-11-11
清光绪 粉彩龙凤纹盘	直径39.5cm	46,000	十竹斋拍卖（北京）	2020-10-18
清光绪 粉彩龙凤纹赏瓶	高39.4cm	20,700	中国嘉德	2020-11-11
清光绪 粉彩龙凤纹碗（两件）	直径9.3cm	69,000	北京翰海	2020-12-12
清光绪 粉彩龙凤纹玉堂春瓶	高37cm	17,250	北京大羿	2020-06-19
清光绪 粉彩萝卜纹盘（一对）	直径14.5cm	28,750	中国嘉德	2020-11-11
清光绪 粉彩描金“蝠寿”花卉纹盘（一对）	直径19cm×2	23,000	北京保利	2020-10-20
清光绪 粉彩模印云龙纹豆	高39cm	39,550	北京中汉	2020-09-03
清光绪 粉彩内花卉纹外万代云纹大碗	直径17.6cm	32,200	中国嘉德	2020-11-10
清光绪 粉彩内紫藤花卉纹外万代无疆图盘	直径17.2cm	59,800	中国嘉德	2020-07-16
清光绪 粉彩皮球花盖碗（一对）	直径10.7cm	74,670	中国嘉德	2020-07-13
清光绪 粉彩瓶生吉庆开光花卉纹大碗	直径20.2cm	17,250	中国嘉德	2020-11-10
清光绪 粉彩秋操杯（一对）	长19cm	247,250	中贸圣佳	2020-12-07
清光绪 粉彩三羊开泰诗文碗（一对）	直径14.7cm	126,500	中国嘉德	2020-12-03
清光绪 粉彩诗文鸡缸杯	直径6.7cm；高5.8cm	71,300	中贸圣佳	2020-12-07
清光绪 粉彩寿福纹盘（一对）	直径19.3cm	51,750	中国嘉德	2020-11-10
清光绪 粉彩双龙赶珠托八宝纹小杯（一对）	直径4.5cm；高5.5cm×2	86,250	保利厦门	2020-09-26
清光绪 粉彩双龙戏珠八吉祥纹天球瓶（一对）	高49.7cm	230,000	北京中汉	2020-12-04
清光绪 粉彩双龙戏珠纹玉堂春瓶	高40cm	172,500	北京大羿	2020-08-01
清光绪 粉彩松鹿图鹿头尊	高33.4cm	149,500	中贸圣佳	2020-07-18
清光绪 粉彩桃花纹小碟	直径8.7cm	23,000	北京大羿	2020-07-17
清光绪 粉彩团花纹盖碗	直径10.8cm	40,250	中国嘉德	2020-07-15
清光绪 粉彩团花云龙纹折沿盘	直径23.4cm	13,800	中国嘉德	2020-07-15
清光绪 粉彩外花果内三多纹碗（一对）	直径16.2cm	36,800	北京大羿	2020-06-14
清光绪 粉彩喜上眉梢盘（一对）	24.5cm及24.3cm	32,043	香港苏富比	2020-11-26
清光绪 粉彩喜相逢折沿洗	直径41.7cm	55,200	中鸿信	2020-01-03
清光绪 粉彩婴戏图双耳瓶	高21.5cm	69,000	西泠印社	2020-08-08
清光绪 粉彩云蝠纹荸荠瓶	高34.5cm	296,700	十竹斋拍卖（北京）	2020-10-18
清光绪 粉彩云蝠纹荸荠瓶	高33.5cm	281,750	十竹斋拍卖（北京）	2020-10-18
清光绪 粉彩云蝠纹荸荠瓶	高33cm	253,000	北京大羿	2020-10-16
清光绪 粉彩云蝠纹荸荠瓶	高33cm	230,000	北京大羿	2020-11-08
清光绪 粉彩云蝠纹荸荠瓶	高32cm	20,700	中国嘉德	2020-07-17
清光绪 粉彩云蝠纹扁瓶	高33cm	287,500	北京翰海	2020-12-12
清光绪 粉彩云蝠纹大盘	直径34cm	115,000	北京大羿	2020-05-28
清光绪 粉彩云蝠纹大盘	直径34.5cm	66,700	十竹斋拍卖（北京）	2020-10-18
清光绪 粉彩云蝠纹赏瓶	高39cm	345,000	北京翰海	2020-12-12
清光绪 粉彩云蝠纹赏瓶	高39cm	276,000	北京翰海	2020-12-12
清光绪 粉彩云蝠纹赏瓶	高39.5cm	66,700	中国嘉德	2020-07-15
清光绪 粉彩云蝠纹赏瓶	高39cm	57,500	北京大羿	2020-06-14
清光绪 粉彩云鹤纹洗	直径28.3cm；高9.7cm	92,000	中贸圣佳	2020-06-20
清光绪 粉彩云龙纹盖碗	直径10.5cm	48,300	中国嘉德	2020-11-10
清光绪 粉彩云龙纹盖碗（一对）	直径9.3cm	69,000	中国嘉德	2020-07-15
清光绪粉彩云龙纹盖碗（一套四只）	直径10.9cm	34,500	中国嘉德	2020-07-15
清光绪 粉彩云龙纹壶、单鋬杯盏（一套九件）	尺寸不一	34,500	中国嘉德	2020-11-10
清光绪 粉彩云龙纹赏瓶	高38.5cm	86,250	北京诚轩	2020-08-17
清光绪 粉彩折枝花卉夔凤纹盘（一对）	直径17.3cm	13,800	北京中汉	2020-08-19
清光绪 粉彩折枝花卉纹碗	直径17cm	51,750	中国嘉德	2020-11-10
清光绪 粉彩折枝三多纹碗（一对）	直径12.4cm	25,300	中国嘉德	2020-11-10
清光绪 粉彩雉鸡牡丹图大碗	直径18.6cm	36,800	中国嘉德	2020-07-15
清光绪 粉彩雉鸡牡丹图小碗（一对）	直径11.4cm	28,750	中国嘉德	2020-08-18
清光绪 过枝癞瓜蝴蝶纹碗	直径10.5cm；高6cm	13,800	保利厦门	2020-09-26
清光绪 黄地八宝纹碗（一对）	高7cm；直径13.5cm	13,800	荣宝斋（南京）	2020-11-28
清光绪 黄地粉彩八吉祥花卉盘	直径15.3cm	40,250	北京翰海	2020-12-12
清光绪 黄地粉彩百蝶开光五谷丰登图小碗	直径12.4cm	57,500	中国嘉德	2020-07-16

拍品名称	物品尺寸	成交价RMB	拍卖公司	拍卖日期
清光绪 黄地粉彩百蝶图盘（一对）	直径14.2cm×2	161,000	北京诚轩	2020-08-17
清光绪 黄地粉彩凤凰纹瓶	高30.3cm	15,780	伦敦佳士得	2020-02-13
清光绪 黄地粉彩福寿纹小盘（一对）	直径11cm	59,800	中国嘉德	2020-11-10
清光绪 黄地粉彩福寿纹渣斗	直径8.5cm; 高9cm	28,750	保利厦门	2020-09-26
清光绪 黄地粉彩花蝶纹碗	直径16.5cm	34,500	中国嘉德	2020-11-11
清光绪 黄地粉彩花卉纹盒	直径16.5cm	126,500	中国嘉德	2020-07-16
清光绪 黄地粉彩花卉五福捧寿碗	直径18.2cm	36,800	北京翰海	2020-12-12
清光绪 黄地粉彩花卉五蝠盘	直径16.3cm	80,500	北京翰海	2020-12-12
清光绪 黄地粉彩花鸟纹罗汉杯	直径8.6cm	28,750	中贸圣佳	2020-12-07
清光绪 黄地粉彩描金福寿纹盘（两件）	直径13.5cm	92,000	北京翰海	2020-12-12
清光绪 黄地粉彩三多碗（两件）	直径16.3cm	80,500	北京翰海	2020-12-12
清光绪 黄地粉彩团寿纹盘	直径18cm	23,000	北京大羿	2020-08-16
清光绪 黄地粉彩团寿字盘	直径18.5cm	20,700	中国嘉德	2020-07-15
清光绪 黄地粉彩五福捧寿纹暖锅	直径17cm; 高17.5cm	46,000	中贸圣佳	2020-12-07
清光绪 黄地粉彩喜上眉梢纹盖碗 矾红四字楷书款（一对）	直径11cm	68,325	佳士得	2020-04-21
清光绪 黄地开光龙凤纹盘（一对）	直径19cm	84,000	乾禧国际	2020-01-20
清光绪 黄地胭脂红云龙纹烛台（一对）	高36.5cm	63,250	中国嘉德	2020-11-09
清光绪 黄地洋彩缠枝花卉纹盘	直径16.5cm	51,750	北京大羿	2020-10-16
清光绪 黄地洋彩锦上添花开光三羊开泰图碗	直径15cm	138,000	北京大羿	2020-05-05
清光绪 黄地轧道粉彩开光三阳开泰纹碗（一对）	直径15cm	264,500	北京大羿	2020-08-16
清光绪 黄地轧道外粉彩内青花三阳开泰图膳碗	直径15cm; 高6.8cm	78,200	广东崇正	2020-09-13
清光绪 蓝地粉彩花鸟纹杯	直径7.7cm	23,000	中国嘉德	2020-07-15
清光绪 蓝地粉彩花鸟纹茶碗	直径10.9cm	25,300	中国嘉德	2020-11-10
清光绪 蓝釉粉彩九桃琮式瓶	高28.8cm	115,000	十竹斋拍卖（北京）	2020-10-18
清光绪 绿地粉彩荷塘图水仙盆（一对）	直径18.2cm×2	92,000	中国嘉德	2020-12-03
清光绪 内矾红团龙纹外粉彩福禄万代开光花卉纹温盅	长27.2cm	43,700	中国嘉德	2020-07-17
清光绪 内粉彩龙凤纹外暗刻海水纹盘	直径18cm	32,200	中国嘉德	2020-11-09
清光绪 内黄地粉彩云龙纹外黄釉大盘	直径20.5cm	40,250	中国嘉德	2020-11-09
清光绪 内刻草虫纹外蓝地粉彩癞瓜纹盘	直径18cm	46,000	北京大羿	2020-09-13
清光绪 内青花外粉彩荷花纹碗（一对）	直径15.1cm; 直径15.3cm	92,000	中国嘉德	2020-12-03
清光绪 内青花外粉彩莲池纹碗（一对）	直径17cm	253,000	北京大羿	2020-10-16
清光绪 内青花外粉彩莲荷纹碗	直径15.1cm; 高6.4cm	138,000	中贸圣佳	2020-12-07
清光绪 内青花外粉彩一路连科纹碗	直径17.5cm	105,800	北京大羿	2020-09-13
清光绪 内珊瑚红地粉彩福禄万代图外黄地粉彩万字锦地开光“福禄寿喜”盘	直径17.8cm	55,200	中国嘉德	2020-07-16
清光绪 青花外粉彩荷莲内青花花卉纹碗	直径15cm	74,750	北京大羿	2020-12-06
清光绪 珊瑚红地开光花卉纹碗	直径11cm	70,370	北京保利	2020-07-18
清光绪 珊瑚红地洋彩开光花卉纹小碗（一对）	直径11.2cm	161,000	中国嘉德	2020-11-09
清光绪 松石绿地粉彩花蝶纹折腰盘	直径14.2cm	23,000	中国嘉德	2020-11-10
清光绪 松石绿地粉彩花鸟纹捧盒	直径23cm	149,341	中国嘉德	2020-07-13
清光绪 松石绿地粉彩花鸟纹四方洗	长16cm; 宽16cm; 高6.5cm	109,250	中贸圣佳	2020-07-18
清光绪 松石绿地粉彩花鸟纹碗	直径18.6cm	27,120	北京中汉	2020-09-03
清光绪 松石绿地粉彩藤萝花鸟图盘	直径51.3cm	109,250	北京大羿	2020-07-12
清光绪 松石绿地粉彩藤萝花鸟图盘	直径34cm	51,750	北京大羿	2020-11-08
清光绪 松石绿地粉彩藤萝花鸟纹碗	直径12.5cm	28,750	北京大羿	2020-05-05
清光绪 天蓝釉粉彩折枝花果开光花鸟纹贯耳瓶（一对）	高29.5cm	138,000	中国嘉德	2020-11-10
清光绪 洋彩折枝花蝶纹荷叶盖罐	高36cm	51,750	中国嘉德	2020-07-17
清光绪三十四年（1908年）粉彩秋操杯	长19.5cm	55,200	中国嘉德	2020-11-10
清光绪 粉彩百鹿尊	高46cm	414,000	十竹斋拍卖（北京）	2020-10-18
清光绪 粉青釉粉彩寿桃贯耳瓶（一对）	高30.3cm×2	667,000	中贸圣佳	2020-12-07
18/19世纪 粉彩太平有象烛台（一对）	高49cm×2	260,880	伦敦佳士得	2020-11-03
19世纪初 粉青地粉彩瓜瓞绵绵双蝶耳瓜棱式套壶	高15.5cm	209,386	伦敦苏富比	2020-11-04
清光绪 粉彩百子闹春图捧盒	高19.5cm; 直径31cm	138,000	西泠印社	2020-08-08
清光绪 粉彩百蝠纹赏瓶	高39.3cm.	158,837	巴黎佳士得	2020-06-23
清光绪 粉彩秋操杯（一对）	长20.1cm×2	195,500	北京大羿	2020-06-19
清光绪 藕荷地粉彩绣球芍药花纹渣斗	高9.5cm	207,000	北京大羿	2020-07-12
清光绪 粉彩九桃天球瓶	高53cm	517,500	中贸圣佳	2020-06-20
清光绪 黄地粉彩花卉花盆	高16.5cm	287,500	北京翰海	2020-12-12
清道光、清晚期 粉彩花卉诗文盘、松石绿釉粉彩花鸟纹盘（各一只）	直径19cm; 直径13.8cm	32,200	中国嘉德	2020-11-10
清晚期 单色釉、粉彩文房（三件）	直径12cm; 直径10.2cm; 直径6.8cm	17,250	中国嘉德	2020-07-17
清晚期 粉彩、单色釉瓷器（六件）	尺寸不一	25,300	中国嘉德	2020-07-16
清晚期 粉彩艾叶祥符花卉纹折腰盘（一对）	直径18cm	40,250	中国嘉德	2020-11-10
清晚期 粉彩八宝纹小碗（一对）	直径11cm	20,700	中国嘉德	2020-07-15
清晚期 粉彩百花纹折沿盘（一对）	直径23.5cm	13,800	中国嘉德	2020-07-16
清晚期 粉彩百子婴戏图洗	直径14cm	20,700	中国嘉德	2020-07-16
清晚期 粉彩博古图大花盆	直径40.4cm	17,250	中国嘉德	2020-11-11
清晚期 粉彩缠枝莲开光人物花卉纹将军罐（一对）	高46cm	46,000	中国嘉德	2020-11-10
清晚期 粉彩洞石花卉纹大盘	直径46.8cm	36,800	中国嘉德	2020-11-10
清晚期 粉彩佛像经筒连座	高31.5cm	40,250	中国嘉德	2020-07-16
清晚期 粉彩福禄万代八宝开光花鸟纹折沿盆	长37cm	40,250	中国嘉德	2020-11-10
清晚期 粉彩福禄万代图大葫芦瓶	高46.8cm	69,000	中国嘉德	2020-07-15
清晚期 粉彩福寿开光花鸟纹大花盆	直径36.5cm	25,300	中国嘉德	2020-11-11
清晚期 粉彩福寿纹、花果纹折腰盘（三只）	直径14.8cm; 直径14.8cm; 直径14.6cm	48,300	中国嘉德	2020-08-18
清晚期 粉彩福寿纹帽筒（一对）	高28cm	17,250	中国嘉德	2020-07-16
清晚期 粉彩瓜瓞连绵图小盘（一对）	直径10.3cm	13,800	中国嘉德	2020-07-16
清晚期 粉彩冠上加冠图四方花盆（一对）	高23.3cm	57,500	中国嘉德	2020-11-10
清晚期 粉彩红楼梦故事棒槌瓶	高44.5cm	172,500	北京保利	2020-10-20
清晚期 粉彩红梅山雀图座屏	瓷板25.7×38.7cm	25,300	北京诚轩	2020-08-17
清晚期 粉彩花虫纹洗、杯盏（九件）	尺寸不一	20,700	中国嘉德	2020-07-16

拍品名称	物品尺寸	成交价RMB	拍卖公司	拍卖日期
清晚期 粉彩花卉纹、花鸟纹狮耳大瓶（四件）	尺寸不一	28,750	中国嘉德	2020-07-16
清晚期 粉彩花卉纹大花盆	直径40.8cm	13,800	中国嘉德	2020-11-10
清晚期 粉彩花鸟开光人物故事图兽耳花口大地瓶	高132.5cm	82,800	中国嘉德	2020-11-09
清晚期 粉彩花鸟图碗（一对）	直径13cm×2	32,200	北京诚轩	2020-08-17
清晚期 粉彩花鸟纹大花盆带奁	盆直径36.5cm; 奁直径36.3cm	17,250	中国嘉德	2020-11-10
清晚期 粉彩花鸟纹方口瓶	高35cm	25,300	中国嘉德	2020-11-10
清晚期 粉彩花鸟纹海棠形花盆带奁（一对）	花盆长26.2cm; 奁长26cm	34,500	中国嘉德	2020-11-10
清晚期 粉彩鸡缸杯	直径7cm	218,500	北京大羿	2020-07-12
清晚期 粉彩九桃图大盘	直径35.2cm	34,500	中国嘉德	2020-11-10
清晚期 粉彩九桃图大碗	直径16.7cm	34,500	中国嘉德	2020-11-10
清晚期 粉彩开光花卉纹缸	高35cm; 直径40.5cm	32,200	十竹斋拍卖（北京）	2020-10-18
清晚期 粉彩捆竹帽筒（一对）	高28.3cm	13,800	中国嘉德	2020-07-16
清晚期 粉彩龙凤纹折沿盆	直径39.7cm	36,800	中国嘉德	2020-11-10
清晚期 粉彩秋菊图蟋蟀罐	直径12.2cm	17,250	中国嘉德	2020-11-11
清晚期 粉彩人物故事图螭耳大瓶（一对）	高57.4cm	66,700	中国嘉德	2020-07-15
清晚期 粉彩人物纹瓶	高44cm	28,750	中国嘉德	2020-11-10
清晚期 粉彩三星麻姑神仙人物纹棒槌瓶	高45.3cm	13,800	中国嘉德	2020-07-15
清晚期 粉彩十八学士图大碗（一对）	直径17.5cm; 直径17.3cm	13,800	中国嘉德	2020-11-12
清晚期 粉彩仕女图盖罐（一对）	高36cm	40,250	中国嘉德	2020-11-10
清晚期 粉彩水仙盆（两只）	尺寸不一	13,800	北京大羿	2020-05-28
清晚期 粉彩桃纹小天球瓶	高26cm	34,135	中国嘉德	2020-07-13
清晚期 粉彩团花纹六方倭角大花盆	长36.4cm	86,250	中国嘉德	2020-11-10
清晚期 粉彩喜上梅梢纹瓶	高29.5cm; 宽19cm	78,200	荣宝斋（南京）	2020-11-28
清晚期 粉彩一路连科图大缸	直径64cm	71,300	中国嘉德	2020-11-10
清晚期 粉彩云蝠云鹤纹长方盒	长34cm	25,300	中国嘉德	2020-11-10
清晚期 粉彩云龙纹盘	直径14.6cm	25,300	中国嘉德	2020-11-10
清晚期 粉彩攒盘、盘、盆（十二件）	尺寸不一	13,800	中国嘉德	2020-11-12
清晚期 粉彩轧道龙凤纹碗（一对）	直径14.6cm	24,150	中贸圣佳	2020-12-07
清晚期 粉彩折枝花卉纹卧足杯四只	直径7.5cm	51,750	中国嘉德	2020-07-16
清晚期 粉彩雉鸡牡丹图罐、教子图折沿盆各一件	直径29.8cm; 直径21cm	13,800	中国嘉德	2020-11-11
清晚期 粉彩紫地开光花鸟纹马蹄碗	直径17.5cm	20,792	中国嘉德	2020-10-08
清晚期 粉地粉彩花蝶纹长方花盆带奁	花盆长18.4cm; 奁长19cm	32,200	中国嘉德	2020-11-10
清晚期 黄地粉彩百蝶纹碗（一对）	直径14cm	34,500	中国嘉德	2020-11-10
清晚期 黄地粉彩缠枝莲杵开光佛日常明碗	直径14cm	17,250	中国嘉德	2020-07-15
清晚期 黄地粉彩缠枝莲福寿纹小贲巴壶、粉彩七珍杯（各一件）	高24.5cm; 直径8.4cm	36,800	中国嘉德	2020-07-17
清晚期 黄地粉彩福禄万代开光博古龙凤纹缸	直径53cm	55,200	中国嘉德	2020-11-10
清晚期 黄地粉彩喜鹊登梅图杯	直径8.5cm	51,750	中国嘉德	2020-11-10
清晚期 黄地开光粉彩福寿纹大花盆（一对）	直径39.8cm	80,500	中国嘉德	2020-07-15
清晚期 蓝釉粉彩博古图象耳方瓶（一对）	高31.2cm	20,700	中国嘉德	2020-07-17
清晚期 蓝釉开光粉彩刀马人物花鸟纹花盆（一对）	直径36.5cm	28,750	中国嘉德	2020-07-15

拍品名称	物品尺寸	成交价RMB	拍卖公司	拍卖日期
清晚期 绿地粉彩缠枝花卉开光花鸟纹石榴瓶（一对）	高28.7cm	20,700	中国嘉德	2020-07-16
清晚期 绿地粉彩缠枝莲福寿绵长纹大朝冠耳炉	长46.7cm	17,250	中国嘉德	2020-07-15
清晚期 绿地粉彩福寿绵长开光花蝶瑞兽纹花盆（一对）	直径35.5cm	48,300	中国嘉德	2020-07-15
清晚期 绿釉粉彩团鹤纹大盘（六只）	直径24.3cm	25,300	中国嘉德	2020-11-11
清晚期 内珊瑚红地粉彩福禄万代图外黄地粉彩万字锦地开光花鸟纹碗（一对）	直径13cm×2	63,250	中国嘉德	2020-12-03
清晚期 藕粉地粉彩龙凤纹浅碗（一对）	直径13.5cm	57,500	北京保利	2020-12-05
清晚期 松石绿地粉彩紫藤花鸟纹高足碗	直径17.8cm	34,500	中国嘉德	2020-07-15
清晚期 松石绿地粉彩紫藤花鸟纹碗	直径14.5cm	34,500	中国嘉德	2020-11-10
清晚期 天蓝地轧道粉彩百蝠包袱大葫芦瓶（一对）	高45cm	230,000	中国嘉德	2020-07-16
清晚期 胭脂红地粉彩缠枝花卉开光人物纹壁瓶	高27.5cm	13,800	中国嘉德	2020-11-11
清晚期 胭脂红地釉轧道粉彩折枝花卉开光花鸟清供图盘口瓶（一对）	高40.7cm	48,300	中国嘉德	2020-11-10
清晚期 胭脂红镂空开光粉彩八仙图琮式瓶（一对）	高34cm	40,250	中国嘉德	2020-07-16
清晚期 胭脂红釉开光粉彩花鸟纹六方花盆（一对）	长26cm	48,300	中国嘉德	2020-11-11
清晚期 紫地粉彩花鸟纹长方花盆	长39cm	40,250	中国嘉德	2020-11-11
清晚期/民国早期 黄地粉彩四季花果团龙纹大盖盒	直径29cm	250,525	佳士得	2020-04-21
清晚期至民国 粉彩福寿纹盘（一对）	直径12.5cm	17,250	中国嘉德	2020-07-15
清晚期至民国 粉彩荷塘图大盘	直径24.6cm	13,800	中国嘉德	2020-11-11
清晚期至民国 粉彩花卉纹马蹄杯	直径7cm	13,800	中国嘉德	2020-07-16
清晚期至民国 粉彩九桃图捧盒	直径24.8cm	34,500	中国嘉德	2020-11-10
清晚期至民国 粉彩秋操杯	长18.2cm	78,200	中国嘉德	2020-07-16
清晚期至民国 粉彩折枝梅兰图折腰碗（一对）	直径14.5cm	28,750	中国嘉德	2020-11-10
清宣统 粉彩一鹭莲科纹大橄榄瓶	高57cm	46,000	保利厦门	2020-09-26
清宣统 粉彩缠枝莲八宝纹折腰大盘	直径24.2cm	48,300	中国嘉德	2020-11-09
清宣统 粉彩过枝花卉纹盘	直径19.5cm	34,500	中国嘉德	2020-11-11
清宣统 粉彩洪福齐天纹玉堂春瓶	高40cm	437,000	北京大羿	2020-08-16
清宣统 粉彩花卉纹玉壶春瓶	高25cm	23,000	北京大羿	2020-06-19
清宣统 粉彩花卉玉壶春	高30cm	43,700	中鸿信	2020-01-03
清宣统 粉彩四季花鸟纹四方倭角洗	长26cm	71,300	中国嘉德	2020-07-16
清宣统 粉彩桃纹杯（一对）	高5cm	51,750	中贸圣佳	2020-06-20
清宣统 粉彩万寿无疆纹碗（一对）	直径11cm	40,250	北京大羿	2020-11-08
清宣统 粉彩云龙纹温盅	长17.5cm	63,250	中国嘉德	2020-07-17
清宣统 粉彩折枝花卉纹杯（一对）	直径6cm	80,500	中国嘉德	2020-07-16
清晚期 黄地粉彩万字锦地福寿花卉开光花鸟纹大地瓶	高116cm	345,000	中国嘉德	2020-11-09
清宣统 粉彩玉堂富贵盘	直径19.6cm	347,456	巴黎佳士得	2020-06-23
清宣统 粉彩百蝶赏瓶	高39cm	402,500	北京翰海	2020-12-12
清 "罗仲林"作粉彩开光诗文人物故事图螭耳洗口瓶	高32.5cm	16,100	保利厦门	2020-09-26
清 慈禧御制"大雅斋"紫地粉彩花卉瓶	高92.5cm	57,500	中鸿信	2020-01-03
清 矾红描金缠枝莲开光粉彩山水纹大碗	直径18.2cm	17,250	中国嘉德	2020-07-16
清 粉彩、单色釉瓷器（六件）	尺寸不一	28,750	中国嘉德	2020-11-12

拍品名称	物品尺寸	成交价RMB	拍卖公司	拍卖日期
清 粉彩八宝纹杯	高6cm	34,500	北京翰海	2020-09-12
清 粉彩八宝纹大盘	直径44cm	138,000	北京翰海	2020-09-12
清 粉彩八宝纹捧盒	直径21.5cm	17,250	北京翰海	2020-09-12
清 粉彩百蝶赏瓶	高40cm	57,500	北京翰海	2020-09-12
清 粉彩百蝶图赏瓶	高40cm	36,800	中国嘉德	2020-07-17
清 粉彩百鹿尊	高50cm	13,800	北京翰海	2020-09-12
清 粉彩笔筒、带钩、烟壶（四件）	高9.6cm; 长8.5cm; 高5cm	89,700	中国嘉德	2020-07-16
清 粉彩缠枝花卉纹碗	直径13cm	17,250	中国嘉德	2020-07-17
清 粉彩缠枝莲蝠纹瓷板	42.7×42.8cm	13,800	中国嘉德	2020-07-17
清 粉彩蝶恋花马蹄式杯（一对）	6.1cm	21,362	香港苏富比	2020-11-26
清 粉彩矾红云龙纹小杯（一对）	直径5.2cm	48,300	中贸圣佳	2020-12-07
清 粉彩耕织图瓷板（一组三件）	23×15cm×2; 20×15cm	57,500	广东崇正	2020-09-13
清 粉彩瓜蝶纹碗	直径13.5cm	57,500	北京翰海	2020-09-12
清 粉彩瓜蝶纹碗	直径12cm	55,200	北京翰海	2020-09-12
清 粉彩过枝瓞瓜纹茶碗（一对）	直径10.8cm	34,500	中国嘉德	2020-07-17
清 粉彩过枝梅花图斗笠杯（一对）	直径10.5cm; 高5cm×2	40,250	保利厦门	2020-09-26
清 粉彩荷塘鸳鸯图墩式碗	直径16.5cm	32,200	中国嘉德	2020-07-17
清 粉彩花卉壁瓶	长20cm	23,000	北京保利	2020-10-20
清 粉彩花口山水纹碗（两件）	直径9cm	20,700	北京翰海	2020-09-12
清 粉彩黄地花卉碗（两件）	直径10.5cm	276,000	北京翰海	2020-09-12
清 粉彩锦纹爆竹形盒	高10cm	34,500	中国嘉德	2020-07-17
清 粉彩九桃天球瓶	高49.8cm	230,000	中贸圣佳	2020-12-07
清 粉彩卷缸	缸口29.8cm; 高23cm	16,800	上海联合	2020-11-29
清 粉彩镂雕双钱纹锦地绣墩	高45.7cm	27,600	中贸圣佳	2020-12-07
清 粉彩绿地葫芦形壁瓶	高30cm	28,750	北京翰海	2020-09-12
清 粉彩描金西洋人物纹折沿盘（一对）	直径23cm	13,800	中国嘉德	2020-07-16
清 粉彩牡丹纹花口花盆（一对）	直径24cm; 高16cm	12,650	中贸圣佳	2020-12-08
清 粉彩盘口樽	29.5×13cm	21,280	上海联合	2020-11-29
清 粉彩捧盒	26.5×17.5cm	24,640	上海联合	2020-11-29
清 粉彩瓶、将军罐（三件）	高45.5cm; 高45cm; 高45cm	23,000	中国嘉德	2020-11-12
清 粉彩七珍八宝纹碗（一对）	直径12cm	28,750	北京大羿	2020-09-13
清 粉彩人物瓷盘（六只）	直径20cm	34,500	中贸圣佳	2020-12-07
清 粉彩人物故事图马蹄杯	直径11.1cm	23,000	中国嘉德	2020-07-17
清 粉彩人物瓶	高53cm	17,250	北京翰海	2020-09-12
清 粉彩人物纹杯（一对）	直径6.5cm	13,800	中国嘉德	2020-11-12
清 粉彩山水人物诗文花口盘（一对）	直径18.8cm	17,250	中国嘉德	2020-11-12
清 粉彩山水水洗	长20cm; 高10.6cm（连座）	22,400	上海联合	2020-11-29
清 粉彩神仙人物纹狮耳方瓶（一对）	高40.6cm	17,250	中国嘉德	2020-11-12
清 粉彩书卷观音坐像	13.2×21cm	19,040	上海联合	2020-11-29
清 粉彩松石地花鸟盘（两件）	直径14.5cm	46,000	北京翰海	2020-09-12
清 粉彩松石地婴戏笔筒	高11.5cm	20,700	北京翰海	2020-09-12
清 粉彩太平有象	高34.8cm	138,000	中国嘉德	2020-07-15
清 粉彩凸雕寿字纹方瓶	高16cm	27,600	中贸圣佳	2020-12-07
清 粉彩团花纹碗（一对）	直径14.4cm	23,000	中国嘉德	2020-11-12
清 粉彩无双谱人物故事图大瓶（一对）	高60cm	89,700	中国嘉德	2020-07-16
清 粉彩饮中八仙诗文杯（一对）	直径7.7cm	25,300	中国嘉德	2020-07-17
清 粉彩婴戏花盆	长16cm	34,500	北京翰海	2020-09-12
清 粉彩云蝠纹荸荠瓶	高32.5cm	17,250	中国嘉德	2020-11-11
清 粉彩云蝠纹花盆（两件）	高16.4cm	34,500	北京翰海	2020-12-12
清 粉彩紫地花卉碗（两件）	直径12cm	34,500	北京翰海	2020-09-12
清 黄地粉彩雕瓷亭台人物印盒	直径6.7cm	20,700	北京翰海	2020-12-12
清 金地粉彩折枝花蝶纹四方倭角杯（一对）	长6.5cm	34,500	中国嘉德	2020-07-16
清 乾隆款粉彩人物纹盘	直径24cm	32,200	上海嘉禾	2020-01-05

拍品名称	物品尺寸	成交价RMB	拍卖公司	拍卖日期
清 青釉粉彩花卉纹小瓜棱尊	高16.8cm	28,750	中国嘉德	2020-11-11
清 珊瑚地开光花卉碗（两件）	直径11cm	40,250	北京翰海	2020-09-12
清 松石绿地粉彩缠枝莲托八宝纹烛台（一对）	高27cm	20,700	中国嘉德	2020-11-11
清 松石绿地粉彩描金小天球瓶	高8cm	69,000	中贸圣佳	2020-12-07
清 胭脂红地粉彩庭院仕女图灯笼瓶	高28cm	115,000	保利厦门	2020-09-26
清中晚期 粉彩桃形洗	长24cm; 宽23cm	92,000	十竹斋拍卖（北京）	2020-10-18
晚清 粉彩龙凤纹盘（三只）	直径114.6cm; 直径214.3cm; 直径314.3cm	51,750	中贸圣佳	2020-12-07
清 黑地鹊梅太白尊	高9cm	48,300	西泠印社	2020-08-08
清 绿地粉彩百子婴戏图螭龙耳瓶	高73cm	869,600	伦敦佳士得	2020-11-03
清 粉彩三星图插屏	16.5×13×21cm	79,968	香港苏富比	2020-06-05
清光绪 粉彩荷花秋操杯	直径19.7cm	62,832	香港苏富比	2020-06-05
清光绪 粉彩荷花碗	直径13.6cm	22,848	香港苏富比	2020-06-05
清光绪 粉彩花卉纹碗	直径17cm	22,848	香港苏富比	2020-06-05
清光绪 粉彩水仙花神杯（一对）	直径5.7cm×2	125,664	香港苏富比	2020-06-05
清光绪 粉彩松绿地藤萝月季花碗（一对）	直径12.4cm×2	171,360	香港苏富比	2020-06-05
清光绪 粉彩题诗鸡缸杯	直径8.2cm	171,360	香港苏富比	2020-06-05
清光绪 黄地粉彩百蝶碗	直径19.5cm	137,088	香港苏富比	2020-06-05
清光绪 黄地粉彩龙凤呈祥纹瓶（一对）	高60.7cm	64,946	巴黎苏富比	2020-06-18
清光绪戊寅（1878年）粉彩凤穿牡丹八吉祥折沿盘	直径21cm	45,696	香港苏富比	2020-06-05
清嘉庆 粉彩八吉祥碗	直径10.7cm	22,848	香港苏富比	2020-06-05
清嘉庆 粉彩八吉祥纹碗	直径10.6cm	137,088	香港苏富比	2020-06-05
清末 粉彩过枝蟠桃大盘	直径47.4cm	57,120	香港苏富比	2020-06-05
清咸丰 粉彩莲纹笔盒	长17.8cm	137,088	香港苏富比	2020-06-05
邓璧奏 民国 粉彩东坡试砚瓷板	高40.3cm	13,800	中贸圣佳	2020-12-07
段子安 民国 粉彩八骏图瓶	高34.6cm	115,000	中贸圣佳	2020-10-17
方云峰 民国 粉彩兰蝶图瓶	高16.3cm	172,500	中贸圣佳	2020-10-17
何许人 民国 雪景双耳瓶	高14.5cm	207,000	西泠印社	2020-08-09
刘雨岑 民国 双宿双飞到白头 粉彩圆盘屏风	直径23cm	253,000	十竹斋拍卖（北京）	2020-10-18
民国 何许人作粉彩雪景瓷板挂屏	38cm×24cm	414,000	保利厦门	2020-09-26
民国 "麟趾呈祥"款粉彩婴戏图罐	高21cm	12,650	中鸿信	2020-01-03
民国 程意亭粉彩竹雀图瓷板	长38.8cm; 宽25.6cm	126,500	中贸圣佳	2020-07-18
民国 程芸农粉彩嘉谷鸣禽方瓷板	28.5×28.1cm	20,700	中贸圣佳	2020-07-18
民国 大清乾隆年制款粉彩山水图水洗	高5.5cm; 直径21.8cm	13,800	西泠印社	2020 08 09
民国 邓碧珊绘粉彩鱼藻图纸槌瓶	高23.5cm	333,500	西泠印社	2020-08-08
民国 矾红地开窗粉彩双螭耳瓶	高28cm	12,650	中贸圣佳	2020-12-07
民国 仿郎世宁粉彩对弈诗文图挂屏	直径40.5cm; 宽29.5cm	28,750	广东崇正	2020-09-13
民国 粉彩"何许人"款印泥盒	直径12.5cm	32,200	保利厦门	2020-09-26
民国 粉彩"橘中二叟"灯笼瓶	高14.5cm	18,160	北京保利	2020-07-18
民国 粉彩安居乐业图瓶（一对）	高34.8cm	34,500	中国嘉德	2020-11-10
民国 粉彩八宝纹杯（一对）	直径9.3cm	40,250	中国嘉德	2020-11-10
民国 粉彩白象童子瓷板	37.8cm×36.7cm	13,800	北京保利	2020-10-20
民国 粉彩百蝶喜字捧盒	直径27cm	17,250	中国嘉德	2020-11-11
民国 粉彩百花不落地开窗花鸟纹瓶	高34cm	20,700	广东崇正	2020-09-13
民国 粉彩百花不落地盘龙天球瓶	高47cm	34,500	广东崇正	2020-09-13
民国 粉彩百花锦地开光人物纹狮耳尊（一对）	高34.3cm	32,200	中国嘉德	2020-07-16
民国 粉彩百花锦地镂空云龙纹转心瓶	高28.4cm	92,000	中国嘉德	2020-11-10
民国 粉彩报岁兰纹蒜头瓶	高28.5cm	17,250	中国嘉德	2020-07-16

拍品名称	物品尺寸	成交价RMB	拍卖公司	拍卖日期
民国 粉彩博古纹高足杯	直径9.2cm;高8.8cm	13,800	广东崇正	2020-09-13
民国 粉彩布袋和尚像	长27.6cm	17,250	中国嘉德	2020-07-16
民国 粉彩草虫纹紫檀笔筒	17.5cm×17.5cm×24.5cm	51,750	广东崇正	2020-09-13
民国 粉彩缠枝花卉开光仕女图六方花盆（一对）	长24.5cm	17,250	中国嘉德	2020-07-15
民国 粉彩春夏秋冬花鸟图长条瓷板（一套）	瓷板长72cm，宽19cm;外框长109.2cm，宽38.7cm	126,500	中贸圣佳	2020-10-17
民国 粉彩仿生鱼篓酒坛	高17.5cm	20,700	中国嘉德	2020-07-15
民国 粉彩飞鸣宿食图瓷板	39cm×25.8cm	13,800	中国嘉德	2020-07-15
民国 粉彩福寿延年图双龙盘口尊	高28cm	23,000	广东崇正	2020-09-13
民国 粉彩高士童子纹瓶	高35.7cm	32,200	广东崇正	2020-09-13
民国 粉彩高士图瓶	高19.8cm	20,700	中国嘉德	2020-07-15
民国 粉彩冠上加官图瓷板	长39cm;宽25.5cm	13,800	北京大羿	2020-08-01
民国 粉彩过枝花蝶纹碗（一对）	直径16.9cm	13,800	中国嘉德	2020-07-15
民国 粉彩花蝶图瓜棱花盆带奁（一对）	花盆直径15.5cm;奁直径14.6cm	17,250	中国嘉德	2020-07-16
民国 粉彩花卉开光山水阁楼双耳大尊	高28.5cm	345,000	北京保利	2020-12-05
民国 粉彩花卉赏瓶	高40cm	51,750	十竹斋拍卖（北京）	2020-10-18
民国 粉彩花卉四方笔筒及山水人物笔筒（两件）	高19.4cm;高211.3cm	28,750	中贸圣佳	2020-12-08
民国 粉彩花卉图花盆（带托）（一对）	带托高15.5cm	126,500	中贸圣佳	2020-07-18
民国 粉彩花卉纹、九龙图碗各（一只）	直径19.8cm;直径13cm	20,700	中国嘉德	2020-11-10
民国 粉彩花卉纹瓷板（一对）	21.3×16.5cm	169,069	伦敦佳士得	2020-02-13
民国 粉彩花卉纹盖碗	长11cm	,13,800	中国嘉德	2020-07-17
民国 粉彩花卉纹六方倭角花盆带奁	花盆长24.5cm;奁长22.2cm	17,250	中国嘉德	2020-07-16
民国 粉彩花卉纹赏瓶	高38.5cm	20,700	中国嘉德	2020-07-16
民国 粉彩花卉纹水仙盆	长23cm	17,250	中国嘉德	2020-11-12
民国 粉彩花卉纹天球瓶	高40.5cm	23,000	中国嘉德	2020-07-16
民国 粉彩花卉纹碗（一对）	直径14.3cm	28,750	中国嘉德	2020-07-16
民国 粉彩花卉椎把瓶	高15.8cm	28,750	十竹斋拍卖（北京）	2020-10-18
民国 粉彩花开富贵图瓶	高17cm	13,800	北京大羿	2020-06-19
民国 粉彩花鸟瓷板（一套四件）	99.3×31.4cm	145,541	中国嘉德	2020-10-08
民国 粉彩花鸟纹瓶（一对）	高24cm	17,250	中国嘉德	2020-07-15
民国 粉彩花盆（一对）	宽23cm	31,187	中国嘉德	2020-10-08
民国 粉彩黄地轧道皮球花小天球瓶	高19.5cm	13,800	北京大羿	2020-07-12
民国 粉彩鸡缸盖碗（一对）	碗直径10.7cm;盏托直径10.2cm	32,200	中国嘉德	2020-07-16
民国 粉彩九桃天球瓶	高39.8cm	59,800	中贸圣佳	2020-12-07
民国 粉彩九桃天球瓶	高57cm	13,800	荣宝斋（南京）	2020-11-28
民国 粉彩九桃图小天球瓶	高38.2cm	241,500	中国嘉德	2020-07-16
民国 粉彩九桃纹橄榄瓶（一对）	高44.1cm	17,250	中贸圣佳	2020-06-20
民国 粉彩九桃纹天球瓶	高30.5cm	161,000	北京大羿	2020-09-13
民国 粉彩九桃纹天球瓶	高46cm	25,300	北京大羿	2020-11-08
民国 粉彩九桃纹碗盘（一组六件）	直径16.4cm×2;直径24.1cm×4	23,000	广东崇正	2020-09-13
民国 粉彩九桃小天球瓶	高44.5cm	161,000	中国嘉德	2020-11-09
民国 粉彩九桃小天球瓶	高38.4cm	161,000	中国嘉德	2020-11-09
民国 粉彩菊花石榴纹赏瓶	高40.4cm	86,960	伦敦佳士得	2020-11-03
民国 粉彩棱形人物瓶	高25.8cm	25,300	十竹斋拍卖（北京）	2020-10-18

拍品名称	物品尺寸	成交价RMB	拍卖公司	拍卖日期
民国 粉彩龙凤纹盆	直径34.7cm	28,750	中国嘉德	2020-07-16
民国 粉彩罗汉图贯耳尊	高55.5cm	20,700	中国嘉德	2020-07-16
民国 粉彩麻姑献寿图瓶	高33.3cm	51,750	中国嘉德	2020-12-03
民国 粉彩麻姑献寿图瓶（一对）	高28.6cm×2	17,250	广东崇正	2020-09-13
民国 粉彩明皇试马图筒瓶	高30cm	21,850	北京大羿	2020-09-13
民国 粉彩牧牛图琵琶瓶	高33cm	32,200	广东崇正	2020-09-13
民国 粉彩麒麟送子图帽筒（一对）	高34.4cm	28,750	中国嘉德	2020-11-10
民国 粉彩青绿山水瓷瓶（一对）	高35.5cm;直径12cm	17,250	十竹斋拍卖（北京）	2020-10-18
民国 粉彩人物故事图瓶（一对）	高45.3cm	20,700	中国嘉德	2020-11-10
民国 粉彩人物纹瓶（两件）	高20.3cm;高15.3cm	13,800	中国嘉德	2020-11-12
民国 粉彩人物纹瓶（一对）	高19.8cm	46,000	中国嘉德	2020-11-12
民国 粉彩瑞兽纹斗方杯	长13cm	23,000	中国嘉德	2020-07-17
民国 粉彩山水楼阁人物纹大棒槌瓶	高61.3cm	55,200	中国嘉德	2020-07-16
民国 粉彩山水楼阁人物纹大盘	直径53.5cm	82,800	中国嘉德	2020-11-10
民国 粉彩山水楼阁图瓷板	长41cm	28,750	北京大羿	2020-06-19
民国 粉彩山水人物纹瓶	高18.5cm	13,800	中国嘉德	2020-07-15
民国 粉彩山水纹观音瓶	高24cm	13,800	保利厦门	2020-09-26
民国 粉彩山水纹瓶	高19.5cm	13,800	广东崇正	2020-09-13
民国 粉彩山水纹水盂	高8cm	44,787	库恩国际	2020-01-08
民国 粉彩神仙人物纹灯笼瓶	高27.9cm	20,700	中国嘉德	2020-11-09
民国 粉彩诗文高士图小梅瓶	高16.8cm	37,290	北京中汉	2020-09-03
民国 粉彩十二花神瓷板（一套）	瓷板长75cm，宽19cm;外框长95cm，宽33cm	161,000	中贸圣佳	2020-10-17
民国 粉彩仕女图瓶（一对）	高14cm	14,950	中贸圣佳	2020-12-07
民国 粉彩寿桃纹杯（一对）	直径7.6cm	13,800	中国嘉德	2020-07-17
民国 粉彩四爱山水图瓷板（一套四屏）	方板长27cm，宽19cm;圆板直径21.5cm，通高108cm	40,250	中贸圣佳	2020-12-07
民国 粉彩太平有象	高18.5cm	25,300	中国嘉德	2020-07-16
民国 粉彩通景山水人物花盆（连底座）	高14cm;带座高15.3cm	34,500	广东崇正	2020-09-13
民国 粉彩团鹤纹花觚（一对）	高19.4cm	23,000	西泠印社	2020-08-08
民国 粉彩万云岩制罗汉玲珑杯（一对）	高10.6cm	29,900	中贸圣佳	2020-06-20
民国 粉彩五谷丰登图瓶（一对）	高16.2cm	47,453	佳士得	2020-10-08
民国 粉彩婴戏图壶	长17.3cm	17,250	中国嘉德	2020-07-15
民国 粉彩婴戏图盘	直径26cm	14,950	中贸圣佳	2020-12-07
民国 粉彩婴戏图小花盆	直径12.4cm	32,200	中国嘉德	2020-11-10
民国 粉彩御题诗鸡缸杯（一对）	高6.1cm，直径7.4cm;高6cm，直径7.4cm	46,000	西泠印社	2020-08-08
民国 粉彩云龙纹小罐	高13.4cm	13,800	中国嘉德	2020-07-16
民国 粉彩折枝花果三多纹八棱天球瓶	高52cm	158,175	佳士得	2020-10-08
民国 粉彩雉鸡牡丹图瓷板插屏	高67.4cm;瓷板46.5cm×31.5cm	17,250	中国嘉德	2020-07-15
民国 粉彩朱子家训人物诗文螭耳瓶	高28.5cm	17,250	中国嘉德	2020-07-16
民国 光绪款粉彩人物瓶	高38.5cm	69,000	中贸圣佳	2020-12-07
民国 何许人款粉彩程门立雪雪景图印盒	高2.5cm;直径8.5cm	34,500	西泠印社	2020-08-08
民国 黑地雕瓷开光粉彩山水人物铺首耳方尊	高30cm	34,500	北京大羿	2020-09-13
民国 黄地粉彩缠枝花卉开光山水人物纹螭耳瓶	高33.7cm	32,200	中国嘉德	2020-07-15
民国 黄地粉彩缠枝莲福寿纹开光山水人物纹螭耳方瓶	高32.3cm	36,800	中国嘉德	2020-07-15
民国 黄地粉彩花卉开光花鸟纹花盆（一对）	直径26.2cm	63,250	中国嘉德	2020-07-16

拍品名称	物品尺寸	成交价RMB	拍卖公司	拍卖日期
民国 黄地粉彩花卉开光五谷丰登图赏瓶	高36.8cm	23,000	中国嘉德	2020-07-15
民国 黄地粉彩开光四季花卉碗（一对）	直径17cm; 直径16.7cm	17,250	北京保利	2020-12-05
民国 黄地粉彩喜鹊登梅图大花盆	直径48.5cm	23,000	中国嘉德	2020-07-17
民国 黄鼎钧粉彩宝钗扑蝶小瓷板	高25.7cm; 长15.7cm	13,800	中贸圣佳	2020-07-18
民国 江西瓷业公司粉彩过墙梅纹杯（一对）	直径9cm	28,750	中贸圣佳	2020-06-20
民国 金地粉彩百花图蝠耳大瓶	高49.2cm	115,000	中国嘉德	2020-11-10
民国 金地粉彩百花纹盘（一对）	直径18cm	20,700	中国嘉德	2020-07-16
民国 蓝地粉彩缠枝花卉开光山水人物纹福庆有余耳尊	高38cm	28,750	中国嘉德	2020-07-16
民国 料彩缠枝莲开光粉彩花鸟纹花口花盆带奁（一对）	花盆直径25.3cm; 奁直径23.4cm	34,500	中国嘉德	2020-11-12
民国 料彩加粉彩开光人物风景图盖盒	直径12.2cm	20,700	中贸圣佳	2020-07-18
民国 刘雨岑绘粉彩大吉图瓷板	带座高55.5cm; 长38cm; 宽24cm	57,500	西泠印社	2020-08-08
民国 内松石绿釉外黄地粉彩缠枝花卉开光山水人物纹碗（一对）	直径16.8cm	71,300	中国嘉德	2020-11-10
民国 任焕章富贵图菱形盘	长40.3cm; 宽34.2cm	34,500	中贸圣佳	2020-12-07
民国 珊瑚红地描金开窗粉彩山水纹四方壶	长18.7cm; 高17.7cm	82,800	中贸圣佳	2020-07-18
民国 珊瑚红描金福寿绵长开光粉彩花鸟纹螭耳瓶	高39.8cm	20,700	中国嘉德	2020-12-03
民国 珊瑚红描金团花开光粉彩花鸟纹小天球瓶	高19cm	46,000	中国嘉德	2020-11-10
民国 松石绿地粉彩花卉纹茶碗（一对）	直径9.5cm	20,700	中国嘉德	2020-11-11
民国 天蓝釉粉彩九桃天球瓶	高57.3cm	23,000	中国嘉德	2020-07-17
民国 汪晓棠粉彩人物瓷板	长35.1cm; 宽23.6cm	184,000	中贸圣佳	2020-07-18
民国 汪野亭粉彩山水瓷板	38.5×25.5cm	92,000	中贸圣佳	2020-07-18
民国 王大凡绘粉彩大富贵益寿考图瓷板	带座高60cm; 长45cm; 宽28cm	69,000	西泠印社	2020-08-08
民国 王琦粉彩瓷板	长20cm; 宽13cm	32,200	中贸圣佳	2020-12-07
民国 王琦款粉彩“掷米成珠”人物故事图瓷板	长40cm; 宽25cm	230,000	西泠印社	2020-08-08
民国 王锡良粉彩扁舟载艳图盘	直径23.4cm	36,800	中贸圣佳	2020-07-18
民国 王锡良粉彩伏生授经图盘	直径24.1cm	109,250	中贸圣佳	2020-07-18
民国 吴蔼生制粉彩草虫小瓷板	20.5cm×12.4cm	48,805	北京保利	2020-07-18
民国 新粉彩瓷板挂屏	50.5cm×37cm(连框)	13,440	上海联合	2020-11-29
民国 胭脂红粉彩花鸟瓷瓶（一对）	高11cm; 直径6.5cm	32,200	十竹斋拍卖（北京）	2020-10-18
民国 张志汤、龚抚然款胭脂红釉粉彩缠枝花卉开光山水人物纹如意口狮耳瓶	高22.5cm	25,300	中国嘉德	2020-07-15
民国 粉彩人物镶铜欧式盆	直径63cm	86,250	北京翰海	2020-09-12
民国（1928年）段子安制新粉彩盲夫瞎闹图瓷板	39cm×25.7cm	35,185	北京保利	2020-07-18
民国五年（1916年）粉彩渊明爱菊人物故事图灯笼瓶	高27.2cm	322,000	中国嘉德	2020-11-10
潘匋宇 民国 粉彩雏鸡图薄胎瓶	高16.4cm	218,500	中贸圣佳	2020-10-17
清-民国 粉彩仿生小石榴尊	长10.2cm	36,800	中贸圣佳	2020-07-18
清-民国粉彩小瓶、烟壶（三只）	尺寸不一	20,700	中贸圣佳	2020-12-07
清末民国 粉彩内花鸟外人物套壶	高15.5cm	25,300	中贸圣佳	2020-07-18
田鹤仙 民国 秋风落叶雁声寒粉彩瓷板	高39cm; 宽25cm	460,000	十竹斋拍卖（北京）	2020-10-18
晚清/民国 粉彩九桃纹天球瓶	高51.8cm	210,900	佳士得	2020-10-08
汪小亭 民国 粉彩青绿山水瓶	高11.5cm	51,750	中贸圣佳	2020-10-17
汪野亭（款）民国 粉彩帽筒	28cm×12cm	13,440	上海联合	2020-11-29
汪野亭 民国 粉彩寒林策杖文房瓶	高16.6cm	138,000	中贸圣佳	2020-12-07
汪野亭 民国 粉彩山水诗文臂搁	高10.8cm	92,000	中贸圣佳	2020-12-07

拍品名称	物品尺寸	成交价RMB	拍卖公司	拍卖日期
王琦 民国 粉彩木兰从军图瓶	高16cm	126,500	中贸圣佳	2020-10-17
王琦 民国 粉彩人物瓷板	高38cm; 宽24.5cm	32,200	十竹斋拍卖（北京）	2020-10-18
王琦 民国 粉彩钟馗迎福图瓷板	瓷板长37cm; 宽26cm; 通高54cm	109,250	中贸圣佳	2020-12-07
张志汤 民国 秋江孤影 粉彩瓷瓶（一对）	高13.5cm; 直径5.5cm×2	115,000	十竹斋拍卖（北京）	2020-10-18
毕伯涛 民国 粉彩鹦鹉荔枝图瓷板	长38.2cm; 宽25.6cm	287,500	中贸圣佳	2020-10-17
民国 仿乾隆轧道粉彩花卉开光镂空凤纹转心瓶	高28cm	690,000	北京大羿	2020-10-16
汪晓棠 民国 粉彩螭龙耳高士羡鱼图尊	高16cm	437,000	中贸圣佳	2020-12-07
民国（1929年）王琦作粉彩观雁图及牧牛图瓷板（一对）	79cm×21cm×2	1,635,341	纽约苏富比	2020-09-23
民国 粉彩海慧谈经图盘（一对）	直径22cm×2	1,118,918	纽约苏富比	2020-09-23
民国 粉彩内洪福齐天图外胭脂红地轧道花卉开光镂空云龙纹转心瓶	高30.3cm	230,000	中国嘉德	2020-07-16
民国 胭脂红地粉彩福寿连绵图如意耳衔环镂空转心葫芦瓶（一对）	高29.8cm×2	920,000	中国嘉德	2020-08-18
民国 粉彩九桃图瓶	高54cm	322,000	中贸圣佳	2020-07-18
刘雨岑 民国 粉彩四季花鸟图挂屏	高81.5cm; 宽21cm×4	2,990,000	十竹斋拍卖（北京）	2020-10-18
民国 粉彩花鸟诗文双联瓶	高18.5cm	460,000	北京大羿	2020-10-16
田鹤仙 张志汤 徐仲南 刘雨岑 民国 粉彩四方梅兰竹菊琮式瓶	高27.5cm	1,437,500	北京保利	2020-12-05
王步 民国 鸟语花香粉彩菱形瓶	高12cm; 直径8cm	2,990,000	十竹斋拍卖（北京）	2020-10-18
王大凡 民国 粉彩渊明爱菊图长条瓷板	长82cm; 宽20.8cm	1,265,000	中贸圣佳	2020-10-17
20世纪 粉彩春宫图盘（一对）	直径19cm	90,170	伦敦佳士得	2020-02-13
20世纪 粉彩花鸟纹题诗碗	直径17.3cm	14,653	伦敦佳士得	2020-02-13
20世纪 粉彩莲花龙纹瓶	高15.5cm	12,398	伦敦佳士得	2020-02-13
20世纪 粉彩灵芝兰石图八方花盆与盆托（一对）	宽27.3cm	18,981	佳士得	2020-10-08
20世纪50年代 粉彩瑶台艳雪图瓶	高45cm	115,000	中贸圣佳	2020-10-17
20世纪 黄地粉彩缠枝西洋花卉纹大赏瓶	高61.2cm	62,631	佳士得	2020-04-21
20世纪 黄地粉彩婴戏图双寿如意耳瓶	高36cm	36,440	佳士得	2020-04-21
清19/20世纪 粉彩描金团寿花卉纹茶壶	高15.8cm	33,814	伦敦佳士得	2020-02-13
19/20世纪 黄地粉彩开光人物图碗一对 龙凤戏珠纹瓶一对及花卉纹花盆	直径18.5cm	21,940	伦敦佳士得	2020-05-21
王锡良 20世纪40至50年代 粉彩桃花源记棋子尊	高20.4cm; 直径15.5cm	138,000	中贸圣佳	2020-10-17
王锡良 20世纪50年代 粉彩田园生活图大盘	直径40.7cm	57,500	中贸圣佳	2020-10-17
20世纪50年代 粉彩国色天香牡丹图大缸	直径51.9cm; 高48.3cm	253,000	中贸圣佳	2020-10-17
黄晓邨 20世纪60年代 粉彩花鸟图长条瓷板（一对）	79.5cm×21.4cm×2	747,500	中贸圣佳	2020-10-17
龚耀庭 近现代 粉彩山水瓷盘	直径27cm	36,800	十竹斋拍卖（北京）	2020-10-18
汪平孙 近现代 溪山雨后粉彩水盂（一对）	直径13.5cm	13,800	十竹斋拍卖（北京）	2020-10-18
“盛古珍玩”制 粉彩过枝福禄双全图盖杯（一组三件）	尺寸不一	28,750	西泠印社	2020-08-08
“盛古珍玩”制粉彩龙马负图瓷板	长43cm; 宽32cm	184,000	西泠印社	2020-08-08
“盛古珍玩”制 粉彩鹿鹤同春对杯（一对）	直径8cm	20,700	西泠印社	2020-08-08

拍品名称	物品尺寸	成交价RMB	拍卖公司	拍卖日期
1950年代 王步作粉彩菊花“幸福生活”茶壶	长16.8cm	38,590	北京保利	2020-07-18
50至60年代 粉彩仕女薄胎瓶	高26cm; 直径9cm	69,000	十竹斋拍卖（北京）	2020-10-18
50年代 粉彩鸳鸯荷花图瓶	高32.6cm	23,000	中贸圣佳	2020-12-07
毕伯涛 1931年 一路高升粉彩瓷板	高39.5cm; 宽25.5cm	368,000	十竹斋拍卖（北京）	2020-10-18
曹达柏 1975年 粉彩青绿山水长条瓷板（一套四块）	瓷板长81.5cm; 宽22.8cm	345,000	中贸圣佳	2020-10-17
程笠款粉彩八破图瓷板挂屏（一套四扇）	59.2cm×27.4cm; 瓷板52.5×20.5cm	48,300	中国嘉德	2020-07-16
程水金 1955年 卫国杀敌粉彩瓷板	高38cm; 宽25cm	138,000	十竹斋拍卖（北京）	2020-10-18
邓肖禹 50年代 粉彩花鸟纹瓶	高22.5cm	82,800	中贸圣佳	2020-12-08
段子安 1930年（庚午年）山林之趣 粉彩瓷板	高39cm; 宽25cm	253,000	十竹斋拍卖（北京）	2020-10-18
段子安 粉彩山水文字瓷板（一组四件）	40cm×16cm; 带框长122.5cm×31.5cm×4	161,000	北京保利	2020-12-05
粉彩道释人物酒杯	高6.5cm	45,600	佳士得	2020-07-01
顾坚 2018年（戊戌年）天后圣母 粉彩瓷板	高119cm; 宽61cm	345,000	十竹斋拍卖（北京）	2020-10-18
洪宪 御制 粉彩花卉洗	直径12.4cm; 高4.3cm	25,300	中贸圣佳	2020-12-07
近代 程水金绘粉彩人物长颈瓶	高16.2cm	57,500	西泠印社	2020-08-08
近代 粉彩盆（一套四件）	盘口21.8cm; 高3cm	13,440	上海联合	2020-11-29
近代 余文襄绘粉彩《下班路上》雪景瓶	高30cm	230,000	西泠印社	2020-08-08
刘希任 粉彩姜太公钓鱼瓷板画	37cm×25cm	207,000	上海嘉禾	2020-01-05
刘希任 老子出关粉彩瓷板画	68cm×40cm	207,000	上海嘉禾	2020-01-05
60年代 胡声远粉彩庐山石松图瓷板	瓷板长37.8cm 宽25cm 框长58.6cm 宽44cm	33,350	中贸圣佳	2020-07-18
60年代 邹国钧粉彩老树经霜瓷板	瓷板长57cm, 宽32cm; 框长81.5cm, 宽49.8cm	161,000	中贸圣佳	2020-07-18
民国 大清乾隆年制款粉彩童子骑象观音瓶（一对）	高32.5cm; 高32.3cm	13,800	西泠印社	2020-08-08
彭元清 1994年（甲戌年）双鸭图 粉彩瓷瓶	高36cm; 直径16cm	36,800	十竹斋拍卖（北京）	2020-10-18
乾隆年制款黄地粉彩天干地支转心笔筒	带座高16.5cm; 高12.3cm; 直径10cm	63,250	西泠印社	2020-08-08
清 宝善堂制款粉彩福寿纹双龙耳瓶	高22cm	43,700	西泠印社	2020-08-08
清 大清道光年制款岁岁平安对碟	高2.5cm, 直径12.7cm; 高2.5cm, 直径12.5cm	20,700	西泠印社	2020-08-08
清 大清光绪年制款花神对杯	直径6.1cm, 高5cm; 直径6.2cm, 高5.2cm	17,250	西泠印社	2020-08-08
邵仁东 2012年 十八罗汉 粉彩文房（一套）	高23cm	57,500	十竹斋拍卖（北京）	2020-10-18
汪大沧 1940年 粉彩赤壁夜游瓷板	长42.5cm; 宽27.5cm	230,000	中贸圣佳	2020-10-17
汪晓棠 人物粉彩瓷板（四板）	22cm×15cm×4（连框）	78,400	上海联合	2020-11-29
汪野亭 1919年（己未年）粉彩山水瓷板	高39.5cm; 宽24.5cm	189,750	十竹斋拍卖（北京）	2020-10-18
汪野亭 1941年 粉彩青绿山水印盒	直径6.6cm	103,500	中贸圣佳	2020-10-17
汪野亭 粉彩江南毓秀六方梅瓶	高17.3cm	230,000	北京保利	2020-12-05
汪野亭款粉彩缠枝花卉开光山水人物纹象耳衔环小抱月瓶	高17cm	23,000	中国嘉德	2020-11-10

拍品名称	物品尺寸	成交价RMB	拍卖公司	拍卖日期
王鹤亭 疏影横斜粉彩瓷板画	41cm×71cm	92,000	上海嘉禾	2020-01-05
王隆夫 1960年代 粉彩麻姑寿星图梅瓶	高35.5cm	230,000	北京保利	2020-12-05
吴惠明 2007年（丁亥年）、2015年（乙未年）粉彩罗汉瓷瓶（一对）	高30cm; 直径16cm×2	74,750	十竹斋拍卖（北京）	2020-10-18
徐焕文（传）60至70年代 独坐敬亭山 粉彩山水薄胎瓷瓶	高17.5cm; 直径8cm	86,250	十竹斋拍卖（北京）	2020-10-18
徐仲南款粉彩风竹图瓷板	38×25cm	20,700	中国嘉德	2020-07-16
赵惠民 1959年 轻罗小扇扑流萤 粉彩人物瓷盘	直径24cm	59,800	十竹斋拍卖（北京）	2020-10-18
邹国均（传）60至70年代 粉彩山水薄胎瓷瓶	高15.5cm; 直径6.5cm	97,750	十竹斋拍卖（北京）	2020-10-18
汪昆荣 1991年 琼楼飞雪图 粉彩雪景瓷板	高54.5cm; 宽31cm	460,000	十竹斋拍卖（北京）	2020-10-18
王锡良 2014年 江山青丽 粉彩瓷板	高53cm; 宽52cm	552,000	十竹斋拍卖（北京）	2020-10-18
民国 粉彩岁岁平安杯（一对）	直径6.2cm	68,544	香港苏富比	2020-06-05
王大凡 金粉彩十八罗汉瓷板画（六块）	72cm×20cm×6	2,530,000	上海嘉禾	2020-01-05
王琦 粉彩布袋和尚瓷板画	37.5cm×25cm	460,000	上海嘉禾	2020-01-05
田鹤仙 1945年 寒梅图 粉彩瓷板	高53cm; 宽33cm	1,150,000	十竹斋拍卖（北京）	2020-10-18
田鹤仙 粉彩青绿山水瓷板（一组四件）	瓷板 39cm×25cm×4; 框 99cm×39.7cm×4	1,380,000	北京保利	2020-12-05
汪小亭 1955年 粉彩青绿山水图尊	高24cm; 直径21cm	1,552,500	十竹斋拍卖（北京）	2020-10-18
王琦 1930年 琴中趣 粉彩人物印泥盒	直径10cm	1,322,500	十竹斋拍卖（北京）	2020-10-18
王琦 1931年 粉彩风尘三侠图瓷板	宽25.6cm; 长38.5cm; 座高60.8cm	1,667,500	中贸圣佳	2020-10-17
王琦 降龙布袋瓷板（一组两件）	81cm×20cm	2,990,000	北京保利	2020-12-05
徐天梅 1955年 春江水暖鸭先知 粉彩大尊	高81.5cm; 直径32cm	3,220,000	十竹斋拍卖（北京）	2020-10-18
珐琅彩				
清康熙 珊瑚红地瓷胎画珐琅九秋图宫碗	直径11cm	7,187,500	北京保利	2020-10-19
清雍正 料彩缠枝牡丹纹凤尾尊	高44.6cm	28,750	中国嘉德	2020-07-15
清雍正 胭脂红地珐琅彩九秋同庆图小碗	直径9cm	598,000	北京大羿	2020-12-06
清雍正 珐琅彩暗龙花卉茶圆	高4.8cm; 直径9cm	920,000	西泠印社	2020-08-08
清雍正 胭脂红地珐琅彩九秋同庆图碗	直径9.2cm	3,033,791	巴黎佳士得	2020-06-23
清雍正 画珐琅花卉蝴蝶纹盘	直径20.2cm	85,163	纽约佳士得	2020-09-25
清雍正 黄地绿彩暗刻加料彩云蝠“福禄”纹鸡心碗	直径12cm	2,990,000	北京保利	2020-10-19
清乾隆 珐琅彩开光双鹿图杯	直径7.2cm	92,000	北京大羿	2020-06-14
清乾隆 黄地珐琅彩多子多福纹盘	直径17cm	92,000	中鸿信	2020-01-03
清乾隆 掐丝珐琅“鹿鹤同春”图砚屏	高30cm	276,000	保利厦门	2020-09-26
清乾隆 掐丝珐琅螭龙纽镇尺	长19.5cm	172,500	中贸圣佳	2020-12-08
清乾隆 掐丝珐琅双龙抢珠花卉纹带盖水丞	10.5cm	69,225	佳士得	2020-11-30
清乾隆 胭脂红料彩西番莲纹碗	直径17cm; 高7.5cm	161,000	广东崇正	2020-09-13
清道光 矾红描金料彩五福捧寿纹碗（原配座）	直径17.8cm	172,500	华艺国际	2020-10-16
清宣统 料彩松竹梅诗文大碗	直径19.5cm	14,950	中鸿信	2020-01-03
清 黄地蓝料彩寿字碗	直径15.3cm	17,250	中国嘉德	2020-07-17
清 掐丝珐琅三足洗	高8cm	20,700	中贸圣佳	2020-12-08
清 掐丝珐琅三足洗	高8cm	20,700	中贸圣佳	2020-12-08
清 铜胎画珐琅山水人物碗	直径17.2cm	17,250	北京翰海	2020-09-12
清 铜胎掐丝珐琅水盂	直径5.6cm	13,800	中贸圣佳	2020-12-08
清 铜胎掐丝珐琅水盂	直径5.6cm	13,800	中贸圣佳	2020-12-08

拍品名称	物品尺寸	成交价RMB	拍卖公司	拍卖日期
清 天蓝釉画珐琅梅花图玉壶春瓶	高36cm	345,000	西泠印社	2020-08-08
民国 薄胎珐琅彩蝴蝶花卉图碗（一对）	直径7.8cm; 高4cm	138,000	中贸圣佳	2020-07-18
民国 珐琅彩丛菊延寿图小天球瓶	高10.4cm	103,500	北京诚轩	2020-08-17
民国 珐琅彩洞石花卉题诗文瓶	高14.5cm	195,500	华艺国际	2020-10-16
民国 珐琅彩花鸟梅瓶（一对）	高13.6cm	28,750	中贸圣佳	2020-12-07
民国 珐琅彩课子图小盘	直径13.7cm	195,500	中贸圣佳	2020-10-17
民国 珐琅彩蓬莱仙山图小瓶	高11cm	172,500	北京诚轩	2020-08-17
民国 珐琅彩唐明皇出行图瓶	高21.5cm	92,000	中贸圣佳	2020-12-07
民国 珐琅彩雪景图瓶	高17.8cm	184,000	中贸圣佳	2020-12-07
民国 珐琅彩竹枝图盘	直径17.8cm	112,700	中贸圣佳	2020-10-17
民国 仿珐琅彩花卉诗文瓶	高17.3cm	25,300	中国嘉德	2020-07-16
民国 仿珐琅彩锦堂富贵诗文小棒槌瓶	高36cm	36,800	中国嘉德	2020-07-15
民国 仿珐琅彩孔雀梅花诗文瓶	高20cm	32,200	中国嘉德	2020-07-16
民国 仿珐琅彩麻姑献寿诗文捧盒	直径26.3cm	28,750	中国嘉德	2020-11-10
民国 仿珐琅彩人物诗文灯笼瓶	高20.3cm	25,300	中国嘉德	2020-07-15
民国 仿珐琅彩仕女诗文瓶	高21.1cm	32,200	中国嘉德	2020-07-16
民国 仿珐琅彩童子牧牛诗文小天球瓶（一对）	高13.4cm	28,750	中国嘉德	2020-11-10
民国 仿珐琅彩芝仙祝寿诗文瓶	高20.2cm	46,000	中国嘉德	2020-07-16
民国 仿珐琅彩钟馗嫁妹诗文莱菔瓶	高19.3cm	149,500	中国嘉德	2020-11-09
民国 梁兑石款仿珐琅彩百花锦地开光教子诗文灯笼瓶	高17cm	25,300	中国嘉德	2020-07-15
民国 蓝地轧道珐琅彩开窗婴戏图双耳瓶	高19cm	575,000	中贸圣佳	2020-10-17
民国 珐琅彩过枝梅花纹盘	直径15.5cm	506,000	西泠印社	2020-08-08
民国 珐琅彩人物故事图四方笔洗	高13cm; 长19.5cm; 宽19.5cm	345,000	西泠印社	2020-08-08
民国 珐琅彩秋趣图双耳瓶（一对）	高17.7cm×2	2,300,000	中贸圣佳	2020-10-17
20世纪50年代 珐琅彩李太白文会图瓶	高40.5cm	195,500	中贸圣佳	2020-10-17
珐琅彩花卉纹蒜头瓶	18.5cm×2	128,000	北京贞观	2020-11-28
珐琅彩描金花卉纹花觚	43cm×22cm×2	625,000	北京贞观	2020-11-28
梅森（Meissen）蓝色珐琅瓷彩绘描金花瓶	高49cm; 底部直径19cm	40,250	西泠印社	2020-08-10
王大凡1931年珐琅彩贵妇游园图瓶	高29.5cm	954,500	中贸圣佳	2020-10-17
广彩				
清中期 广彩花卉开光花鸟人物纹兽耳花口大瓶	高61cm	11,500	中国嘉德	2020-07-16
清中期 广彩清装人物纹大碗	高39.2cm	11,500	中国嘉德	2020-07-16
清乾隆 广彩仕女婴戏图小执壶	高11.5cm	17,250	中国嘉德	2020-11-10
清中期 广彩花卉开光花鸟纹蟠龙瓶（一对）	高35.3cm×2	23,000	中国嘉德	2020-11-12
清 广彩人物纹壶（四把）	尺寸不一	28,750	中国嘉德	2020-11-12
清 广彩花蝶开光花卉人物纹狮耳花口大地瓶	高90cm	34,500	中国嘉德	2020-11-10
珐华彩				
唐、明 三彩仕女 珐琸寿星	高36.5cm	26,668	中国嘉德	2020-07-13
明正德 珐华彩人物大罐	高25cm	103,500	保利厦门	2020-09-26
明中期 紫地珐华彩沥粉一路连科图梅瓶	高35.6cm	172,500	中贸圣佳	2020-07-18
明 珐华瓔珞花卉牡丹纹梅瓶	高28cm	34,500	十竹斋拍卖（北京）	2020-10-18
明 珐华釉无量寿佛	高27cm	23,000	广东崇正	2020-09-13
明 仿珐琸真武大帝像	高25cm	17,250	中国嘉德	2020-07-17
明 法华彩模印人物梅瓶	高31cm	57,500	中鸿信	2020-01-03
明 珐华彩观音菩萨坐像	高144cm	1,380,000	古天一	2020-10-16
清初 珐华彩双狮耳炉	直径10.4cm	59,800	华艺国际	2020-10-16

拍品名称	物品尺寸	成交价RMB	拍卖公司	拍卖日期
清早期 仿珐华缠枝花卉纹梅瓶	高28.5cm	13,800	中国嘉德	2020-07-15
浅绛彩				
清同治 金品卿浅绛彩花鸟纹杯（一对）	直径5.7cm	103,958	中国嘉德	2020-10-08
清同治 浅绛彩花鸟纹碗（一对）	直径13cm	17,250	北京大羿	2020-09-13
程门 清光绪 浅绛筱园风格山水瓷板	63.7cm×43.7cm（带框）	44,850	中贸圣佳	2020-12-07
金玉 清光绪 浅绛诗文高士图六方帽筒（一对）	高28cm	34,500	中贸圣佳	2020-10-17
庐隐 清光绪 浅绛人物故事花盆（一对）	高17.9cm	57,500	中贸圣佳	2020-12-08
清光绪 "金品卿"作浅绛彩花鸟诗文方水盂	长7cm	13,800	保利厦门	2020-09-26
清光绪 浅绛彩花卉纹碗（一对）	直径18.3cm	17,250	中国嘉德	2020-07-17
清光绪二十一年（1895年）浅绛彩花鸟纹盖碗（一对）	直径10.8cm	17,250	中国嘉德	2020-07-17
清光绪三年（1877年）程门款浅绛彩山水人物诗文天圆地方瓶（一对）	高31cm	17,250	中国嘉德	2020-07-16
清晚期 浅绛彩人物纹壮罐	直径11.6cm; 高23cm	18,400	广东崇正	2020-09-13
清晚期 浅绛彩山水人物纹大盘（一对）	直径34.5cm	36,800	中国嘉德	2020-11-10
清晚期 汪藩款浅绛彩花鸟人物纹狮耳方瓶	高31cm	34,500	中国嘉德	2020-07-15
金品卿 晚清 浅绛藕根莲子花鸟图瓶	高42.2cm	132,250	中贸圣佳	2020-10-17
金品卿 晚清 浅绛吴头楚尾山水图瓷板	长38.4cm; 宽26.2cm	67,850	中贸圣佳	2020-10-17
金品卿 晚清 浅绛英雄独立 梅妻鹤子图象耳瓶	高45.2cm	63,250	中贸圣佳	2020-10-17
金品卿 晚清 浅绛玉堂富贵图瓷板	长43.3cm; 宽31.8cm	414,000	中贸圣佳	2020-10-17
罗阳谷 晚清 浅绛山水花鸟人物琮式瓶	高29.4cm	69,000	中贸圣佳	2020-10-17
马庆云 清 浅绛彩麻姑献寿图大瓶	高58cm	36,800	中贸圣佳	2020-12-07
清 浅绛彩花鸟纹高足盘	高13cm	74,750	北京翰海	2020-09-12
石田老人 晚清 浅绛高士图瓶	高63.5cm	299,000	中贸圣佳	2020-10-17
王少维 金品卿 王凤池 晚清 浅绛松猴凤梧图诗筒	高28.2cm	184,000	中贸圣佳	2020-10-17
余鸿宾 晚清 浅绛十八罗汉瓷板	瓷板长44cm; 宽30cm, 框长59.3cm, 宽45cm	46,000	中贸圣佳	2020-12-07
玉泉 晚清 浅绛花鸟诗文花盆	长22.5cm; 宽15.9cm; 高16.3cm	36,800	中贸圣佳	2020-12-07
玉田 清 浅绛山水瓷板	长23.3cm; 宽29.3cm	13,800	中贸圣佳	2020-12-07
金品卿 晚清 浅绛花鸟图贯耳尊	高45cm	230,000	中贸圣佳	2020-10-17
任焕章 晚清 浅绛人物盘（一对）	直径23.3cm×2	149,500	中贸圣佳	2020-12-07
王少维 晚清 浅绛高士花鸟图方瓶	高40cm	345,000	中贸圣佳	2020-10-17
王少维 晚清 浅绛柳阴沦茗图瓷板	长38.6cm; 宽28.9cm	2,300,000	中贸圣佳	2020-10-17
程门 民国 浅绛山水瓶	高14.2cm	13,800	中贸圣佳	2020-12-07
民国 程门款浅绛彩松下高士图瓷板	21cm×13.6cm	17,250	中国嘉德	2020-07-16
民国 浅绛彩博古方瓶（两件）	高54cm	32,200	北京翰海	2020-09-12
民国 浅绛彩花鸟山水人物纹大花盆	直径36.5cm	25,300	中国嘉德	2020-11-12
民国 浅绛彩花鸟诗文大花盆	直径40.3cm	17,250	中国嘉德	2020-07-16
民国二年（1913年）浅绛彩山水诗文大笔筒	直径23.5cm	20,700	中国嘉德	2020-07-16
民国十九年（1930年）李升臣款浅绛彩仕女诗文大花盆	直径36.6cm	20,700	中国嘉德	2020-11-10
民国 浅绛彩双面绘山水瓷板	38cm×25cm	161,000	中贸圣佳	2020-07-18

拍品名称	物品尺寸	成交价RMB	拍卖公司	拍卖日期
金品卿 1881年 浅绛花鸟图扁方茶叶罐	高12.3cm	80,500	中贸圣佳	2020-10-17
涂子清 1903年作 浅绛彩山水瓷板（连木座台屏）	25.5cm×38.5cm	17,250	江苏汇中	2020-08-06
王凤池 1876年 浅绛含春喜鹊登梅图瓶	高63.5cm	109,250	中贸圣佳	2020-10-17
王凤池 1877年 浅绛涵春花鸟图琮式瓶	高30.3cm	46,000	中贸圣佳	2020-10-17
王凤池 1877年 浅绛龙胆春山水图琵琶尊	高45.2cm	89,700	中贸圣佳	2020-10-17
王少维 1876年 浅绛刘海戏蟾图棒槌瓶	高63.4cm	230,000	中贸圣佳	2020-10-17
王少维 王凤池 1876年 浅绛仰天春孟浩然爱梅图瓶	高91.2cm	667,000	中贸圣佳	2020-10-17
王昭明 1881年 浅绛诗文人物故事琮式瓶	高28.8cm	34,500	中贸圣佳	2020-10-17
许承家 1888年 浅绛山水瓷板	长26.9cm;宽38cm	46,000	中贸圣佳	2020-10-17
王少维 1879年 浅绛山水帽筒（一对）	直径11.8cm;高28.4cm×2	333,500	中贸圣佳	2020-10-17
金品卿 王凤池 1876年 浅绛诗文山水图花觚	高61.7cm	1,184,500	中贸圣佳	2020-10-17
红彩				
明正德 矾红阿拉伯文盘	直径26.3cm	69,000	中鸿信	2020-01-03
明正德 矾红云龙纹碗	高6.5cm;直径14.7cm	92,000	西泠印社	2020-08-08
明嘉靖 矾红盘	直径23.5cm	28,750	北京大羿	2020-08-16
明嘉靖 矾红云鹤八卦纹方盘	直径12.8cm	201,072	保利香港	2020-12-02
明嘉靖至万历 金襕手“玉堂佳器”葫芦瓶	27.7cm	27,771	香港苏富比	2020-11-26
明嘉靖 矾红福寿开光云鹤纹卧足缸式杯	直径7.3cm	977,500	北京中汉	2020-12-04
明嘉靖 矾红彩龙纹盘	直径19.3cm	86,250	北京保利	2020-12-05
明 矾红地黄彩云龙纹四方罐	高17.5cm	13,800	中国嘉德	2020-07-17
明 矾红云鹤纹爵杯	长12.5cm	13,800	中国嘉德	2020-11-12
明 红彩梵纹菱口盘	直径17.5cm	13,800	北京翰海	2020-09-12
清康熙 矾红留白云龙纹盘	直径15.8cm	189,750	永乐拍卖	2020-12-02
清康熙 矾红彩描金游鱼纹碗	直径16cm	40,250	北京大羿	2020-10-16
清康熙 矾红彩游鱼纹案缸	高17cm	184,000	北京大羿	2020-10-16
清康熙 矾红龙纹盘	直径21cm	28,750	北京大羿	2020-06-06
清康熙 矾红描金凤凰纹碗	直径10.9cm	109,250	北京保利	2020-10-20
清康熙 矾红描金花卉纹瓶（一组三件）	最大高度30.3cm	50,721	伦敦佳士得	2020-02-13
清康熙 矾红墨彩群仙图碗	17.2cm	261,878	香港苏富比	2020-10-09
清康熙 矾红三鱼纹铃铛杯	高11.2cm	28,750	中国嘉德	2020-07-15
清康熙 矾红鱼纹小碗（一对）	直径12.3cm	23,000	中国嘉德	2020-11-10
清康熙 仿正德矾红缠枝灵芝纹盘（一对）	直径17.5cm	94,300	中国嘉德	2020-08-18
清康熙 红彩龙纹杯连托（一套）	杯直径5.7cm;碟直径11.5cm	299,000	华艺国际	2020-10-16
清康熙 红彩描金龙纹杯（一对）	直径6cm	51,979	中国嘉德	2020-10-08
清康熙 洒蓝釉描金缠枝莲开光矾红加彩花卉纹棒槌瓶	高44.7cm	109,250	中国嘉德	2020-11-12
清康熙 矾红福寿开光云鹤纹卧足缸式杯	直径7.2cm	529,000	北京中汉	2020-12-04
清康熙 矾红彩暗刻龙纹“洪福齐天”盘	直径19.3cm	344,282	纽约苏富比	2020-09-23
清康熙 矾红描金亭台楼阁图大凤尾尊	高69.5cm	468,394	纽约佳士得	2020-09-25
清雍正 矾红彩模印金玉满堂纹天球瓶	高32.8cm	255,600	佳士得	2020-11-30
清雍正 矾红彩折枝三多纹碗	直径14.8cm	694,266	香港苏富比	2020-11-26
清雍正 矾红墨彩花鸟纹、人物纹壶、杯（四件）	尺寸不一	23,000	中国嘉德	2020-07-16
清雍正 矾红云龙纹盘	直径12.6cm	20,700	中国嘉德	2020-11-12

拍品名称	物品尺寸	成交价RMB	拍卖公司	拍卖日期
清雍正 墨彩矾红罗汉尊	高36.5cm	126,500	中贸圣佳	2020-12-07
清雍正 内暗刻外矾红云龙纹碗	直径12.6cm	51,750	中国嘉德	2020-07-15
清雍正 矾红灵芝纹小碟（一对）	直径11.4cm×2	517,500	永乐拍卖	2020-12-02
清雍正 矾红云龙赶珠纹盘	直径17cm	575,000	华艺国际	2020-10-16
清雍正 矾红缠枝莲纹碗	直径14.2cm	747,500	中国嘉德	2020-12-03
清雍正 矾红卷草纹葫芦水丞（一对）	直径6cm×2	897,000	中国嘉德	2020-08-18
清雍正 矾红夔凤纹水丞	高5.7cm	1,356,000	佳士得	2020-07-09
18世纪 矾红彩雷纹簋	高15cm	34,500	北京大羿	2020-08-16
18世纪 矾红及紫釉杯碗（两件）	碗直径11.7cm;杯直径9.9cm	13,800	中贸圣佳	2020-12-08
清乾隆 矾红彩福寿纹碗	直径12.3cm	36,800	北京诚轩	2020-08-17
清乾隆 矾红龙凤呈祥盖罐	高27.2cm	57,500	中鸿信	2020-01-03
清乾隆 矾红三清诗茶碗	直径10.7cm	575,000	北京保利	2020-10-19
清乾隆 矾红西湖十景印章文盘（一对）	直径15.2cm	13,800	中国嘉德	2020-11-11
清乾隆 金地矾红百蝠纹葫芦瓶	带座高15.5cm;高12.5cm	207,000	西泠印社	2020-08-08
清乾隆 蓝料红彩描金折枝花卉团花纹碗	直径14cm	55,200	北京大羿	2020-10-16
清乾隆 内矾红五蝠纹外松石绿釉大碗	直径18.6cm	17,250	中国嘉德	2020-11-11
清乾隆 胭脂红彩龙凤呈祥纹盘口大瓶	高79cm	471,500	保利厦门	2020-09-26
清乾隆 矾红彩花卉纹甘露瓶	高22.5cm	644,000	北京大羿	2020-10-16
清乾隆 矾红彩折枝莲花甘露瓶（一对）	高21.3cm; 高22cm	588,080	香港苏富比	2020-11-27
清乾隆 矾红三清诗文茶碗	直径10.8cm	368,000	中国嘉德	2020-07-15
清乾隆 矾红双龙赶珠纹天鸡纽盖碗	高20cm	540,582	中国嘉德	2020-10-08
清乾隆 粉彩白地轧道矾红海水龙纹盖碗	直径11cm	603,216	保利香港	2020-12-02
清乾隆 珊瑚红彩留白缠枝花卉图碗（一对）	直径12.8cm×2	1,582,000	香港苏富比	2020-07-11
清乾隆 胭脂红彩缠枝莲八吉祥纹烛台（一对）	高15.2cm×2	1,979,624	纽约苏富比	2020-09-23
清乾隆 胭脂红釉龙凤呈祥扁壶	高29cm	489,150	伦敦佳士得	2020-11-03
清乾隆 绿地雕瓷矾红描金海水苍龙教子图天球瓶	高60cm	4,427,500	北京大羿	2020-10-16
清乾隆 松石绿地胭脂红彩描金云龙纹双耳三足鼎式炉	高24.2cm	5,520,000	华艺国际	2020-10-16
清乾隆 胭脂红云龙纹花觚	高28cm	402,500	十竹斋拍卖（北京）	2020-10-18
清嘉庆 矾红彩“金玉满堂”纹盘	直径24cm	16,950	北京中汉	2020-09-03
清嘉庆 矾红缠枝莲托八宝纹烛台	高29.2cm	92,000	中国嘉德	2020-12-03
清嘉庆 矾红甲子万年小盘（一对）	直径11.3cm	80,500	十竹斋拍卖（北京）	2020-10-18
清嘉庆 矾红描金龙凤纹折沿大盘	直径39cm	14,950	中鸿信	2020-01-03
清嘉庆 内矾红五蝠捧寿图外矾红描金缠枝莲福寿开光“万寿无疆”调色盘	直径13.4cm	36,800	中国嘉德	2020-12-03
清中期 矾红墨彩描金人物纹六方大瓶	高69.5cm	36,800	中国嘉德	2020-11-10
清中期 矾红墨彩山水人物纹瓶	高34.5cm	80,500	中国嘉德	2020-11-10
清中期 矾红墨彩山水人物纹长方花盆	长30.7cm	34,500	中国嘉德	2020-07-15
清中期 松石绿地开光“锡庆堂制”盘	直径18.1cm	20,700	中国嘉德	2020-11-11
清中期 松石绿釉开光矾红“锡庆堂制”盘	直径18cm	28,750	中国嘉德	2020-07-15
清中期 硬木框矾红墨彩天官图瓷板插屏	高41cm;瓷板23.5×17.6cm	17,250	中国嘉德	2020-07-15
清嘉庆 矾红彩缠枝莲八吉祥纹朝冠耳炉	高28cm	517,500	永乐拍卖	2020-12-02

拍品名称	物品尺寸	成交价RMB	拍卖公司	拍卖日期
清嘉庆 矾红云蝠双龙赶珠纹高足盘	直径16.5cm;高11.5cm	195,500	中贸圣佳	2020-12-07
清中期 胭脂红彩云龙纹玉壶春瓶	高29.3cm	1,150,000	中国嘉德	2020-12-03
清道光 矾红彩云龙纹碗	直径15cm	63,250	北京大羿	2020-09-13
清道光 矾红彩云龙戏珠纹杯（一对）	直径6cm	207,000	北京大羿	2020-08-16
清道光 矾红彩云龙戏珠纹杯（一对）	直径6cm	184,000	北京大羿	2020-08-16
清道光 矾红彩云龙戏珠纹杯（一对）	直径6cm	126,500	北京大羿	2020-08-16
清道光 矾红缠枝莲蝠纹盘（一对）	直径15cm	22,871	中国嘉德	2020-10-08
清道光 矾红洪福齐天图盘	直径15.4cm	28,750	中国嘉德	2020-11-10
清道光 矾红洪福齐天纹盘（一对）	直径15.5cm	101,200	广东崇正	2020-09-13
清道光 矾红龙纹杯（一对）	直径6cm;高4.5cm×2	23,000	保利厦门	2020-09-26
清道光 矾红描金缠枝莲纹大碗	直径17.7cm	48,300	中国嘉德	2020-07-15
清道光 青釉矾红团凤纹碗	直径14.5cm	71,300	中国嘉德	2020-11-10
清道光 松石绿地矾红堆白福寿纹盘	直径13.5cm	17,250	北京大羿	2020-06-19
清道光 豆青釉矾红团凤纹碗（一对）	直径14cm×2	230,000	北京大羿	2020-10-16
清道光 黄地红龙碗	高6cm; 直径12cm	51,750	西泠印社	2020-08-08
清道光 矾红彩盘（一对）	直径11.9cm	14,851	香港苏富比	2020-06-05
清道光 矾红彩云龙戏珠纹杯（一对）	直径6cm×2	218,500	北京大羿	2020-08-16
清道光 矾红彩缠枝莲描金喜字纹盖罐（一对）	高25.5cm×2	1,092,500	北京大羿	2020-10-16
清咸丰 矾红云龙纹杯	直径6.3	34,500	中国嘉德	2020-07-15
清同治 豆青地矾红团凤纹碗	直径14.5cm	17,250	北京大羿	2020-09-13
清同治 矾红彩龙纹杯	直径5.8cm	59,800	北京诚轩	2020-08-17
清同治 矾红云龙纹渣斗（一对）	高9.1cm	103,500	中国嘉德	2020-08-18
清同治 梵红彩云龙纹杯（两件）	直径5.7cm	69,000	北京翰海	2020-12-12
清同治 黄地矾红洪福齐天纹盘	直径22cm	71,300	荣宝斋（南京）	2020-11-28
清同治 黄地矾红描金百蝠纹盅（一对）	直径9cm×2	149,500	中国嘉德	2020-12-03
清同治及光绪 矾红彩赶珠龙纹杯（三件）	直径6cm	137,713	纽约苏富比	2020-09-23
清同治及光绪 矾红彩双龙戏珠纹杯（一组四件）	直径6cm	35,104	伦敦佳士得	2020-05-21
清同治 矾红彩凤穿牡丹纹杯（一对）	直径5.7cm×2	194,208	香港苏富比	2020-06-05
清同治 矾红彩海水云龙纹杯（一对）	直径5.7cm	57,120	香港苏富比	2020-06-05
清同治 矾红彩海水云龙纹杯（一对）	直径5.8cm	54,835	香港苏富比	2020-06-05
18/19世纪 胭脂红彩香莲龙首带钩	8.9cm	80,193	香港苏富比	2020-11-27
清19世纪 白地轧道矾红彩金玉满堂纹盘（一对）	直径23cm	51,750	北京大羿	2020-09-13
清光绪 白地胭脂红彩团凤纹温碗	高16cm	32,200	北京大羿	2020-07-12
清光绪 豆青釉胭脂红彩赶珠龙纹荸荠瓶	高33cm	47,150	北京大羿	2020-09-13
清光绪 矾红“双龙赶珠”纹大盘	直径51cm	207,000	保利厦门	2020-09-26
清光绪 矾红彩福寿纹盘	直径14cm	28,750	北京大羿	2020-07-12
清光绪 矾红彩龙纹杯	直径5.8cm	43,700	北京诚轩	2020-08-17
清光绪 矾红彩描金团凤纹碗	直径19cm	39,856	佳士得	2020-04-21
清光绪矾红彩双龙戏珠纹杯（一对）	直径5.7cm	55,200	北京大羿	2020-06-06
清光绪 矾红彩双龙戏珠纹大盘	直径35cm	57,500	北京大羿	2020-05-28
清光绪 矾红彩云龙纹杯（一对）	5.7cm；5.9cm	42,724	香港苏富比	2020-11-26
清光绪 矾红彩云龙纹杯（一对）	5.8cm	37,384	香港苏富比	2020-11-26
清光绪 矾红彩云龙戏珠纹杯（一对）	直径6cm	54,050	北京大羿	2020-09-13

拍品名称	物品尺寸	成交价RMB	拍卖公司	拍卖日期
清光绪 矾红洪福齐天盘（一对）	直径15.6cm	92,000	中国嘉德	2020-07-16
清光绪 矾红洪福齐天图盘	直径15.5cm	25,300	中国嘉德	2020-11-11
清光绪 矾红洪福齐天图盘（一对）	直径15.7cm	55,200	中国嘉德	2020-11-10
清光绪 矾红洪福齐天图盘（一对）	直径15.2cm	55,200	中国嘉德	2020-12-03
清光绪 矾红龙纹杯（一对）	直径5.5cm;高10.5cm×2	43,700	保利厦门	2020-09-26
清光绪 矾红龙纹杯（一对）	直径5.9cm	33,350	中贸圣佳	2020-12-07
清光绪 矾红描金双龙戏珠纹盘	直径37cm	163,050	伦敦佳士得	2020-11-03
清光绪 矾红描金云龙纹盖碗（一对）	直径10.5cm	66,700	北京大羿	2020-09-13
清光绪 矾红双龙戏珠纹杯	直径5.5cm	32,200	北京大羿	2020-08-16
清光绪 矾红双龙戏珠纹杯（一组六件）	高5cm	95,806	伦敦佳士得	2020-02-13
清光绪 矾红双龙戏珠纹盘（一对）	直径18.3cm	48,300	广东崇正	2020-09-13
清光绪 矾红团凤纹碗	直径14.2cm	80,500	中贸圣佳	2020-07-18
清光绪 矾红五福捧寿图小盘（一对）	直径13.6cm	23,000	中国嘉德	2020-11-10
清光绪 矾红云龙纹杯	直径6cm	20,700	中国嘉德	2020-07-15
清光绪 矾红云龙纹杯（一对）	直径6.1cm	59,800	中国嘉德	2020-07-16
清光绪 矾红云龙纹杯（一对）	直径5.9cm	23,000	中国嘉德	2020-11-10
清光绪 矾红云龙纹大盘	直径34.6cm	43,700	中国嘉德	2020-07-15
清光绪 矾红云龙纹大盘	直径34.2cm	36,800	中国嘉德	2020-11-11
清光绪 黄地轧道开光矾红五蝠纹碗（一对）	直径19.3cm;高7.8cm	13,800	中贸圣佳	2020-06-20
清光绪 内墨彩瓦当纹外矾红团龙纹小碟（一对）	直径7cm	32,200	北京大羿	2020-09-13
清光绪 青釉矾红彩团凤纹碗	直径14.5cm	25,300	中国嘉德	2020-11-11
清光绪 天蓝釉矾红风竹图水丞	直径11cm	17,250	中国嘉德	2020-07-15
清光绪 胭脂水釉梵红彩云龙纹盘（两件）	直径13cm	97,750	北京翰海	2020-12-12
清光绪 矾红龙纹大盘	直径50.6cm	345,000	中贸圣佳	2020-10-17
清晚期 矾红描金云龙纹折沿盘	直径14cm	20,700	中国嘉德	2020-07-15
清晚期 矾红云龙纹椭圆盘	长34.6cm	66,700	中国嘉德	2020-08-18
清晚期 松石绿地矾红万寿图螭耳大方瓶（一对）	高52.3cm	115,000	中国嘉德	2020-11-10
清晚期 胭脂红彩海水图龙纹花觚	高32cm	32,200	中国嘉德	2020-08-18
清宣统 矾红彩双龙戏珠盘	直径22.2cm	28,750	中贸圣佳	2020-12-07
清宣统 矾红描金双龙戏珠纹大盘（一对）	直径34cm	86,250	北京大羿	2020-06-06
清宣统 矾红云龙纹大盘	直径34.3cm	48,300	中国嘉德	2020-11-10
清宣统 梵红彩描金云龙纹盘	直径33.8cm	103,500	北京翰海	2020-12-12
清宣统 梵红彩三多折沿盘（两件）	直径19.5cm	43,700	北京翰海	2020 12-12
清宣统 胭脂红彩龙凤纹碗（一对）	直径11.5cm	32,200	北京中汉	2020-08-19
清 矾红彩蝠纹盘	直径15.5cm	63,250	北京翰海	2020-09-12
清 矾红彩蝠纹盘	直径15.5cm	51,750	北京翰海	2020-09-12
清 矾红彩勾莲帽筒（两件）	高29cm	23,000	北京翰海	2020-09-12
清 矾红福寿纹碗	直径12.8cm	13,800	中国嘉德	2020-07-17
清 矾红洪福齐天图盘（一对）	直径15.8cm	23,000	中国嘉德	2020-11-11
清 矾红景福堂制盖碗（两件）	直径9cm	43,700	北京翰海	2020-09-12
清 矾红龙纹帽筒（两件）	高28cm	57,500	北京翰海	2020-09-12
清 矾红印章纹水呈（带座）	7cm×7cm×7cm	18,400	广东崇正	2020-09-13
清 矾红釉描金花盆（一对）	高13.8cm	57,500	永乐拍卖	2020-12-02
清 矾红云龙纹杯（一对）	直径6.2cm	66,700	中国嘉德	2020-07-17
清 矾红云龙纹盘	直径18.5cm	46,000	中国嘉德	2020-07-17
清 梵红彩描金云龙纹盘	长28cm	40,250	北京翰海	2020-12-12
清代 矾红墨彩人物双耳大尊	高62cm	32,200	中贸圣佳	2020-07-18
清乾隆 外蓝釉内矾红彩五福捧寿图盘	直径17cm	74,767	香港苏富比	2020-11-26
清中晚期 矾红描金金玉满堂图盘	直径14.6cm	28,750	中国嘉德	2020-07-17
清光绪 矾红彩海水云龙纹杯（一对）	直径5.8cm	91,392	香港苏富比	2020-06-05

拍品名称	物品尺寸	成交价RMB	拍卖公司	拍卖日期
清光绪 矾红彩海水云龙纹杯（一对）	直径5.7cm	68,544	香港苏富比	2020-06-05
民国 白釉胭脂红螭龙瓶	高17.5cm	40,535	中国嘉德	2020-07-13
民国 矾红落花流水图小棒槌瓶	高25.7cm	13,800	中国嘉德	2020-07-16
民国 矾红描金人物故事图瓶（一对）	高21.4cm	23,000	中贸圣佳	2020-12-07
民国 矾红墨彩仿木桶大花盆（一对）	直径38.5cm	34,500	中国嘉德	2020-11-11
民国 矾红墨彩描金人物诗文瓶	高23.8cm	13,800	中国嘉德	2020-11-10
民国 矾红嵩阳汉柏图瓶	高19cm	55,200	中国嘉德	2020-11-10
民国 胭脂红彩螭龙衔枝纹水洗	直径14.5cm	37,950	北京大羿	2020-08-16
20世纪 矾红描金人物故事图双耳瓶	高34.3cm	16,907	伦敦佳士得	2020-02-13
清 大清乾隆年制款矾红金彩福寿纹盖盒	带座高11.5cm; 高9cm; 直径11.8cm	48,300	西泠印社	2020-08-08
汪友棠款矾红墨彩兰竹纹帽筒（一对）	高28.7cm	13,800	中国嘉德	2020-07-16
黄彩				
清雍正 黄彩外划缠枝花卉纹盘	直径14.5cm	339,000	香港苏富比	2020-07-11
清乾隆 青花地黄龙纹盘	直径25.2cm	114,354	中国嘉德	2020-10-08
清道光 蓝地黄彩云龙纹盘	直径25cm	34,500	北京大羿	2020-08-01
清道光 蓝地黄彩戏珠龙纹盘	直径25.7cm	149,534	香港苏富比	2020-11-26
清道光 蓝地黄彩云龙纹盘	直径24.5cm	115,000	中鸿信	2020-01-03
清光绪 蓝地黄彩云龙纹盘	直径25cm	120,750	北京翰海	2020-12-12
清光绪 淡黄彩划菊纹花盆连底盆	直径13.2cm	213,620	香港苏富比	2020-11-26
绿彩				
明弘治 暗刻绿龙纹碗	直径20cm	57,500	北京大羿	2020-08-16
明弘治 绿彩暗刻云龙纹宫碗	直径18.8cm; 高8.1cm	402,500	中贸圣佳	2020-10-17
明弘治 填绿彩暗刻云龙纹盘	直径17.8cm	108,960	北京保利	2020-07-19
明弘治 白釉绿彩云龙纹盘	直径19.8cm	1,092,500	北京保利	2020-12-05
明正德 绿彩暗刻云龙纹宫碗	直径18.6cm	494,500	中贸圣佳	2020-10-17
明正德 白地绿彩龙纹盘	直径17.5cm	421,800	佳士得	2020-10-08
明正德 黄地绿彩云龙纹渣斗	直径16.2cm	1,667,500	北京保利	2020-10-19
明嘉靖 黄地绿龙纹瓷砖	28cm×21cm	25,300	中贸圣佳	2020-07-18
明嘉靖 蓝釉绿彩龙纹小罐	高5cm	25,300	中鸿信	2020-01-03
明嘉靖 红地绿彩松鹿纹卧足碗	直径12cm	161,000	北京中汉	2020-08-19
明万历 黄地绿彩麒麟芭蕉小炉	宽11.8cm	23,000	北京保利	2020-12-05
明 黄地绿彩云龙纹盘	直径22cm	13,800	中国嘉德	2020-11-12
清康熙 白地暗刻绿龙纹碗	直径17cm	23,000	北京大羿	2020-06-06
清康熙 黄地绿彩龙纹碗	直径10.3cm	230,000	华艺国际	2020-10-16
清康熙 黄地绿彩龙纹碗	直径11cm	85,338	中国嘉德	2020-07-13
清康熙 黄地绿彩团龙纹碗	直径14.4cm	13,800	中国嘉德	2020-11-11
清康熙 黄地绿彩云龙纹碗	直径13.2cm	34,500	中国嘉德	2020-11-11
清康熙 黄地绿龙纹盘	直径19cm	32,200	北京大羿	2020-07-12
清康熙 黄地紫绿彩龙纹盘（一对）	直径13.2cm	66,137	中国嘉德	2020-07-13
清康熙 黄地紫绿彩双龙戏珠纹小盘	直径13cm	54,350	伦敦佳士得	2020-11-03
清康熙 黄地紫绿彩双龙戏珠纹小盘（一对）	直径13.2cm	189,355	纽约苏富比	2020-09-23
清康熙 黄釉绿彩八子图婴戏碗	高6.5cm; 直径15cm	103,500	西泠印社	2020-08-08
清康熙 绿彩云龙纹大盘	直径21.3cm	230,000	中国嘉德	2020-08-18
清康熙 绿彩云龙纹盘	直径17.8cm	59,800	中国嘉德	2020-07-16
清康熙 墨地绿彩棒槌瓶	高45.5cm	57,500	保利厦门	2020-09-26
清康熙 茄皮紫釉孔雀绿斑铺首双狮耳炉	高7.4cm	42,550	中贸圣佳	2020-12-08
清康熙至雍正 绿彩云龙纹盘	直径16cm	69,000	中国嘉德	2020-12-03
清康熙 黄地绿彩刻龙纹小碗	直径10.2cm	287,500	华艺国际	2020-10-16
清康熙 仿成化绿彩云龙纹杯盏	杯直径5.9cm; 盏托直径11.6cm	92,000	中国嘉德	2020-08-18
清康熙 仿嘉靖绿彩海水龙纹蒜头瓶	高21cm	437,000	中国嘉德	2020-12-03
清康熙 黄地绿彩云龙戏珠纹碗	10.2cm	180,800	香港苏富比	2020-07-11
清康熙 青花地绿彩赶珠龙纹碗	直径13.9cm	344,282	纽约苏富比	2020-09-23
清康熙 白地暗刻海水绿彩龙纹碗	直径21.5cm	322,000	北京诚轩	2020-08-17
清雍正 黄地绿彩八子婴戏碗	直径15cm	83,950	中贸圣佳	2020-12-07
清雍正 黄地绿花卉纹碗	直径12.2cm	178,250	北京保利	2020-10-20
清雍正 黄地绿彩花纹碗	高6.5cm; 直径14cm	172,500	西泠印社	2020-08-08
清雍正 黄地绿彩婴戏碗	直径15cm	69,000	中鸿信	2020-01-03
清雍正 黄地绿彩福禄纹碗	直径12.1cm	1,087,000	伦敦佳士得	2020-11-03
清雍正 黄地绿彩福运绵绵纹碗	直径15cm	2,260,000	香港苏富比	2020-07-11
清雍正 黄地绿彩云龙纹墩式碗	直径14cm	218,500	北京大羿	2020-12-06
清乾隆 暗刻海水纹绿彩龙纹盘	直径18.2cm	59,800	中国嘉德	2020-11-09
清乾隆 黄地绿彩暗刻穿花龙纹花口盘	直径13.3cm	48,300	北京中汉	2020-12-04
清乾隆 黄地绿彩龙纹花口盘	直径13.3cm	36,800	北京大羿	2020-06-06
清乾隆 黄地绿彩团龙纹碗	直径14.4cm	207,000	中国嘉德	2020-08-18
清乾隆 黄地绿彩折枝西番莲纹盘	直径15.5cm	230,000	北京大羿	2020-08-16
清乾隆 黄地绿龙花口盘	直径13cm	86,250	朵云轩	2020-09-24
清乾隆 绿彩缠枝莲开光“吉祥如意”大碗	直径18cm	23,000	中国嘉德	2020-11-10
清乾隆 绿彩龙纹盘	直径17.5cm	43,700	保利厦门	2020-09-26
清乾隆 墨地绿彩缠枝花卉纹小盘（一对）	直径8.6cm	17,250	中国嘉德	2020-11-10
清乾隆 墨地绿彩花卉纹折腰碗	直径18.2cm	32,043	香港苏富比	2020-11-26
清乾隆 墨地绿彩三孔笔插	高5.5cm	126,500	北京翰海	2020-12-12
清乾隆 白地绿彩云龙赶珠纹罐	高20cm	678,000	香港苏富比	2020-07-11
18世纪 白地绿彩五爪龙纹碗	直径18.4cm	214,154	伦敦佳士得	2020-02-13
清嘉庆 黄地绿彩穿花龙纹花口盘	直径13.2cm	46,000	中国嘉德	2020-07-15
清嘉庆 黄地绿彩花鸟寿桃纹碗	直径12.5cm	138,000	中国嘉德	2020-12-03
清嘉庆 黄地绿龙盘	直径13.2cm	124,750	中国嘉德	2020-10-08
清嘉庆 黄地绿龙纹盘	直径18.5cm	23,000	北京大羿	2020-06-19
清中期 黄地绿彩云龙纹葫芦瓶	高31cm	172,500	中国嘉德	2020-07-17
清中期 墨地绿彩云龙纹荸荠瓶	高29.9cm	34,500	中国嘉德	2020-07-15
清嘉庆 绿彩云龙八吉祥纹罐	高20cm	494,500	北京大羿	2020-12-06
清道光 暗刻海水绿彩云龙纹盘	直径18.8cm	78,200	中国嘉德	2020-11-11
清道光 暗刻海水绿龙盘（一对）	直径18cm	184,000	中贸圣佳	2020-07-18
清道光 黄地绿彩桃纹碗	直径12.6cm	33,267	中国嘉德	2020-10-08
清道光 黄地绿彩云龙纹茶碗	直径10.2cm	51,750	中国嘉德	2020-07-17
清道光 黄地绿彩云龙纹碗	直径17cm	43,700	中国嘉德	2020-07-17
清道光 黄地绿彩云龙纹小碗	直径10.1cm	23,000	中国嘉德	2020-11-10
清道光 黄地绿龙纹盘	直径18.5cm	36,800	北京大羿	2020-09-13
清道光 绿彩暗刻海水云龙纹盘	直径18cm; 高4.5cm	172,500	广东崇正	2020-09-13
清道光 绿彩暗刻海水云龙纹盘	高10.5cm	32,200	广东崇正	2020-09-13
清道光 绿彩龙纹盘	直径17.5cm	40,250	北京大羿	2020-11-08
清道光 绿彩双龙逐珠杯	高5.8cm	64,086	香港苏富比	2020-11-26
清道光 绿彩云龙纹碗	直径14.2cm	32,200	中国嘉德	2020-11-10
清道光 珊瑚红地松石绿彩寿纹盘	直径25cm	57,500	保利厦门	2020-09-26
清道光 绿彩海水云龙纹杯	直径5.3cm	57,120	香港苏富比	2020-06-05
清道光 黄地绿彩云龙纹盘（一对）	直径18.4cm×2	230,000	中贸圣佳	2020-07-18
清同治 绿彩龙纹盘	直径18.1cm	40,250	中贸圣佳	2020-06-20
清同治 黄地绿彩丛竹纹杯（一对）	直径9.1cm×2	135,145	中国嘉德	2020-10-08
清光绪 19世纪 黄地紫绿彩双龙戏珠纹碗、黄地绿彩寿桃纹碗	直径15.2cm	54,850	伦敦佳士得	2020-05-21
清光绪 黄地绿彩云龙纹花口盘	直径19.5cm	48,300	中国嘉德	2020-07-17
清光绪 黄地绿彩云龙纹碗	直径14.8cm	55,200	中国嘉德	2020-12-03
清光绪 黄地绿彩云龙纹小碗	直径10.5cm	48,300	中国嘉德	2020-07-16
清光绪 黄地紫绿彩葡萄云龙纹盘（一对）	12.9cm	74,767	香港苏富比	2020-11-26
清光绪 黄地紫绿彩云龙纹盘	14cm	29,907	香港苏富比	2020-11-26
清光绪 胭脂红釉盘、黄地绿彩云龙纹盘（各一只）	直径18.9cm; 直径18.7cm	17,250	中国嘉德	2020-11-11
清 白釉绿龙纹盘（一对）	直径21.5cm	74,750	北京大羿	2020-06-19
清 黄釉绿彩花卉盘	盘口30.5cm; 高5.7cm	47,040	上海联合	2020-11-29
清光绪 绿彩荷花秋操杯	直径16.4cm	34,272	香港苏富比	2020-06-05

拍品名称	物品尺寸	成交价RMB	拍卖公司	拍卖日期
大清乾隆年制款墨地绿彩花卉纹轴头（一对）	高5.5cm; 高5.5cm	14,950	西泠印社	2020-08-08
墨地绿彩岁寒三友太白尊	带座高15.5cm; 高12cm	63,250	西泠印社	2020-08-08
清 大清道光年制款黄地绿彩花卉纹轴头（一对）	1.高5.2cm; 2.高5.1cm	13,800	西泠印社	2020-08-08
蓝彩				
唐 洒蓝釉罐	高22.3cm	61,870	中国嘉德	2020-07-13
清同治 黄地蓝彩寿字纹盘（一对）	直径10.5cm×2	34,500	保利厦门	2020-09-26
紫彩				
清康熙 绿地紫彩云龙纹碗	直径11cm	747,500	北京保利	2020-10-19
清乾隆至嘉庆 绿地紫彩龙纹碗（一对）	直径11.1cm; 高5.3cm×2	483,000	中贸圣佳	2020-12-07
清乾隆 绿地紫龙纹碗	直径15cm	46,000	北京大羿	2020-07-17
清道光 绿地褐彩云龙纹碗	直径15.3cm	28,750	中国嘉德	2020-07-15
清道光 绿地紫龙纹碗	直径15cm	34,500	北京大羿	2020-09-13
清光绪 绿地褐彩云龙纹碗	直径15cm	48,300	中国嘉德	2020-07-15
清乾隆 绿地紫彩赶珠云龙纹碗	高11.2cm	106,810	香港苏富比	2020-11-26
清光绪 黄地紫彩暗云龙戏珠纹盘（一对）	直径10.5cm×2	25,133	香港苏富比	2020-06-05
民国 加彩石榴捏塑笔洗	长19.2cm	13,800	中贸圣佳	2020-07-18
褐彩				
宋 磁州褐彩花卉纹钵	直径13.7cm	15,594	中国嘉德	2020-10-08
元 磁州窑白地褐花人物图尊	高20.6cm	17,214	纽约苏富比	2020-09-23
明弘治 白釉地刻填酱釉花果纹盘	直径26cm	2,817,500	北京保利	2020-10-19
明 松石绿及赭釉宝塔	高85.1cm	93,679	纽约佳士得	2020-09-25
明 梅子青釉"飞青磁"点褐彩蒜头瓶（一对）	高25.3cm×2	18,975,000	北京保利	2020-10-19
清康熙 绿地褐龙纹碗	直径11cm	69,000	十竹斋拍卖（北京）	2020-10-18
18世纪末/19世纪初 素胎褐釉卧牛	长15.7cm	93,748	纽约佳士得	2020-09-24
清光绪 绿地褐彩云龙纹小碗	直径11.3cm	17,250	中国嘉德	2020-11-11
元至明 龙泉窑点褐彩执壶	高23.7cm; 通径20cm	23,000	西泠印社	2020-08-08
仿古铜彩				
清乾隆 古铜彩描金贯耳尊	4.5cm×10.5cm×5cm	24,150	乾禧国际	2020-01-20
张志汤 民国 古铜彩开光山水双耳如意尊	高32cm; 直径32cm	632,500	十竹斋拍卖（北京）	2020-10-18
金彩				
明万历 珊瑚红地描金凤穿花纹碗（一组四只）	直径12cm	71,300	北京大羿	2020-08-01
明万历 蓝釉描金云龙纹大碗	直径19.1cm	92,000	中国嘉德	2020-07-17
清康熙 彩绘洒蓝釉描金碗（两件）	最大直径20cm	12,398	伦敦佳士得	2020-02-13
清康熙 霁蓝描金博古图花觚/洒蓝描金团凤寿字纹执壶	尺寸不一	36,800	北京大羿	2020-05-05
清康熙 内五彩高士图外紫金釉描金缠枝花卉纹盘	直径14cm	23,000	中国嘉德	2020-11-10
清康熙 洒蓝地描金开光山水高士图棒槌瓶	高47cm	60,249	纽约苏富比	2020-09-23
清康熙 洒蓝地描金山水高士图棒槌瓶	高47cm	109,250	北京大羿	2020-12-06
清康熙 洒蓝描金花蓝纹大盘	直径41.3cm	24,797	伦敦佳士得	2020-02-13
清康熙 洒蓝描金芦雁图盖瓶	高26.3cm	25,300	中国嘉德	2020-07-15
清康熙 洒蓝釉描金博古图大棒槌瓶	高59.3cm	86,250	中国嘉德	2020-07-15
清康熙 洒蓝釉描金博古图提梁壶	高16.7cm	40,250	中国嘉德	2020-07-16
清康熙 洒蓝釉描金访仙神兽图笔筒	18.6cm×15.5cm	322,000	北京诚轩	2020-08-17
清康熙 洒蓝釉描金花卉开光花鸟诗文瓶	高42.8cm	46,000	中国嘉德	2020-07-15
清康熙 洒蓝釉描金山水人物纹笔筒	高12cm	17,250	北京大羿	2020-09-13
清康熙 洒蓝釉描金执壶（一对）	高12cm	17,250	中国嘉德	2020-07-15

拍品名称	物品尺寸	成交价RMB	拍卖公司	拍卖日期
清康熙 洒蓝地描金花卉纹瓶（两件）	最大高度21.5cm	21,415	伦敦佳士得	2020-02-13
清康熙 乌金釉描金缠枝团莲纹长颈瓶	高43.2cm	129,106	纽约苏富比	2020-09-23
清康熙 乌金釉描金瑞兽开光花卉博古图棒槌瓶	高47.4cm	17,250	中国嘉德	2020-07-15
清康熙 乌金釉描金山水人物纹大碗	直径19.5cm	17,250	中国嘉德	2020-11-10
清康熙 洒蓝釉描金开光花鸟图棒槌瓶	高43.6cm	345,000	北京诚轩	2020-08-17
清雍正 金彩高足杯	高8.5cm	661,220	伦敦苏富比	2020-11-04
清雍正元年(1723) 珊瑚红地金龙纹盘（一对）	直径20cm×2	298,069	纽约佳士得	2020-09-25
清乾隆 宝石蓝釉描金缠枝莲纹小长颈瓶（一对）	高10cm	17,250	北京大羿	2020-07-17
清乾隆 江藤旧藏乌金釉描金银开光宝相花葵口笔筒	高13cm	80,500	中鸿信	2020-01-03
清乾隆 酱彩描金折腰碗	直径20.5cm	48,300	中贸圣佳	2020-10-17
清乾隆 蓝釉金彩仿雕漆寿锦纹碗	直径11.5cm; 高4.2cm	86,250	广东崇正	2020-09-13
清乾隆 蓝釉描金缠枝花卉纹洗	长20.5cm	28,750	中国嘉德	2020-11-11
清乾隆 蓝釉描金缠枝莲纹碗	直径15cm	126,500	中国嘉德	2020-11-09
清乾隆 苹果绿地描金螭龙番莲纹带扣	带座高2.4cm; 长6.9cm; 宽3.5cm	25,300	保利厦门	2020-09-26
清乾隆 珊瑚红釉描金缠枝莲纹器座	5.5×11.4cm	23,000	保利厦门	2020-09-26
清乾隆 珊瑚红釉描金墨彩山水纹盒	直径5.5cm	13,800	中鸿信	2020-01-03
清乾隆或更晚 珊瑚红地描金开光蝶纹瓶（一对）	高21.2cm	19,746	伦敦佳士得	2020-05-21
清乾隆 黑漆描金云蝠毛笔	长24cm	414,000	北京保利	2020-10-20
18世纪 青釉描金缠枝莲纹四方倭角盖盒	7cm×7cm×3.6cm	78,200	北京大羿	2020-08-16
清乾隆 仿古铜釉描金开光御题诗双龙耳壁瓶	高23.8cm	897,000	永乐拍卖	2020-08-17
清乾隆 青釉描金银如意纹"爱奥尼柱式"螭耳小瓶	高13.6cm	6,900,000	中国嘉德	2020-12-03
清乾隆 松石绿地金彩仿金镶松石贲巴壶	高19.4cm	4,025,000	北京保利	2020-10-19
清乾隆 御制霁红釉火焰青描金御题诗胆式瓶	高32cm	39,100,000	北京保利	2020-10-19
清嘉庆 蓝地描金"吉庆连年"蒜头瓶	高31cm	92,000	广东崇正	2020-09-13
清嘉庆 珊瑚红地描金花卉开光万寿无疆纹盖碗	直径22cm	46,000	北京大羿	2020-11-08
清嘉庆 珊瑚红描金缠枝莲福寿喜字茶船	长14.5cm	36,800	中国嘉德	2020-11-09
清中期 黄地描金云凤纹墨床	长9.4cm	57,500	北京翰海	2020-12-12
清中期 霁蓝描金缠枝花卉四足花盆（一对）	长19cm×2	92,000	十竹斋拍卖（北京）	2020-10-18
清嘉庆 洒蓝釉描金夔凤穿花纹直颈瓶	高29.8cm	1,608,576	保利香港	2020-12-02
清嘉庆 蓝料彩描金云龙纹贲巴壶	高19.4cm	6,210,000	中贸圣佳	2020-10-17
清道光 豆青地描金缠枝莲纹笔筒	高12cm	172,500	北京大羿	2020-10-16
清道光 珊瑚红地描金篆书羽殇式高足承盘	长20.5cm	28,750	北京大羿	2020-07-17
清道光 珊瑚红描金花蝶福寿直颈瓶	高29.8cm	368,000	北京保利	2020-10-20
清道光 霁蓝釉描金福庆有余盖罐（一对）	高28cm×2	1,552,500	北京大羿	2020-12-06
清同治 霁蓝描金皮球花纹帽筒（一对）	直径12.2cm; 高27.8cm	74,750	北京中汉	2020-11-09
清同治 霁蓝釉描金山水纹象耳方瓶	高29.5cm	80,500	广东崇正	2020-09-13

拍品名称	物品尺寸	成交价RMB	拍卖公司	拍卖日期
清同治 珊瑚釉描金喜字纹碗（两件）	直径12.6cm	368,000	北京翰海	2020-12-12
清同治 蓝地描金龙纹折沿洗	口径21.2cm	149,500	西泠印社	2020-08-08
清同治 珊瑚红地描金喜字小盘（一对）	直径10.4cm×2	92,000	中国嘉德	2020-07-16
清光绪 黄地描金福寿纹盘	直径14.1cm	71,300	北京翰海	2020-12-12
清光绪 祭蓝描金福寿纹荸荠瓶	高33cm	52,500	乾禧国际	2020-01-20
清光绪 霁蓝釉描金百禄图象耳瓶	高29.5cm	46,000	广东崇正	2020-09-13
清光绪 霁蓝釉描金龙凤纹玉堂春瓶	高38cm	27,600	北京大羿	2020-06-19
清光绪 霁蓝釉描金皮球花赏瓶	高38.5cm	166,750	北京翰海	2020-12-12
清光绪 霁蓝釉描金皮球花纹玉堂春瓶	高38.5cm	195,500	北京大羿	2020-08-16
清光绪 霁蓝釉描金皮球花纹玉堂春瓶	高38.5cm	20,700	北京大羿	2020-09-13
清光绪 蓝地描金团花纹赏瓶	高39.5cm	295,260	佳士得	2020-10-08
清光绪 蓝地描金团花纹赏瓶	高38.4cm	184,790	伦敦佳士得	2020-11-03
清光绪 蓝釉描金山水纹赏瓶	高39cm	57,500	中国嘉德	2020-12-03
清光绪 蓝釉描金团花纹赏瓶	高38.5cm	115,000	中国嘉德	2020-11-11
清光绪 蓝釉描金团花纹赏瓶	高39cm	115,000	中国嘉德	2020-12-03
清光绪 蓝釉描金团花纹赏瓶	高38.8cm	92,000	中国嘉德	2020-08-18
清光绪 蓝釉描金团花纹赏瓶	高38.8cm	78,200	中国嘉德	2020-07-15
清光绪 蓝釉描金团花纹赏瓶	高39cm	78,200	中国嘉德	2020-07-17
清光绪 珊瑚红地描金百寿图盘	直径19.5cm	40,250	中国嘉德	2020-07-15
清光绪 珊瑚红地描金双喜纹印泥盒	直径8cm	25,300	保利厦门	2020-09-26
清光绪 蓝釉描金团花纹赏瓶（一对）	高38.5cm×2	368,000	中国嘉德	2020-07-16
清光绪 霁蓝描金龙凤纹玉堂春瓶（一对）	高39.5cm×2	368,000	北京大羿	2020-06-06
清 墨彩描金花卉诗文碗（两件）	直径14cm	13,800	北京翰海	2020-09-12
清光绪 蓝釉描金团花长颈瓶	高39cm	228,480	香港苏富比	2020-06-05
民国 珊瑚红地描金堆塑螭龙纹罐（一对）	高18cm	126,500	北京大羿	2020-09-13
民国 珊瑚红地描金开光墨书心经塔式罐	高27.5cm	89,700	中贸圣佳	2020-07-18
德国柏林皇家窑厂（KPM）软瓷描金手绘公羊首造型花瓶	高18.5cm	28,750	西泠印社	2020-08-10
描金龙凤纹五色库绢	尺寸不一	356,500	广东小雅斋	2020-08-21
清 大清乾隆年款绿地描金花卉龙纹瓶	高33cm	25,300	西泠印社	2020-08-08
清 大清乾隆年制款描金银八宝缠枝莲纹花瓶	高27cm	207,000	西泠印社	2020-08-08
白花				
南宋 吉州窑黑地彩绘梅瓶	高20.5cm	2,182,320	香港苏富比	2020-10-09
高丽王朝12世纪 青釉绘云鹤纹梅瓶	高30.5cm	240,055	香港苏富比	2020-10-09
元 蓝釉留白龙纹棱口盘	直径15cm	483,000	华艺国际	2020-10-16
明 酱釉地白彩花卉纹梅瓶	高36cm	437,000	北京保利	2020-10-19
清雍正 蓝地堆白莲池鱼藻纹碗	直径17.5cm	138,000	中鸿信	2020-01-03
清雍正 红地白鱼纹盘	直径20.3cm	1,448,825	纽约佳士得	2020-09-24
清雍正 洒蓝地留白菊花纹葵瓣式宫碗（一对）	直径19cm; 高9.6cm×2	3,795,000	中贸圣佳	2020-10-17
清乾隆 珊瑚红地留白缠枝花卉纹碗	直径12.8cm	258,212	纽约苏富比	2020-09-23
清乾隆 天蓝釉堆白花果纹如意耳盘口瓶	高48.5cm	23,000	中国嘉德	2020-11-10
清乾隆 矾红留白竹纹碗（一对）	直径11.4cm×2	217,400	伦敦佳士得	2020-11-03
清嘉庆 珊瑚红地留白竹纹碗	直径12cm	28,750	中鸿信	2020-01-03
清中期 矾红留白兽面纹炉	直径16.2cm	51,750	中国嘉德	2020-11-09
清中期 绿地白彩螭龙纹炉	直径16cm	59,800	中国嘉德	2020-11-09
清道光 矾红留白缠枝宝相花纹碗	直径13cm; 高6.5cm	235,750	中贸圣佳	2020-07-18
清道光 蓝地堆白缠枝花卉纹开光帽筒	高28cm	16,100	北京大羿	2020-08-16
清道光 珊瑚红留白缠枝花卉纹碗	直径13cm	161,000	中国嘉德	2020-08-18
清道光 珊瑚红留白缠枝花卉纹碗（一对）	直径13cm	241,500	中国嘉德	2020-11-09
清道光 珊瑚红留白竹纹小碗	直径12cm	51,750	中国嘉德	2020-11-09
清道光 珊瑚红留白竹纹小碗	直径11cm	13,800	中国嘉德	2020-11-11
清道光 珊瑚江竹节碗	直径11.5cm	85,320	台北艺珍	2020-08-16
清道光 珊瑚红地留白缠枝番莲牡丹纹碗	直径13cm; 高6.5cm	333,500	保利厦门	2020-09-26
清道光 珊瑚红地留白花卉纹碗（一对）	直径13cm×2	437,000	北京大羿	2020-12-06
清咸丰 珊瑚红留白竹纹碗	直径16cm	92,000	中国嘉德	2020-12-03
清光绪 珊瑚红地留白竹纹碗（一对）	直径11.2cm	105,800	北京大羿	2020-05-28
清光绪 珊瑚红留白竹纹碗	直径14.4cm	55,200	中国嘉德	2020-11-10
清光绪 珊瑚红留白竹纹碗	直径16.5cm; 高8cm	43,700	保利厦门	2020-09-26
清光绪 珊瑚红留白竹纹碗（五只）	尺寸不一	32,200	中国嘉德	2020-11-11
清光绪 珊瑚红留白竹纹碗（一对）	直径14.3cm	97,750	中国嘉德	2020-11-09
19/20世纪 珊瑚红地竹纹碗	直径11.8cm	180,340	伦敦佳士得	2020-02-13
墨彩				
宋 磁州窑真武大帝	高20cm	23,000	西泠印社	2020-08-08
金/元 磁州窑小虎枕	长9.8cm	64,003	中国嘉德	2020-07-13
明 江藤旧藏黑搔落牡丹纹大梅瓶	高38.5cm	97,750	中鸿信	2020-01-03
清早期 墨彩花卉梅竹双清纹诗文小杯	直径7.5cm	63,250	北京中汉	2020-12-04
清康熙 墨彩风竹诗文三足笔筒	直径18.5cm	25,300	中国嘉德	2020-12-03
清康熙 墨彩山水人物图茶壶	15cm	21,362	香港苏富比	2020-11-26
清雍正 墨彩山水人物纹大笔筒	直径18.5cm; 高15cm	97,750	保利厦门	2020-09-26
清雍正 墨彩山水纹碗	直径12cm	207,000	华艺国际	2020-10-16
清雍正 墨彩人物纹盘口瓶	高40cm	230,000	北京大羿	2020-12-06
清雍正 墨彩山水人物纹梅瓶	高33cm	287,500	十竹斋拍卖（北京）	2020-10-18
清雍正 唐窑釉下墨彩云龙纹胆瓶	高52cm	1,150,000	华艺国际	2020-10-16
18世纪 墨彩泛舟山水图卧足杯	6cm	58,746	香港苏富比	2020-11-26
清乾隆 墨彩山水人物纹长方倭角水仙盆	长29.5cm	20,700	中国嘉德	2020-07-15
清乾隆 松石绿釉开光墨彩山水人物纹罐（一对）	高24cm	17,250	中国嘉德	2020-11-11
清乾隆 御制墨彩诗文《秋兴四首》笔筒	直径7.9cm; 高10.3cm	161,000	中贸圣佳	2020-06-20
清中期 绿釉墨彩云龙纹抱月瓶	高25.5cm	32,200	中国嘉德	2020-07-15
清同治 墨彩过枝花卉纹大碗	直径20.8cm	59,800	中国嘉德	2020-07-15
清同治 墨彩诗文竹叶纹帽筒	高28.3cm	13,560	北京中汉	2020-09-03
清同治/清光绪 松石绿地墨彩花鸟纹方盆（一对）	直径19.4cm	152,180	伦敦佳士得	2020-11-03
清同治至光绪 黄地墨彩花虫纹汤匙（一对）	长17.2cm	51,750	中国嘉德	2020-11-09
清光绪 黄地墨彩花卉纹水仙盆	长23.5cm; 宽17cm; 高8.3cm	42,550	北京大羿	2020-08-01
清光绪 黄地墨彩牡丹纹花盆	直径25.5cm	97,830	伦敦佳士得	2020-11-03
清光绪 黄地墨彩牡丹月季纹茶碗	直径10.7cm	28,750	中国嘉德	2020-07-17
清光绪 黄地墨彩喜寿丰盈筒瓶	33.6cm	128,172	香港苏富比	2020-11-26
清光绪 绿地墨彩花鸟花盆	长22cm; 宽16cm	34,500	十竹斋拍卖（北京）	2020-10-18
清光绪 松石绿地墨彩花卉纹棒盒	直径37.5cm	103,500	保利厦门	2020-09-26
清光绪 御窑瓷雕仙鹤	高46cm	48,300	中贸圣佳	2020-07-18
清光绪 黄地墨彩梅兰竹菊四君子图方花盆（一对）	高27.6cm×2	345,000	中国嘉德	2020-07-17
清光绪或稍晚 大雅斋黄地墨彩花卉碗（一对）	直径17.4cm; 高8.1cm×2	80,500	中贸圣佳	2020-07-18

拍品名称	物品尺寸	成交价RMB	拍卖公司	拍卖日期
清光绪 翡翠地水墨葵菊八哥图鱼缸	40cm×28.5cm	299,000	北京诚轩	2020-08-17
清晚期 黄地墨彩穿花龙纹大地瓶（一对）	高90cm	241,500	中国嘉德	2020-11-10
清晚期 松石绿地墨彩花卉纹箭筒（一对）	高64cm	40,250	中国嘉德	2020-11-10
清晚期 松石绿地墨彩花鸟纹大地瓶	高86.3cm	48,300	中国嘉德	2020-11-10
清晚期 松石绿地墨彩花鸟纹大瓶	高59.5cm	40,250	中国嘉德	2020-11-10
清 墨彩兰花蛐蛐罐（两件）	高11.5cm	241,500	北京翰海	2020-12-12
清 墨彩人物方笔筒	高8.2cm; 长5.3cm; 宽5.3cm	43,700	西泠印社	2020-08-09
清 墨彩山水人物纹洗	直径21cm	23,000	中国嘉德	2020-11-12
清 墨彩竹纹碗（两件）	直径11cm	23,000	北京翰海	2020-09-12
清光绪 淡绿地墨彩花鸟纹方形花盆及盘（一对）	直径10.8cm×2	297,023	香港苏富比	2020-06-05
民国 薄胎雪景小碗（一对）	碗口直径11cm; 高4.8cm	56,000	上海联合	2020-11-29
民国 墨彩山水纹铺首瓶	高45.3cm	23,000	中贸圣佳	2020-12-08
民国 墨彩山水纹铺首瓶	高45.3cm	23,000	中贸圣佳	2020-12-08
"盛古珍玩"制 墨彩山水图盖杯（一组四件）	尺寸不一	51,750	西泠印社	2020-08-08
清 墨彩山水人物洗	高6.5cm; 直径25.7cm	13,800	西泠印社	2020-08-08
刻剔彩				
北宋至金 磁州窑珍珠地剔花老虎枕	26.7cm	138,853	香港苏富比	2020-11-26
磁州窑 白釉珍珠地花卉纹塔式瓶	高36cm	747,500	中贸圣佳	2020-10-17
元 磁州窑剔花玉壶春瓶	高29cm	31,050	西泠印社	2020-08-09
元 磁州窑白釉剔花花卉纹梅瓶	高35.2cm	126,500	中国嘉德	2020-08-18
明16世纪 剔红松下高士图笔	长25.4cm	57,500	华艺国际	2020-10-16
明 剔红毛笔（两支）	长25.5cm	44,800	上海联合	2020-11-29
明 黑釉剔花虎纹梅瓶	高33.5cm	1,725,000	北京保利	2020-10-19
清乾隆 剔彩团花纹盖盂	宽15.5cm	138,000	永乐拍卖	2020-12-02
宋 磁州窑刻花卉纹梅瓶	高39.5cm	55,200	西泠印社	2020-08-08
宋 磁州窑剔花花卉纹长颈瓶	高28cm	51,750	西泠印社	2020-08-08
宋 磁州窑剔花钱币纹罐	高11cm; 口径5.7cm	40,250	西泠印社	2020-08-08
其他彩瓷				
北宋 绞胎盘	直径17cm	51,642	纽约苏富比	2020-09-23
北宋 绞胎罐	高9.8cm	430,353	纽约苏富比	2020-09-23
北宋 绞胎豹纹玉壶春瓶	高20.3cm	1,809,648	保利香港	2020-12-02
南宋至元代 绞釉梅瓶	高14.5cm	12,798	台北艺珍	2020-08-16
宋/金 绞胎四方花盆	长32.1cm	36,908	佳士得	2020-10-08
宋 绞胎直口碗	直径13.7cm	206,976	香港苏富比	2020-05-22
明 搅釉玉壶春瓶	高18.5cm	230,000	北京保利	2020-10-20
清康熙 黑漆嵌螺钿高士琵琶尊	高25.6cm	115,000	中贸圣佳	2020-06-20
清康熙 彩绘八卦纹仿古瓶	高22cm	108,700	伦敦佳士得	2020-11-03
清康熙 瓷胎黑漆嵌螺钿高士图杯	直径9cm	89,700	中国嘉德	2020-08-18
清雍正 绞胎釉水丞	直径5cm; 高4cm	20,700	广东崇正	2020-09-13
清中期 外轧道福寿内鱼高足碗	直径20cm	23,000	北京保利	2020-10-20
18/19世纪 西洋人物造像	高24.5cm	86,250	中贸圣佳	2020-12-07
清光绪 百花不落地纹杯	直径8.6cm	51,750	中贸圣佳	2020-12-07
清 各式文房瓷器（六件）	尺寸不一	28,750	朵云轩	2020-09-24
18/19世纪 瓷文房用具（一组三件）	5.5至9.8cm	62,832	香港苏富比	2020-06-05
魏洪泰 民国 窑彩观音瓷塑	高76.7cm	115,000	中贸圣佳	2020-10-17
陈松 民国 新彩山水图瓷板	长38cm; 宽26cm; 外框尺寸长48cm; 宽63.5cm	138,000	中贸圣佳	2020-10-17
现当代瓷器				
20世纪80年代 丁宝成梅香雀跃图尊	高60cm	25,300	中贸圣佳	2020-12-07
当代 老莫手作茶壶	6.8cm×11.5cm	46,000	永乐拍卖	2020-12-03
当代 老莫手作三足盉形茶壶	8.5cm×13.2cm	55,200	永乐拍卖	2020-12-03
当代 泉田之也手作船型花器（附供箱）	18cm×34.5cm	20,700	永乐拍卖	2020-12-03
当代 泉田之也手作斧型花器（附供箱）	29cm×30cm	25,300	永乐拍卖	2020-12-03
当代 泉田之也手作长方花器（附供箱）	8cm×39cm	17,250	永乐拍卖	2020-12-03
当代 隐山清玩晓花窑大闹天宫套组	尺寸不一	126,500	上海匡时	2020-08-05
当代 隐山清玩晓花窑斗彩绿龙套组	尺寸不一	55,200	上海匡时	2020-08-05
皮六炎 现当代 观音浮雕瓷板	高71cm; 宽42.5cm	112,700	十竹斋拍卖（北京）	2020-10-18
1974年 主席用瓷醴陵国瓷菊花纹碗	直径12.4cm; 高5.7cm	207,000	中贸圣佳	2020-10-17
1979年制"青年毛泽东像"挂盘	直径24cm	23,000	中贸圣佳	2020-06-20
爱马仕 2019 CARNETS D'EQUATEUR系列瓷质餐具（一组十五件）		21,523	保利香港	2020-07-08
爱马仕 2019 瓷质烟灰缸（一组九件）		19,371	保利香港	2020-07-08
白瓷雕山水人物图杯"李鼎氏"印款（一对）	高7cm	45,550	佳士得	2020-04-21
白瓷贴花三足炉	高12cm; 口径12.5cm	34,500	上海匡时	2020-08-05
白瓷执壶	高19cm; 直径14cm	28,750	上海匡时	2020-08-05
白地黑花正方枕	宽15.8cm; 高10.5cm	264,500	上海匡时	2020-08-05
陈佩秋 兰花瓷盘	直径25cm	74,750	朵云轩	2020-09-23
程十发 1979年作 瓷盘画 少女	直径24cm	103,500	西泠印社	2020-08-08
程十发 瓷盘画 吉祥少女图	直径24cm	48,300	西泠印社	2020-08-08
程意亭 春江水暖瓷板画	38cm×25.5cm	483,000	上海嘉禾	2020-01-05
瓷器：24K铂金马赛克茶壶，茶杯及摆盘组（一组十三件）		36,160	佳士得	2020-07-10
单色釉文玩（六件）	尺寸不一	17,250	中国嘉德	2020-11-11
德国柏林皇家窑厂KPM 软瓷手绘洛可可风格叶形装饰盘	底部31cm×23cm; 高5cm	20,700	西泠印社	2020-08-10
范曾 庚午（1990年）作 无为 瓷板	37cm×25cm	43,700	中国嘉德	2020-07-16
范曾 己巳（1989年）作 拜石 瓷板	37cm×25cm	43,700	中国嘉德	2020-07-16
仿均窑瓶、影青盏（一组两件）	高18.5cm; 直径10.5cm	19,550	广东崇正	2020-06-27
庚申（1980）年作 程十发 双鸡图瓷盘	直径26cm	94,300	朵云轩	2020-09-23
关良 丁巳（1977年）作 戏剧人物	直径24cm	97,079	中国嘉德	2020-10-09
关良 庚申（1980年）作 献桃 瓷盘	直径26cm	34,500	中国嘉德	2020-12-02
关良 花鼓图瓷盘	直径26cm	143,750	朵云轩	2020-09-23
海水麒麟纹折沿盘	32cm×8cm	902,000	北京贞观	2020-11-28
河南青瓷大碗	高10cm; 口径22.5cm	207,000	上海匡时	2020-08-05
黑田泰藏 2017年3月作 无题 41（白磁割台皿XI）	30.6cm×40cm×40cm	45,200	香港苏富比	2020-07-10
剪纸贴花洒斑瑞鹿纹盏	直径12.3cm	368,000	中贸圣佳	2020-10-17
剪纸贴花双凤纹撒斑斗笠盏	直径15.2cm	184,000	中贸圣佳	2020-10-17
江西瓷业公司瓷雕凤凰牡丹图大插屏	直径39cm; 高105cm	149,500	广东崇正	2020-09-13
杰夫·昆斯 2017年作 气球猴子（橘）釉瓷 260/999	长39.2cm; 宽20.9cm; 高24.9cm	108,528	罗芙奥	2020-07-19
李俊 钟馗醉酒瓶	高42cm; 直径4.8cm	184,000	上海嘉禾	2020-01-05
陆俨少 彩绘梅石图瓷盘	直径41cm	25,300	朵云轩	2020-11-30
陆俨少 绿树双燕瓷盘	直径26cm	89,700	朵云轩	2020-09-23
陆俨少 山水瓷盘	直径26cm	69,000	中国嘉德	2020-12-02
陆云山 十八学士图	72cm×43cm	92,000	上海嘉禾	2020-01-05

拍品名称	物品尺寸	成交价RMB	拍卖公司	拍卖日期
奈良美智 2007年作 Long Long Way from Your Home	124cm×124cm×9cm	2,662,500	佳士得	2020-12-03
启功 1990年作 比寿同清	30.5cm×20cm	43,700	中鸿信	2020-01-03
青白瓷观音佛龛	高15.5cm; 直径7cm	115,000	上海匡时	2020-08-05
青白玉罗汉修行山子	高13.4cm	43,880	伦敦佳士得	2020-05-21
青瓷刻花碗	高6.7cm; 口径13.7cm	92,000	上海匡时	2020-08-05
青瓷柳斗钵	高5.7cm; 口径7cm	23,000	上海匡时	2020-08-05
青瓷印花娃娃碗	高5cm; 口径12.5cm	48,300	上海匡时	2020-08-05
青瓷印花碗	高8.5cm; 口径18.2cm	34,500	上海匡时	2020-08-05
宋美龄 蒋中正 灵石攀花、行书养天自乐箴 瓷瓶	高53cm	40,250	中国嘉德	2020-07-16
唐云 竹雀图瓷盘	直径25.5cm	78,200	朵云轩	2020-09-23
兔毫斗笠盏	直径12.6cm 高4.2cm	253,000	中贸圣佳	2020-10-17
王鹤亭 四季花鸟笔筒（四件）	高15cm; 直径11.8cm	115,000	上海嘉禾	2020-01-05
王怀俊 松林雅集瓶	高49cm; 直径23cm	287,500	上海嘉禾	2020-01-05
王锡良 牡丹庭院瓷板画	40.5cm×69.5cm	299,000	上海嘉禾	2020-01-05
吴冠中 1995年作 手绘江南万柳瓷板	36cm×66.5cm	172,500	中鸿信	2020-01-04
谢稚柳 梅花瓷盘	直径25.5cm	69,000	朵云轩	2020-09-23
谢稚柳 松树 瓷盘	直径26cm	57,500	中国嘉德	2020-12-02
张大千 萱草 瓷盘	直径21cm	63,250	中国嘉德	2020-07-16
章文超 业大更勤俭	31.5cm×54cm	92,000	上海嘉禾	2020-01-05
朱德群 2005年作 清-花瓶 F27	高 56.5cm×39.5cm ×17cm	96,900	佳士得	2020-06-30
朱屺瞻 甲子(1984年)作 洛阳春色瓷盘	直径22cm	36,800	中国嘉德	2020-07-16
朱新建 丁亥（2007年）作 美人图	高43cm	97,750	中国嘉德	2020-12-01
启功 1990年作 疏林清涧 瓷板	36cm×25cm	517,500	中国嘉德	2020-07-16
黄建南 港口	直径41.5cm	1,380,000	上海匡时	2020-08-05
田鹤仙 月影梅花瓷板画	74cm×20cm	632,500	上海嘉禾	2020-01-05
程意亭 松鹤延年瓷板画	41cm×74cm	575,000	上海嘉禾	2020-01-05
青瓷刻花大盘	高7.5cm; 直径31cm	1,610,000	上海匡时	2020-08-05
王大凡 人物故事十二生肖瓷板画	19cm×12cm×12	5,750,000	上海嘉禾	2020-01-05
张松茂 松鹤延年瓷板画	73cm×43cm	1,495,000	上海嘉禾	2020-01-05
马安晖 高温曜变天目铁红金圈结晶釉-梅瓶	高46.6cm	2,185,000	北京翰海	2020-09-12
色釉瓷				
红 釉				
明早期 鲜红釉碗	直径18.6cm	550,977	中国嘉德	2020-10-08
明 红釉高足杯	高10cm	57,500	北京翰海	2020-09-12
清早期 红釉玉壶春瓶	高30cm	36,800	中国嘉德	2020-07-17
清早期 郎红釉印泥盒	直径14.9cm	34,500	北京中汉	2020-11-09
清早期 郎窑红釉撇口瓶	高16.1cm	22,600	北京中汉	2020-09-03
清早期 鲜红釉梅瓶	高20.8cm	103,500	北京中汉	2020-07-31
清康熙 宝石红釉碗	直径15.4cm	86,250	中贸圣佳	2020-12-07
清康熙 仿宣德宝石红釉盘	直径20.5cm	166,750	保利厦门	2020-09-26
清康熙 官仿官郎窑红釉盘	直径20cm	59,800	北京大羿	2020-06-19
清康熙 红釉梅瓶	高28.6cm	278,001	香港苏富比	2020-11-27
清康熙 红釉盘	直径16cm	59,800	中国嘉德	2020-08-18
清康熙 红釉日月罐	高20cm	368,000	中国嘉德	2020-08-18
清康熙 红釉骰子碗	直径22.7cm	529,000	中国嘉德	2020-08-18
清康熙 红釉碗	直径15.6cm	109,250	中国嘉德	2020-12-03
清康熙 红釉小梅瓶	高14cm	184,000	中国嘉德	2020-12-03
清康熙 祭红釉盘	直径28.2cm	166,750	永乐拍卖	2020-12-02
清康熙 霁红釉马蹄形水盂	高9.8cm	36,160	北京中汉	2020-09-03
清康熙 霁红釉盘	直径15.1cm	80,500	北京诚轩	2020-08-17
清康熙 霁红釉盘	直径20cm	46,000	北京中汉	2020-12-04
清康熙 霁红釉盘	直径19cm	36,800	北京大羿	2020-11-08
清康熙 霁红釉盘（一对）	1.高3.6cm; 2.高3.7cm	149,500	西泠印社	2020-08-08
清康熙 霁红釉盘（一对）	直径16.3cm	94,300	中贸圣佳	2020-06-20
清康熙 霁红釉琵琶尊	高27.5cm	92,000	北京大羿	2020-05-20
清康熙 霁红釉碗	直径15.4cm	103,500	北京大羿	2020-06-14
清康熙 霁红釉碗	直径22.5cm; 高11cm	66,700	上海嘉禾	2020-01-05
清康熙 霁红釉小葫芦瓶	高10.1cm	40,250	北京诚轩	2020-08-17
清康熙 霁红釉小梅瓶	高10.6cm	18,400	北京中汉	2020-07-31
清康熙 霁红釉长颈橄榄瓶	高29.5cm	126,500	北京中汉	2020-11-09
清康熙 豇豆红柳叶瓶	高15.5cm	218,500	华艺国际	2020-10-16
清康熙 豇豆红太白尊	高9.5cm	315,000	乾禧国际	2020-01-20
清康熙 豇豆红太白尊（瓷花囊）	高9.2cm	241,500	北京大羿	2020-08-16
清康熙 豇豆红釉暗刻团螭纹太白尊	直径12.2cm	805,000	北京保利	2020-10-20
清康熙 豇豆红釉暗刻团螭纹太白尊	直径12.7cm	379,500	中国嘉德	2020-08-18
清康熙 豇豆红釉镗锣洗	直径8.3cm	598,000	北京中汉	2020-11-09
清康熙 豇豆红釉镗锣洗	直径11.8cm	460,000	北京中汉	2020-12-04
清康熙 豇豆红釉镗锣洗	宽12cm	1,610,000	北京保利	2020-10-19
清康熙 豇豆红釉镗锣洗	直径12cm	345,000	中贸圣佳	2020-10-17
清康熙 豇豆红釉镗锣洗	直径12.3cm	287,500	北京大羿	2020-08-16
清康熙 豇豆红釉镗锣洗	直径11.5cm; 高3.5cm	172,500	广东崇正	2020-09-13
清康熙 豇豆红釉镗锣洗	直径12cm	149,500	中国嘉德	2020-12-03
清康熙 豇豆红釉镗锣洗	直径11.9cm	138,000	中国嘉德	2020-08-18
清康熙 豇豆红釉团龙纹太白尊	直径12.7cm	1,377,130	纽约苏富比	2020-09-22
清康熙 豇豆红釉团龙纹太白尊	直径12.7cm	818,370	香港苏富比	2020-10-09
清康熙 豇豆红釉印盒	带座高6cm; 高4cm; 直径7cm	92,000	西泠印社	2020-08-08
清康熙 豇豆红釉印泥盒	直径7.5cm	103,958	中国嘉德	2020-10-08
清康熙 郎红釉盘	直径15.5cm	74,750	保利厦门	2020-09-26
清康熙 郎红釉长颈瓶	高14cm	28,750	十竹斋拍卖（北京）	2020-10-18
清康熙 郎窑红观音尊	高45cm	218,500	中贸圣佳	2020-10-17
清康熙 郎窑红釉钵式洗	直径14.5cm	105,800	北京大羿	2020-08-16
清康熙 郎窑红釉斗笠碗	直径21.5cm	40,250	北京大羿	2020-11-08
清康熙 郎窑红釉观音瓶	高50cm	43,700	北京大羿	2020-05-20
清康熙 郎窑红釉观音尊	高41cm	299,000	保利厦门	2020-09-26
清康熙 郎窑红釉观音尊	高45.5cm	189,355	纽约苏富比	2020-09-23
清康熙 郎窑红釉观音尊	高45.6cm	115,000	北京大羿	2020-08-16
清康熙 郎窑红釉梅瓶	高18cm	172,500	北京大羿	2020-10-16
清康熙 郎窑红釉梅瓶	高18.3cm	143,750	北京中汉	2020-08-19
清康熙 郎窑红釉球腹瓶	高29.5cm	57,500	中贸圣佳	2020-10-17
清康熙 郎窑红釉三足小香炉	高4.3cm	32,200	中贸圣佳	2020-12-07
清康熙 郎窑红釉兽耳大摇铃尊	高45.4cm	258,212	纽约苏富比	2020-09-22
清康熙 郎窑红釉水盂	直径8cm; 高8.8cm	74,750	北京中汉	2020-12-04
清康熙 郎窑红釉筒式瓶	高25cm	115,000	中贸圣佳	2020-12-07
清康熙 郎窑红釉小胆瓶	高14cm	23,000	保利厦门	2020-09-26
清康熙 郎窑红釉玉壶春瓶	高22cm	46,000	中国嘉德	2020-12-03
清康熙 郎窑红釉直颈瓶	高45.5cm	437,000	北京诚轩	2020-08-17
清康熙 郎窑红釉缸式水盛	直径8cm; 高8.8cm	86,250	北京中汉	2020-07-31
清康熙 珊瑚红釉梅瓶	高21.7cm	57,500	中贸圣佳	2020-06-20
清康熙 豇豆红釉太白尊	宽12.6cm	1,559,370	中国嘉德	2020-10-08
清康熙 郎窑红釉仰钟碗	直径15cm	586,500	北京大羿	2020-12-06
清康熙 郎窑红釉弦纹钵式炉	直径19.3cm; 高16.9cm	402,500	北京中汉	2020-12-04
清康熙 豇豆红釉暗刻夔龙纹太白尊	直径12.6cm	1,658,844	保利香港	2020-12-02
清康熙 豇豆红釉菊瓣瓶	高21cm	5,095,926	纽约苏富比	2020-09-22
清康熙 豇豆红釉柳叶瓶	高15.4cm	3,856,100	纽约苏富比	2020-09-22
清康熙 豇豆红釉柳叶尊	高15.6cm	2,662,500	佳士得	2020-11-30

拍品名称	物品尺寸	成交价RMB	拍卖公司	拍卖日期
清康熙 豇豆红釉镗锣洗	直径12.1cm	2,151,765	纽约苏富比	2020-09-22
清康熙 豇豆红釉印泥盖盒	直径7.2cm	1,979,624	纽约苏富比	2020-09-22
清康熙 豇豆红釉印泥盒	7.3cm	1,200,276	香港苏富比	2020-10-09
清康熙 郎窑红釉观音尊	高43.9cm	1,356,000	佳士得	2020-07-09
清康熙 郎窑红釉长颈瓶	高43.2cm	235,232	香港苏富比	2020-11-27
清康熙 豇豆红釉太白尊	直径12.4cm	1,874,950	纽约佳士得	2020-09-24
清康熙 豇豆红釉镗锣洗	直径11.5cm	2,113,436	香港苏富比	2020-06-05
清康熙 红釉盘	直径16.1cm	142,264	伦敦苏富比	2020-06-15
清康熙 豇豆红印盒	直径7.2cm	1,437,500	北京保利	2020-12-05
清康熙 豇豆红釉暗刻团螭纹太白尊	直径12.5cm	3,450,000	中国嘉德	2020-12-03
清康熙 豇豆红釉柳叶瓶	高15.4cm	2,645,000	永乐拍卖	2020-12-02
清康熙 豇豆红釉盘龙尊	高20cm	1,265,000	中贸圣佳	2020-10-17
清康熙 豇豆红釉印泥盒	直径7.3cm	2,875,000	北京中汉	2020-12-04
清雍正 宝石红釉天球瓶	高33cm	80,500	保利厦门	2020-09-26
清雍正 仿钧海棠红釉太极纸槌瓶	高21.8cm	368,000	北京中汉	2020-11-09
清雍正 红釉杯	直径7.1cm; 高4cm	218,500	广东崇正	2020-09-13
清雍正 红釉杯	高4cm; 直径7.5cm	115,000	荣宝斋（南京）	2020-11-28
清雍正 红釉大盘	直径19.5cm	97,750	中国嘉德	2020-12-03
清雍正 红釉高足碗	直径19.1cm	59,800	中国嘉德	2020-11-11
清雍正 红釉盘	直径16.3cm	82,800	中国嘉德	2020-08-18
清雍正 红釉盘	直径16.5cm	80,500	中国嘉德	2020-12-03
清雍正 红釉盘	直径16.5cm	69,000	中国嘉德	2020-11-10
清雍正 红釉蒜头瓶	高23.3cm	195,500	中国嘉德	2020-12-03
清雍正 红釉碗	直径15.4cm	207,000	中国嘉德	2020-07-16
清雍正 红釉碗	直径12.2cm	173,920	伦敦佳士得	2020-11-03
清雍正 红釉碗	直径15.5cm	105,800	中国嘉德	2020-11-09
清雍正 红釉小碗	直径12.3cm	13,800	中国嘉德	2020-11-11
清雍正 祭红釉碗	直径14.5cm	253,000	永乐拍卖	2020-12-02
清雍正 祭红釉碗	直径14.5cm	59,800	中国嘉德	2020-08-18
清雍正 祭红釉碗（一对）	直径13.2cm	287,500	永乐拍卖	2020-12-02
清雍正 霁红釉茶圆	直径7cm	241,500	北京大羿	2020-10-16
清雍正 霁红釉茶圆	直径7.2cm	207,000	北京大羿	2020-08-16
清雍正 霁红釉胆瓶	高22.3cm	161,000	中贸圣佳	2020-07-18
清雍正 霁红釉墩式碗	直径11.2cm	92,000	北京中汉	2020-11-09
清雍正 霁红釉高足大碗	直径18.8cm	172,500	北京保利	2020-12-05
清雍正 霁红釉高足碗	直径15.4cm	89,700	北京中汉	2020-08-19
清雍正 霁红釉高足碗	直径18cm	82,800	北京大羿	2020-08-16
清雍正 霁红釉高足碗一对	18.7cm×11.5cm×2	322,000	北京诚轩	2020-08-17
清雍正 霁红釉花盆盆奁（一套）	直径19.9cm; 直径19.5cm	161,000	北京大羿	2020-07-12
清雍正 霁红釉盘	直径20.8cm	345,000	北京翰海	2020-12-12
清雍正 霁红釉盘	直径15cm	184,000	北京大羿	2020-06-19
清雍正 霁红釉盘	直径16cm	97,750	北京大羿	2020-05-20
清雍正 霁红釉盘	直径20.5cm	89,700	北京大羿	2020-10-16
清雍正 霁红釉盘	直径16.5cm	86,250	中贸圣佳	2020-07-18
清雍正 霁红釉盘	直径20.5cm	72,450	北京大羿	2020-09-13
清雍正 霁红釉盘	直径16cm	46,000	北京大羿	2020-09-13
清雍正 霁红釉盘	直径14.8cm	36,320	北京保利	2020-07-19
清雍正 霁红釉水丞	宽8cm; 直径6cm	20,700	保利厦门	2020-09-26
清雍正 霁红釉天球瓶	高34cm	80,500	北京大羿	2020-07-17
清雍正 霁红釉碗	直径14cm	80,500	北京大羿	2020-07-12
清雍正 霁红釉碗（一对）	直径13.1cm	345,000	中贸圣佳	2020-06-20
清雍正 霁红釉小杯	直径7.2cm; 高3.5cm	207,000	中贸圣佳	2020-07-18
清雍正 霁红釉小杯（一对）	直径5.6cm	13,800	北京大羿	2020-09-13
清雍正 霁红釉小瓶	高11.7cm	73,600	中贸圣佳	2020-12-07
清雍正 霁红釉长颈瓶	高30.5cm	109,250	中贸圣佳	2020-12-07
清雍正 霁红釉折腰碗	直径15.4cm	141,875	北京保利	2020-07-19
清雍正 豇豆红釉碗	直径14.4cm	86,250	中国嘉德	2020-12-03
清雍正 豇豆红釉小盘	直径11.7cm	34,500	中国嘉德	2020-11-10
清雍正 郎红釉胆瓶	高44cm	28,750	保利厦门	2020-09-26

拍品名称	物品尺寸	成交价RMB	拍卖公司	拍卖日期
清雍正 年红釉盘	直径18cm	136,200	北京保利	2020-07-19
清雍正 年窑红釉带奁花盆	盆直径19.5cm, 高11.5cm; 奁直径19.5cm, 高3.5cm	218,500	保利厦门	2020-09-26
清雍正 年窑红釉卧足杯（一对）	直径6cm	17,250	中国嘉德	2020-11-12
清雍正 年窑红釉卧足杯 一对	直径6cm	82,800	中国嘉德	2020-07-16
清雍正 珊瑚红釉长颈瓶	高20.8cm	106,500	佳士得	2020-11-30
清雍正或以后 胭脂红釉小碗	直径9.3cm	23,000	中国嘉德	2020-11-11
清雍正至乾隆 红釉莱菔瓶	高17cm	48,300	中国嘉德	2020-07-16
清雍正至乾隆 红釉小梅瓶	高18cm	322,000	中国嘉德	2020-07-16
清雍正 红釉小胆瓶	高16cm	977,500	中国嘉德	2020-08-18
清雍正 祭红釉圆盒盖	直径14.6cm	543,500	伦敦佳士得	2020-11-03
清雍正 霁红釉橄榄瓶	高21.2cm	955,092	保利香港	2020-12-02
清雍正 祭红釉盘	直径20.5cm	102,270	纽约佳士得	2020-09-24
清雍正 祭红釉碗	直径12.3cm	93,748	纽约佳士得	2020-09-24
清雍正 祭红釉碗（一对）	直径7.1cm	340,900	纽约佳士得	2020-09-24
清雍正 胭脂红釉暗花龙纹碗	直径9.6cm	2,215,850	纽约佳士得	2020-09-24
清雍正 红釉敞口碗	直径15.2cm	251,327	香港苏富比	2020-06-05
清雍正 仿钧天青海棠红釉折沿花盆	高15.9cm	805,000	北京中汉	2020-07-31
清雍正 年红釉宫碗	直径16.8cm	368,000	北京大羿	2020-08-16
清雍正或较早 宝石红釉高足碗	直径15.1cm	345,000	北京中汉	2020-07-31
清雍正 宝石红釉梅瓶	高22.3cm	1,495,000	北京中汉	2020-12-04
清雍正 仿豇豆红釉梅瓶	高22cm	2,070,000	永乐拍卖	2020-12-02
清雍正 霁红釉小胆式瓶	高16.5cm	1,610,000	北京保利	2020-10-19
清雍正 年红釉盆奁（一对）	直径20cm ×2	1,242,000	北京大羿	2020-10-16
清雍正 外胭脂红釉内洋彩瓜果纹碗	直径9.3cm	3,680,000	永乐拍卖	2020-12-02
清雍正 胭脂红釉菊瓣盘	直径16cm	3,220,000	北京保利	2020-10-19
清雍正 胭脂红釉小高足杯	直径4.6cm; 高4.2cm	1,150,000	华艺国际	2020-10-16
18世纪 红釉荸荠瓶	高30.5cm	163,534	纽约苏富比	2020-09-23
18世纪 红釉菖蒲盆	高8cm	20,700	北京大羿	2020-06-14
18世纪 红釉胆瓶	高38.8cm	43,880	伦敦佳士得	2020-05-21
18世纪 红釉长颈瓶	高41.9cm	275,426	纽约苏富比	2020-09-23
18世纪 霁红釉胆瓶	高40cm	66,700	北京大羿	2020-08-01
18世纪 霁红釉水盂	直径4.6cm	25,990	北京中汉	2020-09-03
18世纪 珊瑚红釉盘口瓶	高24.5cm	34,500	北京大羿	2020-08-01
18世纪 珊瑚红釉小水盂	高2.5cm	36,800	北京大羿	2020-05-20
清乾隆 宝石红釉碗（三只）	直径12.3cm	460,000	北京保利	2020-12-05
清乾隆 红釉杯（一对）	直径8.8cm	172,500	中国嘉德	2020-08-18
清乾隆 红釉荸荠瓶	高24cm	494,500	十竹斋拍卖（北京）	2020-10-18
清乾隆 红釉荸荠瓶	高18.5cm	48,300	北京大羿	2020-07-17
清乾隆 红釉钵	高12.3cm	23,000	北京大羿	2020-06-19
清乾隆 红釉大盘	直径20.3cm	109,250	中国嘉德	2020-11-09
清乾隆 红釉大盘	直径21.2cm	89,700	中国嘉德	2020-08-18
清乾隆 红釉大盘	直径20.8cm	86,250	中国嘉德	2020-12-03
清乾隆 红釉大盘	直径21cm	40,250	中国嘉德	2020-11-10
清乾隆 红釉大盘	直径20.8cm	40,250	中国嘉德	2020-11-10
清乾隆 红釉大盘	直径20.8cm	32,200	中国嘉德	2020-11-10
清乾隆 红釉大盘	直径21cm	20,700	中国嘉德	2020-11-09
清乾隆 红釉胆式瓶	高14cm	17,250	荣宝斋（南京）	2020-11-28
清乾隆 红釉盖罐	高20.4cm	34,500	中贸圣佳	2020-12-07
清乾隆 红釉高足盘	直径21cm	115,000	中国嘉德	2020-07-15
清乾隆 红釉高足盘	直径20.9cm	103,500	中国嘉德	2020-12-03
清乾隆 红釉鸡心碗（一对）	直径15.1cm	161,000	中国嘉德	2020-08-18
清乾隆 红釉盘	直径16.6cm	103,500	中国嘉德	2020-07-16
清乾隆 红釉盘	直径15cm	80,500	中国嘉德	2020-08-18
清乾隆 红釉盘	直径15cm	69,000	广东崇正	2020-09-13
清乾隆 红釉盘	直径21cm	60,249	纽约苏富比	2020-09-23

拍品名称	物品尺寸	成交价RMB	拍卖公司	拍卖日期
清乾隆 红釉盘	直径21cm	59,800	十竹斋拍卖（北京）	2020-10-18
清乾隆 红釉盘	直径20.7cm	51,750	中国嘉德	2020-11-10
清乾隆 红釉盘	直径20.5cm	48,300	中国嘉德	2020-11-10
清乾隆 红釉盘	直径19cm	40,250	荣宝斋（南京）	2020-11-28
清乾隆 红釉盘	直径21cm	37,384	香港苏富比	2020-11-26
清乾隆 红釉盘	直径18.8cm	17,250	中国嘉德	2020-11-10
清乾隆 红釉盘	直径16.7cm	17,250	中国嘉德	2020-11-11
清乾隆 红釉镗锣洗	直径22.2cm	32,200	北京大羿	2020-06-19
清乾隆 红釉碗（三件）	直径12.4cm	301,247	纽约苏富比	2020-09-23
清乾隆 红釉牺耳尊	高27cm	40,250	中国嘉德	2020-07-17
清乾隆 红釉小荸荠瓶	高17.3cm	322,000	中国嘉德	2020-12-03
清乾隆 红釉印泥盒	直径12cm	55,200	北京中汉	2020-12-04
清乾隆 红釉渣斗	直径11.6cm	29,868	中国嘉德	2020-07-13
清乾隆 红釉渣斗	直径11.6cm	25,990	中国嘉德	2020-10-08
清乾隆 红釉长颈瓶	高33cm	287,500	十竹斋拍卖（北京）	2020-10-18
清乾隆 火焰红釉胆瓶	高38.5cm	55,200	北京诚轩	2020-08-17
清乾隆 祭红釉梅瓶	高18.5cm	632,500	永乐拍卖	2020-12-02
清乾隆 祭红釉碗	直径19.8cm; 高8.5cm	17,250	广东崇正	2020-09-13
清乾隆 霁红釉荸荠瓶	高19cm	46,000	华艺国际	2020-10-16
清乾隆 霁红釉茶圆	直径8.8cm	86,250	中贸圣佳	2020-12-07
清乾隆 霁红釉胆瓶	高29.5cm	57,500	北京中汉	2020-07-31
清乾隆 霁红釉胆瓶	高27.5cm	28,750	北京大羿	2020-05-20
清乾隆 霁红釉胆瓶（配座）	高33cm	575,000	华艺国际	2020-10-16
清乾隆 霁红釉盖碗	直径18.3cm	46,000	北京中汉	2020-07-31
清乾隆 霁红釉橄榄长颈瓶	高23.7cm	109,250	中贸圣佳	2020-12-08
清乾隆 霁红釉高足盘	高9cm	103,500	中贸圣佳	2020-10-17
清乾隆 霁红釉高足盘	高9.1cm	101,200	中贸圣佳	2020-12-07
清乾隆 霁红釉高足碗	直径18.5cm; 高10cm	80,500	中贸圣佳	2020-06-20
清乾隆 霁红釉高足碗	高11.5cm	57,500	北京大羿	2020-10-16
清乾隆 霁红釉观音瓶	高27.5cm	517,500	西泠印社	2020-08-08
清乾隆 霁红釉鸡心碗	直径15cm	161,000	北京保利	2020-12-05
清乾隆 霁红釉梅瓶	高22.8cm	701,500	北京中汉	2020-07-31
清乾隆 霁红釉梅瓶	高13.5cm	25,300	北京大羿	2020-09-13
清乾隆 霁红釉盘	直径15.6cm	82,275	伦敦佳士得	2020-05-21
清乾隆 霁红釉盘	直径16.5cm	74,750	北京翰海	2020-12-12
清乾隆 霁红釉盘	直径20.5cm	63,250	保利厦门	2020-09-26
清乾隆 霁红釉盘	直径16cm	63,250	北京大羿	2020-06-19
清乾隆 霁红釉盘	直径20.9cm	48,300	中贸圣佳	2020-06-20
清乾隆 霁红釉盘	直径20.8cm	46,000	北京翰海	2020-12-12
清乾隆 霁红釉盘	直径21cm	43,700	北京大羿	2020-09-13
清乾隆 霁红釉盘	直径20.5cm	37,950	北京大羿	2020-09-13
清乾隆 霁红釉盘	直径20.5cm	36,800	北京大羿	2020-07-12
清乾隆 霁红釉盘	直径18cm	25,300	北京大羿	2020-08-01
清乾隆 霁红釉盘	直径17cm	23,000	中贸圣佳	2020-12-07
清乾隆 霁红釉盘（三只）	直径20.8cm	80,500	西泠印社	2020-08-08
清乾隆 霁红釉盘（一对）	直径15.5cm	78,200	北京大羿	2020-10-16
清乾隆 霁红釉盘（一对）	直径18.3cm; 直径18.2cm	55,200	西泠印社	2020-08-08
清乾隆 霁红釉水盂	高7.5cm	20,700	北京大羿	2020-06-19
清乾隆 霁红釉天球瓶	高32cm	57,500	北京大羿	2020-07-12
清乾隆 霁红釉天球瓶	高20.9cm	45,200	北京中汉	2020-09-03
清乾隆 霁红釉天球瓶	高28cm	28,750	北京大羿	2020-08-01
清乾隆 霁红釉碗	直径13.4cm	34,500	北京大羿	2020-10-16
清乾隆 霁红釉碗	直径17.5cm	14,950	北京大羿	2020-09-13
清乾隆 霁红釉碗	直径20cm	13,800	北京大羿	2020-06-19
清乾隆 霁红釉小杯（一对）	直径5cm	43,700	北京大羿	2020-08-16
清乾隆 霁红釉小胆瓶	高15.5cm	51,750	保利厦门	2020-09-26
清乾隆 霁红釉小鸡心碗	直径10cm	92,000	北京诚轩	2020-08-17
清乾隆 霁红釉小天球瓶	高23.4cm	172,500	北京中汉	2020-07-31
清乾隆 霁红釉仰钟杯	直径9.7cm	49,450	北京中汉	2020-07-31

拍品名称	物品尺寸	成交价RMB	拍卖公司	拍卖日期
清乾隆 霁红釉玉壶春瓶	高30.3cm	675,727	中国嘉德	2020-10-08
清乾隆 霁红釉玉壶春瓶	高30cm	655,500	华艺国际	2020-10-16
清乾隆 霁红釉玉壶春瓶	高29.8cm	218,500	北京诚轩	2020-08-17
清乾隆 霁红釉玉壶春瓶	高30.2cm	69,000	北京中汉	2020-08-19
清乾隆 珊瑚红釉仿珊瑚水丞	长7.9cm	57,500	中国嘉德	2020-07-15
清乾隆 珊瑚红釉仿剔红锦纹海棠形盘	长18.5cm	63,250	中国嘉德	2020-12-03
清乾隆 珊瑚红釉菱口如意洗（一对）	直径22.4cm	195,500	北京中汉	2020-07-31
清乾隆 胭脂红釉杯（一对）	直径6.5cm	172,500	十竹斋拍卖（北京）	2020-10-18
清乾隆 胭脂红釉碟（一组八只）	直径10.7cm×8	48,300	广东崇正	2020-09-13
清乾隆 胭脂红釉天球瓶	高31.6cm	138,000	中鸿信	2020-01-03
清乾隆 胭脂红釉碗成对	直径10cm	74,750	中鸿信	2020-01-03
清乾隆 红釉梅瓶	高23cm	690,000	荣宝斋（南京）	2020-11-28
清乾隆 宝石红釉僧帽壶	高19.2cm	8,249,000	佳士得	2020-07-09
清乾隆 红釉玉壶春瓶	高29cm	575,000	中国嘉德	2020-12-03
清乾隆 祭红釉蒜头瓶	高22cm	1,384,500	佳士得	2020-11-30
清乾隆 霁红釉高足碗	15.2cm	655,400	香港苏富比	2020-07-11
清乾隆 胭脂红釉菊瓣盘	直径18.2cm	1,495,000	中国嘉德	2020-08-18
清乾隆 红釉玉壶春瓶	高20.3cm	342,719	香港苏富比	2020-06-05
18世纪 红釉水盂（两件）	直径8.9cm; 直径9.5cm	153,405	纽约佳士得	2020-09-24
清乾隆 郎窑红釉梅瓶	高23.2cm	1,192,275	纽约佳士得	2020-09-25
清乾隆 祭红釉蒜头瓶	高29cm	805,000	永乐拍卖	2020-08-17
清乾隆 霁红釉梅瓶	高22.5cm	1,150,000	中贸圣佳	2020-10-17
清嘉庆 红釉大盘	直径20.6cm	20,700	中国嘉德	2020-07-15
清嘉庆 红釉盘	直径18.2cm	36,800	中国嘉德	2020-11-10
清嘉庆 霁红釉盘	直径20.5cm	21,850	中贸圣佳	2020-12-07
清嘉庆 珊瑚红釉莲瓣盏托	直径12cm	63,250	华艺国际	2020-10-16
清嘉庆 胭脂红釉杯	直径7cm; 高3.7cm	17,250	中贸圣佳	2020-06-20
清嘉庆 胭脂红釉碗	直径15.5cm	172,500	北京大羿	2020-10-16
清嘉庆十三年（1808年）红釉罗汉炉	直径13.2cm	161,000	中国嘉德	2020-11-09
清中期 红釉案缸	直径21.5cm	63,250	中国嘉德	2020-07-15
清中期 红釉鸠耳尊	高20cm	40,250	北京保利	2020-10-20
清中期 红釉水盂	长8cm	13,800	十竹斋拍卖（北京）	2020-10-18
清中期 红釉锥把瓶	高33.5cm	40,250	北京大羿	2020-05-20
清中期 霁红釉蒜头瓶	直径20.5cm	36,800	北京大羿	2020-09-13
清中期 霁红釉摇铃尊	高30.1cm	24,860	北京中汉	2020-09-03
清中期 郎红釉赏瓶	高42.2cm	23,000	中国嘉德	2020-11-12
清中期 郎窑红釉观音瓶	高33cm	28,750	北京大羿	2020-08-16
清中期 外胭脂红内松石绿“晓岚雅制”款高足碗	直径16.7cm; 高12.2cm	25,300	中贸圣佳	2020-06-20
清中期 窑变红釉赏瓶	高40cm	20,700	中国嘉德	2020-07-17
清中期 窑变红釉象耳盘口瓶	高35.5cm	20,700	中国嘉德	2020-07-17
清中期 窑变红釉小绣墩（一对）	高20.8cm	55,200	中国嘉德	2020-11-12
清道光 红釉大盘	直径21cm	28,750	中国嘉德	2020-11-10
清道光 红釉碗	直径15.5cm	71,300	中国嘉德	2020-07-16
清道光 红釉小天球瓶	高20.5cm	230,000	中国嘉德	2020-08-18
清道光 红釉玉壶春瓶	高29.3cm	184,000	中国嘉德	2020-12-03
清道光 红釉玉壶春瓶	高29.5cm	172,500	北京保利	2020-10-20
清道光 红釉竹纹五福捧寿笔洗	高3.5cm	34,500	北京翰海	2020-12-12
清道光 霁红釉盘	直径20.6cm	78,200	北京翰海	2020-12-12
清道光 霁红釉盘	直径20.2cm	52,900	北京大羿	2020-10-16
清道光 霁红釉盘	直径21cm	48,300	保利厦门	2020-09-26
清道光 霁红釉盘	直径20cm	37,950	北京大羿	2020-09-13
清道光 霁红釉盘	直径21.2cm	35,650	中贸圣佳	2020-12-07
清道光 霁红釉碗	直径15.5cm	46,000	中贸圣佳	2020-06-20
清道光 霁红釉玉壶春瓶	高29.5cm	195,500	北京中汉	2020-11-09
清道光 霁红釉玉壶春瓶	高24cm	172,500	北京大羿	2020-05-20
清道光 霁红釉玉壶春瓶	高30cm	120,750	保利厦门	2020-09-26

拍品名称	物品尺寸	成交价RMB	拍卖公司	拍卖日期
清道光 霁红釉玉壶春瓶	高26cm	31,640	北京中汉	2020-09-03
清道光 胭脂红釉碗	直径11.5cm	57,500	北京大羿	2020-10-16
清道光 霁红釉天球瓶	高29.5cm	529,000	北京大羿	2020-08-16
清咸丰 红釉玉壶春	高29.5cm	109,250	广东崇正	2020-09-13
清咸丰 霁红釉盘	直径21cm	46,000	北京大羿	2020-09-13
清咸丰 霁红釉碗	直径15.6cm	287,500	北京中汉	2020-12-04
清咸丰 霁红釉玉壶春瓶	高30cm	218,500	北京诚轩	2020-08-17
清咸丰 霁红釉碗	直径15.5cm	904,000	香港苏富比	2020-07-11
清同治 内黄釉外胭脂红釉盘	直径15.1cm	78,200	中国嘉德	2020-08-18
清同治 胭脂红釉碗	直径15cm	23,000	北京大羿	2020-07-12
清同治 胭脂红釉玉壶春瓶	高29.5cm	218,500	中国嘉德	2020-12-03
19世纪 红釉瓶	高36.7cm	62,631	佳士得	2020-04-21
19世纪 红釉瓶	高31.8cm	29,608	佳士得	2020-04-21
清19世纪 珊瑚红地三足花盆	高8.6cm	20,700	北京大羿	2020-09-13
清光绪 红釉斗笠碗	直径13.5cm	20,700	北京大羿	2020-06-19
清光绪 红釉盘（一对）	直径18.5cm	82,800	中国嘉德	2020-07-17
清光绪 霁红釉盘	直径18.3cm	51,750	北京翰海	2020-12-12
清光绪 豇豆红釉莱菔尊	高20.6cm	15,890	北京保利	2020-07-18
清光绪 豇豆红釉太白尊	高10.5cm	29,900	北京大羿	2020-06-19
清光绪 内外胭脂红釉盘（一对）	直径18cm	138,000	十竹斋拍卖（北京）	2020-10-18
清光绪 珊瑚红釉碗 一对	直径12.5cm	105,800	中国嘉德	2020-07-16
清光绪 珊瑚釉竹纹碗（两件）	直径14.2cm	115,000	北京翰海	2020-12-12
清光绪 胭脂红盖碗（一套）	高10.6cm	20,700	中贸圣佳	2020-12-07
清光绪 胭脂红釉盘	直径18cm	34,500	北京大羿	2020-06-19
清光绪 胭脂红釉盘	直径10.6cm	23,000	北京保利	2020-12-05
清光绪 胭脂红釉盘（一对）	直径14.5cm	46,000	中国嘉德	2020-11-10
清光绪 胭脂红釉碗	直径15.5cm	69,000	中国嘉德	2020-07-15
清光绪 胭脂红釉碗	直径15.6cm	66,700	中国嘉德	2020-07-16
清光绪 胭脂红釉碗	直径15.5cm; 高6.5cm	55,200	保利厦门	2020-09-26
清光绪 胭脂红釉碗（一对）	直径12.7cm	32,200	中国嘉德	2020-11-11
清光绪 胭脂红釉小盘（一对）	直径14.4cm	34,500	中贸圣佳	2020-12-07
清光绪 胭脂水团凤纹碗	直径14cm	86,250	北京翰海	2020-12-12
清光绪 窑变红釉贯耳瓶	高31cm	82,800	中国嘉德	2020-07-17
清光绪 胭脂红釉大碗（一对）	直径17.4cm×2	149,500	中国嘉德	2020-07-17
清晚期 红釉直颈胆瓶	高40.5cm	13,560	北京中汉	2020-09-03
清晚期 豇豆红釉菊瓣瓶	高18.3cm	43,700	中国嘉德	2020-11-10
清晚期 豇豆红釉菊瓣瓶	高19.3cm	23,000	中国嘉德	2020-07-15
清晚期 豇豆红釉莱菔瓶	高20.6cm	17,250	中国嘉德	2020-07-15
清晚期 豇豆红釉太白尊	直径13cm	17,250	中贸圣佳	2020-12-07
清晚期 珊瑚红釉双绳耳三足炉	高5.7cm	34,500	中贸圣佳	2020-12-08
清晚期 胭脂红釉大盘	直径24.8cm	40,250	中国嘉德	2020-11-10
清晚期 胭脂红釉兽纽印 一对	高11.5cm	34,500	中国嘉德	2020-07-1[illegible]
清宣统 珊瑚红釉南瓜	12cm×9.8cm	36,800	北京诚轩	2020-08-17
清 单色釉瓷器（七件）	尺寸不一	51,750	中国嘉德	2020-07-16
清 红釉荸荠瓶	高14.5cm	13,800	广东崇正	2020-09-13
清 红釉观音瓶	高41cm	34,500	广东崇正	2020-09-13
清 红釉柳叶瓶	高25.4cm	14,560	上海联合	2020-11-29
清 红釉梅瓶	高19.8cm	28,750	中国嘉德	2020-11-12
清 红釉盘、红釉碗（各一只）	直径18.8cm; 直径15.8cm	28,750	中国嘉德	2020-07-17
清 红釉瓶（四只）	尺寸不一	32,200	中贸圣佳	2020-12-07
清 红釉器	尺寸不一	48,300	中贸圣佳	2020-06-20
清 红釉水盂	高5.3cm	71,659	库恩国际	2020-01-08
清 红釉小梅瓶	高17.3cm	20,700	中国嘉德	2020-07-15
清 祭红釉天球赏瓶	高23.5cm	17,250	上海嘉禾	2020-01-05
清 豇豆红釉莱菔尊	高19.5cm	32,200	保利厦门	2020-09-26
清 豇豆红釉柳叶瓶（带座）	高15cm	24,150	广东崇正	2020-09-13
清 豇豆红釉印泥盒	直径6.5cm; 高4.5cm	36,800	广东崇正	2020-09-13
清 郎窑红釉胆瓶	高33cm	43,700	中国嘉德	2020-07-17
清 郎窑红釉小琵琶尊	高22.5cm	17,250	中国嘉德	2020-07-17
清 胭脂红团凤纹碗	直径14.4cm	13,800	中国嘉德	2020-07-17

拍品名称	物品尺寸	成交价RMB	拍卖公司	拍卖日期
清 胭脂红压手杯（一对）	杯口8.8cm; 高5.6cm	13,440	上海联合	2020-11-29
清 胭脂红釉铃铛杯	直径6.5cm	23,000	北京保利	2020-10-20
清 胭脂红釉卧足杯	直径8cm	23,000	北京大羿	2020-09-13
清 胭脂红釉玉壶春	高29.2cm	63,250	北京保利	2020-12-05
清或更晚 红釉瓶（三支）	高120cm; 高234cm; 高338.5cm	49,450	中贸圣佳	2020-12-07
清嘉庆 霁红釉碗《大清嘉庆年制》款 及 清 德化白瓷盘	直径15.4cm; 直径21cm	19,983	巴黎苏富比	2020-06-18
民国 胭脂红釉斗笠杯（一对）	直径9.8cm	23,000	北京大羿	2020-06-14
18至20世纪 单色釉瓷瓶（四件）	高17.8cm	64,003	中国嘉德	2020-07-13
“大清雍正年制”款胭脂红小杯	高4.3cm; 直径6cm	43,700	西泠印社	2020-08-08
大清宣统年制款祭红釉盘	高3.7cm; 直径20.5cm	20,700	西泠印社	2020-08-08
黄釉				
南宋 米黄釉盘口瓶	高13.5cm; 直径8cm	17,250	西泠印社	2020-08-08
金 山西黄釉绿斑印蜂巢纹双头狮枕	长29.5cm	148,038	佳士得	2020-04-21
明弘治 黄釉大盘	直径21.8cm	43,700	中国嘉德	2020-07-17
明弘治 黄釉盘	直径21.3cm	215,177	纽约苏富比	2020-09-23
明弘治 黄釉盘	直径21.8cm	215,177	纽约苏富比	2020-09-23
明弘治 娇黄釉盘	直径21cm	224,250	北京大羿	2020-09-13
明弘治 娇黄釉盘	直径21cm	184,000	北京大羿	2020-08-01
明弘治 娇黄釉盘	直径21.3cm	74,750	北京大羿	2020-07-12
明弘治 黄釉盘	直径21cm	489,150	伦敦佳士得	2020-11-03
明弘治 娇黄釉盘	直径21.5cm	1,242,000	北京大羿	2020-10-16
明正德 黄釉盘	高4.1cm; 直径17.6cm	184,000	西泠印社	2020-08-08
明正德 黄釉盘	直径18cm	172,141	纽约苏富比	2020-09-23
明正德 黄釉盘	直径17.8cm	57,500	中国嘉德	2020-11-12
明正德 黄釉盘（一对）	直径15.6cm	230,000	中国嘉德	2020-08-18
明正德 黄釉碗	直径16cm	258,212	纽约苏富比	2020-09-23
明正德 娇黄釉盘	直径17.5cm	690,000	北京保利	2020-12-05
明正德 娇黄釉碗	直径16cm	368,000	北京大羿	2020-10-16
明正德 黄釉盘	直径15.5cm	856,798	香港苏富比	2020-06-05
明正德 黄釉碗	直径18cm	575,000	永乐拍卖	2020-08-17
明嘉靖 黄釉杯	直径8.7cm	34,500	中国嘉德	2020-07-17
明嘉靖 黄釉盘	直径21.8cm	189,355	纽约苏富比	2020-09-23
明嘉靖 娇黄釉盘	直径21.5cm	287,500	北京大羿	2020-12-06
明嘉靖 黄釉盘	直径22.2cm	552,000	华艺国际	2020-10-16
明嘉靖 黄釉大盘	直径22.1cm	1,897,500	中国嘉德	2020-08-18
明万历 明黄釉大盘	直径29.2cm	172,500	华艺国际	2020-10-16
明万历（1604年）漳州窑米黄釉布袋和尚像	长21cm	2,070,000	中国嘉德	2020-11-09
17世纪 黄釉仰钟式铃铛杯（一对）	直径8cm×2	43,700	北京大羿	2020-08-16
明万历 黄釉盘	直径17.8cm	47,981	香港苏富比	2020-06-05
清康熙 黄釉暗刻贯套花卉纹镗锣洗	直径15.9cm	23,000	中国嘉德	2020-11-11
清康熙 黄釉暗刻兽面纹四方水丞	长4.8cm	57,500	中国嘉德	2020-07-16
清康熙 黄釉暗刻云龙“万寿齐天”葵口盘	直径14.9cm	17,250	中国嘉德	2020-11-11
清康熙 黄釉暗刻云龙纹碗	直径13cm	32,200	中国嘉德	2020-11-10
清康熙 黄釉罐	高22.3cm	20,700	中国嘉德	2020-11-10
清康熙 黄釉模印缠枝莲纹鸡心碗	直径25cm	20,700	北京大羿	2020-08-01
清康熙 黄釉盘	直径17.7cm	17,250	中国嘉德	2020-07-17
清康熙 黄釉碗	直径11.7cm	345,000	北京保利	2020-10-20
清康熙 黄釉碗	直径15.2cm	51,750	中国嘉德	2020-08-18
清康熙 黄釉碗	直径15.3cm	48,300	中国嘉德	2020-08-18
清康熙 黄釉仰钟碗	直径13.3cm	59,800	中国嘉德	2020-07-17
清康熙 黄釉折沿大盘	直径21.2cm	23,000	中国嘉德	2020-11-10

拍品名称	物品尺寸	成交价RMB	拍卖公司	拍卖日期
清康熙 黄釉暗刻赶珠龙纹双耳小杯	手柄宽度7cm	1,635,341	纽约苏富比	2020-09-22
清康熙 黄釉暗刻团龙纹盘	直径17.5cm	782,000	北京保利	2020-10-19
清康熙 黄釉划皮球花纹碗	直径12cm	452,000	香港苏富比	2020-07-11
清康熙 黄釉刻团花纹碗	直径12cm	164,151	伦敦苏富比	2020-06-15
清康熙 黄釉暗刻夔龙纹双耳杯	直径5.5cm	97,750	北京大羿	2020-06-06
清康熙 黄釉暗刻团龙纹碗	直径15cm	425,500	北京大羿	2020-12-06
清雍正 黄釉暗刻八吉祥纹盘	直径14.6cm;高2.10cm	55,200	中贸圣佳	2020-07-18
清雍正 黄釉暗刻缠枝花卉纹盘	直径14.6cm;高2.9cm	59,800	中贸圣佳	2020-07-18
清雍正 黄釉暗刻缠枝莲托八宝纹盘	直径19.5cm	51,750	北京大羿	2020-08-16
清雍正 黄釉暗刻缠枝莲托八宝纹盘	直径15.5cm	40,250	北京大羿	2020-11-08
清雍正 黄釉暗刻缠枝莲纹盘	直径15.7cm	145,541	中国嘉德	2020-10-08
清雍正 黄釉暗刻花卉纹盘	直径15.7cm	187,124	中国嘉德	2020-10-08
清雍正 黄釉暗刻双龙纹戏珠纹大盘	直径31cm	92,000	广东崇正	2020-09-13
清雍正 黄釉暗刻云鹤纹碗	直径10.5cm	138,000	中鸿信	2020-01-03
清雍正 黄釉暗刻云龙纹盘	直径31.5cm	82,800	北京大羿	2020-06-06
清雍正 黄釉暗刻云龙纹盘	直径17.5cm	48,300	中国嘉德	2020-07-15
清雍正 黄釉暗刻折枝花卉云龙纹大盘	直径32.2cm	253,000	中国嘉德	2020-11-09
清雍正 黄釉盘	直径21cm	103,500	北京大羿	2020-06-14
清雍正 黄釉盘	直径16.5cm	40,250	中国嘉德	2020-11-11
清雍正 黄釉碗	直径12.5cm	161,000	中国嘉德	2020-12-03
清雍正 米黄釉菊瓣盘	高3cm;直径18.2cm	46,000	西泠印社	2020-08-08
清雍正 米黄釉小盘	直径11.6cm	51,750	中国嘉德	2020-11-10
清雍正 柠檬黄釉杯	直径6.8cm	83,166	中国嘉德	2020-10-08
清雍正 柠檬黄釉菊瓣盘	直径17.7cm	103,958	中国嘉德	2020-10-08
清雍正 米黄釉碗	直径12cm	361,497	纽约苏富比	2020-09-23
清雍正 黄釉暗刻龙凤呈祥图茶碗（一对）	直径10.2cm×2	3,220,000	中国嘉德	2020-12-03
清雍正 柠檬黄釉墩式碗（一对）	直径10cm×2	1,035,000	华艺国际	2020-10-16
清雍正 柠檬黄釉卧足杯	直径7.5cm	954,500	华艺国际	2020-10-16
清雍正 柠檬黄釉小杯（一对）	直径6.2cm×2	5,060,000	北京保利	2020-10-19
清乾隆 黄哥釉三足炉	腹径11.8cm;高4.9cm	13,800	中贸圣佳	2020-12-07
清乾隆 黄哥釉小朝天耳炉	直径8.5cm	34,500	中国嘉德	2020-11-12
清乾隆 黄釉暗刻皮球花碗	直径11.8cm	72,640	北京保利	2020-07-19
清乾隆 黄釉暗刻云龙赶珠纹盘	直径20.6cm	218,500	北京中汉	2020-12-04
清乾隆 黄釉暗刻云龙纹碗	直径13.4cm	80,500	中国嘉德	2020-08-18
清乾隆 黄釉盘	直径16cm	48,300	北京大羿	2020-08-16
清乾隆 黄釉折腰盘（两件）	直径11.5cm	632,500	北京翰海	2020-12-12
清乾隆 娇黄釉盘	直径23.5cm	92,000	保利厦门	2020-09-26
清乾隆 米黄釉折腰碗（一对）	直径15.5cm	322,000	华艺国际	2020-10-16
清乾隆 柠檬黄釉茶圆	直径8cm	57,500	中贸圣佳	2020-12-07
清乾隆 柠檬黄釉小盘	高2.5cm;直径11cm	138,000	西泠印社	2020-08-08
清乾隆 柠檬黄釉小碗	直径12cm	46,000	中鸿信	2020-01-03
清乾隆 柠檬黄釉折腰盘	直径11cm	402,500	北京大羿	2020-07-12
清乾隆 柠檬黄釉折腰盘	直径11.5cm	356,500	十竹斋拍卖（北京）	2020-10-18
清乾隆 黄釉暗刻云龙纹盘	直径17.3cm	402,500	中国嘉德	2020-08-18
清乾隆 黄釉碗	直径12.8cm	734,500	香港苏富比	2020-07-11
清乾隆 蓝地黄釉云龙戏珠纹碗	直径10.5cm	508,500	香港苏富比	2020-07-11
清乾隆 柠檬黄釉小盘（一对）	直径9cm×2	575,000	中国嘉德	2020-08-18
清乾隆 柠檬黄釉折腰小盘	直径11.3cm	529,000	中国嘉德	2020-08-18
清乾隆 外柠檬黄彩折腰盘（一对）	直径11.5cm×2	491,022	香港苏富比	2020-10-09
清乾隆 柠檬黄釉小碟	直径8.9cm	230,000	永乐拍卖	2020-08-17
清嘉庆 黄釉暗刻龙凤纹碗	直径12.6cm	92,000	中国嘉德	2020-12-03
清嘉庆 浇黄釉暗刻福寿纹瓶	高15cm	69,000	北京中汉	2020-08-19

拍品名称	物品尺寸	成交价RMB	拍卖公司	拍卖日期
清中期 黄釉暗刻龙凤纹碗	直径12.8cm	51,750	中国嘉德	2020-08-18
清中期 黄釉雕瓷树椴形洗	直径8cm	57,500	北京大羿	2020-12-06
清中期 黄釉敛口缸	高31.5cm	25,300	北京大羿	2020-07-17
清中期 黄釉牛首杯	高11.5cm	17,250	中国嘉德	2020-11-12
清中期 黄釉折沿盘	直径24.4cm	23,000	北京大羿	2020-05-20
清嘉庆 黄釉云龙纹盘	直径17.2cm	127,838	纽约佳士得	2020-09-24
清道光 黄地暗刻云龙纹碗	直径10.5cm	230,000	北京大羿	2020-10-16
清道光 黄釉暗刻龙纹盘	直径17.4cm;高4cm	43,700	广东崇正	2020-09-13
清道光 黄釉暗刻团花纹小碗	直径12cm	40,250	中国嘉德	2020-11-09
清道光 黄釉暗刻云龙纹碗	直径12.5cm	115,000	中国嘉德	2020-12-03
清道光 黄釉暗刻云龙纹碗	直径12.3cm	32,200	北京大羿	2020-06-06
清道光 黄釉暗刻云龙纹小碗	直径11.2cm	28,750	中国嘉德	2020-11-10
清道光 黄釉大碗	直径18.5cm	89,700	中国嘉德	2020-11-09
清道光 黄釉雕瓷梅竹双清图竹节形小笔筒	高12cm	241,500	中国嘉德	2020-08-18
清道光 黄釉仿青铜模印兽面纹簠	高20.5cm	126,500	北京大羿	2020-10-16
清道光 黄釉刻云龙大洗	宽26cm	57,500	北京保利	2020-12-05
清道光 黄釉模印夔龙纹方簋	长13cm;高7cm	109,250	保利厦门	2020-09-26
清道光 黄釉内龙纹杯	口径6.8cm	34,500	西泠印社	2020-08-08
清道光 黄釉盘	直径14.8cm	51,750	中国嘉德	2020-11-10
清道光 黄釉盘（一对）	直径20cm	66,700	北京大羿	2020-06-19
清道光 黄釉撇口碗	11cm	42,724	香港苏富比	2020-11-26
清道光 黄釉渣斗	高8.7cm	92,000	中国嘉德	2020-12-03
清道光 酱黄釉竹纹笔筒	直径6cm;高12cm	66,700	中贸圣佳	2020-06-20
清道光 米黄釉金钟杯	高6.5cm;直径8cm	20,700	西泠印社	2020-08-08
清道光 鳝鱼黄釉荸荠瓶	高33cm	172,500	荣宝斋（南京）	2020-11-28
清道光 外柠檬黄釉模印内粉彩寿桃纹大碗	直径22.1cm	103,500	中贸圣佳	2020-12-07
清道光 黄釉暗刻花卉纹碗	直径11.7cm	68,544	香港苏富比	2020-06-05
清道光 黄釉碗（两件）	直径.14,8cm;直径14,7cm,	119,900	巴黎苏富比	2020-06-18
清道光 黄釉盖罐	高30.2cm（含盖）	402,500	中贸圣佳	2020-06-20
清道光 李裕成制雕瓷仿竹形“四君子”笔筒	高13.5cm	230,000	北京大羿	2020-08-16
清道光 黄釉长颈瓶（一对）	高30cm ×2	3,220,000	北京大羿	2020-10-16
清同治 黄釉盘（一对）	直径14.2cm	34,500	中国嘉德	2020-11-10
清同治 黄釉盘（一对）	直径14.4cm	32,200	中国嘉德	2020-07-17
清同治 黄釉碗	直径16cm	40,250	中国嘉德	2020-07-15
清同治 黄釉小盘	直径10.9cm	32,200	中国嘉德	2020-07-16
清同治 鳝鱼黄釉荸荠瓶	高39.7cm	34,500	北京保利	2020-10-20
19世纪 黄釉浮雕云龙纹如意	长49cm	57,500	北京大羿	2020-07-17
清光绪 黄釉暗刻赶珠龙纹碗	高7cm;直径14.5cm	34,500	西泠印社	2020-08-08
清光绪 黄釉暗刻赶珠龙纹碗（一对）	直径20.5cm;高8.5cm	92,000	广东崇正	2020-09-13
清光绪 黄釉暗刻花卉纹捧盒	直径22.7cm;高13.5cm	230,000	中贸圣佳	2020-12-07
清光绪 黄釉暗刻龙纹盘	直径13.3cm;高2.7cm	20,700	广东崇正	2020-09-13
清光绪 黄釉暗刻龙纹碗	直径20.3cm	25,300	西泠印社	2020-08-08
清光绪 黄釉暗刻龙纹碗（一对）	直径20.3cm	69,000	西泠印社	2020-08-08
清光绪 黄釉暗刻云龙纹大碗	直径20.5cm	48,300	中国嘉德	2020-11-10
清光绪 黄釉暗刻云龙纹罐	高56cm	66,700	北京大羿	2020-06-14
清光绪 黄釉暗刻云龙纹碗	直径14.8cm	82,800	中国嘉德	2020-11-09
清光绪 黄釉暗刻云龙纹碗	直径12.2cm	59,800	北京大羿	2020-06-06
清光绪 黄釉大盘	直径22.8cm	28,750	中国嘉德	2020-11-10
清光绪 黄釉登（一对）	高25.8cm	207,000	中国嘉德	2020-11-09
清光绪 黄釉刻龙纹盘	直径19cm	32,200	北京保利	2020-10-20
清光绪 黄釉模印灵芝龙纹墨床	长8cm	23,000	北京大羿	2020-09-13
清光绪 黄釉盘	直径18.3cm	23,000	中国嘉德	2020-07-17
清光绪 黄釉碗	直径16.3cm	59,800	中国嘉德	2020-07-16
清光绪 黄釉碗	直径14.6cm	48,300	中国嘉德	2020-07-15

拍品名称	物品尺寸	成交价RMB	拍卖公司	拍卖日期
清光绪 黄釉碗	直径18.3cm	32,200	广东崇正	2020-09-13
清光绪 黄釉小盘	直径14cm	26,450	北京大羿	2020-06-19
清光绪 黄釉小盘	直径11cm	23,000	中国嘉德	2020-07-15
清光绪 黄釉雕瓷云龙纹印盒	长8cm	82,800	中国嘉德	2020-08-18
清光绪 黄釉暗刻花卉纹四方水仙盆	长14.5cm; 宽9.5cm; 高6cm	103,500	北京大羿	2020-07-12
清晚期 黄釉暗刻云龙纹赏瓶	高36.8cm	13,800	中国嘉德	2020-07-17
清晚期 黄釉雕瓷山水人物纹笔筒	高13.8cm	13,800	中国嘉德	2020-11-10
清晚期 黄釉雕瓷山水人物纹四方倭角盒	长11.6cm	13,800	中国嘉德	2020-07-15
清晚期 漳州窑米黄釉凸花暗八仙寿字梅瓶	高34cm	17,250	中国嘉德	2020-07-15
清宣统 黄釉碗（一对）	直径14.7cm	97,750	中国嘉德	2020-11-09
清 白泥米黄釉布袋和尚塑像	长18cm	20,700	中国嘉德	2020-12-05
清 白泥米黄釉凸花蕉叶纹赏瓶	高34cm	13,800	中国嘉德	2020-12-05
清 黄釉暗刻龙纹双耳杯	宽7.7cm	80,500	北京保利	2020-10-20
清 黄釉雕瓷山水人物笔筒	高14cm	51,750	北京翰海	2020-12-12
清 米黄釉折腰碗	直径16cm	20,700	中国嘉德	2020-07-17
清19/20世纪 黄釉龙戏珠纹盘（一对）	直径17.1cm	14,261	伦敦佳士得	2020-05-21
大清乾隆年制款柠檬黄釉盘	高2.9cm; 直径14.8cm	23,000	西泠印社	2020-08-08
清 大清乾隆年制款黄釉寿字龙纹小碗	高5.5cm; 口径10.2cm	13,800	西泠印社	2020-08-08
蓝 釉				
唐 蓝釉壶	宽19.8cm	105,450	佳士得	2020-10-08
明洪武 御制外酱釉内蓝釉暗花云龙纹碗	直径20.5cm	7,486,570	香港苏富比	2020-10-09
明宣德 雪花蓝釉香炉	直径21cm	4,024,536	香港苏富比	2020-05-22
明成化 宝石蓝釉碗	直径18cm	50,268	保利香港	2020-12-02
明弘治 霁蓝釉双耳尊	高31cm	29,900	中贸圣佳	2020-07-18
明弘治 蓝釉双耳罐	高31cm	218,500	中国嘉德	2020-07-16
明嘉靖至万历 蓝釉堆白孔雀牡丹图将军罐	高42cm	126,500	中国嘉德	2020-07-16
明中期 蓝釉梅瓶	高36cm	17,250	中鸿信	2020-01-03
明中期 蓝釉双耳罐	高32cm	138,000	华艺国际	2020-10-16
明万历 霁蓝釉缠枝卷草纹三足炉	高7cm	23,000	北京大羿	2020-07-12
明 单色釉瓷器（六件）	高26.5cm	16,001	中国嘉德	2020-07-13
明 蓝釉围棋罐（一对）	高11.5cm×2	103,500	北京保利	2020-10-20
明 天蓝釉梅瓶	高30cm	782,000	北京保利	2020-10-19
清早期 祭蓝釉祭天炉	直径21.5cm; 高14cm	22,400	上海联合	2020-11-29
清康熙 霁兰釉盘	直径15.6cm	57,500	中贸圣佳	2020-12-08
清康熙 霁兰釉盘	直径13.0cm	57,500	中贸圣佳	2020-12-08
清康熙 霁蓝釉盘	直径40.1cm	86,960	伦敦佳士得	2020-11-03
清康熙 霁蓝釉盘	直径20.8cm	17,250	中贸圣佳	2020-06-20
清康熙 霁蓝釉弦纹碗	直径13.1cm	149,500	北京诚轩	2020-08-17
清康熙 孔雀蓝釉花觚	高21.4cm	17,250	北京大羿	2020-08-01
清康熙 孔雀蓝釉模印螭龙花卉纹花觚	高34.7cm	51,750	中贸圣佳	2020-12-08
清康熙 孔雀蓝釉模印螭龙花卉纹花觚	高34.7cm	51,750	中贸圣佳	2020-12-08
清康熙 孔雀蓝釉小瓶（两件）	尺寸不一	20,700	北京大羿	2020-05-28
清康熙 蓝釉暗刻缠枝灵芝纹铺首耳琵琶尊	高31.3cm	97,750	中贸圣佳	2020-06-20
清康熙 蓝釉盘	直径36.8cm	71,305	伦敦佳士得	2020-05-21
清康熙 蓝釉盘	直径20.5cm	32,200	中国嘉德	2020-11-10
清康熙 蓝釉盘	直径20.3cm	25,300	中国嘉德	2020-07-15
清康熙 洒蓝釉棒槌瓶	高45.5cm	13,800	中国嘉德	2020-07-16
清康熙 洒蓝釉笔筒	直径18.7cm; 高14.9cm	126,500	北京中汉	2020-08-19
清康熙 洒蓝釉笔筒	高13.2cm	40,250	中国嘉德	2020-07-16
清康熙 洒蓝釉开光博古花鸟纹小棒槌瓶	高22.7cm	17,250	中国嘉德	2020-11-10
清康熙 洒蓝釉梅瓶	高21.4cm	115,000	中国嘉德	2020-07-16

拍品名称	物品尺寸	成交价RMB	拍卖公司	拍卖日期
清康熙 天蓝釉暗刻缠枝莲蒜头瓶	高22.5cm	184,000	华艺国际	2020-10-16
清康熙 天蓝釉暗刻缠枝莲纹小罐	高16.3cm	20,700	中国嘉德	2020-11-12
清康熙 天蓝釉柳叶瓶	高16cm	40,250	西泠印社	2020-08-08
清康熙 天蓝釉镗锣洗	直径12cm	402,500	北京保利	2020-12-05
清康熙 天蓝釉洗	宽12.5cm	103,500	北京保利	2020-10-20
清康熙 天蓝釉苹果尊	高7.2cm; 直径10cm	1,265,000	华艺国际	2020-12-05
清康熙 霁蓝釉梅瓶	高17cm	1,377,130	纽约苏富比	2020-09-22
清康熙 霁蓝釉碗	直径14.7cm	452,000	香港苏富比	2020-07-11
清康熙 孔雀蓝釉花口盘	直径28cm	253,000	北京保利	2020-10-19
清康熙 天蓝釉琵琶式尊	高18.3cm	1,721,412	纽约苏富比	2020-09-22
清康熙 天蓝釉双月牙耳梅瓶	高21.2cm	1,840,000	西泠印社	2020-08-08
清康熙 天蓝釉镗锣洗	直径12cm	798,750	佳士得	2020-11-30
清康熙 天蓝釉镗锣洗	宽11.8cm	204,540	纽约佳士得	2020-09-24
清康熙 孔雀蓝釉双兽耳盘口尊	高35cm	172,500	北京大羿	2020-05-20
清康熙 天蓝釉小花觚	高17.5cm	356,500	北京大羿	2020-08-16
清康熙 天蓝釉百条缸	宽26.5cm	1,667,500	北京保利	2020-10-19
清雍正 宝石蓝釉茶圆（一对）	直径7.1cm	103,500	北京保利	2020-10-20
清雍正 仿汝天蓝釉茶圆	直径9.6cm; 高5.4cm	230,000	中贸圣佳	2020-12-07
清雍正 仿汝天蓝釉四方笔筒	高9.8cm	97,750	北京保利	2020-12-05
清雍正 霁蓝高足碗	高10.8cm; 直径15cm	207,000	上海敬华	2020-09-22
清雍正 霁蓝釉盘（一对）	直径15.3cm	74,750	中贸圣佳	2020-06-20
清雍正 霁蓝釉碗	高6.5cm; 直径13.7cm	126,500	西泠印社	2020-08-08
清雍正 孔雀蓝釉菊瓣尊	连座高23.9cm	48,300	中贸圣佳	2020-06-20
清雍正 孔雀蓝釉小太白坛	高11.7cm	28,750	北京诚轩	2020-08-17
清雍正 孔雀蓝釉折沿花盆	直径20.5cm; 高13.7cm	92,000	北京中汉	2020-08-19
清雍正 蓝釉杯	直径7.2cm	23,000	中国嘉德	2020-07-15
清雍正 蓝釉斗笠碗	直径22.3cm	172,500	中国嘉德	2020-12-03
清雍正 蓝釉墩式碗	直径18.5cm	86,250	中国嘉德	2020-07-15
清雍正 蓝釉梅瓶	高19cm	48,300	中国嘉德	2020-11-11
清雍正 蓝釉碗	直径18.6cm	240,998	纽约苏富比	2020-09-23
清雍正 天蓝釉盘	直径16cm	230,000	保利厦门	2020-09-26
清雍正 天蓝釉长方倭角花盆	长34cm	57,500	北京大羿	2020-08-16
清雍正/乾隆 霁蓝釉镗锣洗	宽17.4cm	40,250	北京诚轩	2020-08-17
清雍正/乾隆 洒蓝釉尊	20.8cm×22.1cm	126,500	北京诚轩	2020-08-17
清雍正 宝石蓝釉盘	直径20cm	333,500	北京大羿	2020-10-16
清雍正 霁蓝釉茶圆（一对）	直径7cm×2	253,000	华艺国际	2020-10-16
清雍正 蓝釉缸	直径38cm	713,000	中国嘉德	2020-08-18
清雍正 天蓝釉碗	直径12cm	1,808,000	香港苏富比	2020-07-11
清雍正 祭蓝釉高足碗	直径18.1cm	80,964	纽约佳士得	2020-09-24
清雍正 天蓝釉小盘	直径13.7cm	110,793	纽约佳士得	2020-09-24
清雍正 孔雀蓝釉冲耳琴炉	宽6.2cm	115,000	北京保利	2020-10-20
清雍正 蓝釉水丞（一对）	直径6cm×2	6,900,000	中国嘉德	2020-08-18
清雍正 洒蓝釉梅瓶	高17.5cm	3,450,000	永乐拍卖	2020-12-02
清雍正 天蓝釉盘口双耳瓶	高20.7cm	1,667,500	北京保利	2020-10-19
18世纪 宝石蓝釉天球瓶	高35cm	51,750	北京大羿	2020-06-19
清乾隆 宝石蓝釉盉碗	直径17.5cm	23,000	北京保利	2020-10-20
清乾隆 宝石蓝釉天球瓶	高31cm	13,800	北京大羿	2020-06-19
清乾隆 宝石蓝釉碗	直径18cm	230,000	北京大羿	2020-10-16
清乾隆 祭蓝釉盘	盘口直径22.5cm; 高3.8cm	31,360	上海联合	2020-11-29
清乾隆 霁蓝釉荸荠瓶	直径16.5cm; 高23.7cm	132,250	中贸圣佳	2020-12-07
清乾隆 霁蓝釉钵	24cm×15.5cm	86,250	北京诚轩	2020-08-17
清乾隆 霁蓝釉大盘	直径62cm	20,700	北京保利	2020-12-05
清乾隆 霁蓝釉盘	直径17cm	40,250	北京翰海	2020-12-12
清乾隆 霁蓝釉盘	直径15.5cm	23,000	北京翰海	2020-12-12
清乾隆 霁蓝釉盘	直径15.5cm	17,250	北京大羿	2020-09-13
清乾隆 霁蓝釉盘	直径16.2cm	16,100	中贸圣佳	2020-12-07

拍品名称	物品尺寸	成交价RMB	拍卖公司	拍卖日期
清乾隆 霁蓝釉三足炉	直径19.6cm; 高11.2cm	13,560	北京中汉	2020-09-03
清乾隆 霁蓝釉天球瓶	高54.5cm	920,000	华艺国际	2020-10-16
清乾隆 霁蓝釉天球瓶	高46.7cm	230,000	中贸圣佳	2020-10-17
清乾隆 霁蓝釉碗	直径17.5cm	92,000	北京大羿	2020-05-20
清乾隆 霁蓝釉碗	直径17.6cm	28,750	北京大羿	2020-06-14
清乾隆 霁蓝釉碗	直径19.3cm	113,875	佳士得	2020-04-21
清乾隆 霁蓝釉象耳瓶	高29cm	126,500	北京大羿	2020-08-16
清乾隆 霁蓝釉玉壶春瓶	高35cm	71,300	北京大羿	2020-06-14
清乾隆 霁蓝釉玉壶春瓶	高35.5cm	48,300	北京大羿	2020-09-13
清乾隆 霁蓝釉玉壶春瓶	高27.5cm	43,700	北京大羿	2020-07-12
清乾隆 孔雀蓝釉出戟花觚	高14.4cm	16,100	中鸿信	2020-01-03
清乾隆 孔雀蓝釉鼓钉纹天球瓶	高34cm	20,700	北京大羿	2020-06-19
清乾隆 孔雀蓝釉杏圆抱月瓶	高24.2cm	28,750	中贸圣佳	2020-06-20
清乾隆 蓝釉荸荠瓶	高27.2cm	34,500	中国嘉德	2020-08-18
清乾隆 蓝釉大调色盘	直径26cm	34,500	中国嘉德	2020-07-15
清乾隆 蓝釉豆	高18cm	23,000	中国嘉德	2020-11-10
清乾隆 蓝釉对碗	宽8cm	42,660	台北艺珍	2020-08-16
清乾隆 蓝釉菊瓣壶	长22.3cm	80,500	中贸圣佳	2020-12-07
清乾隆 蓝釉小盘（一对）	直径11.6cm	25,300	中国嘉德	2020-11-11
清乾隆 天蓝釉仿石纹海棠形小瓶	高15.4cm	17,250	中国嘉德	2020-07-15
清乾隆 天蓝釉菊瓣盘	直径17.6cm	126,500	中贸圣佳	2020-06-20
清乾隆 天蓝釉撇口花囊	高16.2cm; 直径17.3cm	805,000	北京保利	2020-10-19
18世纪 霁蓝釉弦纹长颈瓶	高35.5cm	165,305	伦敦苏富比	2020-11-04
清乾隆 霁蓝釉盘（一对）	直径20.8cm×2	203,400	香港苏富比	2020-07-11
清乾隆 霁蓝釉撇口碗	直径17.8cm	316,400	香港苏富比	2020-07-11
清乾隆 蓝釉茶碗（一对）	直径10.8cm×2	184,000	中国嘉德	2020-07-16
清乾隆 天蓝釉葫芦形花尊	高11.5cm; 直径18cm	287,500	西泠印社	2020-08-08
18世纪初 孔雀蓝釉花卉纹瓶	高46cm	54,600	巴黎佳士得	2020-06-23
清乾隆 孔雀蓝釉灯笼尊	高23.5cm	595,640	巴黎佳士得	2020-06-23
清乾隆 祭蓝釉盘	直径16.2cm	161,928	纽约佳士得	2020-09-24
清乾隆 宝石蓝釉天球瓶	直径40.3cm; 高56cm	2,990,000	中贸圣佳	2020-10-17
清乾隆 天蓝釉围棋罐（一对）	高9.7cm×2	356,500	中贸圣佳	2020-10-16
清嘉庆 祭蓝釉簋	高19cm	115,000	保利厦门	2020-09-26
清嘉庆 霁蓝釉登	高16.3cm	63,250	中贸圣佳	2020-06-20
清嘉庆 蓝釉杯	直径9.5cm	36,800	中国嘉德	2020-11-10
清嘉庆 蓝釉仿古纹豆	高26.5cm	81,767	纽约苏富比	2020-09-23
清嘉庆 蓝釉簋	长24cm	101,200	中国嘉德	2020-07-16
清中期 霁蓝釉花盆	40.5cm×28cm	103,500	北京诚轩	2020-08-17
清中期 霁蓝釉天球瓶	高60cm	230,000	北京翰海	2020-12-12
清中期 霁蓝釉天球瓶	高41.5cm	48,300	北京大羿	2020-09-13
清中期 霁蓝釉天球瓶	高36cm	34,500	北京大羿	2020-05-20
清中期 霁蓝釉卧鸭	长13.5cm	23,000	北京大羿	2020-06-14
清中期 霁蓝釉小卷缸	直径14.3cm; 高19.3cm	63,250	上海嘉禾	2020-01-05
清中期 孔雀蓝釉胆瓶	高15.5cm	21,850	中贸圣佳	2020-12-07
清中期 孔雀蓝釉盖碗尊	高22.5cm	28,750	西泠印社	2020-08-08
清中期 孔雀蓝釉瑞兽	高14.5cm	21,850	广东崇正	2020-09-13
清中期 孔雀蓝釉香炉	直径12.1cm; 高8cm	17,250	中贸圣佳	2020-07-18
清中期 孔雀蓝釉小梅瓶	高12.8cm	55,200	中国嘉德	2020-11-12
清中期 蓝釉钵	直径16cm	17,250	中国嘉德	2020-11-11
清嘉庆 孔雀蓝釉暗刻苍龙教子图盘口瓶	高31cm	1,207,500	保利厦门	2020-09-26
清道光 霁蓝釉杯（两件）	直径6.8cm	48,300	北京翰海	2020-12-12
清道光 霁蓝釉盘	直径16cm	63,250	北京翰海	2020-12-12
清道光 霁蓝釉盘	直径16.2cm	57,500	北京翰海	2020-12-12
清道光 霁蓝釉盘	直径16.6cm	36,800	北京中汉	2020-12-04
清道光 霁蓝釉盘（一对）	直径16.5cm×2	71,300	北京大羿	2020-06-19
清道光 霁蓝釉双象耳琮式瓶	高29cm	315,230	伦敦佳士得	2020-11-03
清道光 霁蓝釉碗	直径10.5cm	92,000	北京大羿	2020-10-16

拍品名称	物品尺寸	成交价RMB	拍卖公司	拍卖日期
清道光 霁蓝釉象耳方瓶	高29cm	170,675	中国嘉德	2020-07-13
清道光 天蓝釉盘	直径19.7cm	125,263	佳士得	2020-04-21
清道光 天蓝釉凸花石榴尊	高9cm	164,575	北京保利	2020-07-18
清道光 洒蓝地题字小杯	直径5.3cm	47,981	香港苏富比	2020-06-05
清道光 天蓝釉石榴尊	高8.5cm	195,500	北京大羿	2020-06-14
清咸丰 霁蓝釉模印古铜纹豆	高15cm	24,860	北京中汉	2020-09-03
清咸丰 蓝釉碗	直径11.3cm	51,750	中国嘉德	2020-07-17
清同治 霁蓝釉象耳琮式瓶	高30cm	40,250	北京大羿	2020-08-01
清同治 蓝釉碗	直径15.2cm	17,250	中国嘉德	2020-11-11
清同治 蓝釉象耳方瓶	高29.6cm	115,000	中国嘉德	2020-08-18
19世纪 孔雀蓝釉瓶	高36.4cm	43,273	佳士得	2020-04-21
清光绪 霁蓝釉六方瓶	高36.5cm	92,000	西泠印社	2020-08-08
清光绪 霁蓝釉盘	直径20.6cm	37,950	中贸圣佳	2020-12-07
清光绪 霁蓝釉碗（两件）	直径10.5cm	69,000	北京翰海	2020-12-12
清光绪 霁蓝釉碗（一对）	直径12cm	71,300	北京大羿	2020-06-14
清光绪 霁蓝釉象耳琮式瓶	高29cm	161,000	北京大羿	2020-05-28
清光绪 霁蓝釉象耳琮式瓶	高29cm	103,500	北京大羿	2020-05-28
清光绪 霁蓝釉象耳琮式瓶	高29.3cm	99,880	北京保利	2020-07-18
清光绪 霁蓝釉象耳琮式瓶	高29.4cm	69,000	北京中汉	2020-12-04
清光绪 霁蓝釉象耳琮式瓶	高30.5cm	59,785	伦敦佳士得	2020-11-03
清光绪 霁蓝釉象耳方瓶	高29.5cm	166,750	北京翰海	2020-12-12
清光绪 霁蓝釉象耳方瓶	高29.5cm	97,750	北京翰海	2020-12-12
清光绪 霁蓝釉象耳方瓶	高29.5cm	74,750	北京翰海	2020-12-12
清光绪 霁蓝釉象耳方瓶	高29.4cm	69,000	北京中汉	2020-07-31
清光绪 霁蓝釉象耳瓶	高29cm	48,300	北京大羿	2020-06-19
清光绪 霁蓝釉象耳四方瓶	高29.3cm	62,100	中贸圣佳	2020-12-08
清光绪 霁蓝釉小盘	直径16.6cm	28,750	中贸圣佳	2020-07-18
清光绪 霁蓝釉印花盨	带盖高23.6cm	126,500	中贸圣佳	2020-06-20
清光绪 蓝釉赏瓶	高38.5cm	59,800	中国嘉德	2020-11-10
清光绪 蓝釉碗	直径15cm	46,000	中国嘉德	2020-07-15
清光绪 蓝釉碗	直径15cm	13,800	中国嘉德	2020-11-11
清光绪 蓝釉碗（一对）	直径15.5cm	92,000	中国嘉德	2020-07-16
清光绪 蓝釉碗（一对）	直径14.3cm	71,300	中国嘉德	2020-11-11
清光绪 蓝釉象耳方瓶	高29.3cm	115,000	中国嘉德	2020-11-09
清光绪 蓝釉象耳方瓶	高29.2cm	89,700	中国嘉德	2020-07-15
清光绪 蓝釉象耳方瓶	高29.6cm	80,500	中国嘉德	2020-07-16
清光绪 蓝釉象耳方瓶	高29.4cm	64,454	中国嘉德	2020-10-08
清光绪 蓝釉象耳方瓶	高29cm	34,500	中国嘉德	2020-07-15
清光绪 蓝釉象耳方瓶	高29.3cm	23,000	中国嘉德	2020-11-10
清光绪 蓝釉象耳四方瓶	高28cm	95,450	十竹斋拍卖（北京）	2020-10-18
清晚期 蓝釉大碗、汤匙各（一对）	直径17.1cm; 长14.4cm	51,750	中国嘉德	2020-08-18
清晚期 天蓝釉夔龙耳鹿头尊	高27.2cm	13,800	中国嘉德	2020-11-12
清晚期 天蓝釉铺首尊	高25.2cm	13,800	中国嘉德	2020-11-12
清晚期 天蓝釉弦纹荸荠瓶	高27.5cm	71,300	中国嘉德	2020-07-17
清晚期 天蓝釉小荸荠瓶（一对）	高12cm	20,700	中国嘉德	2020-07-17
清晚期 天蓝釉小盘口瓶	高15.4cm	17,250	中国嘉德	2020-07-17
清晚期至民国 天蓝釉暗刻如意蕉叶纹环耳洗	直径14cm	23,000	中国嘉德	2020-07-16
清宣统 霁蓝釉象耳琮式瓶	高29cm	52,900	北京大羿	2020-07-12
清 祭蓝花盆		115,000	北京翰海	2020-09-12
清 祭蓝蒜头瓶	高16.5cm	13,800	北京翰海	2020-09-12
清 祭蓝釉双象耳瓶	高29.5cm	28,750	北京保利	2020-10-20
清 祭蓝釉碗	直径15cm	29,900	北京翰海	2020-09-12
清 祭蓝釉碗（两件）	直径10.5cm	80,500	北京翰海	2020-09-12
清 霁蓝釉梅瓶	高36cm	13,800	北京翰海	2020-09-12
清 蓝釉雕瓷赤壁夜游图砚屏	高10.5cm	13,800	北京大羿	2020-05-20
清 蓝釉及白釉瓷制寿石清供（各一件）	最高26.3cm	182,200	佳士得	2020-04-21
清 蓝釉连座梅瓶	高33cm	13,800	中国嘉德	2020-07-15
清 洒蓝菊瓣纹盘	直径17.5cm	34,500	北京翰海	2020-09-12
清 天蓝釉暗刻夔龙纹方瓶	高27cm	28,750	北京翰海	2020-09-12
清 天蓝釉茶壶	宽19cm	17,250	北京保利	2020-10-20

拍品名称	物品尺寸	成交价RMB	拍卖公司	拍卖日期
清 天蓝釉花口花盆（两件）	高13cm	20,700	北京翰海	2020-12-12
清 天蓝釉铺首尊	高32.5cm	17,250	保利厦门	2020-09-26
清 窑变蓝釉瓶	高25cm	25,300	中国嘉德	2020-07-17
清代 孔雀蓝釉镂雕喜鹊登梅笔筒	高12.8cm	23,000	中贸圣佳	2020-07-18
清代 蓝釉兔毫盏	高4.8cm; 直径11.6cm	25,300	古天一	2020-10-16
清光绪 孔雀蓝釉雕山水人物图碗	直径12.7cm	14,851	香港苏富比	2020-06-05
民国 天蓝釉雕夔龙纹八方大瓶	高71cm	17,250	北京保利	2020-10-20
民国 天蓝釉玉壶春瓶	高21.8cm	25,300	中国嘉德	2020-11-10
19/20世纪 天蓝釉蒜头瓶	高18.5cm	19,161	伦敦佳士得	2020-02-13
清 大清康熙年制霁蓝釉梅瓶	高18.5cm	32,200	西泠印社	2020-08-08
清 大清乾隆年制款天蓝釉长颈瓶	高32.5cm	34,500	西泠印社	2020-08-08
绿 釉				
唐 绿釉水盂	宽7.2cm	21,362	香港苏富比	2020-11-26
唐 绿釉小罐	高8.5cm	26,668	中国嘉德	2020-07-13
唐至五代 绿釉三足盖炉	高9.5cm	43,411	香港苏富比	2020-06-05
五代 绿釉鼓形香熏	高11.2cm	36,557	香港苏富比	2020-06-05
辽 绿釉枕	高10.7cm; 长17.5cm; 宽10.5cm	74,750	西泠印社	2020-08-08
清17世纪 绿釉罐	高28.2cm	43,035	纽约苏富比	2020-09-23
明 橄榄绿釉刻花碗（一对）	直径19cm×2	483,000	北京保利	2020-10-19
明 淡绿釉渣斗	高14.5cm	598,000	北京保利	2020-10-19
清早期 孔雀绿釉海螺水丞	长14.8cm	17,250	中国嘉德	2020-07-15
清早期 孔雀绿釉镂雕岁寒三友图小笔筒	高9.5cm	13,800	中国嘉德	2020-07-17
清早期 孔雀绿釉文房（六件）	尺寸不一	43,700	中国嘉德	2020-07-17
清早期 孔雀绿釉兽耳盘口瓶	高34.8cm	207,000	中国嘉德	2020-07-16
清康熙 淡绿釉凸花螭龙灵芝纹狮耳琵琶尊	高31.5cm	40,250	中国嘉德	2020-11-10
清康熙 孔雀绿釉梅瓶	高20cm	69,000	华艺国际	2020-10-16
清康熙 孔雀绿釉长方形凳	长22.3cm; 宽13.2cm; 高7.5cm	48,300	十竹斋拍卖（北京）	2020-10-18
清康熙 郎绿釉大炉	高13cm	57,500	中贸圣佳	2020-10-17
清康熙 郎窑绿釉梅瓶	高19cm	195,500	保利厦门	2020-09-26
清康熙 鱼子绿釉镗锣洗	直径6.5cm; 高4.3cm	126,500	华艺国际	2020-10-16
清康熙 瓜皮绿釉暗刻缠枝莲托八宝纹碗	直径14.3cm	575,000	中国嘉德	2020-12-03
清康熙 橄榄绿釉浅浮雕螭龙纹莱服尊	高26cm	2,530,000	北京保利	2020-10-19
清雍正 瓜皮绿釉暗刻龙凤纹小碗	直径11.7cm	48,300	中国嘉德	2020-08-18
清雍正 绿釉长颈大瓶	高46cm	28,750	中贸圣佳	2020-12-07
清雍正 绿釉暗刻云龙纹碗	直径11.3cm	345,000	北京保利	2020-12-05
清雍正 苹果绿釉高足碗	直径15.5cm	352,651	伦敦苏富比	2020-11-04
清雍正 秋葵绿釉碗	高5.3cm; 直径11.9cm	609,500	西泠印社	2020-08-08
清雍正 松石绿釉碗	直径9.4cm	683,261	伦敦苏富比	2020-11-04
清雍正 湖水绿釉花口碗	直径9.5cm	1,150,000	北京保利	2020-10-20
清雍正 松石绿釉杯	直径7.5cm; 高3.5cm	1,437,500	保利厦门	2020-09-26
清雍正 松石绿釉捧盒	直径19.5cm	4,140,000	中国嘉德	2020-08-18
18世纪 绿哥釉天球瓶	高15cm	28,750	北京大羿	2020-08-01
18世纪 绿釉橄榄瓶	高14cm	21,850	北京大羿	2020-06-19
18世纪 苹果绿釉瓶	16.9cm	141,851	香港苏富比	2020-10-09
18世纪 鱼子绿釉盘口瓶	高24cm	23,000	北京大羿	2020-06-19
清乾隆 仿绿松石釉瓷印章	长6.6cm; 宽6.6cm; 高6.3cm	69,000	中贸圣佳	2020-06-20
清乾隆 瓜皮绿釉暗刻双龙赶珠纹碗	直径15cm; 高7cm	46,000	保利厦门	2020-09-26

拍品名称	物品尺寸	成交价RMB	拍卖公司	拍卖日期
清乾隆 湖水绿釉四如意足小花盆	长19cm	287,500	北京保利	2020-10-19
清乾隆 浆胎松石绿釉凸花螭龙纹罐	直径22cm	40,250	中国嘉德	2020-07-15
清乾隆 孔雀绿釉荸荠瓶	高40.5cm	43,700	中国嘉德	2020-11-12
清乾隆 松石绿釉山型笔架	长11cm; 高5cm	36,800	中贸圣佳	2020-06-20
清乾隆 松石绿釉香盘	直径20cm	63,250	中贸圣佳	2020-07-18
清乾隆 御制松绿料乳足炉	宽11.5cm	760,900	伦敦佳士得	2020-11-03
清乾隆 绿釉仿孔雀石纹长颈瓶	高36.2cm	34,272	香港苏富比	2020-06-05
清乾隆 松石绿釉珍珠地开光庭院人物纹兽耳狮纽盖壶	高44.5cm	377,238	巴黎佳士得	2020-06-23
清乾隆 苹果绿釉盘	直径19.4cm	142,264	伦敦苏富比	2020-06-15
18世纪 绿哥釉天球瓶	高19.8cm	28,750	北京大羿	2020-06-19
清乾隆 湖水绿釉葵口三足洗	宽15.5cm	6,497,500	北京保利	2020-10-19
清中期 瓜皮绿釉、虎皮三彩仿木桶洗（各一件）	直径15cm; 直径14.8cm	23,000	中国嘉德	2020-07-17
清中期 瓜皮绿釉凸花缠枝莲纹盖罐	高24cm	36,800	中国嘉德	2020-07-15
清中期 孔雀绿釉花盆（一对）	直径23.3cm	13,800	中国嘉德	2020-11-12
清中期 郎窑绿釉天球瓶	高29.5cm	34,500	北京大羿	2020-08-01
清道光 绿釉双龙捧寿纹井字洗	直径7cm; 高4cm	31,050	北京大羿	2020-06-19
清道光 松石绿釉堆白团花纹小碗	直径11.6cm	59,800	中国嘉德	2020-11-09
清光绪 苹果绿釉暗刻云龙纹碗	直径15.5cm	55,200	北京中汉	2020-07-31
清光绪 松石绿釉仿元大德簋	直径22.5cm	25,300	中国嘉德	2020-11-10
清光绪 松石绿釉雕瓷山水人物纹笔筒	高14cm	34,500	中国嘉德	2020-08-18
清光绪 苹果绿釉暗刻龙凤纹大捧盒（一对）	直径28cm×2	632,500	华艺国际	2020-10-16
清晚期 瓜皮绿釉水丞（一对）	高9.5cm	82,800	中国嘉德	2020-07-17
清晚期 孔雀绿釉凸花荷塘图笔筒、瓜皮绿釉洗（各一件）	直径15cm; 高11.2cm	13,800	中国嘉德	2020-07-17
清 瓜皮绿釉石榴尊	高22cm	36,800	北京大羿	2020-08-16
清 孔雀绿釉罐	高25cm	18,400	北京翰海	2020-09-12
清 孔雀绿釉梅瓶	高28.7cm	36,800	中国嘉德	2020-11-12
清 孔雀绿釉洗	直径28cm	40,250	中国嘉德	2020-11-12
清 绿釉海棠杯（一对）	直径5.3cm	23,000	中国嘉德	2020-07-17
清 绿釉蒜头瓶	高32cm	13,800	西泠印社	2020-08-09
清 松石绿釉折沿大盘	直径39.5cm	20,700	中国嘉德	2020-07-17
民国 绿釉堆白螭龙纹壶、碗、盘、匙（三十六件）	尺寸不一	13,800	中国嘉德	2020-11-12
苹果绿釉碗	直径9cm	142,200	台北艺珍	2020-08-16
金 釉				
清雍正 金釉盘（一对）	直径13.8cm×2	655,500	永乐拍卖	2020-12-02
清乾隆 金釉无量寿佛	高11.6cm	552,000	北京保利	2020-10-19
清 金釉元宝杯	长8cm	13,800	保利厦门	2020-09-26
酱 釉				
北宋 定窑柿釉斗笠碗	直径13.4cm	192,100	佳士得	2020-07-09
北宋 定窑柿釉直口碗	直径8.2cm	213,000	佳士得	2020-11-30
北宋 酱釉碗	直径8.7cm	154,927	纽约苏富比	2020-09-23
北宋 耀州窑酱釉碗	直径14.5cm	126,485	香港苏富比	2020-05-22
北宋 酱釉小罐	高12cm	32,830	伦敦苏富比	2020-06-15
宋 当阳峪窑紫金釉花口盘	高3cm; 口径14.9cm	20,700	西泠印社	2020-08-08
宋 定窑外酱釉里白釉暗刻鱼藻纹斗笠碗	直径13.8cm	180,965	保利香港	2020-12-02
元 磁州窑酱釉模印缠枝花卉纹八方粉盒	直径7.5cm	40,250	北京大羿	2020-11-08
明 褐釉盖碗	宽11cm	230,000	北京保利	2020-10-20
明 柿釉盏托（一对）	直径10.5cm×2	747,500	北京保利	2020-12-05
清康熙 紫金釉弦纹盘	直径16.7cm	57,500	中贸圣佳	2020-06-20
清雍正 紫金釉海棠形花盆	长24.5cm	80,500	北京大羿	2020-08-16
清雍正 紫金釉菊瓣盘	直径17.5cm	713,000	华艺国际	2020-10-16
清雍正 紫金釉菊瓣盘	直径17.3cm	727,706	中国嘉德	2020-10-08
清乾隆 酱釉折腰碗（两件）	直径15.6cm	34,500	北京翰海	2020-12-12
清乾隆 紫金釉花口盘	直径20cm	138,000	北京大羿	2020-12-06

拍品名称	物品尺寸	成交价RMB	拍卖公司	拍卖日期
清乾隆 紫金釉碗	直径11.5cm	51,750	北京中汉	2020-07-31
清乾隆 紫金釉折沿碗	高16cm;直径17.5cm	92,000	荣宝斋（南京）	2020-11-28
清乾隆 紫金釉折沿碗	直径17.9cm	138,000	中国嘉德	2020-08-18
清乾隆 紫金釉菱花口弦纹盘	直径20cm	287,500	永乐拍卖	2020-08-17
清乾隆 酱釉点金仿铜竹节炉	高9cm	1,955,000	中国嘉德	2020-08-18
清嘉庆 紫金釉碗	直径17.3cm	63,250	中国嘉德	2020-12-03
清中期 酱釉三联瓶	高30cm	20,700	中国嘉德	2020-07-15
清中期 紫金釉洗	直径25cm	25,300	北京大羿	2020-05-20
清道光 紫金釉宝相花小碗	直径7.7cm	71,100	台北艺珍	2020-08-16
清道光 紫金釉墩式碗	直径11.5cm;高6cm	23,000	保利厦门	2020-09-26
清道光 紫金釉小墩式碗（一对）	直径11.7cm×2	86,250	中国嘉德	2020-11-11
清道光 紫金釉碗（一对）	直径11.4cm×2	155,250	北京大羿	2020-07-12
清光绪 紫金釉墩式碗	直径12.3cm	57,500	中国嘉德	2020-07-17
清光绪 紫金釉墩式碗	直径12.7cm	40,250	中国嘉德	2020-07-15
清光绪 紫金釉碗	直径15.5cm	51,750	中国嘉德	2020-07-16
清光绪 紫金釉碗	直径13.3cm	31,050	北京中汉	2020-08-19
清光绪 紫金釉小墩式碗	直径12.4cm	13,800	中国嘉德	2020-11-10
清光绪 紫金釉折沿洗	高7cm;直径27cm	57,500	广东崇正	2020-09-13
清晚期 酱釉仿宋至德坛炉	长15.3cm	13,800	中国嘉德	2020-07-15
清晚期 王炳荣款酱釉雕瓷内金玉满堂图外人物纹四方洗	长8.3cm	36,800	中国嘉德	2020-11-09
清 紫金釉兽镇	6cm×4.5cm×3cm	57,500	西泠印社	2020-08-08
清代 蓝褐釉兔毫盏	高5cm;直径10.5cm	63,250	古天一	2020-10-16
民国 紫金釉凸花缠枝莲开光粉彩花卉纹尊	高21cm	57,500	中国嘉德	2020-12-03
民国 酱釉瓶	高28cm	1,447,763	纽约佳士得	2020-09-25
酱釉“内府”大罐	高63cm	17,250	中国嘉德	2020-11-10
铁锈釉				
清乾隆 铁锈釉水丞	高8.6cm	59,800	中国嘉德	2020-07-16
清乾隆 铁锈釉小瓶	高7.4cm	40,250	中国嘉德	2020-11-12
清中期 铁锈釉蛐耳炉	长15.5cm	20,700	中国嘉德	2020-07-15
窑变釉				
明 窑变釉大碗	直径20.5cm	101,200	中鸿信	2020-01-03
清雍正 窑变釉橄榄式小尊	高12.7cm	55,200	中贸圣佳	2020-06-20
清雍正 窑变釉橄榄式小尊	高12.7cm	34,500	中贸圣佳	2020-12-07
清雍正 窑变釉贯耳瓶	高17.1cm	57,500	北京翰海	2020-12-12
清雍正 窑变釉弦纹尊	高26cm	109,250	北京大羿	2020-10-16
清雍正至乾隆 窑变釉胆瓶	高39.7cm	115,000	中国嘉德	2020-11-09
清雍正至乾隆 窑变釉三联尊	高32cm	552,000	北京保利	2020-12-05
清雍正 窑变釉四方水仙盆	长19.5cm	1,782,500	北京保利	2020-12-05
18世纪 窑变釉瓶	高38.2cm	13,526	伦敦佳士得	2020-02-13
清乾隆 窑变釉、仿石釉双联象耳瓶（一对）	高33cm;高32.7cm	218,500	中国嘉德	2020-11-10
清乾隆 窑变釉大盘	直径23.2cm	36,800	中国嘉德	2020-07-15
清乾隆 窑变釉仿生海螺型水盂	长8cm	42,550	北京大羿	2020-08-16
清乾隆 窑变釉盖碗尊	高21cm	71,300	北京大羿	2020-06-14
清乾隆 窑变釉贯耳壶	高30.4cm	239,140	伦敦佳士得	2020-11-03
清乾隆 窑变釉贯耳瓶	高30.5cm	460,000	中国嘉德	2020-11-09
清乾隆 窑变釉贯耳瓶	高30cm	253,000	中国嘉德	2020-11-11
清乾隆 窑变釉六方尊	高34cm	63,250	广东崇正	2020-09-13
清乾隆 窑变釉梅瓶	高25.5cm	86,250	西泠印社	2020-08-08
清乾隆 窑变釉三连瓶	高32cm	402,500	中贸圣佳	2020-10-17
清乾隆 窑变釉狮耳方瓶	高31.3cm	32,200	中国嘉德	2020-07-17
清乾隆 窑变釉石榴尊	高19.2cm	97,750	中国嘉德	2020-08-18
清乾隆 窑变釉树根式笔筒	直径9.5cm;高10.3cm	36,800	中贸圣佳	2020-06-20
清乾隆 窑变釉双耳瓶	高22.6cm	62,375	中国嘉德	2020-10-08
清乾隆 窑变釉双如意耳小瓶	高22.1cm	92,000	中贸圣佳	2020-12-07
清乾隆 窑变釉双象耳瓶	高24cm	25,300	北京大羿	2020-06-19
清乾隆 窑变釉太平有象花插	长23.8cm	13,800	中国嘉德	2020-11-10

拍品名称	物品尺寸	成交价RMB	拍卖公司	拍卖日期
清乾隆 窑变釉镶猫睛石瑞兽	高39.7cm	46,000	中国嘉德	2020-08-18
清乾隆 窑变釉象耳尊	高30cm	17,250	中国嘉德	2020-11-12
清乾隆 窑变釉杏园尊	高30cm	34,500	中鸿信	2020-01-03
清乾隆 窑变釉摇铃尊	高32.5cm	103,500	中贸圣佳	2020-12-07
清乾隆 窑变釉直颈胆瓶	高38.6cm	88,140	北京中汉	2020-09-03
清乾隆 窑变釉玉壶春瓶	高22cm	575,000	十竹斋拍卖（北京）	2020-10-18
清乾隆 窑变釉大胆瓶	高48cm	1,380,000	中国嘉德	2020-08-18
清乾隆 窑变釉甪端香熏	高14cm;长19.5cm	172,500	西泠印社	2020-08-08
清乾隆 窑变釉蒜头瓶	25.6cm	1,091,160	香港苏富比	2020-10-09
清乾隆 窑变釉双耳抱月瓶	高15.3cm	3,941,083	伦敦苏富比	2020-11-04
清乾隆 窑变釉玉壶春瓶	高30cm	172,500	中鸿信	2020-01-03
清乾隆 窑变釉仿古弦纹双耳罍式尊	高33.8cm	6,555,000	北京保利	2020-12-05
清乾隆 窑变釉如意耳盖碗尊	21.9cm×12.5cm×12.5cm	1,265,000	华艺国际	2020-10-16
清乾隆 窑变釉如意耳尊	高22.5cm	1,380,000	中贸圣佳	2020-10-17
清乾隆 窑变釉石榴尊	高19.3cm	1,058,000	北京保利	2020-12-05
清乾隆 窑变釉蒜头瓶	高29.5cm	4,370,000	保利厦门	2020-09-26
清中期 窑变釉大梅瓶	高34cm	218,500	北京大羿	2020-11-08
清中期 窑变釉鼓钉花觚	高20.7cm	13,800	中国嘉德	2020-11-12
清中期 窑变釉观音瓶	高39.2cm	20,700	中贸圣佳	2020-06-20
清中期 窑变釉梅瓶、青釉凸花团寿字胆瓶（各一件）	高29.3cm;高27.1cm	13,800	中国嘉德	2020-07-17
清中期 窑变釉蟠螭洗	直径25.5cm	23,000	中国嘉德	2020-07-17
清中期 窑变釉山子	长22cm;高15cm	69,000	中贸圣佳	2020-12-07
清中期 窑变釉兽耳衔环瓶	高37.9cm	34,500	中国嘉德	2020-11-12
清中期 窑变釉象耳尊	高31.5cm	23,000	中国嘉德	2020-11-12
清道光 窑变釉石榴尊	高19.1cm	437,000	中贸圣佳	2020-10-17
清道光 窑变釉石榴尊	高18.5cm	425,500	十竹斋拍卖（北京）	2020-10-18
清道光 窑变釉杏圆贯耳方壶	高30.2cm	287,500	中国嘉德	2020-08-18
清道光 窑变釉杏圆贯耳瓶	高29.5cm	402,500	中贸圣佳	2020-12-07
清道光 窑变釉云耳瓶	高23cm	287,500	北京保利	2020-10-20
清道光 窑变釉杏圆贯耳瓶	高30.5cm	299,000	北京大羿	2020-08-01
清光绪 窑变釉贯耳瓶	高29.5cm	184,000	北京翰海	2020-12-12
清光绪 窑变釉贯耳瓶	高30.3cm	149,500	永乐拍卖	2020-12-02
清光绪 窑变釉贯耳瓶	高30cm	126,500	中国嘉德	2020-08-18
清光绪 窑变釉贯耳瓶	高29.5cm	74,750	中贸圣佳	2020-06-20
清光绪 窑变釉贯耳瓶	高29.9cm	63,250	中国嘉德	2020-07-17
清光绪 窑变釉贯耳瓶	高30cm	57,500	北京翰海	2020-12-12
清光绪 窑变釉杏圆贯耳方瓶	高30cm	43,700	广东崇正	2020-09-13
清光绪 窑变釉杏圆贯耳瓶	高30cm	264,500	北京大羿	2020-07-12
清光绪 窑变釉杏圆贯耳瓶	高30cm	241,500	北京大羿	2020-05-28
清光绪 窑变釉杏圆贯耳瓶	高30cm	172,500	北京大羿	2020-12-06
清光绪 窑变釉杏圆贯耳瓶	高20cm	126,500	北京大羿	2020-05-20
清光绪 窑变釉杏圆贯耳瓶	高30.5cm	115,000	北京大羿	2020-05-28
清光绪 窑变釉杏圆贯耳瓶	高30.5cm	46,000	北京大羿	2020-08-01
清晚期 红釉、窑变釉瓷器（三件）	高19.3cm;直径13.3cm;直径10cm	28,750	中国嘉德	2020-07-17
清晚期 窑变釉大花觚	高43.5cm	25,300	北京大羿	2020-09-13
清晚期 窑变釉水丞	直径12cm	13,800	中国嘉德	2020-07-15
清宣统 窑变釉螭龙耳八方瓶	高42cm	68,856	纽约苏富比	2020-09-23
清 窑变釉螭耳尊	50×27cm	72,800	上海联合	2020-11-29
清 窑变釉大碗	高10.5cm;直径20cm	17,250	西泠印社	2020-08-09
清 窑变釉贯耳瓶	高30cm	195,500	北京翰海	2020-09-12
清 窑变釉瓶、红釉天球瓶	高14.6cm;高19.6cm	13,800	广东崇正	2020-09-13
清 窑变釉双耳尊	高31cm	13,800	北京大羿	2020-07-12
清 窑变釉贴塑如意云头条纹罐	高23.5cm	17,250	北京大羿	2020-07-17
清 窑变釉云耳瓶	高22.9cm	20,700	中国嘉德	2020-11-11
清 窑变釉尊	高26.1cm	89,700	中国嘉德	2020-07-17

拍品名称	物品尺寸	成交价RMB	拍卖公司	拍卖日期
19世纪 窑变釉石榴瓶及19世纪蓝釉三足炉	高33.5cm;直径33.5cm	15,987	巴黎苏富比	2020-06-18
清 窑变釉碗	直径23cm	11,990	巴黎苏富比	2020-06-18
清 窑变釉抱月瓶	高31.8cm	159,936	香港苏富比	2020-06-05
粉彩雪景山水人物纹大瓶、窑变釉大瓶各一件（一对）	高61.4cm;高58.5cm	23,000	中国嘉德	2020-11-12
炉钧釉				
清雍正 炉钧釉长方花盆	高7.5cm; 宽27cm	251,340	保利香港	2020-12-02
清雍正 炉钧釉纸槌瓶	16.1cm	4,342,990	香港苏富比	2020-10-09
清雍正 孔雀翎炉均釉卷缸	直径22.5cm	8,452,500	北京大羿	2020-08-16
清雍正 炉钧孔雀翎羽釉钵式小卷缸	直径20.6cm	1,955,000	中贸圣佳	2020-10-17
清雍正 炉钧釉冲耳炉	直径18.8cm;高10.5cm	3,162,500	永乐拍卖	2020-12-02
清雍正 炉钧釉四方折沿水仙盘	15.5cm×23cm×7cm	1,380,000	华艺国际	2020-10-16
清乾隆 炉均釉笔筒	高10.8cm	69,000	北京大羿	2020-06-19
清乾隆 炉均釉小瓶	高17cm	54,050	北京大羿	2020-06-19
清乾隆 炉钧釉出戟方瓶	高35cm	402,500	保利厦门	2020-09-26
清乾隆 炉钧釉琮式方瓶	高14cm	52,210	北京保利	2020-07-19
清乾隆 炉钧釉灯笼瓶	高24.8cm	402,500	永乐拍卖	2020-12-02
清乾隆 炉钧釉灯笼瓶	高16cm	78,200	保利厦门	2020-09-26
清乾隆 炉钧釉橄榄瓶	高13cm	28,750	北京大羿	2020-07-12
清乾隆 炉钧釉梅瓶	高22.5	345,000	保利厦门	2020-09-26
清乾隆 炉钧釉梅瓶	高12cm	149,500	北京大羿	2020-05-05
清乾隆 炉钧釉蟠龙瓶	高32.6cm	57,500	中国嘉德	2020-11-09
清乾隆 炉钧釉赏瓶	高35.3cm	164,575	北京保利	2020-07-19
清乾隆 炉钧釉四方出戟尊	高22cm	105,800	华艺国际	2020-10-16
清乾隆 炉钧釉太极八卦图出戟菱形瓶	高30.7cm	59,800	中国嘉德	2020-07-16
清乾隆 炉钧釉天球瓶	高35.2cm	59,800	北京大羿	2020-06-19
清乾隆 炉钧釉小笔筒	6.2cm×7.7cm	69,000	北京诚轩	2020-08-17
清乾隆 炉钧釉小笔筒	高10.5cm	25,300	北京大羿	2020-11-08
清乾隆 炉钧釉小橄榄瓶	高17.3cm	126,500	中国嘉德	2020-07-16
清乾隆 炉钧釉小鸠耳尊	高10cm	40,250	西泠印社	2020-08-08
清乾隆 炉钧釉小赏瓶	高15.6cm	36,800	中国嘉德	2020-07-16
清乾隆 炉钧釉四方双象耳瓶	高28cm	552,000	北京保利	2020-10-19
18世纪 炉钧釉灯笼瓶	高38.1cm	339,000	佳士得	2020-07-09
18世纪 炉钧釉弦纹盘口长颈瓶	高35.4cm	632,500	北京保利	2020-12-05
清乾隆 炉钧釉绶带耳葫芦瓶	高22.9cm	1,437,500	中国嘉德	2020-08-18
清乾隆 炉钧釉灯笼瓶	高23.8cm	1,840,000	北京保利	2020-12-05
清乾隆 炉钧釉灯笼瓶	高24cm	1,173,000	北京大羿	2020-10-16
清中期 “重清元”制炉钧釉汉方壶	高18.5cm	310,500	保利厦门	2020-09-26
清中期 炉钧釉描金瘦骨罗汉像	高14cm	17,250	中国嘉德	2020-07-15
清中期 炉钧釉提梁壶	高13.4cm	20,700	中国嘉德	2020-11-12
清道光 炉钧釉灯笼瓶	高23.5cm	402,500	中国嘉德	2020-12-03
18/19世纪 炉钧釉胆瓶	16.8cm	90,789	香港苏富比	2020-11-26
清晚期 炉钧釉茶壶	长19.2cm;高11.1cm	16,950	北京中汉	2020-09-03
清晚期 炉钧釉大盘	直径27cm	17,250	中国嘉德	2020-11-10
清晚期 炉钧釉海螺	长12.5cm	13,800	中国嘉德	2020-07-15
清晚期 炉钧釉撇口笔筒	高14cm	17,250	中国嘉德	2020-07-17
清晚期 炉钧釉凸花八卦纹洗	直径23.5cm	23,000	中国嘉德	2020-11-10
清晚期 炉钧釉长方水仙盆	长26.6cm	13,800	中国嘉德	2020-07-17
清 炉钧釉灯笼瓶	高23.5cm	17,250	中国嘉德	2020-07-17
清 炉钧釉荷花水盂	15.3cm×7cm×4cm	12,320	上海联合	2020-11-29
民国 炉钧釉开光山水如意耳尊	高29.9cm	207,000	中贸圣佳	2020-07-18
“大清雍正年制”款炉钧釉簋式炉	高7.8cm;通径19cm;口径13.2cm	17,250	西泠印社	2020-08-08
仿古铜釉				
清乾隆 仿古铜釉梅瓶	高18cm	13,800	保利厦门	2020-09-26
清乾隆 仿古铜釉兽面纹压经炉	直径16.5cm	63,250	北京大羿	2020-06-19
仿木釉				

拍品名称	物品尺寸	成交价RMB	拍卖公司	拍卖日期
清乾隆 内金彩外仿木纹釉盏托	直径11cm	28,750	中国嘉德	2020-07-16
清乾隆 仿木纹釉描金碗（一对）	直径12cm×2	66,700	北京大羿	2020-08-01
清 仿木釉笔筒	高13.7cm	20,700	中国嘉德	2020-07-17
民国 仿木纹釉开光山水楼阁图瓶（一对）	高18.5cm	69,000	北京大羿	2020-09-13
仿石釉				
清乾隆 仿石釉四方瓶	高22.4cm	23,000	中国嘉德	2020-07-15
18世纪 石纹釉四方水仙盆	长23cm	23,000	北京大羿	2020-06-14
清 青金石釉水丞及旧墨条二锭	高4.3cm;长10.6cm;长15.1cm	13,800	广东崇正	2020-09-13
茄皮紫釉				
明永乐至宣德 丁香紫釉折沿盘	直径17cm	460,000	北京保利	2020-10-19
清早期 茄皮紫釉暗刻云龙纹大盘	直径28cm	13,800	中国嘉德	2020-11-09
清早期 茄皮紫釉罐	直径27cm	17,250	中国嘉德	2020-07-17
清早期 茄皮紫釉狮耳炉	长14cm	20,700	中国嘉德	2020-07-17
清顺治 茄皮紫釉筒瓶	高41.2cm	69,000	中国嘉德	2020-08-18
清康熙 茄皮紫暗刻龙纹盘	直径25.3cm	460,000	广东崇正	2020-09-13
清康熙 茄皮紫釉瓜棱太白罐	高22.9cm	24,150	中贸圣佳	2020-12-07
清康熙 茄皮紫釉花觚	高28cm	40,250	中国嘉德	2020-07-16
清康熙 茄皮紫釉孔雀绿斑铺首双狮耳炉	高7.4cm	42,550	中贸圣佳	2020-12-08
清康熙 茄皮紫釉梅瓶	高25.7cm	92,000	中国嘉德	2020-08-18
清康熙 茄皮紫釉琵琶尊	高21.5cm	13,800	中国嘉德	2020-07-17
清康熙 茄皮紫釉狮耳炉	直径12cm	25,300	保利厦门	2020-09-26
清康熙 茄皮紫釉牺耳尊	高27cm	14,950	北京中汉	2020-08-19
清康熙 茄皮紫釉小胆式瓶	高15.5cm	37,950	北京大羿	2020-09-13
清康熙 茄皮紫釉长颈瓶	高22.7cm	32,200	中国嘉德	2020-11-10
清康熙 茄皮紫釉竹节纹执壶	高13cm	13,800	保利厦门	2020-09-26
清康熙 紫釉刻缠枝花卉纹碗	直径14cm	92,000	中鸿信	2020-01-03
清康熙 茄皮紫釉碗	直径12.2cm	345,000	北京大羿	2020-08-16
清康熙 茄皮紫釉龙纹盘	直径25cm	124,850	北京保利	2020-07-19
清雍正 茄皮紫釉暗刻缠枝石榴纹盘	直径14.8cm	40,250	中国嘉德	2020-11-10
清雍正 茄皮紫釉盘口瓶	高34.5cm;直径15cm	25,300	广东崇正	2020-09-13
清雍正 茄皮紫釉长颈瓶	高14.5cm	25,300	保利厦门	2020-09-26
清雍正 茄皮紫釉暗刻八吉祥纹盘（一对）	直径11.2cm×2	575,000	北京保利	2020-10-20
清雍正 茄皮紫釉暗花缠枝石榴纹盘（一对）	直径11.3cm×2	1,130,000	香港苏富比	2020-07-11
清雍正 茄皮紫釉刻八吉祥盘（一对）	直径11.3cm×2	517,500	北京保利	2020-12-05
清乾隆 茄皮紫釉暗刻云龙纹盘（一对）	直径19.2cm×2	103,500	北京诚轩	2020-08-17
清乾隆 茄皮紫釉撇口瓶	高15cm	28,750	保利厦门	2020-09-26
清乾隆 茄皮紫釉双蝠如意耳四方尊	高28cm	172,500	华艺国际	2020-10-16
清乾隆 茄皮紫釉双弦纹碗成对	直径10.5cm	92,000	北京保利	2020-10-20
清乾隆 茄皮紫釉天球瓶	高31.5cm	13,800	保利厦门	2020-09-26
清乾隆 茄皮紫釉小胆瓶	高15.8cm	78,200	中国嘉德	2020-07-16
清乾隆 茄皮紫釉小瓶	高14cm	20,700	中国嘉德	2020-11-10
清乾隆 茄皮紫釉纸槌瓶	高18cm	1,610,000	北京保利	2020-10-19
清 茄皮紫釉杯	直径5.8cm	17,250	中国嘉德	2020-11-11
清 茄皮紫釉盘	直径20.8cm	43,700	中国嘉德	2020-11-11
茶叶末釉				
清雍正 茶叶末釉双耳炉	长14.4cm;高7.1cm	34,500	中贸圣佳	2020-06-20
清雍正 鳝鱼黄釉螭龙纹直颈瓶	高33.5cm	253,000	北京翰海	2020-12-12
清雍正 茶叶末釉铺首弦纹尊	高24.9cm	1,745,856	香港苏富比	2020-10-09
清雍正 茶叶末釉三足菱式水仙盆	直径20.3cm	1,356,000	香港苏富比	2020-07-11
清雍正 茶叶末釉花盆及盆托	高11.2cm;直径14.1cm	2,415,000	北京保利	2020-12-05
清雍正 厂官釉“鳝鱼黄”杏圆贯耳大瓶	高50cm	3,220,000	中国嘉德	2020-08-18

拍品名称	物品尺寸	成交价RMB	拍卖公司	拍卖日期
清雍正 厂官釉如意耳尊	高22.5cm	7,130,000	中国嘉德	2020-08-18
18世纪 茶叶末釉胆瓶	高21cm	25,300	北京大羿	2020-06-14
18世纪 茶叶末釉敛口洗	直径26.5cm	25,300	北京大羿	2020-06-19
18世纪 茶叶末釉小水盂	高6cm	57,500	北京大羿	2020-05-20
18世纪 茶叶末釉小水盂	高5cm	16,100	北京大羿	2020-08-16
清乾隆 茶叶末釉荸荠瓶	高33.6cm	379,500	中贸圣佳	2020-12-07
清乾隆 茶叶末釉荸荠瓶	高33cm	66,700	北京大羿	2020-09-13
清乾隆 茶叶末釉荸荠瓶	高33.1cm	66,670	北京中汉	2020-09-03
清乾隆 茶叶末釉海棠式盘口双耳瓶	高31.5cm	17,250	北京大羿	2020-08-01
清乾隆 茶叶末釉海棠形螭耳瓶	高31cm	25,300	中国嘉德	2020-11-09
清乾隆 茶叶末釉葫芦扁瓶	高17.8cm	40,250	中国嘉德	2020-07-16
清乾隆 茶叶末釉葵口花盆	高9cm; 宽22.5cm	328,020	保利香港	2020-12-02
清乾隆 茶叶末釉莱菔瓶	高27.2cm	552,000	中贸圣佳	2020-10-17
清乾隆 茶叶末釉盘（一对）	直径27cm	74,750	华艺国际	2020-10-16
清乾隆 茶叶末釉盘口纸槌瓶	高18.9cm	460,000	北京保利	2020-10-20
清乾隆 茶叶末釉盘口尊	高24cm	63,250	北京大羿	2020-05-20
清乾隆 茶叶末釉铺首耳弦纹壶	高54cm	473,388	纽约苏富比	2020-09-23
清乾隆 茶叶末釉洒金小缸	高7.3cm	322,000	中鸿信	2020-01-03
清乾隆 茶叶末釉三管葫芦瓶	高20.5cm	28,250	北京中汉	2020-09-03
清乾隆 茶叶末釉兽耳炉	长27cm	40,250	中国嘉德	2020-07-17
清乾隆 茶叶末釉水指	直径21.5cm; 高15cm	57,500	保利厦门	2020-09-26
清乾隆 茶叶末釉小灯笼瓶	高10.8cm	13,800	中国嘉德	2020-11-12
清乾隆 茶叶末釉杏圆开光倭角贯耳瓶	高34cm	230,000	中贸圣佳	2020-10-17
清乾隆 厂官釉加青釉连座壁瓶	高25cm	437,000	中国嘉德	2020-12-03
清乾隆 厂官釉蟹甲青荸荠式壁瓶	高26cm	109,250	中贸圣佳	2020-10-17
清乾隆 仿宋茶叶末釉荸荠瓶	高33cm	920,000	上海敬华	2020-09-22
清乾隆 江藤旧藏茶叶末釉仿古描金银夔龙三足鼎	直径21.5cm	78,200	中鸿信	2020-01-03
清乾隆 蟹甲青釉盘	直径15.8cm	34,500	中国嘉德	2020-11-10
清乾隆 茶叶末釉荸荠瓶	高33cm	1,092,500	北京大羿	2020-10-16
清乾隆 茶叶末釉描金盘螭长颈瓶	高15cm	460,000	西泠印社	2020-08-08
清乾隆 茶叶末釉如意耳葫芦瓶	高27cm	920,000	西泠印社	2020-08-08
清乾隆 茶叶末釉三牺尊	高34.2cm	4,497,400	香港苏富比	2020-07-11
清乾隆 茶叶末釉长颈瓶	高18.9cm	565,000	香港苏富比	2020-07-11
清乾隆 鳝鱼黄釉出戟双耳壶	高32.5cm	872,928	香港苏富比	2020-10-09
清乾隆 茶叶末冬青釉座壁瓶	高25cm	238,256	巴黎佳士得	2020-06-23
清乾隆 茶叶末釉胆瓶	高18.8cm	456,959	香港苏富比	2020-06-05
清乾隆 茶叶末釉六方贯耳瓶	高35cm	723,881	纽约佳士得	2020-09-25
清乾隆 茶叶末釉荸荠瓶	直径25.3cm; 高34.8cm	460,000	中贸圣佳	2020-06-20
清乾隆 茶叶末釉小卷缸	直径20cm	1,265,000	北京大羿	2020-08-16
清乾隆 茶叶末釉荸荠瓶	高34cm	1,380,000	北京保利	2020-10-19
清乾隆 茶叶末釉出戟花觚	高21cm	5,060,000	北京保利	2020-10-19
清乾隆 茶叶末釉橄榄尊	高13.6cm	3,105,000	北京保利	2020-12-05
清乾隆 茶叶末釉观音瓶	高27.5cm	6,325,000	北京保利	2020-10-19
清乾隆 茶叶末釉观音瓶	高27cm	1,725,000	保利厦门	2020-09-26
清乾隆 茶叶末釉如意绶带耳葫芦瓶	高26cm	1,610,000	北京保利	2020-12-05
清乾隆 茶叶末釉三羊尊	高33.5cm	1,150,000	北京保利	2020-10-20
清乾隆 茶叶末釉弦纹衔环铺首衔环耳大尊	高52cm	2,760,000	华艺国际	2020-10-16
清乾隆 茶叶末釉小卷缸	直径20.5cm	1,840,000	北京保利	2020-10-19
清乾隆 茶叶末釉直颈小瓶	高12.3cm	1,058,000	北京保利	2020-10-19
清嘉庆/道光 茶叶末釉高足盘	直径15.6cm	44,289	佳士得	2020-10-08
清中期 茶叶末釉四方兽耳衔环小尊	高12cm	55,200	北京大羿	2020-05-05
清中期 茶叶末釉四方小炉	长6.9cm	126,500	中国嘉德	2020-07-17
清道光 茶叶末釉荸荠瓶	高33cm	69,000	中国嘉德	2020-07-15

拍品名称	物品尺寸	成交价RMB	拍卖公司	拍卖日期
清道光 茶叶末釉笔洗	直径25cm; 高6.5cm	13,800	保利厦门	2020-09-26
清道光 茶叶末釉葫芦瓶	高25.8cm	66,700	中国嘉德	2020-07-17
清道光 茶叶末釉水洗	直径11.5cm; 高3.5cm	57,500	西泠印社	2020-08-08
清道光 茶叶末釉四方兽耳衔环小尊	高11cm	23,000	北京大羿	2020-08-01
清道光 鳝鱼黄绶带耳葫芦瓶	高27cm	230,000	十竹斋拍卖（北京）	2020-10-18
清道光 "行有恒堂"制茶叶末釉小口尊	高27cm	897,000	北京大羿	2020-05-20
清咸丰 茶叶末釉狮耳衔环炉	长13cm	80,500	中国嘉德	2020-07-17
清同治 茶叶末釉扁瓶	高33cm	333,500	北京翰海	2020-12-12
18/19世纪 茶叶末釉灯笼尊	高46.5cm	210,900	佳士得	2020-10-08
19世纪 茶叶末釉直颈五管瓶	高30.4cm	56,938	佳士得	2020-04-21
清光绪 茶叶末釉荸荠瓶	高32.5cm	109,250	北京诚轩	2020-08-17
清光绪 茶叶末釉荸荠瓶	高32.6cm	32,200	中国嘉德	2020-07-17
清光绪 茶叶末釉荸荠瓶	高34cm	17,250	北京大羿	2020-06-19
清光绪 茶叶末釉扁瓶	高32.5cm	207,000	北京翰海	2020-12-12
清光绪 茶叶末釉贯耳瓶	高30cm	138,000	北京翰海	2020-12-12
清光绪 茶叶末釉长颈瓶		115,000	中贸圣佳	2020-12-07
清光绪 茶叶末釉荸荠瓶	高32.7cm	126,500	广东崇正	2020-09-13
清光绪 厂官釉小鸠耳尊	高26.5cm	126,500	中国嘉德	2020-12-03
清晚期 茶叶末釉瓜棱洗	宽21cm	48,300	北京保利	2020-10-20
清晚期 蟹甲青釉五孔瓶	高37.8cm	17,250	中国嘉德	2020-07-15
清 茶叶末釉耳炉	直径12cm	31,360	上海联合	2020-11-29
清 茶叶末釉三棱瓶（一对）	高24.5cm	29,526	佳士得	2020-10-08
清 瓷制仿太湖石摆件	高20.5cm	14,950	西泠印社	2020-08-09
清 龙泉三足洗、茶叶末洗、仿哥釉小瓶（三件一组）	尺寸不一	55,200	保利厦门	2020-09-26
清光绪 茶叶末釉长颈瓶	高33cm	125,664	香港苏富比	2020-06-05
民国 茶叶末釉珐琅彩开窗教子图鸠耳瓶	高21.2cm	149,500	中贸圣佳	2020-10-17
茶叶末釉荸荠瓶	高32cm	34,500	中国嘉德	2020-07-17
其他色釉				
清雍正 仿古玉釉水盂	直径6.3cm	48,300	中贸圣佳	2020-06-20
清中期 瓷仿搅胎玻璃釉海棠形茶盘	长16.5cm	13,800	中国嘉德	2020-07-16
清中期 瓷仿翡翠双凤纹觯	高13.8cm	92,000	西泠印社	2020-08-08
清光绪 藕荷釉仿周太师圣簋	高20.5cm; 长27.5cm	32,200	中贸圣佳	2020-06-20
清晚期 仿翡翠釉雕瓷福寿如意	长51.5cm	32,200	中国嘉德	2020-07-15
反瓷				
清中期 反瓷三羊开泰瓷塑	长11cm	20,700	北京大羿	2020-06-14
清道光 仿紫砂素瓷贯耳瓶	高29.4cm	172,500	中国嘉德	2020-08-18
民国 反瓷雕群仙龙舟两件	高27cm; 长25cm	20,700	中国嘉德	2020-07-15
民国 反瓷浮雕山水庭院人物图双耳琵琶尊	高18.4cm	57,500	北京中汉	2020-12-04